Schriftenreihe des
Interdisziplinären Zentrums für Ethik an der
Europa-Universität Viadrina Frankfurt (Oder)

Herausgegeben von
Professor Dr. jur. Jan C. Joerden, Frankfurt (Oder)

Springer
Berlin
Heidelberg
New York
Barcelona
Hongkong
London
Mailand
Paris
Singapur
Tokio

Jan C. Joerden (Hrsg.)

Der Mensch und seine Behandlung in der Medizin

Bloß ein Mittel zum Zweck?

Mit 9 Abbildungen

Springer

Professor Dr. jur. Jan C. Joerden
Europa-Universität Viadrina
Juristische Fakultät
Große Scharrnstraße 59
D-15230 Frankfurt (Oder)

Gedruckt mit freundlicher Unterstützung der Robert-Bosch-Stiftung, Stuttgart.

ISBN 978-3-540-64933-5 Springer-Verlag Berlin Heidelberg New York

Die Deutsche Bibliothek - CIP-Einheitsaufnahme
Der Mensch und seine Behandlung in der Medizin : bloß ein Mittel zum Zweck? / Hrsg.: Jan C. Joerden. - Berlin; Heidelberg; New York; Barcelona; Hongkong; London; Mailand; Paris; Singapur; Tokio : Springer, 1999
(Schriften des Interdisziplinären Zentrums für Ethik an der Europa-Universität Viadrina Frankfurt (Oder)
ISBN 978-3-540-64933-5

e-ISBN-13: 978-3-642-59976-7
DOI: 10.1007/978-3-642-59976-7

Umschlaggestaltung: Erich Kirchner, Heidelberg
SPIN 10663266 64/2202-5 4 3 2 1 0 - Gedruckt auf säurefreiem Papier

Vorwort

„Handle so, daß du die Menschheit, sowohl in deiner Person als in der Person eines jeden anderen, jederzeit als Zweck, niemals bloß als Mittel brauchst."[1] So lautet bekanntlich die sog. „Zweckformel", auch: „Menschenwürdeformel", von *Kants* kategorischem Imperativ. Für die medizinische Ethik stellt diese Formel eine besondere Herausforderung dar. Denn der Patient ist in mancher Hinsicht dem Arzt ausgeliefert: Er handelt nicht, er wird *be*handelt. In dieser Lage ist dem Arzt eine Verantwortung auferlegt, der er nur schwer gerecht werden kann. Einerseits muß er das (objektive) Wohl des Patienten im Auge haben, andererseits muß er dem subjektiven Empfinden des Patienten und dessen möglicherweise im Einzelfall widerstrebendem Willen die notwendige Achtung entgegenbringen. Dieses Spannungsverhältnis zwischen der Würde des Patienten und den objektiven Notwendigkeiten macht einen Großteil der Schwierigkeiten im Arzt-Patienten-Verhältnis aus. Es ist deshalb ein zentrales Feld medizinethischer Überlegungen und Diskussionen.

Es liegt auf der Hand, daß sich in unterschiedlichen Kulturen zu diesen und ähnlichen Fragestellungen zum Teil divergierende Antworten herausbilden. Das *Interdisziplinäre Zentrum für Ethik*, das seit dem Jahre 1995 an der Europa-Universität Viadrina besteht, hat es sich deshalb im Rahmen eines *2. Interdisziplinären Symposions* (13. - 16. Februar 1997) zur Aufgabe gestellt, diese Diskussion insbesondere mit Repräsentanten der Medizinethik im benachbarten Polen aufzunehmen. Einbezogen wurden dabei auch praktizierende Mediziner von beiden Seiten der Oder.

Der vorliegende Band, der aus dem genannten Symposion hervorgegangen ist, wurde unter Mithilfe der Mitarbeiterinnen und Mitarbeiter vor allem des *Interdisziplinären Zentrums für Ethik* und der strafrechtlichen Lehrstühle an der *Viadrina* erstellt, denen dafür an dieser Stelle herzlich gedankt sei. Insbesondere gebührt Dank Frau *Anette Hübner*, Frau *Bianca Junghanns*, Herrn *Thomas Crofts*, Herrn *Jörg Bremer* und Herrn *Peter Stanglow* für ihre Mitwirkung bei der Herstellung der Druckvorlagen sowie Frau *Jutta Becker* für die verlagsmäßige Betreuung der Drucklegung.

Für die großzügige Finanzierung des Symposions und eines Druckkostenzuschusses für den vorliegenden Band dankt das *Interdisziplinäre Zentum für Ethik* der *Robert Bosch-Stiftung* und der *Europäischen Union*.

1 Immanuel Kant, Grundlegung zur Metaphysik der Sitten, Akad.-Ausg., Bd. 4, S. 429

Inhaltsverzeichnis

Grusswort

Hans N. Weiler

Mir fällt die dankbare Aufgabe zu, Sie heute morgen zu begrüßen und willkommen zu heißen, und ich möchte dies tun, indem ich Ihnen in drei Variationen ein Thema nahezubringen suche, für das Ihre Zusammenkunft ein besonders sinnvolles Beispiel ist: das Thema der Herausforderung, die darin besteht, sich heute wissenschaftlich mit Fragen der Ethik, mit dem Bereich normativer Werte zu beschäftigen.

Diese Herausforderung stellt sich für mich in dreifacher Weise dar - als

- erkenntniskritische (epistemologische) Herausforderung, die mit den Veränderungen unserer Vorstellungen von Wissen zu tun hat, als
- professionelle Herausforderung, die damit zu tun hat, wie Wissenschaft normativ mit sich selbst umgeht, also mit der Ethik des Betreibens von Wissenschaft, und als
- institutionelle Herausforderung, die etwas mit den institutionellen Bedingungen für eine wissenschaftliche Beschäftigung mit Ethik zu tun hat.

Drei Variationen, oder auch Miniaturen - zu mehr, also zur Ausarbeitung einer ganzen Sonate in drei Sätzen, reichen weder die Zeit noch meine Fähigkeiten.

I. Das Studium der Ethik als erkenntniskritische Herausforderung

Jürgen Habermas ist nicht der einzige, sicher aber der eloquenteste unter den zeitgenössischen Denkern, die den folgenschweren wissenschaftshistorischen Verkehrsunfall einer „kognitivistischen Verengung des Vernunftbegriffs" beklagen und die Wiedergewinnung der auf diese Weise verloren gegangenen Einheit von kognitiv-instrumentellem und moralisch-praktischem Wissen fordern. Es ist ja auch noch gar nicht so lange her, seit Apostel der reinen Lehre von Wissenschaft wie *Talcott Parsons* ihr Evangelium von „wertfreier, objektiver" Wissenschaft predigten und den Bereich des Normativen in die Domäne der Theologen, der Essayisten oder allenfalls der Philosophen verbannten.

Wir haben seither gelernt, das Verhältnis von Werten und Wissenschaft neu zu denken - und zwar sowohl im Hinblick auf die wissenschaftliche Erörterung des Zustandekommens, der Geltung und der Veränderung von Werten als auch in der Anerkennung der Tatsache, daß wissenschaftliches Tun immer auch wertgesteuertes, normativ eingebettetes Vorgehen ist. Ich erinnere, unter vielen, an die einschlägigen Bemühungen von *Hilary Putnam, Hans Lenk, Paul Roth* - aber auch an die wichtigen Beiträge zu dieser Diskussion, die aus anderen Kulturkreisen kommen - etwa aus der indischen Sozialwissenschaft (ich nenne beispielhaft *Ashis Nandy*), wo man mit dem Verhältnis von Werten und Wissenschaft etwas unbefangener umzugehen gelernt hat, oder die ihren Ursprung in der gerade in dieser Frage ungemein fruchtbaren feministischen Wissenschaftskritik haben - ich denke an *Sandra Harding*.

Die erkenntniskritische Herausforderung liegt darin, diese Anstöße auf- und ernst zu nehmen und sie einem neuen kritischen Diskurs zu unterziehen, der nicht nur - bei allem Respekt - auf *Kant* zurückgeht, sondern nach neuen Paradigmen der Werte der Wissenschaft und der Wissenschaft der Werte sucht.

II. Die professionelle Herausforderung

Ich habe schon von einem neuen Bewußtsein der Werte der Wissenschaft gesprochen, also davon, wie Wissenschaft normativ mit sich selbst umgeht. Damit scheint die Wissenschaft, wenn mich nicht alles täuscht, im Alltag ihres Betriebes bisweilen ihre liebe Not zu haben. Ich weiß nicht, ob es jemals einen verläßlichen ethischen Kanon für das Betreiben von Wissenschaft gegeben hat - wenn, dann war darin wohl von der Verwerflichkeit des Plagiats oder von der Notwendigkeit die Rede, wissenschaftliche Feststellungen angemessen - mit Daten oder Fußnoten - zu dokumentieren. Das alles gilt wohl auch noch, aber über manches Andere bin ich mir keineswegs mehr so sicher. Wenn ich mir die Verlotterung ansehe, die etwa in der Erstellung von Gutachten für akademische Berufungen eingerissen ist (und ich habe sehr konkrete Beispiele im Auge), oder wenn ich an die immer weiter verbreitete Praxis denke, längst schon verstaubte wissenschaftliche Arbeiten mit neuer Verpackung als neue Veröffentlichungen auszugeben, oder an die mit ungemein einfallsreichen Ausflüchten kaschierte Weigerung, das zu tun, was ernstzunehmende Wissenschaft seit jeher auszeichnet: sich selbst in Frage zu stellen, oder an den oft überaus fragwürdigen Umgang mit der Anerkennung des Beitrages jüngerer Mitarbeiter in gemeinsam erarbeiteten Publikationen, oder an die - keineswegs so seltene - politische Verteufelung unliebsamer wissenschaftlicher Konkurrenten, oder auch an die unter dem Unwort „Seilschaften" berüchtigt gewordene Variante der wissenschaftspolitischen Arterhaltung - oder, oder, oder - Sie werden die Liste selbst um einiges verlängern können. Ich meine, daß die Wissenschaft für den Umgang mit sich selbst - und keineswegs nur in diesem Lande - neue und solide Wertmaßstäbe braucht. Sie braucht sie um ihrer eigenen Selbstachtung willen, aber auch, um einer in meinen Augen inzwischen recht bedenklichen Legitimationskrise von Wissenschaft entgegenzuwirken.

III. Die institutionelle Herausforderung

Für den neuen Wein einer neuen Beschäftigung mit Werten und Wissenschaft sind alte institutionelle Schläuche nicht besonders brauchbar. Es empfiehlt sich, nicht nur den Inhalt einer neuen wissenschaftlichen Erörterung von Ethik neu zu denken, sondern auch die institutionellen Bedingungen, unter denen diese Erörterung besonders fruchtbar werden kann. Ich möchte Ihnen dazu zwei Vorschläge machen.

Eine angemessene wissenschaftliche Beschäftigung mit ethischen Fragen kann in dieser Zeit nur gelingen, wenn sie sowohl interdisziplinär als auch international angelegt ist. Es bedarf nicht nur einer Kommunikation unter den Disziplinen, sondern in der Tat einer Synergie ihrer Erkenntnisstrategien, aber auch ihrer kritischen Selbsteinschätzungen, um mit einem Thema wie der normativen Bewertung von Technikfolgen, oder der Gewichtung von Umweltschutz und Wirtschaftswachstum angemessen umzugehen.

Und gerade weil eine stärkere Berücksichtigung der normativen Elemente von Wissenschaft immer wieder, und unausweichlich, auf die einer jeweiligen Gesellschaft eigenen kulturellen Wurzeln von Wertvorstellungen verweist, kommt einer kulturvergleichenden Beschäftigung mit Ethik eine so enorme heuristische und erkenntniskritische Rolle zu.

Es ist zutiefst folgerichtig, daß gerade an dieser Universität ein Forschungszentrum für Ethik seinen Platz gefunden hat. An dieser Universität - an der wir uns bemühen, ein gewisses Maß an Andersartigkeit zu einer intellektuellen Kunstform zu entwickeln - an dieser Universität ist Grenzgängertum Programm - Grenzgängertum sowohl im Sinne der bewußten und auf Erkenntnisgewinn ausgerichteten Thematisierung kultureller und nationaler Unterschiede, aber auch im Sinne einer Zusammenführung einzelwissenschaftlicher Überlieferungen zur gemeinsamen Bewältigung zentraler intellektueller Fragen unserer Zeit.

Dieses Symposion, für dessen Verlauf Sie meine allerbesten Wünsche begleiten, verkörpert diese beiden Pole von Interdisziplinarität und Internationalität auf das Fruchtbarste, und ich bin Herrn Kollegen *Joerden* und seinen Mitarbeitern dankbar dafür, ein so anregendes Programm und einen so anregenden Kreis von Autoren hier an der Oder zusammengeführt zu haben.

Sie werden gemerkt haben, daß ich es in meinen Grußworten sorgsam vermieden habe, irgend etwas zum speziellen Thema Ihrer Tagung zu sagen. Das war Absicht, denn ich habe mir auch als Rektor noch einen Rest des moralischen Imperativs bewahrt, nicht von Dingen zu reden, von denen ich nichts verstehe. Das würde natürlich logischerweise dazu führen, daß ich mir für die nächsten beiden Tage das Vergnügen machen sollte, hier zuzuhören und von Ihnen zu lernen. Hier setzt die hochschulpolitische Realität ein: ein Termin mit dem Minister über Hochschulentwicklungsplanung in Brandenburg wartet. Es ist nicht nur Höflichkeit, wenn ich Ihnen sage, daß ich viel lieber bei Ihnen bliebe.

Das Verhalten von Ärzten in Zeiten der Pest (14.-18. Jahrhundert)

Ulrich Knefelkamp

Die Beziehung von Krankheit und Gesellschaft ist ein interdisziplinär zu bearbeitendes Thema, das in der Regel von Ethnologen, Soziologen, Medizinhistorikern und Vertretern der Sozialgeschichte behandelt wird. Im Vordergrund steht dabei der Versuch zu analysieren, wie in den einzelnen Kulturen die individuellen und kollektiven Erfahrungen des Krankseins geistig-kulturell verarbeitet werden[1]. In jedem Fall wird Krankheit, wie auch immer sie jeweils definiert wird[2], immer als etwas Abnormales angesehen, die das bestehende Gleichgewicht im individuellen Körper und der Gemeinschaft stört. Da Krankheit nicht als normaler Teil der Natur betrachtet wird, sucht man in allen Kulturen die Antwort in der Übernatur, der Magie oder der Gottheit. Der Zorn übernatürlicher Kräfte ist herausgefordert und muß durch Opfer besänftigt werden.

Eine besondere Lage ergibt sich, wenn todbringende Krankheiten als Epidemien auftreten. Der Erhalt des Einzelnen kann dann gegen den Erhalt der Gruppe stehen. Die Rettung einzelner wichtiger Personen kann aber auch die Rettung der Gruppe bedeuten. Man benötigt eine übergeordnete Ethik, um in solchen Situationen richtig zu entscheiden. Das Verhalten der Menschen wird von den Zeitgenossen nach den Kriterien dieser Ethik beurteilt.

Im vorliegenden Beitrag soll versucht werden, das Verhalten von Menschen in Europa, besonders von Ärzten, bei der tödlichen Bedrohung durch die Pest des 14.-18. Jahrhunderts vor dem Hintergrund der christlichen Ethik der Zeitgenossen zu analysieren.

1. Die Ärzte

Um sich eine Vorstellung von der Bedeutung und dem Wirken von Ärzten in der vormodernen Zeit vor Augen führen zu können, ist es nötig, einen kurzen Blick auf Ausbildung und gesellschaftliche Stellung von Ärzten zu werfen[3]. Da nur ein Teil des klassischen antiken Wissens der Griechen nach Europa gelangte, muß man allgemein von einem geringen Niveau medizinischer Kenntnisse ausgehen. Ausnahmen bildeten z.B. jüdische Ärzte, die trotz des von der Kirche ausgesprochenen Berührungsverbotes von Christen gern wegen ihres besonderen traditionellen Wissens und ihrer hervorragenden Fertigkeiten als Leibärzte an Höfen von Königen,

---

1 Vgl. zu dem Thema vor allem die Beiträge in *Heinrich Schipperges/ Eduard Seidler/ Paul Unschuld* (Hrsg.), Krankheit, Heilkunst, Heilung, Freiburg/München 1978; außerdem das erste Kapitel in: *Alfons Labisch*, Homo Hygienicus. Gesundheit und Medizin in der Neuzeit, Frankfurt/New York 1992.

2 Vgl. z.B. *Hugo Ribbert*, Die Lehren vom Wesen der Krankheiten in ihrer geschichtlichen Entwicklung, Bonn 1899; *Elmar Berghoff*, Entwicklungsgeschichte des Krankheitsbegriffes, Wien 2.Aufl. 1947; *Paul Diepgen* u.a., Der Krankheitsbegriff, seine Geschichte und Problematik, in: *F. Büchner* u.a. (Hrsg.), Handbuch der allgemeinen Pathologie, Bd.1, Berlin u.a. 1969, S.1-50; *Harald Schaefer*, Der Krankheitsbegriff, in: *Maria Blohmke*, Handbuch der Sozialmedizin, Bd.3, 1976, S. 15-31; *Karl Eduard Rothschuh*, Der Krankheitsbegriff, in: Ders. (Hrsg.), Was ist Krankheit? Darmstadt 1975, S.397-420; *Frederick K. Taylor*, The Concepts of Illness, Disease and Morbus, Cambridge 1979; *Sheila D. Campbell*, Health, disease and healing in medieval culture, New York 1992.

3 Im Lexikon des Mittelalters findet sich ein ausführlicher Artikel dazu in Band 1, Sp.1098-1101.

Grafen und Bischöfen angestellt wurden. Am östlichen Rand Europas wurde in der byzantinischen Kultur ebenfalls antikes Erbe weitgehend überliefert, das medizinische Wissen hatte einen großen Vorsprung vor dem im Westen. Dasselbe gilt für den Südwesten Europas, wo auf der iberischen Halbinsel der Islam seit dem 8. Jahrhundert diesen Vorsprung vor den christlich geprägten Gebieten aufwies.

Parallel dazu wurden nur in den kulturellen Zentren des christlichen Europa, in den Klöstern, Kenntnisse gepflegt, die unter dem Begriff „Klostermedizin"[4] zusammengefaßt werden. Durch umfangreiche Übersetzungs- und Abschreibetätigkeit konnten in den Klöstern Grundlagen für medizinische Behandlungen erstellt werden. Das bedeutet, die Reste antiken Wissens, meistens aus Byzanz übertragen, wurden mit Volksmedizin angereichert. Der Idealplan des St.Galler Klosters (ca 820)[5] zeigt das vorhandene Spektrum, nämlich einen Raum für kranke Mönche, außerhalb der Klausur ein Ärztehaus, einen Raum für Aderlaß und zur Behandlung mit Abführmitteln, einen Raum für kranke Laien und einen Heilkräutergarten. Hier wurden also sowohl kranke Mönche wie auch Kranke der Umgebung bzw. kranke Reisende von Mönchsärzten behandelt. Weitergegeben wurde ihr Wissen durch individuellen Unterricht an „Lehrlinge"; dies geschah auch in den Dom- und Kathedralschulen in den Städten.

Gebrochen wurde diese geistliche Vorherrschaft in der Medizin im 11.Jahrhundert, als viele arabische Werke, deren Inhalt zum Teil auf griechischen Klassikern beruhte, ins Lateinische übersetzt wurden und so die neue Grundlage für die europäische Medizin bildeten. In Salerno (Süditalien) entstand wahrscheinlich im 11. Jahrhundert die erste christliche Medizinschule in Europa, wobei Laien die Strukturen der ärztlichen Ausbildung errichteten. Ihrem Beispiel folgte als Konkurrentin die Schule von Montpellier im 12. Jahrhundert.

Wiederum eine neue Ära brach an, als die Universitäten entstanden, wobei auch Montpellier 1220 ein Universitätsprivileg erhielt. In der Regel mußten Ärzte nun zwei Jahre auf der Artistenfakultät (artes liberales) absolvieren, dann drei Jahre bis zum Baccalaureus an der Medizinischen Fakultät und noch einmal zweieinhalb Jahre bis zum Licentiat, dann folgten noch drei Jahre bis zum Doktorgrad. In Montpellier mußte ein Baccalaureus ein sechsmonatiges Praktikum bei einem Arzt nachweisen, in Paris, wo die Ausbildung unter kirchlicher Kontrolle stand, mußte man entweder zwei Sommer lang bei einem Meister des Arzthandwerks in Paris oder zwei Jahre außerhalb von Paris gearbeitet haben.

Die studierten Ärzte nannten sich Magister oder Physikus, da aber andere Heilkundige auch unter der Bezeichnung „Magister" tätig waren, legten die Ärzte immer mehr Wert darauf, mit einem Doktortitel abzuschließen. Als „Doctores medicinae" konnten sie an der Universität dozieren, näher lag es aber, daß sie eine Anstellung als Leibärzte hochgestellter Persönlichkeiten erhielten. Auf jeden Fall war mit dem Doktortitel eine bessere gesellschaftliche Stellung verbunden. Das lag auch daran, daß die Zahl der so gut Ausgebildeten nicht sehr groß war, besonders nicht in Mitteleuropa. Anfangs absolvierten die dort praktizierenden Ärzte in Ermangelung eigener Universitäten mit medizinischer Fakultät ihre Ausbildung in Frankreich und

---

4 Vgl. dazu den oben genannten Artikel von *Gerhard Baader* im Lexikon des Mittelalters, außerdem *Johannes Duft*, Notker der Arzt. Klostermedizin und Mönchsarzt im frühmittelalterlichen St.Gallen 1972; *Heinrich Schipperges*, Die Benediktiner in der Medizin des frühen Mittelalters, München 1974.

5 Der St.Galler Klosterplan gilt als Idealplan einer Klosteranlage des 8./9.Jahrhunderts, vgl. *Konrad Hecht*, Der St.Galler Klosterplan, Sigmaringen 1983; *Heinrich Schipperges*, Die Kranken im

Italien, aber auch später galt vor allem ein Studium in Italien, speziell z.B. in Padua, als besonders erfolgversprechende Qualifikation.

Dies bezieht sich allerdings nur auf den gesellschaftlichen Aufstieg. Beim Volk waren die studierten „Buchärzte", die zum Teil hohe Bezahlungen verlangten, nicht gleichermaßen geschätzt. Sie vertrauten mehr den Empirikern. Dazu gehörten die handwerklich kunstfertigen Wundärzte (Scherer), Barbiere, Bader, Hebammen, weise Frauen, Heilpraktikerinnen, Apotheker, fahrende Heilkundige wie Zahnbrecher, Starstecher, Bruch- und Steinoperateure, Quacksalber, Schäfer, Schmiede und Henker. Die medizinischen Fakultäten und die studierten Ärzte versuchten, diesen Menschen die Ausübung der Medizin zu verbieten. Nur den studierten Ärzten sollte die Ausübung der medizinischen Praxis vorbehalten sein. Ausnahmen bildeten lediglich die Wundärzte als handwerklich ausgebildete Chirurgen[6] und die Geburtshilfe, die in den Händen der Hebammen und weisen Frauen unter Aufsicht von Ärzten lag. Eine generelle Einschränkung der anderen Heilkundigen gelang jedoch niemals, da die Zahl der offiziell anerkannten Ärzte klein und die Anerkennung des Volkes gering war.

Um diese wenigen offiziell anerkannten Ärzte bemühten sich neben den bereits genannten hochgestellten Persönlichkeiten wie Päpsten, Königen, Bischöfen und Grafen vor allem die im Stadtrat versammelten führenden Bürger der spätmittelalterlichen Städte Mitteleuropas. In diesen Städten hatten sich durch die zunehmende Zahl von Einwohnern neuartige Probleme im Bereich der Gesundheitsversorgung ergeben, die auf dem Land meistens in den Händen von heilkundigen Empirikern lag. Seit dem späten 13. Jahrhundert war das Bewußtsein der Verantwortung für das Allgemeinwohl in den Städten so weit gekommen, daß man wie in Italien Stadtärzte anstellte[7]. Diese Ärzte wurden durch einen Eid zum Dienst an den Bürgern der Stadt verpflichtet und waren neben anderen Ärzten und den besagten Heilkundigen tätig. Sie durften ihre Stellung nicht ohne Erlaubnis des Stadtrates verlassen. In der Regel war nur ein Stadtarzt angestellt, aber in größeren Städten wurden bald zwei oder drei nötig. Dabei legten die Städte großen Wert auf die Qualifikation ihrer Stadtärzte. Je attraktiver und reicher die Stadt war, desto eher konnte sie einen bedeutenden Arzt gewinnen. Dieser war nicht nur wichtig für das Allgemeinwohl der Stadt, sondern auch für das Image. Dies zeigte sich z.B. darin, daß benachbarte Städte und Adelige oder sogar Landesherren solche Ärzte gern von den Städten bei gefährlichen Erkrankungen ausliehen.

Mittelalter, 2.Aufl. München 1990, S.175ff.; *Werner Jacobson*, Der Klosterplan von St. Gallen und die karolingische Architektur, Berlin 1992.

6 Die Chirurgen entwickelten sich in der Regel aus dem Beruf der Scherer/Barbiere. Sie waren meistens zünftisch organisiert. In Paris gab es spätestens seit 1258 eine Ausbildungsstätte, die mit der Universität konkurrierte, aber eben empirisch gebildete Wundärzte ausbildete. Aus ihnen rekrutierten sich meistens die Stadtärzte nördlich der Alpen. Das gilt nicht nur für das Mittelalter vgl. z.B. *Manfred Stürzbecher*, Über die Stellung und Bedeutung der Wundärzte in Greifswald im 17. und 18. Jahrhundert, Wien 1969; *Karl-Ludwig Sailer*, Die Gesundheitsfürsorge im alten Bamberg, Diss.med. Erlangen 1970, S.27-53 Die Wundärzte; *Sabine Sander*, Handwerkschirurgen. Sozialgeschichte einer verdrängten Berufsgruppe, Göttingen 1989.

7 Als erste Stadt wird Wismar 1281 erwähnt, dann Konstanz 1312. Vgl. mehr dazu in *Alfons Fischer*, Geschichte des deutschen Gesundheitswesens, Band I, Berlin 1933, S.78ff.; *Wilhelm Steinhilber*, Das Gesundheitswesen im alten Heilbronn 1281-1871. Heilbronn 1956, S.115ff.; *Rudolf Schmitz*, Stadtarzt - Stadtapotheker im Mittelalter, in: *Bernhard Kirchgässner/Jürgen Sydow* (Hrsg.), Stadt und Gesundheitspflege (Stadt in der Geschichte Band 9) Sigmaringen 1982, S.9-25; zu Europa *Andrew W. Russell* (Hrsg.), The Town and the State Physician in Europe from the Middle Ages to the Enlightenment, Wolfenbüttel 1981.

Innerhalb der Städte, in denen sie angestellt waren, betrieben sie normalerweise eine private Praxis und hatten die ihnen übertragenen Aufgaben zu übernehmen, wie die Visitation der Apotheken, die Ausbildung und Prüfung der Hebammen, die Leitung der Lepraschau und Beratung des Rates der Stadt in Fragen der öffentlichen Gesundheit. Die Bewältigung dieser vielfältigen Aufgaben gelang in normalen Zeiten recht gut, allerdings stellten die verheerenden Seuchenzüge seit dem 14. Jahrhundert dieses System und besonders die Ärzte vor eine kaum lösbare Aufgabe.

2. Die Pest

Mit dem Namen „Pest" wurden schon in der Antike Infektionskrankheiten bezeichnet, die eine große Zahl von Todesopfern forderten. Nur in wenigen Fällen handelt es sich wirklich um die Pest wie z. B. bei der großen Pest der Spätantike zur Zeit Justinians, die als Justinianische Pest (541-542) in die Annalen einging. Bis zur Großen Pest oder dem Schwarzen Tod des 14. Jahrhunderts gibt es für das Mittelalter nur wenige Nachrichten über Pestzüge[8]. Sicher ist, daß der Schwarze Tod 1347ff. in seiner Art völlig unbekannt für die Europäer war. Das erklärt auch die Überreaktionen der Menschen und den daraus folgenden Verlust aller Werte.

Nach dem Schwarzen Tod folgte eine Pestwelle nach der anderen, Deutschland und Frankreich blieben kaum ein Jahr verschont, der Höhepunkt lag zwischen 1560 und 1640, nach 1720 nahm die Aktivität rapide ab. Die Hintergründe dafür sind bis heute nicht eindeutig erklärt. Allgemein wird eine zunehmende Steinbebauung, oft nach großen Bränden oder in Gebieten von Holzknappheit eine wesentliche Rolle gespielt haben, zusammen mit hygienischen Maßnahmen aller Art und der Zurückdrängung von Ratten im engsten menschlichen Lebensraum[9]. Gezielt gegen die Pest waren die Maßnahmen nur zum Teil, denn den Übertragungsweg selbst hatte man nicht erkannt, nur daß eine Übertragung stattfand, deshalb tauchte auch später die Bezeichnung „contagion" für die Pest auf.

---

8 Auf die ausführliche Debatte, welche Nachrichten über die Pest real sind, möchte ich nicht eingehen, dazu sei auf die folgenden Angaben verwiesen. Aus der umfangreichen Forschungsliteratur zur Pest führe ich nur einige Titel an: *Hugo Kupferschmidt*, Die Pest in der medizinischen Fachliteratur 1879-1985, eine Bibliographie, Zürich 1987. *Georg Sticker*, Abhandlungen aus der Seuchengeschichte und Seuchenlehre, Band I, Die Pest. Gießen 1908-1910; *Jean-Noel Biraben*, Les hommes et la peste en France et dans les pays européens et méditeranéens, Tome I et II, Paris-Den Haag 1975/76; *Neithard Bulst*, Der Schwarze Tod. Demographische, wirtschafts- und kulturhistorische Aspekte der Pestkatastrophe von 1347-1352. Bilanz der neueren Forschung, in: Saeculum 30, (1979), S.45-67; *Daniel Williman* (Hrsg.), The Black Death: The Impact of the Fourteenth-Century Plague, New York 1982; *Hans-Peter Becht*, Medizinische Implikationen der historischen Pestforschung am Beispiel des „Schwarzen Todes" von 1347/51, in: *Bernhard Kirchgässner/Jürgen Sydow* (Hrsg.), Stadt und Gesundheitspflege (Stadt in der Geschichte 9), Sigmaringen 1982, S.87-94; *Robert S. Gottfried*, The Black Death, London 1984; *Thomas Rahe*, Demographische und geistig-soziale Auswirkungen der Pest von 1348-1350, in : Geschichte in Wissenschaft und Unterricht (GWU) 35 (1984), S.125-144; *Erwin Schimitschek/Günter T. Werner*, Malaria, Fleckfieber, Pest. Auswirkungen auf Kultur und Geschichte, Stuttgart 1985; *Gundolf Keil*, Seuchen des Mittelalters, in: *Bernd Hermann* (Hrsg.): Mensch und Umwelt im Mittelalter, Stuttgart 1986, S. 109-128; *Jacques Ruffié/Jean-Charles Sournia*, Die Seuchen in der Geschichte der Menschheit, Stuttgart 1987; *Neithard Bulst/Jacques Delort* (Hrsg.), Maladie et Société XIIe-XVIIIe siécles), Paris 1989; *Manfred Vasold*, Pest, Not und schwere Plagen, München 1991; *Klaus Bergdolt*, Der Schwarze Tod in Europa. Die große Pest und das Ende des Mittelalters, München 1994; *Hans Wilderotter* (Hrsg.), Das große Sterben. Seuchen machen Geschichte, Austellungskatalog Deutsches Hygiene-Museum Dresden, Berlin 1995, *Dinges, Martin* (Hrsg), Neue Wege in der Seuchengeschichte, Stuttgart 1995; *Stefan Winkle*, Geißeln der Menschheit. Eine Kulturgeschichte der Seuchen, München 1997.

9 *Peter Paul Huttmann*, Die Pest in Aachen und Umgebung, Diss.med. Aachen 1987, S.6ff. lehnt die Rattentheorie (Verdrängen der schwarzen Hausratte durch die graue Wanderratte) ab. Seine Hauptthese nach *Schmitz-Cliever* beruht darauf, daß nach großen Stadtbränden Steinhäuser errichtet wurden, die zur Verdrängung der Ratten und besserer Hygiene führten. Als Beispiele führt er u.a. Aachen, London und Kronstadt an.

Sicher ist, daß der Erreger erst 1894 durch Kitasato und Yersin unabhängig voneinander entdeckt wurde[10]. Daher erhielt der Erreger den Namen *Yersinia pestis*, ein plumpes unbegeißeltes Stäbchen (Bakterium), 1-2 (mikro)millimeter lang. In kochendem Wasser stirbt der Erreger in wenigen Minuten. Übertragen wird er nicht von Mensch zu Mensch, sondern durch den Stich eines infizierten Flohs (Ratten-/Menschenfloh), der vorher seinen Platz auf Nagetieren hatte[11]. Bei der Bubonenpest treten dann Schwellungen der Lymphknoten (Bubonen) auf, die nach Vereiterung durch die Haut brechen können. Die Blutungen im Bereich der Haut und inneren Organe zeigen eine schwarz-rötliche bis pechschwarze Verfärbung, daher der Name „Schwarzer Tod".

Während die Bubonenpest eine Sterblichkeit von ca. 60%-70% aufweist, kann sich aus ihr die Lungenpest entwickeln, die durch Tröpfcheninfektion von Mensch zu Mensch übertragen werden kann. Ihre Sterblichkeit liegt nach wenigen Tagen bei 90%-100 %.

Aufgrund typischen Verlaufs ließen sich die Pestbeschreibungen vergangener Zeiten analysieren und die wirkliche Pest diagnostizieren. Dazu gehörten als hervorstechende Merkmale die Lymphknotenschwellungen (Bubonen) und Letalität über 60%; dazu Lungenblutungen und hohe Letalität bei kurzer Krankheitsdauer bei Lungenpest; oft ging einer Epidemie ein Sterben unter Nagetieren voraus. Kommen diese Fakten in den Beschreibungen vor, kann man in der Regel von der Pest ausgehen, wobei auch dann die Vermischung von mehreren Krankheiten bei einem solchen Seuchenzug normal ist.

Die Augenzeugen des 14. Jahrhunderts waren vor allem von der Brutalität der Krankheit und dem Massensterben beeindruckt, daher tauchen auch die Bezeichnungen „das große Sterben" oder „sterbsleuft" auf. Sie suchten nach Erklärungen und verfielen als erstes auf eine Strafe Gottes. Dies hatte lange Tradition. Schon Homer hatte in der „Ilias" geschrieben, daß der Gott Apoll die Pestpfeile ins Heer der Griechen vor Troja schickte. Nach dem Alten Testament (David 7, 28) spannte Gott selbst den Bogen, um zu strafen. Angesichts dieser Bedrohung infolge der Erbsünde formierten sich in Mitteleuropa Gruppen von Männern, die als Geißler[12] durch die Gegend zogen. Ihr Umzug dauerte in Anlehnung an das Leben Christi 33 1/2 Tage. Sie geißelten sich auf öffentlichen Plätzen, Frauen waren nicht beteiligt. Als die Bewegung ausartete, wurde sie von der Kirche verboten. Während der Umzüge kam es in manchen Gebieten bei der Suche nach Sündenböcken zu massiven Verfolgungen von Leprakranken und Juden, denen man die Vergiftung von Brunnen vorwarf. Verfolgt wurden später auch sogenannte Pestschmierer, denen man unterstellte, daß sie die Krankheit durch Salben und Mixturen, mit denen sie u.a. Hauswände bestrichen, verbreiteten.

10 Zu der Geschichte der Entdeckung des Erregers und dem Verlauf der Krankheit vgl. *Wilhelm Knapp*, Die Pest, in: *A.Grumbach/W.Kikuth*, Die Infektionskrankheiten des Menschen und ihre Erreger, 2.Aufl.,Band 2, Stuttgart 1969, S.1000-1001; *Heinz-Eberhard Krampitz*, Pest, in: *O.Gsell/W.Mohr*, Infektionskrankheiten, Band 2, Teil 1, Berlin-Heidelberg-New York 1968, S.326-328; Pschyrembel. Klinisches Wörterbuch, 257. Aufl., Berlin-New York 1994, S.1177.

11 *Huttmann* (wie Anm.9), S.3 verweist darauf, daß der Pestbazillus auch in Fliegen nachgewiesen werden konnte, die in Yersins Labor starben, in Flöhen, die auf toten Ratten gesessen hatten, und in Ameisen, die von toten Ratten gefressen hatten.

12 Über die Zusammenhänge von Pest, Geißlerzügen und Judenverfolgungen liegt das wichtigste Werk von *Frantisek Graus* vor „Pest, Geißler, Judenmorde" (Veröff.d.Max-Planck-Instituts f.Geschichte 86), Göttingen 1987; vgl. auch den Artikel „Flagellanten", in: Lexikon des Mittelalters, Band IV, Sp.510-512. Neuerdings konnte *Klaus Arnold* für Würzburg nachweisen, daß sich dort die Juden in der angeheizten Atmosphäre aus Angst vor Verfolgung selbst verbrannten, die Geißler danach auftraten und die Pest gar nicht ausbrach, vgl. *Klaus Arnold*, Pest-Geißler-Judenmorde. Das

Abb.1. Selbstgeißelung, Holzschnitt von Albrecht Dürer aus dem Jahr 1510.

Da nach christlicher Lehre nur eine Strafe Gottes vermutet werden konnte, reagierten die Menschen vor allem mit nach außen getragener Frömmigkeit. Dazu gehörten Prozessionen, die natürlich zu einer weiteren Verbreitung der Seuche führten und Gebete zu speziellen Heiligen. Zuständig für die Pest waren vor allem Sebastian, der sein Martyrium durch Pfeile erlitten hatte, und Rochus, der im 14. Jahrhundert in Italien Pestkranke gepflegt hatte[13], später kam der Erzbischof von Mailand Carolo Borromeo (1538-84; 1610 heiliggesprochen) hinzu.

Die Mediziner und andere Gelehrte suchten eine Erklärung in der Konstellation der Planeten, die ein solches Sterben bewirkten und in Verbindung gesetzt wurden zu der Hypothese von einem vergifteten Dunst in der Luft, der wie in einer Wolke die Pest mit sich trug. Ein Anklang an die Miasmen-Theorie der Antike[14]. Die Medizinische Fakultät der Pariser Universität stellte im Auftrag des Königs ein Pest-

---

Beispiel Würzburg, in: *Dieter Rödel/Joachim Schneider* (Hrsg.), Strukturen der Gesellschaft im Mittelalter, Wiesbaden 1996, S.358-369.

13 Zur Pest und auch ihren Heiligen vgl. den Artikel „Pest" in: Lexikon des Mittelalters, Band VI, Sp.1915-1921; *Heinrich Dörmeier*, St.Rochus, die Pest und die Imhoffs in Nürnberg vor und während der Reformation, in: Anzeiger des Germanischen Nationalmuseums 1985, S.7-71; *Neithard Bulst*, Heiligenverehrung in Pestzeiten. Soziale und religiöse Reaktionen auf die spätmittelalterlichen Pestepidemien, in: Mundus in imagine. Bildersprache und Lebenswelten im Mittelalter. Festgabe *Klaus Schreiner*, München 1996, S.63-97.

14 Das sogenannte „Pesthauchmodell" von dem umbrischen Arzt Gentile da Foligno besagte, daß krankmachende Ausdünstungen von Meer und Land in die Luft gesogen und auf die Menschen zurückgeschleudert würden. Die giftigen Dämpfe sammelten sich in Herz und Lunge, die ausgeatmete Luft infiziere die nächste Umgebung; vgl. *Klaus Bergdolt*, Die Pest 1348 in Italien. 50 zeitgenössische Quellen. Mit einem Nachwort von *Gundolf Keil*, Heidelberg 1989, S.154.

gutachten (1348) auf[15], in dem alle diese Hypothesen gesammelt sind. Man muß berücksichtigen, daß dies nach damaligen Erkenntnissen durchaus als gesichert galt. Verbunden waren diese Urteile mit den Ratschlägen, wie z.B. möglichst schnell zu entfliehen, wenn man aber dableibe, Fenster nur nach Norden zu öffnen und die eingeatmete Luft durch Duftstoffe zu reinigen.

Die Obrigkeit reagierte zuerst im Mittelmeerraum, von wo aus sich die Pest ausgebreitet hatte. Man hatte die Ansteckungsgefahr erkannt, ohne die Kenntnis der wahren Hintergründe, und erließ schon recht erfolgreiche Maßnahmen zur Vorbeugung und Isolierung. Die Behörden in Venedig regelten schnell nach Ausbruch der Krankheit die Massenbestattungen, ließen herumliegende Tierkadaver beseitigen, die Kranken isolieren und führten die Meldepflicht für Erkrankte ein[16]. In Reggio/ Emilia (1374), Ragusa (1377) wurden die ersten Vorschriften zur „Quarantäne" erlassen, die in Marseille 40 Tage umfaßte und für die 1383 in Mailand erstmals der Begriff „quarantena" verwendet wurde. Besonders Schiffe und ihre Waren wurden kontrolliert, Kleider und Waren geräuchert. Etwas länger dauerte es dagegen mit der Errichtung von besonderen Häusern zur Absonderung der Kranken. Erst 1423 wird als erstes ein älteres Spital in Venedig als ständiges Pesthaus umfunktioniert[17], später werden einzelne Inseln der Stadt dazu verwendet, andere italienische Städte folgten, so wird 1488 in Mailand ein neues großes „lazaretto"[18] gebaut, das 269 Einzelzellen umfaßte. Im Deutschen Reich wurde 1480 in Nürnberg das St.Sebastian-Lazarett von einem reichen Bürger gestiftet, allerdings wurde es erst 1528 fertiggestellt[19], einige andere Städte folgten[20].

In diesen Häusern wurden die Kranken isoliert, bei der großen Zahl der Kranken reichten diese bei weitem nicht aus. In Mitteleuropa war sowieso die Versperrung des Hauses, in dem die Krankheit ausbrach, die übliche Maßnahme. Dabei wurden die Häuser mit Zeichen versehen und zusätzlich Wachen aufgestellt, damit die Bewohner das Haus nicht verließen. In dieselbe Richtung gingen die Versperrung der Stadttore und Ausstellung von Gesundheitspässen. Man wollte nur Personen und Waren in die Städte lassen, die unbedenklich waren. Auch bei Einrichtung dieser Maßnahme liegen die italienischen Städte, Venedig hatte schon 1348 den ersten „Pest-

15 Das Pariser Pestgutachten hatte eine Vorbildfunktion und wirkte in vielen späteren Schriften wie Pesttraktaten, Pestconsilia und Pestregimina nach; vgl. *Klaus Bergdolt* (wie Anm.8), S.24f.; *Rudolf Sies*, Das Pariser Pestgutachten von 1348 in altfranzösischer Fassung (Würzburger Medizinhistorische Forschungen Band 7), Würzburg 1977.

16 *Klaus Bergdolt* (wie Anm.8), S.26 betont, daß man diese Maßnahmen bewundern muß, da sie in die richtige Richtung zielten, ohne die Ursache der Pest zu kennen.

17 Eine Übersicht über die Entstehung der italienischen Pesthäuser als Teil des Kampfes gegen die Seuche liefert *Martin Dinges*, Süd-Nord-Gefälle in der Pestbekämpfung, Italien, Deutschland und England im Vergleich, in: *Wolfgang Eckart/Robert Jütte* (Hrsg.), Das europäische Gesundheitssystem, Stuttgart 1994, S.28. Über die Anfänge des Pesthauses in Venedig berichtet *Klaus Bergdolt*, Hospize, Lazarette und Krankenhäuser in Venedig - ein historischer Abriß, in: Historia Hospitalium 19, 1993-95, S.77ff.

18 *Klaus Bergdolt* (wie Anm.17), S.78 geht davon aus, daß das Wort „Lazaretto" etymologisch aus einer Verschleifung im venezianischen Dialekt stammt, bei der die beiden Inselnamen San Lazzaro und Santa Maria di Nazaret zusammengeführt wurden.

19 Über die Stiftung des reichen Bürgermeisters Conrad Toppler und den Bau des Lazaretts vgl. *Dieter Jetter*, Geschichte des Hospitals Band 1, Westdeutschland von den Anfängen bis 1850 (Sudhoffs Archiv Beihefte 5), Wiesbaden 1966, S.43f. Über die Funktion des Lazaretts in den späteren Pestzügen vgl. *Ulrich Knefelkamp*, Das Heilig-Geist-Spital in Nürnberg vom 14.-17.Jahrhundert, Nürnberg 1989, S.301ff.

20 Über die weiteren Pesthäuser, die in Deutschland insgesamt nicht so zahlreich waren, vgl. *Dieter Jetter* (wie Anm.19); *Martin Dinges* (wie Anm 17), S.29 gibt eine Übersicht; dazu z.B. *Ute Weyand*, Neue Untersuchungen über Lepra- und Pesthäuser in Westfalen und Lippe, Diss.med. Bochum 1983.

brief", zeitlich weit vor den mitteleuropäischen, die oft erst im 17. Jahrhundert dazu übergingen[21] .

Dasselbe gilt für die Anstellung von Ärzten als vorübergehende oder fest installierte „Pestbehörde". Dies konnten einzelne Personen bei kleinen Städten oder mehrere in größeren Städten sein. Dies geschah in Italien etwa 1450-1470[22] und im Deutschen Reich 1560-1600. Diese Institution konnte nun bei einer Pestwelle entsprechende Maßnahmen erlassen und die medizinische Kontrolle ausüben, zu den Aufgaben gehörte auch die Anfertigung von Pestordnungen, die Hygienevorschriften enthielten und das Verhalten der Stadtbewohner bei Pest regelten. Sie wurden bei Ausbruch der Pest immer wieder in Kraft gesetzt, oft jahrhundertelang nur geringfügig verbessert.

In diesen Pestordnungen waren auch die Leichen- und Begräbnisordnungen enthalten. Oft waren die Pestzüge des 16. Jahrhunderts der Grund, sich im Verlauf der Reglementierung des Alltags durch Polizeiordnungen[23] vor allem mit den Toten zu befassen. Denn die Zahl der Toten war so groß, daß alle Tradition zusammenbrach. Bis heute sind keine genauen Zahlen über die Verluste ermittelt worden. Man spricht für Europa von einem Bevölkerungsverlust von 25-30%, von Stadt zu Stadt und Region zu Region unterschiedlich. Diese Zahl gilt sowohl für den Schwarzen Tod von 1347-1352 wie auch für einige regionale Pestzüge bis ins 18. Jahrhundert. Am besten erfaßt sind die Zahlen in der Frühphase in England, wo seit der Mitte des 15. Jahrhunderts Pfarrbücher (Totenbücher) angelegt wurden[24] . In manchen Städten Mitteleuropas sind die Sterbezahlen für Berufsgruppen erfaßt, besonders betroffen waren Kleriker[25] und pflegendes Personal. In manchen Stadtvierteln war die Bebauung sehr eng, die hygienischen Verhältnisse waren entsprechend. Dadurch waren es in der Regel die ärmeren Schichten, die in größeren Mengen starben[26].

Die große Zahl der Toten stellte die Stadtverwaltungen vor schwierige Probleme, die durch spezielle Begräbnisordnungen bei Pest gelöst werden sollten. Damit die Ansteckungsgefahr möglichst gering gehalten wurde, sollten die Toten z.B. morgens um fünf Uhr und abends um sechs Uhr aus den gekennzeichneten Häusern

---

21 *Martin Dinges* (wie Anm.17), S.34. Vgl auch die späten Maßnahmen z.B. der Stadt Bern bei *Antoinette Stettler*, Gesundheitspolitische Maßnahmen der Stadt Bern im 17. und beginnenden 18.Jahrhundert, in: *Bernhard Kirchgässner/ Jürgen Sydow*, Stadt und Gesundheitspflege (Stadt in der Geschichte 9), Sigmaringen 1982, S.59-77; z.B. der Stadt Münster bei *Gerd Dethlefs*, Pest und Lepra. Seuchenbekämpfung in Mittelalter und früher Neuzeit (Geschichte original am Beispiel der Stadt Münster 16), Münster 1989.

22 In Italien waren dies regelrechte Beamte, während im Deutschen Reich Mediziner ein Kollegium bildeten.

23 Im 16. Jahrhundert begann man verstärkt, die Untertanen durch Polizeiordnungen zu disziplinieren, dazu gehörte auch die Einschränkung von Luxus bei Hochzeiten oder Leichenbegängnissen. Vgl. dazu *Werner Buchholz*, Die Anfänge der Sozialdisziplinierung im Mittelalter. Die Reichsstadt Nürnberg als Beispiel, in: Zeitschrift für Historische Forschung (ZHF) 18, 1991, S.124-147; *Siegfried Breuer*, Sozialdisziplinierung. Probleme und Problemverlagerung eines Konzepts bei Max Weber, Gerhard Oestreich und Michel Foucault, in: *Sachsse/Tennstedt*, Soziale Sicherheit und soziale Disziplinierung, 1986, S.45-69. Vgl. außerdem *Franz J. Bauer*, Von Tod und Bestattung in alter und neuer Zeit, in: Historische Zeitschrift (HZ) 254 (1992), S.1-31.

24 Vgl. den Abschnitt bei *Klaus Bergdolt* (wie Anm.8), S.86ff.

25 Die einzige Untersuchung , die sich mit den Verlusten der Kleriker ausführlich befaßt, hat vorgelegt *Bernd Ingolf Zaddach*, Die Folgen des SchwarzenTodes für den Klerus Mitteleuropas (Forschungen zur Sozial- und Wirtschaftsgeschichte 17) Stuttgart 1971. Aufschluß bietet auch die Arbeit über Barcelona: *Richard F. Gyug*, The Diocese of Barcelona during the Black Death. The Register Notule Communium 15 (1348-1349), (Subsidia Mediaevalia 22), Toronto 1994 und *William J. Dohar*, The Black Death and pastoral leadership, Philadelphia 1995.

26 Die quantitative Analyse von *Edward A.Eckert*, The Structure of Plague and Pestilences in Early Modern Europe, Basel 1996 verdeutlicht dies; vgl.u.a. auch *Antoinette Stettner* (wie Anm. 21), S.70.

getragen werden. Die Überlebenden wurden durch Glockenzeichen gewarnt. Probleme bereiteten die Träger. In Heilbronn[27] verpflichtete der Rat 1564 die Zünfte dazu, die Träger zu stellen. Den Männern, die sich auf öffentlichen Aufruf hin zur Verfügung stellten, ließ man einen entsprechenden Lohn als Anreiz zahlen. Gerade hier aber meldeten sich kriminelle Elemente, die die Gelegenheit zur Plünderung der Häuser nutzten, in denen entweder niemand oder nur noch geschwächte Menschen wohnten. Den Weg bis zu den Beerdigungsplätzen legten die Träger mit einem Wagen zurück, auf dem die Leichen transportiert wurden[28]. Nach der Jahrhundertwende hatte man im 16. Jahrhundert in manchen Städten bereits begonnen, die Friedhöfe sowieso schon außerhalb des Stadtkerns zu legen, bei Pestzügen wurden darüber hinaus Gruben ausgehoben, in die man die Leichen legte und mit Kalk bewarf. Die Zahlenangaben der Toten pro Grube schwanken von 25 - 50 oder sogar weit über 100. Geistliche und Anverwandte waren in der Regel nicht mehr dabei, die Gesellschaft entledigte sich der Toten ohne traditionelles christliches Ritual.

Dieses Szenario von Pestwellen hielt Europa ca. 400 Jahre lang in Angst[29]. Wie bereits erwähnt war die Pest nicht die einzige Infektionskrankheit mit tödlichem Ausgang. Meistens traten mehrere Krankheiten gleichzeitig auf, dazu gehörten seit dem 16. Jahrhundert vor allem fiebrige Typhuserkrankungen. Die Wahrscheinlichkeit, ein hohes Lebensalter von 60/70 Jahren zu erreichen, war relativ gering. Das ständige Sterben in Familie und Lebenswelt prägte die Mentalität der Menschen, nur die Hoffnung auf ein Leben im Jenseits machte das Diesseits erträglich. Trotzdem gaben viele, vor allem die Wohlhabenderen, nicht die Hoffnung auf, ihr Leben im Diesseits verlängern zu können. Die erste Reaktion auf die Pest war daher in der Regel die Flucht[30]. Eine Möglichkeit, die den Ärzten durch ihre Berufsethik[31] und den Stadtärzten noch einmal durch ihren Eid versagt war. Im folgenden soll untersucht werden, wie sich Ärzte vom 14.-18. Jahrhundert angesichts der Pest verhalten haben.

---

27 *Wilhelm Steinhilber* (wie Anm.7), S.341.

28 Um die Toten nicht ohne jegliche Zeremonie unter die Erde zu lassen, bildeten sich Bruderschaften wie Sebastianbruderschaft und Alexianer, die speziell Pestkranke und Pesttote betreuten.

29 Über die verschiedenen Ängste, in denen die Menschen des Abendlandes lebten, hat *Jean Delumeau* ein wichtiges Buch geschrieben „Angst im Abendland", 2. Bände, Reinbek bei Hamburg 1985. Die Pest wird in Band 1, S. 140-199 behandelt. Zuletzt hierzu, *Peter Dinzelbacher*, Angst im Mittelalter. Teufels-, Todes- und Gotteserfahrung: Mentalitätsgeschichte und Ikonographie, Paderborn 1996 und *Georges Duby*, Unseren Ängsten auf der Spur. Vom Mittelalter bis zum Jahr 2000, Köln 1996. Vgl auch die Ausführungen von *Robert E. Lerner*, The Black Death and Western European Eschatological Mentalities, in: American Historical Review 86, 1981, S.533-552; *Gerd Göckenjan*, Das Pest-Regiment. Zu welchem Zweck Seuchen über die Menschen kommen, in: Kursbuch 94, 1988, S.68-86.

30 Über die Hoffungen der Menschen und die Flucht vgl. *Joachim Wollasch*, Hoffnungen der Menschen in Zeiten der Pest, in: Historisches Jahrbuch der Görresgesellschaft 110 (1990), S.23-51; *Heinrich Dormeier*, Die Flucht vor der Pest als religiöses Problem in: *Klaus Schreiner* (Hrsg.), Laienfrömmigkeit im späten Mittelalter, 1992, S.331-397.

31 *Renate Wittern-Sterzel* (Erlangen-Nürnberg) wies in der Diskussion darauf hin, daß die Ärzte nach Hippokrates und der christlichen Weltanschauung den Sterbenden den Priestern zu überlassen hatten. Dagegen spricht allerdings die Caritas (Nächstenliebe), die bis zum letzten zum Ausharren verpflichtete, Ärzte konnten bei Fehlen des Priesters sogar die Sakramente erteilen.

3. Das Verhalten der Ärzte

Aufgrund der immer noch schlecht dokumentierten Quellenlage zur Geschichte der Pest in Europa werden in der folgenden Analyse nicht etwa die einzelnen Länder und Territorien Europas gegenübergestellt, sondern nur einige Städte. Denn nur auf diesem Gebiet lassen sich bei dem derzeitigen Stand der Forschung vorläufige Resultate erzielen[32]. Die hier herangezogenen Untersuchungsobjekte sind einige Städte, über die relativ viele Informationen über besonders verlustreiche Pestausbrüche in den einzelnen Jahrhunderten vorhanden sind. Dies kann nur als ein erster kleiner Schritt an der Oberfläche mit kurzen Einblicken in lokale Details verstanden werden, da viele Regionen und Städte noch nicht wissenschaftlich aufgearbeitet sind.

Das 14. Jahrhundert

Als grundlegendes Beispiel bietet sich für den Einstieg **Florenz** an. Denn Giovanni Boccaccio (1313-1375) liefert in seinem Werk „Decamerone" die berühmte und vielfach zitierte Schilderung der Zustände in Florenz zur Zeit des Schwarzen Todes. Sehr einprägsam schildert er die Erfolglosigkeit aller Bemühungen, die Seuche einzudämmen und den Verlust jeglicher Ethik bei den Bewohnern: „Während dieser Zeit des Elends und der Trauer war die ehrwürdige Macht der göttlichen und menschlichen Gesetze in unserer Vaterstadt fast völlig gebrochen und aufgelöst, da ihre Hüter und Vollstrecker gleich den übrigen Menschen entweder tot oder krank oder von ihren Untergebenen im Stich gelassen waren, so daß keiner seinen Dienst mehr versehen konnte und es jedem freistand, zu tun und zu lassen, was ihm gefiel....Lassen wir es noch hingehen, daß ein Bürger den anderen floh, daß kein Nachbar sich um den Nachbarn kümmerte und Verwandte einander selten, nie oder nur von ferne sahen. Doch der Schrecken dieser Heimsuchung hatte die Herzen der Menschen mit solcher Gewalt verstört, daß auch der Bruder den Bruder verließ, der Onkel den Neffen, die Schwester den Bruder und nicht selten auch die Frau ihren Mann. Das schrecklichste, ganz und gar Unfaßliche aber war, daß Väter und Mütter sich weigerten, ihre Kinder zu besuchen und zu pflegen, als wären es nicht die eigenen. So blieb für die unvorstellbare Menge der Männer und Frauen, die von der Krankheit ergriffen wurden, keine andere Hilfe als die Barmherzigkeit der Freunde - und deren gab es wenige - oder die Habsucht der Wärter, die für hohes Entgelt und unangemessenen Lohn die Pflege übernahmen. Doch selbst für schweres Geld waren nicht viele bereit zu kommen...."[33]. Er schreibt, daß es den Armen noch schlimmer erging, die oft einfach auf der Straße verendeten und morgens weggeräumt wurden. Nur wenige Tote[34] wurden von Klerikern begleitet, die meisten wurden in große Gruben geworfen, in denen mehr als 100 gelegen sein sollen.

Das Thema „Flucht" schneidet er ebenfalls an: „Einige folgten einem noch grausameren Gefühl, welches vielleicht das richtigere war: Sie behaupteten, daß es keine

32 *Martin Dinges* hat in seinem Beitrag (wie Anm.17) versucht, einen Vergleich in verschiedenen Ländern zu ziehen, ist dabei, wie zu erwarten war, über erste oberflächliche Ergebnisse nicht hinausgekommen.

33 *Giovanni Boccaccio*, Poesie nach der Pest. Der Anfang des Decameron. Vorrede. Erster Tag, ital.-deutsch, neu übersetzt u.erklärt von *Kurt Flasch*, Mainz 1992, S.226-228. Boccaccio beschreibt eine Gruppe von jungen Leuten, sieben Frauen und drei Männern, die sich vor der Pest aus der Stadt Florenz aufs Land flüchten und ihre Zeit mit Geschichtenerzählen verbringen.

34 *Norbert Ohler* zitiert ausführlich die Beschreibung von Boccaccio im Kapitel „Die große Pest" in seiner Darstellung, vgl. *Norbert Ohler*, Sterben und Tod im Mittelalter, München 1990, S.249ff.

bessere und verläßlichere Medizin gegen die Pest gäbe als die Flucht vor ihr. Aus diesem Grunde verließen Männer und Fauen, nur auf die eigene Rettung bedacht, ihre Vaterstadt, ihre Häuser und Wohnungen, ihr Hab und Gut und ihre Familie und begaben sich auf einen fremden oder bestenfalls auf den eigenen Landsitz. Als ob der entflammte Zorn Gottes, der beabsichtigte, mit dieser Pest die sündige Menschheit heimzusuchen, ihnen nach jenen Orten ihrer Zuflucht nicht zu folgen vermöchte, sondern nur jene zu vernichten drohe, die innerhalb der Stadtmauern zurückblieben, ja, als habe er gewissermaßen beschlossen, daß dort in der Stadt niemand verschont werden und für jedermann die letzte Stunde schlagen solle."

Leider erfährt man nichts über das Verhalten der Ärzte, obwohl auch bei einem Teil dieser Gruppe als Reaktion die Flucht naheliegt. Allerdings schätzt er Ärzte und Heilkundige nicht besonders hoch ein: „Gegen diese Erkrankung vermochte weder die Kunst der Ärzte noch die Kraft der Medizin irgend etwas auszurichten oder gar Heilung zu erzielen. Im Gegenteil, sei es, daß die Natur der Krankheit es nicht zuließ oder daß die Unwissenheit der Ärzte - deren Anzahl, neben den studierten, an Weibern wie an Männern, die niemals eine Lehre der Heilkunde durchgemacht hatten, ins Riesenhafte gestiegen war - die Ursache der Krankheit nicht erkannte und demzufolge kein wirksames Gegenmittel anzuwenden vermochte, es genasen nur wenige davon. Die meisten starben innerhalb von drei Tagen nach den ersten Anzeichen, der eine früher, der andere später, und viele sogar ohne jegliches Fieber oder sonstige Krankheitserscheinungen."

Wenn auch manche Forscher den Stellenwert des Boccaccio-Textes gering einschätzten, weil sie ihn als literarisch angesehen haben, zumal er von Thukydides[35] abgeschrieben haben könnte, so halte ich den Aussagewert der Stelle für wichtig. Er kann zwar von Thukydides beeinflußt worden sein, aber viele andere weniger gebildete Chronisten nach ihm, die weder Thukydides noch ihn kannten, haben die Reaktion der Menschen, vor allem jeglichen Verfall der Sitten, ähnlich beschrieben.

Boccaccio ist auch derjenige, der das Problem von Individuum und Gruppe aufgreift. Als die sieben Frauen überlegen, ob sie aus der Stadt fliehen sollen, meint Pampinea, die selbst von der Familie verlassen wurde, niemand könne die Fliehenden tadeln, jeder habe das natürliche Recht, sein Leben nach Kräften zu pflegen, zu erhalten und zu verteidigen, solange dadurch die Rechte anderer nicht verletzt werden (Boccaccio, Einleitung) [36].

Der ebenso berühmte Zeitgenosse und Freund Boccaccios Francesco Petrarca (1304-1374), der bei der Pest von 1348 seine große Liebe Laura verlor, hält nichts von den Ärzten seiner Zeit: ..." Ich habe auf die Medizin nie Wert gelegt, weil ich bisher von der Natur mit einer guten Gesundheit begünstigt wurde. Ihr Studium habe ich immer als für mich nutzlos abgetan. Mit Abscheu betrachte ich nicht nur die *Kunst*, sondern auch deren *Vertreter*, außer einigen wenigen, die mir teuer waren, weil sie wirklich die Bezeichnung 'Ärzte' verdienten".[37]

---

35 Diese Meinung vertreten u.a. *Huttmann* (wie Anm.9) und *Schimitschek* (wie Anm.8), dagegen *Bergdolt* (wie Anm.17).

36 *Renate Wittern-Sterzel* wies in der Diskussion dankenswerterweise darauf hin, daß viele oberitalienische Familien ihre Kinder auf verschiedene Landsitze verteilten, um so die Familie, also die Gruppe, am Leben zu erhalten.

37 Zitiert bei *Klaus Bergdolt*, Arzt, Krankheit und Therapie bei Petrarca, Weinheim 1992, S.118; dazu gehört auch Petrarcas Geschichte von den Ärzten, die ihn unbedingt kurieren wollten und erstaunt waren, daß er von selbst wieder gesund wurde.

Als nächstes Beispiel sei auf **Avignon**, die Residenz des Papstes im 14. Jahrhundert, verwiesen. Eine erste exakte Beschreibung des Schwarzen Todes und seiner typischen Merkmale, vor allem trennt er bereits diagnostisch die Bubonenpest von der Lungenpest, ist von dem berühmten Leibarzt des Papstes in Avignon, Guy de Chauliac (+1368)[38], erhalten. Er hatte in Toulouse, Montpellier, Paris und Bologna Medizin studiert und diente als weit geachteter Arzt nacheinander drei Päpsten. Neben der genauen Diagnose der Pest berichtet er auch über das Verhalten der Menschen im Jahr der Pest 1348. „Die Menschen starben ohne Dienste und wurden begraben ohne Priester, der Vater besucht nicht den Sohn, der Sohn nicht den Vater: die Caritas war tot, die Hoffnung lag danieder.....Die Seuche war für die Ärzte, die nutzlos waren, beschämend, da sie ja nicht wagten, die Kranken aufzusuchen, aus Angst vor Ansteckung, und wenn sie sie besuchten, nichts erreichten und nichts gewinnen konnten. Alle nämlich, die krank wurden, starben“ [39].

Zu den Verhaltensvorschriften, die Ärzte bei ihrem Krankenbesuch berücksichtigen sollten, gehörte es, daß der Kranke möglichst hoch liegen sollte, weil die giftigen Dämpfe nach oben steigen würden, daß Fenster geöffnet und duftende Kräuter zur Verdrängung der Gifte verbrannt werden sollten (Abb. 2).

Da die Ärzte in Avignon nichts ausrichten konnten, flohen sie mit den anderen Menschen. Guy de Chauliac hielt dies für mit seinem Berufsethos nicht vereinbar und floh nicht, sondern bekämpfte die Pest, soweit er konnte. Er soll an den Folgen einer Pesterkrankung gestorben sein. Immerhin hatte sein Rat Erfolg. Denn Papst Clemens VI. ließ sich in eine Kammer einschließen, in der ständig Feuer brannten. Er ließ Areale außerhalb der Stadt als Friedhöfe weihen, schließlich sogar die Rhone, um auch in sie Tote werfen zu können. Er sorgte für die Bezahlung derjenigen, die Kranke pflegten und ordnete an, daß Bischöfe den Krankenpflegenden sowie Totenträgern und -gräbern Ablaß ihrer Sünden erteilten[40].

In Florenz beschwerten sich ebenfalls Ärzte über die Angst und Flucht ihrer Kollegen. Von Anfang an wurde die Pest als hochansteckend eingeschätzt. Besonders betroffen waren die Gruppen der Ärzte, Priester und Notare, die zu den Kranken gerufen wurden. Daher flohen viele bereits bei den ersten Anzeichen genau wie ihre reichen Patienten und Klienten, die am meisten zu verlieren hatten. Meister Iacopo di Colluccino da Lucca z.B. aber blieb bei der Pest von 1373. Er schreibt selbst, daß er seine Freunde und Verwandte ohne Bezahlung behandelte, daß allein die Liebe zu ihnen ihn beflügelte auszuhalten[41].

Nach der Großen Pest der Mitte des 14. Jahrhunderts begann nun der jahrhundertewährende Kampf der Menschen gegen die Pest. Die Pest setzte sich in Europa fest und brach immer wieder in anderen Ländern los. Regionen, die bei dem ersten Zug verschont blieben, wurden in darauffolgenden Jahrzehnten von der Seuche durchzogen. Die Zahl der Opfer konnte in manchen Gebieten ebenfalls 30 %

---

38 Eine kurze Biographie ist im Lexikon des Mittelalters, Band IV, Sp. 1806 enthalten.

39 *Guy de Chauliac*, Chirurgia Magna, (1585), Nachdruck Darmstadt 1976, S.104, ein bedeutendes Lehrbuch mit großer Verbreitung. Dadurch wurde auch die Beschreibung der Pest häufig von anderen Ärzten gelesen. Eine weitere Schilderung der Verhältnisse in Avignon bei *A. Welkenhuysen*, La peste en Avignon (1348) décrite par un témoin oculaire, Louis Sanctus de Beringen (Edition critique, traduction, éléments de commentaire), in : Pascua Mediaevalia. Studies voor J.M.de Smet. Redaktie *R.Lievens, E.van Mingroot, W. Verbeke*, Leuven 1983, S.452-492.

40 *Bernd Ingolf Zaddach* (wie Anm.25), S.19 u.58-59.

41 *Katharine Park*, Doctors and Medicine in Early Renaissance Florence, Princeton 1985, S.83.

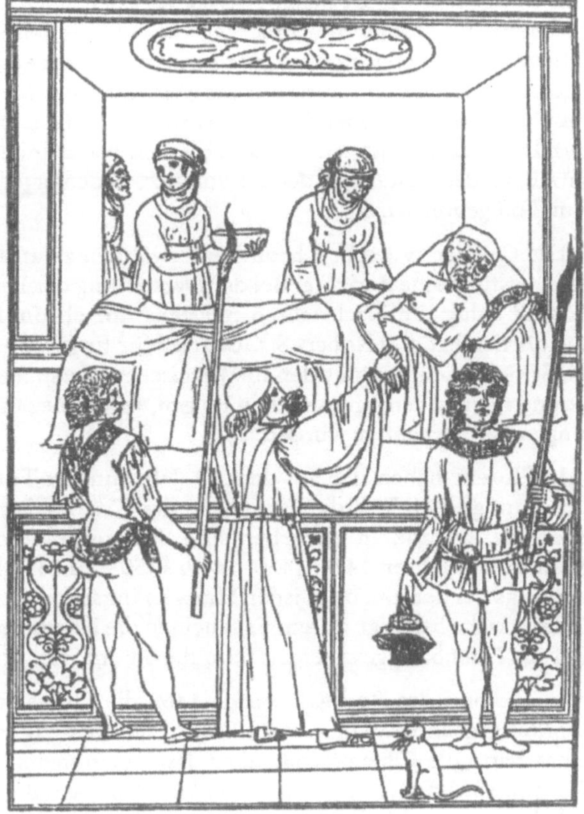

Abb. 2
Pflege eines Pestkranken. Aus dem Fasiculo di medicina vulgare, Venedig 1493.

oder mehr erreichen, aber generell wurden in Europa die großen Zahlen an Opfern nicht mehr erreicht[42].

Das 15. Jahrhundert

Das 15. Jahrhundert war geprägt von Pestwellen, die in unregelmäßigen Abständen z.B. 1449-1453, 1462-64, 1480-1486, 1494-99 durch Europa zogen, wobei man in manchen Regionen durchaus eine Regelmäßigkeit erkennen kann. Es gab inzwischen in ganz Europa viele Pestschriften[43], die nach damaligen Erkenntnissen Ursachenforschung betrieben und vor allem viele gute Ratschläge für Leib und Seele als Vorbeugemaßnahmen gaben. Darüber hinaus hatten die ersten Gegenmaßnahmen begonnen wie der Bau von Lazaretten in Italien und die Einstellung von Stadtärzten und Gesundheitsbehörden in Italien und Stadtärzten in Mitteleuropa, aber alles das

42 Das lag einerseits daran, daß die Bevölkerung in manchen Gebieten Europas nach und nach teilimmunisiert war gegen die Pest. Allerdings konnte sie dann in der nächsten Generation wieder erneut Opfer fordern. Andererseits konnte sich auch der Erreger verändern und mit neuer Kraft gegen die Menschen Europas vorgehen.

43 Eine Übersicht hat vor langer Zeit *Karl Sudhoff* erstellt: *Karl Sudhoff*, Pestschriften aus den ersten 150 Jahren nach der Epidemie des „schwarzen Todes“ 1348, in: Archiv für Geschichte der Medizin 17, 1925; vgl. auch z.B. für Spanien *María Nieves Sánchez* (Ed.), Tratados de la Peste, Madrid 1993.

blieb weitgehend ohne Folgen. Das lag vor allem auch an dem Phänomen der Flucht. Die Menschen flohen und brachten die Infektionen in die noch nicht infizierten Gebiete. Aber auch für dieses Jahrhundert läßt sich sagen, daß die Verlustzahlen im allgemeinen geringer waren. Für die Mentalität der Menschen angesichts der Geißel „Pest“ sind kennzeichnend die zunehmende Volksfrömmigkeit, die sich gegen den Verfall der Ethik entwickelte, und die sich wandelnde Einstellung zum Tod, sichtbar z.B. an der Gestaltung der Totentänze, in denen jeder ohne Ansehen des Standes vom Tod geholt wird.

Die Quellen wie z.B. Chroniken erwähnen zwar die Pest, aber es fehlen in der Regel ausführliche Berichte. Bei der Darstellung der Pestjahre in der Sekundärliteratur sind daher die Nachrichten meistens nur chronologisch zusammengetragen[44]. Ausführlich hat dies Robert S. Gottfried für England analysiert und dargestellt[45]. Er befaßt sich vor allem mit den medizinischen Versuchen zur Eindämmung der Seuche und mit den demographischen Folgen, wobei die saisonal klimabedingten Schwankungen berücksichtigt wurden[46].

In Florenz haben sich aus dem 15. Jahrhundert Totenbücher erhalten, in denen auch zum großen Teil die Diagnosen der Krankheiten aufgeschrieben wurden, an denen die Erkrankten gestorben sind. Daraus läßt sich ersehen, daß die Zahl der Opfer in den Jahren 1424, 1430, 1449, 1450 und 1457 besonders hoch ist[47]. Es fehlt allerdings bei den Büchern jeder Hinweis darauf, daß Ärzte an der Feststellung der Todesursache beteiligt waren. Es scheinen die Priester oder Totengräber, die Familie oder die Nachbarn gewesen zu sein, die die Informationen weitergaben[48].

In Freiburg im Breisgau wurde 1460 die Universität mit einer medizinischen Fakultät gegründet, deren erster Rektor ein Mediziner war[49]. Die Medizinische Fakultät hatte die Oberaufsicht über das Gesundheitswesen. Die Approbation und Niederlassung der Ärzte lag in ihren Händen, dazu die Aufsicht über die Apotheker und die anderen Heilkundigen in Freiburg. Allerdings ließ sich dieser Anspruch nicht in die Tat umsetzen, die empirischen Heilkundigen unterstanden zum Teil den Zünften. Ähnliche Funktionen hatten die Medizinischen Fakultäten in anderen Universitätsstädten. Wie in Paris 1348 galten sie als höchste Instanz für die Erklärung und Theorie von Krankheiten. Dies war besonders wichtig bei unbekannten Krankheiten oder Infektionskrankheiten. Allerdings flohen in den Jahren der Pest

44 Vgl. z. B. Stabsarzt *Hermann Schöppler,* Die Geschichte der Pest zu Regensburg, München 1914; *Hans-Ulrich Papke,* Die Pest in Frankfurt, Diss.med. Frankfurt am Main 1947; *Annemarie Hullmein,* Die Pest in Stadt und Land Oldenburg, Diss.med. Frankfurt am Main 1948; *Huttmann* für Aachen (wie Anm.9); *Neithard Bulst,* Vier Jahrhunderte Pest in niedersächsischen Städten, in: Stadt im Wandel, Band 4, Braunschweig 1985, S.251-270; *Jürgen Hilbs,* Die Pest in Schleswig-Holstein 1350-1547/48, Frankfurt am Main 1994; *Thomas Wetzstein,* Die Pest im Freiburg des 14. und 15. Jahrhunderts - eine kritische Revision, in: Schau-ins-Land, Zs.d. Breisgau-Geschichtsvereins 115 (1996), S.11-18.; für den mehr agrarischen Bereich gibt es ausführliche Darstellungen für die Schweiz z.B. *Silvio Bucher,* Die Pest in der Ostschweiz (119. Neujahrsblatt des Historischen Vereins des Kantons St.Gallen), St. Gallen 1979, S.1-119; bei *Josef Guntern,* Die Pest im Wallis, in: Blätter aus der Walliser Geschichte XXVII Band (1995), S.9-286.

45 *Robert S. Gottfried,* Epidemic Disease in Fifteenth Century England, New Brunswick 1978.

46 Zu den Einwirkungen des Klimas vgl. *H. H.Lamb,* Klima und Kulturgeschichte. Der Einfluß des Wetters auf den Gang der Geschichte, Reinbek bei Hamburg 1989.

47 In anderen Städten und Regionen Italiens finden sich teilweise verschobene Zeiten der Pestwellen wie z.B. für Neapel: *Pasquale Lopez,* Napoli e la Peste 1464-1530, Napoli 1989; oder für die Abruzzen: *Luigi Capasso/Arnaldo Capelli,* Le Epidemie di Peste in Abruzzo dal 1348-1702, Cerchio 1993.

48 Auf diese Tatsache hat hingewiesen *Ann G.Carmichael,* Plague and the poor in Renaissance Florence, Cambridge 1986, S.78f.

49 Vgl. die Ausführungen von *Ulrich Knefelkamp,* Das Gesundheits- und Fürsorgewesen der Stadt Freiburg im Breisgau im Mittelalter (Veröffentlichungen aus dem Archiv der Stadt Freiburg im Breisgau 17), Freiburg 1981, S.135ff.; *Eduard Seidler,* Die Medizinische Fakultät der Albert-Ludwigs-Universität Freiburg im Breisgau, Berlin-Heidelberg-New York 1991.

z. B. Studenten und Professoren aus der Stadt Freiburg, um an seuchenfreien Orten ihre Veranstaltungen abzuhalten[50]. Hier gab also die Universität mit ihrer medizinischen Fakultät, die das Medizinalwesen unter ihrer Aufsicht hatte, ein Beispiel für „ethisches" Verhalten.

Festzuhalten ist, daß es zwar chronikalische Nachrichten über Pestwellen in Städten gibt, die im 15. Jahrhundert eine über die Maßen große Zahl von Opfern gefordert hätten[51], aber in keinem Fall ist dies bisher anscheinend zahlenmäßig nachweisbar. Das Verhalten der Menschen hatte sich nicht geändert. Angst und Flucht waren die typischen Erscheinungen.

Das 16. Jahrhundert

Im 16. Jahrhundert war die Pest weiterhin präsent, daher auch immer noch die Flucht das probate Mittel. Martin Luther erhielt eine Anfrage aus Breslau, wo die Pest 1525 grassierte, ob es einem Christenmenschen gezieme, zu fliehen in Sterbensläuften. Da auch in Wittenberg die Pest ausbrach, ergriff Luther im Jahr 1527 die Gelegenheit, eine moralisierende Schrift zu verfassen, mit dem Titel „Ob man vor dem sterben fliehen möge"[52]. Luther stellt die Meinungen dazu vor: Auf der einen Seite gibt es Menschen, die vertreten die Ansicht, man dürfe nicht fliehen, weil dies eine Strafe Gottes sei, die man aushalten müsse. Die anderen meinen, man könne ruhig fliehen, vor allem wenn man kein Amt innehabe. Von diesen beiden Meinungen ausgehend kommt Luther zu dem Schluß, daß beides möglich ist. Diejenigen, die im Glauben stark sind, vertrauen auf Gott und bleiben, die anderen, die schwächer sind, fliehen. Gott hat nicht verboten, sein Leben retten zu wollen, wenn er es zuläßt. Dann aber hebt er seinen Zeigefinger. Priester sollen ihren Dienst verrichten, es sei denn, es seien genug vorhanden. Inhaber weltlicher Ämter wie Bürgermeister und Richter müssen in der Stadt bleiben. Dasselbe gilt für Stadtärzte, Stadtdiener und Söldner, es sei denn, sie sorgten für Ersatz. Eltern sollen ihre Kinder versorgen, Kinder ihre Eltern, Herren sollen ihre Knecht und Mägde und Knecht und Mägde ihre Herren nicht verlassen, wenn Kinder keine Eltern haben, sollen Vormünder und Freunde bei ihren Freunden bleiben, der Nachbar darf den Nachbarn nicht im Stich lassen. Wenn jemand dies dennoch tut, dann ist er vor Gott ein Mörder und muß dem Henker übergeben werden. Genauso schlimm sind die Personen, die die Krankheit heimlich haben und unter die Menschen gehen, um die Krankheit zu übertragen.

Zum Schluß gibt er noch Hinweise, wie man sich bei Pest verhalten soll, die an die üblichen Pestordnungen erinnern. Auf jeden Fall soll man nicht in Saus und Braus leben, sondern Arznei nehmen, Haus, Hof und Gassen räuchern, die Menschen meiden und Gottes Wort hören und die Sakramente nehmen, so oft wie möglich. Diejenigen, die Gottes Wort verachten, soll man in ihrer Krankheit liegen lassen, denn wer wie ein Heide oder Hund gelebt hat, den soll man auch so sterben lassen.

50 Vgl. *Ulrich Knefelkamp* (wie Anm.49), S.89, neuerdings aber vor allem *Thomas Wetzstein*, wie Anm. 44. Die Flucht vor der Pest war eine typische Reaktion von Universitäten bzw. Professoren und Studenten, wie später noch für Wien zu zeigen sein wird. Dies gilt auch für die Viadrina in Frankfurt/Oder, vgl. demnächst *Ulrich Knefelkamp*, Die Viadrina flieht vor der Pest, in: Bericht des Fördervereins zur Erforschung der Geschichte der Viadrina (BFGV) 1 (1997).

51 Nachzulesen bei *Hans-Ulrich Papke* (wie Anm.44), S.11f. mit übertriebenen Zahlen aus Chroniken.

52 D.Martin Luthers Werke. Kritische Gesamtausgabe 23. Band, Weimar 1901, S.323-386.

Luther stellt also den ethischen Grundsatz auf, fliehen ist zwar erlaubt, aber nur, wenn man kein Amt hat und niemanden, für den man Verantwortung hat: jeder muß sich um seinen Nächsten kümmern. Wer gegen diesen Grundsatz verstößt, wird von Luther verdammt.

In ähnlicher Weise hatten sich bereits seit dem 14. Jahrhundert Ärzte geäußert. Wer nicht durch amtliche, berufliche oder menschliche Verpflichtungen zurückgehalten werde, sollte die verseuchten Orte verlassen und sich alle trüben Gedanken aus dem Kopf schlagen. Ein Zeitgenosse Luthers war der gelehrte Stadtarzt von St.Gallen, der Humanist Joachim Vadian (1484-1551), der ebenfalls diese Meinung vertrat. Allerdings hielt er sich wie viele seiner Kollegen nicht daran, sondern floh 1519 vor der Pest.[53]

Obwohl davon ausgegangen wird, daß in der ersten Hälfte des 16.Jahrhunderts die Pest viele Opfer forderte, wie z.B in Augsburg bei acht Pestzügen über 30.000 Tote, nahmen die Pestwellen in der 2.Hälfte des Jahrhunderts neue Dimensionen an. Über die Zahl der Opfer ist mehr bekannt, da mit der Reformation die Kirchenbücher (Taufe, Hochzeit,Tod) eingeführt wurden. Seit 1560 entstanden an verschiedenen Stellen Europas Pestherde, die sich von dort ausbreiteten[54], so z. B. 1560ff. eine Epidemie vom Baltikum über Rußland, Ostpreußen, Pommern nach Polen und Deutschland, eine von Katalonien aus nach Frankreich und Italien, und eine von Slowenien über Österreich, Böhmen nach Deutschland. Noch höher waren die Opfer bei der Epidemie ab 1570ff., die wiederum drei Ausgangsbasen hatte: eine vom Baltikum aus über Rußland und Ostpreußen, eine von Österreich aus als Wiederausbruch der vorigen Phase und eine mediterrane in Südfrankreich und Italien.

Über die Pest in Delft von 1557 liegt eine ausführliche Abhandlung und Beschreibung des berühmten holländischen Arztes Pieter van Foreest (Petrus Forestus) vor. Er fällt ein Urteil über seinen Stand, indem er sich auf die Ausführungen von Guy de Chauliac über die Pest von 1348 bezieht und meint, daß diese Pest den Ärzten Schimpf und Schande brachte, weil sich aus Furcht keiner fand, die Kranken zu besuchen. Als Stadtarzt von Delft hat er die Pestkranken besucht und mit allen zur Verfügung stehenden Mitteln behandelt, über die Ursachen geforscht und versucht, die Seuche durch hygienische Maßnahmen einzudämmen[55]. Sein berühmter Zeitgenosse Konrad Gessner war Stadtarzt von 1554-1565 in Zürich. Er kämpfte ebenfalls energisch gegen die Pest, fiel ihr aber selbst 1565 zum Opfer[56].

In Italien liegen die höchsten Opferzahlen in der Epidemie ab 1575 für Mailand, Genua und vor allem Venedig vor. Venedig gilt in der Literatur allgemein als die Stadt in Europa mit dem besten Medizinalwesen der frühen Neuzeit[57], trotzdem

---

53 Zu der Person des Humanisten und Arztes Joachim Vadianus (eig.vonWatt) geb. 29.11.1484, gestorben 6.4.1551 vgl. z.B. Lexikon der Renaissance, Leipzig 1989, S.732-733; *Bernhard Milt*, Vadian als Arzt, hrsg. von *Conradin Bonorand*, St. Gallen 1959; Vadian 1484-1984. Drei Beiträge von *Gerhard Rüsch*, St. Gallen 1985; hier *Josef Guntern* (wie Anm.44), S. 228.

54 Ausführlich dargestellt bei *Eckert* (wie Anm. 26), S.78ff.

55 *Ralph Burri*, Die Delfter Pest von 1557 nach den Beobachtungen von Petrus Forestus. Diss.med. Zürich 1982.

56 Konrad Gessner, 26.03.1516 - 13.12.1565, Humanist und Stadtarzt vgl. z.B. NDB 6 (1971), S.342-345; Lexikon der Renaissance, S.293; außerdem *Lucien Braun*, Conrad Gessner, Genf 1990.

57 Vgl. dazu die Ausführungen von *Klaus Bergdolt* (wie Anm. 17), S.51 ff., *Alfons Labisch* (wie Anm.1), S.55ff und *Martin Dinges*, als Parallelbeispiel sei auf die größte deutsche Stadt Köln verwiesen *Robert Jütte*, Die medizinische Versorgung einer Stadtbevölkerung im 16. und 17. Jahrhundert am Beispiel der Reichsstadt Köln, in: Medizinhistorisches Journal 22, 1987, S.173-184, ebenfalls *Robert Jütte*, Ärzte, Heiler und Patienten, München 1991, S.177ff.

hatte sie die höchsten Verluste[58]. Schon oder besser erst im Jahr 1486, wenn man an das ständige Erscheinen der Pest denkt, hatte der Senat von Venedig den Magistrato della Sanitá als neue Behörde eingerichtet. Sie wurde zum Vorbild für ganz Europa. Ihre Aufgabe war die Arzneiwesenüberwachung, Lebensmittelüberwachung, die Armenfürsorge, die Überwachung der Prostitution und vor allem anderen die Abwehr der Seuche. Ihr unterstanden zwei Pestlazarette mit je vier Ärzten und Pflegepersonal. Es handelt sich also um eine regelrechte Behörde, die nicht von Experten geleitet wurde. Ab 1541 sind die Arbeit und die Beschlüsse nach Sachgebieten sortiert überliefert. Daraus wird deutlich, daß es große Probleme bei der Durchsetzung der Aufgaben gab. Die Kaufleute waren von dem möglichst freien Verkehr von Gütern und Geldern abhängig. Die Maßnahmen der Gesundheitsbehörde für das allgemeine Wohl der Stadt wurde ohne Ansehen der Personen und ohne Rücksicht durchgeführt. Denn nicht nur in Venedig, sondern auch in anderen Städten Norditaliens, wie Florenz, ging die Kirche gegen die Gesundheitsbehörde vor, indem sie von der Kanzel predigen ließ, daß nur Gebete und Prozessionen gegen die Pest helfen, weil sie eine Strafe Gottes sei. Die Kaufleute versuchten, mit allen Mitteln die Kontrolle der Behörde zu umgehen, es kam sogar zur Bedrohung der Angestellten der Behörde. Dies führte im Verlauf der Zeit zu immer mehr Kompetenz, die wiederum zu einem radikalen Vorgehen führte. Dies richtete sich auch gegen die Ärzte, die den Dienst in den Lazaretten verweigerten und auch die ihnen auferlegte Meldung der Pestverdächtigen nicht durchführten.

Das erklärt, warum die Seuche 1576 in Venedig so massiv auftreten konnte. In den Lazaretten herrschte völliges Chaos. Die Ärzte verließen ihren Dienst, die Anzahl des Pflegepersonals war viel zu gering. Daraufhin holte man die Mädchen aus den Dirnenhäusern zur Krankenpflege.

Als die Seuche im Winter zurückging, wurde der Handel schon wieder in Gang gesetzt, aber im März flammte sie wieder auf. Im Juli 1576 schließlich brach die Ordnung völlig zusammen, obwohl Überschreitungen mit der Todesstrafe bedroht waren. Auch die Ärzte sollten eine Strafe von 50 Dukaten erleiden, wenn sie eine der ihnen aufgetragenen Aufgaben nicht ausführten. Darüber hinaus waren weitere Strafen vorgesehen, wenn durch ihre Nachlässigkeit gravierende Probleme für die Allgemeinheit auftreten sollten. Bis Mitte 1577 sollen etwa 46.000 Menschen gestorben sein, wie das Buch der Gesundheitsbehörde nachweist.

Im Fall Venedig zeigt sich, daß der Wille der Obrigkeit, also der wichtigen und reichen Familien einer Stadt, nicht ausreichte, um ein funktionierendes Gesundheitssystem aufzubauen. Die einzelnen Gruppen der Gesellschaft sorgten aus verschiedenen Gründen dafür, daß ihre Interessen gegen die Maßnahmen der Gesundheitsbehörde durchgesetzt wurden.

In Deutschland sind Nachrichten über besonders verlustreiche Pestzüge z.B. in Nürnberg vorhanden[59] , wo 1561-63 ca 25 % der Menschen starben. Dasselbe gilt für Uelzen[60], wo 1566 25% der Stadtbevölkerung und 1597 sogar mehr als 30% starben.

---

58 Ausführlich behandelt wird diese Pestepidemie in einer ausgezeichneten Studie bei *Ernst Rodenwaldt*, Pest in Venedig 1575-1577, Heidelberg 1953; außerdem *Paolo Preto*, Peste e societá a Venezia nel 1576, Vicenza 1978.

59 Einzelne Nachrichten dazu bei *Manfred Vasold* (wie Anm. 8), S.125, für Augsburg und andere bayerische Städte bei *Dietrich Oeter*, Sterblichkeit und Seuchengeschichte bayerischer Städte von 1348-1870, Diss. med. Köln 1961.

60 *Erich Woehlkens*, Pest und Ruhr im 16. und 17. Jahrhundert, Hannover 1954; *Neithard Bulst* (wie Anm.44), S.256.

Obrigkeit und Medizin waren immer noch weitgehend machtlos, obwohl Maßnahmen zur Separierung und Verbesserung der Hygiene erlassen waren. Dazu wurden in einigen Städten ähnliche Gesundheitskollegien wie in Italien eingerichtet, allerdings waren die Mitglieder hier Ärzte. Sie entwarfen die Pestordnungen[61] und andere Schriften zu diesem Thema. Herausragende Stadtärzte verfaßten bedeutende Werke wie Joachim Camerarius in Nürnberg[62], der 1571 ein Collegium Medicum vorschlug, und Johannes Struppius in Frankfurt am Main, der 1573 die „Nuetzliche Reformation zu guter Gesundheit und christlicher Ordnung" abfaßte[63]. Gerade in seinem Werk wird viel Wert auf die vorbildliche ethische Grundhaltung der Menschen gelegt, denn gute Sitten und Disziplin stehen im Vordergrund.

Das 17. Jahrhundert

Im 17. Jahrhundert halten die Pestzüge nicht nur an, sondern sie erreichen neue Höhepunkte in der Zahl der Opfer. Da die Überlieferung, also die Struktur der Administration in Staat und Kirche immer vielfältiger und umfangreicher wurde, gibt es genauere Zahlen. Allerdings bricht ein großer Teil der Ordnung und Überlieferung im Verlauf des herausragenden Ereignisses dieser Zeitspanne, dem 30jährigen Krieg, zusammen. Wie schon im späten 16. Jahrhundert war es nicht nur die Pest, sondern in Verbindung damit waren es vor allem Ruhr, Pocken und Fleckfieber, die mehr Opfer forderten als das Kriegsgeschehen.

Zu Beginn des Jahrhunderts bewegte sich die Pest wieder in drei Wellen 1600-1613 durch Europa[64]. Eine ging von Skandinavien aus nach Westen und überzog England und Frankreich. Die zweite hatte zwei Zentren, ein Strang erstreckte sich ausgehend von Dänemark, ein zweiter von Ostpreußen aus. Über Mecklenburg kam die Pest 1602 nach Stettin, weiter nach Küstrin, Luckau und Fürstenwalde. Die meisten Opfer fand sie in Danzig (1602) mit ca. 15.000 Toten (ca. 27 %). Ausgangsländer für die dritte Welle waren Österreich, Ungarn und Böhmen. Von dort zog die Pest zuerst nach Bayern und Franken, wo sie die meisten Opfer hatte.

Im Jahr 1609 traf diese Pestwelle in der Nordschweiz ein. Als Beispiel kann **Basel** herangezogen werden. Denn hier wurde ein hervorragender Pestbericht von dem Stadtarzt Felix Platter (1536-1614) angelegt. Der furchtlose Stadtarzt erlebte sieben Pestepidemien, die vorhergehenden erwähnt er auch, in Basel. Die Pest von 1609-1611 ist die erste detaillierte Beschreibung, die er hinterließ. Obwohl in Basel die Medizinische Fakultät für das Seuchenwesen die Oberaufsicht hatte, sie erließ Pesttraktate z.B. 1564, 1576, 1582 und 1611, geschah nichts auf dem Gebiet der Absperrung und Quarantäne. Der unter ihr stehende Stadtarzt Platter hatte die Wege, auf denen die Pest in die Stadt kam, durch Erfahrung erkannt, nämlich durch Warenverkehr von außen und dann innerhalb der Stadt von Verwandten zu Verwandten, von Freunden zu Freunden. Er wußte auch von der erfolgreichen Absperrung in Montpellier und den harten Maßnahmen der italienischen Städte, aber er unter-

61 Vgl. zu zeitgenössischen Ratgebern und Texten *Christian K. Sommer*, Vorbeugung und Pflege bei Pestepidemien der Neuzeit im Spiegel zeitgenössischer Texte. Diss. med. Freiburg im Breisgau 1965.

62 Wie in vielen anderen Bereichen war auch hier Venedig ein Vorbild für Nürnberger Verhältnisse. Joachim Camerarius, der Jüngere 1534-1599, vgl. NDB 3 (1971) S.104-107; Lexikon der Renaissance, S.138; dazu *Karl Gröschel*, Des Camerarius Entwurf einer Nürnberger Medizinalordnung „Kurtzes und ordentliches Bedenken" 1571, München 1977.

63 Dazu *Alfons Fischer* (wie Anm. 7), S.174-183, außerdem der Abschnitt bei *Alfons Labisch* (wie Anm. 1), S.63-68.

64 Vgl. *Edward A. Eckert* (wie Anm.26) S.113ff. mit Skizze.

nahm nichts. Wahrscheinlich war ihm klar, daß er gegen die Interessen der Obrigkeit, also der Handels- und Kaufherren, nichts durchsetzen konnte. Er erklärt als Entschuldigung, daß Basel eben eine Grenzstadt, Festung und Universitätsstadt mit viel Verkehr sei, man wolle die Christenpflicht nicht verletzen und das Gastrecht wahren[65]. Als frommer Christ überließ er die Entscheidung Gott, den schon Luther in seiner oben genannten Schrift als den einzig verläßlichen Arzt bezeichnet hatte.

Platter blieb trotz der Erkenntnis seiner Ohnmacht auf seinem Posten und leistete Hilfe, soviel er konnte. Immerhin konnte er 1610 ein Ratsmandat durchsetzen, daß die Pestleichen rasch beseitigt, die Leichenfeierlichkeiten eingeschränkt und verdächtige Wäsche nicht am Brunnen, sondern im Rhein gewaschen werden sollten (Platter, S.98).

Die genauen Zahlen, die Platter erstmalig über die Opfer liefert, sind darauf zurückzuführen, daß er von Haus zu Haus gegangen ist und die überlebenden Personen nach den Toten gefragt hat. Bei einer Bevölkerungszahl von ca. 12.000 Einwohnern sind nach Platters Zählung 6408 (50,7%) an Pest erkrankt, von ihnen starben 3968 (31,4%), d.h. von den Pestkranken starben 61,9%. Es würden mehr Frauen von der Pest befallen, aber von ihnen starben nur 49,4 %, während bei Männern die Quote bei 62% und bei Kindern bei 77,5% lag (Platter, S.94).

Basel ist ein Beispiel dafür, daß man selbst als Stadtarzt nicht gegen die Interessen der Mächtigen der Stadt die medizinischen Erkenntnisse in notwendige Maßnahmen umsetzen konnte. Es war ein leichtsinniges Handeln der Stadt, denn es sprach sich bei anderen Städten herum. Man mied die Stadt. Mit Gottvertrauen und Berufsethos blieb Platter aber auf seinem Posten und tat sein Bestes für die Kranken.

Die nächste Pestwelle bahnte sich ihren Weg in den Jahren 1622-1631. In Norditalien waren vor allem Venedig, Verona, Florenz[66] und Mailand betroffen. In **Mailand** forderte diese Pest eine große Zahl von Opfern 1629/30[67]. Hier breitete sich Hysterie aus, weil das Gerücht aufkam, daß Pestschmierer am Werk seien. Schon bei der Pest von 1576, bei der sich der Erzbischof Carlo Borromeo bis zum eigenen Sterben für die Kranken eingesetzt hatte, war ein Unbekannter gehenkt worden. Im Jahr 1629 wurden gleich fünf Beschuldigte getötet.

Genauso fürchterlich wirkte die Pest in Spanien. Eine ausführliche Darstellung der Pest ist über Cordoba angelegt[68], noch interessanter sind die zeitgenössischen Aufzeichnungen aus **Barcelona** 1650/51. Miguel Parets, der Gerber, hat ein Tagebuch angelegt, aus dem wichtige Informationen über den Verlauf zu entnehmen sind[69]. Er berichtet, daß der bekannte Stadtarzt Dr. Rossell, wie in anderen Städten üblich, nahelegte, so schnell wie möglich und so weit wie nötig zu fliehen und erst nach dem Ende der Seuche zurückzukehren. Dies hält der Gerber für richtig, aber er bemängelt, daß sich dann niemand mehr findet, der die Infizierten pflegt. So ist es in seiner Familie geschehen, als seine Frau erkrankte, und ihre Schwestern sich sogar weigerten, sie zu sehen (Parets, S.59). Also waren die Kranken auf fremde Perso-

65 *Felix Platter*, Beschreibung der Stadt Basel 1610 und Pestbericht 1610/11, hrsg. *Valentin Löscher* (Basler Chroniken Band 11), Basel 1987, S.97; vgl. zu Basel auch *Frank Hatje*, Leben und Sterben im Zeitalter der Pest, Basel 1992.

66 Zum Ausbruch der Pest in Florenz vgl. *Giulia Calvi*, Storie di un anno di Peste, Milano 1984.

67 Ausführlich beschrieben in einer Aufzeichnung des Zeitzeugen *Guiseppe Ripamonti*, La Peste di Milano del 1630, ed. *Francesco Cusani*, Milano 1841.

68 *Juan Ballesteros Rodriguez*, La Pest en Cordoba (Estudios Cordobeses, Publicaciones de la EXCMA.Diputacion Provincial 24), Cordoba 1982.

69 *James S. Amelang* (Ed.), A Journal of the Plague Year. Diary of the Barcelona Tanner Miquel Parets 1651, New York 1991.

nen angewiesen. Darüber erzählt der Gerber, daß diese Krankenpflegerinnen und Krankenpfleger den Kranken oft die nötige Medizin und Mahlzeit nicht verabreichten, damit diese schneller starben und sie so an ihren Lohn kamen. Daraus entwikkelte sich ein regelrechtes Gewerbe, denn die Menschen, oft Personen, die die Pest schon gehabt hatten, gingen gleich weiter zum nächsten Kranken (Parets, S.60).

Im Herbst 1664 kamen zwei Franzosen nach **London**, die sich wahrscheinlich in Holland mit der Pest infiziert hatten. Ihr Tod wurde vertuscht, weitere Todesfälle wurden als Fleckfieber bagatellisiert, obwohl man die Symptome von der letzten Epidemie 1637 kennen mußte. Im Sommer erfolgte aber der verheerende Ausbruch der Krankheit, was die Menschen zur Massenflucht veranlaßte, so wurde die Krankheit auch aufs Land übertragen[70].

Über die Ereignisse in London sind u.a. zwei besonders autobiographisch geprägte Berichte erhalten. Samuel Pepys (1633-1703) wurde Sekretär im Schatzamt und später leitender Beamter im Flottenamt. Er verfaßte ein Tagebuch, in dem er in den betreffenden Monaten immer wieder über den Verlauf der Pest berichtete[71]. Den zweiten Bericht lieferte der bekannte Daniel Defoe (ca. 1660-1731), der als Kaufmann weite Reisen unternahm und anläßlich der Pest von Marseille (1720) im Jahr 1721/22 sein „Journal of the Plague Year" über die Londoner Pest abfaßte [72].

Pepys hielt sich während der Pest immer auf dem laufenden und ließ sich die Zahlen der Toten geben. Der König und sein Hof flohen aus der Stadt genau wie die Oberschicht und ihre Ärzte, auch er selbst traf die ersten Vorkehrungen und schickte seine Frau aufs Land. „Die Seuche hat diese Woche unsere Gemeinde heimgesucht, sie ist jetzt in der Tat überall, so daß ich daran denken muß, meine Angelegenheiten in Ordnung zu bringen und mich mit Leib und Seele dem Allmächtigen anzuvertrauen". (Pepys, S.261). Ethische Grundsätze hatte er keine, sobald sein Diener Anzeichen einer Erkrankung zeigte, ließ er ihn hinausbringen. „Als ich mittags nach Hause kam, hörte ich, daß mein Bursche Will mit Kopfschmerzen auf meinem Bett liegt, was mich in die größte Angst versetzte. Ich setzte alles daran, ihn möglichst rasch und schonend aus dem Haus schaffen zu lassen." (Pepys, S.262).

Auch hier gehen die guten Sitten verloren, z. B. beim Begräbnis: „Sah auf dem Weg nach Greenwich einen Sarg mit einer Leiche drin, einer Pestleiche, die Gemeinde hat offenbar niemand beauftragt, sie zu begraben, nur einen Wachtposten abgeordnet, damit niemand zu nahe kommt; die Seuche macht uns grausamer gegeneinander als gegen Hunde."[73] Er selbst hat von der Pest profitiert und schreibt: „... Jetzt ist die Pest vorbei, und ich plane unsere Rückkehr nach London. Der Krieg gegen die Holländer nimmt keinen günstigen Verlauf, es fehlt an Geld. Ich habe noch nie so fröhlich gelebt (und nie so viel verdient) wie während der Pest, in guter Gesellschaft, mit vielen Tanzvergnügen auf meine Kosten..." (Pepys, S.284).

Auch über die Ärzte hat er Nachrichten. „Höre heute, daß Dr.Burnett, mein Arzt, an der Pest gestorben ist, der arme, unglückliche Mann." (Pepys, S.266). Ein

---

70 Ausführliche Darstellung der Pest in England und London bei *J.F.D. Shrewsbury*, A History of Bubonic Plague in the British Isles, Cambridge 1971; *Paul Slack*, The Impact of Plague in Tudor and Stuart England, London 1985.

71 *Samuel Pepys*, Tagebuch aus dem London des 17.Jahrhunderts, hrsg. *Helmut Winter*, verbesserte Ausgabe Stuttgart 1981.

72 *Daniel Defoe*, Die Pest zu London, München 1987.

73 Es ist zu betonen, daß dieses kein Urteil aus der heutigen Sicht ist, sondern ein Zeitgenosse stellt dies fest (*Pepys*, S.266).

Abb. 3 Chirurgische Behandlung eines Pestkranken - Aufschneiden der Pestbeulen. Holzschnitt aus Hans Folz: Spruch von der Pestilenz, Nürnberg 1482.

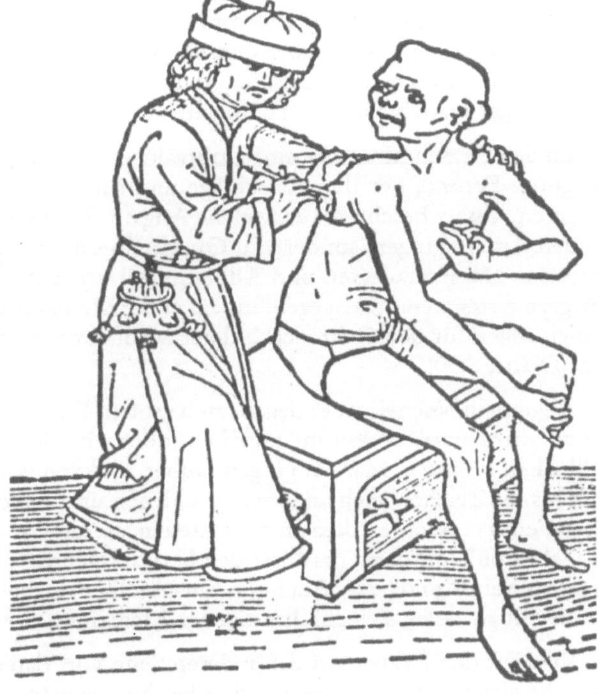

namentlich bekannter Arzt hat also mit einigen anderen seine Pflicht getan. Etwas später berichtet er über das erste Treffen der Royal Society nach der Pest, bei dem sich die Ärzte wegen ihrer Flucht verantworten mußten. „In der 'Krone' hinter der Börse fand das erste Treffen der Royal Society seit dem Ausbruch der Pest statt. Dr. Goddard verteidigt seinen eigenen und den Entschluß vieler anderer Ärzte, während der Pest die Stadt zu verlassen, mit der Begründung, daß die Patienten ebenfalls die Stadt verließen." (Pepys, S.287). Dies bezieht sich eindeutig auf die Ärzte der Oberschicht, die angeben konnten, sie seien aus Loyalität gegenüber den Familien mitgegangen. Leider erfährt man nicht, wie die Entschuldigung aufgenommen wurde.

Pepys war als Mitglied der Oberschicht sehr gut informiert über das Verhalten der Oberschicht und Obrigkeit. Daniel Defoe war ein Mitglied der Mittelschicht, hat daher eine andere Sicht in vielen Bereichen. Als auffälligste Reaktion auf die Pest schildert er die Flucht „... und die wohlhabenderen Kreise, besonders der Adel und die vornehmen Leute aus den westlichen Stadtteilen, drängten sich, mit Kind und Kegel aus der Stadt zu kommen, was einen sehr ungewohnten Anblick bot." (Defoe, S.13). Er selbst konnte sich nicht entschließen, was er tun sollte. Sein Bruder drängte ihn, aus der Stadt zu gehen. Schließlich blieb er doch und setzte sein ganzes Vertrauen auf Gott, der ihn seiner Meinung nach auch ohne Seuche zu sich rufen konnte.

Defoe sprach sich gegen die radikale Schließung von Häusern Pestverdächtiger aus. Täglich gingen Beschwerden über zu hartes Vorgehen ein, vor allem wenn die Häuser ohne Beweis und sogar aus Bosheit, um Personen aus dem Weg zu räumen, geschlossen wurden. Dies rief Reaktionen der Eingeschlossenen hervor, die von Bedrohung bis Ermordung der Wachtposten reichten. Einige schafften es auch, den verschlossenen Häusern zu entkommen, sie verbreiteten die Krankheit nun erst recht (Defoe, S.66). Gegenüber den Wachtposten hat er große Bedenken, denn sie hatten keine ethischen Grundsätze, sondern beraubten und plünderten die Häuser, halfen sogar manchmal dem Tod nach.

Zu den Ärzten nimmt er eine ambivalente Haltung ein. Er selbst hat einen Arzt als guten Freund, der ihm Ratschläge und Medizin gibt (Defoe, S.106). In einem längeren Absatz beschreibt er, welche Ängste die Menschen hatten, so daß sie nicht zu den Ärzten gingen, sondern zu Quacksalbern und Kurpfuschern, die sich hochtrabende Namen zulegten und Allheilmittel verkauften (Defoe, S.43f.). Der Lordbürgermeister steuerte dagegen, indem er die Medizinische Hochschule beauftragte, Anleitungen für den Gebrauch billiger Medikamente zu schreiben und zu verbreiten (Defoe, S.50).

Allgemein bescheinigt er den Ärzten großen Einsatz, doch geringe Erfolge. „...die Ärzte wurden selbst von ihr ergriffen, noch ehe sie Vorbeugungsmittel hinunterschlucken konnten; Männer gingen umher, anderen vorschreibend, was sie tun sollten, bis die Zeichen auch an ihnen erschienen und sie tot umfielen, von dem nämlichen Feind vernichtet, dem zu widerstehen, sie andere angewiesen hatten. So erging es mehreren Doktoren, darunter den hervorragendsten, und ebenso einigen der geschicktesten Wundärzte. Auch die Quacksalber starben die Menge, manche waren so töricht gewesen, sich auf ihre eigenen Medizinen zu verlassen,...." (Defoe, S.50f.).

Er wirft den Ärzten auf der anderen Seite vor, daß sie in der allgemeinen Katastrophe gleichgültig wurden und darüber hinaus manche Kranke mit ihren Behandlungsmethoden zu Tode gemartert haben, z.B. mit Ziehpflastern, Breiumschlägen und Geschwüre aufschneiden[74]. Wenn dann noch Ätzmittel angewandt wurden, starben Kranke rasend vor Schmerz und manche mitten in der Operation (Abb. 3).

Er meinte, daß man von den Ärzten keine Wunder erwarten durfte, da sie es mit Gottes Strafe zu tun hatten. Eingebunden wurden sie in die Anweisungen, die der Lordbürgermeister am 1.Juli 1665 zur Bestellung von Gesundheitsinspektoren, Leichenbeschauern, Wachmännern, Wärtern, Totenbestattern erließ. Dieses geschah sogar zwangsweise, denn wenn eine Person sich weigerte, ein Amt zu übernehmen, sollte man sie bis zur Besserung in den Kerker stecken. Zu diesen Personen sollte man weitere Wundärzte außer den im Pesthaus tätigen einsetzen. Dabei bemängelt Defoe gleich, daß in dieser riesigen Stadt nur ein Pesthaus für 200-300 Personen vorhanden ist, bei besserer Absonderung in mehreren Pesthäusern wären seiner Meinung nach mehr gerettet worden.

Während Defoe insgesamt wesentlich detailliertere Informationen über die Pest und die Reaktionen der Menschen gibt als Pepys, fehlt ihm gerade hinsichtlich der Ärzte die entscheidende Information über ihr Fehlverhalten, für das sie sich verantworten mußten. Demnach muß man wohl davon ausgehen, daß Pepys nur die herausragenden Ärzte der Londoner Gesellschaft meinte, die sich wie ihre Patienten aus der Stadt geflüchtet hatten. Die Ärzte in den anderen Stadtteilen und die beim Volk eher beliebten Wundärzte blieben und taten ihre Pflicht.

---

74 Das Aufschneiden der Geschwüre wurde bereits seit der Großen Pest des 14. Jahrhunderts angewendet. Es konnte durchaus, in der richtigen Phase der Krankheit benutzt, Erfolg bringen, auf jeden Fall wirkte es schmerzlindernd. Wenn es allerdings zu spät und somit erfolglos war, wie in der Mehrzahl der Fälle, konnte es schon wie ein Quälen von todkranken Patienten wirken.

Die Pest hatte in London nur einen ihrer Höhepunkte im 17. Jahrhundert, auf Barcelona wurde schon verwiesen, sie grassierte auch in Rußland[75] und Polen, sowie Böhmen, ein weiterer Höhepunkt lag in **Wien** 1678/79[76]. Diese Stadt war schon oft von der Pest heimgesucht worden, viele Ärzte und die Medizinische Fakultät waren häufig geflohen wie auch die gesamte Universität, die Regierung und andere Behörden. Zuletzt war die Pest 1654/55 in der Stadt, an die mit der bekannten Pestsäule von 1662 erinnert wird. Im September 1668 brach sie in der Leopoldstadt, dem Stadtteil der armen Leute, erneut aus. Die Behörden hielten sich zurück, sie waren sogar so leichtsinnig, daß sie im März eine tatarische Gesandtschaft mit großem Gepränge, im Juni den päpstlichen Nuntius und eine Gesandtschaft aus Moskau und im Juli den polnischen Gesandten Fürst Radziwill zu Gast hatten. Richtig zur Entfaltung kam die Pest eben in den warmen Sommermonaten. Daraufhin flohen die Einwohner in Panik, der kaiserliche Hof wurde zuerst nach Mariazell, dann nach Prag verlegt, schließlich nach Linz. Die Verordneten der Stände, die für das Sanitätswesen verantwortlich waren, flohen nach Krems. Inzwischen waren Regierung und Verwaltung zusammengebrochen, Landtag und Schulen waren geschlossen.

Im Jahr 1552 hatte man zum ersten Mal einen „Magister Sanitatis" als Epidemiearzt eingesetzt, im Jahr 1582 wurde eine Kommission aus Hof, Land, Stadt, Klerus und Universität als „Collegium sanitatis" gebildet (Schmölzer, S.67f.). Sie war die oberste Instanz in allen Sanitätsangelegenheiten, vor allem in Zeiten der Seuchen hielt sie täglich Sitzungen ab und gab Infektionsordnungen heraus. Allerdings war sie wegen interner Kompetenzstreitigkeiten kaum aktionsfähig.

Zu Anfang der Seuche weigerte sich das Consilium Sanitatis, einen Rat von der Medizinischen Fakultät anzunehmen, und erlaubte Ärzten nicht, die Pestkranken zu behandeln, dafür sei der Magister Sanitatis zuständig. Der war mit dieser Aufgabe völlig überfordert, erst im August erhielt er Hilfe. Dabei waren als Magister Sanitatis oft nur mittellose Mediziner oder sogar Studenten tätig, denn man erhielt nur kärglichen Lohn und hatte keine Privatpraxis, außerdem wurde man nach der Pest entlassen. Überdies starben die meisten Amtsinhaber bei ihrer Tätigkeit (Schmölzer, S.158ff.).

Der Pestarzt sollte jeden Kranken ohne Ansehen des Standes täglich behandeln und dessen Namen bei den Gesundheitskommissaren anzeigen. Er mußte nachts jederzeit verfügbar sein und eine Person als Vertretung bei seiner Abwesenheit in seiner Wohnung lassen. Darüber hinaus mußte er täglich das Lazarett aufsuchen. Er durfte keine Kontakte mit Gesunden pflegen.

Bei der furchtbaren Pestepidemie von 1679 war Dr. Christoph Resch als Magister Sanitatis bestallt worden (Schmölzer, S.160). Er wurde angeklagt, viele Kranken gar nicht besucht und andere schlecht behandelt zu haben. Außerdem beschuldigte man ihn, Testamentsabschlüsse zu seinen Gunsten erzwungen zu haben, weshalb er ins Gefängnis gebracht wurde, aus dem er nur auf Bitten des Spitalgeistlichen freikam. Im August waren ihm vier weitere Ärzte beigegeben worden. Dr. Resch starb 1681 an den Spätfolgen des Kampfes mit der Pest.

---

75 Über die Pest in den letzten Jahrzehnten des 18. Jahrhunderts, speziell die Verluste von 1771/72, schrieb *John T. Alexander*, Bubonic Plague in Early Modern Russia, Baltimore / London 1980.

76 Über die Pest in Wien vgl. u.a. *Krafft-Ebing, Freiherr von*, Zur Geschichte der Pest in Wien 1349-1898, Leipzig/Wien 1898; *Hilde Schmölzer*, Die Pest in Wien, Wien 1985; *Toni Meissner*, Die Pest in Wien (Manuskript) München 1989.

In diesem Fall wird die moralische Unzulänglichkeit des Arztes deutlich, die nur einen Teil der gesamten Dramatik und des Verfalls darstellt. Das erwähnte Lazarett galt als „Vorzimmer des Todes". In einem Pestgutachten schrieb Dr. Retzer, daß die Gesunden, die pestverdächtig waren, wie eine Viehherde in Hütten zusammengetrieben wurden. Tote ließ man mehrere Tage liegen, bevor sie in die Gruben gebracht wurden. Neben dieser Förderung der Ansteckung, auch wenn man vorher nicht krank war, wurde auf den stetigen Mangel an Nahrung, an Krankenpflege und ärztlicher Betreuung hingewiesen. Viele Ärzte weigerten sich, aus Angst vor Ansteckung, das Lazarett aufzusuchen. Die Apotheker wurden angeklagt, weil sie die Arzneimittel für die Armen verkauften, die Siechknechte wegen Diebstahl von Bettzeug, andere Pestknechte, weil sie Frauen geschwängert hatten, der Lazarettinspektor, weil er Pferde gestohlen hatte (Schmölzer, S.137ff.).

Über die Atmosphäre dieser Zeit ist eine berühmte Schrift erhalten, die der Hofprediger Abraham a Sancta Clara (1644-1709) abfaßte: „ Mercks Wienn/ Das ist/ des wütenden Todts/ ein umständige Be-/schreibung/in/der berühmten Haubt und kayserl.Residentz/Statt in Oesterreich/im sechzehen hundert/und neun/ und sibentzigsten Jahr"[77]. Als literarisches Werk kann man sie als Pestbeschreibung auffassen, die sich an die wichtigen Topoi von den Vorboten der Pest bis zu der Auflösung der Sitten beim Begräbnis hält. Gleichzeitig ist sie als Predigt und Mahnung an die Überlebenden gedacht, wie der Titel verdeutlicht.

Abraham a Sancta Clara ist zwar Zeitgenosse der Pest, floh aber selbst auch in das Landhaus des Grafen Hoyos, um dort sein Werk zu schreiben. Darin singt er ein Loblied für alle Menschen, die sich bei der Krankheit aufgeopfert haben. Er weist die Vorwürfe zurück, daß die Geistlichen die Toten ohne Beistand gelassen hätten, was angesichts der Zahlen der Opfer logisch ist, außerdem war er selbst ja geflohen. Der Mittelteil seines Werks ist wie ein Totentanz aufgezogen, in dem die Pest alle ohne Ansehen des Standes holt.

Über die Mediziner weiß er ebenfalls viel Positives zu berichten. Er kennt von ihnen die wichtigsten Thesen über die Herkunft der Pest: Konstellation der Planeten und giftige Dämpfe. Dazu meint er: „Ich lobe so weit der Medicorum Aussag unnd wollt der Zeit ihnen nicht gern einen Stein in den Garten werffen, allein ihr Wahr taugt mir auff meinen Marckt nicht, und ob ich schon mit dem Heil. Paulus nicht bin verzuckt worden in dritten Himmel auch nicht in das Protocoll der göttlichen Geheimnuß eingeschaut, so weiß ich doch, daß diser gifftige Pfeil mehristen Teil von der Hand Gottes abgetruckt wird wie dessen vielfältige Zeugnuß die göttliche Schriftt beylegt." (Sancta Clara, S.289). Die Mediziner haben also noch keine Fortschritte hinter sich gebracht, sie hängen denselben Theorien wie im 14. Jahrhundert an. Der Hofprediger lehnt sie ab, weil alles eine Strafe Gottes ist, der durch sein Werkzeug, den Teufel, die Menschen straft.

Er betont den Rat der Mediziner, dem er ja auch selbst gefolgt ist, die Pest zu fliehen „...Ist demnach keines wegs zu widersprechen das nicht heylsamb seye in der Pest-Zeit zufliehen, ja absonderlich für rathsamb von den bewehrtisten Medicis gehalten wird, disem Rath ist man zu Wienn embsig nachkommen..." (Sancta Clara, S.246f.).

---

77 *Abraham a Sancta Clara*, Mercks Wienn 1680, hrsg. *Werner Welzig* unter Mitarbeit von *Franz M.Eybl*, Tübingen 1983.

In einem späteren Abschnitt führt er die Personen auf, die in Wien geblieben sind, darunter das Collegium Sanitatis. Von der Medizinischen Fakultät wurde der bekannte Dr. Paulus de Sorbait, Leibarzt der Kaiserin, als Superintendent des Lazaretts eingesetzt. Dann folgen die hochgelehrten Herrn Medicorum, „so mit absonderlicher Embsigkeit der betrangten Statt seynd beygestanden." (Sancta Clara, S.371f.). Das sind immerhin 22 Ärzte, dazu sechs weitere Kollegen, die an der Pest starben. Er betont aber noch einmal seine Meinung. Denn einige tausend Menschen sind von den Medizinern „curirt", aber bei vielen bleiben die Medikamente ohne Wirkung, wodurch deutlich geworden ist, wie Gott seinem Urteil freien Lauf lassen wollte.

Entgegen dieser trostreichen und aus der Sicht des Hofpredigers geschriebenen manches Verhalten beschönigenden Darstellung waren die realen Verhältnisse. Die chaotischen Zustände in Wien führten dazu, daß die Zahlen der Opfer um die 8000-12.000 liegen, bei einer Einwohnerzahl von 90.000-100.000. Eine ähnlich verlustreiche Pestepidemie überfiel Wien im Jahr 1713, man spricht von 2.500-8.000 Toten. Diesmal wirkte die Anwesenheit des Kaisers beruhigend, der in der Stadt blieb. Nach dieser erneuten Pestwelle beschloß man in Wien, für künftige Zeiten Vorsorge zu treffen. Im Jahr 1728 wurde der „immerwährende Pestkordon" an der österreichisch-türkischen Grenze verkündet, der vor dem Eindringen der Krankheit aus dem Osten schützen sollte. Die ca. 1.900 km lange Sperre wurde mit Reinigungsspeichern und Quarantänehäusern besetzt, wo die Reisenden und ihre Waren gereinigt und geprüft wurden. Dieser Kordon war immerhin so erfolgreich, daß Wien nicht mehr von der Pest erreicht wurde, was natürlich auch mit anderen Maßnahmen zusammenhing.

Denn um diese Zeit endet die Vorherrschaft der Pest in ganz Europa. Nur in **Marseille** (1720)[78] grassiert im 18. Jahrhundert noch einmal eine verheerende Pestwelle, die viele Opfer fordert. In der auf Handel angewiesenen Hafenstadt waren wiederum das langsame Reagieren der Obrigkeit und das geringe Umsetzen der Maßnahmen der Grund. Obwohl seit dem 1. August 1720 täglich an die 100 Personen starben, wurde erst am 15.August die Pest offiziell bekanntgegeben. Es brach die übliche Flucht der Reichen los, die Häuser wurden verschlossen, leerstehende Häuser geplündert, Leichen blieben auf Straßen und Plätzen liegen. Da die Leichenträger sich weigerten zu arbeiten, wurden Galeerensträflinge eingesetzt. Aber es gab keine einschneidenden Maßnahmen der Quarantäne, sie wurde oft nur 8 Tage eingehalten, und keine Abschottung der Stadt. Denn sie war abhängig von Hafen und Handel. Die leichtsinnige Handhabung der Maßnahmen rächte sich. Sie führte zu ca. 30.000 Toten bei etwa 100.000 Einwohnern. Wiederum brach die Ordnung zusammen. Die Mediziner waren weitgehend machtlos. Wie schon in anderen Städten seit dem 17. Jahrhundert bewegten sie sich auch hier in ihrer bekannten Schutzkleidung mit Schnabelmaske, die mit aromatischen Kräutern gefüllt war, durch die Straßen. Den Stab benutzten sie zur Abtastung der Kranken, um sie nicht berühren zu müssen. Diese Schutzkleidung sollte sie vor Ansteckung schützen, aber damit verbreiteten sie vor allem Schrecken (Abb. 4).

---

78 Ausführlich beschrieben in dem Werk von *Ch. Carrière/M.Courdurié/F.Rebuffat*, Marseille, ville de morte. La peste de 1720, Marseille 1968.

Abb. 4 Pestarzt in Marseille. Darstellung mit Schnabelmaske und Stab. Kupferstich aus dem Jahr 1720

Resümee

Die Pest mit ihren weiteren Begleiterkrankungen hat etwa 400 Jahre lang die Menschen in Europa in Angst und Schrecken versetzt, kann daher wirklich als „Geißel der Menschheit" bezeichnet werden. Angesichts dieser außergewöhnlichen Belastung muß an die anfangs aufgeworfene Frage nach dem Vorrang von Individuum oder Gruppe in Extremsituationen noch einmal erinnert werden[79]. Der von der christlichen Gesellschaft Europas vorgegebene ethische Rahmen wurde in diesem Fall immer wieder überschritten, von Individuen und Gruppen. Dies konnte anhand des herangezogenen Materials analysiert werden. Wichtig dabei war, daß die Zeitzeugen aus ihrer ethischen Sicht sahen und urteilten.

Die Beschreibungen des Verhaltens der Menschen bei Pestepidemien sind in der Regel nicht von Medizinern verfaßt und können sich sogar zu einem literarischen Genre entwickeln. Aber wenn man Übertreibungen, Ausschmückungen und subjektive Sichtweisen berücksichtigt, bleibt immer noch genügend Aussagewert, um die Reaktionen der Menschen ermitteln zu können. Nähert man sich den Texten unter dem Aspekt der Ethik, dann muß man durchgehend einen Zusammenbruch ethischer Grundsätze konstatieren. Von Angst erfüllt suchte sich jeder Mensch in Sicherheit zu bringen. Hier wollte sich sowohl der Einzelne retten wie auch die Familie oder Gruppe ihr Überleben sichern, wie das Beispiel der oberitalienischen Familien zeigt (Anm.36). Beides ist ethisch nachvollziehbar. Die Flucht als einziges

79 In der Diskussion wurde die Frage besonders von *Harald Weydt* (Franfurt/Oder) aufgeworfen und ausführlich diskutiert.

rettendes Mittel führte aber oft gerade zum Gegenteil, denn so wurde die Pest durch bereits infizierte Personen verbreitet[80]. Dies konnte wiederum als Strafe Gottes gedeutet werden, der man nicht entkam.

Unter den Zurückgebliebenen brach die Moral zusammen, die Menschen wurden abgestumpft gegen jedermann, sei es Verwandter oder Freund. Hier waren die Theologen gefragt, die rieten, sich in das Schicksal zu ergeben, das Gott als Strafe auferlegt hatte. Die Frage, ob man fliehen dürfe oder könne, beantwortete z.B. Luther mit ja, weil Gott den Menschen in seiner Hand habe und mit oder ohne Pest über den Tod entscheide. Theologen nach ihm sahen dies härter und warfen den Fliehenden Unglauben vor.

Daher ist es nicht verwunderlich, wenn die Zahl der Opfer unter den Klerikern besonders hoch ist, denn sie versuchten oft bis zuletzt, Trost zu spenden. Neben den Krankenpflegenden und den Leichenträgern waren die Notare (Testamente) und Ärzte am meisten gefordert.

Während die Notare eher das Weite suchten, ist von den Ärzten unterschiedliches Verhalten überliefert. Sie behandelten die Kranken nach den Erkenntnissen ihrer Zeit, aber wegen ihrer Ohnmacht gegenüber der Krankheit waren gerade sie es, die den Rat gaben, soweit wie möglich zu gehen und erst nach Abklingen der Pest zurückzukehren. Trotzdem versahen viele Ärzte ihre Pflicht und versuchten alles, um den Kranken Linderung zu verschaffen und mit Verhaltensmaßregeln für Leib und Seele der Pest vorzubeugen. Auf der anderen Seite standen die Kollegen, die, wie große Teile der bessergestellten Bevölkerung, allerdings häufig auch aus Loyalität gegenüber ihren reichen Patienten, ihrem eigenen Ratschlag folgten und die Flucht suchten. Daran hinderte sie weder der Eid als Stadtarzt gegenüber der Stadtgemeinde noch ihre Berufsethik gegenüber der Allgemeinheit und der Ärzteschaft insbesondere[81]. Man kann also zusammenfassend sagen: obwohl man wegen ihrer ethischen Verpflichtung gegenüber dem Gemeinwohl ein bestimmtes Verhalten von den Ärzten erwarten konnte, haben sie sich wie andere Gruppen, speziell wie die Wohlhabenderen, verhalten: Sie haben teils die Flucht ergriffen, teils bis zum letzten Atemzug für Pestkranke gekämpft.

80 Die Flucht konnte auch ungewollt das Gegenteil bewirken. Denn sie konnte auch dazu führen, daß die Bevölkerungsdichte durch die schwindende Zahl von Menschen geringer wurde, dadurch die Kontakte abnahmen und die Menschen sich seltener ansteckten.

81 Hier sei noch einmal ausdrücklich darauf verwiesen, daß sie in einem Zwiespalt standen, denn auch die Loyalität gegenüber den reichen Familien, die sie betreuten, war ethisch korrekt.

Historische Grundlagen der medizinischen Ethik in Polen

Tadeusz Brzeziński

Es wäre in diesem Kreise eine Binsenwahrheit zu sagen, daß sich die ärztliche Ethik in Polen in ihren prinzipiellen Grundlagen auf die alten hippokratischen Traditionen und auf die aus dem Christentum hervorgegangenen Traditionen stützt. Ich gehe deswegen gleich darauf ein, wie sich diese Tradition auf die Schriften polnischer Autoren übertragen hat, und danach auf die Entstehung eines originellen polnischen philosophischen Gedankens in diesem Bereich. Als der erste polnische Autor, der seine Schriften den Fragen der ärztlichen Ethik widmete, dürfte *Sebastian Petrycy* (1554 - 1626) [1], der Professor der Akademie von Krakau, Übersetzer und Kommentator der Werke von *Aristoteles*, anzusehen sein. An der Ethik des *Aristoteles* arbeitend hat er in seinen Kommentaren viele eigene Ideen beigesteuert, insbesondere um aus ihr eine praktische Lehre zu entwickeln und auch indem er viele dieser Ideen unmittelbar auf den Beruf des Arztes bezog [2]. Zwischen den Ärzten mit einer akademischen Ausbildung und den verschiedenen Arten von Kurpfuschern unterscheidend, verlangte er von den ersteren neben einem tiefgründigen Wissen und Erfahrung auch viel Taktgefühl und Mäßigung sowie psychologische Gewandheit bei den Kontakten mit dem Patienten und seiner Familie. Andererseits stellte er auch an die Gesellschaft die Forderung, den Arzt zu achten und würdig zu behandeln gemäß dem adligen Charakter seines Berufes [3]. Obwohl er das Bestreben des Arztes nach Verdienst verachtete, akzeptierte er gleichzeitig die Notwendigkeit, ihm den Anspruch auf ein angemessenes Honorar für seine Arbeit zuzusprechen, besonders gegenüber den Reichen, wobei er sich auf *Distichoni* berief: „Qui medicus nullem precium sibi poscit ab aegro, Hic vere Medicus nullius est preci" [4]. Gleichzeitig verwarf er die Möglichkeit, den Beruf wegen des Geldes oder Ruhmes auszuüben. Ärzte, die dies taten, hielt er für verdammungswürdig! [5] In vielen seiner Schriften unterstrich *Petrycy* die Notwendigkeit, die ärztliche Kunst auf einem tiefen Wissen zu gründen, und er verachtete diejenigen, die durch Unbildung ihren Patienten einen Schaden zufügten und nur Gewinn daraus zogen. Aber auch an die Patienten stellte er strenge Anforderungen und unterschied zwischen denen, die nicht an ihrem Leiden schuldig sind, und denen, die wegen Trunksucht oder unzüchtiger Lebensweise krank wurden.[6] Ein wesentlicher Punkt, auf den er aufmerksam machte, war die Notwendigkeit, den eigenen Verstand zu benutzen und sich nicht sklavisch an die Schriften der Meister zu halten. [7] Insofern war er ein untypischer Vertreter des Empirismus unter der eher dogmatisch eingestellten Mehrheit der Professoren

1 *Szpilczyński S.*: Doktor *Sebastian Petrycy* z Pilzna (1554-1626). Warszawa 1961.
2 Ibidem S. 33-34.
3 Ibidem S. 38.
4 Polityki Arystotelesowey to iest rządu Rzeczypospolitey z dokładem ksiąg ośmioro. Część pierwsza ... przez Doktora *Sebastiana Petricego Medyka.* Kraków 1605 S. 412-415.
5 „...Jeśli dla której przyczyny udaje się większym, niźli jest; jako dla chwały, albo sławy...abo pieniędzy..., taki jest sprośny i godzien wielkiej nagany." Ethyki Aristotelesowey co iest Iako każdy ma na świecie rządzić ... przez Doktora *Sebastiana Petricego Medyka.* Kraków 1618, S. 277.
6 „Nie urąga się ślepo narodzonemu, abo który z choroby, abo z rany jakiej ślepoty dostał; owszem żałujemy takiego. Ale temu wszyscy łajemy, który olsnął z pijaństwa, abo z takiego wszeteczeństwa. Które tedy niedostatki cielesne są w naszej mocy, ganiemy je." Polityki...op.cit. B. I S. 170.
7 „...Ale doktor nie zawżdy naśladuje podanej sobie od mistrzów swoich nauki leczenia, ale trzyma się częstokroć rozumu swego, boby tak prędko wstawił w grób chorego." Polityki... op.cit. B. I S. 325.

der Krakauer Fakultät. Einen Heilungserfolg führte er nicht nur auf die richtige Wahl eines Arzneimittels zurück, sondern auch auf die Persönlichkeit des Arztes selbst und dessen Verhalten zum Patienten.

Ein weiterer polnischer Autor, der den Fragen der Ethik einen Teil seiner Werke widmete, war *Jan Jonston* (1603-1675).[8] Geboren und erzogen in Polen von einem schottischen Vater und einer Mutter, die aus einer bürgerlichen deutschen Familie stammte, stellte er sich selbst als Scoto-Polonus vor. Ohne dem Lebenslauf dieses außerordentlich interessanten Polyhistors viel Zeit widmen zu können, lohnt es sich hier aber, über die Frankfurter Etappe seiner Biographie zu sprechen. Als er sich nach zahlreichen wissenschaftlichen Reisen und der Anfertigung vieler gelehrter Traktate als Physikus und Archivar in Leszno ansiedelte, bat ihn der Kurfürst *Friedrich Wilhelm von Brandenburg* im Jahre 1642, einen Lehrstuhl an der Universität in Frankfurt anzunehmen. Diesen Lehrstuhl hat *Jonston* aber nicht akzeptiert, sich mit den schwierigen Zeiten entschuldigend. [9] Sozusagen zur Abmilderung seiner Absage widmete er *Friedrich Wilhelm* sein Werk „Idea universae medicinae practicae" zur Benutzung für Professoren und Studenten der Universität. [10] Vom Wert dieses Werkes zeugt die Tatsache, daß es in fünf offiziellen Auflagen veröffentlicht wurde und auch Neuauflagen nach der Erweiterung als „Syntagma medicinae practicae ..."[11], sowie Meldungen über zahlreiche inoffizielle Auflagen und Überdrucke bekannt wurden. Aber kehren wir zu den Auffassungen von *Jonston* im Bereich der ärztlichen Ethik zurück.

Jonston war ein Enthusiast und Bekenner der ethischen Ansichten von *Hippokrates* und er flocht in seine Schriften Zitate hippokratischer Gedanken ein. Die pragmatische Denkweise von *Jonston* bewirkte, daß er danach strebte, ethischen Rat eng mit dem beruflichen zu verbinden. Im Anschluß an *Hippokrates* die ärztliche Kunst über anderen stehend anerkennend bedauerte er doch gleichzeitig die ungenügende Achtung ihrer Würde. Den Grund dazu suchte er einerseits in der Unbildung vieler Ärzte, andererseits in der übereilten Beurteilung durch die Gesellschaft. Einen Fehler nannte er es, daß in vielen Staaten nicht nur für Ärzte Strafen für Fehler erlassen wurden, die aus Mißachtung, Unbildung oder Dummheit begangen wurden. Nicht alle von ihm vertretenen Meinungen waren direkt aus den Schriften von *Hippokrates* entnommen oder stammten von ihm selbst. Viele sind übernommen aus „De scriptis medicis" von *van den Linden*. [12] Selbstverständlich wie alle Autoren dieser Zeit sah er die ethischen Kernprobleme in der Persönlichkeit des Arztes und begrenzte darauf seine Hinweise. Als eines Arztes unwürdige Eigenschaften befand er Gier, Neid, Einbildung, Leichtsinn, Verachtung für andere Leute und dergleichen tadelhafte Eigenschaften bei allen Leuten „arrogantia, iactantia, parium et inferiorum contempus, calumniandi studium...". [13] Obwohl er ein tief gläubiger Christ war und an die erste

8 *Bilikiewicz T.*: *Jan Jonston* (1603-1675). Życie i działalność lekarska. Warszawa 1931.
9 Ibidem S.63-64
10 „De me ipso hoc dixisse sufficiat, me iussu serenissimi gloriosissimae memoriae C.T. parentis, ab universitate Francofurtana ad professionem Medicam vocatum, quia necdum per temporum saevitiam comparere licuit, laborem hunc publico donare voluisse: ut, et quanti honorificam illam vocationem faciam; et quantum vel absens studiosae in eadem iuventuti prodesse cupiam, ostenderem." Idea universae medicinae practicae Libris VIII absoluta. Amsterodami 1644. Dedicatio.
11 „...Inter haec est re Idea universae Medicinae Practicae, cui occasio a Serenissimo Electore Brandenburgico gl. memoriae, qui gratiose mandaverat, ut Francofurtum ad professionem Medicinae vocarer . Cum enim comparere non possem, scriptum hoc, mei quasi Vicarium transmisi..." *Jahannis Jonstoni* Doct. Med. Syntagma universae medicinae practicae Libri XIV. Jenae 1673. Dedicatio.
12 *Bilikiewicz T.:* op.cit. S. 140-141.
13 Ibidem S. 143.

Stelle „Dei cultus et invocatio..." setzte und daneben die christliche Barmherzigkeit, die er für das Hauptmotiv der Handlung eines Arztes hielt, anerkannte er aber doch das von *Hippokrates* übernommene Prinzip der Nichtbehandlung von Fällen, die keine Besserung erhoffen ließen. Er war Anhänger der Idee, sich auf die eigene Meinung begrenzt zu verlassen und die ärztliche Beratung, besonders bei Vorhersagen, zu nutzen. [14]

In seinen Schriften vom Ende des 18. Jahrhunderts gab der Barmherzige Bruder und Chirurg *Ludwik Perzyna* (1742-1812) Hinweise, durch welche Eigenschaften sich ein guter Arzt ausweisen sollte. Alle diese Werke stellten aber keine kontroversen Fragen und stimmten mit den Richtungen überein, die in den traditionellen Schriften vorgezeichnet waren.

Jedoch schon Anfang des 19. Jahrhunderts begann ein Abgehen von der traditionell aufgefaßten ärztlichen Ethik und das Erscheinen von neuen Elementen des Denkens, die mit dem rapiden Zuwachs der Anzahl von Ärzten und der Anlehnung der Medizin an wissenschaftliche Prinzipien verbunden waren. Zwar gab es da noch den im Jahre 1839 herausgegebenen Traktat von *Erazm Brzeziński* unter dem Titel „Tironi medico trames"[15], der sich ausschließlich auf den griechischen Philosophen stützte und die Meinung vertrat, daß die dort festgesetzten ethischen Prinzipien auch in gegenwärtiger Zeit ausreichend seien, aber das Interesse an der in Warschau im Jahre 1823 auf deutsch erschienenen und zwei Jahre später ins Polnische übersetzten Abhandlung von *Jacob Friedrich Hoffman*: „Krebsbüchlein für angehende praktische Ärzte oder Lehren eines alten Practici an seinen Sohn, der als Doctor von Universitäten zurück gekommen ist"[16] zeugt vom Auftauchen neuer Ideen, die sich kritisch mit der praktischen Anwendung der verkündeten ethischen Prinzipien auseinandersetzten.

Eine wahre Entwicklung des polnischen ethischen Gedankens fand aber erst in der zweiten Hälfte des 19. Jahrhunderts statt, als *Tytus Chałubiński* (1820-1889) den Anfang mit der „polnischen Schule der Philosophie in der Medizin" machte. Ohne auf Überlegungen zur erwünschten Persönlichkeit des Arztes zu verzichten, begannen mit dieser Richtung Erwägungen auch über andere ethische Probleme der Medizin. In großem Maße hing dies auch mit der Entstehung von ärztlichen Gesellschaften zusammen, die ihre Mitglieder nicht nur mit der wissenschaftlichen Problematik, sondern auch mit der moralischen vertraut machten. Die Teilung Polens zwischen den Eroberern bewirkte, daß die Entwicklung der Medizin, aber auch die des philosophischen und ärztlichen Gedankens, nicht in allen annektierten Landesteilen identisch verlief. Am lebendigsten entwickelte sich eine originäre polnische ethische Reflexion in dem russischen Teilungsgebiet, wo die polnische Schule der Philosophie in der Medizin entstand. In dem von Österreich annektierten Land dagegen drehte sich wegen der ungehinderteren Entwicklung der ärztlichen Gesellschaften als in dem russischen Teilungsgebiet und wegen der Tätigkeit sowohl der ost- und westgalizischen als auch der schlesischen Ärztekammer seit dem Jahre 1891 die Diskussion mehr um die Gesetzbücher der ärztlichen Deontologie. Am schwächsten war die ethische Thematik in dem von Preußen annektierten Land

---

14 Ibidem S. 172.

15 Tironi medico trames. Opera *Erasmi Brzeziński*, a consiliis collegii, medicinae et chirurgiae doctoris, sodalis Cesareae Societatis Vilnensis, Prefecturae Medicae inspectoris. Vilnae 1839.

16 *Hoffman J. F.*: Doctrina perversa czyli nauki doświadczonego praktyka dane synowi, który w stopniu doktora medycyny z zagranicy wraca. Z niemieckiego na polskie przez *Jakóba Eirenophilos Elpenor*. W Warszawie 1825.

vertreten, wo der Mangel an polnischen Hochschulen, polnischen Ärztekammern und die nur beschränkte Tätigkeit von polnischen wissenschaftlichen Gesellschaften und das Fehlen entsprechender polnischer Zeitschriften für eine Entwicklung dieser Thematik nicht günstig war.

Ähnlich wie in anderen Ländern, so entstanden auch in Polen erste deontologische Gesetzbücher, hauptsächlich mit dem Gedanken an eine Sicherung der korporativen Interessen der Ärzte. Ein solches Gesetzbuch entstand in dem von Österreich annektierten Land schon im Jahre 1876, also ein Jahr nach der Verabschiedung des New Yorker Gesetzbuches. Es hatte den Titel: „Beschluss der Gesellschaft der Galizischen Ärzte bezüglich der Pflichten der Ärzte gegenüber ihren Kollegen und dem Arztberuf im allgemeinen“[17]. Es war zwar getragen von der Sorge um die Würde des Ärztestandes, in Einzelheiten bezog es sich jedoch hauptsächlich auf das Problem des unlauteren Wettbewerbs, der gegenseitigen Loyalität der Mitglieder des Berufes, die es mitunter sogar auf das Gut des Patienten abgesehen hatten. Die Vorteile, die Patienten aus diesem Dokument hätten ziehen können, waren gering und beschränkten sich auf den Kampf gegen Pfuscherei und unredliche Werbung, die sie hätte irreführen können. Anschließend an dieses Dokument begann im Jahre 1877 die Warschauer Ärztliche Gesellschaft, die in dem russischen Teilungsgebiet tätig war, Arbeiten an einem ähnlichen Gesetzbuch. Bevor es aber herausgegeben wurde, vergingen sieben Jahre, während derer zahlreiche Streitereien und Diskussionen in den Spalten der meistgelesenen medizinischen Zeitschriften des russischen Teilungsgebiets geführt wurden, und zwar in der „Gazeta Lekarska“ („Ärztliche Zeitung“) und der „Medycyna“ („Die Medizin“)[18].

Wichtig war hier insbesondere die Meinung von *Henryk Nussbaum* (1847-1937), der eine Diskussion mit einer Serie seiner Artikel eröffnete, in denen er erst einmal überhaupt die Notwendigkeit begründete, ein entsprechendes Gesetzbuch zu schreiben[19]. In *Nussbaums* Augen sollte das Gesetzbuch andere Aufgaben erfüllen, als üblicherweise angenommen wurde. Den Angelegenheiten der wechselseitigen Beziehungen unter den Ärzten widmete er lediglich einige Sätze, den Schwerpunkt legte er dagegen auf die sozialen Aufgaben der Medizin. Als eine Hauptpflicht des Arztes sah er es an, daß dieser nach seinen Möglichkeiten zum Fortschritt und zur Entwicklung der ärztlichen Kunst beizutragen habe. Eine besondere Rolle wies er dabei den Ärzten zu, die Funktionen als Hochschullehrer erfüllten und Aufgaben im Bereich des öffentlichen Gesundheitswesens übernommen hatten. *Nussbaum* bestimmte auch auf moderne und mit den gegenwärtig bezeichneten Aufgaben der Medizin übereinstimmende Weise die Pflichten des Arztes gegenüber der Gesellschaft. „An der ersten Stelle der Pflichten des Arztes steht die hygienische Tätigkeit, deren Aufgabe es sein soll, die besten Bedingungen für die Entwicklung des Systems herauszufinden, positive Eigenschaften der Rasse zu fixieren, stufenweise ihre negativen Eigenschaften zu verbessern. An der zweiten Stelle steht die vorbeugende, den einzelnen Fällen und den möglichen Gefahren für die Gesellschaft oder für deren Einheiten vorgreifende Tätigkeit. An dritter Stelle folgt die therapeutische Tätigkeit, die

---

17 Uchwały Towarzystwa lekarzy galicyjskich w przedmiocie obowiązków lekarzy względem swych kolegów i zawodu lekarskiego wogóle. Dwutygodnik Hygieniczny 1876.

18 Zum Beispiel: *Łuczkiewicz H.*: List do redakcyi (w sprawie etyki lekarskiej). Medycyna 1882, B. X, N. 23, S. 388-389; *Szokalski W.*: O pracach Towarzystwa Lekarskiego Warszawskiego odnośnych do etyki lekarskiej. W odpowiedzi *Henrykowi Łuczkiewiczowi*. Ibidem N. 25, S. 432-434.

19 Dr N. (*H. Nussbaum*): W kwestyi kodeksu etyki lekarskiej. Gazeta Lekarska 1881, J. XVI, S. II, B. I, N.1 S. 3-10; N. 8, S. 150-159; N. 14, S. 278-286.

eine Abwendung oder mögliche Milderung der Folgen einer Krankheit bezweckt."[20] Er wies auch auf die Notwendigkeit hin, die ärztlichen Praktiken schon ab dem ersten Studienjahr in der Medizin zu beeinflussen, unter anderem durch die Vorstellung der deontologischen Probleme im Rahmen der Vorlesungen zur Propädeutik der Medizin. Die Rolle der ärztlichen Gesetzbücher wurde indes nicht von allen als notwendig anerkannt, obwohl die gegnerischen Stimmen nur eine Minderheit bildeten. Manche haben die Notwendigkeit der Aufstellung eines Gesetzbuches deshalb in Frage gestellt, weil sie glaubten, daß die Beachtung der Grundsätze der allgemeinmenschlichen Ethik schon ausreichender Garant für die Ausfüllung der ärztlichen Rolle sei; die anderen, die um die korporativen Inhalte der früher entstandenen Gesetzbücher wußten, bezweifelten, ob ein derartiges Gesetzbuch den Kranken dienen würde. Die endgültige Verabschiedung der Prinzipien der Pflichten und Rechte der Ärzte durch die Warschauer Ärztliche Gesellschaft fand im Jahre 1884 statt. Es wurden dort alle positiven Elemente der Diskussion aufgenommen, insbesondere auch die Postulate von *Nussbaum*. Es wurden auch zahlreiche Vorschriften erlassen, denen man Korporativität vorwerfen könnte; die Autoren haben aber schon in der Präambel erklärt, daß sie dies so machen mußten, um Streitigkeiten zwischen Ärzten mit Hilfe von Schiedsgerichten entscheiden zu können. In dem so formulierten Gesetzbuch - obwohl in seinen Hauptinhalten noch korporativ - war doch deutlich der philosophische Gedanke ausgeprägt, wie er durch die polnische Schule der Philosophie in der Medizin vertreten wird. Zwar hinterließ ihr Vordenker, *Tytus Chałubiński*, keine Schriften über ärztliche Ethik, ähnlich wie er auch sehr wenige wissenschaftliche Arbeiten im Bereich der Medizin geschrieben hat. Aus denen aber, die er hinterließ, ist eine Schule des ärztlichen Denkens hervorgegangen, die seine Schüler fortsetzten. Die ärztliche Lehre, die er schätzte, behandelte er als im Dienst der ärztlichen Praxis stehend. Er lehrte durch sein eigenes Vorbild, was die große Rolle erklärt, die er in der polnischen Medizin gespielt hat.

Zu den bedeutendsten Vertretern dieser Schule gehörten neben *Henryk Nussbaum* auch *Zygmunt Kramsztyk* (1849-1920), Begründer der ärztlich-philosophischen Zeitschrift „Krytyka Lekarska" („Ärztliche Kritik"), die in den Jahren 1897-1902 herausgegeben wurde, *Edmund Biernacki* (1866-1911) und *Władysław Biegański* (1857-1917). Dem letzteren soll besondere Aufmerksamkeit gewidmet werden. Dieser Provinz-Arzt aus Tschenstochau, Autor von bedeutsamen Werken im Bereich der praktischen Medizin, widmete seine letzten zwanzig Lebensjahre philosophisch-medizinischen und philosophischen Forschungsarbeiten. Mit zwei von diesen werde ich mich im folgenden näher beschäftigen: Mit der „Medizinischen Logik", deren erste Auflage 1894 und deren zweite Auflage - geändert und ergänzt - 1909 erschien, sowie mit den „Gedanken und Aphorismen über die ärztliche Ethik"[21], die in Teilen in der medizinischen Presse in den Jahren 1897 und 1898 veröffentlicht und in Form eines Buches in den Jahren 1899, 1925 und 1957 herausgegeben wurde. Die „Medizinische Logik" ist ein Traktat über die Methodologie der wissenschaftlichen Untersuchungen und Schlußfolgerungen in der ärztlichen Praxis. Nach den Werken von *Franz Oesterlen* (1852) und von *Claude Bernard* (1865) war es weltweit das dritte Werk, das

---

20 „Na pierwszym miejscu obowiązków lekarza stoi działalność hygieniczna, której zadaniem ma być wynajdywanie najlepszych warunków rozwijania się ustroju, utrwalenie dodatnich właściwości rassy, stopniowa naprawa cech jej ujemnych. Na drugiem miejscu działalność profilaktyczna, uprzedzająca, w obec przypadków, mogących powstać niebezpieczeństw groźnych dla ogółu lub dla jednostek. Na trzecim miejscu działalność terapeutyczna, mająca na celu odwrócenie lub możliwe zmniejszenie skutków przyczyn chorobotwórczych." Ibidem S. 283-284.

21 *Biegański W.:* Myśli i aforyzmy o etyce lekarskiej. Warszawa 1899.

dieser Frage nachging. Im Unterschied zu den beiden vorangegangenen war es nicht nur auf die Methodologie der wissenschaftlichen Forschungen beschränkt, sondern berücksichtigte auch die Erkenntnis- und Entscheidungsprozesse, die im Verlauf der Therapie vorkommen. Die deutsche Ausgabe, die 1909 in Würzburg unter dem Titel „Medizinische Logik. Kritik der ärztlichen Erkenntnis" erschien, enthielt rund 52, meistens enthusiastische, oder zumindest positive Rezensionen, davon allein 44 in deutschen Zeitschriften[22]. Der in diesem Buch zum Ausdruck kommende Rationalismus von *Biegański* unterscheidet sich deutlich von seiner idealistischen Auffassung der Medizin, wie er in seinen „Gedanken und Aphorismen" vorgestellt wird. Aber auch hier - obwohl das Werk einer anderen Problematik gewidmet wurde - ist der Text im Rahmen der Diskussion des Einflusses der Persönlichkeit des Arztes auf den Geisteszustand des Kranken und dadurch auf den Verlauf der Behandlung und bei der Hervorhebung der moralischen Verantwortlichkeit des Arztes für zutreffende Schlußfolgerungen aus wissenschaftlichen, diagnostischen und therapeutischen Beobachtungen keineswegs von ethischen Hinweisen frei.

Das zweite Werk, falls ein kleines Büchlein eine solche Bezeichnung verdient, besteht aus kurzen Texten, die die Gesamtheit der ethischen Probleme der damaligen Medizin erörtern. *Biegański*, der von der Notwendigkeit der Schaffung von Gesetzbüchern zur ärztlichen Ethik nicht überzeugt war, schrieb dazu folgendermaßen: „... die ärztliche Ethik ist ein besonderer Ausdruck der allgemeinen Ethik, ihre Grundsätze kommen mit den Prinzipien der allgemeinen Moral zusammen. Auf diesen Gesichtspunkt möchte ich die ganze Aufmerksamkeit des Lesers konzentrieren, ich will ihm beweisen, daß, wer kein guter Mensch ist, auch kein guter Arzt sein wird"[23]. Die Aphorismen von *Biegański* enthielten jedoch viel mehr, als sich allein aus den Prinzipien der allgemeinen Ethik ergeben würde. Anstatt sie umfassend zu besprechen, gestatte ich mir, einige der am meisten charakteristischen zu zitieren: „Woher soll ein Arzt heute ethische Ideale schöpfen? Als ein Schüler der Medizin sieht er in Kliniken und Krankenhäusern nur eine götzendienerische Verehrung des Wissens, Erudition und interessanter Fälle; als Arzt trifft er in der Praxis auf eine rücksichtslose Jagd nach Geld, auf Neid und einen Kampf um die Existenz. Unter solchen Bedingungen muß sich sogar die heißeste Seele abkühlen."[24] „Wenn die Ärzte, anstatt ihre Patienten mit den ärztlichen Theorien und mit dem Verlauf der Krankheiten vertraut zu machen, diese Zeit für eine Information der Patienten über die Grundsätze der Hygiene nutzen würden, könnten sie der Gesellschaft großen Nutzen bringen."[25] „Eine Kameradschaft, die nur auf gemeinsame Interessen gestützt ist, ist schon keine Kameradschaft mehr, sondern ein Syndikat, eine Verschwörung, die nur so lange andauert, wie der gemeinsame Zweck der Gewinnerzielung besteht."[26] „Zu den bedingten und nicht unbedingten Rechten gehört das Arzt-

---

22 *Bilikiewicz T.*: O niemieckim przekładzie „Logiki medycyny" *Wł.Biegańskiego.* Archiwum Historii i Filozofii Medycyny B. IX 1929 S. 30-62.

23 „...etyka lekarska jest szczegółowym wyrazem etyki ogólnej, jej zasady schodzą się z zasadami ogólnej moralności. Na ten punkt widzenia chcę zwrócić całą uwagę czytelnika, chcę mu dowieść, że nie będzie dobrym lekarzem, kto nie jest dobrym człowiekiem." *Biegański W.*: Myśli...op.cit. S. 41.

24 „Skąd lekarz ma dziś czerpać ideały etyczne? Jako uczeń medycyny widzi w klinikach i szpitalach tylko bałwochwalczą cześć dla wiedzy, erudycji i ciekawych przypadków; jako lekarz, spotyka w praktyce bezwzględną gonitwę za groszem, zawiść i walkę o byt. Wśród takich warunków nawet najgorętsze serce wystygnąć musi." Ibidem S. 51.

25 „Gdyby lekarze zamiast wtajemniczać swych chorych w teorye lekarskie i przebieg chorób, użyli tego czasu na zaznajamianie ich z zasadami hygieny, przynieśliby niewątpliwie wielką korzyść społeczeństwu." Ibidem S. 53.

26 „Koleżeństwo oparte tylko na wspólnym interesie nie jest już koleżeństwem, lecz syndykatem, zmową, która trwa dopóty tylko, dopóki istnieje cel zysku." Ibidem 71.

geheimnis. Es gibt Fälle, in denen der Arzt das Arztgeheimnis bewahren soll, es gibt aber auch andere, in denen das Schweigen des Arztes schon eine Untat wäre. Man soll niemals vergessen, daß das höchste Gesetz für den Menschen das Gemeinwohl ist: ***Suprema lex - salus publica.***"[27] Das sind nur vier von 189 Gedanken, von denen die meisten bis heute ihre Aktualität nicht verloren haben. Die Anschauungen von *Biegański* haben einen entscheidenden Einfluß auf die Weiterentwicklung der ärztlichen Ethik in Polen ausgeübt.

In dem von Preußen annektierten Land geschah im Bereich der ärztlichen Ethik nichts Erwähnenswertes. Zwar hat die Medizinische Abteilung der Gesellschaft der Freunde der Wissenschaften in Posen im Jahre 1901 ein eigenes deontologisches Gesetzbuch verabschiedet, es beschränkte sich aber auf die Wiederholung der korporativen Beschreibungen des Warschauer Gesetzbuches.

In dem österreichischen Teilungsgebiet wurde ein Entwurf des Gesetzbuches bearbeitet, das auf der 10. Tagung der Polnischen Ärzte und Naturwissenschaftler in Lwow im Jahre 1907 verabschiedet wurde und das für die Ärzte in allen Teilungsgebieten gelten sollte. Es hat aber keine größere Rolle gespielt, insbesondere weil es im Vergleich zu dem Warschauer Gesetzbuch wesentlich weniger Überlegungen im Hinblick auf den Patienten und das öffentliche Gesundheitswesen enthielt, welche Problematik demgegenüber in den Anschauungen der fortschrittlichen Ärzte im russischen Teilungsgebiet schon eine dominierende Rolle spielte.

Das Moment, das die Diskussionen über die ärztliche Ethik entscheidend belebt hat, war die Wiedererlangung der Unabhängigkeit Polens im Jahre 1918. Jetzt wurde die Forderung von *Nussbaum* erfüllt, die ärztliche Ethik schon im ersten Studienjahr der Medizin zu lehren. Als leidenschaftlicher Lehrer blieb ***Alfred Sokołowski*** unvergeßlich, der ehemalige Assistent von ***Kurt Brehmer*** im Sanatorium in Görbersdorf und Autor des ersten europäischen Lehrbuchs der Lungenkrankheiten. Fast ein Drittel seines Lehrbuchs der ärztlichen Propädeutik widmete er den deontologischen Problemen.[28] 1922 entstanden die ersten Ärztekammern, die das ganze Land umfaßten. Als eine der wichtigsten Aufgaben wurde die Bearbeitung des deontologischen Gesetzbuches in Angriff genommen.

Die erste Zeit der Tätigkeit der Ärztekammern wurde bedauerlicherweise wegen politischer Streitereien verschwendet. Infolgedessen kam es erst im Jahre 1935 zur Verabschiedung des allgemeinpolnischen Gesetzbuches. Einigen regionalen Ärztekammern gelang dieser Schritt allerdings schon früher. Leider ließ das Gesetzbuch vom Jahre 1935 völlig außer Acht, sowohl die Pflichten des Arztes gegenüber der Wissenschaft als auch gegenüber der Gesellschaft zu regeln, was bewirkte, daß es gegenüber dem Gesetzbuch vom Jahre 1884 keinen Fortschritt gab.

Die Kriegszeit war zwar der Entwicklung des ethischen Gedankens nicht förderlich, bedeutete jedoch einen ausgezeichneten Prüfstein für die Realisierung ethischer Grundsätze in der Praxis. Der Krieg verändert ethische Prinzipien nicht, er stellt jedoch den Arzt des öfteren vor die Notwendigkeit, das größere Gut oder das kleinere Übel zu wählen. Ich glaube, daß man - auf historische Forschungen gestützt -

---

27 „Do względnych a nie bezwzględnych praw należy tajemnica lekarska. Są zdarzenia, że lekarz tajemnicę zachować powinien, są inne, gdzie milczenie lekarza byłoby występkiem. Nie trzeba nigdy zapominać, że najwyższym prawem dla człowieka jest dobro powszechne: Suprema lex - salus publica." Ibidem S. 80.

28 *Sokołowski A.:* Propedeutyka lekarska. Wstęp do nauk lekarskich ze szczególniejszem uwzględnieniem historii medycyny polskiej. Warszawa 1920.

feststellen kann, daß polnische Ärzte dieses ethische Examen während der Kriegszeit gut bestanden haben.

Nach dem zweiten Weltkrieg, nach der Auflösung der Ärztekammern im Jahre 1950 und nach der Aussetzung von Vorlesungen über die Ethik an den medizinischen Fakultäten gab es keine Institution mehr, die sozusagen von Amts wegen den ärztlichen ethischen Gedanken fortgeführt hätte. Die offizielle politische Stellungnahme verkündete, daß das richtige Engagement für den Sozialismus, gerechte soziale Verhältnisse und die Beachtung des Rechtes ausreichend seien, um die Beziehungen zwischen den Ärzten und der Gesellschaft zu regulieren. Es folgte eine Situation, in welcher sich erneut die wissenschaftlichen Gesellschaften mit den Angelegenheiten der beruflichen Ethik beschäftigen mußten. Diese besondere Rolle fiel der Polnischen Ärztekammer und ihren Funktionären zu, unter denen sich besondere Erwähnung die Professoren *Józef Bogusz* (1904-1993) und *Tadeusz Kielanowski* (1905-1992) verdient haben. Ihre Tätigkeit verlief in drei Richtungen: (1) Entwicklung der ärztlichen Publizistik, die der ethischen Problematik gewidmet wurde; (2) Bearbeitung eines neuen, an die Gegenwart angepaßten ethischen Gesetzbuches; (3) Wiederherstellung der ethischen Thematik als eines Unterrichtsgegenstandes an den Medizinischen Akademien. Es gelang, das letztere nach den politischen Wandlungen im Jahre 1956 zu realisieren. Schwieriger war die Angelegenheit eines deontologischen Gesetzbuches, das in ganz Polen in Kraft treten würde. Einen Entwurf dieses Gesetzbuches bearbeitete Professor *Tadeusz Kielanowski* schon 1959. Besonders hob er die gesellschaftlichen Pflichten des Arztes und die moralischen Probleme hervor, die mit der Forschung verbunden sind. Schon damals forderte er, daß jede Untersuchung am Menschen nicht nur der ethischen Sensibilität des Forschers überlassen wäre, sondern auch der Beurteilung und Akzeptanz eines entsprechenden wissenschaftlichen Rates unterzogen wird. Der Entwurf war frei von irgendwelchen Passagen, denen man eine Korporativität vorwerfen könnte, die gegen die Interessen des Patienten zielen würde. Das Gesetzbuch konnte nicht sofort verwirklicht werden, es wurde aber eine Grundlage für die weitere Diskussion.

In diesem Jahr, dem 50. Jahrestag der Nürnberger Prozesse, lohnt es sich, in Erinnerung zu bringen, daß auf Initiative von Professor *Józef Bogusz* seit 1961 die sogenannten Auschwitzer Hefte der in Krakau herausgegebenen Zeitschrift „Przegląd Lekarski" („Ärztliche Rundschau") zu erscheinen begannen. Die Hefte begannen, als einige der ersten in Europa, die Probleme der moralischen Verantwortung der Ärzte für die Verbrechen zu prüfen, die während der sogenannten medizinischen Experimente begangen wurden. Sie wurden ein Ausgangspunkt für die Überlegungen zu Problemen der moralischen Verantwortung des Arztes als eines Wissenschaftlers, für die Richtung sowie die Art und Weise der Leitung von Forschungen und ihrer Nutzung. Diesem Problem war auch das Buch von *Tadeusz Kielanowski* gewidmet: „Die Verantwortung der Wissenschaftler, ein Dilemma der gegenwärtigen Wissenschaft"[29], das im Jahre 1970 herausgegeben wurde. Von der Wichtigkeit der Publikationen in den Auschwitzer Heften zeugt die Tatsache, daß abgesehen von einer Ausgabe in drei Fremdsprachen diese Anthologie unter Auswahl der Artikel durch das Internationale Auschwitzer Komitee erneut im Jahre 1987 in den Hamburger Dokumenten[30] erschien.

---

29 *Kielanowski T.:* Odpowiedzialność uczonych, dylemat współczesnej nauki. Warszawa 1970.

30 Die Auschwitz-Hefte. Texte der polnischen Zeitschrift „Przegląd Lekarski" über historische, psychische und medizinische Aspekte des Lebens und Sterbens in Auschwitz. 2 Bände. Beltz Verlag. Weinheim u. Basel 1987.

Indirekt inspiriert von Kriegsschicksalen ergab sich auch eine weitere Publikation von *Tadeusz Kielanowski*: „Überlegungen über das Vergehen"[31], die den Fragen der Thanatologie gewidmet war. Dies waren die ersten Überlegungen in Polen zum Thema der Unvermeidlichkeit des Todes als einer natürlichen biologischen Erscheinung, des Lebenswertes, der Grenzen der Möglichkeiten für eine Tätigkeit des Arztes und seiner Pflichten gegenüber einem sterbenden Menschen. Ihre erste Ausgabe aus dem Jahre 1964 war sehr schnell vergriffen und schon bald, nämlich im Jahre 1971, kam es zu einer Neuauflage.

Alle aktuellen ethischen Probleme des ärztlichen Berufes spiegelten sich in der im Jahre 1968 beschlossenen „Sammlung der ethischen und deontologischen Grundsätze der Polnischen Ärztegesellschaft"[32] wider, die dann im Jahre 1977 novelliert wurde. Als ihre Grundlage diente der oben besprochene Entwurf von *Tadeusz Kielanowski*. Vergleicht man den Inhalt der Sammlung mit den damals geltenden deontologischen Gesetzbüchern anderer Länder, so kann man feststellen, daß er alle aktuellen Fragen berücksichtigte, welche in den Diskussionen über die Probleme der ärztlichen Ethik auftauchten. Darunter Diskussionen über die wissenschaftlichen Forschungen, die Transplantation von Organen, die Pflichten des Arztes in Todesfällen usw. Die Rezensenten beurteilten dieses Dokument als damals eines der modernsten in der Welt. In vielen Fällen übertraf es internationale Standards in diesem Bereich. Den Vorsitz des Ausschusses, der diese Sammlung und ihre Novellierung bearbeitet hat, führte der schon oben genannte Professor *Józef Bogusz*.

Relativ früh wurde in Polen auch erkannt, daß über die Probleme der ärztlichen Ethik nicht nur Ärzte allein entscheiden sollten. Die Konferenz, die unter den Auspizien des Komitees für Philosophie der Polnischen Akademie für Wissenschaften 1974 zu dem Thema: „Die Ethik und die Probleme des Gesundheitswesens und der Rehabilitation"[33] organisiert wurde, begann indirekt die Reihe späterer Konferenzen von Ärzten und Humanisten, die alle zwei Jahre von Professor *Tadeusz Kielanowski* organisiert wurden. Der Hauptorganisator, der die Richtung der unabhängigen Ethik vertrat, lud zur Teilnahme an der Konferenz Personen unterschiedlicher weltanschaulicher und politischer Ansichten ein, die sowohl aus ärztlichen Kreisen, als auch denen der Philosophen, Soziologen und Theologen stammten. Jede Konferenz hatte eine bestimmte Losung, um die sich die Diskussion drehte. Der Reihe nach waren es: „Der Mensch im Angesicht des Todes"[34], „Der Mensch, sein Schmerz, Leid und Recht auf Glück"[35], „Der Mensch tötet sich selbst"[36], „Der Mensch bildet sich selbst"[37]. Die letzte Konferenz fand 1982 statt. Die Konferenzen haben der Entwicklung des ärztlichen Gedankens gut gedient.

31 *Kielanowsky*: Rozmyślania o przemijaniu. II Aufl. Warszawa 1976.
32 Zbiór zasad etyczno-deontologicznych Polskiego Towarzystwa Lekarskiego. Warszawa 1968.
33 Etyka a problemy zdrowia i rehabilitacji. Etyka 1975 N. 14 S. 7-184.
34 Człowiek w obliczu śmierci. Krajowa Konferencja Lekarzy i Humanistów. Gdańsk 1976.
35 Człowiek, jego ból, cierpienie i prawo do szczęścia. II Krajowa Konferencja Lekarzy i Humanistów. Gdańsk 1978.
36 Człowiek zabija siebie sam. III Krajowa Konferencja Lekarzy i Humanistów. Gdańsk 1980.
37 Człowiek tworzy siebie sam. IV Krajowa Konferencja Lekarzy i Humanistów. Gdańsk 1982.

Mit der Änderung der Staatsform, die im Jahre 1989 erfolgte, kam es auch zu Änderungen in der Organisation der ärztlichen Welt. Es wurden Ärztekammern ins Leben zurückgerufen und ein neues Gesetzbuch der ärztlichen Ethik wurde beschlossen, aber der wesentliche moralische Inhalt der Pflichten des Arztes blieb unverändert. Sie bilden eine Resultante der gegenwärtig ausgearbeiteten weltweiten deontologischen Dokumente und der polnischen Tradition der Philosophie der Medizin. Dies aber ist nicht mehr Gegenstand meines Referates, das sich ja nur auf die historischen Aspekte der Gegenwart konzentrieren sollte.

Patientenrecht, Ärztliche Dominanz und die „Bedeutungslosigkeit des Einzelwesens“ - Das Individuum und die Medizin um 1900

Heinz-Peter Schmiedebach

Am 29.12.1900 erließ der preußische Kultusminister eine „Anweisung an die Vorsteher der Kliniken, Polikliniken und sonstigen Krankenanstalten“, in der festgelegt wurde, daß medizinische „Eingriffe zu anderen als diagnostischen, Heil- und Immunisierungszwecken“ dann verboten sind, wenn es sich 1) um minderjährige oder aus anderen Gründen nicht vollkommen geschäftsfähige Personen handele, wenn 2) die Person nicht ihre Zustimmung in unzweideutiger Weise erklärt habe und wenn 3) dieser Erklärung nicht eine sachgemäße Belehrung über möglicherweise nachteilige Folgen vorausgegangen sei.[1] Diese Anweisung stand im Zusammenhang mit einer öffentlichen Diskussion über die Durchführung von Experimenten an Menschen, die seit etwa 1890 nicht nur eine verstärkte Aufmerksamkeit in der Presse, sondern auch in parlamentarischen Auseinandersetzungen fanden, wodurch ein öffentlicher Druck zur Regelung der Angelegenheit erzeugt wurde.[2] Die ministeriale Anweisung konzentrierte sich in dem uns auch heute geläufigen Sinne auf die Aufklärung über eventuell zu erwartende Gefährdungen und auf die Zustimmung des betroffenen Patienten zum Versuch. Vor wenigen Wochen haben *Jochen Vollmann* und *Rolf Winau* im British Medical Journal diese „Anweisung“, der freilich eine Rechtsverbindlichkeit fehlte, als eine erste Form des Konzepts des „informed consent“ bezeichnet, das bereits Grundelemente des modernen Modells enthalte.[3]

Bis zu diesem Zeitpunkt gab es bezüglich der Durchführung von Experimenten am Menschen, die im deutschsprachigen Raum verstärkt ab etwa der 1850er Jahre in die medizinische Forschung Eingang fanden, keine einheitlichen Regelungen. Der tradierte medizinethische Grundsatz des Nichtschadens schien den meisten Ärzten schon dann gewährleistet, wenn die Versuchsperson nach dem Eingriff keine bleibenden Schäden davontrug.[4] Nur in den wenigsten Fällen wurde eine Aufklärung über die Gefahren des Eingriffs vorgenommen oder eine Einwilligung des Patienten eingeholt.

Innerhalb der Ärzteschaft waren diese Forschungsexperimente an Patienten, die vornehmlich zum Zwecke der Heilung in die Kliniken aufgenommen worden waren, durchaus umstritten, wenn auch viele Argumente gegen diese Menschenexperimente mit einer Ablehnung der „neuen“ naturwissenschaftlich ausgerichteten Medizin verbunden waren, für die das Experiment die zentrale Methode der Erkenntnisgewinnung darstellte. Seit 1880 wurde von juristischer Seite das Problem erörtert, inwieweit die Einwilligung des Verletzten die Unrechtmäßigkeit einer Körperverletzung aufhebe, aber erst seit 1890 bildete sich die Auffassung heraus, daß der

1 Siehe *Tashiro* (1991), S.97-98; *Elkeles* (1996), S. 209.
2 Siehe zur Vorgeschichte *Elkeles* (1985); *Elkeles* (1989); *Elkeles* (1991); *Elkeles* (1996) S. 153- 224; *Tashiro* (1991), S. 49-104.
3 Siehe *Vollmann/Winau* (1996 a), S. 1445-47. Zur Geschichte des „informed consent“ siehe auch *Winau* (1996).
4 Siehe *Elkeles* (1996), S. 227.

ärztliche Eingriff grundsätzlich eine Körperverletzung im Sinne des Strafgesetzes darstelle.[5]

Während auf der einen Seite im letzten Jahrzehnt des 19. Jahrhunderts der Ruf nach Stärkung der Persönlichkeitsrechte des einzelnen Patienten besonders im Zusammenhang mit klinischen Experimenten zu konstatieren ist, entwickelten sich fast gleichzeitig andere Auffassungen, die eher eine Schwächung der Patientenrechte mit sich brachten. Zwei dieser Bereiche sollen hier erwähnt werden:

1) Zunächst ist eine sich besonders als innerärztliche Debatte abspielende Suche nach einem neuen Selbstbild der Ärzteschaft[6] zu nennen. Diese besaß einen frühen Ausgangspunkt in dem 1906 erschienenen Buch „Der Arzt" von *Ernst Schweninger*, dem Leibarzt *Bismarcks*, und reichte bis zu dem 1926 erstmalig veröffentlichten Werk „Der Arzt und seine Sendung" von *Erwin Liek*. Als Kriterium der „wahren" Medizin wurde die Persönlichkeit des Arztes benannt, die im Sinne eines klar definierten Herrschaftsverhältnis derjenigen der Patienten übergeordnet sein sollte.[7] Diese Suche nach einem „neuen" ärztlichen Selbstverständnis war stark mit einer Ablehnung der Medizin als Naturwissenschaft verknüpft. Der Arzt war nach dieser Lesart nicht Ausübender einer Wissenschaft, sondern einer Kunst. Das polare Verhältnis von Kunst und Wissenschaft bestimmte diesen ärztlichen Versuch, die individuellen Selbstbestimmungsrechte des Patienten der künstlerischen Intuition „wahrer" Ärzte unterzuordnen.
2) Etwa synchron zu dieser Debatte gewann die seit Anfang der 1890er Jahre von Sozialwissenschaftlern, Juristen und Ärzten entwickelte Ansicht, nach der einzelne Menschen ausschließlich im Hinblick auf ihren vermeintlichen großen oder kleinen Nutzen für das „Ganze" beurteilt und bei entsprechend negativer Bilanz zu einem „Unwert" erklärt wurden, immer mehr an Boden. Diese Diskussion erreichte 1920 mit der Schrift von dem Juristen *Karl Binding* und dem Psychiater *Alfred Hoche* über die Freigabe der Vernichtung von sogenanntem lebensunwertem Leben eine brisante Zuspitzung. In dem Spannungsfeld Individuum - Gemeinschaft wurden die Interessen der Gemeinschaft als übergeordnet betrachtet und bestimmten Patientengruppen unter Berufung auf diese vermeintlich übergeordneten Interessen nicht nur das individuelle Selbstbestimmungsrecht, sondern auch das Lebensrecht abgesprochen.

Die Zeit um die Jahrhundertwende stellte in verschiedener Hinsicht eine Phase des Umbruchs sowie der Kultur- und Wissenschaftskritik dar, in der die Ärzteschaft Versuche zur Absicherung und Erweiterung ihres Kompetenzbereiches unternahm und bei der Suche nach einem neuen gesellschaftlichen Selbstverständnis auch deontologische und ethische Fragen aufwarf. Folgende Bereiche wurden hierbei erörtert: die Veränderung des Selbstbestimmungsrechts des Patienten durch die naturwissenschaftlich begründete Medizin und durch die Entstehung des modernen Krankenhauses mit einer großen Anzahl von Patienten, die zunehmende Ökonomisierung menschlicher Beziehungen und die Neudefinition der Bedeutung des Individuums im Rahmen biologischer Denkweisen. Mein Beitrag behandelt diese Aspekte und konzentriert sich also nicht so sehr auf einzelne ethische Fragen und deren Erörterung. Er versucht vielmehr, standespolitische und sozialpolitische Brennpunkte und daraus resultierende Widersprüche in der Ärzteschaft zu erfassen. Dadurch werden

---

5 Ebenda S. 219.
6 Siehe *Göckenjahn* (1989).
7 Siehe *Wiesing* (1996), S. 190-191; zu *Liek* siehe *Schmiedebach* (1989).

diejenigen Stimmungen und Haltungen sowie das Spannungsfeld beschrieben, das gewissermaßen den Boden für die Erörterung der medizinethischen Fragen darstellte. Ich möchte zeigen, daß - anders als in der Anweisung des Kultusministeriums - in der Ärzteschaft eher diejenigen Meinungen das Feld beherrschten, die den Selbstbestimmungs- und Persönlichkeitsrechten der Patienten wenig oder keinen Raum gewähren wollten.

Naturwissenschaftlich fundierte Medizin und das moderne Krankenhaus

Die oben erwähnte Anweisung des preußischen Kultusministers kann man als eine Antwort auf die Forschungsmethoden der naturwissenschaftlich fundierten Medizin ansehen, die dem Menschenexperiment eine wichtige Stellung einräumte. Die Durchführung dieser Versuche ohne Aufklärung des Patienten und ohne dessen Zustimmung stellte eine besonders gravierende Mißachtung der individuellen Rechte und Wünsche der Versuchsperson dar. Diese Versuche wurden in den allermeisten Fällen an Patienten vorgenommen, die in die neu entstehenden modernen Krankenhäuser mit ihren Spezialabteilungen zum Zweck der Behandlung aufgenommen worden waren und meistens nicht den „gebildeten Ständen“ angehörten. Dieser Umstand wurde vereinzelt auch als Argument für eine nicht vorgenommene Aufklärung ins Feld geführt, da dem Patienten sowieso das Verständnis für den beabsichtigten Eingriff gefehlt habe.

Wenn man davon ausgeht, daß durch die naturwissenschaftlich ausgerichtete Medizin und durch die moderne Klinik Voraussetzungen zur Mißachtung der individuellen Rechte und der Selbstbestimmung des Patienten geschaffen wurden, so müßte zur Bestärkung dieser Überlegung in der Zeit zuvor eine andere Struktur des Arzt-Patient-Verhältnis und eine stärkere Position des Patienten auszumachen sein. Diese Gestaltungsmöglichkeiten und die Einflußnahme auf ärztliche Entscheidungen müßten sich ausgeprägter darstellen.

Es liegen uns neuere Studien vor, die sich recht intensiv mit dem Erleben von Krankheit und ärztlicher Therapie im 18. und 19. Jahrhundert beschäftigt haben[8], wobei allerdings einschränkend zu berücksichtigen ist, daß die in diesen Arbeiten erforschten Patienten als gebildete Gruppe vornehmlich der Aristokratie und dem Bürgertum angehörten. Es waren aber auch genau diese Patienten, die den akademisch ausgebildeten Arzt in Anspruch nahmen.

Die Arzt-Patient-Beziehung im 18. und im frühen 19. Jahrhundert wird entweder als „Patronagesystem“ - wie es *Jewson* 1974 für die britischen Verhältnisse tut[9] - oder als „klienten-dominierte Medizin“ bezeichnet. Den letztgenannten Begriff bevorzugen für den deutschsprachigen Raum u.a. *Lachmund* und *Stollberg.*[10] Ungeachtet bestimmter regionaler und nationaler Unterschiede ergibt sich als gemeinsames Ergebnis dieser Studien, daß die Einflußnahmemöglichkeiten des Patienten auf Urteil und Therapie des Arztes zu dieser Zeit recht hoch waren und daß der Arzt umgekehrt bei seiner Krankheitsinterpretation und seinen Anweisungen dem Interesse des Patienten und seiner Individualität in verschiedener Weise Rechnung tragen

---

8 Siehe *Jewson* (1974); *Huerkamp* (1984); *Lachmund/Stollberg* (1992); *Lachmund/Stollberg* (1995); *Loetz* (1993).
9 Siehe *Jewson* (1974).
10 *Lachmund/Stollberg* (1995) S.123-126.

mußte. Einige der Umstände, die diese höhere Gestaltungsmöglichkeit des Patienten ermöglichten, waren folgende:

1) Der Arzt war vom Patienten ökonomisch abhängig und mußte sich nicht nur gegenüber seinen universitär ausgebildeten Konkurrenten, sondern auch gegenüber verschiedenen Gruppen von handwerklich qualifizierten (Bader, Chirurgen) und laikalen Heilern behaupten.
2) Der Kontakt mit dem Patienten fand am Krankenbett im Hause des Patienten statt. Der Arzt hatte den Patienten aufzusuchen und nicht umgekehrt. Das anamnestische Gespräch und die Durchführung der Verordnungen vollzogen sich ebenfalls in der für den Patienten gewohnten häuslichen Umgebung, in der der Patient als Hausherr fungierte. Darüber hinaus stellte das Krankenbett im familialen Rahmen immer auch einen öffentlichen Ort dar, der den Brennpunkt einer bunten „Krankenbettgesellschaft"[11] bildete, zu der Pastoren, Nachbarn, Angehörige und Freunde zählten. Diese Gruppe nahm nicht selten an den Erörterungen zwischen Arzt und Patient lautstark teil und pfuschte dem Arzt ins Handwerk.[12]
3) Die entscheidende Grundlage für die ärztliche Urteilsfindung bildeten nicht so sehr die körperliche Untersuchung oder sonstige diagnostische Eingriffe, sondern das Gespräch mit dem Patienten, in dem dieser die Umstände oder die „mögliche Veranlassung" der Krankheit schilderte.[13] Dies verschaffte dem Patienten eine entscheidende strategische Stellung bei der Urteilsfindung des Arztes.
4) Eine besonders unangenehme Situation konnte für den Arzt entstehen, wenn der Patient mehrere Ärzte - und diese u. U. gleichzeitig - konsultierte, was bei schweren Erkrankungen nicht unüblich war. Eine solche Mehrfachkonsultation führte entweder zu einer gegenseitigen Bestätigung der ärztlichen Ansichten und damit zu einer Vergrößerung der medizinischen Autorität, oder aber zu einem Dissens unter den beteiligten Ärzten, was den Patienten in die Position brachte, selbst die entscheidende Aussage für seinen Zustand aus den widersprechenden Ausführungen der Ärzte machen zu müssen. Die Konsultation mehrerer Ärzte, die nicht im heutigen Sinne als verschiedene Spezialisten wirkten, war geeignet, dem Patienten weitere Handlungsspielräume zu eröffnen.[14]
5) Zwar war die Festlegung der Kur in erster Linie durch Vorschläge des Arztes bestimmt, indem dieser „erklärte", „bestimmte", „verordnete" usw. und damit die Situation in seinem Sinne definierte. Dennoch existieren auch auf diesem Feld viele Beispiele dafür, daß es zu Konflikten zwischen Ärzten und Patienten kam, so daß sich zwischen den beiden beteiligten Hauptpersonen ein fortwährendes Aushandeln entwickelte, in dem die Handlungslinien von Arzt und Krankem einander angepaßt wurden.[15]

Um 1800 ist der Expertenstatus des Arztes noch nicht stabil. „Die Organisation des Kurverfahrens, die Konkurrenz mit den Kollegen und die ständige Möglichkeit des Patienten, den Arzt zu wechseln, binden ihn stark an die Vorgaben des Patienten und seiner sozialen Welt", so *Lachmund* und *Stollberg*.[16] Hinzu kommt, daß das akademische medizinische Wissen noch eng verflochten war mit einem über die einzelnen Fakultätsgrenzen hinwegreichenden Bildungsanspruch der „gebildeten

11 Ebenda S. 53.
12 Ebenda S. 101; *Huerkamp* (1984).
13 *Lachmund/Stollberg* (1995), S. 85.
14 Ebenda S. 109.
15 Ebenda S. 99.
16 Ebenda S.118.

Stände", so daß dieses Wissen über die Gruppe der Experten hinaus Verbreitung fand. Schließlich ist in diesem Zusammenhang auch noch auf die Expansion des Buchmarktes zu verweisen. In diesen sich verbreitenden neuen Formen bürgerlicher Schriftkultur, die sich z.B. in den entstehenden Lesegesellschaften manifestierte, zeigt sich eine auf die Erweiterung des eigenen Bildungsschatzes abzielende Aktivität. Nicht selten waren es die Ärzte selbst, die durch das Schreiben von populären medizinischen Büchern dafür sorgten, daß ihr „Fachwissen" über die Profession hinaus bekannt wurde.

In einem solchermaßen gestalteten Arzt-Patient-Verhältnis, in dem es in erster Linie darum ging, der ganz besonderen Idiosynkrasie des Patienten gerecht zu werden, blieb kaum Raum für eine Reduktion des Patienten zum Versuchsobjekt. Medizinische Versuche ohne Zustimmung des Patienten im Interesse einer „rein" wissenschaftlichen Fragestellung hätten nicht nur die soziale und kommunikative Struktur dieser Beziehung erschüttert, sondern auch die gesellschaftliche Isolierung und den finanziellen Ruin des Arztes zur Folge gehabt.

Zur Herausbildung einer wissenschaftlich legitimierten ärztlichen Dominanz über den Patienten bedurfte es der Einführung der naturwissenschaftlichen Methode in die Medizin und der Verfügbarkeit von Patientenkollektiven im modernen Krankenhaus. Beide Voraussetzungen erfüllten sich im Verlauf des 19. Jahrhunderts in einer recht komplizierten Gemengelage von politischen, wissenschaftlichen und sozialen Faktoren. Die Durchsetzung der naturwissenschaftlichen Methode war mit Begriffen wie „rationelle Heilkunde" und der Ablehnung der „philosophischen Spekulation" verknüpft. Die Etablierung dieser neuen Richtung hat schließlich die Wissenschaftlichkeit und die Expertenfunktion des Arztes überzeugend legitimieren können und dazu beigetragen, daß sich die Medizin aus dem umfassenden Bildungskanon früherer Zeiten herauslöste.

Um die Mitte des 19. Jahrhunderts hatten Physiologie, physiologische Chemie, experimentelle Pharmakologie und Toxikologie ebenso Fuß gefaßt wie die physikalische Diagnostik und die pathologische Anatomie.[17] Neben der postmortalen Sektion des im Krankenhaus verstorbenen Patienten zur Aufklärung des somatisch registrierbaren Krankheitsgeschehens und der physikalischen und chemischen Untersuchung war es vor allen Dingen das Experiment, das Aufschluß über physiologische und pathophysiologische Zusammenhänge geben sollte. In erster Linie kam dafür der Tierversuch in Frage, mit dem sowohl pathologische Vorgänge simuliert als auch therapeutische Vorstellungen ausprobiert wurden. Allerdings waren auf verschiedenen Gebieten Übertragungsversuche der Krankheiten vom Menschen auf das Tier noch nicht gelungen, so daß man in diesen Fällen, wie z.B. den venerologischen Erkrankungen, zum Menschenexperiment griff.[18]

Schon in der damaligen Diskussion wurde zwischen Experiment, Heilversuch und Naturbeobachtung unterschieden. Während klare Trennungen zwischen Naturbeobachtung und Experiment, bei dem der Forscher je nach Fragestellung die Versuchsbedingungen variierte und eine die Komplexität natürlicher Vorgänge reduzierende Manipulation vornahm, leicht zu machen waren, stellte sich eine strenge Differenzierung zwischen wissenschaftlichem Experiment und therapeutischem Heilversuch sehr viel problematischer dar. *Barbara Elkeles* hat darauf verwiesen, daß

---

17 *Elkeles* (1996), S. 65.
18 *Tashiro* (1991) S. 108; *Elkeles* (1996) S. 9.

auf der moralischen Ebene insofern eine Unterscheidung leichter durchzuführen ist, als der Heilversuch nicht nur im Interesse der Forschung und des Forschers, sondern auch im Interesse des individuellen Probanden angestellt wird.[19] Trotz der Schwierigkeiten, gerade im methodischen Bereich eine saubere Trennung vorzunehmen, folgte man - wie auch in der eingangs erwähnten ministerialen Anweisung - weitgehend diesen differenzierenden Überlegungen. Der therapeutische Heilversuch galt demnach als das ethisch sehr viel weniger belastete Unterfangen.

Mit der Aufnahme in ein Krankenhaus gelangte der Patient in eine fremde Welt, die sich stark von dem häuslichen Milieu unterschied und in der er dem Regime ärztlichen Denkens und Handelns unterworfen war. Die Struktur der Institution und der tägliche Ablauf waren für den Patienten nicht überschaubar. Der Verkehr mit den Angehörigen wurde durch die Einrichtung stark kontrolliert. Die Ausgrenzung des Laienpublikums - bis auf die geregelten Besuchszeiten - löste die alte „Krankenbettgesellschaft" auf und ließ das Laienregulativ der ärztlichen Autorität von der Bildfläche verschwinden.

Es entwickelte sich ein völlig neuer Kommunikationsstil, bei dem die Gesprächsführung ausschließlich in der Hand des Arztes lag. Dieser bestimmte über den Zeitpunkt und die Dauer des Gesprächs und definierte die Situation ganz im Sinne seiner professionellen Interessen. Der Patient wurde in die Welt des Arztes versetzt, wo er sich auf die durch die Profession bestimmten Spielregeln einlassen mußte. Die Definitionsmacht verlagerte sich vollkommen auf die Seite des Arztes. Dennoch agierte der Arzt in diesem System nicht ohne Kontrolle. Diese wurde jetzt allerdings durch die Profession, durch die Kollegen, durch die eigene Expertenwelt vorgenommen. Die Kriterien, nach denen diese Kontrolle erfolgte, ergaben sich primär aus den „objektiven" Erkenntnissen, die die Experten mit Hilfe der naturwissenschaftlichen Methode erzielten, nicht aus den subjektiven Bedürfnissen oder Interessen des Patienten.

Mit der Entstehung der modernen Krankenhäuser war die Entwicklung der numerischen Methode verbunden, die etwa ab 1830 ihre ersten Anfänge an den Pariser Hospitälern nahm, wo den Ärzten große Patientenkollektive zur Durchführung vergleichender statistischer Untersuchungen zur Verfügung standen. In diesen ersten Studien wurden z.B. die therapeutischen Ergebnisse des Aderlasses in verschiedenen Krankheitsstadien überprüft. Der Umstand, daß nur eine einzige Therapiemethode bei Hunderten von Patienten in Anwendung kam, ließ schon zeitgenössische Kritiker bemängeln, daß durch den in der vergleichenden Statistik zutage tretenden Reduktionismus und Schematismus das therapeutische Prinzip des Individualisierens negiert werde. Die Kritiker hielten es für unmöglich, die vielen unterschiedlichen Umstände, die bei einer Therapie in Betracht zu ziehen seien, auf statistisch vergleichbare Größen zu reduzieren.[20]

Die neuen Forschungsmethoden und die moderne Krankenhausmedizin mit ihrer Verfügbarkeit großer Patientengruppen förderten eine auf verschiedenen Ebenen ablaufende Entindividualisierung des Patienten. Diese Konsequenzen wurden auch schon von den Zeitgenossen erkannt und zum Gegenstand von Kritik gemacht. Als der Prager Dermatologe *Johann Ritter von Waller* 1851 zwei 12- und 15jährige

19 *Elkeles* (1996) S. 8; auch *Illhardt* (1985) S. 146-150. Zum Menschenversuch allgemein siehe *Helmchen/Winau* (1986).
20 *Elkeles* (1996) S. 16.

Knaben, die wegen anderer Hauterkrankungen längere Zeit zur stationären Behandlung in der Klinik verbleiben mußten, mit syphilitischem Material infizierte, rief dieser Versuch methodische wie auch moralische Bedenken hervor. Der Vorwurf eines durch nichts zu rechtfertigenden Mißbrauchs der „ärztlichen Machtvollkommenheit“ gegenüber sozial abhängigen Krankenhauspatienten war verbunden mit einer Überlegung darüber, ob bei Patienten, die aufgrund ihrer Vorbildung die Konsequenzen der Versuche nicht beurteilen konnten, solche Eingriffe selbst bei erfolgter Aufklärung zu rechtfertigen seien.[21]

Trotz dieser Thematisierung des „Selbstbestimmungsrechts“ der entrechteten Krankenhauspatienten - wie dies *Barbara Elkeles* nennt - nahm die entsprechende Praxis in der zweiten Hälfte des 19. Jahrhunderts zu. Die bereits erwähnten verstärkten öffentlichen Angriffe ab den 1890er Jahren trafen eine Medizin, die den in der Mitte des Jahrhunderts geschürten Erkenntnisoptimismus keineswegs auf allen Gebieten als gerechtfertigt ausweisen konnte. Zwar waren Fortschritte im Bereich der Bakteriologie und der Serumtherapie auszumachen, doch bei den Entschlüsselungsversuchen der Geisteskrankheiten und der progressiven Paralyse war die mikroskopisch-histologische und zytologische Forschung nicht weitergekommen. Im letzten Jahrzehnt des 19. Jahrhunderts entstand zudem eine starke psychiatriekritische Bewegung, die mit zahlreichen Presseartikeln und Strafprozessen gegen Irrenärzte wegen Freiheitsberaubung die moderne Medizin von einer anderen Seite her unter Druck setzte.[22]

Diese Ereignisse wie auch eine wachsende Abwendung der Patienten von der Schulmedizin verbunden mit einer Inanspruchnahme anderer Heilverfahren, erschütterten die Universitätsmedizin ernsthaft. So konnte zum Beispiel der „Deutsche Bund der Vereine für naturgemäße Lebens- und Heilweise“ im Jahre 1912 auf 883 Ortsvereine mit insgesamt 149.728 Mitgliedern verweisen.[23] Die Einführung der Krankenversicherung 1883 und das Entstehen des Kassenarztes als Vertreter eines solidargemeinschaftlichen Krankenversorgungsmodells brachten weitere Herausforderungen für das ärztliche Selbstverständnis.[24]

In dieser Situation bemühten sich Teile der Ärzteschaft um die Formulierung eines neuen ärztlichen Selbstbilds, wobei die Stellung des Patienten angesichts der beschriebenen Entwicklung einen Schwerpunkt in diesen Entwürfen darstellte. *Albert Moll* erarbeitete 1902 eine ärztliche Ethik[25], die auf die vielen zeitgenössischen Probleme Bezug nahm.

Er widmete etwa 80 Seiten seines 650 Seiten umfassenden Werkes den „bedenklichen ärztlichen Massnahmen“ und bezeichnete den Einspruch der Ärzte gegen problematische Menschenexperimente als „verhältnismässig zahm“ und wünschte sich, daß durch eine möglichst „einstimmige Missbilligung von seiten der Aerzte und des sonstigen Publikums jeder missbräuchlichen Benützung der Patienten innerhalb und ausserhalb der Krankenhäuser vorgebeugt werde.“[26] *Moll* propagierte das konsequente Individualisieren[27], mit dem man der Besonderheit jedes einzelnen Kranken gerecht

21 Ebenda S. 48-49.
22 Siehe *Schmiedebach* (1996).
23 *Regin* (1995) S. 50; siehe auch *Haug* (1985) S. 20.
24 Siehe *Göckenjan* (1985), S. 341-418; auch *Hubenstorf* zur ärztlichen Standespolitik (1993).
25 Zur Entwicklung der ärztlichen Ethik im 19. Jahrhundert siehe Brand (1977) und von *Engelhardt* (1989). Zu *Molls* Ethik siehe Schultz (1986).
26 *Moll* (1902), S. 570. Zu *Moll* siehe *Schröder* (1989) und *Winkelmann* (1996).
27 Ebenda. S. 69-70.

werden sollte, auf der Grundlage eines zwischen „Klient" und Arzt geschlossenen Vertrags, der die gleichberechtigte Zustimmung beider Teile voraussetze.[28] Heute gilt das Buch von *Moll* als ein entscheidendes Werk in der Geschichte der medizinischen Ethik; die zeitgenössischen Ärzte begegneten seinen Vorschlägen eher mit Reserviertheit[29], obwohl *Moll* keineswegs die naturwissenschaftlichen Methoden in Frage stellte.

Mit größerer Zustimmung wurden die Arbeiten von *Schweninger* und *Liek* bedacht, die mit Hilfe des Idealbilds vom „wahren" Arzt Lösungswege aufzuzeigen versuchten. *Schweninger* kritisierte die Medizin des späten 19. Jahrhunderts heftig und lehnte eine Definition des Arztes als Naturwissenschaftler entschieden ab. Der Arzt, der individuelle Kranke zu behandeln habe, sei ein Künstler, der sich durch seine ärztliche Persönlichkeit auszeichne. Die Behandlung der Patienten sei intuitiv-ganzheitlich und individuell zu gestalten.[30] Als Quelle für die Fähigkeit, Arzt sein zu können, bezeichnete er die Humanität, die er als zeitlosen Maßstab mit Ewigkeitswert auffaßte und in einem Widerspruch zur Wissenschaft sah: „Die Wissenschaft des Arztes tötet seine Humanität."[31] Er nahm die zeitgenössischen Vorbehalte gegenüber der naturwissenschaftlich fundierten Medizin auf und versuchte, diese durch ein Arztbild von zeitlosem Wesen zu konterkarieren. Dabei griff er auch auf die traditionelle Individualisierung in der Therapie zurück.

Allerdings war er im Gegensatz zu *Moll* weit davon entfernt, den einzelnen Patienten als gleichberechtigten Vertragspartner des Arztes anzusehen. Der Arzt wirke als Herrscher in der Gesellschaft, er sei der „Stärkere von Zweien" in der Arzt-Patient-Beziehung. Schweningers Kritik an der naturwissenschaftlich fundierten Medizin mündete also keineswegs in die Konsequenz, die Rechte des einzelnen Patienten zu stärken. Vielmehr ordnete er den Patienten der übermächtigen ärztlichen Intuition unter. Die Dominanz der ärztlichen Position wurde auch von ihm aufrecht erhalten. Sie war bei ihm allerdings nicht durch die naturwissenschaftliche Kenntnis der physiologischen Abläufe im Organismus legitimiert, sondern durch den „übermenschlichen" Ursprung der Arztrolle und durch die Persönlichkeit des Heilers.

In ähnlicher Weise betonte auch *Erwin Liek*, der als Chirurg ausgebildet war, in seinen in den 1920er Jahren verfaßten Schriften die dominierende Rolle der ärztlichen Persönlichkeit, in der er Priester- und Führerfunktionen vereinigt sehen wollte. Auch *Liek* erging sich in einem rebellischen und fast antiautoritären Ton gegen den „Moloch Wissenschaft", die „wissenschaftlichen Halbgötter" und die „ehrgeizigen Streber", die den harten Weg zur wissenschaftlichen Höhe „mit Kaninchenleibern polstern".[32] Er wetterte nicht nur gegen den Tierversuch, sondern auch gegen die „Operationswut" der Chirurgen und gegen die Menschenexperimente.[33] Ebenso kritisierte er die im wissenschaftlichen Schrifttum weit verbreitete Gepflogenheit, kranke Mitmenschen mit dem Begriff „Material" zu bezeichnen.[34] *Lieks* Kritik an den entpersönlichenden Konsequenzen der naturwissenschaftlichen Methode in der Medizin und sein alternativer Entwurf einer übermächtigen Arzt-

28 Ebenda S 33-34.
29 Siehe *Elkeles* (1996), S. 227.
30 Siehe *Wiesing* (1996), S. 188-194.
31 *Schweniger* (1906), S. 46.
32 *Liek* (1926), S. 13. Zu *Liek* siehe *Jehs* (1994).
33 *Liek* (1937), S. 201-203.
34 *Liek* (1929), S.17.

persönlichkeit fanden ein sehr weitreichendes und mehrheitlich positives Echo.[35] Bewußt setzte er dem rationalen Vorgehen des Naturwissenschaftlers und der Bedeutung des Labors eine irrationale Komponente als Besonderheit des „wahren“ Heilers entgegen. Eine Heilkunst ohne Irrationales sei nicht denkbar. Der Erfolg eines ärztlichen Eingriffs hänge mehr vom Glauben des Kranken an die Heilkunst und die Heilkraft der Arztpersönlichkeit als von der Operationsmethode ab.

Liek begnügte sich aber nicht mit der Propagierung eines besonders idealisierten Arztes als Alternative zu der naturwissenschaftlichen Medizin. Er konstruierte zudem ein recht einfach strukturiertes naturphilosophisches Weltbild, das er als angemessene Sichtweise des Ärztestandes verstanden wissen wollte. Mit Hilfe dieser Schablone beschrieb und bewertete er die zahlreichen Probleme der zeitgenössischen Medizin, die Situation des Ärztestandes und die drängenden sozial- und bevölkerungspolitischen Fragen. Er selbst bezeichnete seine Sichtweise als „biologischen“ Standpunkt des Arztes. Von dieser Position her leitete er die Rolle des Individuums im Naturgeschehen ab.[36]

Die Zielstrebigkeit des Organischen richte sich auf die Selbsterhaltung und die Erhaltung der Art. Da der Natur aber nur an der Gattung, nicht aber am Einzelwesen gelegen sei, käme nur den Geschlechtszellen und dem Keimplasma Unsterblichkeit zu; die Einzelzellen seien, sobald sich der Zweck der Fortpflanzung erfüllt habe, überflüssig und würden vergehen. Die biologische Aufgabe des Individuums erschöpfe sich also in seiner Funktion als Träger, Behälter und Fürsorger des unsterblichen Keimplasmas. Diese wichtige Erkenntnis bilde einen der zentralen Punkte der „Vererbungslehre und Rassenhygiene“. Der gewaltigste Eindruck beim Studium dieser Wissenschaften sei der von der „Bedeutungslosigkeit des Einzelwesens im großen biologischen Geschehen“.[37]

Liek setzte der objektivierenden und reduktionistischen naturwissenschaftlichen Methode in der Medizin zweierlei entgegen: zum einen in Weiterführung der Vorstellungen von *Schweninger* die übermächtige Arzt-Persönlichkeit mit ihrer nicht rational erfaßbaren Heilungskraft, zum anderen eine biologisch fundierte Naturanschauung, nach der dem Individuum keine andere Funktion als die Aufrechterhaltung der Weiterexistenz der Gattung zukomme. Damit bediente auch er sich eines ausgeprägten Reduktionismus, freilich eines „biologisch“ bestimmten. Beide Alternativen waren nicht geeignet, die auch von *Liek* kritisierte Entpersönlichung des Individuums in der naturwissenschaftlich fundierten Medizin zu überwinden und dem einzelnen Patienten mehr Selbstbestimmungs- oder Persönlichkeitsrechte zuzusprechen. Vom Standpunkt des „Biologen“ stellte *Liek* zudem die Frage, ob es klug sei, Idioten und „Epileptiker“ lebenslang zu pflegen, und wandte sich gegen die „bewußte negative Auslese“, gegen die Förderung der „Lebensschwachen“ und der „Lebensuntüchtigen“ zu Ungunsten der gut Veranlagten.[38]

35 Zur Rezeption *Lieks* siehe *Schmied* (1989).
36 Zur Funktion des Biologismus siehe *Mann* (1993).
37 *Liek* (1929), S.98.
38 *Liek* (1929), S. 81.

Selektion und Entwertung bestimmter Patientengruppen

Mit diesem letztgenannten Vorstoß stellte *Liek* für besondere Patientengruppen ein selbstbestimmtes Leben und eine solidargemeinschaftliche Unterstützung wegen einer vermeintlichen Lebensschwäche infrage. Dieser Aspekt ist allerdings schon früher im Kontext eher ökonomischer Darlegungen feststellbar. In dem 1895 von *Adolf Jost* veröffentlichten Buch „Das Recht auf den Tod" wurde die soziale Selektion bestimmter Patientengruppen mit dem Ziel ihrer Tötung im vermeintlich übergeordneten Interesse der Gesellschaft, aber auch im vermeintlich eigenen Interesse des Patienten, anhand der Erörterung des Wertes eines menschlichen Lebens propagiert.[39] Nach *Jost* setzt sich der Wert des menschlichen Lebens aus zwei Faktoren zusammen: 1) aus dem Wert des Lebens für das betroffene Individuum selbst, also aus der Summe von Freude und Schmerz, die der Mensch erlebt, und 2) aus der Summe vom „Nutzen oder Schaden", den das Individuum für seine Mitmenschen darstelle.[40] Anhand von krebskranken Patienten und Paralytikern diskutierte er die Frage, ob es Fälle gebe, in denen beide Faktoren negativ werden könnten. Für ihn war eine solche Situation dann gegeben, wenn z.B. die Schmerzen bei bestimmten tödlichen Erkrankungen sehr groß seien. Der Tod stelle auf einer Werteskala einen Nullwert dar, der gegenüber einem negativen Lebenswert immer noch die bessere Alternative bedeute.[41]

Bei der Erörterung des vermeintlichen Nutzens oder Schadens für die Gesellschaft bezog sich *Jost* mehrmals auf die materiellen „Schäden", die der „Allgemeinheit" durch eine längerdauernde Pflege entstehen würden. „Unheilbare Kranke" bezeichnete er als „nutzlose, ja schädliche Glieder der Gesellschaft". Ihr Tod liege im Interesse aller. Die Tötung dieser Patienten - so gestand er zu - sei vielleicht ein „Uebel" zu nennen, doch sei es ein notwendiges Übel, so lange es „unheilbare Leiden" gebe.[42]

In diesen Sätzen wird sein Interesse deutlich, die Gesellschaft von unheilbaren Krankheiten radikal und entschieden zu befreien. Dabei erklärte er alle betroffenen Patienten zu einer nutzlosen Last. Die auf diese Weise von ihm vorgenommene Entwertung dieser Patientengruppen war, auf der rhetorischen Ebene zumindest, keineswegs mit einer Ablehnung des Selbstbestimmungsrechts der Betroffenen verbunden. In einem Großteil seiner Argumentation bemühte er sich darzulegen, daß auch die von der unheilbaren Krankheit betroffenen Patienten ein starkes Interesse an ihrem eigenen Tod hätten, was aber die herrschenden Moralvorstellungen nicht umzusetzen erlaubten. Nach seiner Lesart existierte eine tiefe Übereinstimmung zwischen dem individuellen Verlangen eines Unheilbaren nach dem Tod und dem gesellschaftlichen Interesse an der Beseitigung der vermeintlich nutzlosen Last. Auf dieser Basis versuchte er, seine Tötungsvorschläge auch als ein Eintreten für ein neues Recht darzustellen. Das Interesse des Staates wie auch das Interesse der betreffenden Person würden „gleichmäßig" bei unheilbaren Leiden den raschen und schmerzlosen Tod fordern; dem Patienten solle das Recht zugestanden werden, wenn etwa Krebs diagnostiziert sei, sich für den Tod zu entscheiden. Bei „geistig Kranken" solle die Verwaltung dieses Rechts wieder auf den Staat zurückgehen „und es genügt die Diagnose auf Unheilbarkeit an und für sich, die Tödtung zu vollzie-

39 Zur Bedeutung der Euthanasie im 19. Jahrhundert siehe *Hoffmann* (1969).
40 *Jost* (1895), S.13.
41 Ebenda S. 26.
42 Ebenda S. 20.

hen."[43] *Jost* bediente sich einer Rhetorik, die den Eindruck vermittelte, daß er gegen eine überholte Moral und für eine Erweiterung der Individualrechte argumentiere. Indem er aber der Kosten-Nutzen-Überlegung auf der gesellschaftlichen Ebene viel Raum zugestand, relativierte er die persönlichen Entscheidungsrechte des Patienten einschneidend.

Eine juristische und medizinische Weiterentwicklung dieser Ideen von *Jost* erfolgte im Jahre 1920 mit der Veröffentlichung der Schrift von *Binding* und *Hoche*[44], in der der Terminus „lebensunwert" eingeführt wurde. Auch in dieser Schrift finden sich Klagen über die wirtschaftliche Belastung und über das ungeheure Kapital, das für unproduktive Bereiche ausgegeben werde.[45] Der Wert eines Individuums bestimmte sich in diesem Buch primär nach ökonomischen Kriterien. Die Autoren verlangten die Freigabe der Tötung von bestimmten Patientengruppen, die sie als „Ballastexistenzen" bezeichneten. Im Zusammenhang mit der Frage, welche Patienten getötet werden sollen und wer über die Tötung entscheide, entwickelten sie differenzierte Argumentationsmuster.

Wenn man einen Patienten, dessen baldiger und mit qualvollen Schmerzen verbundener Tod absehbar sei, töte, so tue man nichts anderes, als die eh vorhandene Todesursache durch eine andere zu vertauschen, die aber wegen ihrer Schmerzlosigkeit vorteilhafter sei. Damit sei die Tötung keine Tötungshandlung im Rechtssinne, sie sei als unverboten zu betrachten und deswegen komme es auf die Einwilligung des Kranken auch gar nicht an.[46]

Bei den sogenannten unheilbar Blödsinnigen, zu denen auch Paralytiker im letzten Stadium ihres Leidens gerechnet wurden, existiere weder ein Wille zu leben noch zu sterben. Aus diesem Grunde könne auch keine Einwilligung in die Tötung erfolgen. Da aber kein Lebenswille bei diesen Kranken vorhanden sei, bedeute die Tötung auch nicht die Brechung eines Lebenswillens. „Ihr Leben ist absolut zwecklos, aber sie empfinden es nicht als unerträglich. Für ihre Angehörigen wie für die Gesellschaft bilden sie eine furchtbar schwere Belastung. Ihr Tod reißt nicht die geringste Lücke - außer vielleicht im Gefühl der Mutter oder der treuen Pflegerin."[47] Für diese Gruppe von Kranken stellte *Hoche* einen Katalog von Kriterien auf, die für den „geistigen Tod" charakteristisch sein sollten: Es könnten keine klaren Vorstellungen, Gefühle oder Willensregungen entstehen, es bestehe keine Möglichkeit zur Erweckung eines Weltbildes, Gefühlsbeziehungen zur Umwelt seien von den betroffenen Personen nicht zu entwickeln, wegen des Fehlens von Selbstbewußtsein werde es unmöglich, sich der eigenen Persönlichkeit bewußt zu werden, das intellektuelle Niveau gleiche dem eines Tieres aus der unteren Tierreihe.[48]

Da nach diesen Kriterien keine Persönlichkeit bestehe, könnten individuelle Persönlichkeitsrechte nicht verletzt werden. Mit dem Begriff des „geistigen Todes" wurde zudem suggeriert, daß der Tod auf einem entscheidenden Gebiet bereits eingetreten sei. Die Beseitigung dieser Menschen stelle kein Verbrechen dar, keine gefühlsmäßige Roheit und keine unmoralische Handlung, sondern sei ein „erlaubter nützlicher Akt." Die Entscheidung über die Tötung müsse vollkommen unabhängig von

---

43 Ebenda S. 32.
44 Siehe die Analyse dieser Schrift von *Hafner/Winau* (1974).
45 *Binding/Hoche* (1922), S.54.
46 Ebenda S. 19.
47 Ebenda S. 31.
48 Ebenda S. 57.

dem Betroffenen erfolgen; sie solle einer „Staatsbehörde" übertragen werden, die von einem Arzt für körperliche Krankheiten, einem Psychiater und einem Juristen gebildet werden.

In umfassender Argumentation wurde die ökonomisch und gesellschaftlich negative Bewertung dieser Patientengruppen vollzogen und dargelegt, wieso eine Verletzung der Persönlichkeitsrechte nicht vorliege. *Binding* und *Hoche* stellten die Tötung als notwendigen Akt der Selbstverteidigung der Allgemeinheit und der Gesellschaft gegenüber den schmarotzenden „Ballastexistenzen" dar. Explizit verwiesen die Autoren auf verflossene Zeiten des Wohlstands und betonten die wirtschaftlichen und politischen Probleme der Nachkriegszeit, die solche Überlegungen notwendig machen würden. „Unsere Lage ist wie die der Teilnehmer an einer schwierigen Expedition, bei welcher die größtmögliche Leistungsfähigkeit Aller die unerläßliche Voraussetzung für das Gelingen der Unternehmung bedeutet, und bei der kein Platz ist für halbe, Viertels und Achtels-Kräfte. Unsere deutsche Aufgabe wird für lange Zeit sein: eine bis zum höchsten gesteigerte Zusammenfassung aller Möglichkeiten, ein Freimachen jeder verfügbaren Leistungsfähigkeit für fördernde Zwekke."[49]

In diesem Vergleich werden kranke Individuen ausschließlich nach ihrer Leistungsfähigkeit, nach ihrem vermeintlichen Nutzen für Gesellschaft und Staat bewertet. Das Bild einer „Unternehmung" verweist auf den erst kurz zurückliegenden Ersten Weltkrieg mit seiner Entwertung des individuellen Menschen und der Verabsolutierung des Überlebens des Ganzen.[50] Diese für eine Kriegsgesellschaft typische Geringschätzung des Individuums und die erhöhte Bereitschaft, die vermeintlich Nutzlosen dem Interesse des Ganzen zu opfern, wurden in die zivile Gesellschaft der Weimarer Republik transferiert, wo die Krisenhaftigkeit der neuen Gesellschaft das Gefühl für eine bedrohliche Ausnahmesituation noch verstärkte.

Zusammenfassend läßt sich feststellen, daß etwa ab der Mitte des 19. Jahrhunderts mit dem Entstehen der modernen Krankenhausmedizin das Selbstbestimmungsrecht des Patienten zunehmend relativiert wurde. Die experimentelle Methode der naturwissenschaftlich ausgerichteten Medizin erhob den Menschenversuch zu einem wichtigen Mittel der Erkenntnisgewinnung. In den meisten Fällen war es nicht üblich, eine Aufklärung durchzuführen oder eine Einwilligung des Patienten einzuholen. Die Problematik dieser Entwicklung, die in der öffentlichen Kritik deutlich zum Ausdruck kam und der modernen wissenschaftlichen Medizin einen Ansehensverlust bescherte, wurde auch seitens der Ärzte erkannt und unter anderem mit dem Versuch beantwortet, ein neues ärztliches Selbstverständnis zu entwickeln. *Molls* Entwurf einer ärztlichen Ethik von 1902, in dem die Rechte des Patienten in einem Vertragsverhältnis zwischen Arzt und „Klient" abgesichert werden sollten, fanden allerdings nur wenig positive Resonanz. Viel größere Erfolge innerhalb der Ärzteschaft konnten diejenigen Entwürfe aufweisen, die aus verschiedenen Überlegungen heraus eine Dominanz des Arztes über den Patienten propagierten.

Wurde auf diesem Weg die minderrechtliche Stellung und untergeordnete Bedeutung des einzelnen Patienten in der Arzt-Patient-Beziehung unterstrichen, so erfuhr die Geringschätzung des Individuums noch auf andere Weise eine Verfestigung. Aus Kosten-Nutzen-Erwägung sah man das Interesse des Staates oder der Gesell-

49 Ebenda S. 55.
50 Siehe *Bleker/Schmiedebach* (1987).

schaft als den individuellen Patientenrechten übergeordnet an, aus biologischen Überlegungen betonte man die Bedeutungslosigkeit des Einzelwesens, oder man bestritt aus „rassenhygienischen" Gründen die individuellen Lebensrechte chronisch Kranker und sogenannter Lebensschwacher. In Anbetracht dieser umfassenden Zurückdrängung der patientenorientierten Individualinteressen in der Medizin wirkt die im Jahre 1900 erlassene Anweisung, die im Zusammenhang mit dem Menschenexperiment die Persönlichkeitsrechte der Versuchsperson absichern wollte, allerdings recht bescheiden. Abgesehen davon, daß die Auswirkung dieser Anweisung auf die Praxis schwer zu beurteilen ist, kam die Initiative zu einem solchen Schritt nicht aus der Ärzteschaft selbst. Zudem hatte die Anweisung auch die Funktion, die Ängste der Patienten vor einer mißbräuchlichen Verwendung während ihres Krankenhausaufenthaltes zu minimieren. Damit wurde letztlich eine Voraussetzung geschaffen, um die in Kritik geratenen Menschenversuche überhaupt weiter durchführen zu können. Die Interessen des Ministeriums an einer naturwissenschaftlichen Forschung und die dadurch notwendige Regelung ärztlichen Agierens im Zusammenhang mit Humanexperimenten an Krankenhauspatienten scheinen letztlich die Motive für die Grundsteinlegung des Konzepts des „informed consent", das auch die Persönlichkeits- und Mitentscheidungsrechte des einzelnen Patienten zu berücksichtigen hatte, gebildet zu haben. Doch blieben diese Richtlinien lange ohne Wirkung.[51]
Zu sehr dominierten in der Ärzteschaft jene Positionen, die grundsätzlich die Patientenrechte als untergeordnet betrachteten.

51 Siehe *Winau* (1996) S. 27.

Literatur

Binding, Karl und *Alfred Hoche*: Die Freigabe der Vernichtung lebensunwerten Lebens. Ihr Maß und ihre Form, 2. Aufl., Leipzig 1922 (Erstauflage 1920)

Bleker, Johanna und *Heinz-Peter Schmiedebach* (Hrsg.): Medizin und Krieg. Vom Dilemma der Heilberufe 1865 bis 1985, Frankfurt/Main 1987

Brand, Ulrich: Ärztliche Ethik im 19. Jahrhundert, Freiburg 1977 (Freiburger Forschungen zur Medizingeschichte, NF. 5)

Elkeles, Barbara: Medizinische Menschenversuche gegen Ende des 19. Jahrhunderts und der Fall *Neisser*. Medizinhistorisches Journal 20 (1985), S. 135-148

Elkeles, Barbara: Die schweigsame Welt von Arzt und Patient. Einwilligung und Aufklärung in der Arzt-Patient-Beziehung im späten 19. und 20. Jahrhundert. Medizin, Gesellschaft und Geschichte 8 (1989), S. 63-91

Elkeles, Barbara: Syphilis, Humanität und Wissenschaft. Neues zu *Rineckers* Prozeß. Würzburger Medizinhistorische Mitteilungen 9 (1991), S. 56-71

Elkeles, Barbara: Der moralische Diskurs über das medizinische Menschenexperiment im 19. Jahrhundert, Stuttgart Jena New York 1996 (= Medizin-Ethik; 7)

von Engelhardt, Dietrich: Entwicklung der ärztlichen Ethik im 19. Jahrhundert - medizinische Motivation und gesellschaftliche Legitimation. In: *Labisch, Alfons* und *Reinhard Spree* (Hrsg.): Medizinische Deutungsmacht im sozialen Wandel, Bonn 1989, S. 75-88

Göckenjan, Gerd: Kurieren und Staat machen. Gesundheit und Medizin in der bürgerlichen Welt, Frankfurt 1985

Göckenjan, Gerd: Wandlungen im Selbstbild des Arztes seit dem 19. Jahrhundert. In: *Labisch, Alfons* und *Reinhard Spree* (Hrsg.): Medizinische Deutungsmacht im sozialen Wandel, Bonn 1989, S. 89-102

Hafner, Karl-Heinz und *Rolf Winau*: „Die Freigabe der Vernichtung lebensunwerten Lebens". Eine Untersuchung zu der Schrift von *Karl Binding* und *Alfred Hoche*. Medizinhistorisches Journal 9 (1974), S. 227-254

Haug, Alfred: Die Reichsarbeitsgemeinschaft für eine Neue Deutsche Heilkunde (1935/36). Ein Beitrag zum Verhältnis von Schulmedizin, Naturheilkunde und Nationalsozialismus, Husum 1985 (=Abhandlungen zur Geschichte der Medizin und der Naturwissenschaften, 50)

Helmchen, Hanfried und *Rolf Winau* (Hrsg.): Versuche mit Menschen in Medizin, Humanwissenschaft und Politik, Berlin New York 1986

Hoffmann, Christoph: Der Inhalt des Begriffes „Euthanasie" im 19. Jahrhundert und seine Wandlung in der Zeit bis 1920, Diss. med. Berlin (HU) 1969

Hubenstorf, Michael: Von der „freien Arztwahl" zur Reichsärzteordnung - Ärztliche Standespolitik zwischen Liberalismus und Nationalsozialismus. In: *Bleker, Johanna* und *Norbert Jachertz* (Hrsg.): Medizin im „Dritten Reich", 2. erweit. Aufl., Köln 1993, S. 43-53

Huerkamp, Claudia: Der Aufstieg der Ärzte im 19. Jahrhundert: Vom gelehrten Stand zum professionellen Experten: das Beispiel Preußens, Göttingen 1985

Huerkamp, Claudia: Ärzte und Patienten. In: *Labisch, Alfons* und *Reinhard Spree* (Hrsg.): Medizinische Deutungsmacht im sozialen Wandel, Bonn 1989, S. 57-73

Illhardt, Franz Joseph: Medizinische Ethik, Berlin Heidelberg New York Tokyo 1985

Jehs, Michael: *Erwin Liek*. Weltanschauung und standespolitische Einstellung im Spiegel seiner Schriften, Frankfurt/Main 1994 (Reihe Wissenschaft, 13)

Jewson, N. D.: Medical Knowledge and the Patronage System in the 18th Century England. A Sociological Analysis. Sociology 8 (1974), S. 244-369

Jost, Adolf: Das Recht auf den Tod. Sociale Studie, Göttingen 1895

Lachmund, Jens und *Gunnar Stollberg*: Patientenwelten. Krankheit und Medizin vom späten 18. bis zum frühen 20. Jahrhundert im Spiegel von Autobiographien, Opladen 1995

Lachmund, Jens and *Gunnar Stollberg* (eds.): The Social Construction of Illness: Illness and Medical Knowledge in Past and Present, Stuttgart 1992 (=Medizin, Gesellschaft und Geschichte, Beiheft 1)

Liek, Erwin: Der Arzt und seine Sendung, München 1926

Liek, Erwin: Der Arzt und seine Sendung, 7. Aufl., München 1929

Liek, Erwin: Irrwege der Chirurgie; München 1929

Liek, Erwin: Gedanken eines Arztes, Dresden 1937

Loetz, Francisca: Vom Kranken zum Patienten. „Medikalisierung" und medizinische Vergesellschaftung am Beispiel Badens 1750-1850, Stuttgart 1993 (=Medizin, Gesellschaft und Geschichte, Beiheft 2)

Mann, Gunter: Biologismus - Vorstufen und Elemente einer Medizin im Nationalsozialismus. In: *Bleker, Johanna* und *Norbert Jachertz* (Hrsg.): Medizin im „Dritten Reich", 2. erweit. Aufl., Köln 1993, S. 25- 35

Moll, Albert: Ärztliche Ethik. Die Pflichten des Arztes in allen Beziehungen seiner Thätigkeit, Stuttgart 1902

Regin, Cornelia: Selbsthilfe und Gesundheitspolitik. Die Naturheilbewegung im Kaiserreich (1889-1914), Stuttgart 1995 (=Medizin, Gesellschaft und Geschichte, Beiheft 4)

Schmied, Wolfgang: Die Bedeutung *Erwin Lieks* für das Selbstverständnis der Medizin in Weimarer Republik und Nationalsozialismus. Diss. med. Erlangen-Nürnberg 1989

Schmiedebach, Heinz-Peter: Der wahre Arzt und das Wunder der Heilkunde. *Erwin Lieks* ärztlich-heilkundliche Ganzheitsideen. In: Der ganze Mensch und die Medizin. Das Argument, Hamburg 1989, S. 33- 53 (= Argument-Sonderband; AS 162) (Kritische Medizin im Argument)

Schmiedebach, Heinz-Peter: Eine „antipsychiatrische" Bewegung um die Jahrhundertwende. In: *Dinges, Martin* (Hrsg.): Medizinkritische Bewegungen im Deutschen Reich, ca. 1870-1933, Stuttgart 1996, S. 127-159 (= Medizin, Gesellschaft und Geschichte, Beiheft 9)

Schröder, Christina: Ein Lebenswerk im Schatten der Psychoanalyse? Zum 50. Todestag des Sexualwissenschaftlers, Psychotherapeuten und Medizinethikers Albert Moll (1862-1939). In: Wiss. Z. *Karl Marx* Universität Leipzig, Math.-nat.wiss. R. 38 (1989), S. 434-444

Schultz, Julius Henri: *Albert Molls* Ärztliche Ethik, Zürich 1986 (=Zürcher Medizingeschichtl. Abhandl., 185)

Schweninger, Ernst: Der Arzt, Frankfurt am Main 1906

Shorter, Edward: Bedside Manners. The Troubled History of Doctors and Patients, New York 1985

Tashiro, Elke: Die Waage der Venus. Venerologische Versuche am Menschen zwischen Fortschritt und Moral, Husum 1991 (= Abhandlungen zur Geschichte der Medizin und der Naturwissenschaften, 64)

Vollmann, Jochen and *Rolf Winau*: Informed consent in human experimentation before the Nuremberg code. British Medical Journal 313 (1996a), S. 1445-47

Vollmann, Jochen and *Rolf Winau*: History of informed medical consent. Lancet 347 (1996b), S. 410

Wiesing, Urban: Die Persönlichkeit des Arztes und das geschichtliche Selbstverständnis der Medizin. Zur Medizintheorie von *Ernst Schweniger*, *Georg Honigmann* und *Erwin Liek*. Medizinhistorisches Journal 31 (1996), S. 181-208

Winau, Rolf: Medizin und Menschenversuch. Zur Geschichte des „informed consent". In: *Wiesemann, Claudia* und *Andreas Frewer* (Hrsg.): Medizin und Ethik im Zeichen von Auschwitz. 50 Jahre Nürnberger Ärzteprozeß, Erlangen und Jena 1996,

S. 13-29 (=Erlanger Studien zur Ethik in der Medizin, 5)

Winkelmann, Otto: Der vergessene *Albert Moll* (1862-1939) und sein Leben als „Arzt der Seele". In: *Goldenbogen, Nora, Susanne Hahn, Caris-Petra Heidel, Albrecht Scholz* (Hrsg.): Medizinische Wissenschaft und Judentum, Dresden 1996, S. 46-52

Ziemssen, Oswald: Die Ethik des Arztes als medicinischer Lehrgegenstand, Wiesbaden 1899

Wozu eigentlich Medizinethik? Eine Polemik

Uwe Scheffler

Das deutsche Strafrecht scheint in ethischen Fragestellungen, mit denen es konfrontiert ist, den Standpunkt einzunehmen, es ordne dem unbedingten Lebensschutz alles andere unter [1]. Kein Rechtsgut ist so umfassend wie das „heilige" Leben geschützt. Du sollst nicht *töten*. Dies gilt nicht nur im Hinblick auf „Mord und Totschlag". So ist etwa in der Frage der Abtreibung spätestens seit den Entscheidungen des Bundesverfassungsgerichts beinahe unumstritten [2], daß das Schutzgut „ungeborenes Leben" weitaus schwerer wiegt als das Persönlichkeitsrecht der Mutter [3], dem Bedeutung allenfalls in Situationen zukommen soll, die „kaum mehr zu

---

1 So beginnt etwa das Lehrbuch von *Wessels, Strafrecht Besonderer Teil/1 (BT/1), 20. Aufl. 1996*, mit den Worten:
„'Jeder hat das Recht auf Leben und körperliche Unversehrtheit' (Art. 2 II 1 GG [Grundgesetz]). Mit dieser zentralen Aussage räumt das Grundgesetz dem menschlichen Leben im Wertgefüge der Grundrechtsnormen den höchsten Rang und zugleich Anspruch auf den ungeteilten Schutz der Rechtsordnung ein (vgl. BVerfGE [Entscheidungen des Bundesverfassungsgerichts] 1, 42). Daraus folgt im Strafrecht für den Bereich der §§ 211 bis 217, 222 [Strafgesetzbuch (StGB)] der Grundsatz des absoluten Lebensschutzes: Das Leben des Menschen genießt absoluten Schutz ohne Rücksicht auf die Lebensfähigkeit, die Lebenserwartung oder das Lebensinteresse des einzelnen, auf das Alter des Rechtsgutsträgers und seinen Gesundheitszustand, auf seine gesellschaftlich-soziale Funktionstüchtigkeit und die ihm von anderen entgegengebrachte Werteinschätzung. Selbst bei schwersten Mißbildungen und geistigen Defekten gibt es für die rechtliche Beurteilung kein 'lebensunwertes Leben' oder gar die Befugnis zu dessen Vernichtung. Wie § 216 [StGB] zeigt, unterliegt das Leben als schutzwürdiges Rechtsgut auch nicht der Verfügungsgewalt seines Trägers; für die Rechtsordnung ist es prinzipiell unantastbar und unverzichtbar."

2 Anders namentlich *Hoerster, Abtreibung im säkularen Staat, 2. Aufl. 1995.*

3 *BVerfGE 39, 1:*
„1. Das sich im Mutterleib entwickelnde Leben steht als selbständiges Rechtsgut unter dem Schutz der Verfassung (Art. 2 Abs. 2 Satz 1, Art. 1 Abs. 1 GG). Die Schutzpflicht des Staates verbietet nicht nur unmittelbare staatliche Eingriffe in das sich entwickelnde Leben, sondern gebietet dem Staat auch, sich schützend und fördernd vor dieses Leben zu stellen.
2. Die Verpflichtung des Staates, das sich entwickelnde Leben in Schutz zu nehmen, besteht auch gegenüber der Mutter.
3. Der Lebensschutz der Leibesfrucht genießt grundsätzlich für die gesamte Dauer der Schwangerschaft Vorrang vor dem Selbstbestimmungsrecht der Schwangeren und darf nicht für eine bestimmte Frist in Frage gestellt werden."
BVerfGE 88, 203:
„1. Das Grundgesetz verpflichtet den Staat, menschliches Leben, auch das ungeborene, zu schützen. Diese Schutzpflicht hat ihren Grund in Art. 1 Abs. 1 GG; ihr Gegenstand und - von ihm her - ihr Maß werden durch Art. 2 Abs. 2 GG näher bestimmt. Menschenwürde kommt schon dem ungeborenen menschlichen Leben zu. Die Rechtsordnung muß die rechtlichen Voraussetzungen seiner Entfaltung im Sinne eines eigenen Lebensrechts des Ungeborenen gewährleisten. Dieses Lebensrecht wird nicht erst durch die Annahme seitens der Mutter begründet.
2 ....
3. Rechtlicher Schutz gebührt dem Ungeborenen auch gegenüber seiner Mutter. Ein solcher Schutz ist nur möglich, wenn der Gesetzgeber ihr einen Schwangerschaftsabbruch grundsätzlich verbietet und ihr damit die grundsätzliche Rechtspflicht auferlegt, das Kind auszutragen. Das grundsätzliche Verbot des Schwangerschaftsabbruchs und die grundsätzliche Pflicht zum Austragen des Kindes sind zwei untrennbar verbundene Elemente des verfassungsrechtlich gebotenen Schutzes.
4. Der Schwangerschaftsabbruch muß für die ganze Dauer der Schwangerschaft grundsätzlich als Unrecht angesehen und demgemäß rechtlich verboten sein (Bestätigung von BVerfGE 39, 1 [44]). Das Lebensrecht des Ungeborenen darf nicht, wenn auch nur für begrenzte Zeit, der freien, rechtlich nicht gebundenen Entscheidung eines Dritten, und sei es selbst der Mutter, überantwortet werden."

ertragen" sind [4]. „Hirntote" wie im „Erlanger Schwangerschaftsfall" müssen als Brutmaschinen weiterschaffen [5]. - Zum Thema Sterbehilfe vertreten wir mit der strikten Pönalisierung der aktiven Herbeiführung eines „leichten Todes" (Euthanasie) [6] eine Position, deren Konsequenzen wir keinem Wirbeltier, das vor einem qualvollen Dahinsiechen durch das Tierschutzgesetz geschützt ist[7], zumuten würden. - Im Bereich des Suizides lassen wir Juristen keinen Taschenspielertrick unversucht, das an sich dogmatisch vorgegebene Ergebnis der Straflosigkeit der Selbstmordbeihilfe in das Gegenteil zu verkehren: Manche kommen durch einen dreifachen Salto „mortale" dazu, Beihilfe zur Tötung auf Verlangen anzunehmen[8]

4 *Entscheidungen des Bundesgerichtshofs (BGH) in Strafsachen (BGHSt) 38, 144 (159)* (zur alten Rechtslage):
„Notlage ... bedeutet auch nach allgemeinem Sprachgebrauch eine Extremsituation, die, wenn keine Änderung eintritt, kaum mehr zu ertragen ist. Nicht jede Notlage genügt ..."
Siehe in diesem Zusammenhang *Jähnke in Leipziger Kommentar zum StGB (LK), 10. Aufl. 1983, § 218a Rn. 73:*
„Selbstverwirklichung ist auch in Armut möglich."

5 *DER SPIEGEL 10/1997, S. 235:*
„Knapp sechs Wochen hielten [die Ärzte] die Lebensfunktionen der Hirntoten aufrecht. In ihrem Bauch wuchs ein Fötus, in ihrem Schädel verweste das Hirn. Um eine Vergiftung zu vermeiden, erwogen die Ärzte sogar, den Kopf der Hirntoten abzutrennen. Weil ihre Nieren zu versagen drohten, diskutierten sie bereits, der Toten eine Ersatzniere einzupflanzen."
Amtsgericht (AG) Hersbruck, Neue Juristische Wochenschrift (NJW) 1992, 3245:
„Bei der vorzunehmenden Güterabwägung zwischen dem postmortalen Persönlichkeitsschutz der toten Frau und dem selbständigen Lebensrecht des ungeborenen Kindes geht das Recht auf Leben vor."
Hilgendorf, Juristische Schulung (JuS) 1993, 103:
„In Fällen wie dem Erlanger Schwangerschaftsfall ist das Unterlassen von Rettungsmaßnahmen zugunsten des Foetus grundsätzlich als Abbruch der Schwangerschaft, §§ 218, 13 [StGB], anzusehen."
Näher zur strafrechtlichen Diskussion *Kiesecker, Die Schwangerschaft einer Toten, 1996, S. 47 ff. m.w.N.*

6 *§ 216 StGB (Tötung auf Verlangen):*
„(1) Ist jemand durch das ausdrückliche und ernstliche Verlangen des Getöteten zur Tötung bestimmt worden, so ist auf Freiheitsstrafe von sechs Monaten bis zu fünf Jahren zu erkennen.
(2) Der Versuch ist strafbar."
Beschlußantrag auf dem 56. Deutschen Juristentag (DJT) 1986:
„Es empfiehlt sich, die sog. aktive Sterbehilfe in Abweichung von § 216 StGB gesetzlich zuzulassen, wenn sie der Herbeiführung eines menschenwürdigen Todes, insbesondere der Beendigung eines schweren Leidenszustandes dient, der nicht durch andere Maßnahmen behoben oder gelindert werden kann." (abgelehnt: 10:76:4)
Entwurf der Gesellschaft für Humanes Sterben (DGHS) von 1986:
„§ 216a StGB (Einverständliche Tötung)
Eine einverständliche Tötung ist unter den Voraussetzungen des § 216 dann nicht rechtswidrig, wenn
a) der Getötete sich in einem schwersten, von ihm nicht mehr zu ertragenden Leidenszustand befand,
b) sich der Wille des Getöteten zur Tötung als dauerhaft erwiesen hat,
c) der Getötete zu einer Selbsttötung durch eigene Hand körperlich nicht fähig war,
d) auf keinen der Beteiligten ein Zwang ausgeübt worden ist."
Die Welt am 29.04.1994:
„Dem Bielefelder Emnid-Institut zufolge sprechen sich zur Zeit etwa 70 Prozent der Deutschen dafür aus, entweder auf Wunsch des Patienten oder auf den gemeinsamen Wunsch des Kranken und seiner Angehörigen Leiden durch aktives Eingreifen zu verkürzen. Die anderen 30 Prozent sind prinzipiell dagegen."

7 *BGH (Zivilsenat), NJW 1982, 1327:*
„Ein Tierarzt, dem ein Tier zu stationärer Behandlung übergeben worden ist, ist berechtigt und verpflichtet, das Tier zu töten, wenn weitere Behandlungsmaßnahmen keinen Erfolg versprechen und dem Tier längere Qualen erspart werden sollen ... Das ist ... ein sittliches Gebot richtig verstandenen Tierschutzes."

8 *Schmidhäuser, Festschrift für Welzel, 1974, S. 815; Strafrecht BT, 2. Aufl. 1983, 2. Kap. Rn. 37:*
„Es fehlt zwar an einem Straftatbestand des Selbstmords (was praktisch insbesondere bedeutet, daß der versuchte Selbstmord straflos ist). Der Grund der Straflosigkeit ist aber - straftatsystematisch gesehen - nicht etwa darin zu finden, daß schon die Rechtsgutsverletzung vom Gesetzgeber tatbestandlich ausgespart worden wäre; vielmehr entspricht die Selbsttötung wie die Fremdtötung dem Unrechtstatbestand der Tötungsdelikte. Ihre Straflosigkeit beruht allein auf der gesetzlichen Anerkennung eines speziellen, die Rechtsschuld ausschließenden Entschuldigungsgrundes, nämlich des Erlebnisses der völligen Sinnlosigkeit des eigenen Lebens durch den Täter ... Wenn die Selbsttötung dem Unrechtstatbestand nach als Tötungsdelikt gesehen wird, dann sind Beihilfehandlungen strafbar, jedoch in Analogie zum entsprechenden Rechtsgedanken lediglich nach §§ 216, 27 [StGB]."

oder wollen wenigstens den Überlebenden eines einseitig fehlgeschlagenen Doppelselbstmordes „unmenschlich“[9] ins Gefängnis stecken[10]. Andere bestrafen Unsorgfältige wegen fahrlässiger Tötung[11], inaktive Angehörige und Ärzte von Suizidenten gar gleich wegen Totschlages (durch Unterlassen)[12] oder aber beschließen, daß sich der Suizid unter „Unglücksfall“ subsumieren läßt und verurteilen jedermann wenigstens wegen unterlassener Hilfeleistung[13]. - In dem erdachten Schulbeispiel[14] schließlich, in dem ein zufällig anwesender Weichensteller den garantiert vielfach tödlich endenden Zusammenstoß zweier vollbesetzter Personenzüge geistesgegenwärtig dadurch verhindert, daß er einen Zug blitzschnell auf ein Nebengleis umleitet, wissend, daß dort ein Gleisarbeiter kaum wird ausweichen können, bestrafen wir ihn nach den Buchstaben unseres Strafgesetzbuches wegen Totschlages[15] - dem Leben des einzelnen Gleisarbeiters komme absoluter Schutz zu.

---

9 *Noll, Schweizerisches Strafrecht BT/1, 1983, S. 26.*

10 *BGHSt 19, 135* (Gisela-Fall):
„Der Angeklagte sollte das gesamte Geschehen bis zuletzt in der Hand haben und die auf den beiderseitigen Tod abzielende Ausführungshandlung bis zum Eintritt eigener Bewußtlosigkeit fortsetzen. Gisela mag zunächst noch in der Lage gewesen sein, die rechte Wagentür wieder zu öffnen oder den Fuß des Angeklagten vom Gashebel zu stoßen. Sie hatte sich aber fest entschlossen, die fortdauernde auf den Tod zielende Handlung des Angeklagten duldend hinzunehmen und tat dies auch, nicht wissend, wann es ihr nicht mehr möglich sein werde, sich der tödlichen Wirkung zu entziehen. Alles das wußte der Angeklagte; seine Rolle bei Ausführung des Gesamtplanes war unter solchen Umständen die eines Täters nach § 216 StGB. Ob er vor oder nach Gisela das Bewußtsein verlor, ist unerheblich; von diesem zufälligen Umstand, dessen Ungewißheit zum Gesamtplan gehörte, darf die Beurteilung nicht abhängen.“
Reichsgericht (RG), Juristische Wochenschrift (JW) 1921, 579:
„Die R. hatte den Angekl., mit dem sie ein Liebesverhältnis unterhielt, ernstlich um ihre Tötung gebeten. In einem Hotelzimmer, das beide bezogen hatten, verstopfte die R. die Türritzen, während der Angekl. die Gashähne öffnete. Die R. starb infolge von Gasvergiftung, während es gelang, den Angekl. am Leben zu erhalten ... Rechtlich ist die Annahme des LG [Landgerichts], daß der Angekl. die Tötung der R. als eigene Tat wollte, nicht zu beanstanden; dies um so weniger, als die R. den Angekl. ausdrücklich gebeten hat, die Gashähne zu öffnen, also seinerseits den entscheidenden Schritt zu tun.“

11 *BGH, Juristische Rundschau (JR) 1955, 104:*
„An der Ursächlichkeit des Untätigbleibens des Angeklagten für die Todesfolge ist nicht zu zweifeln. Läßt man selbst außer Betracht, daß es ihm gelungen wäre, das Mädchen, das nach den Feststellungen gänzlich seinem Einfluß unterlag, überhaupt umzustimmen, so ist doch die Annahme des LG nicht zu beanstanden, daß er das offensichtlich mit Gelassenheit und ohne Hast in den Tod schreitende Mädchen noch hätte festhalten oder doch von den Schienen wegreißen können, wenn er aufgepaßt hätte und ihm sofort nachgeeilt wäre.“

12 *BGHSt 2, 150:*
„'Beihilfe' zur Selbsttötung ist nicht strafbar. Wer aber eine Rechtspflicht hat, Lebensgefahr von einem andern nach Kräften abzuwenden, und diese Pflicht kennt, die Selbsttötung aber trotzdem nicht hindert, obwohl er es könnte, ist - je nach seinem Willen und seiner Haltung zur Todesfolge - in der Regel der vorsätzlichen oder fahrlässigen Tötung schuldig. Die Rechtspflicht kann auf Gesetz, Gewohnheitsrecht oder Vertrag beruhen; sie besteht für Ehegatten, die in ehelicher Gemeinschaft leben.“

13 *BGHSt 6, 147:*
„Die durch einen Selbstmordversuch herbeigeführte Gefahrenlage ist ein Unglücksfall im Sinne des § 330c [§ 323c] StGB ... Allerdings ist der Selbstmordversuch ebenso wie die Teilnahme daran in unserem Recht nicht mit Strafe bedroht. Eine solche wäre dem Selbstmörder gegenüber auch fehl am Platze angesichts der tragischen Spannungen, aus denen heraus er meist oder doch oft handelt. Aus der Straflosigkeit des Selbstmordversuchs kann indes nichts gegen die hier vertretene Ansicht für den Fall hergeleitet werden, daß bei besonderer Sachgestaltung die unterlassene Hilfeleistung rechtlich zugleich als Beihilfe zum Selbstmordversuch aufgefaßt werden könnte. Dies liegt schon um deswillen fern, weil derjenige, der fremden Selbstmord fördert, anders als der Selbstmörder, nicht in eigenes, sondern in fremdes Leben greift und selbst in der Regel nicht in den zerreißenden Spannungen steht, die den Selbstmörder meist zu seiner Tat drängen. Der Gesetzgeber hat das Sittengebot der Hilfeleistung in gewissen Fällen zu einer durch Strafe erzwingbaren Rechtspflicht erhoben, die nach Sinn und Zweck des § 330c StGB sich auch auf die Folgen des Selbstmordversuchs erstreckt. Dieser Rechtspflicht gegenüber muß die formalrechtliche Folgerung, daß Teilnahme an fremdem Selbstmordversuch als solche straflos ist, zurücktreten.“

14 Fall von *Welzel, Zeitschrift für die gesamte Strafrechtswissenschaft (ZStW) 63 (1951), 51 f.*

15 *Roxin, Strafrecht Allgemeiner Teil/1 (AT/1), 2. Aufl. 1994, § 22 Rn. 153 m.w.N.:*
„ ... gewiß zu mildernde ... Strafbarkeit.“
Die *herrschende Ansicht* nimmt hier eine Entschuldigung wegen „übergesetzlichen Notstandes“ an.

Nun zeigt das letztgenannte Beispiel allerdings schon, daß es so einfach mit der Annahme des Lebensschutzes als oberstem Gebot doch nicht zu sein scheint. Immerhin bedeutet der Schutz des Gleisarbeiters die Preisgabe des Lebens der Fahrgäste. Grotesk wird es, wenn wir den Weichenstellerfall fantasiereich weiterdenken: Der Gleisarbeiter würde Gott sei Dank nur verletzt werden, bräuchte aber dringend eine Bluttransfusion. Ein weiterer [16] Weichensteller, zufällig als einziger mit der gleichen Blutgruppe ausgestattet, darf den kleinen Pikser einer Blutentnahme zwecks lebensrettender Transfusion verweigern [17]: Das eben noch so hoch gehaltene Lebensrecht des Gleisarbeiters muß der „absolut herrschenden Meinung" [18] zufolge hinter dem Persönlichkeitsrecht des Weichenstellers nun auf einmal zurücktreten. Eine Blutprobenentnahme, falls er auf den Schreck ein Glas trinkt und sodann in den Verdacht gerät, ordnungswidrig ein Kfz geführt zu haben, müßte er allerdings dulden [19]. Sie sei ja nur ein „ungefährlicher, vergleichsweise unbedeutender Eingriff" [20]. Verfassungsrichter fanden deshalb vor kurzem auch nichts Übertriebenes an einer DNA-Rasterfahndung gleich gegenüber allen Fahrern einer bestimmten Automarke in einer Millionenstadt [21].

Verfolgt man diese Spur weiter, kann man ähnlich inkonsistent anmutende Grundentscheidungen finden: Ein Todkranker muß sterben, hatte der einzig geeignete

---

16 Für den „ersten" Weichensteller nähme die *herrschende Ansicht* wegen seiner Garantenstellung (Ingerenz) anderes an; vgl. *Wessels, Strafrecht AT, 26. Aufl. 1996, Rn. 311.*

17 Fall von *Gallas, Festschrift für Mezger, 1954, S. 325 f.*

18 *Roxin, Strafrecht AT/1, § 16 Rn. 44 Fn. 59* (der selbst anderer Ansicht ist wie insbesondere auch *Joerden, Goltdammer's Archiv für Strafrecht [GA] 1991, 425 f.*).

19 *§ 81 a I Strafprozeßordnung (StPO) iVm § 46 IV Ordnungswidrigkeitengesetz (OWiG):*
„Eine körperliche Untersuchung des Beschuldigten darf zur Feststellung von Tatsachen angeordnet werden, die für das Verfahren von Bedeutung sind. Zu diesem Zweck sind Entnahmen von Blutproben ... ohne Einwilligung des Beschuldigten zulässig, wenn kein Nachteil für seine Gesundheit zu befürchten ist."
Wessels, Strafrecht AT, Rn. 320 f.:
„Selbst Unverdächtige, die als Zeugen in Betracht kommen, können nach §§ 81c StPO, 372a ZPO [Zivilprozeßordnung] zur Duldung eines solchen körperlichen Eingriffs gezwungen werden, wenn dies im Rahmen der Sachverhaltsaufklärung unerläßlich und kein Nachteil für ihre Gesundheit zu befürchten ist. Da die verfassungsrechtliche Zulässigkeit dieser Vorschriften bejaht wird ... trifft es somit nicht zu, daß körperliche Eingriffe gegen den Willen des Betroffenen mit der Menschenwürde und dem Autonomieprinzip schlechthin unvereinbar seien. Richtlinie für die Entscheidung wird die Erwägung sein müssen, daß eine soziale Gemeinschaft auf ein Mindestmaß an personeller Opferbereitschaft nicht verzichten kann, jedoch zu gewährleisten hat, daß der essentielle Kern der Grundrechte des Menschen unangetastet bleibt ... So betrachtet besteht zwischen einer Blutprobe und einer Blutspende ein ins Gewicht fallender Unterschied: Die Blutprobe kann durch einen relativ harmlosen Eingriff gewonnen werden, dessen Bedeutung über die Anwendung eines medizinisch-technischen Hilfsmittels zur Feststellung aufklärungsbedürftiger Tatsachen nicht hinausgeht. Bei einer Blutspende handelt es sich dagegen wertungsmäßig um einen Akt mitmenschlicher Hilfsbereitschaft, durch den der Spender für einen anderen etwas aus seinem eigenen Lebensreservoir aufopfert."
Siehe auch *§ 14 I 1 Bundesseuchengesetz (BSeuchG):*
„Der Bundesminister für Jugend, Familie und Gesundheit wird ermächtigt, durch Rechtsverordnung mit Zustimmung des Bundesrates Schutzimpfungen für bedrohte Teile der Bevölkerung anzuordnen, wenn eine übertragbare Krankheit in bösartiger Form auftritt oder mit ihrer epidemischen Verbreitung zu rechnen ist."

20 *Oberlandesgericht (OLG) Köln, Neue Zeitschrift für Strafrecht (NStZ) 1986, 234.*

21 *BVerfG (Kammer), NJW 1996, 3071:*
„Schließlich läßt sich auch nicht feststellen, daß die angeordnete Maßnahme und der damit verbundene Eingriff in den Grundrechtsbereich des Bf. [Beschwerdeführers] außer Verhältnis zur Bedeutung der Sache und zur Stärke des bestehenden Tatverdachts steht. Zutreffend geht das LG davon aus, daß für die Bedeutung der Sache die Schwere der Tat maßgebend ist, deretwegen die Ermittlungen geführt werden. Dieses war hier ein Tötungsdelikt, also eine der schwersten Straftaten. Ihr gegenüber stand die Blutentnahme, die lediglich einen geringen Eingriff in die körperliche Integrität des Betroffenen darstellt. Bei dieser Sachlage bedurfte es für die Anordnung der Blutentnahme keines besonders starken Tatverdachts ... Der Umstand, daß die Ermittlungsbehörden ihre Ermittlungen auf einen verhältnismäßig großen Kreis potentiell Tatverdächtiger erstreckt haben, führt für sich noch nicht zur Verfassungswidrigkeit einer Maßnahme nach § 81a StPO, wenn dadurch ein Tatverdacht i.S. des § 152 II StPO gegen den von der Anordnung Betroffenen nicht entfällt."

Organspender zu Lebzeiten einer Transplantation ausdrücklich widersprochen [22] oder ist etwa aufgrund seiner Sektenzugehörigkeit ein entgegenstehender Wille auch nur zu mutmaßen [23]. Das Persönlichkeitsrecht des Toten, vom Bundesverfassungsgericht erst im „Mephisto-Urteil" kreiert [24], erweist sich sodann als stärker als der angeblich absolute Lebensschutz. Eine Leichenöffnung nebst Entnahme von Leichenteilen ist aber wiederum zulässig, sind selbst nur vage Anhaltspunkte vorhanden, daß eine nicht natürliche Todesursache vorliegt [25]. Krankenhäuser können die Explantate sodann wegwerfen, sofern nicht Ärzte noch straffrei ein Schnäppchen damit machen [26]. - Das Spenden etwa einer Niere durch Lebende aus finanziellen Motiven soll künftig als Organhandel sogar strafbedroht sein [27]; für die Verhinde-

---

22 *Maurach/Schroeder, Strafrecht BT/2, 7. Aufl. 1991, § 62 Rn. 13*
„Eine Entnahme von Leichenteilen, insbesondere zu Zwecken der Transplantation, kann jedoch [nach § 34 StGB (rechtfertigender Notstand)] gerechtfertigt sein ... Da die Angemessenheitsklausel in § 34 S. 2 gerade eingefügt worden ist, um niemanden zu zwingen, 'seinen Körper als bloßes Mittel zur Erreichung eines, wenn auch wünschenswerten Zweckes verwenden zu lassen' ..., kann bei einer ausdrücklichen Ablehnung der Transplantation durch den Verstorbenen angesichts der Fortwirkung von dessen Persönlichkeitsrecht ... § 34 nicht eingreifen ..."

23 So ausdrücklich *Dippel in LK, § 168 Rn. 32.*

24 *BVerfGE 30, 173 (194):*
„Es würde mit dem verfassungsverbürgten Gebot der Unverletzlichkeit der Menschenwürde, das allen Grundrechten zugrunde liegt, unvereinbar sein, wenn der Mensch, dem Würde kraft seines Personseins zukommt, in diesem allgemeinen Achtungsanspruch auch nach seinem Tode herabgewürdigt oder erniedrigt werden dürfte. Dementsprechend endet die in Art. 1 Abs. 1 GG aller staatlichen Gewalt auferlegte Verpflichtung, dem Einzelnen Schutz gegen Angriffe auf seine Menschenwürde zu gewähren, nicht mit dem Tode."

25 *Nr. 33 I 1, Nr. 35 I 1 Richtlinien für das Strafverfahren und das Bußgeldverfahren (RiStBV):*
„Sind Anhaltspunkte dafür vorhanden, daß jemand eines nicht natürlichen Todes gestorben ist oder wird die Leiche eines Unbekannten gefunden, so prüft der Staatsanwalt, ob eine Leichenschau oder eine Leichenöffnung erforderlich ist ... Der Staatsanwalt hat darauf hinzuwirken, daß bei der Leichenöffnung Blut- und Harnproben, Mageninhalt oder Leichenteile entnommen werden, falls es möglich ist, daß der Sachverhalt durch deren eingehende Untersuchung weiter aufgeklärt werden kann."
Siehe auch §§ *31 I, 32 III 2 BSeuchG:*
„Ergibt sich oder ist anzunehmen, daß ... ein Verstorbener krank, krankheitsverdächtig oder Ausscheider war, so stellt das Gesundheitsamt die erforderlichen Ermittlungen, insbesondere über Art, Ursache, Ansteckungsquelle und Ausbreitung der Krankheit an ... Die zuständige Behörde kann die innere Leichenschau anordnen, wenn dies vom Gesundheitsamt für erforderlich gehalten wird."

26 *AG Berlin-Tiergarten, NStZ 1996, 544:*
„Im Universitätsklinikum Rudolf Virchow hat sich jedoch seit einiger Zeit die Übung ausgebildet, daß anläßlich einer Obduktion entnommene Bestandteile des Körpers grundsätzlich diesem nicht wieder beigegeben, sondern einer gesonderten Vernichtung durch Sammlung und Übergabe an ein privates Unternehmen zugeführt werden. Die entnommenen Körperbestandteile werden nach Beendigung der Obduktion durch körperfremde Gegenstände, wie z.B. Holzwolle, ersetzt. Auf Veranlassung der Krankenhausleitung werden demnach so regelmäßig Teile der Körper der Verstorbenen der gemeinsamen Bestattung entzogen. Durch dieses Vorgehen des berechtigten Inhabers des tatsächlichen Gewahrsams wird somit das entnommene Körperteil damit aus dem Schutzbereich des § 168 I StGB ausgegliedert. Die Wegnahme von Hirnhäuten, die auf Veranlassung der Krankenhausleitung nicht mehr in den Körper des Obduzierten zurückgegeben werden, kann somit den Schutzzweck des § 168 I StGB nicht mehr verletzen, da diese Körperteile keine Leichenteile mehr i.S. des § 168 StGB sind."

27 Siehe *Entwurf der Fraktionen der CDU/CSU, SPD und FDP eines Transplantationsgesetzes („Omnibus"-Entwurf TPG), Bundestagsdrucksache (BT-DrS) 13/4355:*
„§ 16 (Verbot des Organhandels)
(1) Es ist verboten, mit Organen, die einer Heilbehandlung zu dienen bestimmt sind, Handel zu treiben. Satz 1 gilt nicht für
1. die Gewährung oder Annahme eines angemessenen Entgelts für die zur Erreichung des Ziels der Heilbehandlung gebotenen Maßnahmen, insbesondere für die Entnahme, die Konservierung, die weitere Aufbereitung einschließlich der Maßnahmen zum Infektionsschutz, die Aufbewahrung und die Beförderung der Organe, sowie
2. Arzneimittel, die aus oder unter Verwendung von Organen hergestellt sind und den Vorschriften des Arzneimittelgesetzes über die Zulassung oder Registrierung unterliegen oder durch Rechtsverordnung von der Zulassung oder Registrierung freigestellt sind.
(2) Ebenso ist verboten, Organe, die nach Absatz 1 Satz 1 Gegenstand verbotenen Handeltreibens sind, zu entnehmen oder auf einen anderen Menschen zu übertragen.
§ 17 (Organhandel)

rung „ethisch nicht gerechtfertigter“ [28] Rettung von Schwerkranken will der Gesetzgeber sogar einen Bruch mit der Dogmatik zur „notwendigen Teilnahme“ in Kauf nehmen [29]: Obwohl das Organhandelverbot eigentlich nur die organisierte Kriminalität treffen und gerade auch „die gewinnorientierte Ausnutzung existentieller Notlagen von Spendern“ verhüten will [30], sollen Explantierte anders als die häufig ähnlich an ihrer Ausbeutung mitwirkenden Opfer von Wucherern und Zuhältern als Straftäter kriminalisiert werden [31]. Für das Blutspenden gegen (allerdings nur wenig) Entgelt wird andererseits sogar geworben [32] - übrigens auch für das Organspenden als (Hirn-)Toter [33]. - Das Embryonenschutzgesetz untersagt es zwar grundsätzlich nicht, einer Frau einen Embryo vor Abschluß seiner Einnistung in die Gebärmutter zum Schwangerschaftsabbruch zu entnehmen, verbietet es aber unter Strafandrohung, dies zwecks Austragung durch eine andere Frau zu tun [34]. Vom

---

(1) Wer entgegen § 16 Abs. 1 Satz 1 mit einem Organ Handel treibt oder entgegen § 16 Abs. 2 ein Organ entnimmt oder überträgt, wird mit Freiheitsstrafe bis zu fünf Jahren oder mit Geldstrafe bestraft.
(2) Der Versuch ist strafbar.“

28 Begr. *„Omnibus“-Entwurf TPG, S. 31.*

29 Näher dazu *Baumann/Weber, Strafrecht AT, 10. Aufl. 1995, § 32 Rn. 71 ff.*

30 So ausdrücklich die Begründung zum „Vorläufer“ des „Omnibus“-Entwurfs TPG, *Entwurf der Bundesregierung zu einem Strafrechtsänderungsgesetz (RegE StrÄndG) - Organhandel -, BT-DrS 13/587, S. 1.*

31 Siehe Begr. *„Omnibus“-Entwurf TPG, S. 31:*
„Der Strafrahmen ... gestattet [es], die den unterschiedlichen Ausprägungen des Handeltreibens jeweils angemessene Sanktion zu finden. So wird etwa die an reinem Gewinninteresse orientierte Organvermittlung anders zu bewerten sein als eine eigennützige und damit ebenfalls tatbestandsmäßige Organspende ... Auch derartige Handlungen entbehren der ethischen Rechtfertigung, die der Organspende innewohnt. Ihre generelle Privilegierung verbietet sich daher.“
Anders ausdrücklich der *Entwurf eines Transplantationsgesetzes der Fraktion Bündnis 90/Die Grünen (TPG-E der Grünen), BT-DrS 13/2926:*
„ ... gilt nicht für diejenigen, deren Organe, Organteile oder Gewebe Gegenstand verbotenen Handeltreibens waren.“

32 Aus einem Faltblatt des *Deutschen Roten Kreuzes:*
„Grundsätzlich soll eine Blutspende immer freiwillig und unentgeltlich sein. Niemand soll in Versuchung geführt werden, gesundheitliche Risiken zu verschweigen, um in den Genuß eines geldwerten Vorteils zu gelangen. Im Prinzip gilt dieser Grundsatz auch für die Plasmaspende ... Für die dafür benötigte Zeit und die längeren Anfahrtswege erstatten wir den Plasmaspendern für jede Spende DM 30,— Aufwandsentschädigung.“
Aus einem Handzettel des *Virchow-Klinikums, Berlin:*
„Wir suchen Stammblutspender ... Wir honorieren ihren Einsatz durch hausinterne ärztliche und pflegerische Betreuung sowie durch eine Aufwandsentschädigung. “

33 Anzeigenwerbung der *Bundeszentrale für gesundheitliche Aufklärung* - sinnigerweise (auch) in der Mitgliederzeitschrift eines großen Automobilclubs:
„... Gleichzeitig bitten wir sie, dennoch einmal über Krankheit oder sogar über den Tod nachzudenken. Denn der kann schneller kommen als erwartet - ob bei Ihnen, Ihrem Partner oder einem Menschen aus Ihrem Bekanntenkreis. Aber er könnte vielleicht verhindert werden. Denn auch die Rettung kommt manchmal schneller, als man denkt. Zum Beispiel durch eine Organtransplantation ... Damit Ihre nächsten Angehörigen Ihre persönliche Entscheidung zur Organspende kennen, ist es wichtig, daß Sie mit ihnen darüber sprechen. Außerdem sollten Sie eine Organspende-Erklärung ausfüllen und diese bei sich tragen.“
Begründung eines *Antrages über „Eckpunkte für die Spende ... von Organen“ (*u.a. des *Abgeordneten Schmidt-Jortzig), BT-DrS 13/6591:*
„... Deshalb ist eine gezielte Information möglichst der gesamten Bevölkerung über die Voraussetzungen und Umstände einer Organtransplantation anzustreben. Um dies zu erreichen, ist bei der Beantragung und jeder Verlängerung eines Personalausweises durch geeignetes Informationsmaterial auf die Möglichkeit, sich als Organspender registrieren zu lassen, hinzuweisen. Das Informationsmaterial soll auch die Aufforderung enthalten, sich für oder gegen die Bereitschaft zur Organspende bewußt zu entscheiden. Diese Entscheidung sollte aus dem Solidargedanken heraus einer 'Bürgerpflicht' entsprechen. Erfolgt jedoch eine solche Erklärung nicht, wird daran keine Sanktion geknüpft ...“

34 *§ 1 I Nr. 6 Embryonenschutzgesetz (ESchG):*
„Mit Freiheitsstrafe bis zu 3 Jahren oder mit Geldstrafe wird bestraft, wer ... einer Frau einen Embryo vor Abschluß seiner Einnistung in der Gebärmutter entnimmt, um diesen auf eine andere Frau zu übertragen ...“

„Kinder-Holocaust" [35] und vom Adoptionsvorrang [36] wird erst ein paar (Schwangerschafts-)Tage später geredet. Im Gegenteil: Das Embryonenschutzgesetz enthält sogar strafbewehrte Tötungspflichten [37].

Wozu dann aber Medizinethik?

Versucht man, diese Widersprüche aufzulösen, drängt sich ein anderes leitendes Interesse im Strafrecht als der absolute Lebensschutz auf: Die Nichteinmischung medizinisch-biologischer Art in den „Plan Gottes". Auch so kann das Gebot „*Du* sollst nicht töten" verstanden werden - denn Gott darf (und nur in seinem Namen darf man vielleicht auch). Jedes Leben sei „Gottes Eigentum"; niemand dürfe „Gott spielen" [38]. Dies scheint mir mehr als die „Heiligkeit des Lebens" die ethische Hürde zu sein, die es in den einschlägigen Fragestellungen zu überspringen gilt [39]: Dem Selbstmordgehilfen bzw. dem Sterbehelfer wird entgegengehalten, daß der Sterbewillige „den Tod in dem Augenblick vorwegnimmt, den man selbst für den geeignetsten hält" [40]; der Suizid stelle „eine Zurückweisung der absoluten Souveränität Gottes über Leben und Tod" dar [41]. - Auch unserem Weichensteller wird das Eingreifen als „Anmaßung von dem Menschen nicht zukommenden Befugnissen" [42], als „Manipulation von Schicksal" [43] untersagt. - Die eben erwähnten Tötungspflichten beziehen sich auf Geschöpfe der Gentechnologie, nicht Gottes [44]. - Einer Schwangeren, der man einen Abbruch nicht aufgrund des Umstandes erlaubt, daß nach der Zeugung der geliebte Kindesvater verstorben ist, würde man aber in der gleichen Situation eine künstliche Befruchtung streng verbieten [45] - die übrigens auch nach der Menopause rechtlich verhindert wird [46]. - Sterbehilfe wird auf einmal zulässig,

---

35 *Holzgartner (CSU), Frankfurter Rundschau (FR) vom 18.08.1979:*
„Die Nationalsozialisten haben die Juden getötet, und die internationalen Sozialisten töten ungeborenes Leben. Das, was in unserem Volk passiert, ist exakt der Weg nach Auschwitz."

36 *Dreher/Tröndle, StGB, 47. Aufl. 1995, § 218a Rn. 28:*
„Wegen des Höchstwerts des ungeborenen Lebens... wird man [die Möglichkeit einer Adoption] für zumutbar halten müssen ... Die seelischen Folgen einer Freigabe sind einer Therapie leichter zugänglich als die psychischen Folgen eines Schwangerschaftsabbruchs."

37 *§ 6 II ESchG:*
„Mit Freiheitsstrafe bis zu fünf Jahren oder mit Geldstrafe wird bestraft, wer einen in Absatz 1 bezeichneten Embryo auf eine Frau überträgt."
§ 7 II Nr. 1 lit. a ESchG:
„Ebenso wird bestraft, wer es unternimmt, ... einen durch eine Handlung nach Absatz 1 entstandenen Embryo auf ... eine Frau ... zu übertragen ..."

38 *Kuhse, Die „Heiligkeit des Lebens" in der Medizin, 1987/1995, S. 36 ff.; 107.*

39 *Kuhse, aaO, S. 37:*
„...Somit ist nicht das Töten selbst falsch, sondern es ist falsch, gegen den Willen Gottes zu verstoßen; mit anderen Worten, Töten ist nicht als solches falsch oder aufgrund dessen, was damit dem Opfer angetan wird, sondern es ist einfach deshalb falsch, weil es gegen den Willen Gottes verstößt."

40 *Johannes Paul II, Über den Wert und die Unantastbarkeit des menschlichen Lebens, 1995, S. 43.*

41 *AaO, S. 146.*

42 Vgl. *Welzel, ZStW 63 (1951), 51.*

43 *Jakobs, Strafrecht AT, 2. Aufl. 1991, 20. Abschn. Rn. 42.*

44 *Bild am 24.02.1997, S. 2:*
„Erstes ausgewachsenes Tier geklont ... Aus dem Menschen ist der liebe Gott geworden ..."
Dazu *Stern 11/1997, S. 46:*
„Knapp zweitausend Jahre nach der überlieferten Auferstehung Jesu wurde der Tod erneut überwunden."
DER SPIEGEL 10/1997, S. 217:
„... Deutsche Bischofskonferenz: ... unzulässiger Eingriff in die Schöpfung."

45 *§ 4 I Nr. 3 ESchG:*
„Mit Freiheitsstrafe bis zu 3 Jahren oder mit Geldstrafe wird bestraft, wer ... wissentlich eine Eizelle mit dem Samen eines Mannes nach dessen Tode künstlich befruchtet."

46 *§ 1 I Nr. 1 ESchG:*
„Mit Freiheitsstrafe bis zu 3 Jahren oder mit Geldstrafe wird bestraft, wer ... auf eine Frau eine fremde unbefruchtete Eizelle überträgt."
Die Welt am 30.12.1993:

wenn sie Gottes Willen ihren Lauf läßt: Lebensverlängerung um jeden Preis durch Einsatz aller möglichen medizinischen Maßnahmen darf unterlassen werden [47]. Dies sei „Ausdruck dafür, daß die menschliche Situation angesichts des Todes akzeptiert wird" [48]. - Am Rande: Redet nicht insbesondere die Rechtsprechung heute noch bei jedem ärztlichen (Heil-)Eingriff von Körper-"Verletzung" [49]?

Diese Überlegungen werden durch eine weitere unterstützt: Es wird von niemandem ernsthaft erwogen, ein allgemeines ethisches oder gar strafrechtlich normiertes Gebot der Erzeugung von Leben aufzustellen. Der Gedanke einer Pflicht, Kinder zu zeugen, ist über die Idee eines „Begrüßungsgeldes" für Neugeborene nicht hinausgekommen [50]; der Satz Woody Allens, „Onanie ist Massenmord", findet (fast) nur den Beifall der Kinobesucher [51]. Im Gegenteil: Weibliche Jugendliche unter 16

„... im Zentralkomitee der deutschen Katholiken hieß es, eine einheitliche europäische Regelung solle künstliche Befruchtungen bei Frauen jenseits der Wechseljahre verhindern. Die Präsidentin der obersten Vertretung katholischer Laien in Deutschland, Rita Waschbüsch, sagte: 'Es gibt kein Recht auf ein Kind.'"

47 *BGHSt 37, 376:*
„... bei aussichtsloser Prognose darf Sterbehilfe ... entsprechend dem erklärten oder mutmaßlichen Patientenwillen durch die Nichteinleitung oder den Abbruch lebensverlängernder Maßnahmen geleistet werden, um dem Sterben ... seinen natürlichen, der Würde des Menschen gemäßen Verlauf zu lassen."
BGHSt 40, 257:
„Bei einem unheilbar erkrankten, nicht mehr entscheidungsfähigen Patienten kann der Abbruch einer ärztlichen Behandlung oder Maßnahme ausnahmsweise auch dann zulässig sein, wenn ... der Sterbevorgang noch nicht eingesetzt hat."
Süddeutsche Zeitung (SZ) am 06.05.1996:
„Die katholische und die evangelische Kirche in Deutschland haben sich entschieden gegen jede Form der aktiven Sterbehilfe ausgesprochen. Dagegen halten sie den Verzicht auf eine lebensverlängernde Behandlung bei unheilbar Kranken für ethisch verantwortbar."

48 *Johannes Paul II, Über den Wert und die Unantastbarkeit des Lebens, S. 144.*
Küng, in Jens/Küng, Menschenwürdig sterben, 1995, S. 46:
„Offensichtlich greift ein Patient auch nach konservativer christlicher Lehre nicht in die exklusiven Rechte des Schöpfers ein, wenn er in dieser Weise eigenverantwortlich über die Stunde oder den Tag seines Todes selber entscheidet."

49 Seit *Entscheidungen des Reichsgerichts in Strafsachen (RGSt) 25, 375:*
„Zunächst erscheint es verfehlt, ... den zum Zweck des Heilverfahrens vorgenommenen chirurgischen Eingriffen in die Unversehrtheit des Körpers und der Gliedmaßen eines Menschen schon um deshalb objektiv den Charakter einer unter § 223 St.G.B.'s fallenden 'Mißhandlung' absprechen zu wollen, weil nach gewöhnlichem Sprachgebrauche unter 'mißhandeln' lediglich ein unangemessenes, schlimmes oder übles, niemals aber ein an sich vernünftiges und zweckmäßiges Handeln zu verstehen sei ..."

50 *Fördergrundsätze über die Gewährung von Zuwendungen des Landes Brandenburg anläßlich der Geburt eines Kindes vom 01.10.1994* (Auszug):
„Das Land Brandenburg gewährt ... eine Zuwendung bei der Geburt eines nach dem 30. September 1994 geborenen Kindes ... Der Zuschuß wird gewährt als ein Landes-Erziehungsgeld für die ersten acht Lebenswochen des Kindes ... Das sog. Landeserziehungsgeld wird als einmaliger Festbetrag in Höhe von 1.000,- DM je Kind gewährt ..."
Der Tagesspiegel vom 21.11.1994:
„Die brandenburgische Sozialministerin Hildebrandt hatte die Prämie mit dem Geburtenrückgang begründet ..."
Potsdamer Neueste Nachrichten (Regionalbeilage Tagesspiegel) vom 10.01.1996:
„In Brandenburg haben über 14 000 Neugeborene ein Begrüßungsgeld aus der Landeskasse erhalten ..., teilte Sprecherin *Claudia Szczes* gestern auf Anfrage mit ... Das Begrüßungsgeld habe keine Auswirkungen auf einen Anstieg der Geburtenzahlen gehabt."

51 *Vgl. Hoerster, Abtreibung im säkularen Staat, S. 102 :*
„Für die Realisierung dieses späteren Lebensinteresses der Person P ist es völlig gleichgültig, ob P als Fötus abgetrieben oder ob P gar nicht erst gezeugt worden wäre. So oder so wäre P heute nicht existent. Wenn man also aus P's gegenwärtigem Lebensinteresse ein Recht auf die notwendigen Voraussetzungen seiner jetzigen Existenz ableiten wollte, so müßte man der entsprechenden vorpersonalen Eizelle ebenso ein Recht auf Befruchtung wie dem entsprechenden vorpersonalen Fötus ein Recht auf Nicht-Abtreibung zuerkennen!"
Joerden, in Frewer/Roedel (Hrsg.), Person und Ethik, 1993, S. 126 Fn. 17:
„Die häufig vertretene These, bereits die Potentialität der befruchteten Eizelle, sich zu einem Menschen zu entwickeln, sei qua Einräumung eines Lebensrechts zu schützen, scheint mir wenig einleuchtend. Denn dies müßte konsequenterweise auch zu einem Schutz von unbefruchteten

Jahren wurden bis 1994 strafrechtlich lediglich vor Verführung zu dem „Einen" geschützt [52], was nur mit der Gefahr der Schwängerung zu begründen war [53]. Auch der Inzest (§ 173 StGB) und der bis 1969 strafbare Ehebruch (§ 172 StGB) [54] beschränken sich ausschließlich auf den Beischlaf. Bislang hat nur die „richtige" Vergewaltigung (§ 177 StGB) einen höheren Strafrahmen als die (sonstige) sexuelle Nötigung (§ 178 StGB) [55]; unterlassene Empfängnisvorsorge soll sogar nochmals strafschärfend wirken [56]. - Oder ein ganz anderes Beispiel: Fortpflanzung unter Zuhilfenahme einer „Ersatzmutter" ist verboten [57].

Allerdings geht es auch in diesen Fällen um Gottes Plan. Neues Leben soll nur in der Ehe entstehen [58], und zwar als Folge der „ehelichen Pflichten" [59], zu denen zumindest früher auch ausdrücklich die Zeugung von Nachkommenschaft gerechnet

---

Eizellen und Samenzellen führen, tragen diese doch ebenfalls die Möglichkeit in sich, menschliches Leben entstehen zu lassen."
Das bis 1917 gültige *Corpus Iuris Canonici* bezeichnete künstliche Empfängnisverhütung als „Mord". Siehe auch *Birnbacher, in Hegselmann/Merkel (Hrsg.), Zur Debatte über Euthanasie, 1991, S. 28:*
„Da eine Erhöhung der Zahl der Individuen in der Regel auch die Gesamtsumme an Lebensfreude erhöht, besteht dem klassischen Utilitarismus zufolge eine grundsätzliche Verpflichtung zur Zeugung von Nachkommen."

52 *§ 182 I StGB i.d.F. von 1974 bis 1994:*
„Wer ein Mädchen unter sechzehn Jahren dazu verführt, mit ihm den Beischlaf zu vollziehen, wird mit Freiheitsstrafe bis zu einem Jahr oder mit Geldstrafe bestraft."

53 Siehe *Horstkotte, Juristenzeitung (JZ) 1974, 89 m.w.N.*
Vgl. auch *BGHSt 16, 175 (177):*
„... wo nach den Strafdrohungen des Strafgesetzbuchs die Tatbestandshandlung in der Vollziehung des Beischlafs besteht, dienen sie jedenfalls auch der Verhinderung unerwünschter Zeugung."

54 *RGSt 70, 173:*
„Ehebruch ist nur bei Vollzug des Beischlafs, nicht auch bei unzüchtigem Verkehr anderer Art gegeben ..."

55 Siehe jetzt aber den *Beschluß des Bundestages vom 09.05.1996 zu einem StrÄndG:*
„§ 177 (Sexuelle Nötigung; Vergewaltigung)
(1) Wer eine andere Person mit Gewalt, durch Drohung mit gegenwärtiger Gefahr für Leib oder Leben oder unter Ausnutzung einer Lage, in der das Opfer der Einwirkung des Täters schutzlos ausgeliefert ist, nötigt, sexuelle Handlungen ... vorzunehmen, wird mit Freiheitsstrafe nicht unter einem Jahr bestraft.
(2) ...
(3) In besonders schweren Fällen ist die Strafe Freiheitsstrafe nicht unter zwei Jahren. Ein besonders schwerer Fall liegt in der Regel vor, wenn ... der Täter mit dem Opfer den Beischlaf vollzieht oder ähnliche sexuelle Handlungen an dem Opfer vornimmt, die dieses besonders erniedrigen, insbesondere, wenn sie mit einem Eindringen in den Körper verbunden sind (Vergewaltigung) ..."

56 *BGHSt 37, 153 (gegen BGH, NStZ 1985, 215):*
„Der Senat hat keinen Zweifel, daß die Tatsache des ungeschützten Geschlechtsverkehrs mit Samenerguß in die Scheide zumessungserheblich sein kann. In der Rechtsprechung war nie umstritten, daß, wo das Strafgesetzbuch die Vollziehung des Beischlafs verbietet, dies 'jedenfalls auch der Verhinderung unerwünschter Zeugung' dient (BGHSt 16, 175, 177) ... Soweit § 177 StGB auch vor ungewollter Schwangerschaft schützen soll, greift dieser Schutz schon ein, wenn es um die Vollendung des Tatbestands, also um das Eindringen des Gliedes in den Scheidenvorhof geht."

57 *§ 1 Nr. 7 ESchG:*
„Mit Freiheitsstrafe bis zu 3 Jahren oder mit Geldstrafe wird bestraft, wer ... es unternimmt, bei einer Frau, welche bereit ist, ihr Kind nach der Geburt Dritten auf Dauer zu überlassen (Ersatzmutter), eine künstliche Befruchtung durchzuführen oder auf sie einen menschlichen Embryo zu übertragen."

58 *BGHSt 6, 46 (53):*
„Die sittliche Ordnung will, daß sich der Verkehr der Geschlechter grundsätzlich in der Einehe vollziehe, weil der Sinn und die Folge des Verkehrs das Kind ist ... Nur in der Ordnung der Ehe und in der Gemeinschaft der Familie kann das Kind gedeihen und sich seiner menschlichen Bestimmung gemäß entfalten."

59 *BGH (Zivilsenat), NJW 1967, 1078:*
„Die Frau genügt ihren ehelichen Pflichten nicht schon damit, daß sie die Beiwohnung teilnahmslos geschehen läßt. Wenn es ihr infolge ihrer Veranlagung oder aus anderen Gründen, zu denen die Unwissenheit der Eheleute gehören kann, versagt bleibt, im ehelichen Verkehr Befriedigung zu finden, so fordert die Ehe von ihr doch eine Gewährung in ehelicher Zuneigung und Opferbereitschaft und verbietet es, Gleichgültigkeit oder Widerwillen zur Schau zu tragen. Denn erfahrungsgemäß vermag sich der Partner, der im ehelichen Verkehr seine natürliche und legitime Befriedigung sucht, auf die Dauer kaum jemals mit der bloßen Triebstillung zu begnügen, ohne davon berührt zu werden, was der andere dabei empfindet."

worden ist [60]. Unfruchtbarkeit gilt als Eheaufhebungsgrund [61], eine Vergewaltigung in der Ehe ist bislang keine [62], der Verführer blieb straflos, wenn er sein Opfer heiratete [63], die Tötung nichtehelicher Neugeborener durch die Mutter ist privilegiert [64].

Dem entspricht es, daß allgemeine Vorsorge gegen die Entstehung von Leben wiederum auch niemand treffen soll: So haben frühere Gesetze die Unfruchtbarmachung sogar im Rahmen der Abtreibungsvorschriften pönalisiert [65]; auch heute darf eine Kastration nur bei Vorliegen ganz enger Voraussetzungen vorgenommen wer-

---

60 *RG (Zivilsenat), Höchstrichterliche Rechtsprechung (HRR) 1942, Nr. 780:*
„Daß sich die grundlose Weigerung, Nachkommenschaft zu erzeugen, ... als ein schwerer Verstoß gegen die ehel. Pflichten darstellt, kann keinem Bedenken unterliegen."

61 *§ 32 I Ehegesetz (EheG):*
„Ein Ehegatte kann Aufhebung der Ehe begehren, wenn er sich bei der Eheschließung über solche persönlichen Eigenschaften des anderen Ehegatten geirrt hat, die ihn bei Kenntnis der Sachlage und bei verständiger Würdigung des Wesens der Ehe von der Eingehung der Ehe abgehalten haben würde."
Müller-Gindullis in Münchener Kommentar zum Bürgerlichen Gesetzbuch (MünchKomm), 3. Aufl. 1992, § 32 EheG Rn. 36; 37:
„Eine persönliche Eigenschaft bildet die dauernde oder in absehbarer Zeit nicht behebbare, absolute oder relative Beiwohnungsunfähigkeit (Impotenz) des Mannes oder der Frau, gleichgültig, ob sie auf körperlichen oder seelischen Gründen beruht, sofern sie nicht lediglich eine Folge des Alters ist ... Eine persönliche Eigenschaft ist auch die Zeugungsunfähigkeit des Mannes und die Unfruchtbarkeit der Frau ..."

62 *§ 177 I StGB:*
„Wer eine Frau mit Gewalt oder durch Drohung mit gegenwärtiger Gefahr für Leib oder Leben zum außerehelichen Beischlaf mit ihm oder einem Dritten nötigt, wird mit Freiheitsstrafe nicht unter zwei Jahren bestraft."
Beschluß des Bundestages vom 09.05.1996 zu einem StrÄndG:
„§ 177 V StGB
Ist ... das Opfer mit dem Täter verheiratet, so kann die Tat nicht verfolgt werden, wenn das Opfer widerspricht, es sei denn, daß die Strafverfolgungsbehörde ein besonderes öffentliches Interesse an der Strafverfolgung für gegeben hält. Ein Widerspruch ist persönlich bis zum Beginn der ersten Hauptverhandlung im ersten Rechtszug vor dem Staatsanwalt oder nach Erhebung der öffentlichen Klage auch vor dem Vorsitzenden des Gerichts, das mit der Sache befaßt ist, zu erklären; der Widerspruch kann nicht zurückgenommen werden ..."
Beschluß des Bundesrates, Bundesratsdrucksache (BR-DrS) 349/96:
„Der Bundesrat lehnt die Einführung eines Widerspruchsrechts für mit dem Täter verheiratete Opfer ab. Diese im Strafrecht einmalige Sonderregelung für Ehegatten bedeutet keine Stärkung der Opferautonomie. Vielmehr wird sich das verheiratete Opfer in der Gewaltbeziehung, in der es mit dem Täter lebt, permanent dem psychischen und physischen Druck des Täters sowie auch seines sozialen Umfeldes ausgesetzt sehen, von seinem Widerspruchsrecht Gebrauch zu machen."

63 *§ 182 II 2 StGB i.d.F. bis 1994:*
„Die Verfolgung der Tat ist ausgeschlossen, wenn der Täter die Verführte geheiratet hat."

64 *§ 217 StGB:*
„(1) Eine Mutter, welche ihr nichteheliches Kind in oder gleich nach der Geburt tötet, wird mit Freiheitsstrafe nicht unter drei Jahren bestraft.
(2) In minder schweren Fällen ist die Strafe Freiheitsstrafe von sechs Monaten bis zu fünf Jahren."
Motive zu einem Strafgesetzbuch für den Norddeutschen Bund, 1868:
„Die Tödtung des unehelichen Kindes durch die Mutter ist neben der Vernichtung des neu entstandenen Menschenlebens lediglich die Vernichtung des Verhältnisses, in welchem die uneheliche Mutter zum Kinde steht. Tödtet die Mutter dagegen das eheliche Kind, so zerreißt sie damit nicht nur die Bande, durch welche das neugeborene Kind mit der Familie, in welche es eintritt, verbunden ist. Die Tödtung des unehelichen Kindes ist die Opposition gegen die Folgen eines lediglich natürlichen Vorganges; die Tödtung des ehelichen Kindes dagegen die Opposition gegen den durch die Sitte legalisirten natürlichen Proceß der Zeugung ... Die Gesetzgebung, welche in der Tödtung des ehelichen Kindes keine höhere Schuld erblickt, als in der Tödtung des unehelichen, basirt auf einem ethischen System, welches den außerehelichen Beischlaf für ebenso sittlich hält, wie den ehelichen."
Kant, Metaphysik der Sitten - Rechtslehre:
„Das uneheliche auf die Welt gekommene Kind ist außer dem Gesetz (denn das heißt Ehe), mithin auch außer dem Schutz desselben, geboren. Es ist in das gemeine Wesen gleichsam eingeschlichen (wie verbotene Ware), so daß dieses seine Existenz (weil es billig auf diese Art nicht hätte existieren sollen), mithin auch seine Vernichtung ignorieren kann ..."
Die *herrschende Ansicht* begründet die Privilegierung dagegen mit der unwiderleglichen Vermutung „geburtsbedingter Erregung" der Mutter.

65 *Art. 133 der Peinlichen Halsgerichtsordnung Karls V. (PGO) von 1532:*
„Item so jemandt eynem weibßbild durch bezwang, essen oder drincken, eyn lebendig kindt abtreibt, wer auch mann oder weib vnfruchtbar macht, so solch übel fürsetzlicher vnd boßhafftiger weiß

den [66]. Eine ähnliche Beschränkung der Sterilisation ist zum Bedauern des Bundesgerichtshofes [67] bisher nicht verabschiedet worden. - Der Gebrauch von Verhütungsmitteln, von der Katholischen Kirche heute noch in die Nähe der Abtreibung gestellt [68], wurde jedenfalls bis zum Beginn der Aidswelle restriktiv reguliert: Die Werbung für Verhütungsmittel war noch bis 1973 sogar strafbar [69]; der Automaten-

---

beschicht, soll der mann mit dem schwert als eyn todtschläger, vnnd die fraw so sie es auch an jr selbst thette, ertrenckt oder sunst zum todt gestrafft werden."
§ 991 II. Teil Tit. 20 des Allgemeinen Preußischen Landrechts (ALR) von 1794 regelte die Unfruchtbarmachung einer „Weibsperson" unter der Überschrift: „Abtreibung der Leibesfrucht".
§ 14 Reichserbgesundheitsgesetz (RErbGesG) von 1933:
„Eine Unfruchtbarmachung oder Schwangerschaftsunterbrechung, die nicht nach den Vorschriften dieses Gesetzes erfolgt, sowie eine Entfernung der Keimdrüsen sind nur dann zulässig, wenn ein Arzt sie nach den Regeln der Kunst zur Abwendung einer ernsten Gefahr für das Leben oder die Gesundheit desjenigen, an dem er sie vornimmt, und mit dessen Einwilligung vollzieht."

66 *§ 2 Kastrationsgesetz (KastrG):*
„(1) Die Kastration durch einen Arzt ist nicht als Körperverletzung strafbar, wenn
1. der Betroffene einwilligt (§ 3),
2. die Behandlung nach den Erkenntnissen der medizinischen Wissenschaft angezeigt ist, um bei dem Betroffenen schwerwiegende Krankheiten, seelische Störungen oder Leiden, die mit seinem abnormen Geschlechtstrieb zusammenhängen, zu verhüten, zu heilen oder zu lindern,
3. der Betroffene das fünfundzwanzigste Lebensjahr vollendet hat,
4. für ihn körperlich oder seelisch durch die Kastration keine Nachteile zu erwarten sind, die zu dem mit der Behandlung angestrebten Erfolg außer Verhältnis stehen, und
5. die Behandlung nach den Erkenntnissen der medizinischen Wissenschaft vorgenommen wird.
(2) Unter den Voraussetzungen des Absatzes 1 Nr. 1, 3 bis 5 ist die Kastration durch einen Arzt auch dann nicht als Körperverletzung strafbar, wenn bei dem Betroffenen ein abnormer Geschlechtstrieb gegeben ist, der nach seiner Persönlichkeit und bisherigen Lebensführung die Begehung rechtswidriger Taten im Sinne der §§ 175 bis 179, 183, 211, 212, 223 bis 226 des Strafgesetzbuches erwarten läßt, und die Kastration nach den Erkenntnissen der medizinischen Wissenschaft angezeigt ist, um dieser Gefahr zu begegnen und damit dem Betroffenen bei seiner künftigen Lebensführung zu helfen."

67 *BGHSt 20, 81:*
„Es gibt keine deutsche Strafvorschrift mehr, die freiwillige Sterilisierungen mit Strafe bedroht. Diese Gesetzeslücke kann nur durch den Gesetzgeber geschlossen werden."
BGH (Zivilsenat), NJW 1976, 1790:
„Bereits die Diskussion um die freiwillige Sterilisation, die vor allem durch die ... Entscheidung in BGHSt 20, 81 ff. belebt worden ist, zeigt, daß in unserer Gesellschaft eine gesicherte Grundlage für ein sittliches Verdikt über eine freiwillige Sterilisation, die nicht schon genetisch (eugenisch), kriminologisch oder medizinisch indiziert ist, nicht besteht ... Auch die Wechselwirkungen der verfassungsrechtlichen Wertentscheidung mit der Sittenordnung dürfen nicht außer Betracht bleiben, wenn es darum geht, ob die Gerichte solcher Entscheidung aus dem innersten Bereich der Persönlichkeit aus Gründen der Sittlichkeit Beachtung zu versagen haben ... Wann eine freiwillige Sterilisation, die weder medizinisch, kriminologisch oder genetisch noch sozial indiziert ist, aufgrund solcher Abwägung zu mißbilligen ist, muß, solange es an einer verbindlichen Entscheidung des Gesetzgebers fehlt, der Entscheidung des Einzelfalls vorbehalten bleiben."
Siehe *§ 226b StGB i.d.F. von 1943 bis 1950:*
"Wer in anderen als in den gesetzlich zugelassenen Fällen die Zeugungs- oder Gebärfähigkeit bei einem anderen mit dessen Einwilligung oder bei sich selbst vorsätzlich zerstört oder durch Bestrahlung oder Hormonbehandlung nachhaltig stört, wird mit Gefängnis nicht unter drei Monaten, in besonders schweren Fällen mit Zuchthaus bestraft ..."

68 *Johannes Paul II, Über den Wert und die Unantastbarkeit des menschlichen Lebens, S. 40 f.:*
„Sicherlich sind vom moralischen Gesichtspunkt her Empfängnisverhütung und Abtreibung ihrer Art nach verschiedene Übel ... Aber trotz dieses Unterschieds in ihrer Natur und moralischen Bedeutung stehen sie, als Früchte ein und derselben Pflanze, sehr oft in enger Beziehung zueinander ... Leider tritt der enge Zusammenhang, der mentalitätsmäßig zwischen der Praxis der Empfängnisverhütung und jener der Abtreibung besteht, immer mehr zutage; das beweisen auf alarmierende Weise auch die Anwendung chemischer Präparate, das Anbringen mechanischer Empfängnishemmer in der Gebärmutter und der Einsatz von Impfstoffen, die ebenso leicht wie Verhütungsmittel verbreitet werden und in Wirklichkeit als Abtreibungsmittel im allerersten Entwicklungsstadium des neuen menschlichen Lebens wirken."

69 *§ 184 I Nr. 3a StGB i.d.F. bis 1973:*
„Mit Freiheitsstrafe bis zu einem Jahr und mit Geldstrafe oder mit einer dieser Strafen wird bestraft, wer ... in einer Sitte oder Anstand verletzenden Weise Mittel, Gegenstände oder Verfahren, die zur Verhütung von Geschlechtskrankheiten oder zur Verhütung der Empfängnis dienen, öffentlich ankündigt, anpreist oder solche Mittel oder Gegenstände an einem dem Publikum zugänglichen Ort ausstellt ..."

verkauf von Präservativen war verboten [70]. - Der gemeinsame Nenner aller von der Katholischen Kirche verpönten, von unserer Rechtsordnung allerdings inzwischen geduldeten Spielarten (selbst ehelicher) Sexualität liegt darin, daß sie nicht zur Lebensentstehung führen können [71]. Gott und nicht der Mensch soll über die Entstehung von Leben entscheiden. Ein Kind zu bekommen, sei eigentlich immer gut und richtig [72].

Nun ist auch klar, daß die Nichteinmischung in Gottes Plan selbst in den hier besprochenen Fragestellungen nicht immer voll durchgehalten wird. Natürlich retten Ärzte Leben. Bei geistig oder seelisch Behinderten darf eine Schwangerschaft unter Umständen mit aller Macht verhindert werden [73]. Beratung zur Verhinderung

70 *BGHSt 13, 16:*
„Wer in Warenautomaten an öffentlichen Straßen oder Plätzen Gummischutzmittel (Präservative) feilhält, verletzt Sitte und Anstand schlechthin - gleichviel, ob andere anstößige Umstände noch hinzutreten oder fehlen."
Siehe auch *Verwaltungsgerichtshof (VGH) Baden-Württemberg, BB 1958, 500:*
„Der Automatenverkauf von Präservativen durch Straßenautomaten ist wahllos in gegenständlicher Hinsicht ... Durch den Automatenverkauf bekommen Präservative, also Gegenstände mit eindeutiger Beziehung zum Geschlechtsverkehr, den gleichen Selbstverständlichkeitscharakter wie die im Nebenschacht desselben Automaten oder in anderen Straßenautomaten feilgehaltenen Bonbons, Taschentücher, Zigaretten usw. Der Automatenverkauf durch Straßenautomaten stellt Präservative wie alltägliche Gebrauchsartikel gewissermaßen zum Gemeingebrauch, der mit einer Münze beliebig und selbstverständlich erkauft werden kann."

71 *Koch, Anfangsgründe des peinlichen Rechts, 1790, § 342:*
„Die Sodomie wird auf dreifache Art begangen: Entweder treibt jemand mit sich selbst, oder mit Menschen oder mit Thieren Unzucht. Thut er es mit Menschen, so gehören diese entweder zu demselben, oder zu einem verschiedenen Geschlecht. In jenem Fall treibt entweder Mann mit Mann, oder eine Weibsperson mit einer Weibsperson Unzucht; in diesem ist die Sodomie ebenfalls zwiefach. Es wird nämlich entweder ein Glied des Körpers gebraucht, welches nicht zur Zeugung bestimt ist, oder die Unzucht wird nicht auf eine natürliche Art vollbracht."
Bild am 22.02.1997, S. 1:
„In Singapur ist Oral-Sex nur als Vorspiel zum Geschlechtsverkehr erlaubt, entschied das Oberste Berufungsgericht des Stadtstaates. Ansonsten handele es sich um eine verbotene, 'unnatürliche Handlung'. Das ist auch dann der Fall, wenn der Partner einverstanden ist. Außerdem gilt es nur beim Liebesspiel zwischen Männern und Frauen, denn Oral-Sex darf kein Ersatz für den natürlichen Geschlechtsverkehr sein."

72 *OLG Bamberg (Zivilsenat), NJW 1969, 1685:*
„Kinder gelten nach den christlich-humanistischen Kulturvorstellungen, wie sie unserer Rechts- und Gesellschaftsordnung zugrunde liegen, als besonders hohe Werte, mögen sie aus persönlichen, wirtschaftlichen oder sozialen Erwägungen im Einzelfall auch noch so unerwünscht sein; die Geburt und die Existenz eines Kindes kann nicht als Schadensfall angesehen werden, denn eine Wertverwirklichung läßt sich nicht zugleich als Schaden qualifizieren."
Löwe, Versicherungsrecht (VersR) 1969, 574:
„Da Eheleute, die miteinander verkehren, die Bindung an die Rechtspflicht zum Unterhalt ehelicher Kinder letztlich aus selbst zu verantwortender Entscheidung eingehen, liegt daher in der Geltendmachung eines Schadens, der in der Unterhaltspflicht gegenüber einem ungewollten Kinde besteht, ein mit dem Wesen der Ehe und der Familie nicht zu vereinbarendes Verlangen. Dies gilt auch dann, wenn die Eheleute im Einzelfall auf Grund der Befolgung ärztlicher Ratschläge ... darauf vertraut haben, daß ihr Verkehr ohne Folgen bleiben werde ..., mag auch ... ein noch so gravierendes Verschulden eines Dritten vorliegen ..."

73 *§ 1905 I Bürgerliches Gesetzbuch (BGB):*
„Besteht der ärztliche Eingriff in einer Sterilisation des Betreuten, in die dieser nicht einwilligen kann, so kann der Betreuer nur einwilligen, wenn
1. die Sterilisation dem Willen des Betreuten nicht widerspricht,
2. der Betreute auf Dauer einwilligungsunfähig bleiben wird,
3. anzunehmen ist, daß es ohne die Sterilisation zu einer Schwangerschaft kommen würde,
4. infolge dieser Schwangerschaft eine Gefahr für das Leben oder die Gefahr einer schwerwiegenden Beeinträchtigung des körperlichen oder seelischen Gesundheitszustandes der Schwangeren zu erwarten wäre, die nicht auf zumutbare Weise abgewendet werden könnte, und
5. die Schwangerschaft nicht durch andere zumutbare Mittel verhindert werden kann.
Als schwerwiegende Gefahr für den seelischen Gesundheitszustand der Schwangeren gilt auch die Gefahr eines schweren und nachhaltigen Leides, das ihr drohen würde, weil vormundschaftsgerichtliche Maßnahmen, die mit ihrer Trennung vom Kind verbunden wären (§§ 1666, 1666a), gegen sie ergriffen werden müßten."

unerwünschter Empfängnis wird (schwangeren!) Frauen staatlicherseits kostenlos angeboten [74]. „Verhüten - null Problemo" biedert sich die Bundeszentrale für gesundheitliche Aufklärung Jüngeren an [75]. - Andererseits: Ein Abtreibungsverbot selbst Vergewaltigter mag nicht nur der Papst Bosnierinnen nahelegen [76]. Jegliche Bluttransfusionen oder Organtransplantationen lehnen zwar lediglich Sekten wie die Zeugen Jehovas ab - aber unter erstaunlicher Nachsicht der Rechtsprechung [77]. Dies bekräftigt nochmals, woher dieses ethische Prinzip stammt: Aus der christlichen, oder vielmehr aus der kirchlichen Dogmatik. Vor allem bei denjenigen, deren Geschichte mit Hexenverbrennungen, Kreuzzügen und Glaubenskriegen verbunden

74 *§ 5 II 2 Schwangerschaftskonfliktgesetz (SchKG):*
Die Beratung unterrichtet auf Wunsch der Schwangeren auch über Möglichkeiten, ungewollte Schwangerschaften zu vermeiden."

75 Werbung in der Kundenzeitschrift einer Hamburger-Kette für u.a. ein „Kurzinfo im Comicstil".

76 *Johannes Paul II, Über die Unantastbarkeit des menschlichen Lebens, S. 138 f.:*
„Mit der Autorität, die Christus Petrus und seinen Nachfolgern übertragen hat, erkläre ich ... daß die direkte, das heißt als Ziel oder Mittel gewollte Abtreibung immer ein schweres sittliches Vergehen darstellt, nämlich die vorsätzliche Tötung eines unschuldigen Menschen ... Kein Umstand, kein Zweck, kein Gesetz wird jemals eine Handlung für die Welt statthaft machen können, die in sich unerlaubt ist, weil sie dem Gesetz Gottes widerspricht ..."
Kommissariat der deutschen Bischöfe am 23.06.1970:
„Außer der medizinischen Indikation können andere Begründungen für die Straffreiheit einer Tötung werdenden Lebens nicht anerkannt werden. Das gilt nicht nur für die soziale und für die eugenische Indikation, sondern auch für den Fall einer durch Notzucht aufgezwungenen Schwangerschaft. Das an der Frau begangene Verbrechen kann die Tötung des in ihrem Schoße wachsenden schuldlosen Kindes nicht rechtfertigen. Es hieße Unrecht durch neues und noch schlimmeres Unrecht wiedergutmachen zu wollen."
Frankfurter Allgemeine Zeitung (FAZ) vom 24.02.1992, S. 3:
"Ein vierzehn Jahre altes irisches Mädchen ist als Opfer einer weihnachtlichen Vergewaltigung schwanger geworden und will jetzt in London abtreiben lassen, doch ein Gericht in Dublin hat die Reise untersagt, zunächst in erster Instanz. Die Revisionsverhandlung eröffnet der Oberste Gerichtshof an diesem Montag. Die Verfassung der katholischen Nation verbietet die Abtreibung."
BGHSt 2, 381:
„Eine Unterbrechung der Schwangerschaft darf nur wegen ernster Gefahr für Leib oder Leben der Schwangeren, nicht aus anderen Gründen behördlich gestattet werden, insbesondere nicht deshalb, weil die Schwangerschaft aus einer Notzucht herrührt."

77 *BVerfGE 12, 98* (gegen *OLG Stuttgart, Monatsschrift für Deutsches Recht [MDR] 1964, 1024* in der gleichen Sache):
„Die sich aus Art. 4 Abs. 1 GG ergebende Pflicht aller öffentlichen Gewalt, die ernste Glaubensüberzeugung in weitesten Grenzen zu respektieren, muß zu einem Zurückweichen des Strafrechts jedenfalls dann führen, wenn der konkrete Konflikt zwischen einer nach allgemeinen Anschauungen bestehenden Rechtspflicht und einem Glaubensgebot den Täter in eine seelische Bedrängnis bringt, der gegenüber die kriminelle Bestrafung, die ihn zum Rechtsbrecher stempelt, sich als eine übermäßige und daher seine Menschenwürde verletzende soziale Reaktion darstellen würde ... Die Anwendung dieser Grundsätze auf den vorliegenden Fall ergibt, daß das Landgericht und das Oberlandesgericht die Ausstrahlungswirkung des Art. 4 Abs. 1 GG bei der Auslegung und Anwendung des § 330c StGB verkannt haben. Dem Beschwerdeführer kann nicht vorgeworfen werden, daß er es unterlassen hat, seine Frau entgegen seiner Glaubensüberzeugung zur Aufgabe ihrer damit übereinstimmenden Glaubensüberzeugung zu überreden."
OLG Hamm, NJW 1968, 212:
„Die Hilfeleistung war nach Auffassung des Senats ... nicht erforderlich ... Der Angeklagte wußte, daß, wenn er selbst die Zustimmung nicht erteilte, der Vormundschaftsrichter mit Sicherheit die rechtlichen Voraussetzungen für den Blutaustausch schaffen würde ... Im übrigen wäre, selbst wenn man die Erforderlichkeit der Zustimmung des Angeklagten bejahen wollte, dem Angeklagten die Erteilung der Zustimmung zu diesem Zeitpunkt nicht zumutbar gewesen. Der Angeklagte, der sich durch ein von ihm ernst genommenes religiöses Gebot an der Zustimmung gehindert sah und glaubte, durch die Zustimmung schwere Schuld auf sich zu nehmen, wußte, daß dem Kind, auch wenn er die Zustimmung verweigerte, die medizinisch erforderliche Hilfe zuteil werden würde. Wägt man die persönlichen Interessen des Angeklagten und die seinem Kind drohende Leibesgefahr gegeneinander ab, so würde es nach Auffassung des Senats zu weit gehen, vom Angeklagten zu verlangen, gegen ein von ihm bejahtes göttliches Gebot und damit gegen sein Gewissen zu handeln, nur um dem Vormundschaftsrichter und dem Sorgerechtspfleger die für diese zweifelsfreie Entscheidung abzunehmen."

ist und die heute noch die Todesstrafe bejahen, wenn sie Gottes Plan verwirklicht[78], erweist sich die Doktrin der Heiligkeit des Lebens ohnehin als brüchig [79].

Allerdings ist zu konstatieren, daß ein stringentes Lebensschutz-Primat Konsequenzen hätte, die weitreichend wären, vielleicht sogar die ganze Gesellschaft veränderten. Müßte dann nicht „jedermann damit rechnen, ... auf offener Straße zu einer Blutspende gezwungen zu werden" [80] oder sogar Angst um sein Nierenpaar haben? Das Institut des rechtfertigenden Notstandes (§ 34 StGB) legt ein solches Ergebnis nahe, überwiegt die Heiligkeit des Lebens alles andere [81]. - Hätte man sich eher zum Krüppel schlagen zu lassen, als daß man den Angreifer in Notwehr (§ 32 StGB) töten dürfte [82]? Die Richtigkeit einer solchen Wertentscheidung haben sich bisher wohl allenfalls die Gewissensprüfer von Wehrdienstverweigerern darlegen lassen wollen [83]. - Weiter: Müßten dann nicht auch der „tendenzielle" und der „subintentionale" Suizid [84] verhindert werden, wären also etwa der Alkohol- und

78 *Johannes Paul II, Über den Wert und die Unantastbarkeit des menschlichen Lebens, S. 126:* „Das Problem [der Todesstrafe] muß in die Optik einer Strafjustiz eingeordnet werden, die immer mehr der Würde des Menschen und somit letzten Endes Gottes Plan bezüglich des Menschen und der Gesellschaft entsprechen soll ... Ausmaß und Art der Strafe ... dürfen ... in schwerwiegendsten Fällen, das heißt, wenn der Schutz der Gesellschaft nicht anders möglich sein sollte, ... bis zum Äußersten, nämlich der Verhängung der Todesstrafe gegen den Schuldigen, gehen."

79 *Kuhse, Die „Heiligkeit des Lebens" in der Medizin, S. 24:* „Wenn ich sage, daß die Lehre von der Heiligkeit des Lebens absolut ist, soll das nicht heißen, daß das Verbot, Menschen zu töten, immer als universell gültig angesehen wird, denn dies würde vollkommenen Pazifismus bedeuten und die Todesstrafe und das Töten in Notwehr ausschließen ... Die Lehre von der Heiligkeit des Lebens verbietet nur das absichtliche Töten unschuldigen menschlichen Lebens. Damit ist es dieser Lehre zufolge nicht immer falsch zu töten ..."
Hoerster, Abtreibung im säkularen Staat, S. 133 Fn. 76: „Die Geschichte des Christentums und des Nationalsozialismus macht ... deutlich, wie problemlos offenbar eine durchaus restriktive Abtreibungsregelung mit einem sehr geringen Respekt für geborenes Menschenleben einhergehen kann. Man denke an Kriege, Ketzer- und Judenverfolgungen, Jagd auf Hexen und Homosexuelle sowie den freizügigen Umgang mit der Todesstrafe."

80 Siehe *Joerden, GA 1991, 426.*

81 *§ 34 StGB:* „Wer in einer gegenwärtigen, nicht anders abwendbaren Gefahr für Leben, Leib, Freiheit, Ehre, Eigentum oder ein anderes Rechtsgut eine Tat begeht, um die Gefahr von sich oder einem anderen abzuwenden, handelt nicht rechtswidrig, wenn bei Abwägung der widerstreitenden Interessen, namentlich der betroffenen Rechtsgüter und des Grades der ihnen drohenden Gefahren, das geschützte Interesse das beeinträchtigte wesentlich überwiegt. Dies gilt jedoch nur, soweit die Tat ein angemessenes Mittel ist, die Gefahr abzuwenden."

82 Diese Frage wird häufig mit dem „Prinzip der Doppelwirkung" im Anschluß an *Thomas von Aquin, Summa theologica*, zu beantworten versucht: „Es steht nichts im Wege, daß ein und dieselbe Handlung zwei Wirkungen hat, von denen nur die eine beabsichtigt ist, während die andere nur außerhalb der eigentlichen Absicht liegt. Die sittlichen Handlungen aber empfangen ihre Eigenart von dem, was beabsichtigt ist, nicht aber von dem, was außerhalb der Absicht liegt, da es zufällig ist. So kann auch aus der Handlung dessen, der sich selbst verteidigt, eine doppelte Wirkung folgen: die eine ist die Rettung des eigenen Lebens; die andere ist die Tötung des Angreifers. Eine solche Handlung hat auf Grund der Absicht, die auf Rettung des eigenen Lebens geht, nichts unerlaubtes ..."

83 *Bundesverwaltungsgericht (BVerwG), Deutsches Verwaltungsblatt (DVBl.) 1969, 402:* „Das VG [Verwaltungsgericht] hat ferner seine Zweifel an dem Vorliegen einer echten Gewissensentscheidung damit begründet, daß der Kläger auf die Frage, aus welchem Grunde es ihm nach seiner Auffassung nicht möglich sei, sich mit einem Gewehr zum Schutze vor seine Frau zu stellen, falls sie angegriffen würde, sich nicht etwa auf sein Gewissen berufen, sondern lediglich geäußert habe, daß es hierbei doch auch darauf ankäme, ob man mit einem Gewehr überhaupt umgehen könne."

84 Zu den Begriffen siehe *Scheffler, Suizidprophylaxe 22 (1995), 55.*

Nikotingenuß [85] sowie das Bergsteigen und Motorradfahren [86] zu unterbinden? Gesundheitspolitiker haben dies als Problematik schon erkannt [87]. - Und schließlich: Wie wäre bei uns angesichts von vielen Tausenden Verkehrstoten noch das Autofahren zu legitimieren ? Soweit gingen nicht einmal die „Grünen" in ihrer Anfangszeit [88].

So wie also die konsequente Besinnung auf Gottes Plan zumindest tendenziell das Ende der modernen Medizin einläuten kann und wohl allenfalls von Anhängern in irgendeiner Form fundamentalistischer Weltanschauungen befürwortet werden

---

85 *Bayerisches Oberstes Landesgericht (BayObLG), Zeitschrift für das gesamte Familienrecht (FamRZ) 1993, 600:*
„[Die] Voraussetzungen einer Unterbringungsgenehmigung liegen ... vor. Insbesondere ist es ... bei dem ohnehin minderbegabten Betr[offenen] infolge langjährigen, erheblichen Alkoholgenusses als dessen typische Spätfolge zu so schwerwiegenden Schäden des zentralen und peripheren Nervensystems gekommen, daß er gegenüber seiner Erkrankung völlig unkritisch und nicht in der Lage ist, seinen Alkoholgenuß in freier Willensbestimmung zu steuern und so einen Alkoholmißbrauch zu vermeiden, der zu weiteren Schädigungen führen müßte."
Schwab in MünchKomm, § 1906 Rn. 13:
„Die Gefahr der Selbstschädigung muß aufgrund einer psychischen Krankheit oder geistigen oder seelischen Behinderung gegeben sein. Mit diesem Erfordernis schließt das Gesetz Maßnahmen gegen Personen, die nicht unter solchen Krankheiten oder Defiziten leiden, aus, mögen sie auch 'lediglich aus Freude an den Genüssen des Lebens oder aus Leichtsinn' sich gesundheitlich schädigen (starkes Rauchen, übermäßiges Essen)."
BVerfG, Beschluß vom 22.01.1997 - 2 BvR 1915/91 -, S. 17 f.:
„Das Rauchen tötet mehr Menschen als Verkehrsunfälle, Aids, Alkohol, illegale Drogen, Morde und Selbstmorde zusammen ... Zigarettenrauchen ist in den Industrieländern die häufigste und wissenschaftlich am deutlichsten belegte Einzelursache für den Krebstod ... Im Ergebnis ist nach heutigem medizinischen Kenntnisstand gesichert, daß Rauchen Krebs sowie Herz- und Gefäßkrankheiten verursacht, damit zu tödlichen Krankheiten führt ... Die Warnung vor diesen Gesundheitsgefahren gehört zu den legitimen Aufgaben des Staates. Staatliche Gesundheitspolitik darf jedenfalls vor medizinisch erwiesenen und schweren Gefahren des Rauchens warnen und dem Konsumenten bewußt machen, daß aktives Rauchen den Raucher ... schädigt."

86 *§ 21a II Straßenverkehrsordnung (StVO):*
„Die Führer von Krafträdern und ihre Beifahrer müssen während der Fahrt amtlich genehmigte Schutzhelme tragen."
BVerfGE 59, 275 (278):
„Es ist allgemein anerkannt und wird auch von den Beschwerdeführern nicht bezweifelt, daß ein Schutzhelm geeignet ist, Kopfverletzungen zu vermeiden oder jedenfalls deren Schwere zu vermindern. Dieser besondere Schutz für Kraftradfahrer ist mit keinen nennenswerten Nachteilen verbunden. Die bisherige Entwicklung seit Einführung der Schutzhelmtragepflicht hat gezeigt, daß Aufklärung, Appelle an die Vernunft der Kraftradfahrer und zivilrechtliche Folgen allein nicht ausgereicht haben, um eine allgemeine Einhaltung dieser Pflicht zu erreichen ... Die Bußgeldandrohung erscheint daher als erforderliche und geeignete Maßnahme, um den Schutz der Kraftradfahrer weiter auszudehnen."

87 *Die Tageszeitung (TAZ) vom 06.07.1995, S. 4:*
"Bundesgesundheitsminister Seehofer (CSU) will Risikogruppen wie Autofahrern, Rauchern und Übergewichtigen ihre Behandlungskosten aufbürden."

88 *Saarbrücker Bundesprogramm der „Grünen" (1980):*
„Das gigantische Verkehrsaufkommen fordert jährlich 14000 Tote und eine halbe Million Verletzte. Lärm und Abgase schädigen die Gesundheit ... Die Verkehrspolitik der Grünen ruht auf den folgenden drei Gundsätzen:
- Reduzierung des Verkehrs durch Verbesserung der Infrastruktur.
- Förderung und optimale Nutzung des jeweils umweltfreundlichsten Verkehrsmittels.
- Technische Verbesserung aller Fahrzeuge im Bereich des Energieverbrauchs, der Emission, der Sicherheit und Haltbarkeit."
Vgl. *VG Bremen, NJW 1981, 1110*:
„Im Anschluß an diese Darlegungen zu den seine Kriegsdienstverweigerung auslösenden Gründen hielt das Gericht dem Kläger, der im Besitz einer Fahrerlaubnis ist, die heutige Situation im Straßenverkehr vor Augen, bei der ein motorisierter Verkehrsteilnehmer stets eine latente Gefährdung von Menschenleben darstellt. Auf entsprechendes Befragen hat der Kl. erklärt, daß ebenso wie bei der Beteiligung an einer bewaffneten Auseinandersetzung im Kriege das Leben für ihn seinen Sinn verlöre, wenn er als Autofahrer einen Verkehrsunfall mit tödlichem Ausgang verursachen würde ... Wäre es dem Kl. mit seiner Behauptung ernst gewesen, sein Leben würde im Falle eines durch ihn verursachten Verkehrsunfalles für ihn sinnlos werden, ... hätte er sich für die einzig naheliegende Konsequenz entschieden, nämlich zukünftig auf das Autofahren zu verzichten."

dürfte [89], führte die umfassende Ausrichtung am Lebensschutz zu einem unfreien obrigkeitlichen Gesellschaftsverständnis [90], bedeutete letztendlich die „totale Sozialpflichtigkeit des ... Körpers“ [91].

Wozu also nun Medizinethik?

Beide Prinzipien taugen nur bedingt als „Leitstern“ der Medizinethik. Sie dümpelt denn auch zwar nicht kraftlos, aber doch etwas ziellos, hin- und hergerissen zwischen beiden Polen vor sich hin: Kein Wunder, daß es der Strafgesetzgeber bis heute nicht geschafft hat, zum ärztlichen Heileingriff [92], zur Sterilisation [93] oder zu (passi-

---

89 Siehe etwa *Capra, Wendezeit, 1982 / dt. Neuausg. 1988, S. 169 f.:*
„Ein wichtiger Aspekt ... ist die Meinung, die Heilung einer Erkrankung erfordere ärztliches Eingreifen von außen, entweder physischer Art durch Chirurgie oder Bestrahlung, oder chemisch durch Medikamente. Die gegenwärtige medizinische Therapie beruht auf diesem Prinzip der medizinischen Intervention; sie verläßt sich bei der Heilung oder zumindest Linderung von Schmerzen und Beschwerden auf äußere Kräfte, ohne das Heilungspotential im Patienten selbst zu berücksichtigen ... In vielen Fällen könnte jene Art von Therapie an ihre Stelle treten, wie sie seit Jahrtausenden von weisen Ärzten und Heilern praktiziert wird: ein subtiles Einwirken auf den Organismus, das ihn dazu anregt, den Heilungsprozeß von sich aus zu vollziehen. Solche Therapien beruhen auf der tiefen Achtung vor dem Selbstheilungspotential und auf der Anschauung, daß der Patient ein selbstverantwortliches Individuum ist, das den Gesundungsprozeß selbst in Gang bringen kann.“

90 *Kuhse, Die „Heiligkeit des Lebens“ in der Medizin, S. 46:*
„Müßten wir nach diesem Prinzip handeln, dann geriete die Medizin zum Fanatismus, und die Lebenserhaltung hätte Vorrang vor allen anderen medizinischen und sozialen Zielen ... Eine solche Haltung ist jedoch nicht nur intuitiv unplausibel, sie ist in letzter Konsequenz auch rational nicht nachvollziehbar.“

91 *Rüping, GA 1978, 136.*

92 Siehe jetzt aber den *Entwurf eines 6. Strafrechtsreformgesetzes (StrRG) des Bundesministeriums der Justiz vom 15.07.1996:*
„§ 229 StGB (Eigenmächtige Heilbehandlung)
(1) Wer ohne wirksame Einwilligung bei einer anderen Person einen körperlichen Eingriff oder eine andere deren körperliche Integrität oder deren Gesundheitszustand nicht nur unwesentlich beeinflussende Behandlung vornimmt, um bei ihr oder ihrer Leibesfrucht vorhandene oder künftige körperliche oder seelische Krankheiten, Schäden, Leiden, Beschwerden oder Störungen zu erkennen, zu heilen, zu lindern oder ihnen vorzubeugen, wird mit Freiheitsstrafe bis zu fünf Jahren oder mit Geldstrafe bestraft ...
(2) In besonders schweren Fällen ist die Strafe Freiheitsstrafe von sechs Monaten bis zu zehn Jahren. Ein besonders schwerer Fall liegt in der Regel vor, wenn die Behandlung
1. der Erprobung einer neuen Behandlungsmethode dient, ohne daß dies im Interesse der behandelten Person oder ihrer Leibesfrucht geboten ist, oder
2. unter Abwägung des mit ihr verfolgten Zwecks und einer mit ihr für die behandelte Person verbundenen Gefährdung nicht verantwortet werden kann.
(3) ...
§ 230 StGB (Fehlerhafte Heilbehandlung)
(1) Wer fahrlässig durch einen Behandlungsfehler eine andere Person im Rahmen einer den in § 229 Abs. 1 Satz 1 bezeichneten Zwecken dienenden Behandlung an ihrer Gesundheit schädigt, wird mit Freiheitsstrafe bis zu drei Jahren oder mit Geldstrafe bestraft.
(2) ...“

93 Siehe *§ 226 b I, II StGB RegE 5. StrRG vom 15.05.1972, BT-DrS VI/3434:*
(1) Die von einem Arzt vorgenommene Sterilisation ist nicht als Körperverletzung strafbar, wenn die Person, an der die Sterilisation vorgenommen wird (Betroffener), in die Sterilisation einwilligt und mindestens fünfundzwanzig Jahre alt ist.
(2) Ist der Betroffene noch nicht fünfundzwanzig Jahre alt, so ist die von einem Arzt vorgenommene Sterilisation nicht als Körperverletzung strafbar, wenn der Betroffene in die Sterilisation einwilligt und
1. die Sterilisation einer Frau nach den Erkenntnissen der medizinischen Wissenschaft angezeigt ist, um von ihr eine Gefahr für das Leben oder den Gesundheitszustand abzuwenden,
2. die betroffene Frau mindestens vier Kinder geboren hat,
3. nach den Erkenntnissen der medizinischen Wissenschaft Grund für die Annahme besteht, daß unter der Nachkommenschaft des Betroffenen infolge einer Erbanlage eine nicht behebbare schwere Schädigung des Gesundheitszustandes auftreten würde, und der Betroffene mindestens achtzehn Jahre alt ist oder
4. der Betroffene mit einer Frau verheiratet ist, bei der die Voraussetzungen der Nummern 1, 2 oder 3 vorliegen.“

ver) Sterbehilfe [94] und Suizidteilnahme [95] ein Gesetz in Kraft treten zu lassen. - Zur Abtreibung sind in gut 20 Jahren rund 30 Gesetzesentwürfe in den Bundestag eingebracht [96] und vier Gesetze verabschiedet worden [97], wovon zwei sofort wieder durch insgesamt drei vom Bundesverfassungsgericht erlassene Übergangsregelungen ersetzt wurden [98]. Das (vielleicht nur vorläufige? [99]) Ergebnis dieser legislatorischen Großoffensive ist eine strafrechtsdogmatisch nur als grotesk zu bezeichnende Konstruktion [100], die genaugenommen nicht das Abtreiben, sondern das Nichtberatenlassen

---

94 Siehe die *Richtlinie der Bundesärztekammer, Deutsches Ärzteblatt (DÄBl.) 1979, 957:*
„Beim Sterbenden, einem dem Tode nahe Erkrankten oder Verletzten
-> bei dem das Grundleiden mit infauster Prognose einen irreversiblen Verlauf genommen hat und
-> der kein bewußtes und umweltbezogenes Leben mit eigener Persönlichkeitsgestaltung wird führen können
lindert der Arzt die Beschwerden. Es ist aber nicht verpflichtet, alle der Lebensverlängerung dienenden therapeutischen Möglichkeiten einzusetzen."

95 Siehe den *Alternativ-Entwurf (AE) Sterbehilfe von Professoren des Strafrechts und der Medizin, 1986:*
„§ 215 StGB (Nichthinderung einer Selbsttötung)
(1) Wer es unterläßt, die Selbsttötung eines anderen zu hindern, handelt nicht rechtswidrig, wenn die Selbsttötung auf einer frei verantwortlichen, ausdrücklich erklärten oder aus den Umständen erkennbaren ernstlichen Entscheidung beruht.
(2) Von einer solchen Entscheidung darf insbesondere nicht ausgegangen werden, wenn der andere noch nicht 18 Jahre alt ist oder wenn seine freie Willensbestimmung entsprechend §§ 20, 21 StGB beeinträchtigt ist."

96 *BT-Drs IV/3137; VI/3434; 7/375; 7/443; 7/554; 7/561; 7/567; 7/4128; 7/4211; 12/551; 12/696; 12/841; 12/898; 12/1178; 12/1179; 12/2605; 12/6643; 12/6669; 12/6715; 12/6944; 12/6988; 12/7098; 12/7660; 12/8609; 13/27; 13/268; 13/285; 13/395; 13/397; 13/402.*

97 *5. StrRG vom 18.06.1974; 15. StrÄndG von 18.05.1976; Schwangeren- und Familienhilfegesetz (SFHG) vom 27.07.1992; SFHGÄndG (Änderungsgesetz) vom 29.06.1995.*

98 *BVerfGE 37, 324; 39, 1 (2 f.); 88, 203 (209 ff.)*

99 *Rudolphi in Systematischer Kommentar zum StGB (SK), 5. Aufl. 1996, vor § 218 Rn. 54:*
„Es wäre ... nicht verwunderlich, wenn das BVerfG nach einer nicht allzu langen Zeit erneut über die Verfassungsmäßigkeit des Rechts des Schwangerschaftsabbruchs zu entscheiden hätte."
FAZ vom 31.01.1997:
„Das Bundesverfassungsgericht muß sich in absehbarer Zeit mit einer Vorentscheidung zu der Verfassungsbeschwerde des Münchner Arztes Stapf beschäftigen. Die Beschwerde ... richtet sich gegen eine Reihe von Bestimmungen des bayerischen Gesetzes vom August vorigen Jahres, welche das Schwangeren- und Familienhilfeänderungsgesetz des Bundes vom 21. August 1995 ergänzen ... Die Verfassungsbeschwerde geht nur am Rande auf den politischen Haupteinwand gegen das bayerische Gesetz ein, auf die dort, abweichend vom Bundesgesetz vom 21. August 1995, aber im Einklang mit dem Urteil des Bundesverfasssungsgerichts vom 28. Mai 1993 festgelegte Pflicht der Frauen, die eine Abtreibung erwägen, im Beratungsgespräch ihre Gründe zu nennen. Aus den Ankündigungen, gegen jene bayerische Regelung durch Klagen beim Verfassungsgericht vorzugehen - sie kamen vor allem aus den Reihen der bayerischen FDP - ist vorerst nichts geworden; bei der FDP ... und auch bei der SPD befürchtet man offenbar, daß das Verfassungsgericht seine These, die Schwangere, die eine Beratungsstelle aufsuche, habe an den Voraussetzungen der Beratung 'mitzuwirken', bekräftigen und damit dem im Bundesgestz festgehaltenen Schweigerecht ausdrücklich widersprechen könnte."
DER SPIEGEL 32/1996, S. 59:
„Der zuständige Zweite Senat war schon immer für Überraschungen gut. Nach dem Abtreibungsurteil von 1993 gab es obendrein ein Revirement. Nun sitzen drei neue Richter am Beratungstisch. Die Sozialdemokratin Jutta Limbach folgte dem Sozialdemokraten Ernst Gottfried Mahrenholz im Vorsitz - vermutlich keine nennenswerte Veränderung bei Abstimmungen. Doch der liberale Strafrechtler Winfried Hassemer ersetzte den schwer kalkulierbaren Ernst-Wolfgang Böckenförde, der sich immer damit quälte, seine Herkunft als Sozialdemokrat und als praktizierender Katholik miteinander zu versöhnen. Und schließlich trat der bisher eher farblose Christdemokrat Hans-Joachim Jentsch an die Stelle von Hans Hugo Klein, der den Hardlinern zuzurechnen war ... Mithin spricht vieles dafür, daß die Stimmung im Zweiten Senat seit 1993 offener geworden ist."

100 *§ 218a I StGB (Straflosigkeit des Schwangerschaftsabbruchs):*
„Der Tatbestand des § 218 ist nicht verwirklicht, wenn
1. die Schwangere den Schwangerschaftsabbruch verlangt und dem Arzt durch eine Bescheinigung nach § 219 Abs. 2 Satz 2 nachgewiesen hat, daß sie sich mindestens drei Tage vor dem Eingriff hat beraten lassen,
2. der Schwangerschaftsabbruch von einem Arzt vorgenommen wird und
3. seit der Empfängnis nicht mehr als zwölf Wochen vergangen sind."
Dazu *Lackner, StGB, 21. Aufl. 1995, vor § 218 Rn. 16:*
„Es ist ein Novum, daß eine durch positives Tun verursachte objektiv zurechenbare Rechtsgutsverletzung, die in das Zentrum des Schutzbereichs eines Tatbestandes fällt, schon als nichttatbestandsmäßig ausgesondert wird."

pönalisiert [101] - und der den Ländern so viele Sorgen bereitende Kindergartenplatzanspruch für Dreijährige [102] als verfassungsrechtlich untaugliche Lebensschutzmaßnahme [103]. - Es bleibt abzuwarten, ob der aktuellen Diskussion um ein Transplantationsgesetz, zu dem in den letzten Monaten auch schon einige Entwürfe in den Bundestag eingebracht wurden, ein besseres Los beschieden sein wird [104]. - Zur Gentechnik ist dem Gesetzgeber aber 1990 der große Wurf gelungen, eindeutig und klar [105] die Herstellung von Klonen [106], Hybriden und Chimären [107] zu verbieten. Das „Aus“ für *Huxleys* Gammas, für Frankensteine sowie für Zentauren und Meerjungfrauen wenigstens ist beschlossene Sache - vielleicht nur, weil man sie

---

Rudolphi in SK, vor § 218 Rn. 46:
„Die dogmatische Einordnung dieses Strafbefreiungsgrundes bereitet kaum überwindbare Schwierigkeiten, zumal nach dem BVerfG die Konsequenzen, die sich an sich aus der Rechtswidrigkeit eines Schwangerschaftsabbruchs ergeben, gerade nicht eintreten sollen ...“
Dreher/Tröndle, vor § 218 Rn. 13g:
„In strafrechtsdogmatischer Hinsicht bringt der Tatbestandsausschluß ... 'Verwerfungen bei der strafrechtlichen Unrechtsbestimmung' und führt zu einer 'verfahrenen Situation' ...“

101 *Maurach/Schroeder, Strafrecht BT/1, 8. Aufl. 1995, § 6 Rn. 12:*
„Auch das Verbot des Schwangerschaftsabbruchs innerhalb von zwölf Wochen ohne Beratung dient nach den Intentionen des Gesetzgebers dem Schutz des werdenden Lebens ... Allerdings handelt es sich hier bereits um eine bloße abstrakte Gefährdung. Angesichts der vorherigen Festlegung der meisten Schwangeren vor Aufsuchung der Beratungsstelle ... wird sich dieses Rechtsgut hier kaum aufrechterhalten lassen und sich der Unrechtsgehalt zu einem bloßen Formalienverstoß verflüchtigen.“

102 *§ 24 Kinder- und Jugendhilfegesetz (KJHG):*
„Ein Kind hat vom vollendeten dritten Lebensjahr bis zum Schuleintritt Anspruch auf den Besuch eines Kindergartens. Für Kinder im Alter unter drei Jahren und für Kinder im schulpflichtigen Alter sind nach Bedarf Plätze in Tageseinrichtungen vorzuhalten. Die Träger der öffentlichen Jugendhilfe haben darauf hinzuwirken, daß ein bedarfsgerechtes Angebot an Ganztagsplätzen zur Verfügung steht.“
Begr. *SFHG, BT-DrS 12/2605 (neu), S. 1:*
„Das Schwangeren- und Familienhilfegesetz verursacht erhebliche Kosten, deren Ausgabe allerdings auch angesichts der angespannten Haushaltslage von Bund, Ländern und Kommunen geboten ist, um den Schutz des werdenden Lebens sowie von schwangeren Frauen und von Müttern zu verbessern. Diese Kosten werden zwar auf verschiedene Träger verteilt, übersteigen jedoch die Belastbarkeit einiger Bundesländer.“

103 *Begr. SFHG, S. 17:*
„Wie bereits die Bezeichnung des Gesetzes zum Ausdruck bringt, werden in ihm gleichzeitig konkrete Hilfen mit Rechtsanspruch angeboten, die in enger Zusammenarbeit mit den Mitarbeiterinnen und Mitarbeitern von Beratungsstellen für typische Schwangerschaftskonfliktsituationen entwickelt worden sind.“
Dazu *BVerfGE 88, 203:*
„Auch die Schutzpflicht für das ungeborene Leben ist bezogen auf das einzelne Leben, nicht nur auf menschliches Leben allgemein.“

104 *„Omnibus“-Entwurf TPG; TPG-E der Grünen; Gruppenentwurf TPG vom 13.01.1997;* siehe auch *RegE StrÄndG - Organhandel -.*

105 *Märkische Oderzeitung (MOZ) vom 04.03.1997, S. 1:*
„Das Klonen von Menschen ist nach Expertenansicht in Deutschland doch erlaubt. 'Wenn Sie derzeit einen Menschen klonen wollen, werden Sie nicht bestraft', sagte Ingo Hansmann, Direktor des Institutes für Humangenetik und medizinische Biologie in Halle, gestern in einem Pressegespräch. Er beziehe sich damit auf eine Lücke im Embryonenschutzgesetz ... Hansmann begründete seine Aussage damit, daß der Zellkern beim Klonen nur 99 Prozent der Erbinformationen des Nachkommen stellt ... Daraus folge, daß ein geklontes Lebewesen nicht absolut identisch mit dem Spender des Zellkerns sein müsse. Darauf baut jedoch Paragraph sechs des Embryonenschutzgesetzes auf ...“

106 *§ 6 I ESchG:*
„Wer künstlich bewirkt, daß ein menschlicher Embryo mit der gleichen Erbinformation wie ein anderer Embryo, ein Foetus, ein Mensch oder ein Verstorbener entsteht, wird mit Freiheitsstrafe bis zu 5 Jahren oder mit Geldstrafe bestraft.“

107 *§ 7 I ESchG:*
„Wer es unternimmt,
1. Embryonen mit unterschiedlichen Erbinformationen unter Verwendung mindestens eines menschlichen Embryos zu einem Zellverband zu vereinigen,
2. mit einem menschlichen Embryo eine Zelle zu verbinden, die eine andere Erbinformation als die Zelle des Embryos enthält und sich mit diesem weiter zu differenzieren vermag, oder
3. durch Befruchtung einer menschlichen Eizelle mit dem Samen eines Tieres oder durch Befruchtung einer tierischen Eizelle mit dem Samen eines Menschen einen differenzierungsfähigen Embryo zu erzeugen, wird mit Freiheitsstrafe bis zu 5 Jahren oder mit Geldstrafe bestraft.“

damals ohnehin für gentechnisch noch auf lange Zeit nicht machbar hielt [108]?

Der Medizinethik ist es vor allem nicht gelungen, das Entstehen einer doppelbödigen Rechtslage zu verhindern - hat sie es überhaupt ernsthaft versucht? Wer sozio-ökonomisch privilegiert ist, wer zu den Durchsetzungsfähigen gehört, kann sich den Konsequenzen entziehen, treffen medizinethisch bedingte Verdikte einmal ihn selbst - wohlgemerkt legal. Das Dogma heißt genaugenommen: „Du *sollst nicht* töten" - aber wenn Du geschickt bist, dann darfst Du doch.

Drei Beispiele: Aufgrund der Straflosigkeitsvoraussetzungen der indikationslosen Abtreibung sind nur sozio-ökonomisch Unterprivilegierte in der Gefahr, im bürokratischen Hürdenlauf zu straucheln und sich bei einseitig ausgelegter Zwangsberatung ein Kind einreden [109] oder sich durch die geringen Gelder [110] der Stiftung „Mutter und Kind" [111] korrumpieren [112] zu lassen; das Verbot der „Abtreibung auf Krankenschein" wird direkt dem Grundgesetz entnommen [113]. - Wer beispielsweise

108 *DER SPIEGEL 10/1997, S. 218:*
„Was wir noch nicht können, versprechen wir auch nicht zu machen. Den geklonten Menschen darf und wird es nicht geben."

109 *§ 219 I StGB:*
„Die Beratung dient dem Schutz des ungeborenen Lebens. Sie hat sich von dem Bemühen leiten zu lassen, die Frau zur Fortsetzung der Schwangerschaft zu ermutigen und ihr Perspektiven für ein Leben mit dem Kind zu eröffnen; sie soll ihr helfen, eine verantwortliche und gewissenhafte Entscheidung zu treffen. Dabei muß der Frau bewußt sein, daß das Ungeborene in jedem Stadium der Schwangerschaft auch ihr gegenüber ein eigenes Recht auf Leben hat und daß deshalb nach der Rechtsordnung ein Schwangerschaftsabbruch nur in Ausnahmesituationen in Betracht kommen kann, wenn der Frau durch das Austragen des Kindes eine Belastung erwächst, die so schwer und außergewöhnlich ist, daß sie die zumutbare Opfergrenze übersteigt. Die Beratung soll durch Rat und Hilfe dazu beitragen, die in Zusammenhang mit der Schwangerschaft bestehende Konfliktlage zu bewältigen und einer Notlage abzuhelfen. Das Nähere regelt das Schwangerschaftskonfliktgesetz."

110 *Ausschuß-Bericht der Abgeordneten Männle, BT-DrS 11/1434:*
„Seitens der Fraktion der SPD wurde andererseits eingewandt, ... es [sei] ein Irrtum zu glauben, daß mit einem Betrage von etwa 1.500 DM eine 'schwere Notlage' in dem in § 218a StGB definierten Sinne abgewandt werden könne."
MOZ vom 23./24.11.1996:
„Bisher sind aus der Bundesstiftung für Schwangere in Not von 1993 bis Ende Juni 1996 knapp 21 Millionen Mark an 13 380 Schwangere in Brandenburg ausgereicht worden."
Beispiel eines *Bescheides der Berliner „Stiftung Hilfe für die Familie":*
„Sehr geehrte Antragstellerin,
aus Mitteln der Bundesstiftung 'Mutter und Kind - Schutz des ungeborenen Lebens' erhalten Sie folgende Hilfe:
DM 100,- für Stillbedarf ergänzend zur Sozialhilfe
DM 910,- für Erstausstattung des Kindes ergänzend zur Sozialh.
DM 700,- für Waschmaschine.
Die Hilfe ist zweckgebunden, d.h. sie darf nur für diesen Zweck verwendet werden."

111 *§ 4 des Gesetzes zur Errichtung einer Stiftung „Mutter und Kind - Schutz des ungeborenen Lebens":*
„(1) Aus Mitteln der Stiftung können für Aufwendungen, die im Zusammenhang mit der Schwangerschaft und der Geburt sowie der Pflege und Erziehung eines Kleinkindes entstehen, Hilfen gewährt werden, insbesondere für
1. die Erstausstattung des Kindes,
2. die Weiterführung des Haushalts,
3. die Wohnung und Einrichtung,
4. die Betreuung des Kleinkindes.
(2) Leistungen aus Mitteln der Stiftung dürfen nur gewährt oder zugesagt werden, wenn die Hilfe auf andere Weise nicht oder nicht rechtzeitig möglich ist oder nicht ausreicht.
(3) Nähere Einzelheiten regeln die Richtlinien."

112 *Hamburger Senatorin Maring im Bundesrat am 18.12.1987:*
„Es drängt sich der Verdacht auf, die Bundesregierung glaube, den Willen zum Kind kaufen zu können; denn diejenigen Frauen, die, obwohl sozial bedürftig, keinen Abbruch in Erwägung ziehen, sind für Hilfen aus der Stiftung nicht vorgesehen, es sei denn, man akzeptiert stillschweigend, daß eine hilfsbedürftige Schwangere Überlegungen zu einem Abbruch vortäuscht, auch wenn sie ihn gar nicht wirklich erwägt, um auf diese Weise an finanzielle Hilfe zu kommen."

113 *BVerfGE 88, 203:*
„Das Grundgesetz läßt es nicht zu, für die Vornahme eines Schwangerschaftsabbruchs, dessen Rechtmäßigkeit nicht festgestellt wird, einen Anspruch auf Leistungen der gesetzlichen Krankenversicherung zu gewähren. Die Gewährung von Sozialhilfe für nicht mit Strafe bedrohte Schwangerschaftsabbrüche nach der Beratungsregelung in Fällen wirtschaftlicher Bedürftigkeit ist dem gegenüber ebensowenig verfassungsrechtlich zu beanstanden wie die Fortzahlung des Arbeitsentgelts."

eine Niere braucht und sich nicht rund drei Jahre in die Warteschlange von 47.000 Dialysepatienten [114] einreihen möchte, soll diese sich auch künftig in Indien, im Irak oder in Pakistan für einige Tausend Dollar kaufen und implantieren lassen dürfen. Dort kennt man viele Wege, Spender zu finden [115]. Die Richtigkeit der Straflosigkeit des Organempfängers wird vom Gesetzgeber mit seiner „notstandsähnlichen Situation" begründet [116]. Seltsam nur, daß wir diese Argumentation nicht etwa auch auf süchtige Heroinkäufer anwenden, denen wir kaum auch nur Schuldminderung zukommen lassen ...[117] Die Nachbehandlung in der Bundesrepublik übernimmt übrigens die Solidargemeinschaft, zahlt also die Krankenkasse [118]. - Und geht es schließlich ans Sterben, stehen Durchsetzungsfähigen und vielleicht Solventen Helfer wie *Hackethal* [119] oder *Atrott* [120] zur Seite, die mit medizinisch als auch juristisch ausge-

---

114 Siehe *DER SPIEGEL 40/1996, S. 116.*

115 Siehe *DER SPIEGEL 46/1996, S. 259 ff.; Daus/Metz-Kurschel/Philipp, Deutsche Medizinische Wochenschrift (DMW) 121 (1996), 1341 ff.*

116 *„Omnibus"-Entwurf TPG, S. 30.*

117 Vgl. *BGH, Strafverteidiger (StV) 1988, 198:*
„Der BGH hat immer wieder ausgesprochen, daß die Abhängigkeit von Btm [Betäubungsmitteln] für sich allein noch nicht eine erhebliche Verminderung der Schuldfähigkeit begründet. Diese Folge ist bei einem Rauschgiftsüchtigen nur ausnahmsweise gegeben, zum Beispiel wenn ... der Täter unter starken Entzugserscheinungen leidet und durch sie dazu getrieben wird, sich mittels einer Straftat Drogen zu verschaffen ..."

118 *Daus/Metz-Kurschel/Philipp, DMW 121 (1996), 1344:*
„Wenn ... die in Deutschland wohnenden Dialysepatienten ... wissen, daß sie nach einer kommerziellen Transplantation in der Dritten Welt straffrei bleiben, und nach der Rückkehr in die Heimat von den deutschen Ärzten bestmöglichst behandelt werden, wird der Transplantionstourismus weiter zunehmen. Viele deutsche Dialysepatienten sind bereit und finanziell auch in der Lage, die geforderten Transplantationskosten aufzubringen. Die aktuell bestehende Weigerung deutscher Krankenkassen, die in Indien anfallenden Kosten zu übernehmen, wird das Geschäft zwar behindern, aber nicht effektiv eindämmen."

119 Siehe *OLG München, NJW 1987, 2940:*
„Nach diesen Kriterien der Rechtsprechung scheidet eine unmittelbare Begehungstäterschaft aus. Das Gift wurde Frau E nicht eingeflößt. Sie hat den Giftbecher vielmehr ohne Hilfe Dritter selbst zum Mund geführt und das Gift getrunken. Damit hat sie den lebensvernichtenden Akt eigenhändig ausgeführt ... Da sie aber bis zuletzt die freie Entscheidung darüber hatte, ob sie das Gift einnimmt oder nicht, beherrschte allein sie und nicht Prof. H[ackethal] noch sonst wer das zum Tode führende Geschehen. Der Beitrag der Angeschuldigten ging damit über den Gehilfen nicht hinaus und ist deshalb als straflose Beihilfe zur Selbsttötung zu werten ... Prof. H wurde auch nicht deshalb zum Täter eines Tötungsdelikts, weil er nach Einnahme des Giftes durch die Suizidentin keine ärztlichen Hilfsmaßnahmen ergriffen hat ... Verliert der Suizident, so der BGH, infolge Bewußtlosigkeit endgültig die tatsächliche Möglichkeit der Beeinflussung des Geschehens ('Tatherrschaft'), so hängt der Eintritt des Todes jetzt allein vom Verhalten des Garanten ab ... Voraussetzung für den Übergang der effektiven Tatherrschaft und für das Vorliegen der Kausalität ist jedenfalls, daß der Garant die tatsächliche Möglichkeit besitzt, durch sein Eingreifen dem Geschehen die entscheidende Wende zu geben ... Daß Prof. H als Arzt die tatsächliche Möglichkeit erkannt hätte, den Tod mit einer an Sicherheit grenzenden Wahrscheinlichkeit zu verhindern, läßt sich nicht feststellen ..."
BVerfGE 76, 248:
„Der Beschwerdeführer [Hacketal] plant, die Beschwerdeführerin an einen Tropf anzuschließen, den sie selbst bedienen kann. Eine Kammer des Geräts soll Traubenzuckersaft und die andere eine tödlich wirkende Narkoselösung enthalten, wobei sich die Beschwerdeführerin selbst entscheiden soll, ob sie sich die Narkoselösung beibringen will ... Die Verfassungsbeschwerde ist unzulässig ... Damit will der Beschwerdeführer durch das Bundesverfassungsgerichts unter Ausschaltung der Strafgerichte 'freigesprochen' werden, bevor er überhaupt die beabsichtigte Sterbehilfe geleistet hat. Zu dieser will er sich erst entschließen, wenn die Rechtsfragen zu § 216 StGB in seinem Sinne entschieden worden sind."
VG Karlsruhe, JZ 1988, 208:
„Solange die Rechtsfragen zu den §§ 216, 323c StGB, die der Kläger [Hackethal] geklärt wissen möchte, in seinem Sinne durch die hierfür zuständigen Strafgerichte nicht geklärt sind, kann von der Polizei nicht verlangt werden, untätig zu bleiben, wenn sie von einer beabsichtigten Sterbehilfe mit dem erkennbaren Ziel unterrichtet worden ist, vorab eine 'verbindliche Entscheidung' darüber zu treffen, daß diese nicht strafbar ist ... Kann danach nicht beanstandet werden, daß die Polizei dem Kläger die beabsichtigte 'aktive Sterbehilfe' untersagt hat, so erweist sich auch die mit dieser für sofort vollziehbar erklärten Verfügung verbundene Zwangsgeldandrohung als rechtmäßig."
Siehe auch *Hackethal, Humanes Sterben, 1988.*

120 *TAZ vom 15.03.1994:*
"... die Erste Große Strafkammer des Landgerichts Augsburg hält den ehemaligen Präsidenten der Deutschen Gesellschaft für Humanes Sterben (DGHS), Hans-Henning Atrott, der Steuerhinterziehung und des Verstoßes gegen das Chemikaliengesetz für schuldig. Er wurde gestern wegen der unerlaubten Weitergabe von Zyankali zu einer Freiheitsstrafe von zwei Jahren auf

klügelten Methoden nicht nur für ihre eigenen rechtlichen und vielleicht auch finanziellen Interessen, sondern auch dafür sorgen, daß, wenn schon im Tod, so aber wenigstens nicht vor dem Tod alle gleich sind ...

Steht vielleicht ohnehin zu erwarten, daß zukünftig die Frage der Medizin: „Was darf - was muß getan werden?“ weniger ethisch als „monetisch“ beantwortet werden wird [121]? Ist es nicht so, daß schon jetzt weltweit gesehen medizinische Versorgung nicht nach Kriterien des Lebensschutzes erfolgt, sondern eine Frage des Geldes ist[122]? Die euphemistisch „Kostendämpfung im Gesundheitswesen“ genannte Einführung der Zwei-Klassen-Medizin hat auch innerhalb der Bundesrepublik begonnen[123]. „Geld oder Leben“ könnte die Frage bald für Ältere lauten, bei denen sich etwa eine Organ-

---

Bewährung verurteilt ... Zu Beginn des Verfahrens hatte Atrott von seinem Anwalt ... ein umfassendes Geständnis verlesen lassen. Er, Atrott, habe selbst an einige Personen Zyankali abgegeben und darüber hinaus Dritte veranlaßt, es an Sterbewillige zu verabreichen. Aber nicht die persönliche Bereicherung, sondern die Hilfe für todkranke Menschen sei sein Motiv gewesen. 134 Namen wurden vorgetragen, an die Zyankali-Kapseln - meist zum Preis von 3.000 bis 5.000 Mark - abgegeben wurden ... Der Staatsanwalt ließ in seinem Plädoyer erkennen, daß Atrott ausgesprochen gut am Zyankalihandel verdient habe. Die 134 angeklagten Fälle seien nur die Spitze des Eisbergs. Bei einem Einkaufspreis von 10 bis 20 Pfennigen pro Gramm und einem Verkaufspreis von 3.000 Mark und mehr pro Gramm würde deutlich, worum es gegangen sei.“
Die Welt am 16.04.1994:
„Die Deutsche Gesellschaft für Humanes Sterben (DGHS) hat offensichtlich auch noch nach der Verhaftung ihres früheren Präsidenten Hans Hennig Atrott Gift für einen Selbstmord angeboten ... Die Zivilkammer des Landgerichts Augsburg hält es für erwiesen, daß Wichmann der Frau versprochen hat, ihr bei der Beschaffung von curare-ähnlichem Gift, das zuverlässiger sei als Zyankali, behilflich zu sein. Für nicht bewiesen hält das Gericht dagegen die Aussage der Frau, sie hätte für das Gift 7000 Mark bezahlen sollen.“
Siehe auch *Atrott, Humanes Sterben, in Sterbehilfe - Mitleid oder Mord, 1984, S. 87 ff.*

121 *Die Welt am Sonntag am 01.10.1995:*
„Die Sorge von Professor Mühlhaus ... ist, daß ein behindertes ungeborenes Leben einer Kosten-Nutzen Rechnung unterzogen werde und dann, wenn es zu teuer erscheint, abgetrieben werden soll ... Krankenkassen könnten ... Frauen- und Kinderärzte unter Druck setzen mit dem Argument, ihnen (den Kassen) ‘als Kostenträgern’ eines behinderten Kindes entstünden ‘in erheblichem Maße finanzielle Schäden’, die ihrer Meinung nach der betreuende Gynäkologe zu verantworten habe. Für den Fall, daß sich bei rechtzeitigem Erkennen einer Fehlbildung die Eltern zur Abtreibung entschieden, würden ja lediglich die Kosten für diesen Eingriff, nicht aber die Kosten für die lebenslange Betreuung des Kindes anfallen.“
Dörner, Mitbegründer der Hospizhilfe, in DER SPIEGEL 11/1994, S. 79:
„Vielleicht argumentieren die Krankenkassen bald: Du kannst bei mir nur Mitglied werden, wenn du auch ein Patiententestament hast. Das erspart Kosten.“

122 *DER SPIEGEL 2/1997 (Titelseite):* „Das Aids-Wunder - eine neue Wirkstoff-Kombination kann 80% der Patienten retten (in den reichen Ländern).“
Kuhse, Die „Heiligkeit des Lebens“ in der Medizin, S. 73:
„Wenn man ... zeigen könnte, daß die Politik der führenden kapitalistischen Länder kausal für den bedenklichen ökonomischen Zustand vieler Länder der Dritten Welt verantwortlich ist und somit auch für ... den Tod durch leicht heilbare Krankheiten in diesen Ländern, dann wären die Verantwortlichen für diese Politik auch für den Tod all jener verantwortlich zu machen, deren Lebensrettung sie unterlassen ...“

123 *Schönhofer, Direktor des Instituts für Klinische Pharmakologie, Zentralkrankenhaus Sankt-Jürgen-Straße in Bremen, in Vorwärts 3/1996, S. 11:*
„Wir haben in den Kliniken eine strenge Budgetierung. Das ist sinnvoll, weil sonst die Kosten nicht unter Kontrolle zu halten sind. Gleichzeitig können Leistungen nicht mehr zur Verfügung gestellt werden, weil im Arzneimittelbudget die Mittel für die entsprechende Therapie nicht mehr verfügbar sind ... In der Regel [sind das] teure Therapien, etwa bei bestimmten Nervenerkrankungen oder bei Eierstockkrebs, wo eine neue, wirksame Chemotherapie zur Verfügung steht. Sie kostet pro Patient pro Jahr 100 000 Mark, statt bislang 6000 bis 10 000 Mark. Das ist in dem Budget nicht mehr vorhanden, und dann können wir solche teuren, innovativen Therapien in der Klinik nicht mehr durchführen.“
DER SPIEGEL 50/1996, S. 29:
„Der Schauspieler Günter Strack, nach einem Schlaganfall in die Münchner Uniklinik eingeliefert, litt unter rasenden Durchfällen und hohem Fieber ... Mehrere Medikamente probierten die Ärzte aus, doch keines hatte Erfolg ... Ein aufwendiger Bluttest brachte Aufklärung: Die Infektion rührte von Bakterien im Darm (Enterokokken), die gegen Medikamente resistent geworden waren ... Das prominente Opfer einer lebensgefährlichen Enterokokkenresistenz war der erste Fall dieser Art, den der Intensivmediziner Gärtner zu behandeln hatte. Doch Strack ist nach Überzeugung des Münchener Bakteriologen Jürgen Heesemann keine Rarität: Tausende seien in Deutschland möglicherweise schon an den heimtückischen Enterokokken gestorben, nur selten würde es diagnostiziert. Daß die Symptome so selten erkannt würden, hänge auch mit den Sparzwängen der

transplantation nicht mehr „lohnt“ [124]. Bettenabbau, Stellenstreichungen beim Pflegepersonal und Kürzungen im Sachetat werden möglicherweise die jetzt schon diskutierten Szenarien, wer denn im Krankenhaus zu retten ist, wenn die Akutfälle die Ressourcen übersteigen, schnell Realität werden lassen [125]. In Großbritannien, in dieser Hinsicht uns vielleicht schon einiges voraus, machte 1995 der Fall des „Child B“ Schlagzeilen, weil der dortige Sozialversicherungsträger bei einem kleinem Mädchen die Finanzierung einer teuren Krebstherapie wegen zu geringer Erfolgsaussichten ablehnte - das Geld reichte offenbar sonst für andere nicht [126].

---

von Bonn verordneten Gesundheitsreform zusammen. *Heesemann*: 'Mit Billigtests hätten wir die Ursachen niemals gefunden.' Privatpatient *Strack* habe auch überlebt, weil er sich den teuren Bluttest leisten konnte.“

124 *Eser, in Auer/Menzel/Eser, Zwischen Heilauftrag und Sterbehilfe, 1977, S. 133:*
„Gewiß mag es schockieren, daß das Leben überhaupt in Relation zu den mit der Lebenserhaltung verbundenen Kosten zu setzen sei. Denn wenn nach überkommener Auffassung nicht einmal Leben gegen Leben aufrechenbar sein soll, um wieviel weniger Leben gegenüber materiellen Gütern? Indes scheint es, daß auch in diesem Punkt hehre Rechtsgrundsätze bereits von der Wirklichkeit des modernen Krankheitswesens überholt wurden. Was bereits mit der Notwendigkeit des Arztes beginnt, seine beschränkten Möglichkeiten selektiv einzusetzen, und was sich über die Nichtbezahlbarkeit möglicherweise lebenswichtiger Therapien fortsetzt, endet schon gar nicht mehr selten in der Frage, ob sich der Einsatz an sich möglicher Lebensverlängerungsmaßnahmen überhaupt noch 'lohnt'.“
Arnold, Leiter der Arbeitsgruppe „Gesundheitssystemforschung“ der Universität Tübingen, in Stern 11/1997, S. 166:
„Wenn ich einen 80jährigen Patienten habe, dessen Behandlung 100 000 Mark kosten würde, muß ich überlegen, wofür ich das Geld dann nicht ausgeben könnte - etwa für die Forschung.“
Birnbacher, in Hegselmann/Merkel, S. 44:
„In England ist es offizielle policy, Patienten mit Nierenversagen über einer gewissen Altersgrenze die Finanzierung der andernfalls erforderlichen Dialyse vorzuenthalten und dadurch sterben zu lassen.“

125 *Eser, aaO, S. 134 ff.:*
„Liegt der Fall dagegen so, daß der eine Patient bereits an ein Gerät angeschlossen ist, dessen auch ein anderer bedürfte, das Versorgungsbedürfnis also nicht gleichzeitig entstanden ist, so bleibt für eine Wahl in der Weise, daß der erste zugunsten des zweiten Patienten 'abgehängt' wird, nach herkömmlichen Maßstäben kein Raum ... Letzterem dennoch den Vorzug zu geben, wäre nur dann möglich, wenn man auch das Leben bzw. die ihm verbleibenden Chancen für 'abwägbar' hält. Tut man dies nicht, so bleibt freilich auch für jenen fast schon makabren Vorschlag, vorsorglich Geräte freizuhalten, um sie dann notfalls in dringenderen Fällen parat zu haben, kein Raum ... Doch so sehr auch immer wieder beteuert wird, daß das Leben jeder Abwägung entzogen sei und auch bleiben müsse, so scheint die Praxis ... durch stillschweigende Selektion und Prioritätensetzung längst über solche Postulate hinweggegangen zu sein ... Dem entspricht die deutlich zu beobachtende Tendenz, auch im Hinblick auf andere Interessen als die betroffenen Patienten selbst die Lebensverlängerungspflicht nicht mehr absolut zu setzen, sondern einer Abwägung zu unterwerfen, sei es im Hinblick auf drängendere Behandlungsbedürfnisse anderer Patienten oder sei es auch unter Berücksichtigung familiär-sozialer und nicht zuletzt auch wirtschaftlicher Faktoren.“
Die Woche 10/1997, S. 26:
„Von derzeit zehn Prozent, prognostiziert der Kölner Gesundheitsökonom Karl Lauterbach, müsste sich die Zahl der Intensivbetten bis zum Jahr 2030 vervierfachen ... Doch auf Grund der Budgetierung von Krankenhausleistungen 'werden die ökonomischen Zwänge im Gesundheitswesen zu einer Gefahr für die ärztliche Ethik' ...“

126 *Independent on Sunday, vom 12.03.1995, S. 1:*
„A ten-year-old girl dying from leukaemia and refused further treatment by her local health authority will begin private cancer therapy this week after a £ 75,000 donation from an anonymous benefactor. The girl, from Cambridgeshire and known only as 'B' after a High Court ruling that she should not be identified, has already had two courses of chemotherapy and a bone marrow transplant. Her family had asked for more chemotherapy and another transplant, but cancer specialists last month gave her less than a 10 per cent chance of survival even with the treatments, and refused them. The girl's case has been widely seen as a refusal of possibly life-saving treatment because of financial considerations ... The case has raised in acute form the thorny question of priority setting in the NHS, where limited funding meets potentially limitless demand ... The committee said in a report six weeks ago that some treatments, such as fertility treatments, were excluded from the NHS because they were considered only marginally beneficial.“
Arnold, aaO, S. 166 f.:
„Ich bin davon überzeugt, daß wir bei einem Geldmangel zu ähnlichen Strategien finden müssen wie die Briten. Bei der Entscheidung über eine besonders aufwendige Behandlung müssen wir stärker als bisher darauf achten, wie hoch die Opportunitätskosten sind ... Dazu kann ... auch gehören, eine Behandlung bei schlechter Prognose zu verweigern.“

Diese und ähnliche Fragen könnten uns in Zukunft beschäftigen. Eine Medizinethik, die selbst Streit um Einzelheiten von Kompromißlinien nicht verhindern konnte wie etwa, ob eine Schwangerschaftsberatung „offen" sein darf [127], ob der (tote) Organspender zu Lebzeiten der Explantation ausdrücklich zugestimmt haben muß oder ihr nur nicht widersprochen haben darf [128], oder ob das Unterlassen der

---

Die Woche 10/1997, S. 26:
„Der britische Chirurg René Chang entwickelte ... die Software RIYADH ... Anhand programmierter Regeln errechnet er ... die Überlebenswahrscheinlichkeit ... Für jeden einzelnen Patienten werde zudem Kostenprognosen auf der Grundlage statistischer Beobachtungen erstellt ... In England wird Changs Programm schon in über 50 Intensivstationen eingesetzt. Dort entscheidet der Computer mit darüber, ob die Weiterbehandlung eines Todkranken sinnvoll ist und ob ihre Kosten vor der Gesellschaft zu rechtfertigen sind. Seit die Ausgaben des britischen Gesundheitssystems radikal gekürzt wurden, drängen Intensivmediziner auf eine 'gerechtere' Verteilung knapper Ressourcen. So kam es bereits zu Musterprozessen, weil Ärzte kostspielige Behandlungen bei Patienten mit wenig Aussicht auf Heilung verweigert hatten ... Weil in Deutschland auf den Intensivstationen die Kosten aus dem Ruder laufen, testen erste Mediziner auch hier zu Lande Changs Software ... 'Wenn die englischen Verhältnisse auch bei uns eingetreten sind, ... haben wir das Programm optimiert und sind auf diese Lage besser vorbereitet.'"
MOZ vom 28.02.1997, S. 5:
„Der Präsident der Ärztekammer Hamburg, Frank Ulrich Montgomery sagte dazu: 'Wenn das Überleben eines Menschen von wirtschaftlichen Kriterien abhängig gemacht wird, dann sind wir ethisch da, wo die Nazis aufgehört haben.'"

127 *§ 219 I StGB i.d.F. des SFHG vom 27.07.1992* (aufgehoben durch BVerfGE 88, 203):
„Die Beratung dient dem Lebensschutz durch Rat und Hilfe für die Schwangere unter Anerkennung des hohen Wertes des vorgeburtlichen Lebens und der Eigenverantwortung der Frau. Die Beratung soll dazu beitragen, die im Zusammenhang mit der Schwangerschaft bestehende Not- und Konfliktlage zu bewältigen. Sie soll die Schwangere in die Lage versetzen, eine verantwortungsbewußte eigene Gewissensentscheidung zu treffen. Aufgabe der Beratung ist die umfassende medizinische, soziale und juristische Information der Schwangeren. Die Beratung umfaßt die Darlegung der Rechtsansprüche von Mutter und Kind und der möglichen praktischen Hilfen, insbesondere solcher, die die Fortsetzung der Schwangerschaft und die Lage von Mutter und Kind erleichtern. Die Beratung trägt auch zur Vermeidung künftiger ungewollter Schwangerschaften bei."
BVerfGE 88, 203 (282):
„Die Beratung im Schwangerschaftskonflikt bedarf der Zielorientierung auf den Schutz des ungeborenen Lebens hin. Eine bloß informierende Beratung, die den konkreten Schwangerschaftskonflikt nicht aufnimmt und zum Thema eines persönlich geführten Gesprächs zu machen sucht, sich auch nicht um konkrete Hilfe im Blick auf diesen Konflikt bemüht, ließe die Frau im Stich und verfehlte ihren Auftrag. Die Beraterinnen oder Berater müssen sich von dem Bemühen leiten lassen, die Frau zur Fortsetzung ihrer Schwangerschaft zu ermutigen und ihr Perspektiven für ein Leben mit dem Kind zu eröffnen."

128 *§ 2 IV* (des verabschiedeten, aber vor Inkrafttreten wieder aufgehobenen) *rheinland-pfälzischen TPG vom 23.06.1994:*
„Der entnehmende Arzt muß sich vor der Entnahme die Gewißheit verschaffen, daß keine ablehnende Erklärung des Verstorbenen vorliegt. Zu diesem Zweck muß er feststellen, ob der Verstorbene über einen Ausweis nach Abs. 3 dieser Vorschrift verfügt. Ist ein Ausweis nach Abs. 3 nicht ausgestellt oder nicht auffindbar, so ist einer der nächsten Angehörigen nach einem der Entnahme entgegenstehenden Willen des Verstorbenen zu befragen ... Ist ein Widerspruch des Verstorbenen gegen eine Entnahme nicht feststellbar, darf sie erfolgen."
§§ 15 I TPG-E der Grünen:
„Die Entnahme von Organen Lebender nach irreversiblem Ausfall aller meßbaren Hirnfunktionen ist zulässig, wenn durch den vorliegenden Organspendeausweis die Einwilligung dokumentiert ist ... Die Einwilligung in eine Organspende ... muß schriftlich auf einem amtlichen Organspendeausweis erklärt und eigenhändig unterschrieben werden."

Lebensverlängerung des schon Sterbenden auch durch aktives Tun geschehen kann[129], würde dann überhaupt niemand mehr hören [130]. Um die Heiligkeit des Lebens oder um Gottes Plan ginge es dann nicht mehr.

Wozu dann noch Medizinethik?

---

129 *OLG Ravensburg, NStZ 1987, 229:*
„Zusammenfassend ist die Kammer der Ansicht, daß ein unweigerlich dem Tode geweihter Mensch, der aus eigener Kraft nicht mehr weiterleben kann und dessen 'Lebensverlängerung' mit Hilfe technischer Geräte unzweifelhaft nur eine Verlängerung des Sterbevorganges bedeutet, verlangen kann, daß solche Maßnahmen ... abgebrochen werden. Jemand, der diesem Verlangen nachkommt, gleichgültig, ob durch Unterlassen oder durch aktives Tun, tötet nicht (auf Verlangen), sondern leistet Beistand im Sterben."
Bockelmann, Strafrecht des Arztes, 1968, S. 112; 125:
„... die Abschaltung des Reanimators [wäre] eine aktive Tötungshandlung und nicht nur die Unterlassung weiterer, auf Fristung des Lebens gerichteter Maßnahmen ... Wie übrigens, wenn man den Fall setzt, daß ein irgendwer aus purer Bosheit, nur um das Ende des Sterbenden zu beschleunigen, den Apparat abstellt - kann wohl zweifelhaft sein, daß das eine Tötungshandlung wäre? Müßte man sie als Unterlassung werten, so müßte man sie straflos lassen, denn eine Garantenstellung, kraft derer er zur Fristung des Lebens des Moribunden verpflichtet wäre, hat der Nichtarzt nicht."

130 Die beiden letztgenannten „Streite um Einzelheiten von Kompromißlinien" sind allerdings zur Zeit gerade im Begriff, zu Grundsatzfragen zu mutieren. Ursache ist der beginnende Abschied vom Hirntodkriterium, postuliert vom Report der Harvard Medical School 1968 - kurz nach der ersten Herztransplantation -, auf das seitdem, wie *Maurach/Schroeder, Strafrecht AT/1, § 1 Rn. 12* noch 1995 feststellen konnten, „allgemein abgestellt" wurde. So formulierte noch Ende 1993 der *Wissenschaftliche Beirat der Bundesärztekammer* apodiktisch, daß „der nachgewiesene irreversible Ausfall der gesamten Hirnfunktion („Hirntod") auch beim Menschen ein sicheres Todeszeichen" sei *(DÄBl. 1993, 2933)*. Seit der Expertenanhörung des Deutschen Bundestages am 28. Juni 1995 jedoch scheuen sich alle Entwürfe zu Transplantationsgesetzen, von der „Organentnahme bei Toten" zu sprechen - mit Konsequenzen:
1. Lebt ein „Hirntoter" noch (näher dazu *Wagner/Brocker, Zeitschrift für Rechtspolitik [ZRP] 1996, 226 ff. m.w.N.*) läge Totschlag (§ 212 StGB) durch den Organtransplanteur beim ausschließlichen Abstellen auf einen fehlenden Widerspruch des Spenders vor.
2. Darf ein Respirator bei dem - noch lebenden - „Hirntoten" nicht aktiv abgeschaltet werden, liegt also selbst bei Einwilligung unzweifelhaft eine strafbare Tötung auf Verlangen (§ 216 StGB) vor, wären Organtransplantationen insoweit völlig ausgeschlossen, „es sei denn, der Arzt erhofft sich einen erlösenden technischen Defekt oder er läßt sich von findigen Juristen den Ratschlag geben, das Beatmungsgerät so konstruieren zu lassen, daß es immer nur eine begrenzte Zeit läuft und daher zum Weiterlaufen jeweils eines neuen Impulses bedürfte" (*Eser, in Auer/Menzel/Eser, S. 139*). Selbst wenn man aber im Abschalten grundsätzlich ein strafloses „Unterlassen durch Tun" erblickt, wäre es immer noch problematisch, daß das Abstellen nicht vom „Beistand im Sterben" motiviert, sondern vom Zweck der Organtransplantation zeitlich bestimmt wird.

Biojurisprudenz
Eine neue Richtung der Jurisprudenz
Grundriß der Problematik

Roman A. Tokarczyk

Die *Empfängnis des Menschen* bildet zweifellos den Ausgangspunkt aller Erwägungen über sein künftiges als höchstes Gut angesehenes Leben, das die Nutzung aller anderen Güter bedingt. Das *Leben des Menschen*, obwohl unterschiedlich erläutert und begründet, ist als höchster Wert über allen anderen Werten allgemein anerkannt. Die *Geburt des Menschen* ist sein natürlicher Eingang in die Gesellschaft und in die Umwelt, wie der unvermeidliche *Tod des Menschen* einen natürlichen Ausgang bedeutet. So gibt die biologische Natur des Menschen selbst mit Empfängnis, Geburt und Tod die objektiven Grenzen für die diesbezüglichen ethischen Überlegungen vor.

Die Einzigartigkeit des menschlichen Lebens beruht auf der Verflechtung seiner *biologischen* mit seiner *Vernunfts-Natur* und dieser beiden mit seiner *Gesellschafts-Natur*. Die einseitigen Interpretationen der menschlichen Natur haben zur Formulierung einseitiger Paradigmen geführt, ohne alle Seiten der menschlichen Natur wie Biologismus, Naturalismus, Evolutionismus, Rationalismus, Kulturalismus, Soziologismus, Psychologismus, Legalismus vollständig zu berücksichtigen. Die Verbindungen zwischen allen Seiten der menschlichen Natur kommen dann deutlicher zur Geltung, wenn ihre Beschreibungen auf der Grundlage bestimmter Normensysteme als auf *ein* Objekt bezogen verstanden werden.

Die geschichtliche Erfahrung der menschlichen Gattung weist darauf hin, daß die verschiedenen Seiten der menschlichen Natur sowohl vom Guten als auch vom Bösen durchdrungen sein können. Das Gute, im Gegensatz zum Bösen, erfordert keine normative Regelung. Das Böse, das mit dem Gefühl des Schmerzes das Leibliche verletzt, kann die Bösartigkeit in der Rationalität des Menschen erwecken, diese wiederum das Böswillige in seinen gesellschaftlichen Interaktionen. Aber auch andere Richtungen des Eindringens des Bösen sind möglich. Das Böse - auf der rationalen oder der gesellschaftlichen Ebene der menschlichen Natur entstanden - kann auch auf ihre körperliche Ebene einwirken. *Die normativen Systeme haben den Zweck, dem Bösen, das sich aus verschiedenen Seiten der menschlichen Natur entwickeln kann, vorzubeugen oder zumindest seine Wirkungen zu beschränken.*

Darstellungen, Beurteilungen und Normen, die verschiedene Seiten der menschlichen Natur betreffen, sind Gegenstand der Erkenntnis, die von der Wissenschaft verstärkt wird. Der Umfang des Wissens über den Menschen zwingt jedoch zur wissenschaftlichen Spezialisierung, die ein Kennenlernen nur von Fragmenten der einzelnen Seiten dieser interessanten und reichhaltigen Natur bedeutet. Diese wissenschaftliche Spezialisierung erschwert es, die menschliche Natur auf komplexe und kohärente Weise zu beschreiben. Viel Wahrheit beinhalten deshalb die Worte des bekannten französischen Philosophen - *Edgar Morina:* „Der letzte, von dem Menschen noch nicht erforschte Kontinent ist der Mensch selbst [...]". Die komplexe und kohärente Erkenntnis der menschlichen Natur ist zudem durch die stürmische Entwicklung der Technik erschwert, die das in der natürlichen Umwelt verankerte Menschenleben beeinflußt. Das Wissen und die mit ihm verbundene Technik erwecken sowohl große Hoffnung als auch nicht geringere Befürchtung. Am deutlichsten wird dies im Bereich der Umgestaltung der menschlichen Natur und der natürlichen Umwelt.

Das Streben nach einer komplexen und kohärenten Erfassung des menschlichen Lebens ermöglicht, daß sich neue Strömungen und aufgrund derer neue Wissenschaftszweige bilden. Diese holistischen Strömungen gehören in den Bereich einer weit verstandenen Anthropologie. Sie erzeugen neue Bereiche des Wissens, die das durch Spezialisierung zergliederte Wissen über verschiedene Seiten der menschlichen Natur zu vereinigen suchen. Zu den interessantesten Wissensgebieten, die dieses Ziel verfolgen, gehören gegenwärtig solche, die auf der Grundlage einer Beschreibung des menschlichen Lebens durch die Biowissenschaften die der wissenschaftlichen Ethik entnommenen Kriterien formulieren, und zwar im Hinblick auf eine eventuelle praktische Anwendung medizinischer und technischer Wissensbereiche, die ihrerseits von der Rechtswissenschaft normiert werden. Auf diese Weise sind die Umrisse einer Bioanthropologie, Anthropoethik, Anthropopolitik, Bioethik, Biopolitik, Biomedizin u.v.a. entstanden.

Die Probleme, die die Biowissenschaften mit der Beschreibung des menschlichen Lebens und der natürlichen Umwelt und ihrer Beurteilung durch die ethischen Wissenschaften im Hinblick auf die nicht selten riskanten - weil experimentellen - Anwendungen in Medizin und Technik haben, bieten hinreichend Anlaß und Material, um die Umrisse einer neuen Strömung innerhalb der Jurisprudenz zu skizzieren, der Biojurisprudenz, die eine Reihe neuer Problemkreise komplex und kohärent schildern wird.

Charakteristik der Biojurisprudenz

Den Ausdruck *Biojurisprudenz* habe ich mit Hilfe der griechischen Silbe *bios* (Leben) und des lateinischen Begriffs *iurisprudentia* (Rechtslehre, juristische Weisheit) gebildet. *Biojurisprudenz* - als Bezeichnung für die besagte neue Strömung in der Jurisprudenz - verweist damit direkt auf eine Verbindung von Biologie und Jurisprudenz. Der Name zeigt aber keine unmittelbaren Beziehungen zwischen seinem Gegenstand einerseits und der Medizin und Ökologie andererseits. Diese entstehen bei der Anwendung technischer Errungenschaften, die bisweilen riskant für menschliches Leben und schädlich für die Umwelt sein können. Die Biojurisprudenz als Fachwissen umfaßt nicht die Gesamtheit aller oben erwähnten Wissenschaftszweige. Sie schließt jedoch diejenigen Bereiche ein, die das Leben des Menschen und das Leben in der Umwelt betreffen und die nicht selten durch die oft riskante (weil experimentelle) Anwendung von Technik bedroht sind und deshalb des rechtlichen Schutzes bedürfen. Die Biojurisprudenz bezieht sich demnach auf alles dasjenige, was eine Gefahr für das menschliche Leben bedeutet, und zwar von der Empfängnis bis zum Tod; für das menschliche Leben, das wegen der oft gefährlichen Experimente rechtlichen Schutz braucht. Sie erweitert ihren Wirkungsbereich auf den Schutz der Umwelt als einer selbständigen Bedingung des menschlichen Lebens. Angesichts des natürlichen Rhythmus' des menschlichen Lebens - durch die Empfängnis bedingte Geburt, das Leben, der Tod - kann man die Biojurisprudenz in drei Teile untergliedern: Biojusgenese, Biojustherapie und Biojusthanathologie.

Die *Biojusgenese* befaßt sich mit der Gefährdung des menschlichen Lebens, soweit es rechtlichen Schutz von der Empfängnis bis zur Geburt benötigt. Die Anfänge des Rechtsschutzes dieser Phase des menschlichen Lebens (*nasciturus*) gehen auf die Anfänge des römischen Rechts zurück, das stets dann, wenn es um das Wohl des Kindes ging, das gezeugte Kind als ein geborenes Kind angesehen hat, und zwar mittels einer rechtlichen Fiktion (*nasciturus pro iam natu habetur quotiens de commodis eius agitur*). Die Entwicklung des Rechtsschutzes des nasciturus im römischen Recht und in den daran anknüpfenden Rechtssystemen ist durch eine Zerstreuung der Problematik in verschiedene Bereiche des Rechts gekennzeichnet. Innerhalb des internationalen Rechts ist er im Rahmen der Menschenrechte angesiedelt und wird - vom einheimischen Verfassungsrecht bestätigt - vom Zivilrecht im Bereich der rechtlichen Subjektivität, der Rechtsfähigkeit, der vermögens- und nichtvermögensrechtlichen Beziehungen entwickelt und - auch vom Familienrecht bestätigt - vom Schuldrecht und vom Deliktsrecht, soweit der Embryo von einem entsprechenden Delikt betroffen ist, erweitert. Der Rechtsschutz des *nasciturus* wird vom Erbrecht, das das gezeugte Kind als einen potentiellen Erben anerkennt, bestätigt, und der Embryo wird vom Strafrecht vor einer unbegründeten Vernichtung geschützt. Der Katalog der Situationen, in denen rechtlicher Schutz in der Zeit zwischen Empfängnis und Geburt erforderlich ist, wird um die Fälle erweitert, in denen das Recht auf Leben zur Diskussion steht: genetische Techniken, Eugenik, künstliche Befruchtung, Empfängnisverhütung. Alle diese, an sich zusammenhängenden, aber künstlich auf die verschiedenen Rechtsbereiche verteilten Erscheinungen eines Schutzes des *nasciturus* werden ganzheitlich und kohärent von der Biojusgenese als einem Teil der Biojurisprudenz umfaßt.

Die *Biojustherapie* kann sich sowohl auf das Leben des Menschen als auch auf das Leben der natürlichen Umwelt erstrecken. Im Bereich des Schutzes des menschlichen Lebens gehört zu der Biojustherapie vor allem die sehr kontroverse Problematik der Transplantation von Zellen, Gewebe und Organen zur Verbesserung der Qualität oder sogar zur Rettung von Menschenleben. Nicht geringere Kontroversen ruft der gesamte Komplex von Zweifelsfragen zur Zweckmäßigkeit und zum Umfang der rechtlichen Regelung der Euthanasie hervor. Die Problematik des Selbstmordes gehört zur Biojustherapie insofern, als sie Faktoren außerhalb der menschlichen Natur entspringt, die der rechtlichen Regelung unterliegen können. Sehr spezifisch sind die normativrechtlichen Aspekte der Populationspolitik. In den Themenkreis der Biojustherapie gehören weiterhin diejenigen Probleme, die den Schutz der natürlichen Umwelt betreffen. Angesichts der komplexen Regelungen im Recht des Umweltschutzes bedarf dies keiner eingehenden Begründung. Es soll aber betont werden, daß man das Recht des Umweltschutzes als ein besonderes Muster betrachten kann für eine ganzheitliche und kohärente Lösung in einem Bereich, der von der Ökologie beschrieben und von der ökologischen Ethik bewertet wird. Auf eine ähnlich komplexe und kohärente Fassung warten noch die verstreuten Rechtsnormen, die das Leben des Menschen schützen. Die Konzeptionen des Rechts auf Leben bilden die gedankliche Basis für eine ganzheitliche Fassung des rechtlichen Schutzes sowohl hinsichtlich des menschlichen Lebens als auch hinsichtlich des Lebens der natürlichen Umwelt.

Die *Biojusthanathologie* interessiert sich besonders für die rechtlichen Regelungen im Hinblick auf das Lebensende des Menschen, also für den Tod. Die Beschreibung der Todesanzeichen ermitteln Biologie, Medizin und auch Soziologie. Die Biowissenschaften befassen sich mit dem biologischen Tod, die Medizin mit dem klinischen und Gehirntod, die Soziologie dagegen mit dem gesellschaftlichen Tod des Menschen. Im Hinblick auf jede dieser Arten der Bestimmung des Todeszeitpunktes kann sich eine ganze Reihe von Zweifeln ergeben, die - trotz alledem - einer eindeutigen rechtlichen Regelung bedürfen. Die Zweifel betreffen vor allem folgende Fragen: Wer entscheidet, unter welchen Bedingungen und zu welchem Zweck über den Tod des Menschen? Die eindeutigen rechtlichen Regelungen, die der Biojusthanathologie angehören, können nur auf einer breiten gedanklichen Basis getroffen werden - aufgrund von Biojusgenese und Biojustherapie als Teile der Biojurisprudenz. Die Rechtsnormen, die das Leben von der Empfängnis bis zum Tode schützen, könnten einen neuen, eigenständigen Rechtszweig bilden - das Recht auf den Schutz des menschlichen Lebens.

Die Charakteristik der Biojurisprudenz wird dadurch vertieft und erweitert, daß ihr Zusammenhang mit den Bio-, Medizin-, Ethik-, und Rechtswissenschaften aufgezeigt wird.

Biologie und Biojurisprudenz

Die Gegenüberstellung von Biologie und Biojurisprudenz kann nicht der Frage aus dem Wege gehen, was diese beiden Bereiche der Wissenschaft verbindet und was sie unterscheidet. Sie werden jedenfalls durch den ersten Teil des Ausdrucks (Bio) verbunden und durch den darauffolgenden Teil unterschieden. Das Gemeinsame von Biologie und Biojurisprudenz besteht in der Interessiertheit am menschlichen Leben als einem dauerhaften Prozeß in der natürlichen Umwelt, die den Faktoren der Adaptation, Akkomodation und Assimilation unterworfen ist. Während aber die Biologie grundsätzlich das Leben des Menschen und das Leben der natürlichen Umwelt beschreibt, postuliert die Biojurisprudenz auf dieser Basis und in Anlehnung an gewählte axiologische Kriterien den Schutz des Lebens. Je vollkommener die biologische Beschreibung des Lebens und je deutlicher die axiologischen Kriterien zu dessen Beurteilung wird, desto leichter ist es für die Biojurisprudenz, die Postulate für dessen Regelung zu formulieren.

Das Extrem in der Biologie ist der Biologismus, oder sogar Panbiologismus, der die ganze Wirklichkeit, sowohl die natürliche als auch die gesellschaftliche aus der biologischen Perspektive zu erklären versucht. Der Biologismus läßt natürlich nicht viel (und der Panbiologismus noch weniger) Raum für die traditionelle Jurisprudenz, nicht einmal für die moderne Biojurisprudenz, wenn es um die Erklärung des Dilemmas beim Schutz des menschlichen Lebens und der natürlichen Umwelt geht. Der Biologismus, gestärkt durch spektakuläre Errungenschaften der Genetik, Embryologie, Biochemie, Physiologie und Bionik hat den besonderen Kult der Biowissenschaften hervorgebracht. Die Inhalte des Biologismus haben manche Richtungen der Jurisprudenz durchdrungen, insbesondere in der Form des Evolutionismus, des Rassismus, des Behaviourismus und der Psychoanalyse. Den stärksten Einfluß aber hat der Biologismus in denjenigen Doktrinen des Naturrechts hinterlassen, die die biologische Seite der menschlichen Natur als die eigentliche Quelle der ethischen und rechtlichen Pflichten anerkannt haben. Diese Doktrinen, manchmal ohne tiefere Begründung, haben gewissermaßen die Sphäre des Ethos in die Sphäre des Bios eingeschrieben. Die Biojurisprudenz, durchaus unter Hervorhebung der bedeutenden Fortschritte der Biowissenschaften hinsichtlich des Lebensschutzes, beschränkt sich nicht auf den Extremismus des Biologismus.

Das Extrem der Biojurisprudenz wäre ein totaler Legalismus, der sich bemühen würde, die Ganzheit des menschlichen Lebens und die Ganzheit der natürlichen

Umwelt rechtlich zu regeln. Obwohl solche Ideen in der Geschichte der Menschheit durchaus bekannt sind, sollte man sie im Hinblick auf die Aufgaben der Biojurisprudenz entschieden ablehnen. Die Biojurisprudenz postuliert nämlich, ausschließlich solche Bereiche des menschlichen Lebens und der Umwelt zu regeln, die wegen der oft riskanten oder experimentellen Anwendung auf wissenschaftlichen Entdeckungen beruhender Technik bedroht sind. Der totale Legalismus dagegen hat, wie es die tragische Erfahrung der Menschheit beweist, trotz einer Deklaration des totalen Schutzes des menschlichen Lebens und des Lebens der natürlichen Umwelt arbiträr strafwürdige Ausnahmen zugelassen. In Anlehnung an politische Kriterien hat er ganze Bevölkerungsgruppen ihrer Schutzmöglichkeiten beraubt und sogar aus rassischen, nationalen, religiösen u.v.a. Gründen vernichtet. Die Biojurisprudenz distanziert sich deshalb entschieden von dem Extrem des totalen Legalismus.

Im Gegensatz zum Biologismus, der die Jurisprudenz beeinflußt hat, war die Einwirkung der Jurisprudenz auf die Biologie nie besonders groß. Solche Einflüsse lassen sich, wenngleich nicht sehr deutlich, in den Verbindungen zwischen Rechtsphilosophie und Biologie ausmachen. Diese beiden Bereiche der Philosophie treffen sich auf dem gemeinsamen Grund der Philosophie des Lebens, die auch unter anderen Bezeichnungen auftreten kann: praktische Philosophie für Jedermann, Lebensweisheit, Kunst des Lebens, Lebensgestaltung.

Medizin und Biojurisprudenz

Das Wort „Medizin" - aus dem Lateinischen „medere", d.h. heilen - hatte in seiner langen Geschichte viele Bedeutungsvarianten. Zwei von ihnen sind jedoch am wichtigsten:

1. Wissenschaft von der Gesundheit und Krankheit des Menschen und
2. Heilkunst als praktische Wissenschaft zur Vorbeugung gegen Krankheiten und zur Heilung der Kranken.

Zur Herausbildung der Biojurisprudenz als Wissenschaftsbereich hat vor allem die zweite Bedeutung beigetragen. Die Medizin selbst - als Wissenschaft - hat eher keinen direkten Einfluß auf das menschliche Leben. Sie äußert sich erst in der Heilkunst, und zwar um so mehr, als sie sich der oft riskanten oder experimentellen Methoden bedient. Für die Jurisprudenz spielt also diejenige Heilkunst, die den Grundsätzen der Medizin entspricht und die von den Juristen als *lege artis* bezeichnet wird, die geringere Rolle. Für die Biojurisprudenz größere Bedeutung hat vielmehr der *Gegensatz der Heilkunst* - im Englischen „medical malpractice" genannt. Vor allem aber ist die Biojurisprudenz an der Bestimmung der legalen Grundsätze für das oft riskante Experimentieren im Rahmen der Heilkunst interessiert.

Riskantes Experimentieren in der Medizin ist infolge des Fortschritts in den biologischen und technischen Wissenschaften möglich geworden. Die Errungenschaften der Biowissenschaften bestimmen den Bereich für riskantes Experimentieren in der Medizin, die Technik dagegen liefert die Mittel dazu, die Methoden des medizinischen Verfahrens. Das riskante Experimentieren in der Medizin erweckt natürlich große Hoffnungen, ruft aber nicht geringere Befürchtungen hervor, bedeutet eine Herausforderung für die bestehenden Normen des Schutzes des menschlichen Lebens und verlangt dringend nach einer Ausarbeitung der neuen Normen. Die Hauptaufgabe der Biojurisprudenz besteht dabei in der ganzheitlichen und kohärenten Darstellung der Bedingungen einer rechtlichen Regelung, die die legalen Grundsätze für das riskante Experimentieren in der Medizin bereitstellen wird. Diese Aufgabe lastet auf den staatlichen Behörden, die die Medizin mit den Mitteln des Rechts regeln und kontrollieren. Hier zeichnen sich zwei Gegenpole ab: von einem unbegrenzten Liberalismus, der auf völligem Vertrauen in die Fach- und Moralkompetenz der Ärzte beruht, bis hin zu einem, von uns abgelehnten, unbegrenzten Legalismus, der die Rechtsnormung für alles anstrebt, was überhaupt normierbar ist.

Beide Extremfälle stellen eher ein theoretisches Modell dar als eine Lösung, die konsequent in der medizinischen Praxis angewendet werden könnte. Die medizinische Praxis, die sich in der Heilkunst äußert, bleibt - wie es scheint - stets im Bereich verschiedener Kompromisse, die die wechselseitigen Interessen ins Gleichgewicht zu bringen versuchen. Die Biojurisprudenz, ganzheitlich und kohärent betrachtet, kann der Medizin bei der Herstellung eines Gleichgewichts der auseinandergehenden Interessen Hilfe leisten; unter der Bedingung, daß sie selbst ein solches normatives Gleichgewicht erreicht und sich in den labilen Bedingungen zwischen dem Schutz des menschlichen Lebens als höchstem Wert und dem Wert des riskanten Experimentierens in der Heilkunst situiert. Beim Versuch, diese Bedingungen zu definieren, kann die *Taxonomie der Methoden der rechtlichen Regelung und der medizinischen Techniken* behilflich sein. Die Taxonomie der Methoden der rechtlichen Regelung kann sich auf die geschützten Werte (Menschenleben), die medizinischen Techniken, die Motive des Werteschutzes und der Technikanwendung und die organisatorischen Strukturen des Schutzes der Lebenswerte, die die Anwendung dieser Techniken zulassen, konzentrieren. Die Taxonomie der medizinischen Techniken selbst läßt sich auf die Bewertung derjenigen Techniken zurückführen, die ein Objekt der intensiven wissenschaftlichen Forschung bleiben. Die Ergebnisse der beiden Arten der Taxonomie, auf der Grundlage der Biojurisprudenz richtig zu verbinden, kann eine Alternative sein sowohl zu den unbegründet fatalistischen als auch zu den unkritisch optimistischen Ansichten.

Moral und Biojurisprudenz

Der Sinn des polnischen Begriffs „moralność" (deutsch: Moral), der dem Lateinischen „moralitas" nahesteht, bedeutet die Ganzheit der Bewertungen, Normen, Muster und Handlungsregeln, die dank ihrer gesellschaftlichen Akzeptanz die geltenden Werte wie das Gute, das Recht und die Gerechtigkeit schützen. Die theoretischen Ansichten im Hinblick auf die Moral nennt man Ethik, aber auch im wissenschaftlichen Diskurs wird mit dem Begriff „Moral" gelegentlich sowohl die Moral als auch die Ethik umfaßt. *Die Moral einschließlich der Ethik hat grundlegende Bedeutung für die Jurisprudenz, weil sie die Objekte der Rechtsregeln nicht nur bewertet und einschätzt, sondern auch die Muster solcher Regelungen in der Form von Moralnormen liefert.* Die grundsätzliche Bedeutung der Moral für die Biojurisprudenz kann man deshalb durch zwei Fragen charakterisieren:

1. Wie ist die Verbindung zwischen der rechtlichen Normierung und der moralischen Normierung beschaffen?
2. Wie groß ist der Bereich (wenn es überhaupt einen gibt) der Notwendigkeit und Zulässigkeit einer Erzwingung moralischer Normen durch Rechtsnormen?

Die erste Frage lenkt die Suche nach einer Antwort in die Richtung des ethischen Denkens, das an sich ein Gebiet ist, auf dem die unterschiedlichen Ansichten hart aufeinanderstoßen, auf dem es aber im Bereich des Schutzes des menschlichen Lebens ungewöhnliche Übereinstimmung gibt. *Das Verhältnis der rechtlichen Normierung zur moralischen Normierung ist ein Reflex der weitergehenden Problematik des Zusammenhanges von Moral und Recht.* Das Bestehen oder Nichtbestehen eines solchen Zusammenhanges hängt von der jeweiligen Idee ab, der man im Hinblick auf Ethik und Jurisprudenz zu folgen gewillt ist. Am deutlichsten wird ein derartiger Zusammenhang vom Naturrecht und den daran anknüpfenden Naturrechtslehren behauptet. Der Rechtspositivismus bestreitet entschieden das Bestehen eines solchen Zusammenhangs. Im Rahmen der These vom Gesellschaftsvertrag (Kontraktualismus) kommt diese Beziehung indirekt zur Sprache, für den einflußreichen Utilitarismus dagegen ist sie sogar vollkommen unwichtig. Alle diese Gedankenströmungen haben Bedeutung für die Biojurisprudenz, die nach einer Begründung für den Umfang der rechtlichen Regelungen beim Schutz menschlichen Lebens und des Lebens der natürlichen Umwelt vor der Bedrohung durch riskantes Experimentieren sucht.

Die Moral, auch wegen der Vielfalt ihrer Gedankenströmungen und normativen Systeme, schließt den weitesten Umfang des Schutzes menschlichen Lebens in sich ein. Er wird sowohl von der Moral im allgemeinen als auch von den ihr angelehnten Einzelbereichen der Ethik - wie der Ethik des Lebensschutzes, der ökologischen Ethik, der Ärzteethik u.a. - bestimmt. Der Umfang des rechtlichen Schutzes für das Leben dagegen ist beschränkt, weil auch der Umfang der rechtlichen Normierung beschränkt ist. Die Aufgabe der Jurisprudenz besteht nun darin, diese Bereiche der Regelung des Lebensschutzes mit jenen zu vergleichen, die einer rechtlichen Normierung wert sind. Es bestehen demnach Bereiche des Lebensschutzes, die

1) sowohl von der Moral als auch vom Recht,
2) ausschließlich von der Moral oder ausschließlich vom Recht, oder
3) weder von der Moral noch vom Recht geregelt werden.

Die Übereinstimmung von rechtlicher Regelung und moralischer Regelung begünstigt die gesellschaftliche Akzeptanz von beiden. Die Nichtübereinstimmung dagegen schwächt vor allem die Wirksamkeit des Rechts, und zwar schon deshalb, weil der Mangel an Moralwirksamkeit weniger meßbar und deshalb weniger sichtbar ist.

Die zweite Frage führt zu der Antwort, daß die *Biojurisprudenz aus der Überzeugung gewachsen ist, daß es eine Notwendigkeit der Erzwingung mancher Moralnormen gibt, sofern diese das Leben durch rechtliche Normen schützen.* Diese Antwort ist allerdings zu allgemein und muß deshalb auf einer breiteren Skala der Moralbewertung entwickelt werden, die sich erstreckt vom Moralskeptizismus (der die Zweifel an der Möglichkeit eines Erkennens und einer rationalen Begründung von moralischen Bewertungen formuliert), über verschiedene Arten des Moralrelativismus (der die moralische Beurteilung nicht auf die Kriterien einer universellen Rationalität, sondern auf die ihr gegenüber relativierten Tatsachen bezieht) bis hin zum Moralabsolutismus (der die Auffassung vertritt, daß nur *eine* Moralstruktur akzeptabel sei - Gottes Gebot) und zum Moralegoismus (der nach praxeologisch wirksamen Mitteln für die Verwirklichung subjektiv geprägter Ziele sucht, die dem Moralaltruismus nicht widersprechen). Die Wahl einer bestimmten Moralbewertung als eines Grundsatzes für die Begründung einer rechtlichen Regelung gehört selbst schon der Politik an, die ihren gesetzgeberischen Entscheidungen im breiten Verfassungsspektrum - von der Demokratie bis zur Diktatur - Form gibt.

Die Biojurisprudenz scheint nicht fähig zu sein, die Antinomie zu überwinden, die zwischen der Konzeption von der Heiligkeit des Lebens einerseits und der Konzeption von der Qualität des Lebens andererseits sichtbar wird, und zwar insbesondere in den neueren Moralsystemen. Die *Konzeption von der Heiligkeit des Lebens* wird von religiösen Moralsystemen vertreten, am deutlichsten vom Katholizismus, der fordert, daß der rechtliche Schutz auf das gesamte menschliche Leben ausgedehnt wird - von der Empfängnis bis zum natürlichen Tode. Diese Systeme, wie alle Moralsysteme, enthalten das Verbot der Tötung eines Menschen und das Gebot des ausnahmslosen Schutzes, der Erhaltung und der Rettung des Lebens. Die weltlichen *Konzeptionen der Lebensqualität* dagegen, obwohl von ihnen das Tötungsverbot ähnlich einstimmig aufrechterhalten wird, lassen im Bereich des Lebensschutzes doch zahlreiche Ausnahmen zu (z.B. „gerechter Krieg", Notstand, Notwehr, Todesstrafe, Euthanasie, Risiko des Experimentierens, Unvermeidlichkeit von Autounfällen). Die Biojurisprudenz kann und will auch nicht mit den religiösen Konzeptionen wetteifern, sie knüpft vielmehr an die weltlichen Konzeptionen an.

Jurisprudenz und Biojurisprudenz

Die Biojurisprudenz ist eine der Strömungen der Jurisprudenz, die die einzelnen Ergebnisse der modernen Wissenschaften - Biologie, Technik, Medizin -, die einer rechtlichen Regelung bedürfen, widerspiegelt. Die Biojurisprudenz umfaßt die Gesamtheit der Rechtsgedanken, der geltenden und der postulierten Rechtsnormen und der Rechtspraxis im Hinblick auf den Schutz des menschlichen Lebens und der natürlichen Umwelt. Sie ist, wie alle Strömungen der Jurisprudenz, nicht im Stande, das Gute direkt zu fördern. Sie kann indirekt zur Festigung des Guten beitragen, indem sie dem Bösen vorzubeugen versucht, oder - wenn es möglich ist - anstrebt, seine Folgen zu minimieren.

Die Jurisprudenz umfaßt die Gesamtheit von Rechtsideen, Rechtsnormen und Rechtspraxis, die aus dem Begriff *ius* hervorgehen und von den römischen Juristen so meisterhaft angewendet wurden. Die Biojurisprudenz knüpft vor allem an diese Bedeutung des Begriffs *ius* an, die von *Celsus*, dem hervorragenden römischen Juristen, in den Satz gefaßt wurde: „Das Recht ist eine Kunst der Anwendung dessen, was gut und richtig ist" (*ius est ars boni et aequi*). Die Jurisprudenz ist im Bereich der geschützten Werte und deren Begründung immer unter dem Einfluß anderer Wissenschaftszweige geblieben, wenngleich nur im geringen Grade hinsichtlich der Konstruktionen und der Rechtsordnung selbst. Diese Einflüsse kommen aus den älteren Strömungen der Jurisprudenz, vor allem aus dem Naturrecht und aus dem Rechtspositivismus - wie auch aus den jüngeren, insbesondere aus der Begriffsjurisprudenz, der analytischen Jurisprudenz, der Interessenjurisprudenz und der soziologischen Jurisprudenz.

Es wäre schwer, die weittragende *Bedeutung der Konzeption des Naturrechts* für die ganze Jurisprudenz und auch für die Biojurisprudenz zu überschätzen. Vorwiegend auf philosophische und ethische Voraussetzungen gegründet bilden die Konzeptionen des Naturrechts universale Normen des Menschenschutzes unter den Bedingungen einer rationalisierten Freiheit. Es wäre nicht leicht, etwas ähnliches über die *Konzeptionen des Rechtspositivismus* zu sagen. An *philosophische und politologische Voluntarismusideen* angelehnt lösen die Konzeptionen des Rechtspositivismus den Konflikt zwischen dem Schutz des Menschen und dem Schutz der

Interessen der Staatsgewalt zugunsten des letzteren. Obwohl die Konzeptionen des Naturrechts den Grundsätzen der Biojurisprudenz erkennbar näher stehen (man könnte sogar sagen, daß diese sich bis zu einem gewissen Grade durch naturrechtliche Merkmale charakterisiert), so kann sie die Konzeption des Rechtspositivismus doch nicht mißachten, die durch den größeren Realismus gekennzeichnet ist.

Die Biojurisprudenz ist auch unter den neueren Strömungen der Jurisprudenz zu verorten. Die *Begriffsjurisprudenz*, die im deutschen Rechtsdenken entstanden ist, weist auf die Schlüsselfunktion, ja sogar rechtsbildende Bedeutung der Rechtsbegriffe hin. Diese Hinweise behalten ihre Bedeutung auch für die Biojurisprudenz, weil die Begriffspräzision zu den immanenten Werten der Jurisprudenz gehört, die Eindeutigkeit der Begriffe, Genauigkeit der Formulierungen und Klarheit der Konstruktionen anstrebt. Ähnlich sieht das Verhältnis der Biojurisprudenz zu der angelsächsischen *analytischen Jurisprudenz* aus, die als eine Spielart des Rechtspositivismus angesehen wird, die auf der Erfahrung des common law beruht. Sofern die Interessenjurisprudenz europäischer Provenienz das Recht als Mittel zur Lösung von Interessenkonflikten in der Gesellschaft ansieht, dann ist die Biojurisprudenz in diesem Sinne auch eine *Interessenjurisprudenz*, die sich aber auf das „Interesse der Interessen" konzentriert, d. h. auf den Schutz des menschlichen Lebens und des Lebens der natürlichen Umwelt. Die in Nordamerika entstandene *soziologische Jurisprudenz* schließlich spiegelt, so wie alle *anderen möglichen Strömungen* der Jurisprudenz - ökonomische, politologische, psychologische, anthropologische und Integrationsjurisprudenz - vor allem diejenigen rechtlichen Zusammenhänge wider, die durch ihre Bezeichungen schon angedeutet werden. Alle diese Kontexte treten mit der Biojurisprudenz zusammen hervor, weil der Schutz des menschlichen Lebens und des Lebens der natürlichen Umwelt in die Gesamtheit der gesellschaftlichen Verhältnisse verwickelt ist.

Verbindungen zwischen den Wissenschaften

Die Biojurisprudenz kann, ähnlich wie jeder andere Wissenschaftszweig, kein Sonderrecht auf das Objekt beanspruchen, mit dem sie sich befaßt. Sie weist zahlreiche, mehr oder weniger komplizierte Verbindungen mit anderen Wissenschaftszweigen auf. Neben den Problemen, die ausschließlich ihr Objekt sind, kann man in der Biojurisprudenz auch Problemkreise finden, die sich mit den anderen Wissenschaftszweigen überkreuzen oder an sie grenzen. Weil die meisten Wissenschaftszweige Interesse am menschlichen Leben und am Leben der natürlichen Umwelt haben, gibt es außerordentlich ausgedehnte Verbindungen. Damit die Umrisse der Jurisprudenz deutlich werden, reicht es, ihre Verbindungen kurz zu erwähnen - einerseits mit zwei Wissenschaftszweigen ethischen Charakters und - andererseits mit zwei Wissenschaftszweigen rechtlichen Charakters. Erstens sind hier einige Verbindungen der Biojurisprudenz mit der Bioethik und der medizinischen Ethik anzuführen und zweitens Verbindungen mit dem Medizinrecht und der Gerichtsmedizin.

Die *Bioethik* verdankt ihren Namen einer Zusammensetzung der griechischen Worte *bios* - d.i. Leben und *ethos* - d.i. Brauch, im Sinne der Moral. Sie ist ein neuer Wissenschaftszweig, der sich erst seit den sechziger Jahren unseres Jahrhunderts entwickelt. Ähnlich wie die Jurisprudenz befaßt sie sich mit dem normativen Wissen im Hinblick auf den Schutz des menschlichen Lebens und des Lebens der natürlichen Umwelt vor den Gefahren, die riskante Experimente bei der Nutzung der Errungenschaften der Biowissenschaften mit sich bringen. In diesem Sinne gehört sie - gemeinsam mit der Jurisprudenz - zur Gruppe der „Wissenschaften des Überlebens“ des Menschen und der Umwelt. Während die Bioethik dieses Überleben mittels der Sanktionen anstrebt, die aus den Moralnormen hervorgehen, versucht die Biojurisprudenz dasselbe mit rechtlichen Sanktionen zu erreichen. Hierin sollte man auch den Hauptunterschied zwischen ihnen sehen.

Die *medizinische Ethik* ist ein Kanon der Prinzipien und Moralnormen, die für die Ethik in ihrer Aktivität verbindlich sein sollten. Als Ethik für nur eine Berufsgruppe bedeutet sie eine besondere Konkretisierung der Prinzipien und Normen der allgemeinen Ethik. Die Biojurisprudenz knüpft sowohl an die ärztliche Ethik als auch an die allgemeine Ethik an. Die zahlreichen Kodexe der ärztlichen Ethik, seit Jahrtausenden bearbeitet, umfassen universale Inhalte, die von der Biojurisprudenz übernommen werden. Im allgemeinen konzentrieren sie sich auf das Wohl des Patienten bei gesichertem Interesse der Gesellschaft. Deutlich treten dagegen grundlegende Unterschiede in den Prinzipien und Normen der ärztlichen Ethik hinsichtlich der Zweckmäßigkeit hervor, sie mit rechtlichen Sanktionen auszustatten. Nach der Konzeption der Autonomie der medizinischen Ethik bringen die rechtlichen Regelungen des ärztlichen Professionalismus mehr Schaden als Nutzen, weil sie die Entscheidungsfreiheit einschränken. Nach der paternalistischen Konzeption dagegen soll das Recht die Grenzen der Entscheidungsfreiheit der Ärzte festsetzen, weil dies der Funktion des Staates gegenüber der Medizin entspreche. Die Biojurisprudenz neigt zu der paternalistischen Konzeption, sie unterstreicht aber die Notwendigkeit, die rechtliche Regelung der Berufsaktivität der Ärzte bis auf ein unentbehrliches Minimum zu beschränken.

Das *Medizinrecht* hat seine Eigenart vorwiegend in den angelsächsischen Ländern zum Ausdruck gebracht. Als gesonderte Rechtsdisziplin respektiert es die Teilung der Rechtssysteme in einzelne Rechtszweige nicht, wie sie in der traditionellen Jurisprudenz verstärkt angenommen werden. Im Bereich des Medizinrechts finden sich also Rechtsnormen - einerseits insofern einheitlich, als die Medizin dafür Interesse hat - andererseits insofern verschiedenartig, als sie den verschiedenen Rechtszweigen angehören - vom Zivilrecht über das Schuldrecht und das Deliktsrecht bis hin zum Strafrecht. Man muß hervorheben, daß eine solche Lösung den Grundsätzen der Biojurisprudenz sehr nahe steht. Sie strebt an, die bestehenden Verbindungen der Rechtsnormen, die das menschliche Leben schützen, mit den verschiedenen Rechtsdisziplinen zu brechen und sie - nach dem Vorbild des Rechts der natürlichen Umwelt - in einer kohärenten, geschlossenen Ganzheit zusammenzusetzen. Allgemein gesagt, regelt das Medizinrecht die Beziehungen zwischen Ärzten, Patienten und medizinischen Institutionen. Es umfaßt u.a. die legalen Kriterien, mit denen zwischen der guten *(lege artis)* und der schlechten (medical malpractice) ärztlichen Praxis zu unterscheiden ist. Die wichtigsten Normen des Medizinrechts betreffen die Einwilligung des Patienten in die Formen und Bereiche der Therapie, die Schweigepflicht über seinen Gesundheitszustand, die Behandlung des Sterbenden und die Feststellung des Todes. Das Medizinrecht erfaßt diese Normen von der Seite der Medizin her, die Biojurisprudenz dagegen von der Seite des Rechts. Die Erfassung der Probleme des Schutzes des menschlichen Lebens seitens der Biojurisprudenz ist damit vielseitiger als die von seiten des Medizinrechts.

Die *Gerichtsmedizin* ist eine Disziplin der medizinischen Wissenschaften, die in ihrer praktischen Anwendung auf die Bedürfnisse des Gerichtssystems abzielt. Während die Biojurisprudenz, die Bioethik, die medizinische Ethik und das medizinische Recht einen normativen Charakter aufweisen, zeichnet sich die Gerichtsmedizin durch ihren Beschreibungscharakter aus. Die Gerichtsmedizin ist sowohl in einigen Zivilsachen (z.B. Feststellung der Vaterschaft), als auch - meistens - in Strafsachen (z.B. Feststellung der Todesursache) unentbehrlich. Sie spielt also im Zivil- und Strafverfahren eine wichtige Rolle bei der Entdeckung der objektiven Wahrheit, die als Grundlage für die gerechte Entscheidung angenommen wird. Während die normativen Wissenschaftszweige die Normen für den Schutz des menschlichen Lebens kreieren, leistet die Gerichtsmedizin Hilfe bei ihrer praktischen Anwendung.

Zusammenfassung

Die *Biojurisprudenz*, die ich konzeptual zu fassen versuche, ist eine *neue Strömung in der Jurisprudenz*, die sich auf die Probleme des rechtlichen Schutzes des menschlichen Lebens und des Lebens der natürlichen Umwelt konzentriert. Diese Strömung ist darauf gerichtet, sowohl das durch die wissenschaftliche Spezialisierung verstreute juristische Gedankengut als auch die gesetzgeberische Praxis einheitlich zu fassen. Die Biojurisprudenz bildet in verschiedenen Wissensbereichen eine gut begründete *Basis für die neuen Rechtszweige*, die das menschliche Leben und das Leben der natürlichen Umwelt explorieren, hervorheben und schützen.

Mit der Biojurisprudenz erfasse ich alle Arten der Gefahren für das menschliche Leben und das Leben der natürlichen Umwelt. Unter Berücksichtigung des natürlichen Rhythmus' des menschlichen Lebens - von der Empfängnis über die Geburt und das Leben bis zum Tod - unterscheide ich *drei Teile der Biojurisprudenz - Biojusgenese, Biojustherapie und Biojusthanathologie.* Diese Dreiteilung - mit entsprechenden Modifikationen, um die Anthropomorphisation zu vermeiden - kann man auch auf den Schutz der natürlichen Umwelt erweitern.

Ich gebe die *Verbindungen der Biojurisprudenz mit anderen Wissensgebieten wieder, vor allem aber mit der Biologie, der Medizin, der Ethik und der Jurisprudenz.* Die Biowissenschaften liefern der Biojurisprudenz die Beschreibung des Lebens. Die Medizin weckt das Interesse der Biojurisprudenz an der Anwendung der biologischen Kenntnisse über das Leben des Menschen und der natürlichen Umwelt, die manchmal der rechtlichen Regelung bedürfen. Die Ethik bildet mit ihrer Lebensbewertung und mit ihren Weisen der Lebensrettung eine Grundlage für die rechtliche Regelung. Das Wissen im Bereich der Jurisprudenz ist im gewissen Grade Quelle und Hintergrund für die Biojurisprudenz.

Ich zeige auch die interessanten *Verbindungen der Biojurisprudenz mit manchen Wissenschaftszweigen, die auch den Schutz des Lebens des Menschen und der natürlichen Umwelt bezwecken - Bioethik, Medizinethik, Medizinrecht und Gerichtsmedizin.* Ich halte es für dringend notwendig, einen neuen Rechtszweig herauszubilden, den man nach dem Beispiel des Rechts auf den Schutz der natürlichen Umwelt als *das Recht auf den Schutz des menschlichen Lebens* bezeichnen kann. Dieses Recht würde auf eine vollständige, einheitliche und kohärente Weise alle Rechtsnormen im Hinblick auf den Schutz des menschlichen Lebens umfassen, die gegenwärtig in mehreren Rechtszweigen verstreut sind.

Für ein besonderes Paradox halte ich, daß das Recht, von Menschen für den Menschen geschaffen, in seiner Systematisierung gerade den Menschen beiseite geschoben hat. In den traditionellen Rechtssystemen werden Sachen- und Nichtsachen-Recht, das materielle und das nichtmaterielle Recht, das Vermögens- und das persönliche Recht, das Privat- und das öffentliche Recht etc. hervorgehoben, nicht aber das Recht auf den Schutz des Menschen. Es ist dringend notwendig, diesen Zustand zu ändern, z.B. durch die Schaffung eines Kodex' des Lebensschutzes (des Menschen- und des Umweltlebens), der den Vorrang der Lebenswerte in der Hierarchie der Werte, die durch das Recht geschützt werden, betonen wird. Die Biojurisprudenz ist ein Ansporn für die unentbehrlichen Änderungen in der Systematisierung des Rechts, dank seiner vielseitigen, ganzheitlichen Erfassung der Probleme, die mit dem rechtlichen Schutz des Lebens zusammenhängen.

Literatur

Alexander R. D.: The Biology of Moral Systems, New York 1987.

Bayles M. D. and Henley K. (eds.): Right Conduct. Theories and Applications, New York 1989.

Bogen H.: Biotechnika, Osiągnięcia i perspektywy, Warszawa 1979.

Czerska B.: Poznawanie wartości, Warszawa 1986.

Dorst J.: Siła życia, Warszawa 1987.

Encyclopedia of Bioethics, vol. 1-4, New York-London 1978.

Encyklika Evangelium Vitae Ojca Świętego Jana Pawla II o wartości i nienaruszalności życia ludzkiego, Kraków 1995.

Filar M.: Prawo a medycyna u progu XXI wieku, Toruń 1987.

Finnis J.: Natural Law and Human Rights, Oxford 1980.

Finnis J.: Natural Law, New York 1991.

Fuller L. L.: Moralność prawa, Warszawa 1978.

Fuller L. L.: Anatomia prawa, Lublin 1993.

Gantl T.: Podstawy życia, Warszawa 1986.

Guyau J. M.: Zarys moralności bez powinności i sankcji, Warszawa 1960.

Hołówka J.: Relatywizm etyczny, Warszawa 1981.

Imieliński K. (red.): Uniwersalizm i medycyna, Warszawa 1992.

Imieliński K. (red.): Humanizm i medycyna. Relacje lekarz - pacjent,Warszawa 1993.

Jankowski H.: Prawo i moralność, Warszawa 1968.

Jaroszyński P.: Etyka. Dramat życia ludzkiego, Lublin 1992.

Kennedy I., Grub A.: Medical Law: Text and Materials, London 1989.

Kielanowski T. (red.): Etyka i deontologia lekarska, Warszawa 1985.

Kornas S.: Współczesne eksperymenty medyczne w ocenie etyki katolickiej, Częstochowa 1986.

Lang W.: Prawo i moralność, Warszawa 1989.
Leach G.: The Biocrats, New York 1979.
Masons J. K., McCall Smith R. A.: Law and Medical Ethics, London-Dublin-Edinburgh 1991.
Morin E.: Zagubiony paradygmat - natura ludzka, Warszawa 1977.
Osińska K. (red.): Refleksje nad etyką lekarską, Warszawa 1990.
Promieńska H.: Trwanie i zmiana wartości moralnych, Katowice 1991.
Popielski B.: Medycyna i prawo, Warszawa 1968.
Ramsey P.: Pacjent jest osobą, Warszawa 1977.
Safian M.: Prawo wobec ingerencji w naturę ludzkiej prokreacji, Warszawa 1990.
Sauvy A.: Granice życia ludzkiego, Warszawa 1963.
Sekuła J. (red.): Czy możliwa jest etyka uniwersalna, Siedlce 1994.
Szawarski Z. (red.): W kregu życia i śmierci, Warszawa 1987.
Szostek A.: Normy i wyjątki, Lublin 1981.
Ślipko T.: Granice zycia. Dylematy współczesnej bioetyki, Warszawa 1988.
Tokarczyk R.: Prawo narodzin, życia i śmierci, Lublin 1988.
Tokarczyk R.: Wykłady z filozofii prawa, Lublin 1944.
Wilson E. O.: O naturze ludzkiej, Warszawa 1988.
Watson A. A.: Forensic Medicine, Darthmouth 1989.
Williams B.: Ethics and Limits of Philosophy, Cambridge 1985.
Williams G.: Świętość życia a prawo karne, Warszawa 1960.
Winch P.: Etyka a działanie. Wybór pism, Warszawa 1990.

Ethische Theorien und die Ansichten polnischer Hausärzte

Leszek Malkiewicz

In der westlichen Medizin wurde schon immer großer Wert auf die ethischen Probleme gelegt, die mit der ärztlichen und medizinischen Fürsorge verbunden sind. Ein breiteres Interesse an dieser Problematik können wir jedoch in wissenschaftlichen Kreisen und in Kreisen der praktizierenden Ärzte erst in den 60-er und 70-er Jahren unseres Jahrhunderts beobachten. Es entstand infolge einer stürmischen Entwicklung der ärztlichen Technologien und Behandlungsmethoden, z. B. der Transplantationsmedizin, der Gentechnik, der künstlichen Befruchtung, der technischen Aufrechterhaltung des Lebens u.s.w. Damals bildete sich die medizinische Ethik als getrennter Wissenschaftszweig mit seinen Autoritäten und Theorien. Die gegenwärtige medizinische Ethik stützt sich auf die reichen Traditionen des systemhaften moralischen Gedankens, sowohl auf die philosophischen als auch auf die religiösen. Ich muß hier anmerken, daß einen großen Beitrag zur Gestaltung der gegenwärtigen medizinischen Ethik als eines selbständigen Wissenschaftszweiges die Polnische Schule des ärztlichen Denkens mit *Władysław Biegański* an der Spitze geleistet hat, deren Rölle in der Welt unterschätzt wird und auch in Polen nur wenig bekannt ist. Im Zentrum dieser Arbeit steht das Verhältnis zwischen den ethischen Theorien einerseits und den Ansichten der praktizierenden Ärzte in bezug auf die fundamentalen moralischen Probleme, die mit der täglichen Arztpraxis verbunden sind - AIDS, Transplantation, Kosten der medizinischen Fürsorge u.s.w. - andererseits. Bevor ich die konkreten Beispiele bespreche, muß ich hervorheben, daß auf die moralischen und ethischen Anschauungen in Polen der Untergang des totalitären Systems am Ende der 80-er Jahre zweifellos einen erheblichen Einfluß hatte. Der Kommunismus hat in Polen (wie auch in den anderen Ländern des ehemaligen Warschauer Paktes) vor allem zwei Einstellungen zur Medizin und zum Funktionieren des Systems des Gesundheitswesens hinterlassen:

- Die Illusion, daß die Gesundheitspflege nichts kostet und daß die Entscheidungen der Ärzte, die die Behandlung betreffen, nichts mit Ökonomie zu tun haben, sondern nur von dem Charakter der einzelnen Ärzte abhängig sind, die gegen materielle Gewinne (Schmiergelder) auf unbegrenzte Weise die verschiedenen medizinischen Güter verteilen können - Arzneimittel, Sanatoriumsaufenthalte, spezielle Behandlungen u.s.w.
- Die Überzeugung, daß die medizinischen Hauptprobleme durch den Staat gelöst und reguliert werden und die Medizin im Grunde genommen dem Interesse des Staates und nicht dem der Patienten und Ärzte dienen soll.

So war z.B. in Polen die Abtreibung vollkommen verboten, nicht etwa aus moralischen Gründen, sondern weil es notwendig war, die Bevölkerung nach ihrer biologischen Dezimierung während des Krieges zu ergänzen. In der Sowjetunion gab es in der *Stalin* - Zeit sogar das Verbot, die Vaterschaft vor Gericht festzustellen. Man kann deshalb sagen, daß ethische Probleme, die mit politischen Interessen nicht verbunden waren, als Nebensache betrachtet wurden und gewissermaßen nicht existierten. Wenn ethische Probleme überhaupt bemerkt wurden, dann in einer verfälschten Form - als Folge des bösen Willens der Ärzte oder Patienten.

Der Staat spielte ein Spiel, in dem die Falschheiten, die aus dem pathologischen System folgten, den Bürgern imputiert wurden. Kurz ausgedrückt: das System war gut, nur die Menschen waren unreif. Man versuchte, den ganzen Apparat des Gesundheitswesens in das verhüllte Verteidigungssystem des Sozialismus miteinzubeziehen, und die Menschen in diesem System sollten ein besonderes Sicherheitsventil bilden. Sie hatten auch die Aufgabe, die gesellschaftliche Aufmerksamkeit abzulenken, was der Aufrechterhaltung der Macht dienen sollte. Hieran sieht man, daß nach der *Walesa* - Revolution die Menschen und die Gesellschaft für die neue Realität völlig unvorbereitet sind und der jetzige Streik der Ärzte die Folge eines Denkens aus den Zeiten des realen Sozialismus ist, in denen irreale Forderungen starker Berufsgruppen die Regierung zu Entscheidungen gezwungen haben, die sich nicht auf Ökonomie, sondern auf Politik stützten. Die gegenwärtige Regierung ist von derartigem Denken (frommen Wünschen) aus der Vergangenheit auch nicht befreit - jedenfalls sofern man einen gleichen Zugang zu medizinischen Leistungen und den Ärzten hohe Verdienste in ferner Zukunft verspricht, ohne zu berücksichtigen, daß man sich an dieses Versprechen auch halten müßte.

Eine solche Situation hat jetzt in Polen erzwungen, die Institution des Hausarztes wiederzubeleben, die nach dem zweiten Weltkrieg völlig in Vergessenheit geraten war. Das Moskauer Modell des Gesundheitswesens wird sozusagen wieder gegen das Brüsseler Modell ausgetauscht. Der verbürokratisierte Güterverteiler-Arzt aus dem sozialistischen Gesundheitswesen soll sich in den Experten und Freund seiner Patienten verwandeln. Damit ist das Problem der Reife der Ärzte (es betrifft auch die Patienten) für ihre neue Funktion entstanden. Die Hauptfragen bei der hier vorzustellenden Untersuchung sind also: Wie wird die neue Wirklichkeit wahrgenommen und wie sind die Ärzte darauf vorbereitet, in ihr tätig zu sein? Die Untersuchungen sind als Anfangsuntersuchungen gedacht und haben Orientierungscharakter. Sie sollen das Ziel haben, philosophische Kreise dafür zu interessieren und sie anzuregen, dieses Problem gründlich und professionell zu untersuchen.

Es wurde eine Umfrage durchgeführt, die die Frage beantworten sollte, ob das moralische Bewußtsein praktizierender polnischer Ärzte, die Teilnehmer eines Kurses für Hausärzte waren, in irgendeiner Weise das widerspiegelt, was man zu den betreffenden Problemen in der theoretischen Ethik sagt. Sich bei empirischen Untersuchungen über die Moral auf ethische Theorien zu berufen, ist riskant, aber wohl unvermeidlich. *Maria Ossowska* hat es vermieden, sich auf die ethischen Theorien zu berufen, aber wie behauptet *Jacek Holowka*: eine strenge Trennung der Ethik und der Soziologie der Moral scheint nicht unbedingt nötig zu sein.

Die in der Umfrage enthaltenen Fragen können wir in drei Gruppen einteilen:

- Fragen nach der allgemeinen Moral - Freiheit, Leben, Abtreibung, Euthanasie
- Ökonomische Fragen - Sollen die Patienten an der Finanzierung der schlecht verdienenden Ärzte beteiligt werden? Ist es moralisch, den Patienten teure Arzneimittel zu verschreiben u.s.w.?
- Fragen zu den Menschenrechten (Rechten der Patienten) - Darf man das Wohl des Menschen zum gesellschaftlichen Nutzen aufopfern? Darf man das Leben des Patienten gegen seinen Willen retten u.s.w.?

Man hat auch die Frage gestellt: Was ist Medizin? - Kunst? Wissenschaft? Handwerk? Beruf? Und ob man mit dem ausgeübten Beruf zufrieden ist und daran Freude hat.

Jede von den 10 Fragen in dieser Umfrage hatte eine siebenstufige Skala mit Anworten. Wenn der Befragte die Anwort Nr. 4 gewählt hatte, bedeutete dies, daß er keine Meinung zu dem bestimmten ethischen Problem hat. Nr. 1 bedeutete, ein überzeugter Anhänger der jeweiligen These und Nr. 7 ihr Gegner zu sein. Die Fragen lauteten wie folgt:

1. *Würdest du dich im Falle einer notwendigen Transfusion für einen Zeugen Jehovas (für ein Kind) trotz fehlender ausdrücklicher Zustimmung doch dafür entscheiden?*

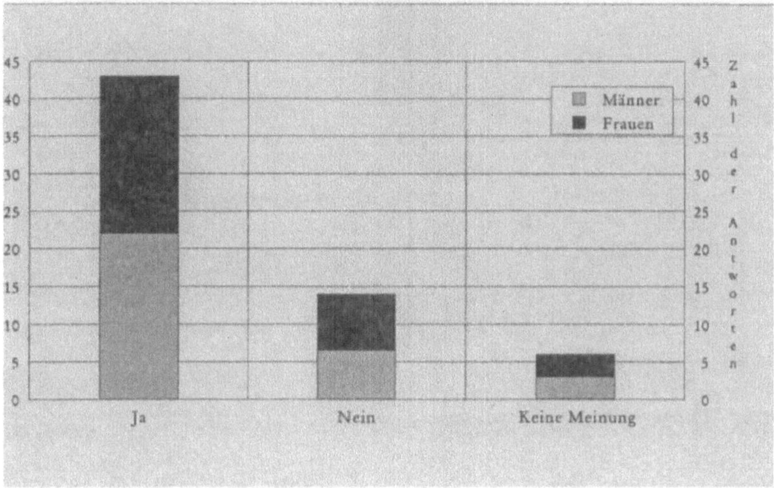

2. *Hast du Angst vor AIDS-Kranken, Homosexuellen, Drogensüchtigen, Prostituierten, Alkoholikern, Kriminellen, die aus der Gesellschaft ausgestoßen worden sind?*

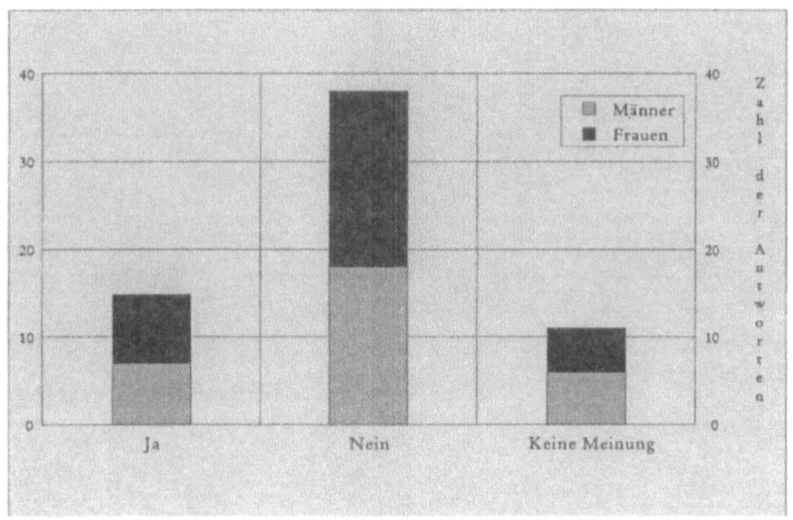

3. *Würdest du bei 50% Risiko ein Experiment mit Geisteskranken oder Kindern ohne Vormund für begründet halten, wenn es in 70% der Fälle eine Chance geben würde, dadurch einen neuen Impfstoff gegen Krebs zu entdecken?*

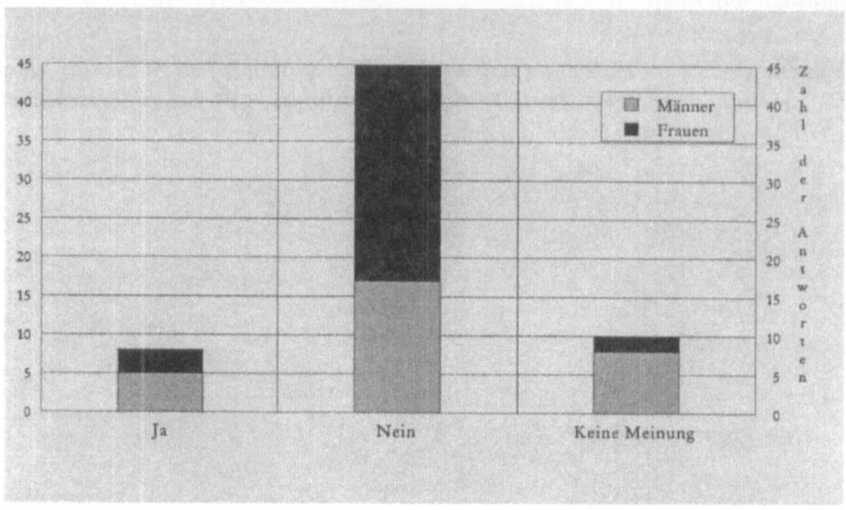

4. *Darf man, deiner Meinung nach, teuere Arzneimittel als Placebo verwenden?*

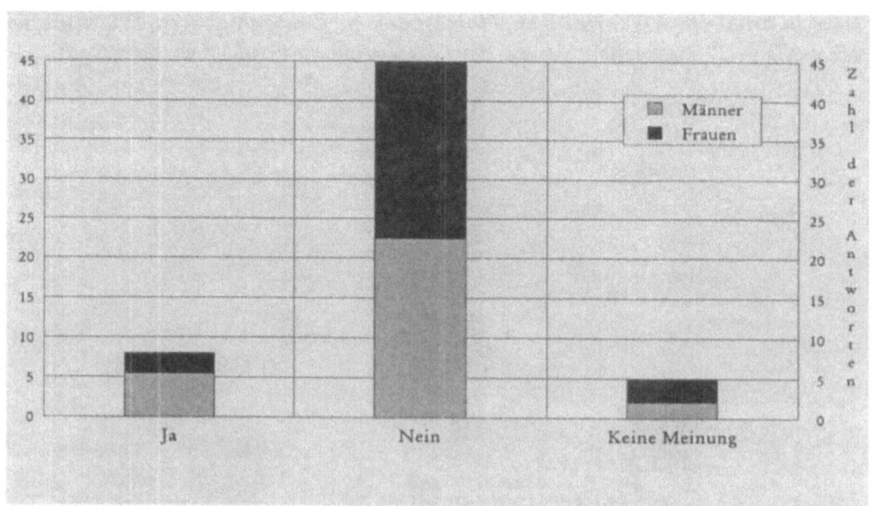

5. ***Bist du für Euthanasie auf ausdrücklichen Wunsch des Patienten, wenn er sehr leidet und die Krankheit unheilbar ist?***

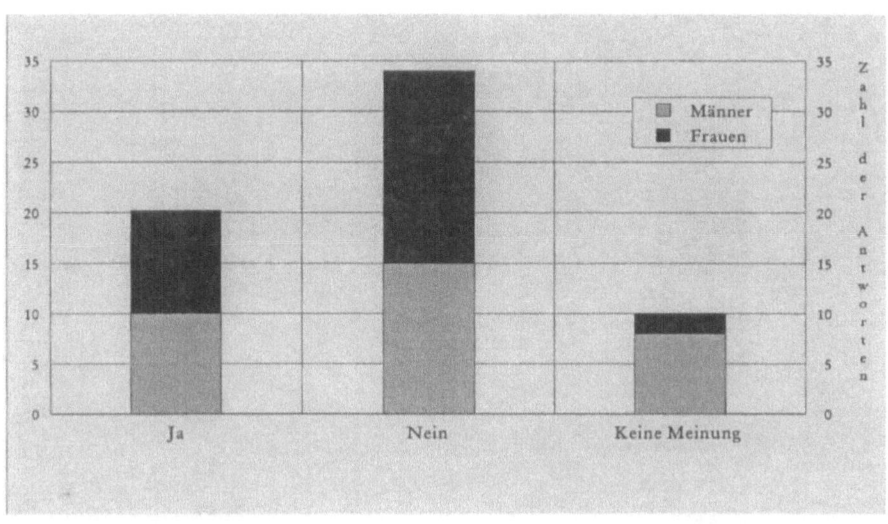

6. ***Bist du für Hospizgründungen in Polen, d. h. Stellen, wo man in der Ruhe sterben kann, nach westlichem Vorbild?***

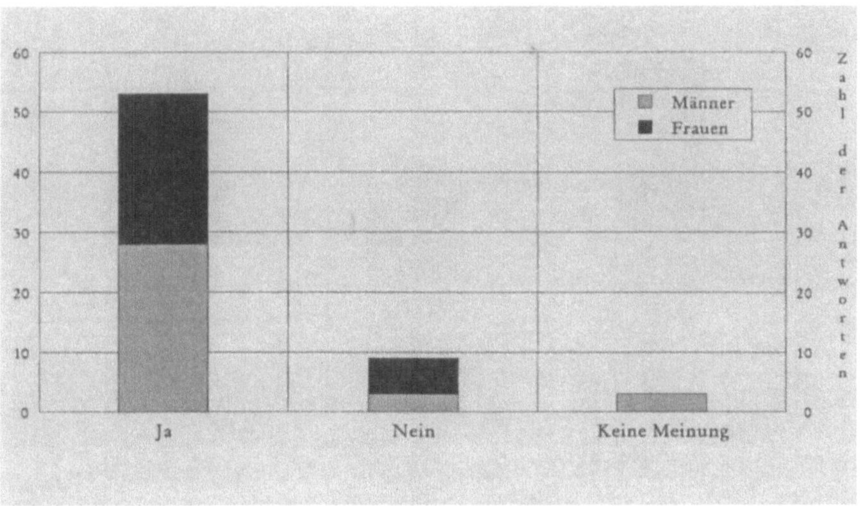

7. *Bist du der Meinung, daß Ärzte, die jemanden zwecks Organverpflanzung für tot erklären, einen tragischen Fehler begehen oder solch eine Situation ausnutzen könnten?*

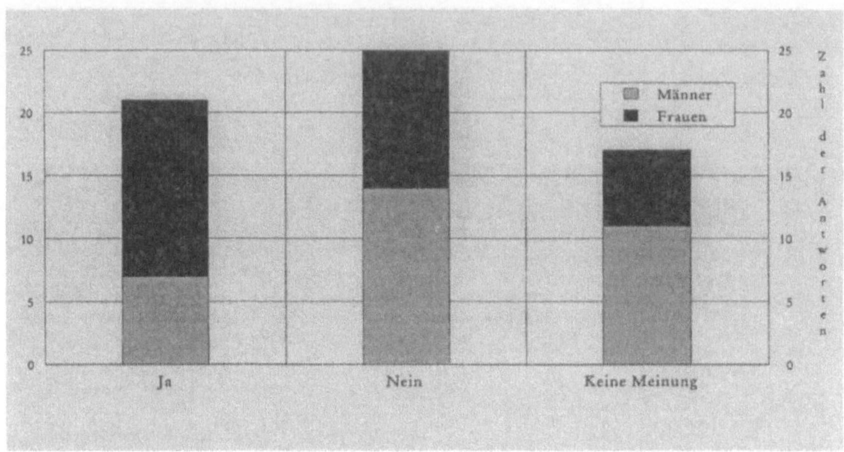

8. *Hältst du die Methode* ex juvantibus *für gerechtfertigt, indem du dich auf deine Intuition und dein ärztliches Gefühl stützt?*

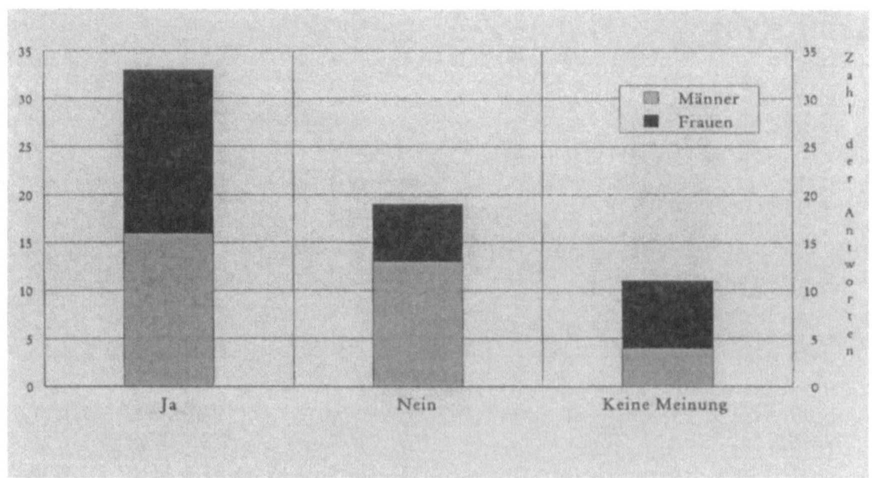

9. *Soll die Schwangerschaftsunterbrechung aus außermedizinischen und außerrechtlichen Gründen erlaubt sein?*

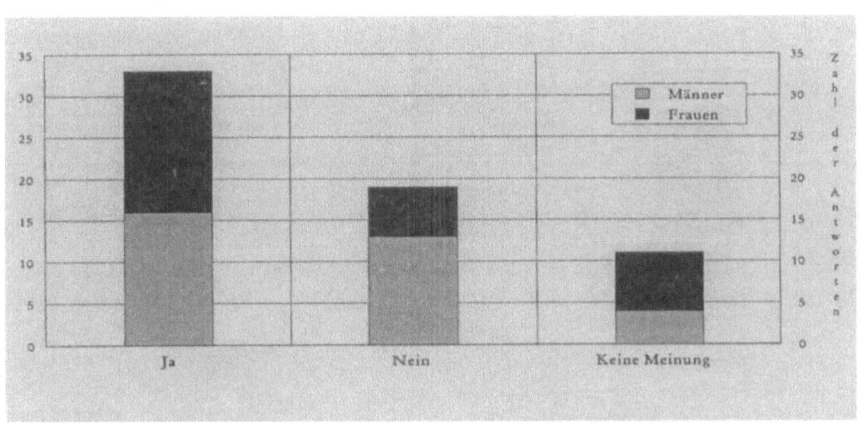

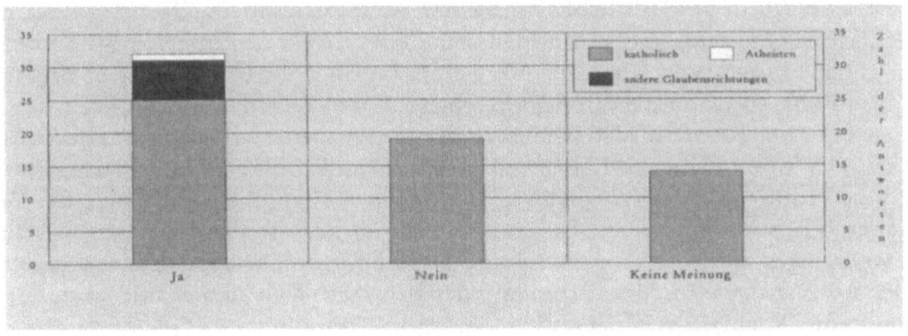

10. Soll der Patient an den Behandlungskosten beteiligt sein?

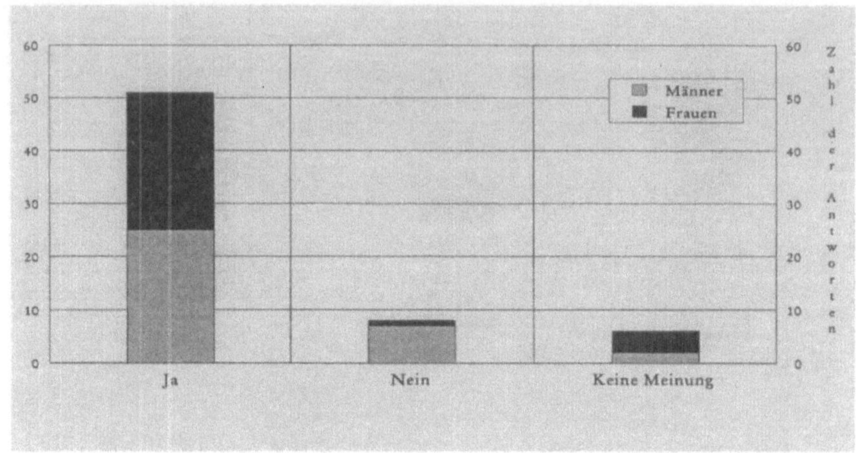

Die Ansichten der polnischen Hausärzte in dieser Umfrage möchte ich im Vergleich zum Standpunkt *Peter Singers* darstellen. Es gibt zwei Gründe, warum ich gerade diesen Autor gewählt habe. Zum einen ist er zur Zeit ein allgemein bekannter Ethikforscher. Zum anderen bilden seine kontrovers diskutierten Meinungen einen guten Hintergrund für einen Vergleich, besonders bei Fragen wie: Freiheit um jeden Preis, sogar um den Preis des Lebens? Oder: Leben um jeden Preis, sogar um den Preis der Freiheit? Mir scheint interessant zu sein, wie die praktizierenden Ärzte, die in ihrem täglichen Leben mit moralischen Problemen konfrontiert werden, diese Probleme im Vergleich zu umstrittenen Wissenschaftlern sehen, die ihre ethischen Theorien aufstellen. In gewissem Sinne könnte diese Art empirischer Untersuchungen über die moralische und ethische Problematik den Theoretikern bei der Lösung der ethischen Probleme der heutigen Welt helfen und zumindest teilweise ihre Theorien verifizieren.

Ich möchte jetzt zur Analyse der Meinungen der polnischen Hausärzte übergehen (Vgl. Tabellen auf S. 107 ff.).

Auf die Frage zur Abtreibung haben 32 Personen mit „ja" geantwortet, 19 Personen mit „nein" und 12 hatten keine Meinung dazu. Man muß dabei anmerken, daß die Frage so formuliert war, daß die Abtreibung aus rechtlichen und medizinischen Gründen *a priori* erlaubt ist. Hervorzuheben ist weiterhin, daß die polnischen Ärzte eine katholische Gesellschaft mit einer familienfreundlichen Einstellung vertreten. Die Kirche möchte hier diesen Moralbereich - wie in einem totalitären Staat - beherrschen und ohne Diskussion die Abtreibung völlig verbieten. Interessant ist dabei, daß von den Personen, die die Abtreibung akzeptiert haben, nur 7 eine andere als die römisch - katholische Konfession angegeben haben. In der Gruppe „ohne Meinung" und unter den Gegnern der Abtreibung waren nur Katholiken.

Auf die Frage über Euthanasie auf Wunsch des Kranken sagten 20 Befragte „ja", ohne Meinung waren 10 und dagegen 33 Personen. Wenn man überlegt, daß in

Polen ein hippokratisches Medizinmodell funktioniert (Ich werde niemals jemandem Gift geben; ich werde nie die Leibesfrucht abtreiben) und die meisten Ärzte die katholische Weltanschauung vertreten, deuten diese Angaben auf ein langsames aber entschiedenes Zurücktreten von diesen Meinungen und eine Annäherung der Moral in diesem Bereich an die Theorie von *Peter Singer*.

Die Frage, auf die auf einheitliche Weise mindestens 2/3 der Befragten geantwortet hatte, war die Frage nach den Hospizen. Dafür waren 53 Personen, ohne Meinung nur 2 und dagegen waren 8 Personen. Die Art und Weise wie die Umfrage durchgeführt wurde und die Tatsache, daß daran 100% der Mitglieder des Kurses für Familienmedizin teilgenommen haben, zeugt von einem großen Interesse der polnischen Ärzte an der ethischen Problematik. Den Fragebogen haben 63 Befragte zurückgegeben. Alle waren Teilnehmer eines halbjährigen Kurses, des sogenannten „kurzen Weges", der auf Familienmedizin spezialisiert ist. 31 Teilnehmer waren Frauen und 32 Männer. Das durchschnittliche Alter betrug 45 Jahre (von 27 bis 66). Im Durchschnitt hatten die Teilnehmer 20 Jahre ärztliche Praxis bei der Gesundheitspflege. Die Umfrage war anonym und so aufgebaut, daß der Befragte neben ethischen Fragen auch Fragen nach Geschlecht, Alter, Konfession, Länge der ärztlichen Praxis und Berufsposition zu beantworten hatte. Es scheint, daß die polnischen Ärzte - im Unterschied zu der Auffassung *Peter Singers* in seiner „Praktischen Ethik" - die goldene Mitte gewählt haben, d.h. keine Extremisten sind.

Die Ansichten der polnischen Ärzte sind stark abhängig von Werten und von einem Leben, das nach eigenem Plan und individuellen Neigungen verläuft. Sie drükken also direkt und indirekt Anerkennung für solche Werte wie Freiheit, Individualität, Toleranz und Unabhängigkeit aus. Sie messen dem Gewissen des Einzelnen und der moralischen Integrität eine bedeutende Rolle zu. Sie erheben Widerspruch gegen moralische Vereinfachungen, die man zur Manipulation von Meinungen für Zwecke der Gesellschaftskontrolle oder Regierung ausnutzen könnte. Diese Ansichten sind nicht deutlich beeinflußt von irgendwelchen ethischen oder religiösen Konzeptionen. Sie sind eher liberal und es liegt ihnen ein Wohlwollen für die Patienten zugrunde. Sie sind von übertriebener Strenge befreit und stützen sich nicht auf Prinzipien ihrer Nützlichkeit.

Der fehlende Dogmatismus zeugt davon, daß die moralischen Normen von den Untersuchten als autonome Normen betrachtet werden, die von Gesetz, Religion, Gebräuchen und traditionellen Meinungen über Moral, sowie pragmatischen Rezepten, wie man Erfolg im Leben erringen kann, unabhängig sind. Sie werden auch nicht von dem Druck des „Allgemeinen Willens" und der „Zeitmode" beeinflußt. Auf die Kernfrage der Untersuchung, ob die polnischen Ärzte in der neuen Realität moralisch reif sind, könnte man also durchaus positiv antworten. Sogar die geringe Zahl der Befragten, die für die Gesamtheit der Ärzte in Polen noch nicht repräsentativ sein kann, gibt mir hinreichend Anlaß zu behaupten, daß ihre Ansichten den für moderne Gesellschaften charakteristischen moralischen und ethischen Einstellungen ähnlich sind.

Ich schlage weitere empirische Untersuchungen über die Moral in den Ländern des ehemaligen Warschauer Paktes vor, weil der sogenannte Sozialismus, der viele für eine Religion charakteristische Merkmale aufweist, eine Moral hinterlassen hat, die typisch für totalitäre Systeme war. Interessant wären solche Untersuchungen über die Moral besonders auf dem Gebiet der ehemaligen DDR und der BRD im Vergleich zu den westlichen Ländern und Osteuropa.

Polen am typischsten das Medienmodell funktioniert (Ich werde niemals [illegible] helfen, [illegible]). [illegible] katholische Weltanschauung vertreten, denen diese Aufgaben als ein Hauptmotiv [illegible] entscheidendes Antimotiv [illegible] von diesen Meldungen und eine Änderung der Moral in diesem Bereich [illegible] Theorien [illegible].

Die Frage, auf die außerordentlich [illegible] Weise mindestens 2/3 der Befragten geantwortet hatte, war die Frage nach den [illegible]. Dafür waren 30 Personen (ohne [illegible]) und nur 2 und dagegen waren 8 Personen. Die Art und Weise, wie die [illegible] durchgeführt wurde und die Tatsache, daß daran [illegible] der Mitglieder des [illegible] Familien und [illegible] teilgenommen haben, zeigt von einem großen Interesse der politischen Partei an der [illegible] Problematik. [illegible] haben 62 Befragte [illegible] Abt[illegible] Frage der [illegible] [illegible] (21 Personen waren Frauen und 12 Männer [illegible] Alter [illegible] Jahre [illegible]). Im [illegible] 20 Jahre [illegible] Praxis bei der [illegible] [illegible] Kontexten [illegible]. Es scheint, daß die politischen [illegible] [illegible] Argumente [illegible].

Die Ansichten der polnischen Ärzte [illegible] von Werten und von [illegible] [illegible] Moral [illegible] solche Werte wie [illegible] [illegible] Toleranz [illegible] Gewissen des Einzelnen und der moralischen [illegible] [illegible] Werte [illegible] von [illegible] [illegible] Menschen [illegible] [illegible] [illegible] [illegible] sich nicht auf Prinzipien [illegible].

Der [illegible] Standpunkt zeigt davon, daß die politischen Ärzte [illegible] von [illegible] Unterschieden als autonomen Normen betrachtet werden, die von Gesetz, Religion, [illegible] und traditionellen Meinungen über Moral, sowie [illegible] [illegible], wie [illegible] erfolgen kann, unabhängig sind. Sie [illegible] nicht von dem Druck des „Allgemeinen Willens" und der „Moral" [illegible]. Auf die Kernfrage der Untersuchung, ob die polnischen Ärzte in der neuen Realität [illegible] und [illegible], man also durchaus positiv antworten [illegible] die geringe Zahl der Befragten die die Gesamtheit der Ärzte in Polen noch nicht repräsentativ sein kann, gibt nur [illegible] Anlaß zu behaupten, daß ihre Ansichten den [illegible] [illegible] und [illegible] Einstellungen ähnlich sind.

Ich schlage weiter [illegible] Untersuchungen über die Moral in den Ländern des ehemaligen Warschauer Paktes vor, weil der sogenannte Sozialismus, der [illegible] [illegible] Moral [illegible] [illegible] war. [illegible] Untersuchungen [illegible] über die Moral [illegible] auf dem Gebiet der ehemaligen DDR und der BRD im Vergleich zu den westlichen Ländern und Osteuropa.

Rationierung und kollektive Entscheidungen im Bereich des Gesundheitswesens

Hermann Ribhegge

I. Einleitung

Mit Recht weisen *Breyer/Zweifel* (1997) S. 1 darauf hin, daß die Bereiche „Gesundheit“ und „Ökonomie“ eigentlich unvereinbar sind, wenn man nur den Grundsatz: „Das Leben ist das höchste Gut, es läßt sich nicht in Geld aufwiegen!“ betrachtet. Diese Ansicht schließt Kostenüberlegungen im Bereich der Gesundheit aus, insbesondere das Abwägen von Leben gegen Geld, das doch für den ökonomischen Ansatz charakteristisch sei.

Um aufzuzeigen, daß eine „Ökonomie der Gesundheit“ sowohl ethisch zu rechtfertigen als auch ökonomisch sinnvoll ist, sollen im nächsten Abschnitt die grundlegenden Charakteristika des ökonomischen Ansatzes dargestellt werden.

Im dritten Abschnitt wird untersucht, ob nicht über reine marktliche Beziehungen, d. h. über privatrechtliche Vereinbarungen, eine Sicherstellung des Gutes Gesundheit in ausreichendem Umfang gewährleistet werden kann, so daß sich kollektive Entscheidungen erübrigen. In diesem Abschnitt werden kurz die Vorteile einer marktwirtschaftlichen Lösung aufgezeigt.

Anschließend wird nachgewiesen, daß eine rein marktwirtschaftliche Lösung aus einer Vielzahl von Gründen, insbesondere aufgrund der Defizite eines notwendigen Versicherungsmarktes, zu gesellschaftlich unerwünschten Ergebnissen führt. Dabei wird aufgezeigt, daß sich auch bei einer unvollkommenen marktwirtschaftlichen Lösung ein Rationierungsproblem ergibt und kollektive Entscheidungen über das adäquate Rationierungsverfahren damit unumgänglich sind.

Im vierten Abschnitt werden die unterschiedlichen kollektiven Verfahren zur Umsetzung einer Rationierung dargestellt. Zunächst werden die Vor- und Nachteile einer Makro- versus Mikrorationierung sowie der regelgebundenen versus diskretionären Rationierung diskutiert. Des weiteren werden die Vor- und Nachteile von Individual- versus Kollektiventscheidungen angesprochen.

II. Der ökonomische Ansatz

Im Zentrum des ökonomischen Ansatzes steht das Individuum, nicht als isolierte Person - wie dies oft fälschlicherweise diesem Ansatz vorgeworfen wird -, sondern in Interaktion mit anderen Individuen. Dabei will der ökonomische Ansatz als positive Theorie sowohl das Verhalten von Individuen erklären und prognostizieren als auch als normative Theorie Empfehlungen für rationales Verhalten geben.

Bei dieser Erklärung und Prognose geht die ökonomische Theorie von einem relativ einfachen Verhaltensmodell des Individuums aus, das oft als homo oeconomicus-Modell bezeichnet wird. Kennzeichnend für dieses Modell ist die konsequente Trennung zwischen Zielen und Restriktionen eines Individuums. Die Restriktionen spiegeln den Handlungsspielraum eines Individuums wider. Die Ziele ermöglichen eine Bewertung dieser Alternativen innerhalb dieses Spielraumes. Der ökonomische Ansatz geht von der Maxime aus, daß das Individuum die Alternative mit dem höchsten Zielerreichungsgrad auswählt.

Welche Ziele ein Individuum verfolgt, ist für den ökonomischen Ansatz keine Glaubensfrage, sondern allein empirisch zu ermitteln. Dabei schließt der ökonomische Ansatz nicht irgendwelche Zielsetzungen aus. Insbesondere reduziert er den Menschen - sei es als Arzt oder Politiker - nicht auf die Maxime, so viel Geld wie möglich zu verdienen. Was unterstellt wird, ist einzig und allein, daß die Individuen ihren Nutzen maximieren. Wie sich der Nutzen eines Individuums bestimmt, ist dabei relativ offen, sofern die Nutzenvorstellungen eine gewisse Rationalität in Form logischer Konsistenz besitzen. So kann sich ein Arzt sowohl aus religiösen Gründen völlig uneigennützig verhalten als auch nur daran interessiert sein, so viel Geld wie möglich zu verdienen, um sich endlich einen neuen Porsche leisten zu können. Wie empirische Untersuchungen über das Verhalten von Ärzten zeigen, sind beide extremen Zielsetzungen relativ selten.

Betrachtet man die Ziele der Patienten, stellt man fest, daß sie sich in der Realität meist nicht die Maxime: „Das Leben ist das höchste Gut ...“ zu eigen machen. Sie schließen keine Krankenversicherungen ab, die alle denkbaren Risiken abdecken und natürlich immens teuer wären. Sie setzen bewußt ihr Leben aufs Spiel, indem sie rauchen, trinken, riskanten Sport treiben usw. Und sie sind noch nicht einmal bereit, ein teures Auto mit dem höchsten Sicherheitsstandard zu kaufen.

Restriktionen und Ziele unterscheiden sich nicht nur dadurch, daß erstere angeben, was ist, und zweitere, was der einzelne wünscht, sondern nach Ansicht der ökonomischen Theorie auch darin, daß Ziele relativ stabil im Vergleich zu den Restriktionen sind. Die Zielvorstellungen eines Individuums sind langfristig über den individuellen Sozialisationsprozeß bestimmt und dadurch nur sehr schwer kurzfristig zu beeinflussen. Dies gilt aber nicht für die Restriktionen eines Individuums, wie z. B. sein finanzielles Budget. Dies ist insbesondere über die Honorierung des Arztes direkt beeinflußbar. Aus der unterschiedlichen Variabilität von Restriktionen und Zielen in der kurzen Frist leitet der ökonomische Ansatz eine wichtige Steuerungsmaxime ab, die auch für das Gesundheitswesen von eminenter Bedeutung ist: Auf das Verhalten von Individuen läßt sich wesentlich erfolgreicher über die Beeinflussung der Restriktionen als über die Ziele einwirken. Mittels des Appells an den Eid des *Hippokrates* läßt sich bedeutend schlechter als mit finanziellen Anreizen erreichen, daß die Ärzte anstelle der Verwendung oft wirkungsloser und kostspieliger Apparatemedizin das meist wesentlich hilfreichere jedoch zeitaufwendige intensive Gespräch mit dem Patienten präferieren. Ändert man aber die Gebührenordnung der Ärzte dahingehend, daß das intensive Gespräch wesentlich besser honoriert wird, dann ändert sich - wie die Empirie gezeigt hat - schlagartig die Aufteilung des Zeitbudgets der Ärzte.

Oft wird dem ökonomischen Ansatz vorgehalten, daß er die Bereitschaft impliziere, Leben mit Geld aufzurechnen. Es gibt nun einige Rechtfertigungen dieser Position seitens der Anhänger des ökonomischen Ansatzes, so bei *Breyer/Zweifel* (1997) S. 25f. Eine Rechtfertigung ist aber nicht notwendig, da die Kritik für den ökonomischen Ansatz - richtig verstanden - ins Leere geht. Für den ökonomischen Ansatz ist es nicht konstitutiv, Leben gegen Geld aufzurechnen, sondern auf die Existenz von Handlungsalternativen und auf die Notwendigkeit ihrer Bewertung hinzuweisen.[1] Ob diese Bewertung in Geldeinheiten vorgenommen wird, ist dabei nicht entscheidend, sondern ausschlaggebend für den ökonomischen Ansatz ist es, auf die Opportunitätskosten bei jeder zu realisierenden Handlungsalternative hinzuweisen. Wenn sich ein Arzt z. B. für die Behandlung A entscheidet, tut er dies unter dem Verzicht auf alternative Behandlungsmethoden, die u. U. sogar erfolgversprechender sind. Dieses Abwägen von Alternativen, bei dem die Opportunitätskosten nichts anderes als den bewerteten Verzicht auf die nächstbeste Alternative beinhalten, ist für jede Entscheidung unabwendbar. Gerade im kostenintensiven Gesundheitswesen, bei dem es oft um lebenswichtige Entscheidungen geht, führt der Verzicht auf den Vergleich - und damit die Negierung der Opportunitätskosten - zu irrationalen Entscheidungen.

Der ökonomische Ansatz beschäftigt sich aber nicht nur mit Individualentscheidungen, sondern auch mit gesellschaftlichen. Dabei ist von Bedeutung, daß der ökonomische Ansatz bei der Erklärung und Prognose gesellschaftlichen Verhaltens auf den methodologischen Individualismus zurückgreift. Gesellschaftliche Prozesse sind demgemäß nicht primär auf gesellschaftliche Normen, sondern auf die Interaktion der Individuen zurückzuführen.

Auf der normativen Ebene unterstellt der ökonomische Ansatz, daß gesellschaftliche Ziele mit den Zielvorstellungen der Individuen gerechtfertigt werden müssen. Bei dieser Aggregation individueller zu kollektiven Zielen ergeben sich aber, wie *Arrow* aufgezeigt hat, immense Schwierigkeiten.

Oft wird dem ökonomischen Ansatz vorgeworfen, er verabsolutiere als normative Theorie das Ziel der ökonomischen Effizienz im Sinne des Paretokriteriums. Dieser Vorwurf ist aber auf der normativen Ebene in mehrerer Hinsicht nicht haltbar. Zum einen gibt das Paretokriterium eine nicht-leere Menge von Optima an, unter denen das gesellschaftlich beste Optimum nach Gerechtigkeitsüberlegungen ausgewählt werden kann. Zum anderen ist der ökonomische Ansatz nicht zwingend an der gesellschaftlichen Zielvorgabe - der Maximierung der Summen der individuellen Zahlungsbereitschaften - ausgerichtet, wie dies charakteristisch für die Ökonomische Theorie des Rechts ist, die insbesondere von *Posner* vertreten wird. Im ökonomischen Ansatz dominieren utilitaristische Ansätze, so bei *Harsanyi*, in denen jedes Individuum gerade aus Gerechtigkeitsüberlegungen den gleichen Stellenwert bei der Bewertung gesellschaftlicher Alternativen hat.

III. Die marktwirtschaftliche Lösung

Kennzeichnend für den ökonomischen Ansatz ist es, daß er marktwirtschaftliche Lösungen im Bereich des Gesundheitswesens generell präferiert. Und in fast allen Industriestaaten gibt es einen breiten durchaus effizienten privaten Sektor des Gesundheitswesens.

Für marktliche Lösungen auch im Gesundheitswesen spricht eine Vielzahl von Argumenten. Auf einem Markt bestimmt sich die Güterversorgung anonym, sie ist nicht wie bei kollektiven Entscheidungsprozessen in dem Sinne intendiert, daß eine verantwortliche Institution (Kommission) besteht, die für ihre Entscheidungen über

---

1 Diesen Knappheitsaspekt und das damit verbundene Entscheidungsproblem betont besonders *Fuchs* (1996) S. 3. Für ihn läßt sich der ökonomische Ansatz durch drei Worte charakterisieren: „scarcity, substitutability, and heterogeneity".

Leben und Tod verantwortlich gemacht werden kann. Darüber hinaus ist auf Märkten jeder gezwungen, seine wahren Präferenzen für das Gut Gesundheit zu offenbaren. Dies gilt nicht bei kollektiven Entscheidungen, wenn die kollektive Entscheidungsinstanz die Präferenzen der Betroffenen abfragt, da diese befürchten, zur Finanzierung des Gesundheitswesens gemäß den offenbarten Präferenzen herangezogen zu werden. Auf Märkten vollzieht sich der Güteraustausch mittels Vertrag zwischen Anbietern und Nachfragern, so daß ihnen ein hohes Maß an Freiheit gegeben ist und keine Fremdbestimmung durch kollektive Entscheidungen vorliegt.

Gerade für die Erstellung des Gutes Gesundheit liegt ein grundlegender Vorteil von funktionsfähigen Märkten darin, daß auf ihnen keine kollektive Rationierung vonnöten ist. Zum Gleichgewichtspreis kann auf vollkommenen Märkten jedes Individuum gemäß seiner Zahlungsbereitschaft die von ihm gewünschten Gesundheitsleistungen nachfragen. Es treten auf einem vollkommenen Markt keine Knappheiten auf, da der Preis in perfekter Weise Angebot und Nachfrage steuert. Aufgrund dieser überzeugenden Vorteile marktlicher Lösungen ist es nur konsequent, wenn Anhänger der Marktlösung - wie z. B. *Richards* (1996) - den Kritikern die Beweislast zuweisen. Diese müssen überzeugend aufzeigen, daß ein effizienteres Arrangement existiert.

Dennoch gibt es erhebliche Einwände gegen eine reine Marktlösung im Gesundheitswesen. Beim Gut Gesundheit geht es nicht um eine deterministische, sondern um eine stochastische Nachfrage. Gesundheitsleistungen werden im allgemeinen nur im Schadensfall nachgefragt, der selbst ungewiß ist. Entsprechend schließt man Versicherungen ab, um das Gesundheitsrisiko abzusichern. Wie aber die Versicherungstheorie zeigt, existieren aufgrund von moral hazard, adverse selection usw. keine vollkommenen Versicherungsmärkte. Insbesondere erfüllt auf diesen Märkten der Preis (Prämie) nur unvollkommen seine Koordinationsfunktion. Aufgrund der Unvollkommenheiten werden von den privaten Versicherungen auch keine Policen angeboten, die sämtliche Gesundheitsrisiken abdecken, oder es werden für diese prohibitiv hohe Preise (Prämien) verlangt. Dies hat zur Folge, daß Rationierung auch auf reinen Gesundheitsmärkten auftritt, da Versicherungen nicht bereit sind, sämtliche Leistungen im Gesundheitswesen zu finanzieren. Nur entscheiden in diesem Fall die Versicherungen gemäß Versicherungsvertrag über die Rationierung, nicht aber eine staatlich autorisierte Einrichtung.

Selbst wenn ein Individuum jede gewünschte Versicherung abschließen könnte, wird es dazu aufgrund der hohen Versicherungsprämie nicht bereit sein und exakt erwartete Nutzen und Kosten einer Versicherung kalkulieren. Insbesondere wird es sich für besonders kostspielige Behandlungen, wenn es deren Notwendigkeit als extrem selten ansieht, nicht vollkommen versichern. Tritt nun aber tatsächlich der Schadensfall ein, so wird das Individuum ex post feststellen, daß es sich selbst durch die konkrete Ausgestaltung des Vertrages rationiert hat.

Auf Märkten vollzieht sich eine umfassende Rationierung über die Zahlungsbereitschaft der Nachfrager. Diese bestimmt die effektive Nachfrage. Die Zahlungsbereitschaft der Nachfrager bestimmt sich aber über deren Vermögen. Wer kein Vermögen besitzt, hat keine positive Zahlungsbereitschaft, wird vollkommen rationiert und von Gesundheitsleistungen ausgeschlossen. Dies ist weder gerecht, da ein breiter Konsens darüber herrscht, daß zumindest eine Basisversorgung im Gesundheitswesen gewährleistet sein soll, noch effizient.

Daß eine Maximierung der Summe der Zahlungsbereitschaften im Gesundheitswesen zu keiner Maximierung der Summe der Nutzen im Sinne *Benthams* führt und damit aus Sicht des Utilitarismus ineffizient ist, soll an einem einfachen Beispiel verdeutlicht werden.

> Eine Drei-Personen-Gesellschaft besteht aus einem Millionär und zwei Habenichtsen. Alle drei haben eine schwere Lungenentzündung. Aber die drei verfügen nur über zwei Dosen eines hochwirksamen Antibiotikums. Dem schwerkranken Millionär würden die beiden Antibiotika mit geringster Wahrscheinlichkeit das Leben retten, den Habenichtsen mit Sicherheit schon eine einzige Dosis. Würde eine rein marktwirtschaftliche Lösung gemäß der Zahlungsbereitschaft realisiert, so werden alle drei mit hoher Wahrscheinlichkeit sterben. Würde man sich das Verteilungsprinzip der Utilitaristen zu eigen machen, so würden die beiden Habenichtse überleben.

Wir sehen, aus utilitaristischer Sicht ist die gesellschaftliche Zielsetzung der Maximierung der Zahlungsbereitschaften nicht effizient.

Selbst wenn sich die Gesellschaft im Gesundheitswesen für die marktliche Lösung aussprechen würde, muß sie in den Markt intervenieren, um eine Basisversorgung für die Armen in lebensgefährlichen Situationen zu sichern. Diese Intervention führt aber zwangsläufig zur Rationierung. Haben Individuen mit einem Krankenhaus einen Versorgungsvertrag abgeschlossen und werden sie wegen einer leichten, nicht lebensbedrohenden Erkrankung ins Krankenhaus eingeliefert, ist ihre Rationierung dennoch nicht ausgeschlossen, wenn der Staat z. B. lebensgefährlich Erkrankte einliefert, die keinen Vertrag mit dem Krankenhaus abgeschlossen haben. Der Staat zwingt damit die Krankenhäuser zur Vertragsverletzung und konfrontiert die Versicherten mit der Rationierung.

Schon dieses Beispiel zeigt, daß wir bei Produktion und Handel des Gutes Gesundheit keinen vollkommenen Markt haben, der Rationierung überflüssig macht. Es wird nämlich eine grundlegende Bedingung eines vollkommenen Marktes aufgehoben, die der vollständigen Vertragserfüllung.

Darüber hinaus existieren weitere Bedingungen des vollkommenen Marktes, die hier nicht erfüllt werden. Es bestehen immense Informationsdefizite auf dem Markt für Gesundheitsgüter, sei es über den Nutzen der Güter und Dienstleistungen oder auch über die Verläßlichkeit der Anbieter. Insbesondere verfügen die Ärzte auf diesem Markt über eine Schlüsselposition. Sie bestimmen aufgrund ihres Informationsvorsprunges die Nachfrage im weiten Umfang, so daß man von anbieterinduzierter Nachfrage sprechen kann, die zu einer künstlichen Rationierung führt. Diese Marktmacht der Ärzte wird durch die unzureichende Beweglichkeit in der Nachfrage weiter gestärkt, da die Patienten aufgrund von persönlichen Präferenzen nur ungern den Arzt ihres Vertrauens wechseln. Des weiteren sind die oligopolistischen Strukturen im Pharmabereich zu erwähnen.

All diese Marktunvollkommenheiten bedingen, daß der Preis seine Koordinationsfunktion auf dem Markt für Gesundheit nicht erfüllt, vom Gleichgewichtspreis abweicht und eine Rationierung des Gutes Gesundheit entsteht.

Dieser Prozeß wird verstärkt, wenn der Staat aus Gerechtigkeitsüberlegungen in das System interveniert und eine kostenlose Inanspruchnahme von Leistungen im Rahmen der gesetzlichen Krankenversicherung ermöglicht. Dies führt zur Null-

Kosten-Mentalität und damit zur Rationierung, da dem kostenlosen Angebot eine nicht zu sättigende Nachfrage nach dem Gut Gesundheit gegenübersteht.

Wir können das Fazit ziehen, daß Rationierung im Gesundheitswesen - selbst wenn wir sehr stark auf den Markt setzen - unvermeidlich ist. Dem wird entgegengehalten - insbesondere von der *Clinton* Administration bei ihren Vorschlägen zur Gesundheitsreform -, daß eine Rationierung überflüssig sei, da wir im Gesundheitswesen immense Verschwendung konstatieren können, deren Abbau ausreichend Spielraum für eine Vermeidung von Rationierung erlaubt.[2] Natürlich haben wir aufgrund falscher Anreize eine beträchtliche Verschwendung, z. B. bei Medikamenten mit ca. 7 Mrd. DM in der Bundesrepublik jährlich. Damit können wir das Problem der Rationierung aber nur kurzfristig umgehen. Der technische Fortschritt im medizinischen Bereich wird uns bald wieder mit der Rationierungsfrage konfrontieren, ob das, was medizinisch machbar ist, auch gesellschaftlich erwünscht ist.[3]

Des weiteren ist zu fragen, ob die Einsparungen im Gesundheitswesen nicht besser zur Beitragsentlastung verwendet werden sollten, damit andere Güter verstärkt in der Gesellschaft nachgefragt werden können. Und damit sind wir endgültig mit der Frage konfrontiert, was eine gesellschaftlich erwünschte Rationierung ist, und wie sie über kollektive Entscheidungsprozesse determiniert werden kann.

IV. Formen und Verfahren der Rationierung

Bevor wir uns den unterschiedlichen Verfahren der Rationierung zuwenden, ist es sinnvoll, sich vor Augen zu halten, welche schwerwiegenden ethischen Probleme mit einer Rationierung des Gutes Gesundheit verbunden sind. Folgende Aspekte werden u. a. von *Fleck* (1994b) S. 370 f. in diesem Zusammenhang angesprochen:

- einzelnen Individuen wird bewußt notwendige Hilfe versagt;
- ihre Unterlassung wird mit Zwang durchgesetzt und beruht nicht auf der freien Entscheidung der Betroffenen;
- Hilfe ist oft lebensentscheidend und ihre Unterlassung führt zu u. U. irreparablen Schäden;
- diejenigen, denen die Hilfe verweigert wird, sind oft die in der Gesellschaft am schlechtesten Gestellten im Sinne von *Rawls;*
- die unterlassene Hilfe erscheint den Betroffenen willkürlich, da oft reine allokative Effizienzerwägungen Anlaß der Rationierung sind;
- verantwortlich für die Rationierung und damit Benachteiligung bzw. Diskriminierung einzelner sind staatliche Institutionen, die eigentlich für eine Gleichbehandlung aller Individuen eintreten müssen;
- oft ist ein Arzt der Letztentscheidende, der sich von seinem Berufsethos her eigentlich unumschränkt für den Patienten einsetzen sollte.

Auch wenn all diese ethischen Bedenken in sich überzeugen, wird damit das Rationierungsproblem - wie oben aufgezeigt - nicht obsolet. Die Bedenken machen nur deutlich, welche hohen Anforderungen an einen rationalen Entscheidungsprozeß der Rationierung zu stellen sind.

---

2 Siehe dazu kritisch *Lamm* (1994).

3 Siehe dazu ausführlich *Schmidt* (1996) S. 421 ff., der mit Recht auf S. 424 die These vertritt: „Rationierung ist demnach nichts Neues; es hat sie immer gegeben, und sie läßt sich auch nicht vermeiden."

Nachdem wir die Unvermeidbarkeit von Rationierung im Gesundheitswesen aufgezeigt haben, geht es nun darum zu bestimmen, wie eine Rationierung institutionalisiert werden soll. Folgende Matrix zeigt das breite Spektrum der Ausgestaltung der Rationierung auf:

a) Rationierung auf der Mikro- versus Makroebene
b) Rationierung durch diskretionäre Entscheidungen versus generelle Regeln
c) Rationierung in Form von Individual- versus Kollektiventscheidungen

zu a: Bei der Rationierung können wir auf der Mikroebene ansetzen, indem wir auf den einzelnen Patienten bezogene Rationierungsvorschriften vorsehen. Z. B. könnte man vorschreiben, daß ein Patient nur dann Anspruch auf eine kostspielige Nierentransplantation hat, wenn der Arzt der Ansicht ist, daß die hohen Kosten der Transplantation gerechtfertigt sind. Wir könnten aber auch auf der Makroebene eine Rationierung realisieren, indem wir über die Krankenhausplanung nur eine beschränkte Kapazität von Einrichtungen zur Nierentransplantation schaffen oder die Bedingungen für Nierenspenden sehr restriktiv festlegen. Der grundlegende Vorteil der Steuerung über die Makroebene liegt darin, daß wir auf dieser Ebene über statistisches Leben und nicht über identifizierbares Leben entscheiden. Wenn wir z. B. die Ausgaben bei den Zentren für offene Operationen am Herzen kürzen, entscheiden wir nicht, daß die Lebenschancen einer bestimmten Person zerstört werden. Wir wissen lediglich, daß pro Jahr x % weniger Operationen vorgenommen werden können, so daß sich die Warteschlange für Herzoperationen verlängert und die Wahrscheinlichkeit steigt, daß mehr Personen die Wartezeit nicht überleben werden. Die Entscheidung auf der Makroebene läßt sich wesentlich besser politisch legitimieren, da man mit seiner Entscheidung nicht mehr für ein Einzelschicksal verantwortlich ist. Die Entlastungsfunktion statistischer Entscheidungen läßt sich an einem instruktiven Beispiel verdeutlichen, das nach meiner Kenntnis von *Rapoport* stammt.

> Während des Krieges soll ein Luftwaffengeschwader ein feindliches Schiff zerstören. Der Kommandant hat zwei Alternativen. Zum einen kann er ein Flugzeug losschicken, das exzellent ausgestattet ist und das gegnerische Schiff mit Sicherheit zerstört. Die Wahrscheinlichkeit aber, daß der Pilot zum Stützpunkt zurückkehren kann und überlebt, ist Null, da das Flugzeug aufgrund der umfangreichen Ausstattung keine ausreichende Tankkapazität besitzt. Zum anderen kann der Kommandant fünf leicht ausgestattete Flugzeuge ebenso erfolgreich einsetzen, mit dem Unterschied, daß mit Sicherheit mindestens zwei Flugzeuge vom Gegner abgeschossen werden. Bei der ersten Alternative stirbt mit Sicherheit nur ein Flieger, bei der zweiten mindestens zwei Flieger. Vieles spricht dafür, daß sich der Kommandant, um sich der Verantwortung zu entziehen, jemanden zum Tode zu verurteilen, für die zweite Alternative entscheidet und die Verantwortung so dem Schicksal überträgt.

Das Beispiel macht deutlich, daß wir der Delegation von Verantwortung bei riskanten Entscheidungen einen hohen Stellenwert zuordnen und ein System bereit ist, ineffiziente Entscheidungen bewußt in Kauf zu nehmen, um seine Legitimität nicht zu gefährden. Mit Recht kritisieren z. B. *Engelhardt/Rie* (1986) das Verhalten vieler Intensivstationen, die bereit sind, bei freien Kapazitäten auch hoffnungslose Fälle aufzunehmen - „first-come-first-served" Policy. Bei Vollauslastung weisen sie dann neue Patienten mit recht hohen Erfolgsaussichten bei einer intensivmedizinischen Betreuung zurück, weil die Ärzte nicht bereit sind, die hoffnungslosen Fälle ihrem Schicksal zu überlassen und von der Intensivmedizin zu verweisen, um freie Kapazitäten zu erhalten.[4]

Ein weiterer Vorteil auf der Makroebene liegt darin, daß unser Wissen auf der aggregierten Ebene wesentlich höher ist als auf der des einzelnen Individuums. Auf der Makroebene können wir aufgrund statistischer Gesetzmäßigkeiten relativ leicht Aussagen darüber machen, ob es effizient ist, mehr in die Prävention oder z. B. in die Nachbehandlung von Herzerkrankungen zu investieren.

Das Dilemma der Entscheidungen auf der Makroebene bleibt das Disaggregationsproblem. Wenn wir z. B. auf der Makroebene das Arzneimittelbudget um 10 % reduziert haben, muß dies auf der Mikroebene umgesetzt werden. Es wäre wenig effizient, wenn dies in der Form geschehen würde, daß bei allen Arzneimitteln jeweils eine 10 %ige Kürzung vorgenommen wird. Es liegt letztlich in der Entscheidung des Arztes, zu bestimmen, welche Kürzungen sich am besten rechtfertigen lassen. Würde aber für den Arzt keine Vorgabe auf der Makroebene existieren, stände er unter einem enormen Rechtfertigungsdruck, wenn er dem einzelnen Patienten begründen müßte, daß er ein teureres Arzneimittel nicht verschreiben darf.[5] Makrovorgaben entlasten. Dies wird besonders deutlich, wenn es um lebenserhaltende Maßnahmen geht. Kein Arzt ist psychisch in der Lage, einem Patienten zu sagen, er könne aus Wirtschaftlichkeitserwägungen das lebenswichtige Präparat nicht verschreiben. Der wesentliche Vorteil der Rationierung auf der Makroebene liegt in seiner Entlastungsfunktion für Entscheidungen auf der Mikroebene. Wird z. B. auf der Makroebene beschlossen, die Kapazitäten in der Intensivmedizin zurückzufahren, um einige Mrd. DM in diesem Bereich einsparen und den Ausbildungsbereich durch die frei werdenden Mittel verbessern zu können, schafft man mit dieser harten Restriktion eine Trade-off-Transformation.

Mußte der Arzt ohne Makrovorgabe Leben gegen Geld abwägen, transformiert sich die Entscheidung des Arztes durch die harte Restriktion auf das Abwägen von Leben gegen Leben. Er muß z. B. aufgrund der beschränkten Bettenkapazität entscheiden, welche Patienten auf der Warteliste er behandelt.

Wir sehen, daß bei der Rationierung Entscheidungen auf der Mikro- und der Makroebene notwendig sind. Wichtig ist dabei, daß beide Entscheidungsebenen sinnvoll verbunden werden. Insbesondere müssen auf der Mikroebene Anreize für die Entscheidungsinstanzen gesetzt werden, die für eine Umsetzung der Makrovorgaben sorgen. Z. B. wird über die Vorgabe eines Budgets für die Arzthonorare keine Kostendämpfung verwirklicht, wenn gleichzeitig über das System der Einzelleistungshonorierung bei den Ärzten Anreize zur Mengenausweitung gesetzt werden, um den durch die Budgetierung sinkenden Punktwert zu kompensieren. Dies führt nur zur Ausgabensteigerung bei den anderen von den ärztlichen Aktivitäten abhängenden Budgets, wie dem für Arzneimittel.

zu b: Sowohl auf der Makro- als auch auf der Mikroebene kann man mit diskretionären oder regelgebundenen Rationierungsvorschriften arbeiten. Von

---

4 Wenig überzeugend ist aber die Forderung von *Engelhardt/Rie* (1986) S. 1163, generell auch bei freien Kapazitäten hoffnungslose Fälle abzulehnen, da sonst eine fiktive Vollauslastung suggeriert würde, die im politischen Prozeß zu einer zu großen Ausweitung der Intensivmedizinkapazitäten führen würde.

5 Welche Legitimationsprobleme sich für einen Rechtsstaat aus solch einer Individualentscheidung ergeben würden, illustriert *Fleck* (1994a) S. 437 f.

diskretionärer Rationierung sprechen wir, wenn von Fall zu Fall entschieden wird, also jeder singuläre Fall für sich betrachtet wird. Regelgebundene Rationierung besagt, daß generelle nicht auf die einzelne Person abgestellte Vorschriften existieren. Solch eine Regel ist beispielsweise die Vorschrift, daß man nur noch zu einer Nierentransplantation zugelassen wird, wenn man das 65. Lebensjahr nicht überschritten hat. *Engelhardt/Rie* (1986) S. 1162 entwickeln ein nicht unumstrittenes Regelsystem für die Nutzung von Intensivstationen, bei dem sich die Aufnahme durch die Erfolgswahrscheinlichkeit der Behandlung, der qualitativen Verbesserung des Gesundheitszustandes durch die Behandlung und der zukünftigen Überlebenswahrscheinlichkeit im Verhältnis zu den Behandlungskosten bestimmt. Allgemeine Regeln sind demnach genereller Art und unpersönlich. Im Sinne von *Rawls* wird man sich unter dem Schleier des Nichtwissens vielleicht leichter auf allgemeine Regeln im Gesundheitswesen einigen, wenn man nicht weiß, ob man Bevorzugter oder Benachteiligter der Regel ist. Bei diskretionären Maßnahmen kann man prinzipiell das *Rawls*sche Konzept nicht anwenden. Regeln sind meist anonym. Entscheidungen werden auf allgemeine Normen zurückgeführt, so daß man für eine Entscheidung nicht eine bestimmte Institution verantwortlich machen kann, mit der man konkret konfrontiert wird. Es ist nicht der einzelne Verwaltungsangestellte, der einen Kostenzuschuß verweigert. Seine Verwaltungsvorschriften schließen den Zuschuß aus. Gerade unter dem Aspekt rationalen Handelns im Sinne *Webers* sind Regeln und Normen zu begrüßen. Sie schließen willkürliche Entscheidungen aus und verhindern, daß sich der Entscheider nach seinen persönlichen Präferenzen ausrichtet. Insbesondere ist die Zulässigkeit von Regeln und ihre korrekte Einhaltung wesentlich leichter rechtlich zu überprüfen als diskretionäre Entscheidungen.

Regeln sind aber nur sinnvoll, wenn sie in sich konsistent sind, für einen gewissen Zeitraum Gültigkeit besitzen und nicht ständig revidiert werden. Dies ist aber oft nur schwer zu realisieren. In Zeiten permanenter technischer Neuerungen, grundlegend neuer Erkenntnisse, sowie einer sich fundamental ändernden Kostensituation im Gesundheitswesen, ist eine Konstanz der Regeln weder sinnvoll noch realisierbar, und es kommt zu einer diskretionären Durchsetzung des Regelwerkes. Dies ist auch oft durchaus erwünscht, denn Individuen sind komplex und von Fall zu Fall so unterschiedlich, daß allgemeine Regeln oft der individuellen Situation eines Kranken nicht gerecht werden und auf die spezifischen Kenntnisse des Arztes zurückgegriffen werden muß, der ein besonderes Vertrauensverhältnis zum Patienten aufgebaut hat.[6]

zu c: Damit sind wir schon bei dem letzten Aspekt, ob der betreuende Arzt oder eine kollektive Einrichtung über die Rationierung befinden soll. Relativ leicht läßt sich die Frage für die Makroebene beantworten. Für sie müssen nach unserem Demokratieverständnis kollektive Entscheidungsorgane vorgesehen sein. Aber bei kollektiven Entscheidungen ergeben sich bei der Aggregation der individuellen Vorstellungen der Bürger immense Schwierigkeiten. So müssen erst einmal die Vorstellungen der Bürger über den Wert von Gesundheitsleistungen eruiert werden. In der Gesundheitsökonomie werden dazu drei unterschiedliche Verfahren zur Bestimmung des Wertes von Gesundheitsleistungen diskutiert.

Zunächst ist der Humankapital-Ansatz anzuführen, für den kennzeichnend ist,

6 Die Nachteile regelgebundener ärztlicher Entscheidungen werden z. B. ausführlich behandelt von *Hall* (1994). Unter dem Legitimationsaspekt ist in diesem Zusammenhang besonders die Untersuchung von *Goold* (1996) instruktiv.

daß bei ihm die Wertschätzung der Gesundheit eines Individuums sein Beitrag zur Wohlfahrt der Gesellschaft ist, der anhand seines Beitrages zum Bruttosozialprodukt bestimmt wird.[7] Bei diesem Ansatz in Form des cost illness approaches wird zwischen den indirekten Kosten der Krankheit, gemessen durch den damit verbundenen Einkommensverlust, sowie den direkten Kosten, denen der Kosteneinsparungen im Gesundheitswesen, unterschieden.

Gegen dieses Konzept ist aus ethischer Perspektive einzuwenden, daß hier das Individuum völlig instrumentalisiert wird. Der Gesundheitszustand von Personen, die keinen Beitrag mehr zum Sozialprodukt leisten können, wie z. B. Rentner, wird völlig negiert.

Auch wenn dieser Ansatz häufig bei der Evaluierung von Gesundheitsmaßnahmen verwendet wird, da er relativ leicht anwendbar ist, spricht gegen ihn, daß der individuelle Nutzen, den Gesundheit dem einzelnen stiftet, völlig vernachlässigt wird. Dieser Aspekt wird aber von dem Ansatz berücksichtigt, der auf der Zahlungsbereitschaft der Betroffenen aufbaut. Die Individuen geben dabei ihre fiktive Zahlungsbereitschaft unter der konditionalen Prämisse an, daß sie die Kosten im Gesundheitsbereich voll tragen müssen. Gegen diesen Ansatz ist aber aus ethischer Sicht einzuwenden, daß die Wertschätzungen der Individuen mit ihren jeweiligen Vermögenspositionen gewichtet werden. Individuen ohne Vermögen können, da sie über keine Zahlungsbereitschaft verfügen, ihre starken Präferenzen für eine Gesundheitsmaßnahme bzw. gegen eine Rationierung nicht einbringen. Gerade, wenn eine ungerechte Verteilung vorliegt, ist dieser auf die Maximierung des gesellschaftlichen Wohlstandes ausgerichtete Ansatz ebenso abzulehnen, wie die oben dargestellte reine Marktlösung.

Deshalb wird bei einer dritten Konzeption vorgeschlagen, die Nutzenbewertung der Individuen ohne Gewichtung zur Beurteilung zu verwenden. Bei dieser als Qualy-Approach bezeichneten Methode existieren verschiedene Varianten, die es sämtlich ermöglichen, die ordinalen Nutzenvorstellungen zu quantifizieren und zu aggregieren.[8]

Das grundlegende Dilemma all dieser unterschiedlichen Bewertungsverfahren liegt darin, daß sie unterstellen, die Individuen seien bereit, ihre wahren Präferenzen zu artikulieren. Dieses Problem stellt sich aber nur eingeschränkt bei dem ersten Ansatz, bei dem man über den Markt Löhne und Preise bestimmen kann. Bei den anderen beiden Ansätzen ist zu befürchten, daß die Befragten ihre Informationen strategisch verzerren, um nicht gemäß ihrer wahren Präferenzen zur Finanzierung im Gesundheitswesen herangezogen zu werden. Des weiteren verlangen die Befragungen einen hohen Informationsstand der Befragten. Es lohnt sich aber für den einzelnen nicht, viel Zeit und Geld für die Verbesserung seines Informationsstandes aufzuwenden. Meist sind die Bewertungen so schwierig, daß überhaupt nur Experten in der Lage sind, eine angemessene Bewertung vorzunehmen.

Damit stellt sich das Problem des adäquaten Entscheidungsprozesses als das der richtigen Auswahl der Experten und des richtigen Verfahrens der Entscheidungsfindung, zu denen es eine Vielzahl von Detailvorschlägen gibt, auf die hier nicht eingegangen werden kann, dar.

---

7 Siehe dazu ausführlich *Breyer/Zweifel* (1997) S. 29f.
8 Eine Darstellung der verschiedenen Alternativen findet man z. B. bei *Fabian* (1994).

Unter dem Aspekt der Rationierungsentscheidung ist vor allen Dingen zu prüfen, ob Sachverständigenkomitees nicht im Sinne der Gesellschaft verzerrte Entscheidungen treffen, indem sie z.B. eine zu hohe Risikoneigung offenbaren, da nur das Kollektiv, aber nicht der Einzelne letztlich für eine Entscheidung verantwortlich ist, d. h. man von einer kollektiven Verantwortungslosigkeit sprechen kann. Auch können solche Gremien mit der Zeit eine gewisse Beharrungstendenz aufweisen und gegenüber Verbesserungsvorschlägen, insbesondere der Anbieterseite im Gesundheitswesen, ablehnend eingestellt sein.

Andererseits ist zu erwarten, daß die Anbieterseite starken Einfluß auf die Sachverständigenkommissionen ausüben und versuchen wird, ihre Interessen konsequent in den Gremien durchzusetzen. Für ein Komitee spricht aber, daß man in ihm das weitgestreute Wissen in der Gesellschaft konzentrieren und so eine hohe Entscheidungskompetenz realisieren kann.

Dieses Argument gilt aber nicht unbedingt für die Rationierungsentscheidung auf der Mikroebene. Hier kann der betreuende Arzt aufgrund seines idiosynkratischen Wissens einen Informationsvorsprung besitzen, über den externe Sachverständige nicht verfügen. Dennoch ist es problematisch, den einzelnen betreuenden Arzt allein entscheiden zu lassen, ist er doch einem besonderen Druck durch den Patienten ausgesetzt. Gerade bei Individualentscheidungen besteht die Gefahr, daß die persönlichen Präferenzen des Arztes stärker durchschlagen als die Sachnotwendigkeit. Bei seiner Entscheidung helfen dem einzelnen Arzt auch seine normativen Verpflichtungen wie der Eid des *Hippokrates*. Mit Recht weist *Schmidt* (1996) S. 425 darauf hin, daß Leitsätze wie: „Das Wohl des Patienten ist oberstes Gesetz!" oder „Nichts ist wichtiger, als dem Kranken keinen Schaden zuzufügen!" wenig hilfreich sind. Sie reduzieren das Problemfeld auf die bilaterale Interaktion zwischen Arzt und Patient. Dies ist aber die falsche Entscheidungsperspektive. Es geht um die multilaterale Interaktion zwischen Arzt und Patienten, um ein Verteilungsproblem zwischen den Patienten, wie dies z. B. spieltheoretisch von *Clark* (1995) analysiert wird. Der Arzt kann seine Distributionsentscheidung nicht anhand bilateraler Prämissen festmachen. Hier versagen die klassischen normativen Vorgaben.

Selbst wenn der kollektive Entscheid über eine Rationierung rational ist, muß auf den gravierenden Konflikt zwischen den gesellschaftlichen Zielen Freiheit und Gleichheit hingewiesen werden. Ein Grundanliegen der Rationierung ist es, allen Individuen unabhängig von deren finanzieller Situation bei beschränkten Ressourcen für den Gesundheitsbereich ein gleiches Versorgungsniveau zu ermöglichen. Da man sich bei der Rationierung nicht an der höchsten Zahlungsbereitschaft ausrichtet, sondern eher an einer durchschnittlichen eines repräsentativen Nachfragers, werden einige Personen existieren, denen das kollektiv bestimmte Leistungsangebot nicht ausreicht und die sowohl bereit als auch in der Lage sind, ein höheres Leistungsangebot nachzufragen und zu finanzieren. Dies würde aber zu einer Zweiklassenmedizin führen und dem Prinzip der Gleichbehandlung widersprechen. Z. B. könnten sich Nachfrager nach Nieren - wie es ja schon weltweit geschieht - diese auf privatem Wege besorgen und sich dann operieren lassen, was zu einer Ungleichbehandlung von Reich und Arm führen würde. Dies könnte der Staat zum Teil dadurch unterbinden, indem er im Operationsbereich ein staatliches Monopol erwirbt und die Transplantierung privat erworbener Nieren verweigert. Ein anderer unter dem Ziel der Freiheit sehr problematischer Lösungsansatz wäre das Verbot des privaten Handels mit Nieren.[9]

V. Schluß

Anliegen des Beitrages war aufzuzeigen, daß Entscheidungen im Bereich des Gesundheitswesens letztlich auf der Erkenntnis des ökonomischen Ansatzes aufbauen müssen, damit sie rational sind und zu keiner unnötigen Verschwendung führen. Gerade im Bereich des Gesundheitswesens, in dem es oft um Leben und Tod geht, wäre eine Verschwendung ethisch nicht zu rechtfertigen. Der ökonomische Ansatz liefert aber keine ohne weiteres anwendbaren Patentlösungen. Als Beispiel wurde aufgezeigt, wie schwierig und komplex die Ausgestaltung eines rationalen Verfahrens der Rationierung ist. Ziel dieses Beitrages war es nicht, Patentlösungen für die Rationierung im Gesundheitswesen aufzuzeigen. Es gibt sie nicht. Vielmehr sollte auf einen Problembereich hingewiesen werden, der weitgehend tabuisiert bzw. mit dem Hinweis auf Kostenreserven als irrelevant gekennzeichnet wird. Des weiteren sollten Ansatzpunkte für eine rationale Diskussion aufgezeigt werden.

Bei unserer Diskussion haben wir einen wichtigen Bereich der Rationierung völlig vernachlässigt: Die Rationierungsentscheidung des Patienten. Es geht um die Frage, inwieweit der Patient selbst entscheiden soll, ob eine Behandlung vorgenommen wird, die z. B. für ihn sehr schmerzhaft ist, seine Lebenserwartung nur geringfügig erhöht und lediglich zur Verlängerung eines schmerzhaften, oft nicht mehr gewollten Lebens führt. Damit stellt sich ein neues Zuordnungsproblem: Welche Institutionen sind legitimiert, über Rationierung in einem System der freien Individualentscheidung zu disponieren?[10]

---

9 Inwieweit eine Freiheitsbeschränkung gerechtfertigt ist und inwieweit effizientere Allozierungsmechanismen existieren, untersucht *Trebilcock* (1993) S. 29 ff.

10 Siehe dazu z. B. *Engelhardt* (1990) S. 302 ff.

LITERATUR

Breyer, F. / Zweifel, P. (1997) : Gesundheitsökonomie, 2. Aufl., Berlin u.a.

Clark, D. (1995): Priority setting in health care: An axiomatic bargaining approach, in: Journal of Health Economics, Vol. 14, S. 345-360.

Engelhardt, H. T. (1990): Die Einführung von Zugangsbeschränkungen für kostenintensive lebensrettende medizinische Behandlung, in: *Ch. Sachße, H.T. Engelhardt* (Hrsg.): Sicherheit und Freiheit: Zur Ethik des Wohlfahrtsstaates, Frankfurt, S. 289-312.

Engelhardt, H. T. / Rie, M. A. (1986): Intensive Care Units, Scarce Resources, and Conflicting Principles of Justice, in: Journal of the American Medical Association, Vol. 255, S. 1159-1164.

Fuchs, V. R. (1996): Economics, Values, and Health Care Reform. in: American Economic Review, Vol. 86, S. 1-24.

Fabian, R. (1994): The Qualy-Approach, in: *G. Tolley, D. Kenkel, R. Fabian* (eds.), Valuing Health for Policy - An Economic Approach, Chicago and London, S. 118-136.

Fleck, L. M. (1994a): Just Caring: Health Reform and Health Care Rationing, in: Journal of Medicine and Philosophy, Vol. 19, S. 435-443.

Fleck, L. M. (1994b): Just Caring: Oregon, Health Care Rationing, and Informed Democratic Deliberation, in: Journal of Medicine and Philosophy, Vol. 19, S. 367-388.

Goold, S. D. (1966): Allocating Health Care: Cost-Utility Analysis, Informed Democratic Decision Making, or the Veil of Ignorance?, in: Journal of Health Politics, Policy and Law, Vol. 21, 69-98.

Hall, M. A. (1994): The Problems with Rule-Based Rationing, in: Journal of Medicine and Philosophy, Vol. 19, S. 315-332.

Lamm, R. D. (1994): Rationing and The *Clinton* Health Plan, in: Journal of Medicine and Philosophy, Vol. 19, S. 445-454.

Richards, J. R. (1996): Nephrarious Goings on - Kidney Sales and Moral Arguments, in: Journal of Medicine and Philosophy, Vol. 21, S. 375-416.

Schmidt, V. H. (1996): Veralltäglichung der Triage, in: Zeitschrift für Soziologie, 25. Jg., S. 419-437.

Trebilcock, M. J. (1993): The Limits of Freedom of Contract, Cambridge, Massachusetts, and London 1993.

Literatur

[illegible] (1997): Gesundheitsökonomie, 2. Aufl., Berlin [illegible]

[illegible] (1995): Priority setting in health care: An economic bargaining approach, in: Journal of Health Economics, Vol. 14, [illegible]

[illegible]: [illegible] Behandlung, in: [illegible]

[illegible] Conflicting Principles of [illegible], in: Journal of the American Medical Association, Vol. 255, S. 1159–1164.

[illegible]: [illegible], Values, and Healing [illegible]

[illegible] (1989): The [illegible] Approach, in: [illegible] Making Health Care Policy: A [illegible] Approach, [illegible]

[illegible]

[illegible]

[illegible] (198?): [illegible] Utility Analysis, [illegible] Decision Making, or the Veil of Ignorance [illegible], in: Journal of Health Politics, [illegible]

[illegible] (1994): The Problems with [illegible]-Based [illegible], in: Journal of Medicine and Philosophy, Vol. 19, S. [illegible]

[illegible] (197?): Rationing and [illegible] Health [illegible], in: Journal of Medicine and Philosophy, Vol. [illegible]

[illegible]

[illegible]

[illegible] (19??): The Limits of Freedom of Contract, Cambridge, Massachusetts, and London 19??.

The moral rights of the embryo

Zbigniew Szawarski

The question concerning the moral rights of the embryo is, indeed, the question of its moral status. If it has any moral rights they should be firmly protected. If it has not, then it seems there is no problem in justifying abortion, artificial procreation, or research and experimentation on human embryos. I am going to show that the language of rights is not the most appropriate language to apply in discussion of the moral status of the human embryos. The fundamental problem in any moral debate on the human embryo is not the question what sort of being is it or what its moral status is, but a much more practical issue, namely: what can we do with or to the human embryo? How should it be treated both *in vivo* and *in vitro*? Is it acceptable to create human embryos for research only? Is it permissible to freeze and store them until someone (who?) decides to use them? How about selective termination of multiple pregnancy? It is not my aim to discuss and decide those problems. I shall be satisfied if I convince you that we can neither analyze, nor sort them out by using the language of rights.

The structure of my paper is simple. I shall begin with the presentation of some basic biological facts, then I introduce and discuss the concept of rights, particularly with regard to the concept of human potentiality. In the final part of my paper, I will offer an alternative approach to the problem.

The natural history of the human embryo

Though modern embryology provides a clear description and explanation of different stages in our prenatal life there is no international standard terminology denoting all the particular stages. That which is called *a zygote* in Canada or Poland, becomes *a pre-embryo* in the United States, and *embryo proper* or simply *embryo* in Britain[1]. The word „foetus" which was used typically as a synonym of „embryo" stands now for the final stage in embryonic development. However, there is common consent concerning the chronology of human development[2].

1 Z. *Szawarski*, Talking about Embryos, in *D. Evans* (ed.), Conceiving the Embryo, Martinus Nijhoff Publishers, The Hague, London, Boston 1996, pp. 123-125.

2 Cf. *P. R. Braude, M. H. Johnson*, The Embryo in Contemporary Medical Science, in *G. R. Dunstan* (ed), The Human Embryo. Aristotle and the Arabic Traditions, University of Exeter 1990, pp. 208-221 and *M. J. Seller*, The Chronology of Human Development, in *G. R. Dunstan, M. J. Seller*, The Status of the Human Embryo, King Edward's Hospital Fund for London 1988, *M. J. Seller*, The Human Embryo: A Scientist's Point of View, Bioethics, 1993, Apr. vol. 7, pp. 135-140.

TABLE 1
Chronology of Human Development

Days	Size	Developmental event	Developmental period
1	0.1 mm	Fertilization	
2		Cleavage	
4		Morula	Pre-embryonic
5		Blastocyst	
7	0.1 mm	Implantation	
14		Gastrulation	
15	1.5 mm	Organogenesis begins	Embryonic
8 wks.	30 mm		
9 wks.	40 mm	Growth	Fetal
38 wks.		Birth	

My suggestion is to follow the proposed chronology. Therefore, I will use the words *zygote* or *pre-embryo* for denoting the first 14 days of life of the fertilized egg, *embryo* to denote the stage between implantation and the end of organogenesis, and *foetus* for denoting the human organism in the final 30 weeks of gestation. And this is precisely the point at which the problem of the moral status of the foetus arises. If human life is a continuum as modern biology claims, two possible moral arguments can be launched: a) human life has exactly the same value whatever the stage of its development, b) the value of the human life depends upon its developmental stage.

If one chooses the first option then one normally would argue that there is no morally relevant difference between the human zygote, human embryo, human foetus, the infant, or the adult person. Killing a human person is always wrong whatever the stage of its development. So if every human person has a right to life, it means that every human zygote, embryo, or foetus has the same right to life.

The second option assumes that although our biological life is a continuum, nevertheless there are some morally important stages or events in that continuum. It is quite possible that at one developmental stage human life has no special value, and at another more advanced stage it suddenly becomes something important, valuable, sacred. The question of whether it is the moment of implantation, sentience, quickening, viability or birth is quite irrelevant here. The point of the argument is that there is always a certain feature Q that is morally relevant and it is not the fusion of two human gametes at the moment of conception. The human organism has to reach a certain stage of growth before it can acquire any moral value or rights.

There is at least one discovery of modern embryology that can be employed to challenge the first option and move our individual beginnings on to a later stage. This is the discovery of the biological properties of the human zygote.

The history of the human zygote begins at the moment of conception and ends at the moment of implantation. It takes only 336 hours. We know that at the moment of conception two genetically unique sets of chromosomes merge to form a new and unique genetic structure. It does not mean however that it is precisely the moment when the individual human person comes into existence. The first obvious sign of successful fertilization is the formation of two discrete areas within the egg (so called pronuclei) which contain the maternal and paternal chromosomal material. About 24 hours later the dividing membrane breaks and the two sets of chromosomes merge. The one cell egg divides to yield two cells and then cleavage divisions follow at about 12 hourly intervals. However, what is most important at this stage is the fact that all individual cells (blastomeres) have exactly the same biological properties and each of them has the capacity to form an entire individual. Embryology calls this phenomenon *totipotentiality*. Approximately 120 hours later, at the stage of the mörula, the cells cease to be totipotential and the process of fusion and differentiation begins. The outer cells will contribute to the placenta, the inside cells will form the inner mass cells which develop later into the embryo proper. All this process occurs when the zygote is drifting free from the Fallopian tubes to the uterus and is not yet attached physically to the mother.

The fact of totipotentiality of the early cells has immense philosophical implications. If the two cells resulting from the first division are totipotential, *i.e.* they have exactly the same sets of chromosomes, and can develop into two identical persons (monozygotic twins), then it is difficult to convincingly explain what the relation is between the original single cell and the two totipotential cells. Having assumed for a while that the one cell human zygote is an individual human being (an individual person) - and this is a traditional Roman Catholic position - we cannot explain how it is possible that the original one cell zygote (let's call it *Thomas*) has suddenly been transformed into *Peter* and *Paul*. Does it mean that *Thomas* has died whilst *Peter* and *Paul* have been born? Or perhaps the original *Thomas* is still alive and it is only *Peter* who has come into being. The original totipotentiality of zygotic cells calls into question the claim that we are human individuals from the moment of fertilisation. In trying to reconstruct our individual history, we can trace it back only to the moment of implantation, but not before. It is simply impossible to know which of the many totipotential pre-implantation cells will develop into placenta and membranes and which will form the embryo proper.

This is not the only[3] but certainly the most powerful argument to challenge the moral significance of fertilization. But having rejected the first option we have not yet found any conclusive reasons to ascribe moral rights to unborn human beings. We cannot decide that issue unless we know more about rights.

Rights

Although there is no universally accepted theory of rights, and the proposed theories substantially differ, nevertheless all the theories have certain features in common[4]. They normally grant rights to individuals only, they assume that rights are always in a specific relationship with obligations, and they suppose that rights impose a

3 Cf. *C. A. Bedate*, *R. C. Cefalo*, The Zygote: To Be or Not to Be a Person, The Journal of Medicine and Philosophy, 14: 641-645, 1989 and *N. Ford*, When did I begin?, Cambridge University Press 1988.

4 Cf. first of all *S. I. Benn*, A Theory of Freedom, Cambridge University Press 1988, *R. B. Brandt*, Ethical Theory, Prentice Hall, Englewood Cliffs, N. J. 1959, *R. M. Dworkin*, Taking Rights Seriously, Cambridge, Mass. Harvard University Press 1977, *J. Feinberg*, Rights, Justice, and the Bounds of Liberty; Essays in Social Philosophy, Princeton, N.J. Princeton University Press 1983, *M. A. Glendon*, Rights Talk: The Impoverishment of Political Discourse, New York, Free Press 1991, *H. L. A. Hart*, Are There Any Natural Rights? Philosophical Review 1955, vol. 64, no. 2, pp. 175-191, *T. Regan*, The Case for Animal Rights, Berkeley, University of California Press 1983, *J. J. Thomson*, The Realm of Rights, Cambridge, Mass. Harvard University Press 1990. *J. Waldron*, Theories of Rights, Oxford University Press 1984.

special relation between the individual and other possible agents. The nature and the grounds of that relation are controversial and depend upon the particular theory of rights. *Joel Feinberg*, for example, defines a right as a valid claim, *H. L. A. Hart* suggests that a right is a protected choice, *Neil MacCormick* defines a right as a protected interest, and *R. Dworkin* analyzes the role of rights in practical discourse stressing the overriding („trumping“) nature of individual rights against social utility. Whatever the particular theory of rights a distinction between positive and negative rights is usually accepted. *X* has a positive right to *P* if and only if *Y* has a positive obligation to do something with respect to *P*. For example, if *X* has a right to health care, then there is someone *Y* who has an obligation to provide *X* with such services. *X* has a negative right to *P*, if and only if *Y* has a negative obligation with respect to *P*. For example if *X* has a right to privacy, *Y* has a moral obligation not to do anything that could violate *X*'s privacy. The distinction is not always sharp and clear and sometimes the same moral right can be interpreted both as a positive and negative one. If *X* has a right to life it can mean both that *Y* has a moral obligation to help *X* if his life is in danger, or that he has a moral obligation to refrain from any acts that could jeopardize *X*'s life.

It is not hard to notice that a paradigmatic bearer of rights is an adult human person. One cannot have a right unless one is a free individual who has some interests and can be harmed. If a being is not able to exercise its freedom nor has any interests, it is problematic to accord it any rights. This is the situation of human zygotes, embryos, foetuses, PVS or demented patients, dead bodies and animals. *J. Feinberg* is one of the very few philosophers who tries to extend his theory of rights to cover animals by introducing a concept of the proxy, *i.e.* someone who can speak for animals. But even this solution is not viable unless there is strong evidence that animals have interests. *Feinberg* has no doubts that animals as beings capable of having their own „good“ can therefore have interests, but he is very sceptical of whether we can reasonably talk about interests, and consequently rights, of „human vegetables“, *i.e.* those people who are in the persistent vegetative state (with irreversible brain damage and without any chance of cure). „If redwood treses and rosebushes cannot have rights neither can incorrigible human vegetables“[5]. The status of the foetuses, he says, is different because although they have no actual interests at the moment of, or soon after conception, they may nevertheless acquire some interests in the future; and they indisputably have a capacity to feel pain. Therefore it is still sensible to talk about the actual or at least potential interests of embryos. It is not however clear how potential interests can imply having actual rights, and one can still argue that there is a morally relevant difference between having actual and potential rights.

---

5 *J. Feinberg*, The Rights of Animals and Unborn Generations, in his, Rights, Justice, and the Bounds of Liberty; Essays in Social Philosophy, Princeton, N. J. Princeton University Press 1983, p. 177.

So we have the four standard arguments for attributing moral rights to the human foetus (and here I am using the term „foetus“ in its broad meaning to cover all stages of human embryonic development):

1. The foetus has a moral right because from the moment of conception it is *a human being*. It is a human being because it has been conceived by human parents.
2. The foetus has a moral right because from the moment of conception it is *a human person*. If one is a human person then *a priori* one has moral rights.
3. The foetus has a moral right because of some *developmental properties* (e.g. sentience). If it is capable of suffering which perhaps we could claim that it has a right not to suffer.
4. The foetus has a moral right because of *the presence of human potential*. And human potential is simply a capacity of becoming a human person in the future.

I am not sure however that all these arguments are essentially valid. The first argument assumes that if a being has human DNA then it has a right to life. What is so special in human DNA that having it is identical with possessing a right to life? What is wrong with the argument that if a being has a wolfish DNA then it has a right to life. Why should one think that human DNA has that special moral quality which other species' DNA lacks? How about the healthy or morbid parts of the human body? If it is a human kidney then it has a right to life but if it is tumour it has not? Is this not odd? Some philosophers would argue of course that it is quite plausible that certain beings like dolphins, hominid apes, or extraterrestrials can have valid claims though they certainly have no human DNA in their cells. Statements of facts do not logically entail statements of value. So the argument from genetics has no moral relevance in attributing any moral rights to the human beings.

The second argument is also vulnerable to criticism. We have already challenged the claim that the foetus is a human individual from the moment of conception. But even if we admit that our individual biological history begins with the moment of implantation it is not enough to prove that it is precisely that moment when we are born as human persons. The concept of a person is extremely ambiguous, fuzzy, and difficult to define and I doubt if it is wise to use that concept in the context of reproductive ethics[6]. What is the moral status of a frozen extracorporeal human embryo? Is it a frozen person or a frozen thing? Do frozen persons have the same right to life as living ones? Again, I find the language of such a debate bizarre.

The third argument is more interesting as it grounds the right to life in a developmental property of the foetus. If it is capable of suffering pain then perhaps it has a right to life. If not, perhaps there is nothing wrong in destroying it. However, we are not morally obliged to choose sentience as *the* criterion for having moral rights. What is wrong with appealing to quickening, viability, or the birth of the foetus? Moreover, even if we decided that it is the development of a brain and a capacity to feel pain which is the necessary condition of having rights we would still have a problem with the practical application of that criterion. Experts strongly disagree on the question of whether the foetus feels any pain at all, and if it does what the moral implications of that fact are in clinical practice[7].

---

6 Cf. *R. M. Hare*, Abortion and the Golden Rule, in his Essays on Bioethics, Clarendon Press, Oxford 1993, pp. 149-152 and *A. Oxenberg Rorty*, Persons and Personae, in *Ch. Gill* (ed), The Person and the Human Mind, Clarendon Press, Oxford 1990.

7 Education and Debate, Do fetuses feel pain? British Medical Journal vol. 313, 28 Sept. 1996, pp. 795 et seq.

The most promising approach seems to be that which employs the concept of human potential or potentiality. And I am, indeed, ready to admit that even a zygote can be a potential human being or a potential person. However, this is a very subtle argument and its validity depends directly on the interpretation of the concept of potentiality.

POTENTIALITY

The sentence „*X* has a potential for becoming *Y*" is not clear unless the possible substitutions for *X* and *Y* are explained, together with the question of what potential is, and what is the relation between *X* and *Y*. If we are saying that *X* has a potential for becoming *Y* we usually mean that it is possible (or probable) that *X* will become *Y* or that there is a special disposition *d* such that if *X* has *d* then *X* will become *Y*. Whatever interpretation we shall choose we are left with the problem of further clarification of what possibility means and how to understand disposition. So let's begin with the concept of possibility.

There are different kinds of possibility. Leaving aside the question of logical possibility (*p* is logically possible if it does not entail a contradiction) I shall use *Ian Hacking's* theory of possibility[8] and distinguish theoretical and practical possibility. They are usually expressed in different grammatical form:

T: It is possible *that p*.

P: It is possible *for X* to become *Y*.

T_1. It is theoretically possible that *p* if there are no empirical reasons to deny that *p*.

The substitution for *p* is a sentence expressed in the indicative mood. So it is theoretically possible that there is a life on Mars though so far we have no conclusive evidence that *p* is true but at the same time we cannot prove it is false. Perhaps one day when it is technologically possible to land on Mars, we would be able to conclusively confirm our claim. At the present stage of knowledge we can say only that we have no good empirical (scientific or epistemic) reasons to exclude the possibility of life on Mars.

P_1. It is practically possible for *X* to become *Y* if there is practically nothing that absolutely prevents *X* from becoming *Y*.

This kind of possibility concerns not sentences but agents and actions. So it is practically possible for a caterpillar to evolve into a butterfly if it is not eaten before by a blue tit. And it is practically possible for John to write his PhD dissertation in time if he can find enough time and energy to concentrate on his work and if nothing happens that might destructively interfere with his creative activities. The fundamental difference between both kinds of possibility is evident. Practical possibility does not entail theoretical possibility. It is certainly practically possible for me to win a million in the national lottery but it is not theoretically possible that I will if, for moral reasons, I never gamble.

Now if we employ that distinction to the problem of human potential the original statement „*X* has a potential for becoming *Y*" can be translated into two grammatically different sentences:

8 *I. Hacking*, All Kinds of Possibility, Philosophical Review, vol. 84, 1975, pp. 321-337 and Possibility, Philosophical Review, vol. 75, 1967, pp. 143-168.

It is possible that *X* will become *Y*.
It is possible for *X* to become *Y*.

If we substitute for *X* - a human zygote, and for *Y* - a human person, we shall have:

T: It is possible *that* a human zygote will become a human person.
P: It is possible *for* a human zygote to become a human person.

It is impossible to deny *that*, other things being equal, a human zygote will evolve gradually into a human being or a human person. We know from biology that our life is a process. We know pretty well what happens at the beginning and in the different stages of that process. And we know very well that not every zygote will evolve into a human being or into a human person. But one thing is absolutely certain - it is theoretically impossible to be a human person unless one has a human body, and it is theoretically impossible to have a human body unless it has gradually developed from a zygote. Being a human zygote is a necessary but certainly not a sufficient condition for becoming a human person. So it is quite possible, theoretically, but absolutely not necessary *that* a human zygote will become a human person. It does not mean however that a human zygote *is* a human person. It is interesting, that this conclusion can be extended to other, sexually reproducing, species. For it is true that it is impossible to be a fully grown specimen of a species without going through all the stages of pre- and postnatal development.

The problem of the practical possibility of a human zygote is more complicated. We can say:

It is practically possible for a human zygote to become a human person if and only if there is practically nothing that absolutely prevents it from becoming a human person.

But it is not hard to notice that this explanation of human potentiality rests on several fundamental presuppositions. It presumes (1) that there is something in the zygote which triggers off and controls its development; (2) that there is an infinite number of constraints which may interfere into the process of its development and prevent it from transforming a zygote into a human person; and (3) that there have to be optimal conditions for the successful process of zygotic development.

The main difference between both kinds of possibility can be expressed in the following way. In the first case we simply know *that* normally a zygote will develop into an embryo, foetus, and at a certain time the growing organism will become a fully fledged human person. We record the connection between the earliest and the mature stage in the human life but there is nothing that entitles us to say that the human zygote is a potential human person. The practical possibility is stronger. It assumes much more than a continuation of biological development of the human organism. In a way, it presumes a certain logic and dynamism in becoming a human person. The zygote and the further embryonic development is perceived as a human person in *statu nascendi*. It is certainly practically possible for a zygote to become a human person and in this sense it can be correctly characterized as a potential person.

Dispositions

So far, using the concept of practical possibility we have proven that a zygote can be considered as a potential person. But the language of possibility does not explain just what is that „something in the zygote which triggers and controls its development". If the idea of a potential or potentiality is to have any sense, we must now explain what that mysterious property is which initiates and controls the development of the human organism. Can we identify it as *the* human potentiality? To answer this question we have to choose the right concept to describe and analyze that property. I think, that the best concept to do the job is the concept of disposition or dispositional property. I do not need to enter in this paper into the profound and fascinating debate on dispositions which has taken place in recent philosophical literature[9]. It will suffice if I submit a simple explanation of that concept to see if it can helpfully be employed in the discussion of human potentiality. I suggest the following understanding of disposition:

X has a disposition to *Y* if and only if *X* has a property *d* such that whenever a stimulus *S* occurs then, given the proper attendant circumstances *A*, it will produce a response *R*.

For example, sugar has a disposition to dissolve if and only if it has a chemical composition (*d*) such that whenever it is put into water (*S*) then, given the proper attendant circumstances *A*, it will dissolve (*R*). The clause „attendant circumstances" is weaker than „practically nothing that prevents it becoming *Y*" and its purpose is simply to characterize the optimal conditions of the test. Sugar will not dissolve in water if attendant circumstances are not proper, eg. if the temperature of the water is lower than 0°C. In saying that sugar has a disposition to dissolve we are saying simply that it is soluble, that it has a dispositional property of solubility or a potentiality to dissolve. The fact of putting sugar into water at the proper temperature, stirring it etc. initiates the actualization of its potentiality. In this sense, one can indeed say that sugar is soluble in virtue of its solubility and that means in fact that sugar is a potential sugar solution.

Can we use the same formula to explain the potentiality of the human zygote? Here the situation is more complicated because it is not entirely clear what constitutes the property *d*, what precisely is the original stimulus that initiates the process of actualization of the potentiality, what is the response, and what are attendant circumstances? In the case of sugar there was no problem as *d* was the chemical composition of sugar, *S* - the act of putting sugar into water and stirring it, *R* - the solution, and *A* - the proper temperature of water. In the case of human potentiality the issue is not as clear because each variable can be interpreted in several ways. Let us begin with the statement:

X has a disposition to become a human person if and only if *X* has a property *d* such that whenever a stimulus *S* occurs then, given the proper attendant circumstances

9 E.g. *R. Harré*, Powers, British Journal for the Philosophy of Science. vol. 21, 1970, pp. 81-101, *D. H. Mellor*, In defence of dispositions, in his Matters of Metaphysics, Cambridge University Press, Cambridge 1991, pp. 104-122, *E. W. Prior*, *R. Pargetter*, *F. Jackson*, Three Theses about Dispositions, American Philosophical Quarterly, vol. 19, 1982, pp 251-257, *J. Mackie*, Dispositions and Powers, in his Truth, Probability and Paradox, Oxford, Clarendon Press 1973, pp. 120-153, and first of all *D. M. Armstrong*, *C. B. Martin*, *U. T. Place* (ed. by *Tim Crane*), Dispositions. A Debate, Routledge, London and New York 1996.

A, it will become a human person (i.e. it will produce a response *R*).

It is evident that there are at least three possible substitutions for *X*: human gamete, human zygote, and frozen human zygote.

A. A human gamete has a disposition to become a human person if and only if it has a property *d* such that whenever it merges with another human gamete of the opposite sex then, given the proper attendant circumstances, it will become a human person.

B. A human zygote has a disposition to become a human person if and only if it has a property *d* such that whenever it happens to be in or is put into a human uterus then, given the proper attendant circumstances, it will become a human person.

C. A frozen human zygote has a disposition to become a human person if and only if it has a property *d* such that whenever it is properly defrosted, and put in a human uterus then, given the proper attendant circumstances, it will become a human person.

Though in each case the initial stimulus *(S)* and attendant circumstances vary, the final product is the same - a human person. The only other thing which seems to be unchanged is the disposition or dispositional property *d*. Does it mean that in each case (*A, B, C*) *d* stands exactly for the same property or do the properties vary according to the situation *A*, *B*, and *C*? This is the point we must now clarify. One can say that in the case of *A d* stands for a unique set of chromosomes and in the case of *B* and *C* it denotes a merger of two chromosome sets - one male and one female. But is it still the same disposition or two different dispositions? I think that it is still the same *two-stage disposition* which has two different *modi operandi* - the passive (stage one) and the active one (stage two). If it is in the passive *modus* nothing happens, a human gamete goes through its life cycle and dies. Something must happen to the human gamete to release its hidden possibilities but once it has happened (and that is precisely what happens at the moment of fertilization) then there is an explosion of life and a new being emerges and grows according to its inherent design. That is that „something in the zygote which triggers off and controls its development“. It is dormant in the individual human gametes, it bursts with the life activity when a sperm successfully penetrates a human ovum, and it is suspended in hibernation in the frozen zygote. We can call it the basis of the disposition[10]. And it is quite possible that it is a certain unique molecular structure but its ontological status is still extremely contentious[11]. The interesting thing is that we do not need to know exactly what constitutes the basis of a disposition to correctly apply a dispositional concept in everyday practice.

It is tempting now to say that this is precisely what we need to know to grant moral rights to the foetus. If something has a disposition to be a human person then *a priori* it has a right to life and it is morally wrong to destroy it. It is a version of the so called principle of potentiality which is normally expressed in the claim that it is morally wrong, other things being equal, to prevent potential people from becoming actual[12]. However, that might be too hasty and perhaps too strong a suggestion. If we bear in mind our distinction between passive and active dispositions, we have in fact two possible interpretations of our claim:

---

10 Cf. *Ch. L. Stevenson*, Ethics and Language, Yale University Press 1944, p. 50.
11 See first of all an excellent discussion by *Armstrong*, *Martin*, and *Place*, op. cit.
12 *R. M. Hare*, op. cit. pp. 154-155.

If X has a passive disposition to become a human person, then X has a right to life.

If X has an active disposition to become a human person, then X has a right to life.

But do we really mean that if something has a passive disposition to be human, it has a right to life and should never be destroyed? Are we ready to recognize such a right in human gametes? If so, then not only abortion, but also contraception should be condemned. Moreover, some people may justly claim that we have a moral obligation of procreation. I am afraid I cannot offer any positive comment here unless we investigate the meaning of the „realization" of the disposition to be human persons.

The first thing to notice is the time factor. Any realization of any disposition happens in time. So we should perhaps express our claim more precisely as:

X has a disposition to become a human person at time t if and only if X has a property d such that whenever a stimulus S occurs then, given the proper attendant circumstances A, X will become a human person at time t_n.

Yet, the problem is that before X becomes a human person at time t_n it has to go through consecutive stages in a continuous process of growth such that we can say that X is still a potential person at t_{n-1} but becomes an actual person at t_n. The process of growth begins exactly at the moment of fertilization. So it looks as if we have found at last a conclusive argument that human gametes cannot have any disposition to become human persons. They do not grow. They do not realize their potential. They are simply a free floating genetic substance. However, the situation is more complicated. As I mentioned earlier, the disposition to be a human person is a two-stage one. It is impossible to initiate the growth of a fertilized human ovum without activating a genetic potential of a spermatozoon, and an ovum in the same place and at the same time and that is what happens when two sets of chromosomes merge. There would be no people in a world in which human gametes could not exist. If human gametes have a disposition to become human persons, it is realized at the moment of fertilization and that is precisely the moment when the second stage of the realization of that disposition begins - the human zygote begins to develop.

So the proper reading of the proposition A is:

A_1. A human gamete has a disposition to become a human person at time t if and only if it has a property d such that whenever it merges with another human gamete of the opposite sex then, given the proper attendant circumstances, it will become a human zygote at time t_z; and, the human zygote has a disposition to become a human person at time t_z if and only if it has a property d_1 such that whenever it happens to be in or is put into a human uterus then, given the proper attendant circumstances, it will become a human person at time t_n. The question when the full actualization of the human potentiality occurs is not relevant here. What is really important is the question: is there any morally relevant difference between different stages in the actualization of human potentiality? It seems to be quite natural to say that the potentiality of the zygote is considerably greater than the potentiality of the particular human sperm or ovum. And the potentiality of the human embryo (or a foetus) substantially exceeds the potentiality of the zygote. On the other hand, it might be also quite natural to hold that there is no morally relevant difference between different stages in the actualization of human potentiality. So we seem to be confronted with a similar quandary as before: either (*a*) the potential human person has no moral status at all, or (*b*) the moral status of the potential person depends upon the degree of actualization of its potentiality, or (*c*) it has the same moral status as an actual person whatever the stage of actualization of its potentiality.

CONSEQUENCES

Let's examine the possible consequences of each option. If potential personhood is the disposition to become a person, whether or not that disposition is likely to be realized, then we have in fact two categories of potential persons: those whose dispositions will be realized one day, and those whose dispositions will never be realized. If there is something which exists only potentially and has no interest and no claims, it cannot be harmed and consequently it cannot be an object of any moral obligations. Potential persons have, therefore, no moral status and hence contraception, abortion and infanticide are not morally wrong. This is the position of many philosophers who believe that the concept of potentiality (or disposition) is morally empty and logically flawed as it is logically impossible to deduce actual rights from potential rights. It was probably the Australian philosopher *Stanley I. Benn* who first developed that argument using a famous example: „A potential president of the United States is not on that account [actual] Commander-in-Chief [of the U.S. Army and Navy]“[13]. Potential people cannot have the same rights as actual people. On the other hand, „even if a potential person does have some *prima facie* right to life, such a right could not possibly outweigh the right of a woman to obtain an abortion, since the rights of any actual person invariably outweigh those of any potential person, whenever the two are in conflict“[14]. So even if we decide to grant some rights to potential persons they might be always overridden by the rights of actual persons.

The second approach, which is sometimes called the gradualistic or developmental one, assumes that the moral status of the potential human person grows according to its actualization. It is absurd to ascribe any rights to human gametes and zygotes but gradually as the human embryo becomes more humanlike, we can decide to grant it some rights. „The physical fact of the merger of sperm and ovum, or even its implantation in the womb, is not an impressive ground for consideration of the resulting piece of jelly as a subject of interests in required sense. As the fetus comes to resemble a child, the ascriptions of rights appears more plausible“[15]. Usually the suggested threshold for ascribing rights is either sentience, or intentionality, or rationality. But, again, it is not the availability of these specific criteria but their abundance which constitutes the problem. Why should we choose sentience instead of eg. intentionality or *vice versa*? The more developed, the more mature the foetus is, the stronger, or more weighty are its rights. Also, they are always only *prima*

---

13 *S. I. Benn*, Abortion, Infanticide, and Respect for Persons, in *J. Feinberg* (ed), The Problem of Abortion, Belmont, Calif., Wadsworth 1973, p. 102. For the interesting criticism and rejection of this argument see: *S.Holm*, The Moral Status of the Pre-Personal Human Being, in *D.Evans (ed.)* Conceiving the Embryo, Martinus Nijhoff Publishers, The Hague, London, Boston 1996, pp.193-220.

14 *M. A. Warren*, On the Moral and Legal Status of Abortion, in *J. Arras*, *N. Rhoden* (eds), Ethical Issues in Modern Medicine, 3rd ed., Mayfield Publishing Company, Mountain View, California, 1989, p.284. Cf. also her classic criticism of the potentiality principle: Do Potential People Have Moral Rights? Canadian Journal of Philosophy, vol. 7, no. 2, 1977, pp.275-289.

15 *S. I. Benn*, A Theory of Freedom, Cambridge University Press 1988, p. 253.

facie and we are rarely told what is the proper procedure for solving a possible conflict between the rights of the foetus and the rights of other parties.

The third approach is the most radical, the most consistent, and leads to the most unexpected consequences. If my being a foetus is a necessary condition of my being a human person, and I would never have existed if my mother had decided to have an abortion, then I can use the same argument with regard to human gametes. I would never have existed as a human person if the gametes resulting in my conception had been destroyed before the moment of fertilization. So if I consider it a good thing that I exist, and hence a good thing that my mother did not decide to have an abortion, I have to say also that it is good that she did not decide to use contraceptives, or to remain celibate. And this is a consequence some philosophers, such as *R. M. Hare*, are ready to concede[16]. Hare claims that the principle of potentiality not only bounds us to condemn contraception and abortion but it also imposes on us a moral obligation of procreation. On the other hand, he is strongly opposed to using the language of rights or to granting any rights to human gametes or early foetuses. He thinks that there is no adequate theory of rights which could be linked with basic moral concepts such as „right", „wrong" or „ought"[17]. Claiming that we have a moral obligation to procreate he at the same time offers a way of overriding that obligation by referring to a utilitarian argument regarding the evil of overpopulation. Although abortion and contraception are morally wrong the overpopulation of the world would be much worse.

So far, our conclusions are mostly negative. The concepts of disposition or potentiality do not go well with the concept of rights. I have tried to explain what it means to have „a disposition to be a human person" and I failed to find any conclusive arguments to ascribe moral rights to potential people. If we want to treat seriously the principle of potentiality, then, I am afraid, we have to follow *Hare's* argument and accept a duty of procreation. The good thing is that it is a *prima facie* and not an absolute duty. On the other hand, if someone insisted and decided to grant some moral rights to the foetus, they would always be *prima facie* rights and they would never effectively play that special role they are expected to play - namely that of defending the „innocent human life" by „trumping" the egoistic interests and ambitions of actual persons.

Is there any way to protect early human life without invoking the controversial and conflict-provoking language of rights. I think that the most promising is the language of virtues and obligations. Although human gametes and human zygotes have no rights they may still have some special value which demands a kind of respect. But how is it possible to respect a human zygote or a human ovum?

---

16 Cf. first of all his two essays Possible People and When does Potentiality Count? in his Essays on Bioethics, op. cit.

17 Ibid. p. 148. „Rights are the stamping ground for intuitionists, and it would be difficult to find any claim confidently asserted to a right which could not be as confidently countered by a claim to another right, such that both rights cannot simultaneously be complied with".

Respect

Kant said: „Respect always applies to persons only, never to things“[18]. Although nobody would deny that persons are the proper objects of moral respect it is a problem for contemporary moral philosophy if we decide to restrict our respect to persons only. Today more and more philosophers think that there are beings who are morally considerable for their own sake and these beings are not necessarily persons. It is enough if they are sentient. Sentience and not personhood justify our respect for animals. If something is a sentient being it is not a thing and it begins to matter how it is treated. So despite *Kant's* claim there are philosophers who are prone to include animals into a moral community - not as moral agents but as moral patients, ie. as the object of moral concern. It is not my task to trace here an interesting evolution of the idea of respect and its different meanings[19]. What I want to know is whether it is possible to respect potential and future people? If they belong to the moral community, then the answer is obviously „yes“; even if they are not moral agents they are objects of moral concern. But what criteria does a being have to fulfil in order to be treated as an object of moral concern? My suggestion is: it is enough if it can be treated in a way which is morally right or morally wrong. It is enough if it matters morally how it ought to be treated. I do not need here to provide a precise definition of „right“, „wrong“, or „ought“ to make my point. The debates on abortion and the ethics of human reproduction provide good evidence that whatever our moral beliefs are we cannot stay indifferent to that debate. The question of how we should treat potential people is a moral question. That there is no theoretical solution to that question that would not be challenged is, I think, quite natural because that is the way philosophers earn their living. However, regardless of philosophical disputes and speculations we need, and we try to impose, some regulations concerning possible ways of treating possible people.

The fact that we try to regulate it is good evidence that it does matter morally what we do to and with them; it is evidence that they can be treated in ways which are right or wrong, bad or good. The situation is reminiscent of the way we treat dead bodies. The dead body is not a person, it cannot be treated as a Kantian end only. Nor can it be harmed as it has no actual interests and desires; but nevertheless the question of how we treat it is not morally irrelevant. We think normally that because it is the body of someone who was „one of us“ it deserves some respect and we are under an obligation to treat it with respect. I have no doubts that we owe that respect also to future persons. (By future persons I mean, in this context, both those who will exist as a result of an actual act of conception and those who will exist in the future regardless of our actual individual sexual activity.) What happens in reproductive clinics and how some parents treat their unborn progeny is not a matter of moral indifference. Whatever we think of selling or donating human gametes and foetuses, renting wombs, conceiving children for transplants or for research, or simply aborting them in the third trimester for an arbitrary reason, whether we consider it as morally right or wrong, we cannot deny that their treatment is a matter of moral concern. They are potential or future members of the human family, and that is a sufficient moral reason to care about the way they are treated.

---

18 *I. Kant*, Critique of Practical Reason, trans. *L. White Beck*, 3 rd. ed. MacMillan Publishing Company 1993, p. 80.

19 Cf. eg. *S. I. Benn*, A Theory of Freedom, op. cit. *S. L. Darwall*, Two Kinds of Respect, Ethics, vol. 88, no. 1, 1977, *W. Frankena*, The Ethics of Respect for Persons, Philosophical Topics, Vol. XIV, no. 2, Fall 1986, pp.149-167.

So, although human gametes and human foetuses have no moral rights, nevertheless they can and should be the subjects of moral and legal regulations. This is the proper way to show them respect. Respect for human life does not mean that it should be always saved or protected at absolutely any cost. There are no universal forms of respect; indeed, sometimes it can take an exceptionally dramatic shape. During the uprising in the Warsaw Ghetto Jewish doctors confronted with the necessity of the liquidation of the Jewish hospital deliberately poisoned all the newborns staying in the hospital[20]. Technically, it was an act of murder. But that is not how I see it. For me that was an act of mercy and an act of respect. I cannot blame them for what they did because if I were one of those newborns I would rather have had my share of cyanide than be left in the burning ward. And if I were a doctor I probably could not regard myself with respect if I had decided to leave the children in such an inhuman situation. Because if I respect something I care about it and I feel responsible for what can be done with and to it[*].

20 Cf. Z. *Szawarski*, A Report from Poland. Treatment and Non-treatment of Defective Newborns, Bioethics, vol. 4, no.2, 1990, p. 150.

* I would like to thank *Dr. Steve S. Edwards* for his helpful comments in preparation of the final version of this paper.

Ethische Probleme in der modernen Geburtsmedizin

Werner Mendling

1. Pränatalmedizin gestern und heute

Die heutige Geburtsmedizin ist mit der vor etwa 30 Jahren nicht mehr vergleichbar. Während jahrzehntelang eine Geburt hauptsächlich in der Überwachung der Mutter und der gelegentlichen Auskultation der kindlichen Herztöne mit einem Holzstethoskop bestand, die kaum mehr als die Aussage „das Kind lebt" ermöglichte, begann vor etwa 30 Jahren eine explosionsartige Entwicklung der Pränatalmedizin. Im Jahre 1958 gelang erstmals die sonografische Darstellung eines ungeborenen Kindes durch *Jan Donald*. Als ich etwa 1975 damit begann, Ultraschall in der Geburtshilfe zu betreiben, standen Geräte zur Verfügung, die nur gerade die Umrisse des Kindes erkennen ließen, so daß es gelang, wenigstens den Kopfdurchmesser einigermaßen genau zu messen. Heute kommen fast in jährlichem Abstand neue Gerätegenerationen auf den Markt, die neuerdings eine dreidimensionale Darstellung von Details ermöglichen, so daß der Untersucher bei entsprechender Sachkenntnis in der Lage ist, eine vergrößerte Zunge, eine Gaumenspalte, bestimmte Herzfehler oder ein um wenige Millimeter durch Stauung vergrößertes Nierenbecken intrauterin zu erkennen. Der Geübte kann eine diagnostische Sicherheit von 90 % erreichen, was beispielsweise das Erkennen eines Bauchwandbruches, einer Zwerchfellhernie, einer Verlagerung der Herzachse, eine Lungendysplasie, eine Agenesie der Nieren, Phokomelien, Obstruktionen im Magen-Darm-Trakt etc. ermöglicht. Die immense Geräte- und Wissensentwicklung führte zur Notwendigkeit und Etablierung von 3 Qualifikationsstufen, die durch entsprechende Zertifizierungen bestätigt werden müssen. Die Stufe I der Ultraschalldiagnostik ist heute vorgeschriebener Bestandteil der Mutterschaftsvorsorge.

Ein weiterer Meilenstein der intra- und präpartalen Überwachung des Feten ist außerdem um 1960 mit der durch *Hammacher*, *Hon* und *Caldeyro-Barcia* entwickelten Kardiotokografie (*Fischer* 1981) gesetzt worden. Dadurch wurde es erstmals möglich, kontinuierlich die mütterliche Wehentätigkeit und die kindliche Herztätigkeit zu dokumentieren und miteinander in Beziehung zu setzen, um daraus Rückschlüsse auf den aktuellen Zustand des ungeborenen Kindes ziehen zu können. Eine Geburt ohne CTG ist heute in einem modernen Land undenkbar. Bei einem kindlichen Schaden, der zur Klage führt, würde heute das Fehlen jeglicher CTG-Aufzeichnungen zu einer erheblich schwierigen Situation des geburtshilflichen Teams und zur Beweislastumkehr führen, obwohl wir erst seit wenigen Jahren wissen, daß aus einem „schlechten" CTG nicht unbedingt ein späterer kindlicher Hirnschaden kausal ableitbar ist.

Der international hochgeehrte Gynäkologe *Erich Saling* aus Berlin machte mit seinem 1966 publizierten Buch „Das Kind im Bereich der Geburtshilfe" erstmals das Ungeborene zum Patienten. Er erfand nämlich einerseits die Amnioskopie, d.h. die Betrachtung des kindlichen Fruchtwassers durch den Muttermund hindurch, und andererseits die Mikroblutuntersuchung, d.h. die Entnahme eines Tropfen Blutes aus der kindlichen Kopfhaut durch den Muttermund hindurch bei geöffneter Fruchtblase. Diese letzte Untersuchung ist auch aus heutiger Sicht zur exakten Zustandsbeurteilung des Kindes unter der Geburt bei Problemfällen notwendig und unübertroffen.

Die intrauterine Betrachtung eines Feten mit Hilfe einer wenige Millimeter dikken Optik (Fetoskopie), die durch die Bauchdecke in das Fruchtwasser vorgeschoben wird, hat heute wegen der verbesserten Ultraschalldiagnostik an Bedeutung verloren.

Die Fruchtwasserpunktion (Amniozentese) und die seit 1983 erstmals mögliche Chorionzottenbiopsie und die inzwischen ebenfalls unter Ultraschallsicht mögliche Punktion der kindlichen Nabelschnurgefäße oder fetaler Organe ermöglichen heute die präpartale zytogenetische Diagnostik der Chromosomen (*Schneider* et al. 1994). Durch die Technik der Chorionbiopsie wurde es möglich, die Diagnostik genetischer Erkrankungen in die 9. bis 11. Schwangerschaftswoche (SSW) vorzuverlegen. In Einzelfällen führt das zum „Konflikt der frühen Diagnose“: Bei einer Trisomie 18 kommt es in 16 % und einer Trisomie 21 in immerhin noch 30 % zur spontanen Fehlgeburt. Es können auch schwere Stoffwechselerkrankungen sowie Einzelgenerkrankungen durch DNA-Analyse erkannt werden. Die Punktion fetaler Gefäße ermöglicht außerdem nicht nur die vorgeburtliche Blutanalytik, sondern stellt auch die Basis einer bislang nur in wenigen Fällen vorgeburtlichen Behandlung dar.

Die jüngste und evtl. revolutionierende Entwicklung ist die für das Kind nichtinvasive Technik, fetale Zellen aus mütterlichem Blut zu gewinnen. Diese von der Arbeitsgruppe um *Holzgreve* in Münster entwickelte Technik befindet sich noch im Stadium wissenschaftlicher Erprobung (*Schneider* et al. 1994) und wurde als Verfahren patentiert.

Schließlich ist noch auf die klinisch-experimentelle Embryonenforschung hinzuweisen. Die invitro-Fertilisation (IVF) als Methode moderner Reproduktionsmedizin ermöglicht gleichsam als Einstiegstechnik eine Pränataldiagnostik in der Präimplantationsphase. Durch die Technik der Polymerase-Ketten-Reaktion (PCR) aus einer vom frühen Embryo abgespaltenen „totipotenten“ Zelle oder auch aus einer Blastomere nach dem 8-Zellstadium ist die Diagnostik von etwaigen Chromosomenstörungen oder Erbkrankheiten möglich. Unter totipotenter Zelle (Zwillingsembryo) versteht man die Fähigkeit dieser Zelle zu einer vollkommenen individuellen Entwicklung und Reifung als neuer Embryo. Dies setzt allerdings eine intakte Eihülle voraus.

Gewinnung von Ei- und Samenzelle, Fertilisation in der Kultur oder kapillare assistierte Fertilisation, Embryonenkultur, Embryonen- und Gametentransfer intrauterin oder intratubar, Kryokonservierung etc. sind heute in Zentren weltweit, aber auch in spezialisierten Praxen deutscher Städte praktizierte Techniken.

Nachdem *Chervenak* 1991 vom „Fetus as a patient“ sprach, ist heute mit den neuesten Entwicklungen bereits die Möglichkeit eingeleitet worden, vom Embryo oder sogar der Zelle als zukünftigem Patienten zu sprechen.

Hepp (1996) unterscheidet heute 4 Kategorien von erkennbaren fetalen Erkrankungen:

1. Behandelbare fetale Erkrankungen, die nach der Geburt einer kinderärztlichen Betreuung zugeführt werden.
2. Fetale Erkrankungen, die derzeit vor der Geburt medikamentös und/oder operativ behandelt werden können.
3. Fetale Erkrankungen, die den Geburtsmodus bestimmen oder beeinflussen, z. B. die Notwendigkeit eines Kaiserschnittes in einem Krankenhaus mit angegliederter kinderchirurgischer Abteilung, um etwa einen schweren Bauchwandbruch beheben zu können.
4. Erkrankungen, die zur Zeit nicht zu therapieren sind und in der Neugeborenen- oder Säuglingsperiode zum Tode führen oder wenngleich post partum therapierbar, aber nicht heilbar, aufgrund der Unzumutbarkeit für die Eltern zum Schwangerschaftsabbruch durch Tötung des ungeborenen Kindes führen.

Selbstverständlich muß man heute die unter die Punkte 1 - 3 fallenden Probleme einer fachgerechten modernen Therapie zuführen.

Unter Punkt 2 fallende intrauterin behandelbare fetale Erkrankungen sind heute folgende:

1. Die Blutgruppenunverträglichkeit im Rhesus-System, die intrauterin diagnostiziert und durch Nabelschnurpunktion und Bluttransfusion in die Nabelschnurvene behandelbar ist und in 80 % der Fälle zum gesunden Überleben führt.
2. Kindliche Herzerkrankungen, die intrauterin medikamentös behandelbar sind und damit ein mögliches kindliches Herzversagen verhindern.
3. Ringelröteln (Parvovirus B 19)-Infektion, die intrauterin durch Bluttransfusion behoben werden kann.
4. Abflußbehinderungen des kindlichen Urogenitaltraktes, die unbehandelt in 80 % zum Tode führen würden und z. B. durch intrauterine Punktion so behoben werden können, daß nach der Geburt eine definitive operative Korrektur möglich ist.
5. Das feto-fetale Transfusionssyndrom bei Zwillingen, bei dem es ohne Therapie fast immer zum intrauterinen Fruchttod eines oder beider Zwillinge kommt. Die operative oder durch Laser durchgeführte fetoskopische Unterbindung der falsch verlaufenden Plazentagefäße führt zur Rettung beider Kinder.
6. Noch in Erprobung sind verschiedene fetoskopische und laserchirurgische Verfahren bei der intrauterinen Behandlung von Zysten und Geschwülsten.

2. Das sehr kleine Frühgeborene unter 1000 g Gewicht

Etwa 6 % aller Geburten finden als Frühgeburten statt. Die Definition der Frühgeburt ist leicht an ihrer oberen Grenze. Bei einer Schwangerschaftsdauer von 40 Wochen nach der letzten Regel spricht man von einer Frühgeburt, wenn diese vor Erreichen der 38. SSW auftritt. Nach früheren Definitionen wurde auch von einer Frühgeburt gesprochen, wenn das Kind weniger als 2500 g wog. Vor etwa 30 Jahren gab man einer Frühgeburt eine Überlebenschance, wenn sie ein Geburtsgewicht von wenigstens 2000 g erreichte. Einer der größten Erfolge der modernen Perinatologie ist die Herabsetzung der Überlebensgrenze unter Erhaltung einer akzeptablen Lebensqualität ohne schwere Handicaps auf Geburtsgewichte um 600 - 800 g. Dies entspricht heute etwa der 25. bis 26. Schwangerschaftswoche nach der letzten Regel. Diese Verbesserung der Morbidität und Mortalität war durch neue Erkenntnisse in der maschinellen Beatmung, des kontinuierlichen positiven Drukkes in der Lunge, der präpartalen Kortison-Prophylaxe an die Mutter und der postnatalen Surfactant-Therapie des Frühgeborenen erreicht worden, so daß das Atemnotsyndrom seltener wurde. Vor 5 Jahren wäre es noch unmöglich gewesen, daß ein Frühgeborenes gestillt und dadurch der Mutter-Kind-Kontakt, der für die ungestörte Entwicklung des Kindes wesentlich ist, erhöht wurde. Man diskutiert deshalb gegenwärtig die von der Wiener Kinderärztin *Marcowich* initiierte „sanfte" Frühgeburtenaufzucht (*Lipowski* 1995).

Diese hohe Überlebenswahrscheinlichkeit von Kindern mit sehr niedrigem Geburtsgewicht führte zu medizinischen und juristischen Problemen. Wo ist die Grenze einer Frühgeburt nach unten anzusetzen? Die seit wenigen Jähren erreichte frühgeburtliche Überlebenschance scheint, soweit die Daten der internationalen Literatur diese Interpretation erlauben, in absehbarer Zeit nicht weiter unterschritten zu werden und liegt bei etwa der 25. Schwangerschaftswoche nach der letzten Regel.

Schon vor über 20 Jahren wurde im damaligen Gesetz über den Schwangerschaftsabbruch die Grenze für die eugenische oder embryologische Indikation auf 24 Schwangerschaftswochen nach der letzten Regel (22 Schwangerschaftswochen nach der Konzeption bei normalem 4-wöchigen Zyklus) festgelegt. Man kam auf diese Zahl, da ein Fetus zu dieser Zeit der Schwangerschaft ein ungefähres Geburtsgewicht um 500 g erreicht hat. Es war bekannt, daß unterhalb dieser Grenze einige mehr oder weniger anekdotenhaft überlebt hatten. Darüber hinaus war die Zahl der geschädigten Kinder sehr groß. Daran hat sich auch heute nicht viel geändert, da die Schädigungsrate immer noch um die 80 % bei dieser Gruppe von Frühgeborenen beträgt.

Heute kann man davon ausgehen, daß das Erreichen eines Geburtsgewichtes von etwa 750 g in der Überlebensprognose etwa dem von 2000 g vor 30 Jahren entspricht. So weiß man, daß im Fall einer Frühgeburt von 750 g Geburtsgewicht etwa 70 % der Neugeborenen überleben, und neuere Untersuchungen solcher Kinder, die erstmals das Schulalter erreicht haben, ergeben weniger als 20 % Cerebralschäden. Allerdings ist in einem erheblichen Maß mit „kleinen" Schäden und mehr oder weniger starken Entwicklungs- und Verhaltensauffälligkeiten zu rechnen. Kleinere Frühgeburten werden zwar lebend geboren, aber die Überlebensrate liegt unter 30 % und die Schädigungsrate über 80 %. Eine Umfrage des AMERICAN COLLEGE OF OBSTETRICIANS AND GYNECOLOGISTS (1995) hat ergeben, daß die 25. SSW post menstruationem mit einem zu erwartenden Geburtsgewicht um 750 g allgemein akzeptiert wird. Weniger als 10 % der amerikanischen Geburtshelfer überwachen die Geburt eines Feten um 500 g oder führen dann einen Kaiserschnitt durch. Diese Entbindungsmethode ist zwar umstritten, jedoch bei sehr kleinen Feten zu deren Schutz gegenüber der vaginalen Geburt akzeptiert. Die 600-g-Grenze wurde von der New York State Task Force und von einem Komitee der Kanadischen Pädiatrischen Gesellschaft übernommen (*Beller* 1996). Ein vom Vortragenden im Jahr 1985 in der 28. SSW durch Kaiserschnitt geholter Junge von 520 g Geburtsgewicht ist aber heute gesund. Das kleinste im Jahre 1996 im Klinikum Frankfurt (Oder) ebenfalls durch Kaiserschnitt geborene Kind wog 550 g und entwickelt sich ebenfalls bisher gut.

Diesen neuen Entwicklungen wurde kürzlich die Gesetzgebung angepaßt. Im neuen Personenstandsgesetz spricht man seit dem 01.10.1994 von einer Lebendgeburt, wenn sie Zeichen des Lebens (Lungenatmung, pulsierende Nabelschnur, Herzschlag) hat und wenigstens 500 g wiegt. Vor dem 01.10.1994 sprach man bei einem Kind ohne Zeichen des Lebens und einem Gewicht unter 1000 g nicht von einer Tot-, sondern von einer Fehlgeburt. Totgeburten über 500 g sind heute also standesamtlich zu beurkunden und zu bestatten, wobei auf Landesebene die Bestattung in Einzelgräbern oder als sogenannte stille Bestattung geregelt ist.

Es soll aber jetzt auf die medizinische Entscheidung zum Geburtsmodus bei einer sehr kleinen Frühgeburt eingegangen werden.

Eine vaginale Geburtsbeendigung wird in den meisten Fällen für ein Frühgeborenes unter 1000 g zu einer zu großen Geburtsbelastung führen, so daß möglicherweise zusätzliche Schäden entstehen können. Aus diesem Grunde wird meistens sowohl bei Schädel-, als auch bei Beckenendlagen dieses Geburtsgewichtes eine Entbindung durch Kaiserschnitt empfohlen.

Der Kaiserschnitt ist aus juristischer Sicht eine durch die Mutter zustimmungspflichtige ärztliche Körperverletzung. Dementsprechend ist es geforderte und übliche Praxis, die Mutter und möglichst beide Eltern vom Geburtshelfer und vom Neonatologen über die Vor- und Nachteile rechtzeitig aufzuklären. Gerade an der unteren Grenze der Möglichkeit zum (noch) gesunden Überleben der zu erwartenden Frühgeburt kann es im Einzelfall für den beratenden Geburtshelfer sehr problematisch sein, das Einverständnis zum Kaiserschnitt abzuverlangen und der Mutter damit eine eigene erhöhte Morbidität aufzuerlegen. Stellen Sie sich den durchaus lebensnahen Fall einer 17-jährigen ledigen und ungewollt Schwangeren mit drohender Frühgeburt in der 25. SSW vor. Die Chancen für das Frühgeborene, gesund zu überleben, mögen durch verschiedene Schwangerschafts- und Geburtskomplikationen stark reduziert sein. Wäre es nicht verständlich, hier eine vaginale Geburt mit schnellem Tod des Kindes zu erhoffen, als die junge Frau um die Zustimmung zu einem Kaiserschnitt zu bitten und später zu erfahren, daß das Kind mit einem schweren Hirnschaden aufwächst? Wer kann aber voraussagen, ob nicht gerade dieses Kind ein ebenso erfolgreiches wie erfreuliches Dasein auch zum Glück seiner Mutter erleben würde, egal welchem Geburtsmodus es gerade unterzogen worden war?

3. Schwangerschaftsabbruch bei kindlichen Schäden

Mit der Neuregelung des Personenstandsgesetzes stellt sich aber auch die Frage, wie mit Feten zu verfahren ist, die aus einem Schwangerschaftsabbruch hervorgehen und mehr als 500 g wiegen. Nach der neuen Definition sind diese Kinder ja nicht als Fehl-, sondern als Totgeburt oder, falls lebend geboren, als Frühgeburten anzusehen. Im Zusammenhang mit einem späten Schwangerschaftsabbruch aus medizinischer Indikation und einem Kind über 500 g wird jedoch argumentiert, die Zielrichtung des Personenstandsgesetzes sei nur „das zur Geburt bestimmte Kind“ und nicht die Leibesfrucht als Gegenstand eines Schwangerschaftsabbruches. Das Bundesinnenministerium stellte auf Anfrage des Berufsverbandes der Frauenärzte am 10.04.1995 fest, der in den personenstandsrechtlichen Vorschriften verwendete Begriff „Totgeborenes oder in der Geburt verstorbenes Kind“ geht von einem natürlichen Geburtsvorgang eines „zum Leben bestimmten Kindes“ aus. Diese Aussage ist, wie *Hepp* (1996) ausdrückt, eine demaskierende Wirklichkeit des Lebens mit Folgerungen. Man definiert nämlich eine neue Kategorie Mensch und ermöglicht so die Umgehung einer in der Tat unzumutbaren Handlung (Bestattung und Beurkundung). Diese Auffassung wird offensichtlich nicht von allen Bundesländern geteilt. Auf Anfrage von *Renziehausen* (*Hepp*, persönliche Mitteilung 1996) wird von der Sächsischen Staatsministerin für Soziales, Gesundheit und Familie mit Verweis auf § 9 des sächsischen Bestattungsgesetzes am 21.12.1995 unter anderem festgestellt: „Die Ärzte und die Eltern oder sonstige zur Totensorge berufene Angehörige dürften bis dahin auf der sicheren Seite sein, wenn sie sich in Fällen dieser Art für eine Bestattung entscheiden."

Bei der im alten § 218 a StGB Absatz 1 geregelten und bis zum 01.10.1995 gültigen embryopathischen Indikation war gefordert worden, daß „nach den Erkenntnissen der medizinischen Wissenschaft dringende Gründe für die Annahme sprechen, daß das Kind infolge Erbanlage oder schädlicher Einflüsse vor der Geburt an einer nicht behebbaren Schädigung seines Gesundheitszustandes leiden würde, die so schwerwiegt, daß von der Schwangeren die Fortsetzung der Schwangerschaft nicht verlangt werden kann". Der Gesetzgeber hatte hiermit eindeutig auf die Zumutbarkeit für die Schwangere bzw. die betroffenen Eltern abgehoben.

Es sollte mit der bisher gültigen Abbruchgrenze von 22 Wochen nach der Empfängnis eine sichere intrauterine Diagnostik ermöglicht werden und andererseits verhindert werden, daß das Kind im Falle des Abbruches lebensfähig ist. Der Fortschritt der Neonatologie der letzten 10 bis 20 Jahre und der Wegfall der 22-Wochen-Grenze durch die Neufassung des § 218 a Absatz 2 wird jedoch zukünftig häufiger zur ärztlichen Realität werden lassen, daß nach dem Abbruch überraschend ein lebendes Kind existiert.

Mit der Geburt des lebenden Kindes darf nämlich der zuvor aktiv in Gang gesetzte Prozeß des Tötens nicht mehr fortgesetzt werden. Im Sinne einer aktiven Sterbehilfe bzw. Tötung durch Unterlassen wird das Kind dann nur beobachtet, bis es schließlich keine Atmung und keinen Herzschlag mehr zeigt. Bei 607 solcher induzierter Aborte wurde schon 1978 in 7,3 % der Fälle überraschend festgestellt, daß das Kind noch lebte (*Lee* und *Baggish* 1978). Damals wurde erstmals von einer Lebendgeburt als Komplikation gesprochen. Ein Richter des Bundesgerichtshofes (*Jähnke* 1987) vertrat die Auffassung, daß aus den gesetzlichen Regelungen zum Schutz des Lebens und den ärztlichen Pflichten am Lebensende folge, daß bei lebensfähigen Neugeborenen keine Einschränkung der Behandlungspflicht möglich sei. Dennoch sei es rechtlich grundsätzlich zulässig, mögliche Gesundheitsschäden bei den Überlegungen zur Behandlungspflicht zu berücksichtigen, sofern ärztliche Standards vorliegen. Es kann aber passieren, daß diese passive Haltung bei einem schon behinderten Kind durch Sauerstoffmangel zu einer weiteren Schädigung beim Überleben führt. Die Folge könnte sein, daß der Arzt später von den Eltern verklagt wird oder daß staatsanwaltliche Ermittlungen wegen unterlassener Hilfeleistung durchgeführt werden.

Ein weiterer Konflikt tritt im Zusammenhang mit der pränatalen Diagnostik und der Frühgeburtlichkeit auf, wenn in Verbindung mit einer Amniozentese als Komplikation ein vorzeitiger Blasensprung etwa in der 20. SSW vorkommt. Die betroffenen Eltern sind einerseits in dem Dilemma, durch die Amniozentese ein gesundes Kind bestätigt zu bekommen, andererseits es evtl. in der 24. SSW durch Infektion nach vorzeitigem Blasensprung zu verlieren. Es könnte aber auch in der

25. SSW schwer geschädigt überleben. Der mit dieser Situation konfrontierte Arzt kann quasi mit dem Wunsch zum Schwangerschaftsabbruch konfrontiert werden, um die Bedrohung durch ein behindertes Kind zu umgehen. Bei einer schweren Behinderung des Kindes wird der Arzt heute mit hoher Wahrscheinlichkeit eine Klage zu erwarten haben. Bei Geburt eines toten Kindes aufgrund der dubiosen Prognose wird die Klage ausbleiben. An diesem Beispiel wird völlig klar, daß nur eine sorgfältige Beratung vor Durchführung der Pränataldiagnostik mit Risikoabwägung für Mutter und Kind und die sorgfältige Dokumentation dieser Beratung solche Probleme umgehen kann. Es ist besonders wichtig, immer daran zu denken und darauf hinzuweisen, daß der Arzt kein Serviceleistender mit Erfolgsgarantie sein kann. So weist *Schroeder-Kurth* (1989) besorgt darauf hin, daß in unserer Bevölkerung über das Geschehen der pränatalen Diagnostik mit selektivem Abort keine ethische Reflexion stattfände und daß sich dadurch so etwas wie eine Pflicht zum unbehinderten Kind entwickelt habe. Andererseits kann die Einschätzung von der Selbstbestimmung der Frau als höchstem Wert („mein Bauch gehört mir") und der Lebensqualität nicht der höchste Wert sein, da spätestens mit dem Erreichen der „Viability" etwa um die 25. SSW herum das Recht des Kindes auf Leben mit dem Recht der Frau auf Selbstbestimmung konkurriert.

Überhaupt ist der Begriff Lebensqualität immer schwieriger zu definieren. Im englischen Schrifttum werden die 5 „D" (*White* 1967) zur Definition herangezogen: death, disease, discomfort, disability, dissatisfaction. Die Bewertung der Lebensqualität ist dabei höchst subjektiv und schließt seelisches, körperliches und soziales Erleben auf einen definierten Zeitraum ein. *Schnürch* schreibt jedoch zusammen mit dem Psychosomatiker *Molinski* (*Schnürch* et al. 1988), daß schlechte Lebensqualität und Leid nicht einfach Unwerte seien.

Während im Jahr 1977 noch 4,3 % der gemeldeten Abbrüche aus embryopathischer Indikation geschahen, so waren es im Jahre 1994 aber nur noch 0,8 %. Dies ist zweifellos auf die Fortschritte der modernen Pränatalmedizin zurückzuführen, die es ermöglicht hat, in den meisten Fällen den besorgten Eltern eine gesunde Kindesentwicklung zu prophezeihen und somit einen Abbruch zu vermeiden. Durch die Möglichkeit des sicheren und direkten Nachweises schwerster Erkrankungen entwickeln Patientinnen heute immer seltener ein Abbruchbegehren aus bloßer anamnestischer Angst heraus. Insofern hat sich die Pränatalmedizin in nicht wenigen Fällen zu einer Methode des Lebensschutzes entwickelt! Beispielhaft hierfür ist der früher recht häufige Abbruch bei Verdacht auf eine Rötelninfektion der Mutter zu sehen. Es ist heute möglich, durch fetale Blutentnahme und rötelnspezifischem IgM-Nachweis bzw. Choriondiagnostik den direkten Nachweis einer Rötelninfektion des Kindes zu führen oder auszuschließen. Bei 92 Schwangerschaften, die zum Abbruch wegen mütterlicher Infektionen überwiesen wurden, gelang es *Holzgreve* (1993), in über 90 % der Fälle einen vorgesehenen Abbruch zu verhindern, da nur in 9,8 % der Fälle der Nachweis von Viren beim Feten zu führen war.

Das ethische Dilemma der pränatalen Medizin beginnt besonders dann, wenn vermeintlich gut informierte Patienten, aber auch andere Ärzte, den Arzt mit dem „Anspruch auf ein gesundes Kind" konfrontieren und zu dessen Verwirklichung evtl. einen Schwangerschaftsabbruch fordern bzw. einen vermeintlichen Rechtsanspruch dazu ableiten. Von weiten Teilen der Bevölkerung und der Rechtsprechung wird ein Schwangerschaftsabbruch wegen einer Trisomie 21 (Mongolismus) in unserer Gesellschaft ja heute akzeptiert und üblicherweise durchgeführt. Es gibt aber auch Meinungen von meist christlich engagierten Eltern, die Schwangerschaft im Fall eines Mongolismus auszutragen und damit selbst schwere soziale Probleme in Kauf zu nehmen. Bei den betroffenen Kindern handelt es sich nämlich meist um friedliche und in sich durchaus glückliche Menschen. Wäre es auch gerechtfertigt, einen Feten mit X-0-Chromosomen-Aberration, dem Turner-Syndrom, abzutreiben? Wäre es gerechtfertigt, einen Schwangerschaftsabbruch durchzuführen, wenn intrauterin ein männliches Geschlecht nachgewiesen wird und somit eine familiär bekannte Bluterkrankheit mit großer Wahrscheinlichkeit bei dem Feten vorliegt? Und gäbe es vielleicht auch Ärzte, die zur Durchführung eines Abbruches bereit wären, weil die betroffene Frau bei dem Wunsch nach einem Stammhalter schon zum 5. Mal ein Mädchen bekommt? Diese provokanten Fragen sind durchaus schon gestellt worden und werden derzeitig nicht überall auf der Welt gleichartig gesehen. Das FIGO Standing Committee on Ethical Aspects of Human Reproduction (1989) konnte keine Einigung über die Abtreibung nach Geschlechtsselektion erzielen! International befürworten 25 % der Humangenetiker Geschlechtswahl, 17 % schikken die Patienten weiter und 58 % lehnen dies strikt ab (*Wertz* und *Fletscher* 1989). Zu den ablehnenden gehören die deutschen Humangenetiker mit 94 %. 6 % von ihnen halten jedoch den Wunsch nach einem Sohn oder einer Tochter für eine ausreichende Begründung für eine Chorionbiopsie oder Amniozentese und einen Schwangerschaftsabbruch.

Es ist also völlig klar, daß überall da, wo wissenschaftlicher und technischer Fortschritt etwas ermöglichen und dies bezahlbar wird, es auch von Teilen der Gesellschaft gefordert und ggf. eingeklagt wird.

Nach dem Urteil des Bundesverfassungsgerichtes vom 28.05.1993 und der Neufassung des § 218 a im Bundestag vom 29.06.1995 wurde bekanntlich die bisherige embryopathische Indikation gestrichen und im § 218 a Absatz 2 unter die medizinische Indikation subsumiert. Die klassische medizinische Indikation hat zum Inhalt, die Mutter vor Schäden, die durch die Fortführung der Schwangerschaft entstehen würden, zu bewahren. Dies kann z. B. die Behandlung eines Gebärmutterhalskrebses heißen, indem die Gebärmutter mit dem darin enthaltenen Kind geopfert werden muß, bevor das Kind überlebensfähig ist. Neu ist, daß ohne ausdrücklichen Hinweis auf nicht behebbare Schädigungen des Kindes ein Schwangerschaftsabbruch straffrei bleibt, wenn die Fortsetzung der Schwangerschaft unter Berücksichtigung der gegenwärtigen und zukünftigen Lebensverhältnisse der Schwangeren nicht zumutbar ist. Diese Zumutbarkeit kann nur von der Schwangeren selbst beurteilt werden. Mit diesem reformierten Paragraphen ist auch die bisher gültige Grenze von 22 Schwangerschaftswochen nach der Konzeption im Fall der bisherigen embryopathischen Indikation aufgehoben worden. Es besteht auch keine Pflicht zur Beratung mehr und die 3-Tagesfrist zwischen Beratung und Abbruch ist für diesen Fall gestrichen worden.

Bei der embryopathischen Indikation ist es aber nicht das Ziel, die Mutter vor einer unmittelbaren medizinischen Bedrohung zu retten, sondern die in der Regel gesunde Mutter für die Phase nach der Geburt von der Last des geschädigten oder behinderten Kindes zu befreien. Es ist also der Tod des Kindes das primäre Handlungsziel. Dieses Ziel könnte man theoretisch auch durch die Tötung des Kindes nach der Geburt erreichen. Dies wird jedoch strafrechtlich verfolgt, da mit der Geburt bzw. dem Beginn von Eröffnungswehen oder bei einem Kaiserschnitt mit der Eröffnung des Uterus juristisch das Menschsein beginnt und somit ein Tötungsdelikt vorläge.

Auch im reformierten § 218 a besteht aber das Lebensrecht und der Anspruch des evtl. behinderten Ungeborenen auf Würde fort. Es war dem Gesetzgeber insbesondere nach den Vorträgen der Behindertenverbände bewußt, daß eine noch so schwere Behinderung eines Menschen nach der Wertordnung des Grundgesetzes es nicht rechtfertigen würde, diesem Menschen sein Lebensrecht abzusprechen. Deshalb wurde bewußt von der bisherigen embryopathischen Indikation abgesehen und die spätere Zumutbarkeit für die körperliche und seelische Belastung der Mutter bzw. die Eltern und die Gesellschaft vorangestellt.

Hepp (1996) fragt allerdings konsequenterweise, warum die traditionelle psychosoziale Indikation, die zur Zeit durch eine 12-wöchige Fristenregelung mit Beratung geregelt wird und bei der die Schwangerschaft in aller Regel von der Mutter unerwünscht und für die Zukunft als unerträgliche Belastung gesehen wird, dann nicht auch eine Auflösung der zeitlichen Begrenzung von 12 Wochen nach der Empfängnis ohne Beratung und auf Krankenschein erfahren dürfe!

Mit Blick auf die aktive intrauterine Tötung eines als krank diagnostizierten Kindes und den damit verbundenen Selektionen befürchtet *Hepp*, daß durch Streichung der embryopathischen Indikation dieses Bewußtsein immer mehr schwindet. *Beller* (1996) führt in diesem Zusammenhang die Anthroposophin *Margarethe Mead* an, die darauf hinwies, daß der Eid des *Hippokrates* zu seiner Zeit der Entstehung eine so große Bedeutung erlangte, weil bis zu dieser Zeit ein Priesterarzt nicht nur heilen, sondern auch töten durfte. Durch den Eid wurde ihm erstmals die Tötung untersagt. *Meads* Argument war, daß in den modernen Konzentrationslagern SS-Ärzte sich das Recht wieder anmaßten, töten zu dürfen. *Bellers* Argument ist es nun, daß der Staat mit der Formulierung des § 218 ebenfalls dem Arzt wieder erlaubt, als tötender Arzt tätig zu werden. Er fordert deshalb, daß mit Erreichen der „Viability", d.h. etwa der 25. SSW, ein Abbruch nicht mehr erfolgen dürfe und wenn doch, dann nur, wenn Fehlbildungen vorhanden sind, die mit dem Überleben nach der Geburt nicht vereinbar sind. Das ist eine Maßnahme im Interesse der Mutter, um ihr nach der Diagnose einer derartigen Fehlbildung den Rest der Schwangerschaft zu ersparen. Das nicht lebensfähige Kind wird nach der Geburt aufgrund seiner Mißbildungen von selbst sterben.

Es wird aber auch zukünftig die Frage vermehrt auftreten, ob die Lebenserwartung allein zum Selektionsmaßstab wird. Ist Nichtsein besser als ein kurzes Dasein mit Defekt? Somit wird nicht nur die Lebensqualität, sondern auch die Lebensquantität zum Maßstab. Der Unterschied zum erwachsenen Menschen auf der Intensivstation ist, daß er meist sein Leben gelebt hat. Für das neugeborene Kind geht es um einige Tage oder Jahre. Falls es für akzeptabel gehalten wird, dieses kurze Leben für sinnlos zu halten, so werden die positiven Aspekte einer Begleitung in den Tod durch Zuwendung, das Abschiednehmen und die spätere Trauer für ebenso wertlos gehalten werden müssen, und die Frage nach aktiver Euthanasie ist nicht mehr weit.

4. Selektiver Fetozid?

Im Oktober 1996 wurde von den Medien über eine schwangere Britin berichtet, die in der 20. SSW Achtlinge von etwa 200 g Gewicht nach und nach verloren hatte. Sie hatte sich entgegen den Warnungen ihres behandelnden Gynäkologen dafür entschieden, alle 8 Kinder nach einer Hormonbehandlung auszutragen. Hier sind mehrere Probleme subsumiert und zunächst einige Fragen erlaubt, nämlich ob die Hormonbehandlung ärztlicherseits lege artis durchgeführt worden war und es also unvermeidbar war, daß 8 Eizellen gleichzeitig befruchtet wurden?

Wenn aber nun Achtlinge entstanden sind, von denen man weiß, daß sie praktisch ohne Chance sind, in eine überlebensfähige Schwangerschaftszeit hineinzuwachsen, so wird heute der unselektive Fetozid diskutiert und praktiziert, es werden nämlich einzelne der gesunden Feten intrauterin durch eine Punktion des Herzens getötet, um den anderen eine bessere Überlebenschance zu gewährleisten.

Gesetzlich dürfte mit dem § 218 im Sinne der medizinischen Indikation die vorgeburtliche Tötung (unselektiver Fetozid bei höhergradigen Mehrlingen) möglich sein. *Hepp* weist jedoch darauf hin, daß nach bisherigen Berichten die dazu notwendigen Herzpunktionen ein qualvolles intrauterines Sterben vermuten lassen.

Verantwortungsvolles ärztliches Handeln ist es also, die Entstehung von höherzahligen Mehrlingen, die meistens iatrogen sind, gar nicht erst zuzulassen.

Bereits einen Tag nach Inkrafttreten des reformierten § 218 a StGB wurde ins Münchener Klinikum Großhadern eine 27-jährige II.-Gebärende in der 32. SSW mit einem an Trisomie 13 erkrankten Kind überwiesen. Bei der Trisomie 13 handelt es sich um eine nicht mit dem Leben vereinbare Erkrankung. Es wurde der Wunsch nach selektivem intrauterinen Fetozid geäußert, da nach einem Schwangerschaftsabbruch durch die in diesem Fall übliche Geburtseinleitung mit Wahrscheinlichkeit ein noch lebendes Kind geboren würde. Es sollte damit verhindert werden, daß das Kind evtl. postpartal noch lebt und dann nicht mehr straffrei getötet werden kann. Das Ansinnen wurde abgelehnt, die Geburt wurde medikamentös eingeleitet und das Kind kam krank, aber lebend zur Welt. Es wurde in seinem Sterben kinderärztlich betreut, auf Wunsch der Eltern unmittelbar nach der Geburt getauft und verstarb im Beisein der Eltern 30 Minuten nach der Geburt (*Hepp* 1996).

Nach den bisherigen Diskussionen müssen diese beiden Beispiele nicht mehr kommentiert werden.

5. Leben aus der Retorte

Nach dem Gesetz zum Schutz von Embryonen (Embryonenschutzgesetz vom 13.12.1990), das am 01.01.1991 in der Bundesrepublik Deutschland in Kraft getreten ist, wird mit Freiheitsstrafe bis zu 3 Jahren oder mit Geldstrafe bestraft, wer

1. auf eine Frau eine fremde unbefruchtete Eizelle überträgt,
2. es unternimmt, eine Eizelle zu einem anderen Zweck künstlich zu befruchten, als eine Schwangerschaft der Frau herbeizuführen, von der die Eizelle stammt,
3. es unternimmt, innerhalb eines Zyklus mehr als 3 Embryonen auf eine Frau zu übertragen,
4. es unternimmt, durch intratubaren Gametentransfer (GIFT) innerhalb eines Zyklus mehr als 3 Eizellen zu befruchten,
5. es unternimmt, mehr Eizellen einer Frau zu befruchten, als ihr innerhalb eines Zyklus übertragen werden soll,
6. einer Frau einen Embryo vor Abschluß einer Einnistung in der Gebärmutter entnimmt, um diesen auf eine andere Frau zu übertragen oder ihn für einen nicht seiner Erhaltung dienenden Zweck zu verwenden, oder
7. es unternimmt, bei einer Frau, welche bereit ist, ihr Kind nach der Geburt Dritten auf Dauer zu überlassen (Ersatzmutter), eine künstliche Befruchtung durchzuführen oder auf sie einen menschlichen Embryo zu übertragen.

Es wird ebenso bestraft, wer

1. künstlich bewirkt, daß eine menschliche Samenzelle in eine menschliche Eizelle eindringt, oder
2. eine menschliche Samenzelle in eine menschliche Eizelle künstlich verbringt,

ohne eine Schwangerschaft der Frau herbeiführen zu wollen, von der die Eizelle stammt.

Nach eigener Auffassung sind diese Regelungen angemessen, sie sind aber nicht überall auf der Welt in gleicher Weise realisiert, wie aus den Medien bekannt ist.

Was passiert mit tiefgefrorenen aufbewahrten Embryonen, deren Eltern - wie geschehen - bei einem Flugzeugabsturz ums Leben kamen? Sind sie bereits einklagbare Nachkommen und z.B. erbberechtigt?

Soll einer alleinstehenden Frau oder einer in nicht ehelicher Partnerschaft lebenden bei Kinderwunsch mit solchen modernen Reproduktionstechniken zur Schwangerschaft verholfen werden? In Österreich sollen zukünftig länger als 3 Jahre zusammenlebende Paare auch ohne Trauschein auf diese Weise zu Eltern gemacht werden dürfen.

Auch ist nach dem Embryonenschutzgesetz die Entnahme einer totipotenten Zelle (siehe oben) ebenso wie die an ihr vorgenommene Diagnostik unzulässig. In unserem Lande ist eine Präimplantationsdiagnostik erst an ausdifferenzierten Zellen, d.h. ab dem 8-Zell-Stadium möglich. Dies ist der Zeitpunkt, an dem die Diagnostik nicht mehr an einer totipotenten Zelle, also an einem Zwillingsembryo, erfolgt und somit auch kein „Embryoverbrauch“ bei deren Zerstörung stattfindet.

Auch die Zeugung auf Vorbehalt, sozusagen die Schwangerschaft zur Probe, wird gesetzlich abgelehnt. Jedoch sind Ausnahmen im Fall von x-chromosomal vererbten Erkrankungen zugelassen und auf Landesebene unterschiedlich geregelt. Neuerdings wird auf Landesebene diskutiert, ob eine Präimplantationsdiagnostik in allen Fällen nach dem 12-Zell-Stadium bewilligt werden könne. Dadurch eröffnet sich gesetzlich die Möglichkeit der Selektion eines Embryos nach der Diagnostik in der Präimplantationsphase, indem gesunde zeugungsfähige Eltern die in-vitro-Fertilisation gegenüber einer natürlichen Empfängnis mit anschließender Diagnostik bevorzugen und dann entscheiden, ob sie der intrauterinen Übertragung des gesunden Embryos zustimmen!

6. Schluß

Es ist festzustellen, daß die wissenschaftlichen, technischen, juristischen und im Einzelfall bezahlbaren Möglichkeiten in der Pränatal- und Geburtsmedizin nicht immer mit klassischen ethischen und ärztlichen Werten vereinbart sein müssen. Die individuelle Verantwortlichkeit des Arztes für sein Handeln ist mehr denn je gefordert. In Grenzsituationen wird der Arzt vom Gesetz nicht die Hilfe erwarten können, die er wünscht. Es ist seine eigene persönliche Ethik, die auch durch seine eigene Vergangenheit und die gegenwärtige Prägung der Gesellschaft beeinflußt ist, gefragt. Er muß sich also an sein eigenes Gewissen halten.

Standesorganisationen, Religionsgemeinschaften, Parlamente, Parteien und Interessengruppen beschäftigen sich weltweit zunehmend mit den ethischen Chancen und Risiken der Reproduktionsmedizin. Insgesamt werden die reicheren Interventionsmöglichkeiten ethisch und moraltheologisch positiv bewertet, während der Einsatz von artefizieller Insemination, in-vitro-Fertilisation und intratubarem Gametentransfer zwar nicht grundsätzlich abgelehnt wird, vor allem aber bei konservativen moraltheologischen Positionen in der römisch-katholischen Kirche und im Islam abgelehnt wird (*Sass* 1994).

In der pluralistischen, oft multikulturellen Gesellschaft der Bundesrepublik Deutschland ergeben sich vor allem bei gläubigen Katholiken grundsätzliche Überlegungen zur ethischen Akzeptanz der Reproduktionsmedizin, weil die letzte Enzyklika humanae vitae des Papstes *Paul VI.* (1968) die Sexualität ohne Zeugungsabsicht nicht akzeptiert. Solche Argumentationen sind für auch viele Katholiken, insbesondere aber für Menschen aus Regionen, die von der Kirche weniger beeinflußt sind, heute kaum nachvollziehbar, dürfen aber in Krankenhäusern unter katholischer Trägerschaft nicht unterschätzt werden.

Alexander Mitscherlich (1960) wies auf das ärztliche Gewissen hin, indem er sagte: „Es gibt letzte Rechtssätze, die so tief in der Natur verankert sind, daß sich alles, was als Recht und Gesetz, Moral und Sitte gelten soll, im letzten nach diesem Naturrecht, diesem über den Gesetzen stehenden Recht auszurichten hat."

Insofern sind wir Frauenärzte schon immer besonders eng sowohl an das gesellschaftliche Rechtsbewußtsein, als auch an das inviduelle Gewissen gebunden gewesen, da wir als Geburtshelfer nicht nur Helfer zum gesunden oder kranken Leben, sondern auch Helfer zum Tod sein können. Dieses individuelle Gewissen muß wegen der rasanten technischen Entwicklung durch ebenso niveauvolle wie bürgernahe Diskussion wach gehalten werden.

6. Literatur

American College of Obstetricians and Gynecologists, Comittee Opinion Nr. 163, 1995.

Beller, FK. (1996): Wie klein ist zu klein, wie groß ist zu groß? Ethische Überlegungen über Geburtseinleitung und Schwangerschaftsabbruch. Der Frauenarzt 37, 929-932.

Chervanak, FA., Mc Cullogh, LB. (1991): The fetus as a patient: implications for directive versus nondirective counselling for fetal benefit. Fetal Diagnostic Therapy 6, 93-100.

Donald, J., MacVica , J., Brown, TG. (1958): Investigation of abdominal masses by pulsed ultrasound, Lancet I, 1188.

FIGO Standing committee (1989): On ethical aspects of human reproduction, in: Mitt. Dtsch. Gesellsch. Gynäk. Geburtsh. 1, 6.

Fischer, WM. (Hrsg.) (1981): Kardiotokographie. Stuttgart/New York.

Hepp, H. (1996): Pränatale Medizin - Qualität des Lebens. Der Frauenarzt 37, 678-688.

Holzgreve, W., Garritsen, HSP., Hänshirt-Ahlert, B. (1992): Fetal cells in the maternal circulation. J Rerpd. Med. 37, 410.

Holzgreve, W. (1993): Der Schwangerschaftsabbruch aus sogenannter „kindlicher" Indikation. Zeitschr. f. ärztl. Fortbldg. 10, 837.

Jähnke, B. (1987): Grenzen der ärztlichen Behandlungspflicht bei schwerstgeschädigten Neugeborenen aus juristischer Sicht. MedR Schriftenreihe Medizinrecht, in: Hiersche, HD., Hirsch G., Graf-Baumann T. (Hrsg.): Springer Verlag Berlin/Heidelberg/New York.

Lee, WH., Baggish, NS. (1978): Life birth as a complication of induced trimester abortion. Adv Plan Parenthood 13,7.

Lipowski, G. (1995): Wie sanft darf es sein? Geburtsh. Frauenheilk. 55, 158-159.

Mitscherlich A. , Mielke F. (1960/85): Medizin ohne Menschlichkeit. G. Fischer Verlag Stuttgart.

Renziehausen, K. (03.01.1996): Pers. Mitt. (Hepp) Brief an das Sächsische Staatsministerium für Soziales, Gesundheit und Familie, 12.12.1995.

Saling, E. (1966): Das Kind im Bereich der Geburtshilfe. Georg Thieme Verlag Stuttgart.

Sass, HM. (1994): Ethische Aspekte moderner Reproduktionstechniken, in: Krebs D., Schneider HPG. (Hrsg.): Endokrinologie und Reproduktionsmedizin III. 3. Aufl. Urban und Schwarzenberg München/Wien/Baltimore, 289-295.

Schneider, KTM., Kaiserberg, v C., Holzgreve, W. (1994): Manual der fetalen Medizin. Springer Verlag Berlin.

Schnürch, HG., Molinsky, H., Bender, HG. (1988): Lebensqualität in der gynäkologischen Onkologie. Gynäkologie 21, 323.

Schroeder-Kurth, TM. (1989): Ethische Überlegungen zur pränatalen Diagnostik. Der Frauenarzt 5, 489.

Wertz, DC., Fletscher, IC. (1989): Ethical problems in prenatal diagnosis. Prenatal Diagn. 9, 145.

White, KE. (1967): Improved medical care statistics and health services system. Public Health, Rep. 82, 847.

Schadens- und familienrechtliche Wertungen im Wandel. Kann der mit Kindesunterhalt verbundene finanzielle Aufwand als Schaden qualifiziert werden?

Stephan Meder

I. Problemstellung

Die fortschreitende Ausdehnung von Schadensersatzpflichten in den letzten Jahrzehnten hat eine grundlegende Veränderung des Schadensbegriffs bewirkt. Geldersatzbegehren für zeitweilig vereitelte Gebrauchsmöglichkeiten von Kraftfahrzeugen und anderen Gegenständen, Geldersatz für entgangene Urlaubsfreuden, für verdorbene Genüsse und ähnliche Ärgernisse bilden einen festen Bestandteil der gegenwärtigen Gerichtspraxis. Dabei scheint sich bisweilen eine Kluft aufzutun zwischen allgemeinen, in der Bevölkerung verbreiteten ethischen Wertvorstellungen und der rechtlichen Beurteilung solcher Geldersatzbegehren durch die Gerichte. Erinnert sei an die schockierende Frage, mit der sich die deutsche Öffentlichkeit im Jahre 1980 durch ein Urteil des Landgerichts Frankfurt/M konfrontiert sah - ob der Anblick Behinderter ein Vermögensschaden sei[1]. Kaum weniger Aufsehen haben im selben Jahr ergangene Entscheidungen des Bundesgerichtshofs zu der Frage erregt, ob die Geburt eines unerwünschten Kindes zum Schadensersatz verpflichten kann. Der BGH hat dies in zwei Grundsatzurteilen[2], die den vorläufigen Abschluß einer in Literatur und Rechtsprechung seit Ende der sechziger Jahre sehr lebhaft geführten Kontroverse bildeten, zunächst für den Fall eines mißlungenen Sterilisationseingriffs bejaht[3].

Die in diesen Entscheidungen entwickelten Maßstäbe hat die höchstrichterliche Rechtsprechung später auf andere Fallgruppen übertragen. So wurde etwa Schadensersatz für Unterhalt bei fehlerhafter Beratung zur Vermeidung der Geburt eines vorgeburtlich schwer geschädigten Kindes[4] und bei mißlungenem (erlaubtem) Schwangerschaftsabbruch[5] gewährt. Diese in einem Zeitraum von über zehn Jahren gefestigte Rechtsprechung ist durch das Urteil des Bundesverfassungsgerichts vom 28.5.1993 zum Schwangerschaftsabbruch erschüttert worden. Darin hatte das BVerfG festgestellt, daß „eine rechtliche Qualifikation des Daseins eines Kindes als Schadensquelle ... von Verfassungs wegen (Art.1 I GG) nicht in Betracht (kommt). Die Verpflichtung aller staatlichen Gewalt, jeden Menschen in seinem Dasein um seiner selbst willen zu achten, verbietet es, die Unterhaltspflicht für ein Kind als Schaden zu begreifen“[6].

---

1 JZ 1980, 684.
2 BHGZ 76, 249; BGHZ 76, 259.
3 Nach der im anglo-amerikanischen Rechtskreis gebräuchlichen Begrifflichkeit betrafen die Fälle wrongful birth. Darunter wird der Unterhaltsschaden verstanden, den das nicht geplante Kind den Eltern verursacht. Davon zu unterscheiden ist der Fall wrongful conception, bei dem der Schaden auf eine fehlerhafte Beratung schon vor Konzeption zurückgeht. Als wrongful life wird schließlich der Mehrbedarf eines genetisch oder vorgeburtlich geschädigten Kindes bezeichnet, zur Terminologie vgl. *Deutsch*, Arzt- und Arzneimittelrecht, 2.Aufl. (1991), S.130 ff.
4 BGHZ 86, 240; VersR 1988, 155.
5 BGHZ 95, 199 ff; vgl. auch BGH VersR 1985, 1068.
6 BVerfGE 88, 203, 295 f. (unter D V 6 a.E. der Gründe).

Durch die Äußerungen des BVerfG hatte die Debatte um die Frage, ob Unterhaltsaufwand für ein ungeplantes Kind als Schaden anerkannt werden kann, neuen Auftrieb erlangt. Insbesondere meldeten sich nun eine Reihe von Gegnern der Rechtsprechung des BGH zu Wort, die teilweise Argumente aus den siebziger Jahren wieder aufgriffen und vertieften, teilweise aber auch völlig neue Aspekte in die Diskussion einbrachten. Dem höchsten Zivilgericht war noch im selben Jahr, in dem das BVerfG die Überprüfung der bisherigen Rechtsprechung angeregt hatte, erneut die Frage zur Entscheidung vorgelegt worden, ob Unterhalt als Schaden qualifiziert werden könne. In diesem Fall ging es um eine fehlerhafte Beratung im Bereich der Humangenetik (wrongful conception): Die Eltern hatten infolge ärztlicher Beratung ein Kind gezeugt, das von Geburt an geistig und körperlich schwer behindert war[7]. Der BGH nahm den Fall zum Anlaß, die zentralen Argumente, auf die sich die bisherige Rechtsprechung stützte, noch einmal zu rekapitulieren und im Ergebnis zu bestätigen. Gleichwohl haben diese Ausführungen, wie sich den jüngsten Reaktionen im Schrifttum entnehmen läßt, noch einige Probleme offen gelassen. Besonderes Gewicht erlangt dabei die Frage nach den Konvergenzen zwischen Schadensersatz- und Familienrecht. Sie steht im Mittelpunkt der folgenden Untersuchung. Zunächst sei aber die Argumentation der höchstrichterlichen Rechtsprechung in den wesentlichen Zügen wiedergegeben.

II. Die Argumentation des Bundesgerichtshofs

Die rechtliche Erfassung der Problematik bereitet nicht zuletzt deshalb erhebliche Schwierigkeiten, weil hier zwei entfernt liegende Teile des Privatrechts in Konflikt geraten: Familien- und Schadensersatzrecht werden im Hinblick auf ihre bereichsspezifischen Verbindungslinien selten gemeinsam untersucht[8]. Eine Ausnahme bildet die Frage, inwieweit aus der Nichterfüllung von Ehepflichten Schadensersatzansprüche zugunsten des Partners entspringen können. Dies wird bejaht, wenn ein deliktisch geschütztes Recht betroffen ist[9]. Diesen Rechten bzw. Rechtsgütern eines Ehegatten hat die Rechtsprechung das Recht auf den Schutz des räumlich-gegenständlichen Bereichs der Ehe, dessen Wurzeln im Persönlichkeitsrecht liegen, hinzugefügt[10]. Über diese Sonderfälle hinaus können nach überwiegender Meinung aus der Verletzung personaler Ehepflichten keine Schadensersatzansprüche hergeleitet werden[11]. Der Grund für die restriktive Handhabung von Schadensersatzpflichten

---

7 Vgl. BGHZ 124, 128.

8 Nach der im 19. Jahrhundert vorherrschenden Lehre, die auch Eingang in das BGB gefunden hat, sollte zwischen Familien- und Schuldrecht eine klare Trennlinie gezogen werden. Die Familienbeziehung wurde als ein „Naturverhältnis" betrachtet, „welches als solches sogar über die Grenzen der menschlichen Natur hinaus reicht", als eine „vom positiven Recht unabhängige Nothwendigkeit" (*Savigny*, System des heutigen Römischen Rechts, Bd.I (1840), S. 340, 345 ff; s.a. nachstehend bei Note 12). Daß an dieser Lehre unter gewandelten Bedingungen nicht mehr uneingeschränkt festgehalten werden kann, hat neuerdings überzeugend *R. Knieper* herausgearbeitet: „Mit der Fortpflanzung der Gattung läßt sich nicht mehr als 'Naturkonstante' rechnen, die 'Produktion der subjektiven Strukturen', die Kinderaufzucht als 'besondere Arbeit' verlieren ihre Eigenständigkeit, Privatheit und Differenz zur Produktion von Waren" (Gesetz und Geschichte, 1995, S.103). „Insbesondere nehmen Pflichten zur Zahlung von Geld zu, dringt also dieses auf Abstraktion und Objektivierung orientierende Medium in die Unmittelbarkeit und Intimität der intersubjektiven Beziehungen ein" (a.a. O., S. 91; s.a. ders., Das Schuldverhältnis: Geld gegen Ware in der Zeit, KJ 1992, S.1 ff.; zur Annäherung des Familien- an das Schadensersatzrecht unter dem Gesichtspunkt einer Objektivierung der Zurechnung vgl. *Meder*, Schuld, Zufall, Risiko (1993), S. 278 ff., insbes. S. 306 ff.).

9 Vgl. nur *Schwab*, Familienrecht, 8. Auflage (1995), Rdn.122.

10 Vgl. die Grundsatzentscheidung BGHZ 6, 360; *Schwab*, a.a.O., Rdn.121 m.w.N.

11 *Schwab*, a.a.O., Rdn.123

liegt in dem spezifisch familienrechtlichen Gedanken, wonach der personale Kern der Ehe möglichst frei von Rechtszwang zu halten ist[12].

Diese Gesichtspunkte sind aber auf die Frage, ob für den Unterhaltsaufwand eines ungeplanten Kindes Ersatz verlangt werden kann, nicht übertragbar: Den Anknüpfungspunkt für den Einsatz von Rechtszwang bildet in diesen Fällen nicht der personale Kern der Familienbeziehung, sondern die Frage nach den Haftungsfolgen, die eine Schlechterfüllung ärztlicher Behandlungs- und Beratungspflichten auslösen kann[13]. Gleichwohl verweisen Kritiker der Rechtsprechung auch hier auf die Besonderheiten des Familienrechts, wonach die Ersatzfähigkeit solcher Aufwendungen grundsätzlich auszuschließen sei. Begründet wird dies mit dem Argument, daß eine Einheit zwischen der Geburt eines Kindes und dem dadurch entstehenden Bedarf besteht, weil diesen aus vorrechtlichen Gründen die Eltern zu decken hätten[14]. Von dieser Auffassung ist der BGH keineswegs so weit entfernt, wie es zunächst erscheinen mag: Auch der BGH steht nämlich auf dem Standpunkt, daß sich im Unterhaltsrecht die wirtschaftlichen Verpflichtungen aus der biologischen Verbindung zwischen Eltern und Kindern ergeben; diese Verpflichtungen haben ihre Grundlage allein in der wirtschaftlichen und personalen Lebensgemeinschaft, die „ihre Rechtfertigung in sich selbst"[15] tragen. Dies zeige sich besonders deutlich am Beispiel von Härtefällen, welche die Rechtsordnung mit Selbstverständlichkeit in Kauf nehme, wie etwa der Einstandspflicht der Eltern für körperlich und geistig behinderte Kinder; diese Einstandspflicht kann wirtschaftlich wie menschlich zu schweren Belastungen führen, ohne daß den Eltern die Möglichkeit einer Abwälzung solcher Lasten auf Dritte gegeben wäre[16].

---

12 Das moderne Familienverständnis steht dem Einsatz von Rechtszwang sehr zurückhaltend gegenüber. Es sieht den Kern der Familienbeziehung in einer „Verbindung der Herzen und Willen". So kann etwa die Erfüllung personaler Ehepflichten nicht durch äußeren Zwang durchgesetzt werden. Zwar ist es zulässig, auf „Herstellung des ehelichen Lebens" zu klagen. Doch entbehrt das auf Grund einer solchen Klage ergangene Herstellungsurteil der Vollstreckbarkeit (§ 888 Abs.2 ZPO). Seine Grundlage findet die restriktive Handhabung rechtlicher Sanktionen in dem mit der Aufklärung zur Geltung gebrachten Prinzip einer strikten Trennung von Recht und Ethik. Danach fällt in das Recht die äußere, formale Seite des Handelns - das äußere Mein und Dein -, in die Ethik dagegen die innere, materiale Sphäre des Individuums (vgl. nur *Kant*, Die Metaphysik der Sitten, Werkausgabe, hg.v. *W. Weischedel*, Bd.VIII, 10.Auflage 1993, §§ 1, 7, 17). Als einer der ersten hatte *Savigny* diesen Ansatz für das Familienrecht fruchtbar gemacht (vgl. bereits: Vom Beruf unserer Zeit für Gesetzgebung und Rechtswissenschaft (1814), wiederabgedruckt in: *Savigny* und *Thibaut* (1973), S. 124; ausführlicher ders.: System, a.a.O., S. 343 ff.; Darstellung der in den Preußischen Gesetzen über die Ehescheidung übernommenen Reform, in: Vermischte Schriften, Bd.V (1850), S. 222 ff.). Seine - von *Kant* freilich abweichende - Theorie der Familie steht ganz im Zeichen einer Polemik gegen die „gewöhnliche Auffassung", wonach „das Verhältnis der Ehe von ganz gleicher Natur mit den übrigen Verhältnissen des Privatrechts" einzustufen sei (Über die Ehescheidung, a.a. O., S. 231 f.). Den wesentlichen Unterschied zu anderen Teilen des Privatrechts sieht *Savigny* darin, daß im Familienverhältnis die „Person als Ganze" betroffen ist. Hier tritt das Individuum nicht nur „äußerlich" - wie etwa im Schuld- oder Sachenrecht -, sondern auch „innerlich", d.h. unter Einbeziehung seiner Individualität als solcher, mit anderen Personen in Verbindung. Deshalb müssen wesentliche Teile der Familienbeziehung jeder rechtlichen Regelung entzogen bleiben. Gerade die wichtigsten Elemente, wie etwa „Treue, Hingabe, väterliche Gewalt, Gehorsam, Ehrfurcht etc. stehen allein unter dem Schutz der Sitte und nicht des Rechts" (System, a.a.O., S. 350). Das Familienverhältnis ist damit durch eine Doppelnatur gekennzeichnet: Es gehört Sitte und Recht gleichermaßen an. Soweit sein personaler Kern betroffen ist, muß Rechtszwang ausgeschlossen bleiben.

13 Vgl. BGHZ 124, 128, 137; s.a. BGHZ 76, 259, 268: Der Schadensausgleich vollzieht sich hier „nicht innerhalb des unterhaltsrechtlichen 'Innenverhältnisses', sondern nur im haftungsrechtlichen 'Außenverhältnis' ..., das an den Vorgängen innerhalb der Familiengemeinschaft grundsätzlich keinen Anteil hat".

14 Zum älteren Schrifttum vgl. die Nachweise bei BGHZ 76, 252 f.; ähnlich: z.B. *A. Roth*, NJW 1994, 2402, 2403; ders.: NJW 1995, 2399, 2400; *Picker*, AcP 195 (1995), 483, 503 ff.

15 BGHZ 76, 259, 267.

16 BGHZ 76, 259, 266 f.

Vor diesem Hintergrund verbiete es sich, einen familienrechtlich bedingten Unterhaltsaufwand mit einem Schaden gleichzusetzen, der von dem für die mißlungene Empfängnisverhütung verantwortlichen Dritten zu ersetzen sei. Andererseits - und mit Blick auf die vom Arzt übernommene Verantwortung - müsse in gewissen Grenzen aber auch dem auf einen wirtschaftlichen Ausgleich abzielenden Schadensersatzrecht Rechnung getragen werden. Der BGH hält daher Ausschau nach einer Formel, die sich dazu eignet, eine Verbindung zwischen den widerstrebenden Teilen des Privatrechts herzustellen - und findet sie im Begriff des Planungsschadens. „Planungsschaden" ist das Resultat einer Abwägung, welche die Gegensätze zwischen Familien- und Schadensrecht zu einem Ausgleich bringen soll. Im Rahmen dieser Abwägung müsse einmal dem familienrechtlichen Grundsatz Rechnung getragen werden, wonach auch extreme Belastungen, die in Zusammenhang mit der Geburt eines Kindes eintreten können, innerhalb der personalen Lebensgemeinschaft zu verkraften sind: Aus diesem Grundsatz folge, daß der mit Geburt eines Kindes entstehende Unterhaltsaufwand nicht voll auf den verantwortlichen Dritten abgewälzt werden kann[17]. Andererseits dürfe es aber nicht hingenommen werden, daß „eine unter Umständen nur allzu berechtigte Familienplanung haftungsrechtlich schutzlos" bleibt. Daher könne prinzipiell auch ein familienrechtlich geschuldeter Unterhaltsaufwand einen ersatzfähigen Schaden darstellen[18].

Im Begriff des Planungsschadens hat die grundsätzliche Ersatzfähigkeit der durch die Geburt eines Kindes vermittelten wirtschaftlichen Belastung ebenso Anerkennung gefunden wie die Tatsache, daß der Unterhaltsaufwand „weniger von den wirtschaftlichen Bedürfnissen des Kindes als vorrangig von seiner Teilhabe an der Familiengemeinschaft bestimmt wird"[19]. Der Begriff bezeichnet eine Kompromißformel, die den Konflikt zwischen den beiden Teilen des Privatrechts weiterbestehen läßt. Daher könne die Höhe des Ersatzanspruchs nicht exakt dem jeweiligen Schadensfall angepaßt, sondern nur schematisch ermittelt werden[20]. Dies rechtfertige es, die Ersatzpflicht des für die Geburt verantwortlichen Dritten auf einen Betrag zu beschränken, „der nach durchschnittlichen Anforderungen für das Auskommen des Kindes erforderlich ist"[21]. Ein wirtschaftlich mehr oder weniger gehobener Lebensstandard der Eltern mag höhere Aufwendungen bedingen; solche zusätzlichen Aufwendungen müssen mit Blick auf den Grundsatz der familienrechtlichen Teilhabe jedoch außer Betracht bleiben[22].

Es handelt sich also letztlich um Billigkeits- und Zumutbarkeitserwägungen, die gegen eine Erstattung gesteigerter Kosten ins Felde geführt werden: „Jenseits dieser Grenze kann es dem Schädiger billigerweise nicht mehr zugemutet werden, für Aufwendungen aufzukommen, die zwar durch seine Fehler deshalb ausgelöst worden sind, weil wirtschaftlich günstiger gestellte Eltern zu entsprechend höherer Unterhaltsleistung an ihre Kinder verpflichtet sind, die aber in der biologisch/wirtschaftlichen Gemeinschaft der Familie ihre selbständige Grundlage haben und in anderen Fällen mit Selbstverständlichkeit hingenommen werden, daher insoweit nicht auf den Schädiger abzuwälzen sind"[23]. Der Senat räumt ein, daß sein Ansatz in dogmati-

17 BGHZ 76, 259, 267.
18 BGHZ 76, 259, 267; s.a. BGHZ 124, 128, 138 f.
19 BGHZ 76, 259, 267 f.; s.a. BGHZ 124, 128, 144.
20 BGHZ 76, 259, 268; s.a. BGHZ 124, 128, 144 f.
21 BGHZ 76, 259, 270; s.a. BGHZ 124, 128, 144.
22 BGHZ 76, 259, 270; s.a. BGHZ 124, 128, 144.
23 BGHZ 76, 259, 270.

scher Hinsicht nicht unbedenklich ist[24]. Etwaige Einwände hätten aber hinter der Erwägung zurückzustehen, daß „bei Störung der rechtlich gebilligten Familienplanung in keinem Fall auf einen gewissen Ausgleich der wirtschaftlichen Folgen verzichtet werden muß“[25]. Dabei wird offengelassen, ob die Beschränkung des Ersatzes auf den Planungsschaden „ihre dogmatische Rechtfertigung aus einem verfeinerten Schadensbegriff“ erhält[26]. Diese Frage darf bis heute als ungeklärt angesehen werden[27]. Ansätze für ihre Lösung lassen sich nur im Wege einer Betrachtung des Wandels finden, den das Schadensersatzrecht in den letzten Jahren erfahren hat.

III. Die Grundlagen des geltenden Schadensersatzrechts

Das Schadensersatzrecht hat eine Reihe von Kriterien herausgebildet, nach denen zu beurteilen ist, ob für eine Störung, Beeinträchtigung oder Einbuße Schadensersatz verlangt werden kann oder ein Nachteil ersatzlos hingenommen werden muß. Die wichtigsten Kriterien zur Schadensermittlung sind die Differenzmethode, die Lehre vom materiellen Schaden sowie die alte Regel „casum sentit dominus“.

1. Differenzmethode und materieller Schaden

Ob ein Schaden vorliegt oder nicht, wird nach allgemeiner Meinung mit Hilfe der sog. Differenzmethode (oder Differenzhypothese) festgestellt. Nach dieser zum erstenmal im Jahre 1855 von *Friedrich Mommsen* formulierten Lehre[28] ist ein Vermögensschaden gegeben, wenn der gegenwärtige tatsächliche Wert des Vermögens geringer ist als der Wert der Vermögenslage, in der sich der Geschädigte ohne den Eintritt des schädigenden Ereignisses befinden würde. Damit scheint eine Formel zur Verfügung zu stehen, die das Schadensrecht in ein problemloses und wertfreies Rechenexempel überführt. So nennt etwa *H. A. Fischer*, der die erste Monographie über den Schadensbegriff des BGB verfaßt hatte, das folgende Musterbeispiel: „Wenn der Schädiger eine Fensterscheibe eingestoßen hat, wird der alte Zustand durch Einsetzen einer neuen Scheibe hergestellt, ist eine Sache weggenommen, so ist sie wieder herauszugeben“[29]. Damit wird Schaden einem faktischen, vom allgemeinen Sprachgebrauch ausgehenden, keinerlei Bewertungsprobleme aufwerfenden Bereich zugeordnet.

Viele jener Schwierigkeiten, die heute Anlaß zur Kontroverse um den Schadensbegriff geben, waren zur Zeit des Inkrafttretens des BGB unbekannt. Der Grund hierfür liegt darin, daß nach der Differenzmethode nur Güter oder Positionen erfaßt werden sollten, die in Geld bemessen werden können. Dagegen sollte immateriellen Gütern kein Vermögenswert zukommen. Die Schwäche dieser Methode konnte unter gesellschaftlichen Verhältnissen, die durch ein im Vergleich zu heute sehr viel niedrigeres Kommerzialisierungsniveau gekennzeichnet waren, noch nicht erkannt werden: Sie liegt darin, daß auf ihrer Grundlage nicht immer mit der notwendigen Sicherheit zu entscheiden ist, welche Nachteile zu welchem Wert in die Bilanzen zur Ermittlung des realen und hypothetischen Vermögensstandes einzustellen sind. Die gegenwärtig so lebhaft diskutierte Frage, ob Güter, die nicht oder nur mit

24 BGHZ 76, 259, 267 f.; 270; s.a. BGHZ 124, 128, 144 f.
25 BGHZ 76, 259, 270.
26 BGHZ 76, 259, 268.
27 Vgl. nur *Deutsch*, VersR 1995, 616.
28 *Friedrich Mommsen*, Zur Lehre vom Interesse (1855).
29 *H.A.Fischer*, Der Schaden nach dem Bürgerlichen Gesetzbuch für das Deutsche Reich (1903), S.165.

Schwierigkeiten in Geld bewertet werden können, wie etwa entzogene Gebrauchsvorteile, verdorbene Genüsse oder entgangene Freuden, einen Vermögensschaden darstellen, war den Gerichten in der Zeit vor dem Zweiten Weltkrieg noch nicht zur Entscheidung vorgelegt worden. Bekanntlich hat die Rechtsprechung den Kreis der Güter oder Positionen, die in die Differenzrechnung einbezogen werden können, in den letzten Jahrzehnten erheblich erweitert. Diese Entwicklung hat dazu geführt, daß in den extremen Fällen die Grenzlinie zwischen materiellen und immateriellen Schäden an Kontur verloren hat[30].

2. *Casum sentit dominus*

Ein weiteres Kriterium, nach dem eine Grenze zu dem Bereich gezogen wird, in dem Nachteile ersatzlos hingenommen werden müssen, bildet die Regel „casum sentit dominus". Wie die klassische, auf die Erfassung materieller Einbußen zugeschnittene Differenzmethode beinhaltet auch dieses Kriterium eine Sperre für die Verrechtlichung von Handlungsfolgen. Danach muß unverschuldeter Schaden als Zufall oder Schicksal von dem getragen werden, den es gerade trifft. Erfaßt werden können nach dieser aus dem römischen Recht stammenden Regel nur diejenigen Ereignisse, die ihrer Struktur nach auf die Perspektive eines souverän handelnden Individuums beziehbar sind, d.h. auf ein Verhalten, das in den Kategorien des Wissens und Wollens, der Vermeidbarkeit oder Vorhersehbarkeit zu beschreiben ist. Bloße Verursachungen, die jenseits einer Rückverweisung auf die individuelle Sphäre liegen, werden nicht erfaßt. Von ihnen führt, wie in der Literatur immer wieder hervorgehoben wurde, „keine Brücke zur Verantwortung hinüber".[31] Angesichts seiner Beschränkung auf eine Erfassung von Willensverhältnissen erscheint das klassische Schadensersatzrecht in seiner traditionellen Gestalt eines bürgerlichen Individualhaftpflichtrechts.

Auch dieses zweite Kriterium ist heute durch eine Vielzahl von Ausnahmen durchbrochen, etwa durch eine sehr extensive Auslegung des Fahrlässigkeitsbegriffs, eine Umkehr der Beweislast oder die beständige Ausdehnung der Grundsätze der Gefährdungshaftung. Das moderne Schadensersatzrecht kann deshalb in vielen Fällen auch den Opfern einer ungewollten, unvorhersehbaren oder unvermeidbaren Pflichtverletzung hinreichenden Schutz bieten. Unter der Prämisse einer weitgehenden Verlagerung früher individuell zu tragender Verantwortung auf das Kollektiv geraten im zeitgenössischen Schadensersatzrecht eine Reihe von - sozialen - Faktoren in das Blickfeld, deren Berücksichtigung es als gerecht erscheinen lassen kann, dem Opfer auch dann einen Anspruch zuzugestehen, wenn das Ereignis aus Sicht des Täters zufällig eingetreten war. *Josef Esser* hatte die neuartige und prinzipielle Bedeutung, die der Opferschutzgedanke im Zeitalter technischer Massenrisiken er-

30 So kann etwa beim vorübergehenden Entzug der Gebrauchsmöglichkeit einer Sache das Vorliegen eines Vermögensschadens zweifelhaft erscheinen, wenn der Betroffene keine Aufwendungen macht, um sich Ersatz zu beschaffen. Oft wird ein nicht ersatzfähiger immaterieller Schaden vorliegen (§ 253 BGB). Nach einer Grundsatzentscheidung des BGH ist heute indes anerkannt, daß eine Nutzungsausfallentschädigung jedenfalls dann in Betracht kommt, wenn es sich um ein Wirtschaftsgut von allgemeiner, zentraler Bedeutung handelt, auf dessen ständige Verfügbarkeit die eigenwirtschaftliche Lebenshaltung typischerweise angewiesen ist (GSZ 98, 212 ff.). Deshalb sieht die Rechtsprechung den vorübergehenden Verlust der Gebrauchsmöglichkeit eines PKW auch dann als ersatzfähigen Schaden an, wenn der Betroffene keinen Ersatzwagen anmietet. Dagegen wurde der zeitweilige Entzug der Nutzungsmöglichkeit eines Wohnwagens, Schwimmbads oder Motorsportboots als ein lediglich immaterieller Nachteil bewertet.

31 Vgl. bereits *A. Merkel*, Zur Lehre der Grundeinteilungen des Unrechts und seiner rechtlichen Folgen (1867), S. 58.

langt, mit dem Stichwort „Wende zur rationalen Planung" umschrieben[32]. Damit soll behauptet sein, daß nunmehr Kategorien des Schutzes, der Versorgung und der Versicherung weit größere Bedeutung erlangen, als man sich dies noch zu Anfang des Jahrhunderts hätte träumen lassen. Im Zuge dieser Veränderungen ist das traditionelle bürgerliche Individualhaftpflichtrecht in die Nähe des Sozialrechts gerückt worden[33].

IV. Ethische Aspekte eines „verfeinerten" Schadensbegriffs

Worin besteht nun der Anlaß für die in allen westlichen Industrienationen zu beobachtende Ausdehnung von Schadensersatzpflichten? Sie ist vor allem auf die zunehmende Technisierung der Lebensverhältnisse zurückzuführen, unter denen sich das Bedürfnis nach einer Erweiterung der Haftung auch auf solche Bereiche ergeben hat, die nach den Maßstäben des klassischen Schadensrechts nicht hätten verrechtlicht werden können: Wenn die Rechtsordnung den Gebrauch gefährlicher Mittel zuläßt, muß sie dafür sorgen, daß auch den Opfern unverschuldeter Handlungen Schutz geboten wird. Deshalb soll der Halter oder Betreiber bestimmter (erlaubter) gefährlicher Einrichtungen oder Sachen sowie derjenige, der bestimmte gefährliche Handlungen vornimmt, für die Schadensfolgen haften, die sich aus der Verwirklichung des gefahrtypischen Risikos ergeben. Allerdings muß der Verursacher regelmäßig nicht selbst für die durch eine Erweiterung der Haftung entstehenden Kosten aufkommen, wenn die gefahrtypischen Risiken der Versicherungspflicht unterliegen.

1. Der Einfluß des Versicherungswesens auf das Schadensersatzrecht

Nach der ständigen Rechtsprechung des Reichsgerichts wirkt die Versicherung eines Risikos nicht auf die Haftung zurück, sie beeinflußt weder Höhe noch Grund des Anspruchs[34]. Diese üblicherweise als „Trennungsprinzip" bezeichnete Bestimmung des Verhältnisses zwischen Haftung und Versicherung hat in der Gegenwart zahlreiche Durchbrechungen erfahren. Die neuere Judikatur erachtet den Umstand, daß in die Schadensabwicklung ein kollektives Ausgleichssystem einbezogen ist, welches für den Schaden aufkommt, für entscheidungserheblich: Gerichte tendieren dazu, versicherte und nicht versicherte Schäden unterschiedlich zu behandeln[35]. Der Grund hierfür liegt darin, daß das traditionelle Schadensmodell zu ungerechten Ergebnissen führen kann, wenn ein Schaden nicht im Rahmen eines Zwei-, sondern eines Dreiparteienverhältnisses abzuwickeln ist. So würde man es etwa als ungerecht empfinden, wenn sich ein haftpflichtversicherter Schadensverursacher gegenüber dem Opfer einer gefährlichen Handlung jederzeit mit dem Hinweis entlasten könnte, er habe den Erfolgseintritt nicht vorhersehen oder vermeiden können.

Die extreme Ausdehnung von Schadensersatzpflichten ist ohne die Erweiterung von Versicherungsmöglichkeiten und die damit einhergehende Zurückdrängung der individuellen Schadenstragungspflicht kaum verständlich. Technisch bedingte Massenrisiken sind regelmäßig kalkulierbar und damit versicherbar[36]. Die Kosten

32 Zuerst in Grundlagen und Entwicklung der Gefährdungshaftung, 2. Aufl. (1969), S. 80 ff.
33 *H. Hagen*, Ethische Aspekte des Schadensersatzes, SchlHA 1982, S. 2 ff. (5).
34 Z.B. RGZ 141, 185, 190 f.; 157, 348, 350. Diese Ansicht hatte der BGH noch unmittelbar nach dem Zweiten Weltkrieg vertreten, z.B. BGHZ 7, 223, 231; BGH VersR 1953, 196.
35 Vgl. *Weyers*, Versicherungsvertragsrecht, 2. Auflage (1995), Rdn.607.
36 So ist etwa die Gewährung von Schadensersatz für den zeitweiligen Nutzungsausfall eines Kraftfahrzeugs zu einer festen Größe für die Kalkulation von Versicherungsprämien geworden.

werden auf die Versichertengemeinschaft abgewälzt. Dies hat zu einer weitgehenden Kollektivierung von Schadensfällen geführt.

2. *Zur Veränderung des Verhältnisses zwischen Recht und Ethik*

Der Ausdehnung von Schadensersatzpflichten korrespondiert eine Verringerung der Möglichkeiten zur individuellen Verarbeitung der nachteiligen Folgen gesellschaftlicher Entwicklung im allgemeinen und technologisch bedingter Schadensfolgen im besonderen. Daher bedarf es einer Heraushebung gewisser schädlicher Ereignisse aus dem überkommenen nach individuellen Maßstäben geprägten Schadenshorizont, um sie als Elemente eines höheren - sozialen - Verteilungszusammenhangs einreihen zu können. Im schadensrechtlichen Fachschrifttum ist mehrfach darauf hingewiesen worden, daß diese Entwicklung letztlich auf eine Depotenzierung von Schicksal, Zufall oder Vorsehung hinausläuft[37]. Anders als es der Rechtslehre noch im 19. Jahrhundert vorgeschwebt war, kann sich der Normenbestand des Privatrechts unter gegenwärtigen Bedingungen nicht mehr darin erschöpfen, eine formale, auf die Erfassung von Willensbeziehungen beschränkte Freiheitsordnung zu konstituieren; vielmehr muß sich in dem privatrechtlichen Sozialmodell auch eine „materiale Freiheitsordnung“[38] niederschlagen. Nur unter dieser Voraussetzung kann auch jenen Personen Schutz geboten werden, die Opfer einer unverschuldeten, rechtlich erlaubten gefährlichen Handlung geworden sind.

Die mit der Zurückdrängung formaler Bestandteile verbundene weitreichende Materialisierung modernen Privatrechts läßt auf einen grundlegenden Wandel des Verhältnisses von Recht und Ethik schließen. Im Zusammenhang mit einer Verringerung der Möglichkeiten zur individuellen Enttäuschungsverarbeitung können auch subtile psychische Regungen vor Gericht öffentlich gemacht, dort behandelt und in Geld bewertet werden. Rechtliche Regelungskompetenz beschränkt sich damit nicht mehr nur auf die äußere, formale Seite des Handelns, sondern kann in bestimmten Fällen auch die innere, materiale Sphäre des Individuums umfassen. Diese Entwicklung ist von grundsätzlicher kultur- und rechtstheoretischer Bedeutung; sie wird begleitet von einer neuartigen Bestimmung des Verhältnisses von Gerechtigkeitsbegriffen, auf die sich die Privatrechtslehre seit Jahrhunderten bezieht. Dies sei im folgenden am Beispiel der auf *Aristoteles* zurückgehenden Unterscheidung zwischen kommutativer und distributiver Gerechtigkeit erläutert.

Dieser Sachverhalt betrifft die Erwartungskonstanz von mehr als zehn Millionen Prämienzahlern der Kraftfahrzeugversicherung.

37 Vgl. dazu nachstehend VI.1.

38 Durch diese Veränderungen ist nicht nur das Delikts-, sondern auch das Vertragsrecht betroffen, vgl. *Wieacker*, Das Sozialmodell der klassischen Privatrechtsgesetzbücher und die Entwicklung der modernen Gesellschaft (1953), S.18; *L. Raiser*, 100 Jahre deutsches Rechtsleben (1960), 101, 129: „Die Anforderungen einer materiellen Vertragsgerechtigkeit (sollten) das Herzstück einer juristischen Vertragslehre ausmachen“; s.a.: *E. Schmidt*, Von der Privat- zur Sozialautonomie, JZ 1980, 153; *J. Limbach*, Forum: Das Rechtsverständnis in der Vertragslehre, JuS 1985, 10.

V. Konsequenzen der Verfeinerung des Schadensbegriffs für den Begriff der Gerechtigkeit

Die Einteilung in kommutative und distributive Gerechtigkeit beruht auf dem Gedanken, daß das Gerechtigkeitsprinzip in zwei verschiedenen sozialen Grundsituationen einen spezifischen Inhalt gewinnt. Das Grundmodell der kommutativen (oder austauschenden) Gerechtigkeit besteht in einem Gleich- oder Nebenordnungsverhältnis, in dem mindestens zwei Personen gleichberechtigt in Beziehung treten. Demgegenüber bezeichnet die distributive (oder ausgleichende bzw. verteilende) Gerechtigkeit kein Gleichordnungs-, sondern ein Subordinationsverhältnis, innerhalb dessen eine übergeordnete Stelle als Repräsentant eines Ganzen einer Mehrzahl von mindestens zwei Untergeordneten gegenübertritt[39].

1. *Kommutative Gerechtigkeit*

Als Anwendungsfall der kommutativen Gerechtigkeit nennt *Aristoteles* sowohl den „freiwilligen" als auch den „unfreiwilligen Verkehr" der Einzelnen untereinander. Im Rahmen des „unfreiwilligen Verkehrs" ereignen sich Handlungen, die dem Verletzten nicht aus freiem Entschluß, sondern gegen seinen Willen widerfahren[40]. Jede Schädigung erscheint hier zugleich als Verletzung der persönlichen Freiheit. Da auch der Schädiger als freie Person gedacht ist, unterfallen der kommutativen Gerechtigkeit nur solche Schädigungen, die dem Handelnden zurechenbar sind: Der Schädiger muß in der Lage sein, sich normgemäß zu verhalten. Deshalb werden unverschuldete Handlungen, deren Ursache außerhalb der Beziehung der Beteiligten liegt, durch diese Form der Gerechtigkeit nicht erfaßt[41]. Das Modell beruht darüber hinaus auf der Prämisse einer Äquivalenz von Schaden und Ersatz: Es zielt darauf ab, im Zweiparteienverhältnis zwischen Gläubiger und Schuldner den vor Eintritt des schädigenden Ereignisses bestehenden Zustand ohne Rücksicht auf die wirtschaftliche Leistungsfähigkeit des Schädigers möglichst wieder herzustellen. Die auf Vermögensschäden beschränkte Totalrestitution rechtfertigt sich aus der Überlegung, daß das Vermögen die Grundlage für eine freie Entfaltung der Persönlichkeit bildet; voller Ersatz der in Geld meßbaren Nachteile bedeutet mithin volle Wiederherstellung der persönlichen Freiheit. Vor diesem Hintergrund erscheint der gemäß § 249 BGB herbeizuführende Ausgleich als ein Austausch von Verlust und Ersatz.

2. *Distributive Gerechtigkeit*

Die Eigenart dieser Form von Gerechtigkeit besteht darin, daß zwischen die um Ausgleich bemühten Parteien eine zur Verteilung ermächtigte Instanz tritt - etwa in Gestalt des Staates, des Rechts, einer für einen konkreten Planungsbereich zuständigen Behörde oder eines Versicherungs- oder Versorgungsträgers, an welchen der

39 *Aristoteles*, Die Nikomachische Ethik (hg.v. *O. Gigon*, 1972), 5. Buch, Kap.5-7. In der neueren Literatur wird die distributive Gerechtigkeit häufig als Unterfall der sozialen Gerechtigkeit behandelt: vgl. etwa *F. A. v. Hayek*, Recht, Gesetzgebung, Freiheit, Bd.II: Die Illusion der sozialen Gerechtigkeit (1981), S. 112 ff.; s.a. *J. Rawls*, Eine Theorie der Gerechtigkeit (1979), S. 20 ff., S. 291 ff.; *A. Honneth*, Diskursethik und implizites Gerechtigkeitskonzept, in: Moralität und Sittlichkeit (hg. v. *W. Kuhlmann*, 1986), S.183 ff., S.189 ff. Zu den Unterschieden zwischen distributiver und sozialer Gerechtigkeit: *Meder*, Schuld, Zufall, Risiko, a.a.O., S. 208 ff.

40 Die Nikomachische Ethik, a.a.O., 5. Buch, Kap.5.

41 Vgl. nur *Coing*, Die obersten Prinzipien des Rechts (1947), S.73 ff.; *Radbruch*, Rechtsphilosophie, 8. Auflage (1973), S. 121.

jeweilige Schadensverursacher angeschlossen ist. Unter den veränderten Gegebenheiten hat die distributive Gerechtigkeit gegenüber dem vornehmlich auf die Individualsphäre bezogenen kommutativen Modell vor allem in jenen Bereichen an Bedeutung gewonnen, in denen eine Ausdehnung von Schadensersatzpflichten zu bemerken ist. Zu nennen wären hier insbesondere Fälle, in denen Versicherungsunternehmen in die Schadensabwicklung eingeschaltet werden können. Ganz allgemein läßt auf das Vordringen distributiver Gesichtspunkte die Tendenz in der Rechtsprechung schließen, eine Haftung dem Grunde nach extensiv zu behandeln, die Höhe dagegen zu begrenzen.[42]

Im Einzelfall läßt sich freilich nicht immer mit Sicherheit feststellen, ob ein schadensrechtliches Problem auf Grundlage des notwendig „gröberen" klassischen Schadensmodells oder eines „verfeinerten", an den Prinzipien der distributiven Gerechtigkeit ausgerichteten Schadensbegriffs zu lösen ist. Gesichtspunkte der distributiven Gerechtigkeit werden etwa dann maßgeblich sein, wenn verstärkt Billigkeits- und Zweckmäßigkeitserwägungen in die Rechtsfindung einfließen. Hierbei handelt es sich regelmäßig um eine Kompromißlösung, die nicht auf vollen Ersatz, sondern auf eine Milderung von Härten abzielt. Als weitere Merkmale, deren Vorliegen auf die Anwendung des „verfeinerten" Schadensbegriffs schließen läßt, wären zu nennen: Eine Beschränkung der Haftung auf Höchstbeträge, die in die meisten Gefährdungshaftungstatbestände Eingang gefunden hat; die Vornahme von Schadenspauschalierungen; Rechtsgefühl oder Gerechtigkeit als tragende Stützen in der Entscheidungsbegründung, wobei die Gerichte regelmäßig das Bestreben zum Ausdruck bringen, einen „gerechten Ausgleich" zwischen den Beteiligten herzustellen, um ein Ergebnis zu rechtfertigen, das mit Hilfe des überkommenen, auf die Regelung von Zweiparteienkonflikten zugeschnittenen, begrifflichen Instrumentariums nicht zu erreichen wäre. Durch das Vordringen der distributiven Gerechtigkeit rückt das bürgerliche Individualhaftpflichtrecht in die Nähe des Sozialrechts. Diese Entwicklung hat zur Folge, daß der Grundgedanke individueller Selbstverantwortung zunehmend mit dem Solidaritätsprinzip gemeinsamer Lastentragung verquickt wird[43].

VI. Konvergenzen zwischen Schadens- und Familienrecht

In welchem Zusammenhang steht nun die fortschreitende Verfeinerung des Schadensbegriffs mit der Frage, ob der Unterhaltsaufwand für ein ungeplantes Kind als Schaden anzuerkennen ist? Zunächst einmal ist festzustellen, daß es sich bei dem Unterhaltsaufwand um eine in Geldwert ausdrückbare Position handelt. Die Belastung kann durch die Differenzmethode erfaßt und in den Vergleich der beiden Vermögenslagen einbezogen werden. Ferner wird nach der Rechtsprechung in diesen Fällen ein Anspruch nur gewährt, wenn dem behandelnden Arzt ein Fehlverhalten zur Last gelegt werden kann[44]. Unverschuldete Mißerfolge sollen nicht verrechtlicht werden. Es darf also davon ausgegangen werden, daß die nach dem klassischen Schadensmodell vorgeschriebenen Voraussetzungen erfüllt wären, wenn nicht die besondere familienrechtliche Komponente der Problematik einer Geltendmachung von Ersatzansprüchen entgegenstünde.

---

42 Vgl. in diesem Zusammenhang die dezidierten Ausführungen bei *Hagen*, a.a.O., S. 2.
43 Vgl. auch *Hagen*, a.a.O., S. 5.
44 Vgl. statt aller: BGHZ 124, 128, 135 ff.

1. Die Empfängnisverhütung als Gegenstand rationaler Planung

Unter den Prämissen einer grundsätzlichen Privatisierung der Aufbringungskosten müßte die Geburt eines Kindes in unterhaltsrechtlicher Hinsicht als Schicksal, Zufall oder Vorsehung auch dann außerhalb der Rechtsordnung verbleiben, wenn diese auf eine mißlungene Verhütungsmaßnahme zurückzuführen ist[45]. Nun hat sich aber, wie bereits angedeutet, in anderen Teilen des Privatrechts eine weitgehende Verrechtlichung früher als Schicksal hingenommener Ereignisse ergeben[46], so daß die Frage gestellt werden muß, ob und inwieweit die dort getroffenen Wertentscheidungen für die Beurteilung der vorliegenden Problemstellung relevant sein können. Zur Beantwortung dieser Frage genügt es freilich nicht, auf die Veränderungen im Schadensersatzrecht hinzuweisen. Vielmehr muß untersucht werden, ob es zu dem geschilderten Wandel eine Entsprechung im Familienrecht gibt.

Auf die Veränderungen, die sich durch die immer weiter verfeinerten Möglichkeiten der Fortpflanzungsregulierung ergeben, hat der BGH in seinen einschlägigen Entscheidungen mehrfach hingewiesen. Danach sind zwei Dimensionen des Wandels zu unterscheiden - eine ethische und eine naturwissenschaftliche -, die freilich eng miteinander verbunden sind. Im Rahmen der ethischen Dimension sind nach der höchstrichterlichen Rechtsprechung die folgenden Gesichtspunkte zu berücksichtigen: nämlich, daß die Empfängnisverhütung zunehmend Verbreitung gefunden hat; daß von einem gesellschaftlichen Konsens über die grundsätzliche Billigung solcher Maßnahmen auszugehen ist; daß sogar der Schwangerschaftsabbruch in bestimmten Grenzen für rechtlich zulässig erachtet wird und daß schließlich die frühere rechtliche Diskriminierung nichtehelicher geschlechtlicher Begegnungen weitgehend abgebaut worden ist[47]. Aus diesem Verweis auf die alltägliche, massenhafte Praxis und dem damit einhergehenden Wandel von Wertvorstellungen läßt sich darauf schließen, daß die Entstehung und das Ausbleiben neuen Lebens nach überwiegender Meinung heute nicht mehr (nur) als Schicksal empfunden oder hingenommen wird. Sobald aber das Schicksal nicht mehr die allein maßgebliche Instanz ist, besetzen rationale Planung und schließlich die Rechtsordnung den vakant gewordenen Platz.

2. Die Verantwortung der Rechtsordnung für Risiken, die mit dem medizinisch-technischen Fortschritt verbunden sind

Aus diesen Feststellungen lassen sich für die Frage der Ersatzfähigkeit der in Rede stehenden Kosten freilich noch keine abschließenden Folgerungen ziehen. Entschei-

---

45 Vgl. die Darlegungen zur „überkommenen Lebenshaltung" bei *Picker*, AcP 195 (1995), 483, 485, „die die Entstehung oder das Ausbleiben neuen Lebens als Schicksal hinnahm, die namentlich das ungewollte oder doch so nicht gewollte Kind als Naturgegebenheit annahm ..."

46 Vgl. etwa die zurückblickenden Betrachtungen von *J. Esser* in seinem im Jahre 1969 verfaßten Vorwort zur zweiten Auflage der Monographie Grundlagen und Entwicklung der Gefährdungshaftung: „Meine Befürchtung, daß im Zeitalter der sozialen Planung kein Fall von persönlichem Unglück mehr vom Kollektivdenken ausgenommen bleibe, hat sich dahin bewahrheitet, daß unsere Sozialpostulate das Schicksal selbst als „einklagbaren Rechtsverlust" hinstellen (S.IX). Von diesen Tendenzen ist auch das familienrechtliche Unterhaltsrecht nicht verschont geblieben; so kommentiert etwa *W. Müller-Freienfels* die neueren Entwicklungen im Bereich des Geschiedenenunterhalts: „Nicht allein im Hinblick auf den neuen Gott, das Kollektiv, ist die Ehe im Begriff ihren Sinn zu ändern ... In letzter Konsequenz muß dies dann in einer Verstaatlichung selbst unserer 'Schicksalsbahnen' enden" (Zur Unterschätzung der Überschätzung unterhaltsrechtlicher Steigerungsmöglichkeiten, FS f. *Beitzke* (1979), S. 311 ff. (355).

47 BGHZ 76, 268 f.; s.a. BGHZ 124, 139.

dende Bedeutung kommt nach Meinung des BGH darüber hinaus dem medizinischen Fortschritt zu, „auf den das Zivilrecht eine der hierfür von der Medizin in Anspruch genommene Einwirkungs- und Steuerungskompetenz angepaßte Antwort geben muß“[48]. Die Notwendigkeit einer Anpassung des Rechts an die neuartigen medizinisch-technischen Möglichkeiten ergibt sich letztlich daraus, daß die Rechtsordnung in einem bestimmten Rahmen die Inanspruchnahme von Steuerungskompetenz für zulässig und mit der Menschenwürde für vereinbar erklärt[49]. Insoweit trägt die Rechtsordnung eine gewisse Mitverantwortung sowohl für die durch die neuen technischen Möglichkeiten geweckten Erwartungen, als auch für die Enttäuschungen, die im Falle des Mißerfolgs einer bestimmten Maßnahme entstehen können[50]. Deshalb können nur solche Beeinträchtigungen schadensrechtlich außer Betracht bleiben, die verbotenem, allgemein mißbilligtem oder jedenfalls nicht ausdrücklich erlaubtem Handeln entspringen. Den Beurteilungsmaßstab bilden hierbei nicht individuelle, möglicherweise durchaus berechtigte ethische Wertvorstellungen, sondern der im Rahmen der Rechtsordnung bestätigte gesellschaftliche Konsens.

3. Die versicherungsrechtliche Komponente der Problematik

Es ist bereits angedeutet worden, daß das Haftpflichtversicherungsrecht heute als einer der Hauptfaktoren für die Entwicklung des Schadensersatzrechts anerkannt

48 BGHZ 124, 144.

49 BGHZ 124, 145.

50 Dieser Gesichtspunkt spielt auch im Bereich der erweiterten Haftung für den Gebrauch gefährlicher Mittel eine entscheidende Rolle. Die Rechtsordnung, die den Gebrauch solcher Mittel erlaubt, trifft eine „Mitverantwortung“ für die Verteilung der mit einer Erlaubnis verbundenen Risiken. Ein verstärkter Opferschutz erscheint zudem geboten, weil die Rechtsordnung im Interesse der Betreiber gefährlicher Anlagen regelmäßig noch eine Reihe flankierender Maßnahmen ergreift. Zu nennen wäre etwa die Aufstellung von Duldungspflichten, die potentiell Betroffenen jede Möglichkeit nehmen, die Beseitigung genehmigter, gefährlicher Anlagen bzw. Unterlassung ihres Betriebs zu verlangen. Die Zulassung des Betriebs solcher Anlagen führt zu einer weitreichenden Relativierung von Rechtsgütern, denen nach traditionellem Verständnis ein absoluter Schutz gewährt werden sollte: „Jeder Autohersteller, jeder Fabrikant von Waffen und Arzneimitteln weiß mit statistischer Gewißheit, daß mit den von ihm produzierten Gegenständen Menschen zu Schaden kommen werden. Der Straßenverkehr fordert seine Opfer, mit Waffen geschehen Unglücke, Kinder machen sich an der Hausapotheke zu schaffen“ (*v. Bar*, Verkehrspflichten, 1980, S. 155). Diese beliebig erweiterbare Liste - man denke nur an die aktuelle Diskussion um den Einsatz von Gen- oder Atomtechnologie - mag das Ausmaß der Erosionen anzeigen, die das Prinzip absoluten Güterschutzes unter den Bedingungen technisch-naturwissenschaftlichen Fortschritts erfahren hat. Dies bedarf besonderer Hervorhebung, weil in der Literatur eine Kritik an der Verrechtlichung nichterfüllter medizinischer Optionen auf eine Verletzung eben dieses Prinzips gestützt worden ist. Danach berühre die Bewertung neuen menschlichen Lebens als Ursache eines „Schadens“ die Grundlagen der Zivilität, die „mit dem Fortschritt ihrer Entwicklung eine fortschreitende Stabilisierung des Grundvertrauens in die Absolutheit des Lebensschutzes verlangt“ (so *Picker*, a.a.O., S. 544). Dieses Verlangen findet jedoch rasch seine Grenze, wenn Produktion bzw. Betrieb gefährlicher Mittel oder die Verwendung solcher Mittel zur Empfängnisverhütung grundsätzlich in Frage gestellt, als Unrecht qualifiziert und verboten werden. Deshalb dürfte unter den gegenwärtigen Bedingungen „die prinzipielle Ablehnung jeder Lebensrelativierung als Fundament entwickelter Zivilität“ (*Picker*, a.a.O., S. 543) dem Bereich kaum erfüllbarer Desiderate angehören (vgl. *Meder*, Schuld, Zufall, Risiko, a.a. O, S. 226 ff.; s.a. die nachstehende Note 52). Auch im Gebiet der Medizin sieht sich die Rechtsordnung vor die Aufgabe gestellt, eine der Zulässigkeit bestimmter Maßnahmen entsprechende Regelung der damit verbundenen Risiken zu treffen. Die von einer Schlechterfüllung ärztlicher Behandlungs- oder Beratungspflichten Betroffenen sollten deshalb ihrem Schicksal nur überlassen bleiben, soweit Fortpflanzungsregulierung oder Empfängnisverhütung als nicht konsensfähig und als Unrecht eingestuft werden. Aus juristischer Perspektive erscheint es mithin folgerichtig, wenn der BGH die Gewährung von Haftungsschutz eng an die rechtliche und gesellschaftliche Billigung einer bestimmten Maßnahme zur Empfängnisverhütung knüpft (z.B. BGHZ 76, 259, 268 f.). In dieser Verknüpfung findet freilich nicht nur die Ambivalenz wissenschaftlich-technischer Innovation einen Niederschlag, sondern auch die Tatsache, daß unter den Bedingungen einer weitgehenden Relativierung traditionell absolut geschützter Güter Recht und Ethik in einen Konflikt geraten können, der in seiner Brisanz bislang noch nicht hinreichend gewürdigt worden ist.

wird[51]. Die weitgehende Ausdehnung von Schadensersatzpflichten ließe sich kaum praktizieren, wenn in allen Fällen der Schädiger selbst für den Schaden aufkommen müßte. Es bedarf deshalb besonderer Hervorhebung, daß die Problematik „Unterhalt als Schaden" nicht erschöpfend gewürdigt werden kann, wenn sich die Perspektive auf die beiden um Ausgleich bemühten Parteien, d.h. auf das zwischen Schädiger und Betroffenem bestehende Zweipersonenverhältnis beschränkt. Zwischen diese Personen wird regelmäßig eine dritte Instanz in Gestalt der für den jeweiligen Planungsbereich zuständigen Behörde, also eines Versicherungs- oder Versorgungsträgers, treten, an den der Schadensverursacher angeschlossen ist[52]: Arzt, Klinik und Universität sind heute regelmäßig gegen Haftpflicht versichert oder haben mindestens Rückstellungen für mögliche Haftpflicht getroffen[53]. Zu den versicherbaren Risiken zählen insbesondere auch Belastungen, die durch einen fehlerhaften Sterilisationseingriff oder eine falsche Beratung verursacht wurden[54]. Es geht mithin nicht nur um die Frage, ob nun das Opfer oder der Verursacher die durch das Fehlverhalten entstandenen Kosten zu tragen hat, sondern ob eine partielle Abwälzung dieser Kosten auf die Versichertengemeinschaft zu rechtfertigen ist[55].

4. Zur Abspaltbarkeit von Unterhalt und Schaden

Man könnte glauben, der Streit um die Formulierung „Kind als Schaden" hätte sich erledigt, nachdem sowohl im Schrifttum als auch in der Rechtsprechung Einigkeit darüber erzielt worden war, daß ein Kind als „Wertverwirklichung" kein Schaden sein könne und ein solches Urteil mit Art.1 GG nicht zu vereinbaren wäre. Bereits in seiner Grundsatzentscheidung aus dem Jahre 1980 hatte der BGH ausdrücklich betont, bei der Formulierung „Kind als Schaden" handele es sich um eine juristisch untaugliche Vereinfachung, da ja nicht das Kind, sondern „nur die durch seine planwidrige Geburt ausgelöste Unterhaltsbelastung der Eltern" als Schaden zu betrachten sei[56]. Die Gegner der Rechtsprechung wenden sich nun aber gerade gegen eine solche differenzierende Betrachtungsweise[57]: Sie halten die Abspaltung der Unter-

---

51 Vgl. vorstehend IV.1.

52 Daß Gefährdungshaftung und Haftpflichtversicherung die traditionellen Zwecke des Schadensersatzrechts - Bekämpfung des Unrechts und Garantie der Rechte und Güter - unterlaufen können, ist früh erkannt worden (vgl. etwa *v. Liszt*, Die Deliktsobligationen, 1898, S. 1 ff.). Extreme Ansätze, welche bestrebt waren, die Haftpflichtversicherung unter Hinweis auf die dadurch bewirkte weitreichende Relativierung absoluter Rechtsgüter in ethischer Hinsicht zu diskreditieren (vgl. z.B. *v. Bortkiewicz*, in: *Schmollers* Jahrbuch Bd. 27 (1903), S. 1085 ff.), haben sich freilich nicht durchsetzen können. Stattdessen wurde die Zielsetzung des Schadensersatzrechts den veränderten Gegenbenheiten angepaßt. Neben Prävention und Rechtsgüterschutz werden heute allgemein auch Schadensabnahme und Schadensstreuung bzw. -ausgleich als Aufgabe des Haftungsrechts genannt (vgl. nur *Deutsch*, Haftungsrecht Bd.I, 1976, S. 66 ff.).

53 Bezeichnenderweise neigen die Gegner der Rechtsprechung des BGH zu einer Vernachlässigung dieser Zusammenhänge (vgl. auch die Nachweise in der folgenden Note).

54 Zu den versicherungsrechtlichen Aspekten der Problematik vgl. *Giesen*, JR 1984, 221, 222 bei Note 18 und 19, mit dem Hinweis, daß sich die Arzthaftung im Zusammenhang mit menschlicher Fortpflanzung durch ein für die Versicherungswirtschaft äußerst bedeutsames Haftungspotential und Haftungsvolumen auszeichnet; *Deutsch*, NJW 1994, 776, 777 (VII.Berufshaftung); ders.: VersR 1995, 609, 615 f.

55 In Bezug auf diese Frage kann man durchaus unterschiedliche Auffassungen vertreten; vorsichtig bejahend wohl *Deutsch*, a.a.O., S. 615 f., mit Hinweis auf die außerordentlichen, durch Geburtsschäden verursachten Kosten, welche die Versicherer zu erheblichen Rückstellungen veranlassen; ähnlich *Giesen*, a.a.O., S. 222 m.w.N.

56 BGHZ 76, 249, 253.

57 Vgl. die Nachweise bei BGHZ 76, 252 f.

haltslast von der Geburt des Kindes für künstlich und sehen in dieser Trennung letztlich eine „Zergliederung der personalen Ganzheit des Kindes“[58].

Danach wäre doch das Kind der Schaden und bei Gewährung eines Ersatzanspruchs eine Verletzung der Menschenwürde anzunehmen. Darüber, ob sich auch das BVerfG dieser Auffassung hatte anschließen wollen, kann mangels näherer Begründung nur spekuliert werden. Dafür spricht jedenfalls die Bemerkung, daß die Unterhaltspflicht für ein Kind nicht als Schaden aufgefaßt werden dürfe[59]. Nach Ergehen des Schwangerschaftsabbruchurteils hat der BGH die von ihm vorgenommene Trennung mit dem Hinweis auf die besondere schadensrechtliche Perspektive verteidigt, die angelegt werden müsse, um der mit dem Fehlverhalten des Arztes verbundenen wirtschaftlichen Belastung der Eltern gerecht zu werden[60]. Dieses Argument ist in der Literatur ebenfalls auf Widerspruch gestoßen[61]. Es ist also weiterhin umstritten, ob die Geburt eines Kindes vom dadurch entstehenden Unterhaltsaufwand abtrennbar ist. Als erster hatte die Frage *Lankers* in einem Beitrag aus dem Jahre 1969 aufgeworfen. Gleich zu Beginn seines Beitrags erläutert Lankers den Wertungszusammenhang, in den sein Argument einzuordnen ist: Mit Erstattung der Unterhaltskosten sei „der bislang selbstverständliche Satz, daß der Erzeuger eines Kindes für dessen Unterhalt zu sorgen hat“ fraglich geworden[62]. Danach beruht die Annahme einer Einheit von Geburt eines Kindes und Unterhaltskosten auf der Prämisse, daß die wirtschaftliche Aufbringung von Kindern ausschließlich Privatangelegenheit der Eltern sei. *Lankers* beruft sich in diesem Zusammenhang auf die „biologische Konnexität“ des Eltern-Kind-Verhältnisses.[63] Die Einheit von Geburt und Unterhalt wäre im Umkehrschluß aber aufgelöst, wenn die Unterhaltskosten nicht allein durch die Eltern, sondern durch die Gemeinschaft mitgetragen werden würden. Dies führt zu der Frage, ob die Annahme einer völligen Privatisierung der Unterhaltskosten in der heutigen Zeit noch uneingeschränkt Geltung beanspruchen kann.

Es sei in diesem Zusammenhang auf ein Phänomen verwiesen, welches in den letzten Jahren verstärkt in das öffentliche Bewußtsein gerückt ist und das inzwischen quer durch die verschiedenen parteipolitischen Lager kontrovers diskutiert wird: nämlich die Frage, ob an der heute praktizierten unterhaltsrechtlichen Privatisierung der Kindesaufbringungskosten auf gleichem Niveau auch in Zukunft festzuhalten ist. Die sich gegenwärtig abzeichnende Sensibilisierung der Öffentlichkeit für die Tatsache, daß die Familien positive externe Wirkungen bei Kinderlosen hervorbringen, könnte dagegen sprechen. In jedem Fall ist für die Zukunft keineswegs auszuschließen, daß es über die derzeit verstärkten Förderungsbestrebungen hinaus noch zu weitergehenden Ausgleichungen und Umverteilungen zwischen Familien und kinderlosen Dritten kommen wird. Es sei in diesem Zusammenhang lediglich an Stichworte wie „halbierter Generationenvertrag“, „transferrechtliche Ausbeutung“

58 Trotz aller Unterschiede zu anderen Bereichen des Schadensersatzrechts erstaunen doch die Übereinstimmungen in terminologischer Hinsicht: So hielten auch die Kritiker der Rechtsprechung zum Nutzungsausfall die „Abspaltung“ der Nutzungsmöglichkeit eines Gegenstandes von seiner Substanz für künstlich und verwiesen auf die Einheit von Gebrauch und Sache (vgl. dazu *Meder*, Schadensersatz als Enttäuschungsverarbeitung, 1989, S.69 ff.).

59 BVerfGE 89, 295 f. (unter D V 6 der Gründe).

60 BGHZ 124, 128, 136 ff.

61 Z.B. *A. Roth*, NJW 1994, 2402, 2403; ders.: NJW 1995, 2399, 2400; *Picker*, AcP 195 (1995), 483, 503 ff.

62 FamRZ 1969, 384.

63 *Lankers*, a.a.O., S.386 unter Hinweis auf Mot. IV, 677.

oder „sozialer Rentenfrondienst" erinnert[64]. Die Einheit von Kind und Aufbringungskosten ist nach alledem keineswegs zwingend. Alternativen sind denkbar[65] und werden auch praktiziert[66].

5. Zum Bedeutungswandel des Begriffs „Schaden"

„Kind als Schaden" - diese eingängige Formulierung hat den Anstoß zu einer lebhaft geführten Debatte über die Grenzen von Schadensersatzpflichten gegeben. Man hat betont, daß ein als Wertverwirklichung angesehener Vorgang überhaupt nicht als Schaden qualifiziert werden dürfe; außerdem könne das Kind ein seelisches Trauma erleiden, wenn es erfährt, daß die Eltern seine Existenz als ersetzbaren Schaden aufgefaßt haben[67]. Der BGH hält dem zweierlei entgegen: Zum einen sei der Schadensbegriff nicht mit einer so negativen Bedeutung versehen, daß es sich „verbieten müßte, finanzielle Belastungen aus der Geburt eines Kindes als Schaden anzusehen"[68]. Zweitens - und vor allem - bedeute die „Beurteilung der Unterhaltsbelastung als Schaden im Verhältnis zwischen Eltern und Arzt nicht etwa, daß über das Kind ein Unwerturteil ausgesprochen und es durch die Verbindung mit dem Begriff 'Schaden' in seiner Persönlichkeit herabgewürdigt würde"[69].

Man mag nun darüber streiten können, wie negativ die Qualifizierung einer Aufwendung als Schaden tatsächlich ist. Nach den Äußerungen im Schrifttum zur Zeit des Inkrafttretens des BGB dürften an dem eindeutig negativen Charakter eines „Schadens" kaum Zweifel bestehen. Es ist „vom allgemeinen Sprachgebrauch" auszugehen und die Beispiele - Bruch einer Fensterscheibe, Diebstahl einer Sache, etc. - lassen eindeutig die Übereinstimmung zwischen allgemeinem und juristischem Sprachgebrauch erkennen. Betrachtet man indessen die neueren Entwicklungen im Bereich des Schadensersatzrechts, so drängt sich die Frage auf, ob diese Übereinstimmung auch heute noch in jeder Hinsicht gegeben ist. Im Zuge einer fortschreitenden Verfeinerung des Schadensbegriffs und des Vordringens distributiver Gesichtspunkte können sogar Einbußen erfaßt werden, die sich nicht als konkrete, meßbare wirtschaftliche Belastung auswirken. So handelt es sich zum Beispiel in den Fällen, in denen eine Nutzungsausfallentschädigung gewährt wird, nicht notwendig um einen Schaden im umgangssprachlichen Sinne. Ähnliches gilt für Fälle, in denen Ersatz für verdorbene Genüsse, Urlaubsfreuden und vergleichbare Nachteile gewährt wird. Es handelt sich hier allenfalls um Störungen oder um die Enttäuschung von Erwartungen; ob damit im Einzelfall überhaupt eine konkrete Belastung verbunden ist, wird vielfach offen bleiben müssen, weil sich die Gerichtspraxis zunehmend mit einer Pauschalierung des Geldersatzes behilft. Die Beispiele dürften erkennen lassen, daß sich der Begriff des Schadens i.S. der §§ 249, 823 BGB - nicht zuletzt auch im Zusammenhang mit der veränderten Zielsetzung des Haf-

---

64 Vgl. etwa: *D. Suhr*, in: Der Staat (1990), S.69 ff. - dort auch zur Diskussion, die in den fünfziger Jahren geführt worden ist (S.73); s.a. die zwischen *J. Borchert* und *F. Ruland* geführte Debatte, in: FuR 1991, 307 ff.; FuR 1992, 88 ff. sowie die Nachweise bei *Meder*, FuR 1993, 12, 21. Jedenfalls dürfte es sich nicht um eine ontologisch vorgegebene Einheit handeln, die dem Räsonieren unzugänglich wäre, an die man entweder glauben könne oder nicht (vgl. *Roth*, FuR 1993, 305, 307).

65 Es darf in diesem Zusammenhang an *D.Diderots* berühmte (utopische) Schrift „Nachtrag zu Bougainvilles Reise" erinnert werden, in der vielleicht erstmals in radikaler Weise die Argumente gegen eine Privatisierung von Unterhaltslasten zusammengefaßt werden.

66 Im Rahmen bestehender Förderungsmaßnahmen.

67 Vgl. nur die Nachweise bei BGHZ 76, 249, 252 f.

68 BGHZ 124, 128, 142.

69 BGHZ 124, 142.

tungsrechts - zu einem Terminus entwickelt hat, der von seiner umgangssprachlichen Bedeutung abweichen kann und dann nicht mehr in demselben Umfang negativ besetzt ist, wie es ursprünglich der Fall gewesen sein mag[70].

VII. Resümee

Eine Verrechtlichung der Belastungen, die ein ungeplantes Kind den Eltern verursachen kann, tritt in Konflikt mit dem Grundsatz, daß der Unterhaltsaufwand im Rahmen der personalen und wirtschaftlichen Lebensgemeinschaft der Familie zu decken ist. Dieser Grundsatz harmoniert mit der überkommenen Lebenshaltung, wonach die Entstehung oder das Ausbleiben neuen Lebens als Schicksal hingenommen werden muß. Die im Rahmen der medizinisch-technischen Entwicklung ermöglichte und inzwischen massenhaft praktizierte Regulierung der Fortpflanzung hat zu einer Veränderung der allgemeinen Wertvorstellungen geführt. In den Bereich rationaler Planung tritt nicht nur die Entscheidung über die Entstehung neuen Lebens, sondern zunehmend auch die Frage nach der Tragung der damit verbundenen wirtschaftlichen Belastungen. Unter Verhältnissen, in denen die Fortpflanzung keine Naturkonstante mehr darstellt, hat der Grundsatz einer Privatisierung der Aufbringungskosten zahlreiche Durchbrechungen erfahren. Die traditionelle Auffassung, nach der von einer Art natürlicher oder ontisch vorgegebener Kausalrelation zwischen Kind und Unterhalt auszugehen ist, kann deshalb keine uneingeschränkte Geltung mehr beanspruchen. Vor dem Hintergrund eines gesteigerten Einflusses öffentlich- und sozialrechtlicher Erwägungen auf das unterhaltsrechtliche Familienrecht ergeben sich Verbindungslinien mit dem zeitgenössischen Scha-

70 Ein ähnliches Schicksal hat auch andere Grundbegriffe des Bürgerlichen Rechts getroffen. Als Beispiel seien die Tatbestandsmerkmale der Vorschrift des § 823 BGB genannt: Das im Rahmen dieser Norm geschützte Eigentumsrecht soll nach heute überwiegender Meinung nicht mehr nur im Falle einer Substanzbeeinträchtigung, sondern auch bei einer (vorübergehenden) Gebrauchsstörung verletzt sein. Es mag sich hierbei um ein vergleichsweise harmloses Beispiel für die Auswirkungen erweiterter rechtlicher Regelungskompetenz auf juristische Begriffe handeln. Demgegenüber berühren die Paradoxien, welche mit neueren Versuchen einer Bestimmung des Rechtswidrigkeitsbegriffs einhergehen, die für die Rechtsordnung grundlegende Unterscheidung von Recht und Unrecht. Unter den Prämissen der Lehre vom Verhaltensunrecht kann das Verdikt der Rechtswidrigkeit selbst dann entfallen, wenn erlaubtes gefährliches Handeln zu einer Tötung oder schweren Gesundheitsverletzung geführt hat (ein weiteres Beispiel für die Auswirkungen einer auf gesellschaftlicher Ebene geforderten und rechtlich konsentierten Vermehrung von Handlungsmöglichkeiten auf die Semantik juristischer Hauptbegriffe gibt die Begründung des BVerfG im Schwangerschaftsabbruchurteil: Dort heißt es, „daß der Schwangerschaftsabbruch für die ganze Dauer der Schwangerschaft grundsätzlich als Unrecht angesehen wird und demgemäß rechtlich verboten ist" (a.a.O., D I 2 c aa). Das ist eine klare Aussage, die auf umgangssprachlicher Ebene eine Entsprechung hat. Doch soll nach den Ausführungen des BVerfG der Abbruch in den ersten Wochen der Schwangerschaft unter den Bedingungen einer Beratungsregelung straflos bleiben (a.a.O., D I 2 c dd). Das würde bedeuten: Erlaubtes Handeln ist verboten oder umgekehrt - verbotenes Handeln kann erlaubt sein. Die zweifellos vorhandene und hier nicht zu erörternde innere Logik der Auflösungserscheinungen begrifflicher Polarisierungen tritt in Konflikt mit dem allgemeinen Sprachgebrauch, wonach Gegensatzpaare wie Rechtmäßigkeit - Rechtswidrigkeit, Recht - Unrecht, Verbot - Erlaubnis als widerstreitende Elemente wahrgenommen werden. Dabei handelt es sich um Elemente, denen im Rahmen ethischer Sinngebung regelmäßig ein eindeutiger negativer oder positiver Stellenwert zukommt). Eine parallele Entwicklung kennzeichnet die Schuldkategorie. Die Differenz von Schuld und Unschuld verliert an Transparenz, wenn etwa nach der objektiven Fahrlässigkeitslehre bzw. einer extensiven Handhabung von Verkehrssicherungspflichten sogar unvorhersehbare und unvermeidbare Ereignisse als Fehlverhalten zugerechnet werden sollen. Der Bedeutungsgehalt allgemeiner Begriffe, die wie z.B. Verbot, Unrecht, Schuld oder Schaden im juristischen Bereich eine Entsprechung haben, ist allem Anschein nach durch eine Art „ethischen Fundamentalismus" geprägt, der in eine Spannungsbeziehung mit den Aufgaben treten kann, denen sich die Rechtsordnung unter den Gegebenheiten des wissenschaftlich-technischen Fortschritts stellen muß. Die daraus folgenden Ambivalenzen treten mit besonderer Deutlichkeit zu Tage, wenn es um den Schutz persönlicher absoluter Rechte geht (zur zunehmenden Unbestimmbarkeit juristischer Hauptbegriffe unter den Bedingungen einer fortschreitenden Relativierung ehemals absolut geschützter Rechtsgüter: *Meder*, Schuld, Zufall, Risiko, a.a. O., S. 226 ff.).

densersatzrecht, das ebenfalls durch die Tendenz zu einer Kollektivierung von Einstandspflichten geprägt wird.

Die Rechtsprechung hat den Versuch unternommen, das auch unter gewandelten Bedingungen fortbestehende Spannungsverhältnis zwischen familienrechtlicher Teilhabe und schadensrechtlicher Restitution mit Hilfe des Begriffs des Planungsschadens zu einem Ausgleich zu bringen. „Planung" umfaßt dabei nicht nur jene Steuerungskompetenz, welche durch die moderne Medizin in Anspruch genommen wird, sondern auch die Erwartungen, welche auf der Ebene konkret gelebter (Familien-)Beziehungen durch die neuen technischen Möglichkeiten geweckt werden. Diese Erwartungen können unter der Voraussetzung als schützenswert anerkannt werden, daß die Rechtsordnung Maßnahmen der Fortpflanzungsregulierung für zulässig erklärt. Der in diesem Zusammenhang erwachsende Regelungsbedarf bezieht sich nicht nur auf die medizinisch-technischen Steuerungsmöglichkeiten als solche, sondern auch auf die damit verbundenen Risiken. Die Rechtsordnung hat deshalb dafür Sorge zu tragen, daß die Betroffenen nicht ihrem Schicksal überlassen bleiben, wenn sich solche Risiken auf Grund ärztlichen Fehlverhaltens verwirklichen.

Die Betrachtung der Entwicklung des Schadensersatzrechts und seiner veränderten Zielsetzungen, die in Richtung von Schadensabnahme und Schadensstreuung weisen, hat ergeben, daß die Rechtsprechung auf der Grundlage eines „verfeinerten" Schadensbegriffs zur Überwälzung der durch ärztliches Fehlverhalten verursachten Belastungen gelangt: Darauf läßt zunächst die dominierende Rolle schließen, die Billigkeits- und Gerechtigkeitserwägungen bei der Rechtsfindung spielen. Zudem wird der Schaden in einem Drei-Parteien-Verhältnis abgewickelt, in dessen Rahmen neben Schädiger und Geschädigtem regelmäßig auch ein kollektives Wagnissystem einbezogen ist. Schließlich kann der Geschädigte nicht die konkret anfallenden Kosten, sondern lediglich Beträge geltend machen, deren Höhe im Wege der Schadenspauschalierung ermittelt wird. Es treten damit Elemente der distributiven Gerechtigkeit auf den Plan, die nicht auf vollen Ersatz, sondern auf eine Milderung von Härten abzielen. Die Veränderungen der Zielsetzung des modernen Haftungsrechts haben zu einer Entfernung des Schadensbegriffs von seiner umgangssprachlichen Bedeutung geführt. Mit dem Vordringen distributiver Elemente hat der Begriff in bestimmten Fällen seine vormals eindeutig negativen Konnotationen eingebüßt. Die Geburt auch eines ungeplanten Kindes ist als Wertverwirklichung anzuerkennen; gleichwohl können daraus folgende wirtschaftliche Belastungen mit dem Terminus „Schaden" umschrieben werden, wenn die besonderen haftungsrechtlichen Voraussetzungen erfüllt sind.

Der BGH hat eingeräumt, daß der eingeschlagene Lösungsweg in dogmatischer Hinsicht auf Bedenken stoßen kann. Diese Unsicherheit resultiert aus dem Umstand, daß die Entwicklung sowohl des unterhaltsrechtlichen Familienrechts als auch des Schadensersatzrechts eine außergewöhnliche Dynamik aufweist. Eine Kritik des höchstrichterlichen Ansatzes, die sich - wie vielfach geschehen - auf Abweichungen vom überkommenen Schadensmodell berufen möchte, greift zu kurz. Ihre Überzeugungskraft hängt davon ab, inwieweit sie die zunehmende, in den Einzelheiten weiterhin klärungsbedürftige Verquickung zwischen dem privatrechtlichen Grundsatz individueller Selbstverantwortung einerseits und dem Solidaritätsprinzip gemeinsamer Lastentragung andererseits zur Kenntnis nimmt.

Die chirurgische Trennung sogenannter siamesischer Zwillinge. Ethische und strafrechtliche Probleme

Reinhard Merkel

A. Zur klinischen Phänomenologie

I. Allgemeines: Zahlen; Embryologie

Die Geburt von „siamesischen Zwillingen"[1] oder, mit dem international gebräuchlichen Terminus technicus, „conjoined twins" ist ein sehr seltenes Ereignis. Eine exakte Statistik seiner Inzidenz gibt es allerdings nicht. Die Zählungen bzw. Schätzungen schwanken (auch unter geographischen Gesichtspunkten) erheblich: zwischen einem Zwillingspaar auf 14.000 Geburten in Südostasien und bestimmten Regionen Afrikas und einem auf 80.000 bis 200.000 Geburten in Westeuropa und Nordamerika.[2] Im weltweiten Durchschnitt wird die Inzidenz von den meisten Autoren auf *ein* Zwillingspaar unter 50.000 Geburten geschätzt.[3]

Hinzu kommt, daß die Mehrzahl der siamesischen Zwillinge tot geboren wird oder in den ersten 24 Stunden nach der Geburt stirbt. Eine amerikanische Langzeitstudie über fast 8 Millionen Geburten mit insgesamt 81 Paaren von „conjoined twins" ermittelte unter diesen einen Anteil von 39,5% Totgeburten und 34,6% Fällen des Versterbens am ersten Lebenstag.[4] Daher liegen Expertenschätzungen über die Häufigkeit von *Lebend*geburten siamesischer Zwillinge noch einmal deutlich unter den allgemeinen Inzidenz-Annahmen: ein Zwillingspaar auf 200.000 Geburten ist die vorwiegend genannte Zahl.[5] Merkwürdigerweise und aus bislang ungeklärten Gründen findet sich unter lebendgeborenen siamesischen Zwillingen eine statistisch stabile Dominanz weiblicher Kinder von rund 70%.[6]

Embryologisch sind „conjoined twins" monozygote (eineiige), also genetisch identische Zwillinge, die sich intrauterin in *einer* Chorionhöhle entwickeln und von einer gemeinsamen Plazenta abhängig sind. Sie sind das Produkt einer relativ späten und (vermutlich deshalb) unvollständigen Teilung der Zygote zwischen dem 14.

---

1 Der (sachlich unpassende, aber weltweit geläufige) Ausdruck „siamesische Zwillinge" geht auf die berühmten, im Abdominalbereich miteinander verwachsenen Zwillinge Chang und Eng Bunker zurück, die 1811 in Siam (Thailand) geboren wurden und im Alter von 63 Jahren starben (nach wie vor das höchste von siamesischen Zwillingen jemals erreichte Alter). Sie verdienten ihren Lebensunterhalt durch Selbstausstellungen ihres Geburtsdefekts, die von dem amerikanischen Unternehmer P.T. Barnum organisiert wurden, der den Begriff „siamese twins" geprägt hat; s. *Luckhardt*, Report of the autopsy of the Siamese twins together with other interesting information covering their life, in: Surgery, Gynecology & Obstetrics 72 (1941), 116 ff.

2 Zu den Zahlen (mit Nachweisen der einzelnen Studien) *Filler*, Conjoined Twins and Their Separation, in: Seminars in Perinatology 10 (1986), S. 82.

3 *O'Neill et al.*, Surgical Experience with Thirteen Conjoined Twins, in: Annals of Surgery 208 (1988), 299; *Hoyle*, Surgical Separation of Conjoined Twins, in: Surgery, Gynecology & Obstetrics 170 (1990), 549, m.w.N.

4 *Edmonds/Layde*, Conjoined Twins in the United States, 1970 – 1977, in: Teratology 25 (1982), 301 ff., 302.

5 *Hoyle* (Anm. 3), 549, m.w.N.; ähnliche Angaben bei *Votteler*, Conjoined Twins, in: *Welch/Randolph/Ravitch/O'Neill/Rowe* (Hg.), Pediatric Surgery, 4. Aufl., Bd. 2, 1986, S. 771.

6 *Filler* (Anm. 2), S. 82; *O'Neill* (Anm. 3), 300; *Edmonds/Layde* (Anm. 4), 304 (75%); *Hoyle* (Anm. 3), 551, alle m.w.N.

und 20. Tag der embryonalen Entwicklung, nicht etwa, wie früher angenommen wurde, Resultat eines Miteinander-Verwachsens zweier zuvor unabhängiger Embryonen.[7]

Die Seltenheit des „conjoined twinning“ mag erklären, warum dessen Probleme in Deutschland bislang der Aufmerksamkeit sowohl der Medizinethik als auch des Strafrechts vollständig entgangen sind.[8] Die internationale medizinische Literatur wies allerdings schon 1987 mehr als 600 Publikationen über siamesische Zwillinge aus, davon 167 zu dem speziellen Problem ihrer chirurgischen Trennung.[9] Der erste erfolgreiche Versuch dazu fand bereits 1689 statt; die weit überwiegende Mehrzahl der Trennungsberichte (mehr als 150) stammt jedoch aus den vier Jahrzehnten seit 1950. Über 100 dieser Operationen sind (jedenfalls in gewissem Sinn) „erfolgreich“ gewesen – was nicht bedeutet, daß jeweils beide Kinder überlebt hätten. Auf das damit angedeutete Problem komme ich zurück. Vor dem Hintergrund dieser Zahlen, die das Phänomen zwar als selten, aber nicht als Quantité négligeable beglaubigen, mag vorweg eine weitere Vermutung über die Gründe für das bisherige Stillschweigen der deutschen strafrechtlichen und medizinethischen Literatur erlaubt sein: Einige der typischen normativen Probleme chirurgischer Trennungen von siamesischen Zwillingen sind so ungewöhnlich und so schwierig, daß sie weder mit den geläufigen Prinzipien und Argumentfiguren der Strafrechtsdogmatik noch mit denen der verbreiteten ethischen Grundlehren befriedigend lösbar erscheinen. Das wird zu zeigen sein. Auf der Hand liegt die Anschlußfrage zu diesem Befund: ob sich gleichwohl Maximen für bessere Lösungen ethisch begründen und ggf. in rechtliche Kategorien integrieren oder wenigstens mit ihnen verträglich machen lassen.

II. Klinische Klassifizierung

Die terminologische Klassifizierung von „conjoined twins“ erfolgt üblicherweise nach der medizinischen Bezeichnung für die miteinander fusionierten Körperbereiche der Zwillinge, ergänzt jeweils um den griechischen Wortstamm „pagos“ („das Festgefügte“). So unterscheidet man innerhalb der quantitativ überwiegenden Klasse der sogenannten symmetrischen Doppelbildungen Fusionsformen im Brustbereich („Thorakopagus“), im Nabel-/Abdominalbereich („Omphalopagus“), im Beckenbereich („Ischiopagus“), im Steiß-/Kreuzbeinbereich („Pygopagus“) und am Kopf („Craniopagus“).[10]

Von diesen symmetrischen Doppelbildungen, bei denen es sich jeweils um zwei Individuen handelt, wird die Klasse der asymmetrischen Formen („Heteropagen“) unterschieden, die in allen Varianten der Verdoppelung einzelner Körperregionen auftreten.[11] Am häufigsten findet sich hier die Erscheinung des sog. „parasitären

7 Vgl. *Holcomb/O'Neill*, Conjoined Twins, in: *Ashcraft/Holder*, Pediatric Surgery, 2. Aufl., 1993, S. 948 f.; ausführlich zur Embryologie aller Einzelformen von siamesischen Zwillingen *Machin*, Conjoined Twins: Implications for Blastogenesis, in: *Opitz/Paul* (Hg.), Blastogenesis: Normal and Abnormal, 1993, S. 141 ff.

8 Beispiel: In dem von *Eser/v.Lutterotti/Sporken* herausgegebenen, immerhin fast 1300-spaltigen „Lexikon Medizin - Ethik - Recht“ kommen siamesische Zwillinge weder in einem eigenen Artikel noch auch nur mit einer einzigen Erwähnung unter den ca. 3500 Einträgen des Sachregisters vor.

9 Zu diesen und den nachfolgend genannten Zahlen *Hoyle* (Anm. 3), 549, 551 ff., m.w.N.

10 *Filler* (Anm. 2), 82 ff.; *O'Neill* (Anm. 3), 290 f.; *Holcomb/O'Neill*(Anm. 7), S. 949 f.; etwas anders *Nichols*, Twins, Conjoined, in: *Buyse* (Hg.) Birth Defects Encyclopedia, 1990, S. 1719 ff.

11 Beispiel: der sog. Dipygus („Zweisteißige“), ein Kind mit einem Ober- und zwei Unterkörpern, nämlich zwei Beckengürteln und vier Beinen; vgl. den von *Cywes*, Challenges and Dilemmas for a

Zwillings": Dabei ist ein vollständig entwickeltes Kind, der sog. „Autosit", mit einem halben (meist Unter-)Körper seines nur partiell ausgebildeten Zwillings fest verwachsen.[12] In solchen Fällen kann daher regelmäßig nur von *einem* Individuum die Rede sein. Anders verhält sich das bei echten Doppelbildungen des Kopfes („Dicephalus"). Bei ihnen handelt es sich nicht etwa jeweils um *ein Kind mit zwei Köpfen*, sondern um *zwei Kinder mit einem Körper*.[13] Das folgt – soweit es wegen der Möglichkeit einer Entwicklung von zwei unabhängigen Bewußtseinspotentialen nicht ohnehin auf der Hand liegt[14] – zwingend aus der heute medizinisch wie rechtlich nahezu weltweit akzeptierten Definition des Todes als „Hirntod". Solange ein menschliches Gehirn (wenigstens in Teilen) funktionsfähig ist, existiert ein lebendes menschliches Individuum.[15] Und das heißt auch: *Sterben* zwei Gehirne, dann haben zuvor zwei Menschen gelebt.

Freilich gibt es in diesem Bereich bizarre Grenzfälle, vor allem, wenn die Köpfe der Kinder nahezu oder vollständig miteinander fusioniert sind („Cephalothorakopagus")[16], insbesondere in der Variante des sog. Janiceps („Januskopf"), bei dem ein einzelner Kopf auf *einem* Körper *zwei* vollständig ausgebildete Gesichter trägt („Monocephalus diprosopus").[17] Doch mögen die ins Metaphysische spielenden Fragen nach der Identität solcher Menschen und die nach den normativen Konsequenzen möglicher Antworten hier auf sich beruhen, zumal längere Überlebenszeiten in diesen Fällen bislang offenbar nicht beobachtet worden sind. (Einer gewissen Relativierung bedarf das immerhin: Wie lange „janusköpfige" Diprosopi bei Einsatz aller intensivmedizinischen Mittel überleben könnten, ist – nicht zuletzt wegen der extremen Seltenheit des Defekts – unklar. Kaum zweifelhaft ist aber, daß man weltweit nirgendwo auch nur den geringsten Versuch einer solchen Lebenserhaltung unternähme. 1982 hat ein amerikanischer Neonatologe von einem Fall in seiner Zuständigkeit berichtet, in dem alle lebenserhaltenden Maßnahmen, offenbar

---

Pediatric Surgeon, in: J. of Pediatric Surgery (künftig: J.Ped.Surg.) 29 (1994), 958, beschriebenen Fall.

12 Zu einigen sehr bizarren Beispielen dieser Form *Soundrarajan/Kalirajan/Subramaniam*, Parasitic twins – new observations, in: Pediatric Surgery International 9 (1994), 448 ff.; *Nasta/Scibilia/Corrao/Iacono*, Surgical Treatment of an Asymmetric Double Monstrosity ..., in: J.Ped.Surg. 21 (1986), 60 ff.; *Surendran/Nainan/Paulose*, An Unusual Case of Caudal Duplication, in: J.Ped.Surg. 21 (1986), 924 ff.; *Richieri-Costa/Guion-Almeida*, Heteropagus Epignathus: Report on a Brazilian Twin, in: *Opitz/Paul* (Anm. 7), S. 383 ff.

13 Dizephali dürften jedenfalls dann, wenn (wie meist) innerhalb des einheitlichen Rumpfes zwei Wirbelsäulen vorhanden sind, auch den symmetrischen Doppelbildungen zuzuordnen sein; zwingend erscheint das jedoch nicht.

14 *Shapiro/Rosenberg*, The Effect of Federal Regulations Regarding Handicapped Newborns, in: J. of the American Medical Association 252 (1984), 2032 behaupten, daß die dicephale Form siamesischer Zwillinge „ausnahmslos tödlich" verlaufe; doch sind (abgesehen von der Ungenauigkeit dieser Formulierung) jedenfalls Überlebenszeiten von mehr als einem Jahr berichtet worden; vgl. *Golladay et al.*, Dicephalus Dipus [d.i. „zweibeinige"] Conjoined Twins. A Surgical Separation and Review of Previously Reported Cases, in: J.Ped.Surg. 17 (1982), 259; ebenso *Apuzzio et al.*, Prenatal diagnosis of dicephalous conjoined twins in a triplet pregnancy, in: American J. of Obstetrics & Gynecology 159 (1988), 1215. Es steht außer Zweifel, daß eine so lange dauernde Gehirnentwicklung zu Bewußtsein führt. S. auch den in „Time-Magazin" vom 25.3. 1996, 40 ff. berichteten Fall zweier extrem (ganzkörper-)fusionierter sechsjähriger Zwillinge.

15 Zur Hirntod-Kontroverse hierzulande (und zur Irrationalität der Anti-Hirntod-Argumente vor allem in der deutschen Verfassungsrechtslehre) eingehend *Merkel*, Jura 1998 (im Erscheinen).

16 S. etwa die Beispiele bei *Jones*, Smith's Recognizable Patterns of Human Malformation, 4.Aufl., 1988, S. 595, sowie bei *Herring/Rowlett*, Anatomy and Embryology in Cephalothoracopagus Twins, in: Teratology 23 (1981), 159 ff. (mit Hinweis auf 21 weitere Fälle dieser Art): Zwei vollständig ausgebildete Körper mit einem Kopf.

17 S. die Beispiele bei *Pavone et al.*, Diprosopus With Associated Malformations, in: American J. of Medical Genetics 28 (1987), 85 ff.; *Sperber/Machin*, Microscopic Study of Midline Determinants in Janiceps Twins, in: Birth Defects: Original Article Series, Vol. 23, 1987, S. 243 ff.; *Sharony et al.* Diprosopus: A Pregastrulation Defect ..., in *Opitz/Paul* (Anm. 7), S. 201 ff. – Es gibt übrigens Vermutungen, daß die römische Götterfigur des Janus ihren unmythologischen Ursprung in der realistischen Vorlage dieses Typs von „conjoined twins" hat.

einschließlich der Ernährung, unterlassen wurden und das Kind dennoch erst nach drei Tagen starb.[18])

Im übrigen gibt es zu jeder der hier nur grob skizzierten Grundformen zahllose klinische Einzelprobleme, die mit dem unterschiedlichen Ausmaß der jeweiligen Fusion zusammenhängen oder aus der großen Zahl möglicher Syndrome in ihrer Folge entstehen können.[19] Auch kennt man vor allem im Bereich der symmetrischen Doppelbildungen vielfältige Kombinationsmöglichkeiten der Grundformen. Die klinischen Bezeichnungen solcher untypischen Fälle in der Literatur werden einfach mittels einer terminologischen Addition der Begriffe für die jeweils fusionierten Körperregionen gebildet. In England wurde 1992 die Trennung eines „Brachio-Thoraco-Omphalo-Ischiopagus Bipus"-Zwillingspaares unternommen. Die lange Reihe der Klassifizierungstermini zeigt das Ausmaß der Fusion und damit auch die extreme Schwierigkeit der chirurgischen Trennung an. Einer der beiden Zwillinge starb kurz nach der Operation.[20] Auf das normative Problem, das Fälle dieser Art aufwerfen, komme ich zurück.

B. Exemplarische Fälle und ihre normativen Probleme

I. Drei Beispiele

1. Fall 1: Trennung im Interesse beider Kinder

Im Januar 1992 wurden am „National Taiwan University Hospital" in Taipeh männliche siamesische Zwillinge vom Typ „Ischiopagus Tripus" getrennt. Sie waren vom unteren Ende des Brustbeins bis zum Becken miteinander verwachsen. Von zwei normal entwickelten Beinen war jedem der Zwillinge eines neurologisch zugeordnet; ein drittes, fusioniertes und deformiertes Bein konnte von keinem der Kinder willentlich bewegt werden, jedoch reagierten beide auf Schmerzstimulationen an diesem Körperteil. Die inneren Organe waren mit Ausnahme einer fehlenden Niere doppelt vorhanden und entweder voneinander getrennt oder doch auf trennbare, nicht übermäßig komplizierte Weise miteinander verbunden. Allerdings hatte das Zwillingspaar nur ein gemeinsames Sexualorgan.

Zur Zeit der Operation waren die Kinder bereits 20 Monate alt. Die Gründe für das lange Hinauszögern des Eingriffs waren medizinische: Man wollte einen besseren und kräftigeren Zustand der Kinder abwarten. Bei der Trennung erhielt, entsprechend dem vorherigen Beschluß, der Zwilling B das Sexualorgan. Für Zwilling A blieb die Perspektive einer späteren äußeren Umwandlung des Genitalbereichs zum weiblichen Phänotyp. Jedes der Kinder behielt zunächst ein Bein. Die Haut

---

18 Vgl. *Barr*, Facial Duplication: Case, Review, and Embryology, in: Teratology 25 (1982), 153 ff.; dort (S. 156) auch zu Zweifeln hinsichtlich der (sozusagen) numerischen Identität: Teile des Gehirns (das Prosenzephalon) waren verdoppelt, nicht aber die beiden Großhirnhemisphären; in anderen Fällen dieser Art wurden dagegen vier zerebrale Hemisphären festgestellt.

19 Vgl. *O'Neill et al.* (Anm. 3), 306; typische Beispiele bei *Benirschke/Temple/Bloor*, Conjoined Twinning: Nosology and Congenital Malformations, in: Birth Defects: Original Series, Bd. XIV/ 6 A, 1978, S. 179 ff., sowie bei *Marin-Padilla/Chin/Marin-Padilla*, Cardiovascular Abnormalities in Thoracopagus Twins, in: Teratology 23 (1991), 101 ff.

20 S. *Spitz et al.*, Separation of Brachio-Thoraco-Omphalo-Ischiopagus Bipus Conjoined Twins, in: J.Ped.Surg. 29 (1994), 477 ff.; vgl. auch den Fall bei *Spitz/Capps/Kiely*, Xiphoopmphaloischiopagus Tripus Conjoined Twins: Successful Separation Following Abdominal Wall Expansion, in: J.Ped.Surg. 26 (1991), 26 ff.

der ansonsten unbrauchbaren und daher amputierten dritten Extremität wurde (neben anderen, künstlichen Materialien) zum Schließen der großflächigen Operationswunde verwendet. Doch traten bei Zwilling A wenige Tage nach der Trennung lebensbedrohliche Komplikationen mit Infektionen und Nekrotisierungen an der nicht verheilenden Wundfläche auf. Daher wurde, wie es im Bericht der zuständigen Ärzte heißt, am zehnten postoperativen Tag „die schmerzhafte Entscheidung getroffen, das verbliebene gesunde Bein zu opfern, um mit seiner Haut die infizierte und nekrotisierende Wundfläche abdecken zu können", die danach auch tatsächlich verheilte. Die anschließenden Schwierigkeiten einer neunmonatigen künstlichen Ernährung, die der hohe Überdruck im Abdominalbereich notwendig machte, waren medizinisch beherrschbar. Entlassen wurde nach einem Jahr freilich ein Kind ohne Unterleib und ohne Geschlecht.[21]

2. Fall 2: Trennung unter Opferung eines der Zwillinge

Im Oktober 1977 wurden im „Children's Hospital" in Philadelphia „conjoined twins" vom Typ Thorakopagus, also im Brustbereich miteinander verwachsene monozygote Zwillinge geboren. Die genauere Untersuchung zeigte eine enge Fusion. Die Kinder hatten ein gemeinsames Brustbein und Zwerchfell sowie – vor allem – nur *ein* Herz, das aus vier normal gebildeten Kammern bestand, die jedoch mit drei weiteren Kammern eines unterentwickelten (hypoplastischen) zweiten Herzens eng und untrennbar kommunizierten. Die Verdauungsorgane waren voneinander getrennt. Eine chirurgische Separation erschien grundsätzlich möglich. Doch war dabei das Überleben beider Zwillinge ausgeschlossen. Vielmehr mußte für diesen Fall entschieden werden, wer das Herz erhalten und wer sterben sollte. Allerdings gab es für diese Entscheidung eine gewisse klinische Prädisposition der Kinder, nämlich die Normalität des vierkammerigen und den Defekt des hypoplastischen anderen Herzens, die im Prinzip jeweils einem der Zwillinge zuzuordnen waren. Andererseits war klar, daß die Herzkammern bei einer Operation nicht getrennt werden konnten; vielmehr mußte dem überlebenden Kind der gesamte mißgebildete Organkomplex belassen werden. Damit bedeutete der Beschluß zur Trennung zwingend zugleich den zur Tötung eines der beiden Zwillinge. Sie ungetrennt zu lassen, hätte andererseits ihre Lebenserwartung auf wenige Monate bis höchstens ein Jahr begrenzt. Siamesische Zwillinge mit Fusion der (oder jedenfalls einzelner) Herzkammern können nach allen bisherigen Erfahrungen nicht länger überleben. Als Grund wird vermutet, daß die Leistung des einen Organs, das durch die Fusion regelmäßig zusätzlich funktionsbehindert ist, für die beiden Körper, die es zu versorgen hat, nicht ausreicht.[22]

Nach ausführlichen Beratungen mit den Eltern beantragte und erhielt die Klinikleitung vom zuständigen Familiengericht die Erlaubnis zur Durchführung der Operation. Die Trennung der Zwillinge gelang nach Plan. Der nicht geopferte überlebte

21 Falldarstellung bei *Chen et al.*, Separation of Ischiopagus Tripus Conjoined Twins, in: J.Ped.Surg. 29 (1994), 1417 ff.

22 S. dazu *Filler* (Anm. 2), S. 86 f.; *O'Neill et al.* (Anm. 3), 308. – Weitaus bessere Chancen bestehen dagegen, wenn nur das sog. Pericardium (der das Herz umhüllende „Herzbeutel"), nicht aber die Herzkammern (Ventrikel) fusioniert sind; in solchen Fällen hat es bereits relativ häufig erfolgreiche Trennungen gegeben, vgl. *Filler*, a.a.O., S. 89. – Im übrigen sind beide Erscheinungen bei Thorakopagen sehr häufig: in 90% der Fälle ein gemeinsames Pericardium, in 75% fusionierte Herzkammern; vgl. *Synhorst et al.*, Am. J. of Cardiology 43 (179), 664.

zunächst; doch starb auch er drei Monate später aus Gründen, die nicht in direktem Zusammenhang mit der Operation standen.[23]

3. *Fall 3: Tötung des einen zur Rettung des anderen Kindes*

Zehn Jahre später wurden dem „Philadelphia Children's Hospital" erneut thorakopage siamesische Zwillinge mit fusionierten Herzkammern überwiesen. Beide Kinder hatten außerdem eine gemeinsame Leber; auch gab es nur *ein* funktionierendes System der äußeren („extrahepatischen") Gallengänge. Dreieinhalb Wochen nach der Geburt drohten die Kinder wegen eines nicht behandelbaren Herzversagens desjenigen Zwillings, dem das extrahepatische System physiologisch zugeordnet war, zu sterben. In einer Notoperation wurde dieser Zwilling als der zu rettende ausgewählt. Das gesamte Herz, dessen gesünderer Teil dem geopferten Zwilling zugehörte, wurde vor dessen Abtrennung explantiert und danach dem überlebenden anderen in einer sog. „reversalen Autotransplantation" wieder eingepflanzt. Ob auch die umgekehrte Entscheidung möglich gewesen wäre, nämlich die Rettung des geopferten Zwillings und die Autotransplantation des gesamten inneren und äußeren Leber-/Gallensystems (seines Bruders) zu *seinen* Gunsten, ist dem Bericht der zuständigen Ärzte nicht zu entnehmen. Vermutlich wäre aber eine solche Operation, falls sie überhaupt möglich ist, weitaus schwieriger und riskanter gewesen als die inzwischen zum geläufigen Repertoire gehörende Herztransplantation.

Auch in diesem zweiten Fall starb freilich das zunächst gerettete Kind kurze Zeit nach der Trennung trotz anfänglich guter Fortschritte in seiner Entwicklung an Herzversagen.[24]

II. Ethische Differenzierungen

1. *Trennungsindikationen*

Zu den Prämissen der normativen Beurteilung gehört – neben dem klinischen Falltypus selbst – der jeweils unmittelbare Anlaß zur Trennungsoperation. Man unterscheidet üblicherweise drei Indikationen[25]:

(1) Die Notoperation zur Rettung des Lebens *beider* Zwillinge: wenn etwa während der Geburt eine gravierende und akut bedrohliche Läsion der physischen Verbindung zwischen beiden Zwillingen eingetreten ist oder ein sonstiger, speziell aus der Verbindung resultierender pathologischer Zustand das Leben beider Kinder gleichermaßen gefährdet.

(2) Die Notoperation zur Rettung *eines* der beiden Zwillinge unter Aufgabe oder Aufopferung des anderen: v.a. wenn dieser aufgrund weiterer angeborener Defekte oder ihrer Konsequenzen im Sterben liegt und dadurch das Überleben seines Geschwisterkindes mitbedroht erscheint.

(3) Schließlich: die elektive Trennung nach eingehender Vorbereitung. Dies ist die regelmäßig angestrebte Methode der Wahl. Für optimal wird in der medizinischen

23 Fallschilderung bei *Annas*, Siamese Twins: Killing One to Save the Other, in: Hastings Center Rep. 17 (2) (1987), 27 ff.; die klinischen Einzelheiten bei *Holcomb/O'Neill* (Anm. 7), S. 953.

24 Knappe Fallskizze bei *Annas*, a.a.O.; alle klinischen und chirurgischen Einzelheiten wieder bei *Holcomb/O'Neill*, a.a.O., unter deren Verantwortung die Operation durchgeführt wurde.

25 Für eingehende Informationen zum folgenden danke ich besonders Herrn Prof. Dr. *W.Ch. Hecker*, München.

Literatur überwiegend eine Trennung zwischen dem neunten und dem zwölften Lebensmonat gehalten: Bis dahin ist eine eingehende Klärung der physiologischen und neurologischen Fusionsverhältnisse möglich; die Operation kann von dem dafür erforderlichen Ärzteteam vielfach und in diversen Eventualitäten durchgeprobt werden; und schließlich sind die Kinder in diesem Alter physisch hinreichend stabil, um die manchmal mehr als 15 Stunden dauernden Operationen überstehen zu können. Umgekehrt gibt es gewisse Indizien für die Vermutung, daß eine weit über das erste Lebensjahr hinausgezögerte Trennung für die Kinder größere Probleme bei der späteren Entwicklung einer persönlichen Identität schafft.[26]

Die Indikation (1) präsentiert (abstrakt) keine für unser Thema spezifischen normativen Probleme. Bei ihr geht es um ein Standardproblem jeder Operation, nämlich die ausschließlich zugunsten des – und hier eben *beider* – Patienten abwägende Risikobeurteilung zwischen Anlaß und prognostizierbarem Erfolg des Eingriffs: Ist das Leben der Kinder gerade wegen ihrer physischen Verbindung akut bedroht, dann sind – als einzig mögliches Rettungsmittel für beide – auch hochriskante Trennungsversuche zulässig.[27]

Dagegen können Operationen in der Folge einer Indikation des Typs (2) oder (3) extrem schwierige Probleme aufwerfen, von denen einige singuläre Besonderheiten des Phänomenbereichs „conjoined twins" darstellen und ansonsten normativ ohne Parallele sind. Das betrifft sowohl die unmittelbaren Risiken der Trennungsoperation selbst als auch deren kalkulierte oder vorausgesehene Konsequenzen. Die folgenden Erwägungen zu den drei Beispielsfällen mögen dies deutlich machen.

2. *Normative Analyse: Fall 1*

a) Das Beispiel aus Taiwan zeigt, daß schon „normale" Trennungen irritierende Zweifel produzieren können. Auch wenn es dabei nicht um eine Verteilungsentscheidung geht – sei es hinsichtlich eines nur einmal vorhandenen Organs oder sogar des nur einmal zu rettenden Lebens: wenn die Fusion der Zwillinge eng ist oder große Körperbereiche umfaßt, dann hinterläßt die chirurgische Trennung auch im Fall ihres Gelingens fast immer schwere Verstümmelungen bei beiden Kindern. Bei dem Ischiopagus-Typ unseres Falles ist zudem eine lebenslange doppelte Inkontinenz eines der Kinder (oder beider) oft eine unvermeidbare Folge der Trennung. Zudem demonstriert der Fall exemplarisch die Gefahr einer nach dem Eingriff stets drohenden Eskalation der klinischen Risiken: Das dem Zwilling A zunächst verbliebene einzelne Bein mußte schließlich zur Sicherung des bloßen Überlebens des Kindes ebenfalls geopfert und, buchstäblich als Haut-Reservoir, amputiert werden. Dies deutet zugleich auf das gravierendste unter den unmittelbaren Risiken solcher Operationen: die durch sie geschaffenen großflächigen, oft lebensbedrohlichen Knochen-, Muskel- und Haut-Wunden müssen geschlossen werden, ein Problem, das in komplizierteren Fällen von Kinderchirurgen als extrem schwierig beschrieben wird.[28]

26 Vgl. *O'Neill* et al. (Anm. 3), 307; *Filler* (Anm. 2), 87; *Holcomb/O'Neill* (Anm.7), 952.

27 Die Frage, ob sie – auch für den Fall ihres Scheiterns – strafrechtlich als tatbestandslos oder als gerechtfertigt zu qualifizieren sind, ist umstritten und mag hier offenbleiben; vgl. dazu Sch./Sch.-*Eser*, § 223 Rnr. 28 ff.; für andere als Nottrennungen s. unten, sub III. 1. b).

28 Pers. Auskunft Professor *Hecker*; vgl. auch *Filler* (Anm. 2), 89. Man versucht heute, dieses Risiko mit Kombinationsstrategien zu beherrschen: Vor der Operation wird durch künstliche Implantate („Haut-Expander") unter freien Hautstellen der Kinder die Bildung zusätzlicher Hautflächen (die dann buchstäblich „geerntet" werden) stimuliert; oft können, wie in unserem Fall, unbrauchbare,

Gleichwohl erscheint in solchen Fällen der Trennungsversuch jedenfalls dann richtig, wenn beide Kinder eine gute Chance haben, ihn zu überleben, und wäre es mit erheblichen Verstümmelungen. Schwer behindert sind und wären sie in jedem Fall, und im ungetrennten Zustand regelmäßig schwerer. Andere Aspekte, die zur Operation drängen, mögen hinzukommen. In dem hier dargestellten Fall aus Taiwan etwa standen die Körper-Längsachsen der beiden Kinder in einem 110°-Winkel zueinander, so daß ein späteres selbständiges Bewegen und Gehen der Zwillinge im verwachsenen Zustand nicht vorstellbar war. Immerhin scheint es bei den zuständigen Ärzten Grenzen der Bereitschaft zur Übernahme der Verantwortung für bestimmte Trennungsfolgen zu geben, auch wenn zu diesen nicht der absehbare Tod eines der Kinder gehört. Der Kinderchirurg *Hecker*, unter dessen Leitung in Deutschland bisher die meisten Trennungen siamesischer Zwillinge durchgeführt worden sind, berichtet, er habe in einem Fall von Ischiopagus dipus die Trennung abgelehnt, weil sie auch im Fall ihres optimalen Gelingens einen der Zwillinge ohne Unterleib zurückgelassen hätte.[29] Wie das weitere Leben solcher Kinder in ungetrenntem Zustand aussieht, ist allerdings eine Frage, zu der es offenbar keine eingehenden Untersuchungen gibt.

b) Für unsere (normative) Betrachtung wichtig ist folgendes: Es geht in diesen Fällen bei der Entscheidung für oder gegen eine Trennungsoperation (von der Einschätzung des unmittelbaren Eingriffsrisikos abgesehen) ausschließlich um die *Abwägung* verschiedener prognostizierbarer *Lebensqualitäten:* Eine Behinderung wird mit einer hypothetischen anderen – dem notwendigen Preis für ihre Beseitigung – verglichen; hält man die letztere für geringer, dann wird sie als das künftige Schicksal des Kindes (beider Kinder) gewählt; andernfalls bleibt der durch die Geburt geschaffene Status quo unverändert. Das versetzt den entscheidenden Arzt in eine extrem problematische Situation: Er befindet über die konkrete Gestalt eines künftigen schwer geschädigten Lebens, dessen körperliche Voraussetzungen (die Verstümmelungen) er ggf. selbst herzustellen hat. Es ist aber notwendig sich klarzumachen, daß dieser Zwang zum Spielen der Rolle eines grausamen Schicksals in keinem Fall, in dem eine Trennung chirurgisch überhaupt möglich ist, vermieden werden kann. Denn auch für das Belassen des naturgegebenen, aber eben änderbaren Zustands der Zwillinge haben die für das Kindeswohl Zuständigen die Verantwortung zu tragen.

Daher kann der Trennungseingriff nur über eine umfassende Abwägung seiner Folgen mit den Folgen der in Betracht kommenden Alternativen legitimiert werden. Vor diesem Hintergrund ist es für die entscheidenden Ärzte (und Eltern) erforderlich, sich selbst und ggf. anderen die Gründe und Kriterien des eigenen Urteils über die jeweils in Frage stehenden Qualitäts-Alternativen für das künftige Leben der Kinder so transparent wie möglich zu machen. Auf der Hand liegt, daß die Aufgabe bis zur Unerträglichkeit schwer sein kann. Doch darf das nicht zu ihrer Leugnung führen, oder dazu, sie hinter vermeintlich unverfänglicheren, nämlich „medikalisierten" und daher scheinbar objektiven Entscheidungsgründen unkenntlich zu machen. Denn die Aufgabe, die hier bewältigt werden muß, ist normativer, nicht klinischer Natur.

---

amputierte Körperteile als Hautlieferanten verwendet werden; schließlich wird die derart verfügbare Eigenhaut der Kinder meist mit Kunststoff-Präparaten kombiniert; vgl. zum Ganzen *Stringer/Capps*, Conjoined twins, in: *Freeman et al.* (Hg.), Surgery of the Newborn, 1994, S. 559 f., sowie *Grantzow et al.*, Trennung eines asymmetrischen Xipho-omphalo-ischiopagus tripus, in: Langenbecks Archiv für Chirurgie 363 (1985), 195 ff., 199.

29 Pers. Mitteilung Professor *Hecker*.

c) Noch einmal problematischer wird die Entscheidung zur Trennungsoperation dann, wenn damit zugleich über die Zuteilung nur einzeln vorhandener Organe befunden werden muß, die zwar für ein Überleben nicht notwendig sind, deren Fehlen jedoch mit einer gravierenden zusätzlichen Belastung der künftigen Lebensqualität verbunden ist. Den hauptsächlichen Typus dieses Problems zeigt ebenfalls unser *Fall 1* aus Taiwan: Bei männlichen Zwillingen mit nur einem Sexualorgan stellt sich zunächst unter rein klinischen Gesichtspunkten die Frage, ob eine wenigstens phänotypische Geschlechtsumwandlung bei dem Zwilling, der das Organ nicht erhält, gelingen kann; und dann die weitaus schwierigere normative, ob man einen Menschen gänzlich geschlechtslos machen und so ins Leben schicken darf. Bei Trennungen männlicher Ischiopagen-Paare tritt diese Frage übrigens relativ häufig auf.[30] Aufschlußreich ist die Beobachtung, daß die Ärzte hier psychologisch zu Strategien der Selbstentlastung neigen, nämlich dazu, die Schärfe des ethischen Problems hinter dem Schleier diskret euphemistischer Beschreibungen zu mildern. Der international renommierte Kinderchirurg *Filler* fügt seiner Schilderung eines solchen Falles die Bemerkung bei: „We had to make one a boy and one a girl, and this raised several questions among many people."[31] „Kein Wunder", möchte man sagen; denn es ist offensichtlich, daß hier keineswegs „ein Mädchen", daß vielmehr ein geschlechtsloser Mensch „gemacht" worden ist. Andererseits muß selbstverständlich auch in einem solchen Fall bedacht und abgewogen werden, was die Alternative des Unterlassens der Trennung für das Leben des Kindes in diesem Punkt bedeuten würde. Auch dann wäre ja eine annähernd normale Sexualentwicklung unvorstellbar, während die sonstige Lebensqualität der ungetrennten Zwillinge vermutlich bei weitem schlechter wäre.

Bestimmte Varianten dieses Falltyps werfen für die Ärzte zusätzliche Entscheidungsprobleme auf, bei denen jede denkbare Lösungsalternative großes Unbehagen verursacht. In einem international renommierten Lehrbuch der pädiatrischen Chirurgie liest man folgendes:

> „Die Allokation singulärer Organe muß bei der Trennungsoperation stets individuell entschieden werden, insbesondere dann, wenn es in dieser Hinsicht keine medizinischen Unterschiede zwischen den Zwillingen gibt. Ist jedoch einer der Zwillinge geistig oder [über das Verwachsensein hinaus] körperlich behindert, dann sollten solche Organe dem gesünderen Zwilling zugeteilt werden, um für diesen ein möglichst normales Leben zu gewährleisten."[32]

Und für den anderen? Die vorgeschlagene Maxime ist gewiß ehrenwert motiviert, und sie erscheint auch unmittelbar einleuchtend. Aber sie liest sich gleichzeitig wie eine Regel, wonach die Zumutung einer schweren Behinderung dann weniger schlimm sei, wenn ihr Adressat sowieso schon behindert ist, ein Satz, der prima facie wie ein maliziöser Zynismus wirken muß. Man mag hier auch an den neugefaßten Art.3 Abs.3 S.2 des Grundgesetzes denken: „Niemand darf wegen seiner Behinderung benachteiligt werden." Schließt ein solcher Verfassungssatz die zitierte Maxime aus?[33] Andererseits: Man stelle sich diese *umgekehrt* vor, ggf. und unter

---

30 Vgl. neben dem hier geschilderten Fall die Darstellung desselben Problems etwa bei *Spitz/ Capps/ Kiely*, Xiphoomphaloischiopagus Tripus Conjoined Twins: Successful Separation Following Abdominal Wall Expansion, in: J.Ped.Surg. 26 (1991), 26 ff., 27; *Hung et al.*, Successful Separation of Ischiopagus Tripus Conjoined Twins, in: J.Ped.Surg. 21 (1986), 920 ff., 921; *O'Neill et al.* (Anm. 3), 303; s. auch *Cywes* (Anm. 11), 959: Zuteilung von singulärer Blase und Anus (was – zumindest – lebenslange doppelte Inkontinenz des anderen Zwillings bedeutet).

31 *Filler*, Diskussionsbeitrag, in: *O'Neill et al.* (Anm. 3), 311.

32 *Holcomb/O'Neill* (Anm.7), 951.

33 Dieser Satz, der als Grundrechtsbestandteil *unmittelbar* nur den Staat bindet, mag auf das Verhalten eines operierenden Arztes nicht direkt anwendbar sein. Sicher ist das freilich nicht: Geht es bei der

Berufung auf Art. 3 GG sogar als verbindliche Maßgabe: Die Regel, etwa ein singuläres Geschlechtsorgan stets dem – wie schwer auch immer – behinderten Zwilling zu geben und dem ansonsten gesunden zu nehmen, wäre noch weitaus weniger erträglich; sie müßte sich in zahlreichen Fällen als der absurde Zwang darstellen, schweren Schaden vorsätzlich herbeizuführen, der durch keinen äquivalenten (ggf. überhaupt keinen) Vorteil auf der anderen Seite kompensiert würde.

3. *Normative Analyse: Fall 2*

Gänzlich beklemmend wird die Situation des Arztes dann, wenn ihm die „Schicksalsrolle", in die er sich gezwungen sieht, eine Entscheidung über Leben und Tod abverlangt. Unter normativen Gesichtspunkten ist hier zunächst an die oben vorgenommene Unterscheidung der Notfallindikation (2) von der elektiven Trennung (3) zu erinnern. Der Grund für die Differenzierung liegt auf der Hand: Die durch eine unmittelbare Lebensbedrohung für beide Kinder erzwungene Operation mag die dabei unvermeidbare „Opferung" eines von ihnen eher rechtfertigen als die (relativ) freie Wahl des „Ob" und „Wann" einer Trennung, die für die „Befreiung" des einen Zwillings den anderen mit seinem Leben bezahlen läßt.

Der obige *Fall 2* aus dem „Children's Hospital" in Philadelphia präsentiert – jedenfalls vorwiegend – die letztere Konstellation: die einer elektiven Trennung unter Opferung eines der Kinder; denn keiner der Zwillinge war unmittelbar vom Tod bedroht. Immerhin stimmt das nur mit einer wichtigen Einschränkung. Die Kinder waren zur Zeit der Operation einen Monat alt. Da siamesische Zwillinge mit fusionierten Herzkammern im ungetrennten Zustand erfahrungsgemäß nur wenige Monate alt werden können, bestand in gewissem Sinn eine *permanente*, wenngleich noch nicht akut zugespitzte Todesgefahr. Da diese unabwendbar war und ein Hinauszögern der Trennung bis zum Zeitpunkt der akuten Zuspitzung zusätzliche Risiken geschaffen hätte, reduzierten sich die Möglichkeiten einer vernünftigen Entscheidung für die Ärzte auf das folgende Dilemma: entweder beide Kinder (demnächst) sterben zu lassen oder eines von ihnen in einer möglichst baldigen Trennungsoperation zu töten, um wenigstens das andere zu retten. Man entschied sich für die letztere Möglichkeit. *Nach* dieser Entscheidung waren es nur noch *klinische* Erwägungen, die die Wahl des zu rettenden und des zu opfernden Kindes bestimmten.

a) Der Anteil solcher vorher geplanten „Opferungen" an der Gesamtzahl der Trennungsoperationen bei siamesischen Zwillingen ist nicht hoch, aber auch nicht vernachlässigbar gering. Ein umfassender Report aus Amerika über alle in der Literatur bis zum Jahr 1988 beschriebenen Trennungen ermittelt eine Zahl von 7,2%.[34] Im wesentlichen sind es drei Konstellationen, in denen vor der Operation feststeht, daß (jedenfalls auf dem gegenwärtigen Stand der Kinderchirurgie) das Leben nur eines der beiden Zwillinge erhalten werden kann[35]:

---

zitierten Maxime von *Holcomb/O'Neill* um eine Regel, die von der Rechtsordnung ausdrücklich (etwa in Gerichtsurteilen) oder stillschweigend toleriert oder sogar gefördert wird, dann ist der Anwendungsbereich des Art. 3 Abs. 3 GG jedenfalls für eine staatliche *Schutzaufgabe* eröffnet. Diese grundgesetzliche Neuregelung dürfte übrigens im gesamten Bereich des Medizinrechts eine Vielzahl völlig ungeklärter und noch unbekannter Probleme, ja Paradoxien mit sich bringen; s. auch unten bei und in Anm. 66.

34 Vgl. die vollständige Liste aller Fälle bei *Hoyle* (Anm. 3), 552 – 557.

35 Zum folgenden *O'Neill et al.* (Anm. 3), 308.

(1) im Fall thorakopager Zwillinge mit einer Fusion der (oder jedenfalls einzelner) Herzkammern;
(2) im Fall omphalo- oder ischiopager Zwillinge mit nur einem System der extrahepatischen Gallengänge;
(3) schließlich und offensichtlich: bei dicephalen Zwillingen mit einem Körper und zwei Köpfen.[36]

b) Bei den zuständigen Ärzten scheint die Auffassung beliebt zu sein, man könne die moralische Entscheidung solcher Fälle vollständig auf klinische Determinanten abschieben. *O'Neill et al.* schreiben:

> „Gewöhnlich sind es die Fälle der fusionierten Herzen, in denen die Frage akut wird, ob einer der beiden Zwillinge geopfert werden soll, damit der andere ein potentiell normales Leben führen kann. [...] Gibt es hinreichend genaue und objektive medizinische Kriterien zur Bestimmung signifikant besserer Überlebenschancen eines der Zwillinge, dann dürfte wohl in jeder Perspektive der Trennungsversuch gerechtfertigt sein – zumal da nicht eigentlich die Operation, sondern vielmehr der Zustand der Zwillinge festlegt, welcher von ihnen überleben wird."[37]

Aber das ist ein zweifacher Irrtum. Die schlechtere Überlebensprognose eines der beiden Zwillinge allein kann, bevor sie zur manifesten Bedrohung beider geworden ist, schwerlich seine Tötung zugunsten des anderen rechtfertigen. Und an „objektive medizinische Kriterien" läßt sich eine solche Entscheidung keinesfalls delegieren. Denn der „Zustand der Zwillinge" kann die Selektion des einen für ein „potentiell normales Leben" und des anderen für den Tod offensichtlich erst dann festlegen, wenn *zuvor* die Trennungsoperation *beschlossen* und damit die Selektionsfrage überhaupt erst gestellt worden ist. Dieser ärztliche Beschluß entscheidet daher, *daß* einer der Zwillinge sterben muß; deren „Zustand" nur und allenfalls, welcher von ihnen. Daher kann der Beschluß zur Trennung nur zugleich als einer zur Tötung des einen Kindes gerechtfertigt werden – oder eben gar nicht.

c) Was diesen Befund zum Dilemma ergänzt, ist der bereits erwähnte Umstand, daß langfristige Überlebenszeiten bei ungetrennten Zwillingen mit fusionierten Herzkammern bislang offenbar noch nicht beobachtet worden sind, ebensowenig übrigens wie bei echten Dicephalen.[38] In diesem Umstand sehen die Chirurgen regelmäßig den legitimierenden Grund für den Eingriff: „Everyone must realize that both children would die without the separation. If separated, at least one life may be saved."[39] Einer rein konsequenzialistischen Moralauffassung könnte dies als hinreichender Grund für die Trennung und die dabei in Kauf genommene Tötung eines der Zwillinge erscheinen. Doch ist – noch vor der Frage, ob dies strafrechtlich eine

---

36 Daher wird von manchen Kinderchirurgen die Trennung dicephaler siamesischer Zwillinge schlicht für „unmöglich" erklärt – deren Lebenserhaltung freilich ebenfalls, weswegen man sie eben sterben lassen müsse; vgl. *Groner/Teske/Teich*, Dicephalus Dipus Dibrachius: An Unusual Case of Conjoined Twins, in: J.Ped.Surg. 31 (1996), 1698 ff., 1700. – Bei Ärzten, die anderer Meinung sind und solche Operationen zur Rettung eines der Kinder ggf. auch ausführen, ist wiederum die Neigung zur euphemistischen Maskerade des wirklichen Entscheidungsproblems bezeichnend; so sprechen *Golloday et al.*, Dicephalus Dipus Conjoined Twins: A Surgical Separation and Review of Previously Reported Cases, in: J.Ped.Surg. 17 (1982), 259 ff., mehrfach von einer „Amputation" des einen Zwillings vom anderen – als ginge es um das Abtrennen überflüssiger Gliedmaßen eines der beiden Kinder und nicht um die Tötung des anderen.

37 *O'Neill et al.* (Anm. 3), 308.

38 S. aber zum letzteren den (ungesicherten) Bericht über das jahrelange Überleben der dicephalen schottischen Brüder des englischen Königs James III., sowie das verbürgte Überleben der dicephalen Schwestern Ira und Galya für 1 Jahr und 22 Tage 1937 in Moskau, bei *Golloday et al.* (Anm. 36), 259

39 *Holcomb/O'Neill* (Anm.7), S. 951; ähnlich *O'Neill* et al. (Anm. 3), 308.

akzeptable Perspektive sein kann – nicht einmal das ganz sicher. Auch für strikte Konsequenzialisten ist keineswegs von vornherein klar, wieviel an möglicher Lebenszeit des einen Zwillings zugunsten eines „normalen", längerfristigen Überlebens des anderen geopfert werden dürfte.[40] Deontologische Moraltheoretiker dürften die folgenorientierte Argumentation unter dem Kriterium des „geringeren Übels" a limine ablehnen. In dieser Sicht ist es keineswegs offensichtlich, daß das Überleben wenigstens eines der Kinder gegenüber dem Tod beider das „geringere Übel" wäre. Denn im letzteren Fall wäre das Sterben beider Zwillinge ggf. als „Werk der Natur" oder als Schicksal definierbar, das nicht verantwortet werden müßte, während im ersteren der Tod des einen Zwillings eindeutig als *Tötung durch andere Menschen* in deren Verantwortungsbereich fiele (und dort eventuell nicht zu decken wäre). Man kann aber die vorsätzliche Tötung auch nur eines einzigen Menschen im Vergleich zum schicksalhaften Sterben zweier oder sogar vieler durchaus als „größeres Übel" qualifizieren.

Andererseits ist nicht zu übersehen, daß die Beurteilung des Sterbens der ungetrennten Zwillinge als „naturgegeben" und „schicksalhaft" in diesem Fall keineswegs zwingend ist. Sie ist ja – eben durch Tötung eines der Kinder – *abwendbar*; daher muß ihre Nichtabwendung grundsätzlich genauso verantwortet werden wie die Alternative der aktiven Tötung.[41] Und die Behauptung, diese Alternative bestehe eben wegen des „absoluten" Verbots der Tötung überhaupt nicht, ist ersichtlich eine petitio principii: Ob das auch in einem solchen Fall zutrifft, darum gerade wird ja gestritten.

4. Normative Analyse: Fall 3

Auch in unserem zweiten Beispielsfall aus dem „Children's Hospital" von Philadelphia (*Fall 3*) ging es um die bewußte und vor der Operation eingeplante Tötung eines der Zwillinge durch die Trennung. Doch war diese hier unmittelbar veranlaßt durch eine akute Notlage: die Lebensbedrohung beider Zwillinge durch das Herzversagen des einen. Für einen deontologischen Ethiker mag sich hierdurch am strikten Verbot der Trennungsoperation nichts ändern: Lebensgefahr und anschließendes Sterben der Kinder sind, da sie nur durch eine „intrinsisch verwerfliche" und daher schlechterdings verbotene Handlung (die Tötung) abzuwenden wären, nach wie vor als „Schicksal" zu definieren, das zwar beklagt, aber – anders als die Tötung – nicht getadelt werden kann. (Der oben formulierte „petitio"-Einwand hiergegen wird einen überzeugten Deontologen kaum umstimmen.) Für den strikten Konsequenzialisten dagegen dürfte an der Erlaubnis für die einseitig tödliche Trennung hier kein Zweifel bestehen: Das getötete Kind hätte ja auch ohne die Operation nicht (oder nur ganz unwesentlich) länger überlebt.

a) In strafrechtlicher Hinsicht gleicht diese Situation einem Problemtypus, den man als „Lebensnotstand in einer Gefahrengemeinschaft" zu bezeichnen pflegt; knapp und grob: entweder sterben alle, oder es werden einige (bzw. wird einer) geopfert, damit wenigstens einer überlebt – tertium non datur. Die rechtliche Behandlung des

40 Hinzu kommt, daß die verschiedenen Spielarten des Konsequenzialismus – vor allem die des sog. Akt- und die des Regelutilitarismus – hier wohl zu unterschiedlichen Beurteilungen der Situation kämen.

41 Das gilt jedenfalls, wenn die zur Abwendung, nämlich zur Trennungsoperation Befähigten grundsätzlich zur Erhaltung des Lebens *beider* Kinder verpflichtet (strafrechtlich: Garanten) sind; das ist hier aber zweifelsfrei der Fall.

Problems ist umstritten. Die *Rechtfertigung* eines solchen „Opferns" wird aber ganz überwiegend abgelehnt.[42] Doch kommt hier ein besonderer Umstand hinzu, der dem Strafrechtsdogmatiker als Kriterium des sog. Defensivnotstands geläufig ist: Stammt die Gefahr von einem der in die Situation Verstrickten, so darf sie grundsätzlich auch dann auf diesen abgewälzt, nämlich zu seinen Lasten beseitigt werden, wenn sie ihm nicht als rechtswidrig, ja nicht einmal als Folge seines *Verhaltens* zuzurechnen ist, er also schlechterdings „nichts dafür kann", vielmehr vom Schicksal lediglich zur faktischen Gefahrenquelle gemacht worden ist (z.B. als todkranker siamesischer Zwilling).[43] Darin drückt sich nicht nur ein rechtliches, sondern ein fundamentaleres moralisches Prinzip aus, nämlich eine Regel der fairen Distribution von Risiken, die etwa dies besagt: Jeder ist – auch jenseits des Bereichs seiner Verantwortlichkeit, ja seiner Handlungsmöglichkeiten – in gewissem Sinne *zuständig* für die schädlichen Folgen seines (sei es auch schicksalhaften) „So-Seins", und zwar insofern, als kein anderer *vorrangig* verpflichtet werden kann, diese Folgen auf sich zu nehmen[44]. Daher dürfen daraus entstehende Konflikte mit Interessen anderer zu Lasten des Zuständigen gelöst werden, auch wenn solche Entscheidungen unvermeidlich ein tragisches Element aufweisen.

b) Betrachtet man vor diesem Hintergrund unseren *Fall 3* genauer, so zeigt er allerdings einige verwickelte Besonderheiten, deren normative Klärung sich als ungewöhnlich und schwierig erweist. Seine Struktur ist zunächst die des Defensivnotstands; gelöst worden ist er jedoch gerade nicht nach dessen Maximen. Vielmehr hat man hier den Zwilling, dessen Herzversagen Ursprung der akuten Lebensbedrohung für beide gewesen ist, nicht – als „Zuständigen" für die Gefahr – geopfert, sondern gerettet, und ihm das gesündere Herz des stattdessen geopferten anderen reimplantiert.[45] Doch war diese Wahl keineswegs willkürlich, sondern hatte triftige *klinische* Gründe. Das Herz ließ sich ex- und wieder implantieren; das nur einmal vorhandene System der extrahepatischen Gallengänge (vermutlich) nicht[46]; eben dieses war jedoch anatomisch dem herzkranken Zwilling zugeordnet.

Damit bestanden hier gewissermaßen „gekreuzte" Lebens- und Sterbensdispositionen bei beiden Kindern: Was Zwilling A zum Überleben fehlte, hatte B,

42 Statt vieler *Roxin*, AT I³, § 16/31 ff.; 22/153 ff. (auch zu abweichenden Meinungen); eingehend *Küper*, Grund- und Grenzfragen der rechtfertigenden Pflichtenkollision im Strafrecht, S. 48 ff., 57 ff. Dieser Verneinung einer Rechtfertigung ist grundsätzlich zuzustimmen; über einen Schuld- bzw. Verantwortlichkeitsausschluß mag man streiten; s. *Roxin*, a.a.O., § 22/146 ff. – Genauer zu dem Problem im Hinblick auf unsere Fallkonstellationen unten, C II. 1. b).

43 Im Ergebnis einhellige Meinung; die dogmatische Begründung ist umstritten; teils wird sie direkt der Notstandsnorm des § 34 StGB (unter Modifikation des dort skizzierten Abwägungsschemas) entnommen, teils in Analogie zum zivilrechtlichen Defensivnotstand (der sog. Sachwehr nach § 228 BGB), teils auch (in Orientierung an § 228 BGB) als selbständiger Rechtfertigungsgrund praeter legem konstruiert; vgl. einerseits *Roxin*, AT I³, § 16/63 ff.; *Otte*, Der durch Menschen ausgelöste Defensivnotstand, 1997, S. 102 ff., andererseits *Hruschka*, Strafrecht nach logisch-analytischer Methode, 2. Aufl., 1987, S. 78 ff.; *Neumann*, in: NK-StGB, § 34 Rnr. 86 ff. (alle m.w.N.).

44 Das gilt sub specie iuris freilich nur soweit, wie solche unbeteiligten Dritten nicht (*rechtlich!*) zur Solidarität mit dem „Gefahrenproduzenten" verpflichtet sind, also außerhalb der Grenzen dessen, was ihnen dieser im aggressiven Notstand (§ 34 StGB) zumuten dürfte oder was sie per allgemeine Hilfspflicht (§ 323 c StGB) von sich aus leisten müßten. Die Schwierigkeit, diese Grenzen im Einzelfall zu bestimmen, mag hier auf sich beruhen, denn die Opferung des eigenen Lebens kann keinesfalls dazu gehören. (Jedenfalls dies gilt auch für moralische Hilfspflichten.)

45 Genauer: das fusionierte Gesamtherz, einschließlich eben jenes lebensfähigen gesünderen Anteils, der neurologisch und vaskulär (den Blutgefäßen nach) dem *anderen* Zwilling zugehörte. Die Methode der Zukunft in solchen Fällen sieht man heute übrigens darin, den mißgebildeten Herzkomplex zunächst zu explantieren, dann buchstäblich zurechtzustutzen („refashion") und in einer „Autotransplantation" zurückzuverpflanzen; dazu *O'Neill et al.* (Anm. 3), 308.

46 Ich gehe im folgenden zum Zweck einer klareren Profilierung der normativen Probleme (und medizinisch wohl einigermaßen realistisch) von dieser chirurgischen Unmöglichkeit aus.

und vice versa. *Getrennt* konnte daher jedenfalls nur einer von ihnen überleben. Solange dagegen ihr verbundener Zustand stabil war, stellte jeder für das Überleben des anderen physische Ressourcen bereit. Zusammen mit dem Umstand jedoch, daß sie in fusioniertem Zustand nur wenige Monate überleben konnten, ergab dies eine beinahe paradoxe Konstellation: Sie waren wechselseitig füreinander so sehr Todesgefahr wie Lebensbedingung. Die Physiologie der beiden noch verwachsenen Körper stellte freilich schon vor der akuten Indikation zur Trennung klar, wer den separierenden Eingriff überleben würde: der Zwilling mit dem (nicht transplantierbaren) System der extrahepatischen Gallengänge. Da jedoch genau von diesem die unmittelbare tödliche Bedrohung stammte, mußte die Trennungsoperation eine Kollision zweier Handlungsmaximen erzeugen, nämlich einerseits der *normativen* des Defensivnotstands: zu opfern ist, wer die Gefahr verursacht; und andererseits der *physiologischen* des chirurgisch Machbaren: zu opfern ist einfach, wer nicht zu retten ist. Da die letztere als faktischer Zwang auch für eine noch so gewichtige normative Maxime unüberwindlich war, folgten ihr die Ärzte. Eine Tötung des nach Defensivnotstandsregeln „zuständigen" (de facto geretteten) Zwillings wäre freilich auch absurd gewesen: Da der andere *gerade dann* selbst nicht zu retten gewesen wäre, hätte sie keinem geholfen, vielmehr zum Tod beider geführt. Gleichwohl lag hier keine Situation des „ultra posse nemo obligatur" vor; denn *eine* weitere Entscheidungsmöglichkeit gab es in jedem Fall: gar nicht zu intervenieren und beide Kinder sterben zu lassen. (Womit wir uns ersichtlich auf den oben skizzierten Konflikt zwischen Deontologen und Konsequenzialisten zurückverwiesen sehen.)

C. Strafrechtliche Überlegungen

I. Zum Fall 1: Elektive Trennung im Interesse beider Zwillinge

1. Prämissen

Wir haben gesehen, daß unser Beispielsfall 1 aus Taiwan in seiner normativen Struktur keine für „conjoined twins" spezifischen Besonderheiten aufweist: Es geht – wie auf weniger dramatische Weise bei jeder Operation – um die Abwägung zweier Lebensqualitäts-Zustände (und hier eben jeweils für beide Kinder gleichermaßen); und darum, die im Interesse der Kinder *richtige* Wahl zu treffen. Die Geläufigkeit der normativen Logik dieser Situation ändert allerdings nichts daran, daß sie in unserem Fall mit extrem ungewöhnlichen und schwierigen *Bewertungs*problemen auf beiden Seiten der Abwägung verbunden ist. Etwa: Wie ist es, in engster, praktisch zur Immobilität zwingender körperlicher Fusion mit einem anderen Menschen zu leben und mit diesem ein (irgendwie) gemeinsames Sexualorgan zu teilen? Ist es, damit verglichen, *besser*, schwer verstümmelt und ohne Geschlecht, aber „allein im eigenen Körper" zu leben? Man möchte sagen: Wer könnte und dürfte so etwas für andere entscheiden? Es ist aber unbedingt notwendig sich klarzumachen, daß diese Entscheidung in keinem Fall vermieden werden kann. Denn auch ein vermeintliches Nichtentscheiden – bei faktisch (chirurgisch) bestehender Alternative – bedeutet die *Wahl* einer der beiden Möglichkeiten (der ersteren) und muß als solche legitimiert werden.

Damit sind auch strafrechtlich die Prämissen formuliert.[47] Die Ärzte sind (wie die Eltern der Zwillinge) als Garanten verpflichtet, das „Wohl" beider Kinder bestmöglich zu wahren. Daher müssen auch schwerste körperliche Verstümmelungen, die während einer Trennungsoperation vorsätzlich herbeigeführt werden, jedenfalls dann legitim sein, wenn die Abwägungsentscheidung zugunsten des Eingriffs gleichwohl richtig erscheint. Wegen der extremen Schwierigkeit der hierfür erforderlichen Wertungen wird man aber Ärzten wie Eltern dabei einen weiten Beurteilungsspielraum zugestehen müssen. Das heißt: Entscheidungen, die nicht eindeutig falsch sind, sollten außerhalb der Sphäre des Strafbaren liegen, und zwar auch dann, wenn sie als Entscheidungen *für* eine Trennung erhebliche Risiken für das Leben der Kinder mit sich bringen. Das entspricht wohl auch der ethischen Überzeugung der meisten Ärzte:

> „Surgical separation is considered to be justified even in high-risk cases because of the physical and mental handicaps associated with development in the conjoined state."[48]

Freilich gilt umgekehrt, daß eindeutig falsche Entscheidungen der Ärzte *auf keiner Seite* der Abwägung rechtlich tolerabel sind und somit selbstverständlich auch nicht als Entscheidung *gegen* die Operation. Daran könnte auch eine Verweigerung der Einwilligung durch die Eltern nichts ändern. Deren Einwilligungszuständigkeit überantwortet ihnen nicht etwa für ihre Kinder eine gleichartige Kompetenz, wie sie ein einwilligungsfähiger Erwachsener für sich selbst besitzt; sie sind keineswegs stellvertretende Ausübende der *Autonomie* ihrer Kinder.[49] Vielmehr sind sie verpflichtet, ihre sorgerechtliche Zuständigkeit im Sinne des objektiven Kindeswohls auszuüben, und werden, wenn sie dies nicht tun, ihrer Entscheidungsfunktion de iure enthoben. Den dafür vorgesehenen rechtlichen Weg (§ 1666 BGB, im Notfall § 34 StGB) sind die Ärzte aufgrund ihrer eigenen Garantenpflicht einzuschlagen verpflichtet, wenn die elterliche Einwilligung (objektiv) mißbräuchlich, nämlich eindeutig gegen das Kindesinteresse verweigert wird. Es kann keine *Ermessens*entscheidung der Eltern über das physisch-existenzielle Wohl und Wehe ihrer Kinder geben. Daß sie in unseren Fällen (wie die Ärzte auch) gleichwohl einen weiten Beurteilungsspielraum haben müssen, steht auf einem anderen Blatt und deshalb nicht im Widerspruch dazu.[50]

---

47 Ich ignoriere hier mögliche *heterogene* Komplikationen, etwa: Verweigerung der elterlichen Einwilligung; extrem hohe Kosten der Operation, die daher als Leistung der Gemeinschaft möglicherweise von niemandem beansprucht werden kann; schließlich alle medizinisch-technischen Probleme, auf die sich eine Ablehnung der Operation ggf. stützen ließe (ihren vielleicht experimentellen Charakter u.ä.), sowie die oft großen prognostischen Unsicherheiten.

48 *Stringer/Capps* (Anm. 28), S. 558 f., hier beispielhaft für craniopage Zwillinge (m.w.N.).

49 Irrig daher *Ulsenheimer*: die „eigenmächtige Heilbehandlung" eines Neugeborenen ohne elterliche Einwilligung verstoße „gegen das Selbstbestimmungsrecht [...] des neugeborenen Kindes" (*ders.*, Kompetenzprobleme bei der Entscheidung über die Behandlung oder Nichtbehandlung schwerstgeschädigter Neugeborener, in: *Hiersche/Hirsch/Graf-Baumann*, Grenzen ärztlicher Behandlungspflicht bei schwerstgeschädigten Neugeborenen, 1987, S. 114).

50 Diese Zusammenhänge zwischen Einwilligungskompetenz der Eltern und Garantenpflicht der Ärzte werden im medizinrechtlichen Schrifttum oft verkannt (s. schon die vorige Anm.), vor allem und regelmäßig, wenn es um *Sterbehilfe*entscheidungen gegenüber Kindern oder Neugeborenen geht. Die gängige Behauptung, Ärzte dürften gegen den elterlichen Willen die Lebenserhaltung eines noch so schwer geschädigten Neugeborenen niemals unterlassen, ist unhaltbar (so aber Ziff VIII 3. der sog. „Einbecker Empfehlungen" über die „Grenzen ärztlicher Behandlungspflicht bei schwerstgeschädigten Neugeborenen" (rev. Fassg.), MedR 1992, 206; ebenso *Bundesärztekammer*, Richtlinien für die Sterbehilfe, Kommentar III.4., abgedr. in: *Eser/Koch* (Hg.), Materialien zur Sterbehilfe, 1991, S. 138, sowie *Ulsenheimer*, MedR 1994, 428); sie räumt den Eltern de iure eine Ermessensentscheidung über Leben oder Tod ihrer Kinder ein – in unserer Rechtsordnung ganz gewiß ein Unding; vgl. zu diesen Problemen eingehend meine Habilitationsschrift „Früheuthanasie", 5. Kap., B III. 8 (im Erscheinen).

2. Dogmatik: Tatbestandslosigkeit der Trennungsoperation?

Zu klären bleibt die straftatsystematische Einordnung einer solchen Legitimation zur Trennung der Zwillinge für die Ärzte. Zwei konstruktive Möglichkeiten kommen in Frage: die mit dem chirurgischen Eingriff verbundenen schweren Körperverletzungen für tatbestandslos zu erklären oder sie spezifisch zu rechtfertigen. Beide Varianten werden jedenfalls grundsätzlich für indizierte und lege artis durchgeführte ärztliche Heilbehandlungen vertreten.[51] Ein genauerer Blick auf die Besonderheit unserer Fälle zeigt jedoch, daß sie auch dann nicht als tatbestandslos beurteilt werden können, wenn die jeweiligen Trennungsentscheidungen zweifelsfrei richtig sind.

a) In Frage käme das nach den allgemeinen Regeln über die sog. objektive Zurechnung nur dann, wenn sich die trennungsbedingten Verstümmelungen gegenüber der ohne Operation drohenden Lage der Zwillinge als ein minder schwerer Schädigungszustand *der gleichen Art* darstellen ließe.[52] Nun mag man vielleicht darüber streiten, ob der Körperzustand als eng fusionierter siamesischer Zwilling verglichen mit dem als physisch individualisierter, aber schwer verstümmelter und geschlechtsloser Mensch ein Mehr oder ein Weniger an körperlichem Defekt im Sinne der §§ 223 ff. StGB darstellt.[53] Doch müßte eine solche Überlegung – von dem Unbehagen, das sie verursacht, abgesehen – die für unseren Fall erforderliche Abwägung schon prinzipiell verfehlen. Denn dabei geht es nicht um die abstrakte maius/minus-Quantifizierung zweier körperlicher Defektzustände, sondern um die auf deren Grundlage jeweils prognostizierbare *gesamte Lebensqualität* der Kinder. Der jeweilige Grad an körperlicher Versehrtheit ist dafür nur ein Indiz neben anderen und kann diesen gegenüber von sekundärem Rang sein. Man mag den ungetrennten (in gewissem Sinne ja *intakten*) Zustand der fusionierten Zwillinge gegenüber den schweren Verstümmelungen, die ihnen (oder einem von ihnen) durch die Trennung zugefügt werden, durchaus als den geringeren körperlichen Defekt bezeichnen und dennoch die damit verbundene Lebenssituation – die umfassende physische Zwangsunion mit einem anderen Menschen, das niemals Bei-sich-allein-Sein, mit allen destruktiven Konsequenzen für persönliche Identität, Freiheit, Autonomie etc. – für die weitaus schlimmere halten.

Es geht also bei der Trennungsoperation nicht einfach um die Verringerung eines körperlichen Schadens, sondern um den Austausch zweier prospektiver Lebens- und Daseinsweisen. Deren vergleichende Beurteilung erfordert eine umfassendere Abwägung als die des Ausmaßes der körperlichen Defekte; eine rationale Wahl zwischen ihnen wird durch wesentlich weiterreichende Erwägungen bestimmt. In strafrechtsdogmatischer Diktion: die Trennungsoperation *verringert* nicht ein tatbestandliches Risiko für das geschützte Rechtsgut, sondern *ersetzt* es durch ein

---

51 S. zu den verschiedenen Lehren generell Sch./Sch.-*Eser*, § 223 Rnr. 28 ff., m.w.N.

52 Prinzip des Ausschlusses der objektiven Erfolgszurechnung bei Risiko*verringerung* durch den Handelnden; s. statt aller *Roxin*, AT I³, § 11/47 f., m.w.N.

53 Ein Unterlassen der Trennung schiede als Körperverletzung nicht etwa schon deshalb aus, weil dabei der äußerlich intakte physische Zustand der Zwillinge nicht angetastet würde. Stellt dieser Zustand selbst eine erhebliche Beeinträchtigung des körperlichen Wohls der Zwillinge dar (woran jedenfalls als Prognose für das künftige Leben nicht zu zweifeln ist), dann kann ein garantenpflichtwidriges Unterlassen der Operation selbstverständlich einen der Tatbestände der §§ 223 ff., 13 StGB erfüllen. Nicht ganz klar ist freilich, welchen. Der ratio legis nach wäre durchaus an § 224, ggf. in der Variante der erheblichen dauernden Entstellung, zu denken. Doch mag diese Frage offenbleiben. (Sie wird für das deutsche Strafrecht hier wohl zum ersten Mal überhaupt gestellt.)

anderes, das im Zusammenhang des gesamten erwartbaren Lebens der Kinder als das geringere Übel erscheint. Eine solche Abwägung ist keine Frage der Zurechnung bestimmter Handlungsfolgen zum objektiven Deliktstatbestand. Sie präsentiert ein exemplarisches Problem der Rechtfertigung.

b) Im medizinrechtlichen Schrifttum werden noch andere Kriterien eines Tatbestandsausschlusses für ärztliches Handeln propagiert; keines davon kommt hier in Betracht. Vor allem kann nicht einfach, wie es manche Äußerungen im Schrifttum nahelegen, die schlichte Deklaration der Trennungsoperation als „Behandlungsmaßnahme *lege artis*" deren Tatbestandsmäßigkeit ausschließen.[54] Eine solche Konstruktion ist nur dort diskutabel, wo nach einer *rein medizinisch* zu bestimmenden, korrekten Indikation die damit vorgeschlagene Therapiemaßnahme lege artis durchgeführt wird. Beispiel: Die Frage, ob bei einem Patienten mit akuter Blinddarmentzündung eine Operation indiziert ist, gehört ebenso ausschließlich in den Bereich der medizinischen Kompetenz wie die vorangegangene Diagnose und die anschließende Durchführung des Eingriffs; erfolgt dies alles lege artis (und mit Einwilligung des Patienten), so läßt sich der damit verbundene Operationsschnitt als tatbestandslos und nicht (mehr) rechtfertigungsbedürftig qualifizieren. Entscheidungen über die Trennung siamesischer Zwillinge haben normativ wie kompetentiell jedoch ganz andere Voraussetzungen und eine andere Logik. Ob hier der Eingriff indiziert ist, ist *keine* Frage der medizinischen Zuständigkeit. Gerade diese Entscheidung ist es vielmehr, was *normativ* zweifelhaft und daher *legitimations*- (und nicht bloß medizinisch begründungs-)bedürftig ist. Gewiß ist die Frage nach der chirurgischen Möglichkeit und die nach den klinischen Folgen der Trennung allein Gegenstand der ärztlichen Kompetenz, und sie muß zunächst beantwortet sein. Nicht aber ist es dann die eigentliche Entscheidung: ob – rebus sic stantibus – die Trennung indiziert ist. Das ist vielmehr nur im Wege der oben skizzierten Abwägung, also eines ethischen wie rechtlichen Räsonnements zu entscheiden. Erneut: das ist kein mögliches Thema des objektiven Tatbestands, sondern ein paradigmatisches der Rechtfertigung.

2. *Rechtfertigungsfiguren: Notstand oder mutmaßliche Einwilligung?*

a) Welcher Art von Rechtfertigung? Zwei Möglichkeiten sind denkbar: der rechtfertigende Notstand nach § 34 und die mutmaßliche Einwilligung. Ideal ist keine davon; jede hat gegenüber der anderen Vorzüge und Nachteile. Gegen die Notstandslösung spricht, daß die Regelung des § 34 StGB (des typischen Aggressivnotstands) eine andere Konfliktlage als die hier gegebene voraussetzt, nämlich die einer Kollision von Interessen *verschiedener* Personen, während es bei unserem Problem um die Abwägung verschiedener Interessenslagen innerhalb der Sphäre (jeweils) ein und derselben Person geht, nämlich um die Existenzalternativen „getrennt/ungetrennt" für jeden der beiden Zwillinge. Daher paßt das der Notstandsregelung zugrundeliegende Lösungsprinzip – das einer (eng begrenzten) rechtlichen Pflicht auch unbeteiligter Dritter zur *Solidarität* mit dem in Not Befindlichen[55] – nicht auf Fälle, in denen die kollidierenden Interessen demselben Inhaber zustehen.[56]

54 Zu solchen Argumenten im Bereich der medizinischen Sterbehilfe etwa *Jähnke*, in: LK StGB, 10. Aufl., 1989 Rnr. 17 vor § 211; *Tröndle*, StGB, 48. Aufl., 1997, Rnr. 17 vor § 211; zur Kritik *Merkel*, JZ 1996, 1148; ders., ZStW 107 (1995), 548.

55 Zur Kritik abweichender – irriger – Deutungen des Notstandsprinzips als eines utilitaristischen „Sozialnutzen-Prinzips" s. *Merkel*, Zaungäste?, in: Frankfurter Institut für Kriminalwissenschaften (Hg.), Vom unmöglichen Zustand des Strafrechts, 1995, S.171 ff., 179 ff.

56 Vgl. *Neumann*, in: NK StGB, § 34, Rnr. 15 f., 19 f., 32 ff.

Andererseits hat der Rückgriff auf das (grundsätzlich gerade dafür einschlägige) Autonomie-Surrogat der mutmaßlichen Einwilligung dann keinen Sinn, wenn ein wirklicher Wille des Betroffenen zu der fraglichen Entscheidung nicht bloß im Einzelfall unbekannt, sondern für jede Entscheidung prinzipiell unmöglich ist – wie etwa bei neugeborenen siamesischen Zwillingen für die Frage ihrer Trennung. Anders gewendet: Nicht etwa kennen wir die Präferenz der Kinder in dieser Frage bloß nicht – sie *haben* keine. Dann ist es aber nicht angängig zu suggerieren, man *ermittle* eine solche Präferenz per „Mutmaßung", wiewohl die Entscheidung in Wahrheit offenkundig über eine objektive Interessensabwägung, also im Notstandsmodus, von außen getroffen wird. *Neumann* meint, für den Rückgriff auf die mutmaßliche Einwilligung spreche gleichwohl, „daß er den Vorrang der (hier zugegebenermaßen fiktiven) individuellen Präferenzen vor standardisierten und heteronomen Wertungen symbolisch zum Ausdruck bringt".[57] Ich meine, gerade das spricht dagegen, so richtig in solchen Fragen selbstverständlich der grundsätzliche Vorrang der Autonomie vor dem fremddefinierten Oktroi ist. Doch wo de facto *ausschließlich* dieser möglich ist, läuft die Suggestion, man orientiere sich an jener, objektiv auf eine (Selbst-) Täuschung hinaus: Man maskiert das die Begründung tragende Argument. Das mag man als harmlose falsa demonstratio hinnehmen. Entscheidend gegen dieses Verfahren spricht aber, daß es unter der Hand Begründungslasten für die getroffene Entscheidung herabsetzt. Die implizite Behauptung, man ratifiziere sozusagen nur, was der Betroffene (mutmaßlich) will, macht *diesen* zum primär Zuständigen für den Entscheidungsinhalt. Da dies aber generell für Eingriffserlaubnisse einen, ja *den* schlechthin fundamentalen Legitimationstitel bezeichnet, reklamiert die Einwilligungslösung hier eine normative Grundlage, die sie nicht hat, sondern sich selbst per Fiktion unterschiebt. Solche Rechtfertigungen muten eher erschlichen als beglaubigt an. Anders gewendet: die Rechtfertigungskonstruktion muß abbilden, was man wirklich tut (nämlich: selbst, von außen und per objektiver Interessensabwägung entscheiden), nicht, was man (gewiß zu Recht) lieber täte, wenn es möglich wäre (den Willen des Betroffenen realisieren).

b) Daher ist die Notstandslösung, die eine Offenlegung aller normativen Entscheidungskriterien einfordert – und das heißt einfach: die Ehrlichkeit der Begründung –, in unseren Fällen vorzuziehen. Gewiß wird damit eine Rechtsfigur, die ihr Motiv aus einer anderen Konfliktlage bezieht, für prima facie normfremde Zwecke utilisiert. Das läßt sich jedoch nach allgemeinen methodischen Regeln per Analogie rechtfertigen. Der in § 34 typisierte und der hier reklamierte spezifische Notstand haben einen gemeinsamen Ursprung, der ethischer Provenienz ist: In Situationen auswegloser Not sollen *moralisch richtige* Handlungen ausnahmsweise im Widerspruch zu den rechtlichen Garantien der Normalität gestattet sein.[58] Daß solche Handlungen dort, wo die Notstandsgefahr als Zwang zum solidarischen Opfer auf einen unbeteiligten Dritten abgewälzt wird (also im typischen Aggressivnotstand), an erheblich restriktivere Kriterien gebunden sein muß als im Fall der Identität von Belastetem und Begünstigtem einer Notstandstat, liegt auf der Hand. § 34 formu-

57 *Neumann*, a.a.O., Rnr. 20.

58 Das kann vollständig und a limine nur verwerfen, wer die Trennung von Recht und Moral zum absoluten Dogma erhebt. Dafür gibt es keine guten Gründe. Mit dieser Tendenz für den Notstand aber *Kants* berühmtes Diktum, es *könne* [!] „keine Noth geben, welche, was Unrecht ist, gesetzmäßig machte" (Metaphysik der Sitten, Rechtslehre, AA Bd. VI, 1907, S. 236). Warum nicht? Schon die schlichte Rückfrage zeigt, daß Kants Behauptung eine (wenig überzeugende) petitio principii ist. Strikt „freiheitsrechtlich" ist die Norm des § 34 nicht zu begründen (insofern ist Kant konsequent); sie ist vielmehr *ethisch* fundiert; anders *Köhler*, AT, 1997, S. 284 f., der Kant und einen (reduzierten) § 34 zu versöhnen sucht, was nicht gelingen kann.

liert diese Restriktion als Bedingung eines „*wesentlichen*" Überwiegens des Rettungsinteresses; in den Identitäts-Fällen der letzteren Art ist diese Bedingung dagegen funktionslos und daher für die hier vorgeschlagene Analogie zu streichen.[59]

Unser Fall 1 gehört offensichtlich zu dieser letztgenannten Art: Seine Entscheidung für die Trennung reklamiert nicht Solidarität zwischen den Zwillingen, sondern wägt Vorteile und Lasten der Trennung für jeden von ihnen gesondert ab. Zu wählen hatten die Ärzte daher allein die für beide Kinder „bessere" Option, das „einfach", nicht unbedingt „wesentlich" überwiegende Interesse. Nach allem über den Fall Mitgeteilten dürfte das hier trotz der schweren Folgen der Trennung für einen der Zwillinge korrekt geschehen sein.

3. Entscheidung über die Zuteilung des singulären Organs

a) Freilich erreicht die Logik dieser Legitimation nur das „Ob" der Trennung überhaupt, und zwar auch unter der gegebenen Prämisse, daß einer der Zwillinge ohne Sexualorgan bleiben mußte.[60] Sie erfaßt aber nicht die Entscheidung, welcher von beiden das sein sollte, also das „Wie" der Zuteilung des Organs.

Normativ wenig problematisch ist diese Frage in Fällen, in denen das singuläre Organ neurologisch nur einem der Zwillinge zugeordnet werden kann. Geschieht dies dann auch chirurgisch, so wird dem anderen nichts genommen, was ihm im ursprünglichsten Sinn der Leib-Person-Einheit „gehört" hätte. Denn da es um die Zuordnung von Körperteilen zu ihren *Inhabern* geht, ist die physiologische Integration des fraglichen Organs in ein *Funktionssystem* „Körper" – nicht bloß in das äußere Erscheinungsbild einer (Doppel-)Gestalt – das hierfür entscheidende Kriterium. Ob und ggf. wie sich die neurologische Zuordnung eines einzelnen Sexualorgans bei neugeborenen siamesischen Zwillingen klären läßt, entzieht sich meiner Kenntnis. Die Darstellung unseres Falles 1 durch die zuständigen Ärzte schweigt dazu, und auch anderen medizinischen Berichten über Trennungen, in denen das gleiche Problem auftrat, läßt sich nichts darüber entnehmen. Normativ muß jedoch folgendes gelten: Lassen sich (in der Formulierung von *Holcomb/O'Neill*) „für die Allokation singulärer Organe [...] keine medizinischen Unterschiede zwischen den Zwillingen" feststellen[61], wobei „medizinisch" im weiten Sinne als biologische Zuordnung wie auch als chirurgische Machbarkeit zu lesen ist, dann gibt es nur *ein* nicht-willkürliches Verfahren, über die Zuteilung des fraglichen Organs zu entscheiden: das Los.[62] Nur dieses Verfahren ist daher in solchen Fällen legitim. Das mag wegen der „Spiel"-Nähe des Los-Begriffes zunächst frivol anmuten. Es hat aber damit nichts, vielmehr ausschließlich damit zu tun, daß dieses Vorgehen sub specie Gerechtigkeit und Fairness ohne jede Alternative ist. Auch im Rahmen der rechtlichen Abwägung nach § 34 ist daher in solchen Fällen allein der Losentscheid zulässig. Ob man diese Erwägung direkt in die Interessensabwägung des § 34 einordnet oder als Frage der „Angemessenheit" der eingesetzten Mittel der Notstandshandlung auffaßt[63], ist nicht

---

59 Genauer: da es hier allein darum geht, für den vom „Wohl" wie vom „Weh" des Eingriffs Betroffenen *das Beste* zu tun, wäre sie kontraproduktiv und unsinnig.

60 Vgl. noch einmal die obige normative Analyse, sub B II.2. c).

61 *Holcomb/O'Neill* (Anm.7), S. 951.

62 Prinzipielle Überlegungen zur Lösung irreduzibler Notstandskonflikte per Los bei *Bernsmann*, „Entschuldigung" durch Notstand, 1989, S. 336 ff.; ebenfalls *Neumann*, in: NK StGB, § 34, Rnr. 78. Speziell für Trennungen von „conjoined twins" erwogen, aber im Hinblick auf eine befürchtete gesellschaftliche Ablehnung skeptisch beurteilt von *Annas* (Anm. 23), 29.

63 Alle anderen (willkürlichen!) Entscheidungsverfahren sind angesichts der Tatsache, daß ein nicht-willkürliches – das Los – zur Verfügung steht, unangemessen.

von Belang. Nur dann, wenn die Zuteilung des singulären Organs zu einem der Kinder im Modus eines fairen Verfahrens erfolgt, läßt sich behaupten, daß ihre Trennung das Interesse beider auf hinreichende Weise beachtet.

b) Schwieriger wird das Allokationsproblem, wenn einer der Zwillinge geistig oder (neben der Körperfusion) physisch schwer behindert ist. *Holcomb/ O'Neill* erwägen auch diesen Fall. Aber die etwas robuste Pragmatik, mit der sie hier eine Zuordnung des einzelnen Organs zu dem nicht behinderten Kind vorschlagen[64], scheint jedenfalls nach deutschem Recht mit dem in Art.3 Abs.3 S.2 GG normierten Prinzip des Verbots jeder Benachteiligung Behinderter „wegen ihrer Behinderung" zu kollidieren. Allerdings gebietet dieses Prinzip in unseren Fällen offenbar umgekehrt die Zuordnung des Organs stets und zwingend zu dem behinderten Kind, eine Regel, die gewiß nicht akzeptabel ist.[65]

Ich lasse das Problem hier offen. Der Versuch einer Lösung müßte zu tief in moralphilosophische Grundlagen-Diskussionen (vor allem zur Frage des grundsätzlichen moralischen Schutzstatus Neugeborener) führen und damit die Grenzen dieses Aufsatzes sprengen. Eine verkürzt oder argumentlos formulierte These könnte andererseits dem schwierigen und neuralgischen Thema der Benachteiligung Behinderter nicht gerecht werden. Angemerkt sei immerhin, daß die Neuregelung des Art.3 Abs. 3 S.2 GG auch in anderen Bereichen der Ethik und des Rechts der Medizin zu abstrusen Friktionen führt, die bislang seltsam unbemerkt geblieben sind. Man erwäge beispielhaft das Problem des (oft unumgänglichen) selektiven Fetozids bei höhergradigen Mehrlingsschwangerschaften: Soll der Arzt, der, sagen wir, in einer Achtlingsschwangerschaft zwei geschädigte Embryonen feststellt, die sechs gesunden abtöten und der Schwangeren die geschädigten zur Austragung belassen?[66]

II. Die Fälle 2 und 3: Einseitig tödliche Trennung der Zwillinge

Damit ist das für alle Trennungsfälle, auch für unsere Beispiele 2 und 3 aus dem „Children's Hospital" in Philadelphia, in Betracht kommende strafrechtliche Instrumentarium durchgemustert. Übrig bleiben die Regeln des Notstands. Doch weisen die Fälle 2 und 3 schon deswegen eine Reihe von Besonderheiten auf, weil es bei ihnen jeweils um die vorsätzliche Tötung eines der Kinder geht.

1. Elektive Trennung unter Opferung eines der Kinder

a) Daß niemand, der für eine Notlage nicht zuständig ist, zur Rettung oder im sonstigen Interesse eines anderen (selbst vieler anderer) getötet werden darf, ist als grundlegendes rechtliches Prinzip zunächst festzuhalten. Damit ist jedenfalls ein Akt-Utilitarismus, der in Lebensnotstandsfällen einfach die Mehrzahl der möglicherweise zu Rettenden gegenüber den dafür zu Opfernden als Kriterium der Legitimität des

64 Vgl. Anm. 32.

65 Vgl. oben, B II.2. c).

66 Das ist gewiß eine reductio ad absurdum des Art.3 Abs.3 S.2; ich sehe aber nicht, wie sie zu vermeiden wäre. (Dazu, daß die Regelung auch für Entscheidungen eines privaten Arztes gilt, s. oben, Anm. 33.) Man mag sagen, Art.3 Abs.3 S.2 erfasse mit dem Wort „niemand" nur geborene Menschen. Das Problem ist aber aus der Abtreibungsdiskussion zu Art.2 Abs.2 S.1 GG bekannt; da BVerfGE 39, S. 1 ff., dort das Wort „jeder" auch auf das ungeborene Leben erstreckt hat, kann „niemand" in Art.3 schwerlich anders interpretiert werden.

entsprechenden Handelns gelten läßt, de iure ausgeschlossen.[67] Das liegt freilich nicht, wie in strafrechtlichen Abhandlungen immer wieder zu lesen ist, an der schlechterdings zwingenden „Unabwägbarkeit“ und „Unbewertbarkeit“ des menschlichen Lebens oder an dessen „unendlichem“ bzw. „Höchstwert“ für das Strafrecht. Solche Behauptungen sind in verschiedenen Hinsichten – in manchen sogar ganz offenkundig – unrichtig.[68] Der Grund jenes Lebensopferungs-Verbots liegt vielmehr darin, daß unter dem Rechtsprinzip der Freiheit und Gleichheit aller *aus der Sicht der (potentiellen) Opfer* eine Duldungspflicht zur Existenzaufgabe auch zum Nutzen noch so vieler anderer nicht begründet und eine entsprechende rechtliche Regel daher nicht legitimiert werden kann.[69]

b) Das gilt nach ganz herrschender und zutreffender Auffassung auch in Fällen der sog. Gefahrengemeinschaft, in denen das Leben aller verloren ist, wenn nicht einzelne geopfert werden.[70] Dieser Struktur entspricht unser Fall 2 in gewissem Sinn: Längerfristige, ein Jahr erheblich überdauernde Überlebenszeiten sind bei Zwillingen mit fusionierten Herzkammern bisher nicht beobachtet worden.[71] Daraus leiten die Chirurgen, die solche Trennungen vornehmen, regelmäßig ihre Legitimation für den Eingriff ab.[72] Doch läßt sich strafrechtlich eine Tötungserlaubnis und damit die Legitimation zu einer einseitig tödlichen Trennung (wie in unserem Fall 2) so nicht begründen. Steht im konkreten Fall medizinisch hinreichend sicher fest, daß zur Rettung vor dem sonst beiden drohenden Tod *jeder* der Zwillinge mit gleich guten Chancen ausgewählt werden könnte, dann darf *keiner* gewählt, die Trennung nicht unternommen werden. Denn für keinen läßt sich eine Rechtspflicht begründen, die *Kehrseite* dieser Wahl auf sich zu nehmen: die Rolle des Opfers.

Freilich lag, sieht man genau hin, unser Fall 2 etwas anders. *Neumann* hat für das Problem der „Gefahrengemeinschaft“ auf die wichtige Unterscheidung zwischen asymmetrisch und symmetrisch verteilten Rettungschancen hingewiesen: „Im ersten Fall kann von zwei gefährdeten Personen nur die eine, nicht aber die andere gerettet werden [...]. Im zweiten Fall liegt eine symmetrische Chancenverteilung vor; es kann zwar jeder der Gefährdeten auf Kosten des/der anderen, nicht aber können alle zusammen gerettet werden.“ Für die Konstellation der asymmetrischen Chancenverteilung, also des unter keinen Umständen abwendbaren Todes einer bestimmten Person aus der Gefahrengemeinschaft, hält *Neumann* im Anschluß an *Otto* eine Rechtfertigung der aktiven Tötungs-/Rettungshandlung für möglich, wenn das geopferte Leben jedenfalls nur „um wenige Augenblicke länger erhalten werden könnte“.[73] Mir erscheint diese Lösung gegenüber einer starren Unnachgiebigkeit des Grund-

---

67 Freilich dürfte es keinen modernen utilitaristischen Ethiker geben, der dieses Prinzip in einer so groben, unqualifizierten Form vertritt. Die damit zusammenhängenden moralphilosophischen Fragen bleiben hier jedoch außer Betracht.

68 Beispiel: In allen echten Sterbehilfe-Fällen, in denen über die Verkürzung oder Nichtverlängerung des Lebens eines anderen *entschieden* wird, müssen Abwägungen zur Quantität und Qualität des an sich noch erhaltbaren Lebens eine zentrale, im Falle eines nicht einwilligungsfähigen Betroffenen sogar die schlechthin entscheidende Rolle spielen.

69 Zutr. *Jakobs*, AT², 13/21 (auch zur Verfehltheit des Topos vom „Höchstwert Leben“); ebenfalls *Neumann*, in: NK StGB, § 34 Rnr. 73; *Köhler*, AT, S. 283.

70 Nachweise oben, Anm. 42. Zur wenig glücklichen Bezeichnung „Gefahrengemeinschaft“ s. *Köhler*, AT, S. 281, Fn. 138.

71 Vgl. oben, zu und in Anm. 22.

72 S. oben, Anm. 39, das Zitat von *Holcomb/O'Neill*.

73 *Neumann*, in: NK StGB, § 34 Rnr. 76 f.; *Otto*, Grundkurs Strafrecht AT⁵, § 8/193. – Das hierfür exemplarische Lehrbuchbeispiel ist der sog. Bergsteiger-Fall: Der abgestürzte, mit B durch ein Seil verbundene A droht im nächsten Moment beide in den Tod zu reißen; B durchtrennt das Seil und rettet sich so (erfunden von *Rudolf Merkel*, Die Kollision rechtmäßiger Interessen und die Schadensersatzpflicht bei rechtmäßigen Handlungen, 1895, S. 48).

prinzips, die hier um der minimalen Verlängerung eines unrettbar verlorenen Lebens ein vollständig zu rettendes anderes preisgeben müßte, unbedingt vorzugswürdig.[74]

Diese Struktur läßt sich nun ebenfalls in unserem Fall 2 erkennen, freilich erneut nur in gewissem Sinn: In ungetrenntem Zustand waren beide Zwillinge in absehbarer Zeit dem Tod ausgeliefert; *wenn* man sie dagegen trennte, dann war aus medizinischen Gründen nur derjenige von ihnen zu retten, dem der „gesündere" Anteil des fusionierten Herzkomplexes physiologisch zugehörte. Der Unterschied zur skizzierten Gefahrengemeinschaft mit „asymmetrischen Rettungschancen" liegt aber darin, daß hier der Tod beider Zwillinge keineswegs unmittelbar bevorstand. Wohl wußten die Ärzte um die Unmöglichkeit eines längerfristigen Überlebens im ungetrennten Zustand; wie kurz die hierfür verbleibende Frist war, ließ sich jedoch nicht sagen. Soviel dagegen doch: daß es nicht um „wenige Augenblicke" (*Neumann*), sondern immerhin um Wochen oder Monate ging.

Andererseits dürfte in vielen dieser Fälle das Abwarten der unmittelbar akuten Lebensgefahr die Operationschancen deutlich verschlechtern. Auch mag man sich in moralphilosophischer Perspektive durchaus fragen, welches subjektive Interesse ein Neugeborenes, das seine eigene Existenz noch nicht bewußt erlebt, an der Verlängerung dieser Existenz um höchstens einige Monate haben kann, welcher subjektiv erfahrbare Schaden ihm also mit der Verkürzung seines Lebens um eben diese wenigen Monate zugefügt würde, und ob dagegen die zu rettende „normale" Lebenszeit des anderen nicht als der entscheidend höhere Wert beurteilt werden müsse.[75] Gleichwohl steht außer Zweifel, daß eine solche Verrechnung von Lebenszeiten über Personengrenzen hinweg strafrechtlich auch im Falle Neugeborener nicht zulässig ist. Hinzu kommt, daß die Trennung von Zwillingen mit fusionierten Herzkammern nach allen bisherigen Erfahrungen auch dem nicht geopferten Zwilling nur eine geringe Chance eröffnet; ein über wenige Monate hinausreichendes, langfristiges Überleben ist bislang noch nicht beobachtet worden.[76] Wohl erwarten die zuständigen Mediziner, daß dies in naher Zukunft gelingen wird und diese Art der Trennungsoperation dem derzeitigen Experimentalstadium allmählich entzogen werden kann.[77] Doch schafft die Aussicht auf einen solchen medizinischen Fortschritt (wenn es über das technische Avancement hinaus einer sein sollte) keine rechtliche Legitimation für die Opferung einzelner auf dem Weg dorthin.

---

74 Die genaue Begründung mag hier auf sich beruhen. Angedeutet sei nur soviel: Es geht hier im Hinblick auf das verkürzte Leben nicht mehr primär um den konkreten Lebensschutz (für den es einfach keine relevante Chance mehr gibt), sondern um den *Schutz der sozialen Norm*, die gezielte aktive Tötungen verbietet. Das ist ein Schutzgut von hohem Rang, aber es darf unter genau definierten Ausnahmebedingungen (wie der hier fraglichen) in Abwägungen mit dem Überlebensinteresse von Menschen, die gerettet werden können, gezogen werden. Das läßt sich unter verschiedenen Gesichtspunkten auch als rechtliche Regelung rational begründen.

75 Zu solchen Diskussionen in der Moralphilosophie ausführlich meine Habilitationsarbeit (Anm. 50), Kap. 4. Hingewiesen sei außerdem darauf, daß die deutsche Diskussion (auch die strafrechtliche) zur sog. „Früheuthanasie" mit dem Etikett „nicht überlebensfähig" für schwerstgeschädigte Neugeborene gänzlich unreflektiert und bei weitem großzügiger umgeht, als man dies bei Erwachsenen auch nur entfernt für diskutabel halten würde: todkranke Säuglinge mit monate-, ja jahrelanger Überlebensmöglichkeit werden einfach und ohne Argument dieser Kategorie zugeschlagen; s. auch dazu meine erwähnte Arbeit, 3. Kap., C. II. 1.

76 S. *Filler* (Anm. 2), S. 89. Zum jüngsten Fall dieser Art in den U.S.A. (übrigens erneut im „Children's Hospital" von Philadelphia) *Merrick*, Critically Ill Newborns and the Law, in: J. of Legal Medicine 16 (1995), 192: Die Zwillinge wurden 1993 getrennt, einer wurde bei der Operation „geopfert", der andere überlebte die Trennung genau ein Jahr, also etwa so lange, wie er im ungetrennten Zustand mit seinem Zwillingsbruder im günstigen Fall auch hätte überleben könne.

77 Vgl. *Nichols* (Anm. 10), S. 1721; *Holcomb/O'Neill* (Anm. 7), 308.

c) Elektive Trennungen vom Typus unseres Falles 2, also unter vorsätzlicher Tötung eines der Kinder, sind daher strafrechtlich nicht zulässig. Auch eine übergesetzliche Entschuldigung der Ärzte kommt nicht in Betracht. Es ist kein Gesichtspunkt erkennbar, unter dem einem Arzt für die Tötung eines der Zwillinge zugunsten des anderen, die er ohne eigenes Risiko oder eine sonstige ungewöhnliche Zumutung an ihn selbst unterlassen kann, eine Freistellung von seiner Verantwortlichkeit gewährt werden könnte. Die Stufe der Schuld im Verbrechensaufbau ist nicht eine Auffangstation für unerledigte ethische Zweifel in Fällen, in denen eine Rechtfertigung sozusagen „fast", aus prinzipiellen Gründen aber nicht ganz gelingt.[78] Daß die Behandlung solcher Fälle als strafbare Tötungsverbrechen weit überzogen erscheinen mag, macht gleichwohl „die Schuld" nicht zum systematisch geeigneten Ort für die Beschwichtigung des Unbehagens. Knapp und etwas grob: Sind *sämtliche* Umstände, die das vorsätzliche Verursachen eines tatbestandlichen Erfolges (irgendwie) straflos hinnehmbar erscheinen lassen, solche des Tatgeschehens, nicht aber der subjektiven Situation des Täters, dann geht es stets um Rechtfertigung, nicht um Fragen der Schuld.[79] So liegt unser Fall 2. Was immer die Strafwürdigkeit der Trennungsoperation zweifelhaft machen mag: nichts davon hat mit der persönlichen Lage des handelnden Arztes, vielmehr hat alles mit seiner Handlung für (und gegen) die Zwillinge zu tun. Wird diese, wie hier, als strafrechtliches Unrecht beurteilt, dann scheidet daher eine übergesetzliche Entschuldigung bzw. Verantwortungsentlastung des Arztes ebenfalls aus.

Das bedeutet, daß solchen Kindern aus ihrer physischen Situation – und damit auch: gegen den Tod – nicht straffrei geholfen werden kann. Eine befriedigende Lösung ist das nicht. Daß es hier eine solche überhaupt geben könnte, ist freilich wenig wahrscheinlich.

2. Nottrennungen: Tötung im Defensivnotstand?

a) Der normative Konflikt unseres Falles 3 ist der des sog. Defensivnotstands: Die zum Notstandshandeln veranlassende Gefahr „stammt" im weitesten Sinne „aus der Sphäre" eines der in die Notstandslage Verstrickten. Die Regel, daß der als (kausaler) Ursprung der Gefahr Identifizierbare für die Lasten ihrer Abwendung auch dann zuständig gemacht werden darf, wenn er selbst „nichts dafür kann", entspricht einem Prinzip der Fairness und damit der distributiven Gerechtigkeit.[80] Der Streit in der Dogmatik um die richtige systematische Einordnung des Defensivnotstands spielt für dessen Konsequenz: die Rechtfertigung der Notstandshandlung, keine Rolle und braucht uns hier nicht zu beschäftigen.[81]

Das Prinzip gilt auch für unsere Trennungsfälle: Wird einer der Zwillinge aufgrund seiner körperlichen Beschaffenheit zur unmittelbar tödlichen Gefahr für den anderen, dann darf die zur Gefahrenbeseitigung erforderliche Maßnahme auch dann

---

78 Obwohl sie gerade in medizinrechtlichen Problemen – etwa der Sterbehilfe oder der sog. „Perforation" in der Geburtsmedizin – gelegentlich für solche Verlegenheitslösungen systemwidrig funktionalisiert wird.

79 Daß für die Schuldzurechnung bzw. die Feststellung strafrechtlicher Verantwortlichkeit *zusätzlich* Präventionsaspekte eine Rolle spielen, ist für unseren Zusammenhang irrelevant; s. dazu *Roxin*, AT I³, § 19/1 ff.

80 S. bereits oben, unter B. II. 4.a). – Eher schief sind dagegen Erklärungen wie: das Eingriffsopfer habe den Zugriff auf seine Rechtsgüter zu dulden, weil es „erst die Notstandsgefahr *geschaffen* hat" (*Kühl*, AT, 1994, § 8/134, Hervorhebung von mir). Auch wer nichts „geschaffen" hat, sondern die Gefahr einfach *ist*, kann im obigen Sinne als „zuständig" gelten.

81 Vgl. oben, Anm. 43.

durchgeführt werden, wenn sie zur *Tötung* dieses Zwillings führt. Solche Fälle werden in der klinischen Praxis mit siamesischen Zwillingen nicht ganz selten sein. Sie produzieren allerdings ersichtlich ein gewisses Risiko des (zumindest intuitiven) Mißbrauchs ärztlicher Definitionsmacht über die Frage des „Gefahrenursprungs".[82] Grundsätzlich rechtfertigt aber ein echter Defensivnotstand die einseitig tödliche Trennung der Zwillinge. Man muß sich nur klarmachen, worauf genau diese Rechtfertigung hier zielt, nämlich: *nicht* auf die Trennung als solche, sondern auf die Rettung des anderen Kindes. Daß diese gerade und nur in der Trennung (eigentlich: der *Ab*trennung) des gefährdenden Zwillings besteht, ist für den anderen gewissermaßen eine glückliche Koinzidenz. (Könnte die Gefahr anders beseitigt werden, etwa durch Amputation eines Armes des Zwillings, der die „Gefahrenquelle" bildet, dann rechtfertigte allein die Lebensbedrohung eine einseitig tödliche Trennung *nicht* und wir wären auf die oben zum Fall 2 erörterten grundsätzlichen Fragen zurückverwiesen).

b) Das Problem des Falles 3 besteht ersichtlich darin, daß hier die zweifellos vorliegende Defensivnotstandslage so, wie sie *normativ* gelöst werden durfte (nämlich zu Lasten des Zwillings, von dem die akute Lebensbedrohung ausging), *klinisch* gerade *nicht* zu lösen war: Sollte wenigstens einer der Zwillinge die Trennung überleben, dann konnte das nur der sein, von dem die Lebensgefahr für den anderen Zwilling ausging. Zwar „gehörte" ihm physiologisch der Gefahrenursprung (der sozusagen moribunde Anteil an dem fusionierten Herzkomplex), andererseits aber auch das einzelne System der extrahepatischen Gallengänge; dessen Fehlen bei dem anderen (dem bedrohten) Kind schloß aber für dieses ein Überleben nach der Trennung aus.

Man darf ohne Übertreibung sagen, daß der Fall 3 die Grenzen der Leistungsfähigkeit der einschlägigen rechtlichen Prinzipien schlagend demonstriert – wenn man so will: in einer wechselseitigen Blockade der normativen und der klinischen Handlungsmaximen. Moralisch läßt sich die von den Ärzten in Philadelphia durchgeführte Trennungsoperation zur Rettung wenigstens eines der beiden Zwillinge gewiß mit Gründen legitimieren[83], obwohl gerade dieser für den unmittelbaren Anlaß zum tödlichen Eingriff „zuständig" war. Strafrechtlich vermag ich die Möglichkeit einer Rechtfertigung nicht zu erkennen. Die Trennung der Kinder war nach deutschem Recht unerlaubt. Für die Schuldfrage gilt das oben zu unserem Fall 2 Dargelegte.

Daß auch dies alles andere als eine befriedigende Lösung ist, braucht wohl nicht betont zu werden.

---

82 Man vergleiche etwa die Falldarstellung bei *Chen et al.* Emergency Separation of Omphaloischiopagus Tetrapus Conjoined Twins in the Newborn Period, in: J.Ped.Surg. 24 (1989), 1221 ff.: Einer der Zwillinge war, *sofern man die Trennung durchführte,* nicht zum unabhängigen Überleben fähig; doch bestand für die ungetrennten Zwillinge noch keine *akute* Lebensgefahr. Man definierte den zum getrennten Überleben unfähigen Zwilling als „Parasiten" des anderen Kindes und trennte ihn (mit tödlicher Folge) ab. Vor einer akuten Lebensbedrohung für das andere Kind bestand aber noch keine Defensivnotstandslage. (Freilich muß hier auch die mögliche Zunahme des medizinischen Risikos bei weiterem Abwarten bedacht werden; insofern ist der Fall nicht eindeutig zu klären.) Zweifelsfrei dagegen die Defensivnotstands-Trennung bei *Tran Dong*, Successful Separation of Ischiopagus Tripus Conjoined Twins With One Twin Suffering From Brain Damage, in: J.Ped.Surg. 28 (1993), 965 ff.; ebenfalls bei *Messmer/Hörnchen/Kösters*, Surgical separation of conjoined (siamese) twins, in: Surgery 89 (1981), 622 ff.: jeweils akut moribunder Zustand des bei der Trennung getöteten Zwillings.

83 *Ablehnen* – je nach reklamierter ethischer Grundlagentheorie – natürlich auch.

D. AUSBLICK

„Was bleibt?", möchte man fragen. Neben einer gewissen Ratlosigkeit: eine Aufgabe. Unsere Diskussion hat deutlich gemacht, daß in manchen der hier erörterten Grenzfälle Maximen des konkret-individuellen Lebensschutzes gerade mit solchen Rechtsprinzipien kollidieren, die den Lebensschutz innerhalb der Rechtsordnung abstrakt und allgemein garantieren. Solche Kollisionen gehören unter dem Titel „Gefahrengemeinschaft" seit langem zum Probleminventar der Strafrechtsdogmatik. In den hier dargestellten Fällen spielen jedoch offenbar weitere und ungeklärte Fragen prinzipieller Natur eine Rolle. Sie haben, grob formuliert, damit zu tun, daß es dabei um *Neugeborene* geht. Es gibt ersichtlich eine weit verbreitete Intuition, wonach der Schutz Neugeborener jedenfalls sub specie *Moral* enger gefaßt werden darf als der Erwachsener. Daß diese Empfindung in der klinischen Praxis Folgen hat, zeigen – nicht nur, aber nicht zuletzt – die hier diskutierten ärztlichen Entscheidungen. (Daß es dabei nicht um amerikanische oder asiatische Spezifika geht, sondern um eine auch in deutschen Kliniken geläufige Praxis, darf als sicher gelten.)

Für diese Intuition gibt es ethische Gründe. Sie sind aber problematisch und umstritten. Ich meine, es ist Zeit, auch die juristische Diskussion solchen Fragen zu öffnen. Siamesische Zwillinge mögen als extrem seltenes Phänomen für das Strafrecht vernachlässigbar gewesen und es meinetwegen auch weiterhin sein. Die angedeuteten normativen Probleme kehren aber in anderen Bereichen der Neugeborenenmedizin in vielfacher Gestalt und in quälender Härte wieder. Sie werden heute in großem Ausmaß auf dem schwankenden Grund ungeklärter moralischer Gefühle gelöst. Ein Vorwurf ist den Ärzten daraus gewiß nicht zu machen. Eher schon, scheint mir, den Juristen, die auf dem gleichen Grund ungeklärter Intuitionen solche Lösungen auch dann tolerieren und noch lieber ignorieren, wenn diese mit rechtlichen Vorgaben nicht übereinstimmen.[84] Da es hierbei aber um Grundprinzipien der Rechtsordnung geht, müssen die Kriterien ihrer Beschränkbarkeit in konkreten Ausnahmefällen rational geklärt und begründet werden. Die auftretenden Konflikte schlecht und recht zu erledigen, darf nicht einer in jedem Sinne allein gelassenen klinischen Praxis zugeschoben werden. Sie überschreitet im Halbschatten der juristischen Aufmerksamkeit schon heute mehr normative Grenzen als sich die strafrechtliche Schulweisheit träumen läßt.

---

84 Vgl. hierzu die Bemerkungen oben, Anm. 75; ausführlich meine Habilitationsschrift (Anm. 50), Kap. 2 und 3.

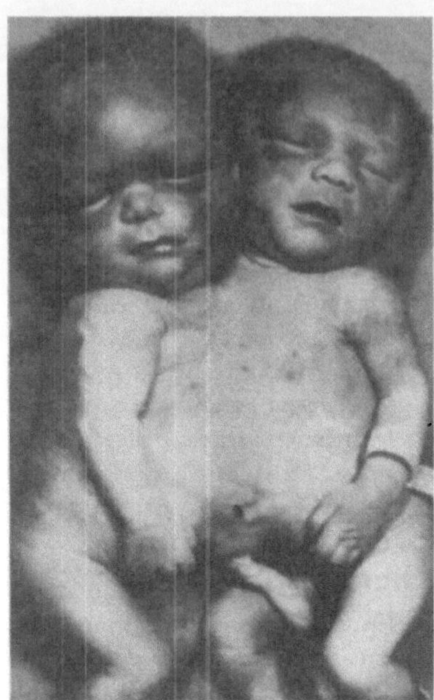

Abb. 1: Thorakopagus

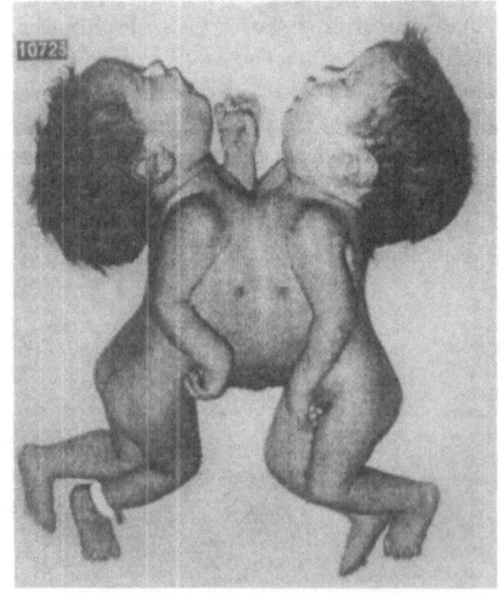

Abb. 2: Thorakopagus

Abb. 3:
Dicephalus

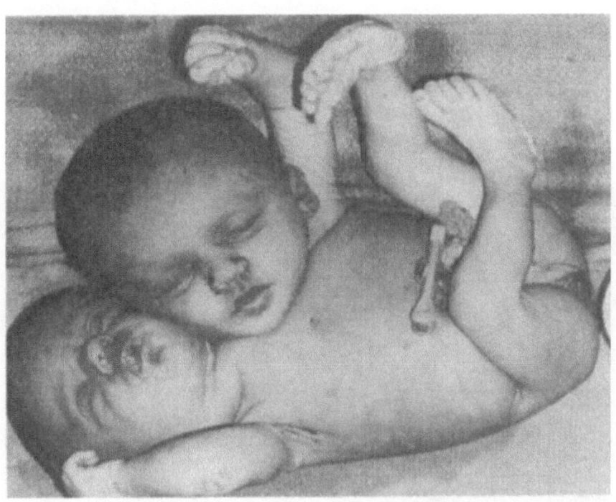

Abb. 4:
Zephalothorakopagus

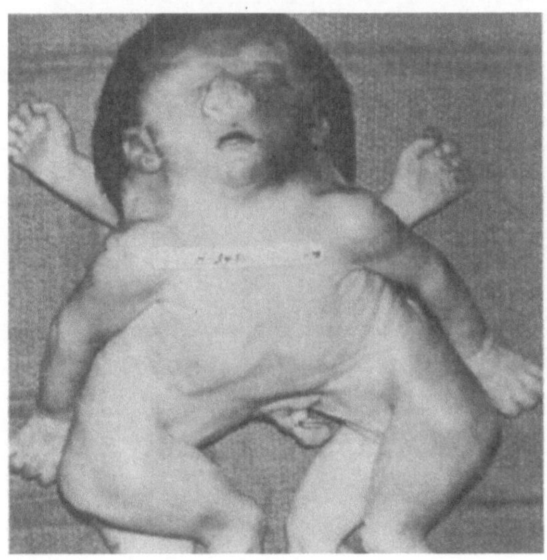

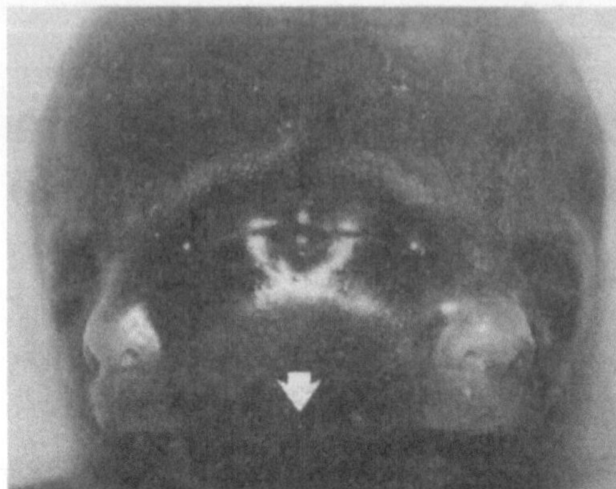

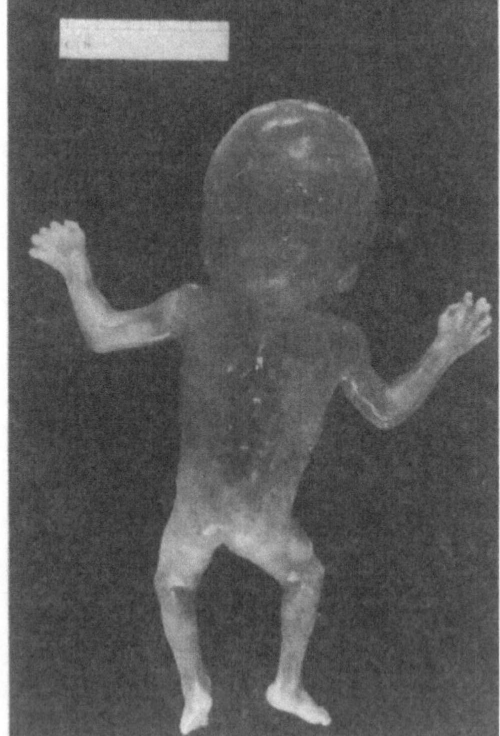

Abb. 5:
Diprosopus

Abbildungsnachweis

Abb. 1: *Kenneth L. Jones:* Smith's Recognizable Patterns of Human Malformation 4. Aufl. Philadelphia et. al. 1988, S. 595

Abb. 2: *Mary Louise Buyse* (Hg.), Birth Defects Encyclopedia Dover (U.S.A.) 1990, S. 1720

Abb. 3: *Jones*, wie Abb. 1, S. 595

Abb. 4: *Jones*, wie Abb. 1, S. 595

Abb. 5: *Reuven Sharony, Samuel H. Pepkowitz, Helen Hixon, Geoffrey A. Machin, John M. Graham,* Diprosopus: A Pregastrulation Defect, in: *John M. Opitz, Natalie W. Paul* (Hg.), Blastogenesis: Normal and Abnormal New York et.al. 1991, S. 202.

Medizinisch-ethische Aspekte der sozialen Berentungsgutachten

Ursula Marsch-Ziegler

Einleitung

Professor *Freiherr von Kress*, mein internistischer Lehrer, bearbeitete zahlreiche jüdische Wiedergutmachungsgutachten. Diese gab er z.T. an uns Assistenten weiter. Die Aktenstudien und die Konfrontation mit den erdrückenden Fakten flößten Grauen ein; noch schlimmer war es, diese Patienten, die diesen Leidensweg hinter sich hatten, untersuchen zu müssen. Daraus resultierte oftmals der Wunsch, nie wieder Gutachten machen zu müssen, aber diese waren Verpflichtung. Medizinisch **beweisen** mußten wir nichts, nur **wahrscheinlich** machen. - Heute besteht die Verpflichtung zur Gutachtertätigkeit (die Mühe und Zeitaufwand bedeutet) aus der im Laufe der Jahre gewonnenen Erfahrung und dem Wissen, womit wichtige Fragen beantwortet werden können.

1884 wurde in Deutschland das Gesetz zur Unfallversicherung und 1889 die Alters- und Invalidenversicherung eingeführt. Ähnliche staatlich geregelte und kontrollierte Pflichtversicherungen wurden allmählich von allen europäischen Ländern übernommen. Das *Bismarck*'sche Sozialversicherungspaket aus den Jahren 1883 - 89 vertrat objektiv Ziele der gesundheitlichen und sozialen Bedürfnisse der Arbeiterschaft. Es war aus rein politischen Motiven durch die Erkenntnis zustande gekommen, daß Unruhe und Unzufriedenheit in der Arbeiterschaft durch repressive Maßnahmen nicht mehr zu unterdrücken waren.

„Medizin ist eine soziale Wissenschaft und Politik ist Medizin im Großen". In der 2. Hälfte des 19. Jahrhunderts wurde diese Meinung von *Rudolf Virchow* vertreten. Interessen der Staatsgemeinschaft betreffen die Medizin unmittelbar. Immer haben ökonomische Aspekte das Gesundheitswesen beeinflußt und medizinische Kosten-Nutzenkalküle haben auch heute gesellschaftliche Relevanz.

Im folgenden wird ausschließlich auf die staatliche Versicherungsmedizin und nicht auf private Gutachten, z.B. für Versichungsunternehmen, Bezug genommen.

Heilkunde und medizinische Denkweisen

a) Die „Schulmedizin", also die **somatisch** ausgerichtete Medizin, ist keine rein regelhafte Naturwissenschaft wie die Physik oder Chemie, sie wird von einem hohen Maß an Empirie geprägt.
b) In der **psychosomatischen** Betrachtungsweise werden die Eigengesetzlichkeiten körperlicher Vorgänge mit psychischen Geschehen in Verbindung gebracht. Historisch gesehen wurde hierdurch die griechische Leib-Seele-Problematik intensiv wiederbelebt, was aber durchaus nicht im Sinne der Psychosomatiker war. Sie wollten gerade diesen Dualismus mit ihren Konzepten überwinden.
c) Einige Internisten und Allgemeinmediziner sind **psychoanalytisch** beinflußt. Sie vertreten die Theorie, daß Krankheiten, respektive ihre Ursachen, durch **unbewußte** Krankheitsmotive ausgelöst werden können.

Die **somatische** Medizin ist von fortschreitender Spezialisierung in Subdisziplinen geprägt. Häufig allerdings verlieren die somatischen Spezialisten über der Vielfalt der Einzeldaten den kranken Menschen aus den Augen. Das Ziel der **Psychosomatiker** ist es, Teile wieder in ein Ganzes zu integrieren, wobei eine enge Zusammenarbeit mit den jeweiligen Spezialisten notwendig ist. „Jedes Mehr an Technik erfordert ein Mehr an **Arzt**" (*F. W. Ahnefeld*).

Diese sehr kurze Charakterisierung mag aufzeigen, welch unterschiedlichen Denkweisen und Interpretationen Krankheitsbilder, Krankheitsbegriffe und Symptome unterliegen. Jeder, der ein medizinisches Gutachten liest, muß Kenntnis über diese verschiedenen Schulen/Ausbildungen des Arztes/Gutachters haben.

Thure von Uexküll, der Vater der Ulmer Psychosomatischen Schule: „In einer Zeit, in der die Medizin über nie dagewesene Möglichkeiten verfügt, in menschliches Leben einzugreifen, gibt es einen blinden Fleck für das Problem der medizinischen Ethik. Ein Symptom des Ethikmangelsyndroms der modernen Medizin ist die Einrichtung von Ethikkommissionen. Sie sollen das substituieren, was den Medizinern abhanden gekommen ist. Der Grund für diesen Defekt ist unschwer auszumachen. Der Mensch verfügt über kein verbindliches Menschenbild; die Medizin schwankt zwischen zwei einander ausschließenden, entweder strukturellen oder funktionellen Konzepten". Nicht die **lädierte Struktur** stünde am Anfang einer Erkrankung, sondern die **gestörte Funktion** (u.a.: *G. von Bergmann*).

Im 17. Jahrhundert gipfelten die strukturellen Ansichten in den Ausführungen von *de Lamettrie* „L'homme machine". Die Reihe der diese Gedanken teilenden Mediziner des 17. und 18. Jahrhundert ließe sich bis heute fortsetzen.

Die „strukturellen Mediziner" nahmen die funktionellen Aspekte wie Gefühl und Hoffnung, Angst und Schmerz nicht in ihre Betrachtungsweise auf. *Sigmund Freud* eröffnete völlig neue diagnostische und therapeutische Möglichkeiten, die aber zunächst zu einer Vertiefung des Dualismusprinzips führten, da ihre revolutionäre Konsequenz verkannt wurde. Medizinische Denkweisen werden naturgemäß durch die philosophischen Zeitströmungen beeinflußt (u.a. *M. Weber, M. Scheler, E. Husserl, M. Heidegger, K. Jaspers*). „Die Seele ist nichts anderes als die Lebendigkeit des Leibes" (*Aristoteles*).

Diagnosen

Die Diagnose stellt ein Produkt aus Wissen, Können und Erfahrung des Arztes dar; methodische Fähigkeiten und Beobachtungsgabe sind Voraussetzung. „Die Kunst der Beschreibung ist die höchste Kunst in der Medizin" (*M. Foucault*). Es ist ein literarisches Vergnügen, die durch genaue Beobachtung erfaßten Krankengeschichten, z.B. von *Freud* oder *Bleuler*, zu lesen.

Die Diagnose, die sowohl durch das Beobachten und Feststellen, als auch durch die Interpretation von Befunden und Symptomen zustande kommt, ist durch die Perspektive des Arztes/Gutachters, durch seine Wahl der Begriffe und der sprachlichen Beschreibung geprägt. Dies mag das Bild der Wirklichkeit verändern und so der Individualität des Patienten nicht immer gerecht werden. Dem Leser einer Krankengeschichte/eines Gutachtens muß diese Möglichkeit bewußt sein.

Zur Verständigung in der gemeinsamen Sprache der Ärzte dient die Diagnose. Unterschiedliche Betrachtungweisen und Schulen lassen unterschiedliche Deutungen der Diagnosen zu. Sie unterliegen außerdem der allgemeinen Gesundheits- und Krankheitstheorie, die auch von zeitlichen Strömungen abhängig ist.

Allgemeine Probleme der Rentenbegutachtung

> „Für den Menschen sind die Pflichten der Ethik auf die für uns begreiflichen moralischen Verhältnisse des Menschen gegen den Menschen beschränkt, d.h. für den Arzt die Verpflichtung, die Gesundheit des anderen zu vermehren und nicht zu vermindern." *(Kant)*

Die Zukunft des zu Begutachtenden ist abhängig vom Gutachter. Er hat schicksalsschwere Entscheidungen für den Patienten zu treffen, wobei dem Gutachter ein hohes Maß an ethisch-moralischer Verantwortung zukommt.[1] Zu Berentungsanträgen können - unabhängig von körperlichen Leiden - auch Versagensängste im Beruf führen. Der Gutachter sollte den Patienten verständnisvoll und offen gegenübertreten; er wird mit dem Anliegen der Erwerbs- oder Berufsunfähigkeit konfrontiert werden, mit schwierigen oder unzumutbaren Arbeitsbedingungen: Die derzeitige Arbeitsmarktsituation fördert Existenzängste. Der Gutachter wird genaue Gespräche führen müssen und muß sich so verhalten, daß er das Vertrauen des Patienten gewinnt, um die Krankengeschichte möglichst vollständig zu erfahren. Eine exakte körperliche Untersuchung ist Voraussetzung, ggf. müssen Labor- und Röntgenuntersuchungen aktuell angefertigt werden.

Ohne hier auf das Kapitel der Rehabilitation näher einzugehen, müssen dem Gutachter doch diese Möglichkeiten geläufig sein, da sich daraus Rückschlüsse für den Verlauf und die Prognose ergeben können. Eine Gutachtertätigkeit ist nicht mit einfachem Lehrbuchwissen zu bewältigen, sondern nur mit der Summe von breitgefächertem Fachwissen und Erfahrung.

Auch für den zu Begutachtenden ergeben sich besondere Probleme: Er hat für den Gutachter keine „freie Arztwahl". Er muß im Rahmen der Zumutbarkeit diagnostische Maßnahmen über sich ergehen lassen. Er muß Fragen zu seinen Erkrankungen und zu seinen Lebensumständen genau beantworten, obwohl er zu dem Gutachter ein „Verhältnis" im Sinne eines Arzt-Patienten-Verhältnisses nicht entwickeln kann, da es sich meist nur um eine oder wenige Begegnungen handelt. Selbstverständlich weiß der Patient, daß der Arzt/Gutachter der Schweigepflicht unterliegt, und daß er das Recht hat, auf Antrag sein Gutachten einzusehen. - Als Sonderfälle sind Simulanten und Betrüger unter den zu Begutachtenden anzusehen, sie bedürfen einer psychiatrischen Begutachtung.

Ärztliche Verantwortung des Gutachters

Obwohl Regeln, Richtlinien sowie Anhaltspunkte aus Grundsatzgutachten berücksichtigt werden sollten, muß jede Begutachtung auf den Einzelfall bezogen sein. Wie in der medizinischen Diagnostik und Therapie beinhalten die Regeln Unschärfen, Varianzen und Ausnahmen. Aufgrund der Individualität des zu begutachtenden Patienten mit seinem einmaligen Lebenslauf und seinen Lebensumständen ist kein medizinischer Sachverhalt genau wie der andere. Medizinische Regeln müssen mit Vorbehalt angesehen werden, da sie durch neue Forschungsergebnisse in Frage ge-

1 Herrn Universitätsprofessor *Dr. P. Fritsche* (Geschichte und Ethik der Medizin), Homburg-Saar, danke ich für Literaturhinweise und Diskussionen zu diesem Thema.

stellt werden können. Identische Krankheitsbilder führen bei jedem Individuum zu unterschiedlichen Auswirkungen.

Medizinisch gutachterliches Arbeiten dient der „Wahrheitsfindung" bei Patientenansprüchen im Rahmen gesetzlicher Grundlagen. Der gutachterlichen Antwort muß eine Klärung des medizinischen Sachverhaltes, also die Feststellung des Befundes und der Diagnose vorausgehen. Dies muß nach den **Regeln der Medizin** geschehen. Der Gutachter hat als Arzt dem Auftraggeber bei der Wahrheitsfindung durch seine ärztliche Kompetenz zu helfen. Die Summe wissenschaftlicher Erkenntnis und medizinischer Erfahrung, die als hinreichend gesichert gilt, ist Grundlage der Begutachtung; Begutachtungsergebnisse aus anderen medizinischen Bereichen muß der Gutachter sachverständig einzuordnen in der Lage sein (*H. J. Bochnik, H. H. Rauschelbach, D. Kertzendorff,* Lexikon Medizin, Ethik, Recht).

Der Gutachter sitzt zwischen den Stühlen: Er ist nicht der behandelnde Arzt, muß aber die Interessen des Patienten **und** die des Auftraggebers wahrnehmen. Er darf für keine Seite Partei ergreifen; seine Unparteilichkeit ist also Voraussetzung. Er muß die medizinischen Sachverhalte so darstellen, daß der Auftraggeber sie auch ohne spezielle medizinische Kenntnisse versteht. Bei der Beurteilung einer eventuellen Berentung kommt nicht nur den medizinischen Fakten, sondern auch den Lebensumständen besonderes Gewicht zu. Der Gutachter muß sich bewußt sein, daß er mit dieser Beurteilung eine große Verantwortung für den Lebensweg des Patienten übernimmt. Der vielschichtigen Realität der kranken Person wird er nur mit äußerster Gewissenhaftigkeit und Objektivität, Erfahrung, Wissen und abwägender Entscheidung gerecht werden. Die Medizin ist aus wissenschaftlichen, praktischen und empirischen Regeln mit allen genannten Einschränkungen zusammengesetzt. Ein Schematismus ohne Beachtung der individuellen Wirklichkeiten würde zu ungerechten Schlußfolgerungen führen. Nur ein integrer, kompetenter Gutachter wird diesen Anforderungen gerecht werden können. - Im Vergleich zu Berentungsfragen sind Gutachten über die Minderung der Erwerbsfähigkeit oder über den Grad der Behinderung einfacher, da sich hier vergleichbare Regelfälle häufiger finden lassen.

Die Voraussetzungen für eine integre Begutachtung, wie sie beschrieben wurde, sind nur in einem Staat mit einer freiheitlich-demokratischen Grundordnung möglich. „Integre Begutachtung" in totalitären Regimen ist nur durch „Falschaussagen" mutiger Gutachter möglich. Weder die Wahrheitsfindung noch die Klärung eines medizinischen Sachverhaltes sind hier von Bedeutung, sondern nur die Möglichkeit der Lebensrettung. *G. Wagner* äußerte 1936 nach der „Gleichschaltung" der Deutschen Ärzteschaft als deren Vorsitzender: „Gesundheit deckt sich mit nationaler Leistung". Aus den zahllosen medizinischen NS-Gutachten seien pars pro toto lediglich zwei Zitate angeführt: „...bei geistigen Erkrankungen ist abzuwägen, welcher Nutzen und Schaden das Individuum für seine Mitmenschen darstellt...", „...welch ungeheure Summe von Schmerz und Leid bedeutet dies für die unglücklichen Kranken selbst, welch namenlose Trauer und Sorge für ihre Familien, welche Verluste von Privatvermögen und Staatskosten für die Gesellschaft" *(A. Mitscherlich,* Dachauer Hefte). In den Reichsärzte-Führerschulen, u.a. in Alt-Rehse, wurden tausenden von Ärzten diese Vorstellungen vermittelt (u.a.: *R. Greger*).

1996, 50 Jahre nach den Nürnberger Ärzteprozessen, wurde von der Deutschen Ärzteschaft eindeutig Stellung gegen die „Medizin ohne Menschlichkeit" und die Greuel medizinischer Experimente an Menschen bezogen.

Zitate aus der Berufsordnung für die Deutschen Ärzte (1993): „Ich werde jedem Menschen Ehrfurcht entgegenbringen und selbst unter Bedrohung meine ärztliche Kunst nicht in Widerspruch zu den Geboten der Menschlichkeit anwenden". Der vollständige Wortlaut der Berufsordnung soll nicht zitiert werden; zur Frage der Begutachtung heißt es:

> „Bei der Ausstellung ärztlicher Gutachten hat der Arzt mit der notwendigen Sorgfalt zu verfahren und nach bestem Wissen seine ärztliche Überzeugung auszusprechen."

Juristische Verantwortung des Gutachters

Es wird bei den Juristen immer wieder diskutiert, daß es in der Medizin eine „Sicherheit" nicht gäbe. Häufig sei von den ärztlichen Sachverständigen der Satz „mit an Sicherheit grenzender Wahrscheinlichkeit" nur schwer zu verantworten. Dies beträfe sowohl die Diagnose als auch die Prognose. Die Schwierigkeiten auf dem Weg zur Diagnosefindung waren bereits erörtert worden. Prognosen sind allein schon unter Berücksichtigung der medizinischen Unwägbarkeiten noch kritischer zu sehen. Sie unterliegen sowohl regelhaften Vorgängen und Entwicklungen als auch individuellen und zufallsbedingten Einflüssen. Sicherheit und Wahrscheinlichkeit sind gemeinsame juristische/ärztliche Probleme bei der Begutachtung. Auch den Juristen ist „die Vieldeutigkeit des Sichtbaren und die Verborgenheit des Wesentlichen" geläufig (*K. E. Rotschuh*).

Zusammenfassung

Das Gesundheitswesen ist teuer. Die finanziellen Ressourcen schrumpfen. Dennoch hat der Staat eine (Wohltätigkeits-) Verpflichtung zur notwendigsten Patientenversorgung. Gegen den Zeitgeist und gegen staatliche Eingriffe müssen medizinisch-ethische Grundnormen bewahrt bleiben (*E. H. Loewy*). Im Rahmen des Nürnberger Ärztetages 1996 wurde eine zehn Punkte umfassende Erklärung abgegeben, zitiert sei der Punkt Neun: „Wir warnen dringend vor der erkennbaren Gefahr, Kranke und speziell chronisch Leidende im Rahmen gebotener Sparpolitik unvertretbaren sozialen Risiken auszusetzen. Die Solidarität mit den Kranken und den Schwachen ist der Gradmesser für das Humanitätsniveau unserer Gesellschaft, unserer, wie jeder Gesellschaft". Diese Maxime und Verantwortlichkeit gilt auch für gutachterliche Stellungnahmen.

G. Jellinek, ein Jurist der Jahrhundertwende, formulierte: „Ein Minimum an ethischem Verhalten zwischen den Menschen zu sichern, mehr können die Juristen nicht tun". Moralische Vorstellungskraft muß gemeinsam von Ärzten und Juristen entwickelt werden, um dem „Ethikmangelsyndrom" entgegenwirken zu können.

Literatur

Ahnefeld, F. W.: Ansprache zur Eröffnung des Anästhesisten-Kongresses, München 1984

Bergmann, G. v.: Funktionelle Pathologie, Springer, Berlin 1932

Bochnik, H. J.: Der einzelne Patient und die Regel. Med. Sach. 83 (1987) No. 1

Dachauer Hefte Nr. 4, Herausgeber *W. Benz* u. *B. Distel* 1988: Medizin im NS-Staat, Dachau.

Foucault, M.: Naissance de la Clinique, Presses Universitaires de France, Paris 1963

Greger, R.: Die Organisation der ärztlichen Fortbildung 1933 - 1945, Inaugural Dissertation München 1984

Heidegger, M.: Sein und Zeit, Halle 1927

Husserl, E.: Ideen zu einer reinen Phänomenologie I-III, Hrsg. *W.* und *M. Biemel*, Köln 1950 - 1952

Jaspers, K.: Allgemeine Psychopathologie, Heidelberg 1913

Jellinek, G.: Die sozialethische Bedeutung von Recht und Unrecht, Wien 1878

Kertzendorff, D.: Der Einzelfall und die Regel in der Begutachtung für die gesetzliche Rentenversicherung, Med. Sach. 83 (1987) No. 1

Lexikon Medizin,Ethik, Recht, Hg. *A. Eser* et al; Herder, Freiburg-Basel-Wien 1989/92

Loewy, E. H.: Ethische Fragen in der Medizin, Springer, Wien-New York 1995

Mitscherlich, A. u. *F. Mielke*: Medizin ohne Menschlichkeit, Frankfurt am Main 1995

Rauschelbach, H-H.: Der Einzelfall und die Regel in der Begutachtung, Med. Sach. 83 (1987) No. 1

Rotschuh. K. E.: Prinzipien der Medizin, Urban und Schwarzenberg, München, Berlin, Wien 1965

Scheler, M.: Die Wissensformen und die Gesellschaft, Köln 1926

Uexküll, Th. v.: Psychosomatische Medizin, München,Wien, Baltimore 1996

Weber, M.: Wirtschaft und Gesellschaft, Tübingen 1922

Die Problematik der Schuldfrage im ärztlichen Gutachten aus chirurgischer Sicht

Jürgen Marsch

1. Einleitung

Zunächst darf ich kurz die Entstehungsgeschichte dieses Vortrages skizzieren: Vor etwa einem Jahr verbrachte ich einen Urlaub zusammen mit einem Mitglied dieser Universität; ich hatte mir Arbeit mitgenommen: Ein Gutachten, für dessen Nichterledigung mir bereits eine Konventionalstrafe angedroht worden war.

Für die Überfälligkeit gab es viele Gründe - ein wesentlicher war die Schwierigkeit der Beurteilung. War ich doch von der anfänglichen Spontanmeinung: „Das hätte auch bei dir passieren können", beim exakten Studium der Unterlagen zu der Überzeugung gelangt: „Das wäre in deiner Klinik nicht passiert". Somit hatte ich einen eindeutigen Schuldspruch gefällt. Ob mir dies zustand oder ich dem Gutachten vielleicht aus (falsch verstandener) Kollegialität eine andere Tendenz geben sollte, **dies** bereitete mir schlaflose Nächte und zunächst die Verdrängung der Bearbeitung bis zu besagter Mahnung!

Während ich an diesem Gutachten arbeitete, gab es reichlich Diskussionen über die Frage:

Wer ist **schuld** und was bedeutet **Schuld in der Medizin**?

Damit war die Einladung zu diesem Symposium vorprogrammiert.

Die Formulierung des Themas: „Die Problematik der Schuldfrage im ärztlichen Gutachten aus chirurgischer Sicht" rund um das Stichwort **Schuld** ist bewußt mit einer contradictio in adjecto gewählt: Das ärztliche Gutachten bzw. der ärztliche Gutachter soll dem Richter helfen, die Wahrheit zu finden, das heißt Recht zu sprechen. Eine **Schuld**zuweisung aber ist dem Gutachter verboten; er hat sich im Gutachten auf die Beantwortung der Fragen in der Beweisanordnung zu beschränken. Hier wird aber nicht etwa gefragt: „Ist Herr Doktor XY am Tod des Patienten schuld!?", sondern es wird gefragt: „Hätte der Patient für Stunden oder Tage überlebt, wenn Herr Doktor XY anders gehandelt hätte!?". Obwohl also die Frage „schuldig oder nicht schuldig" den Juristen vorbehalten, ergo auch ihre Beantwortung den Medizinern verboten ist, steht trotzdem die Schuldfrage im Mittelpunkt eines jeden medizinischen Gutachtens in einem Straf- oder Zivilprozeß.

Eine Maxime ärztlichen Handelns besteht darin, Fehler zu vermeiden. Sie bzw. deren Folgen belasten naturgemäß nicht nur den Patienten, sondern auch den Arzt selbst, um so mehr, wenn er sich vorwerfen (lassen) muß, daß es an der nötigen Sorgfalt gefehlt habe (*Cyran*). Erfahrungsgemäß gibt es im täglichen Routinebetrieb mehr Schwachstellen, an denen verhängnisvolle Fehler entstehen, als zum Beispiel bei einer besonderen Operation, die nur einmal im Monat gemacht wird.

Warum nun noch aus chirurgischer Sicht?

Dies hat zwei Gründe:

1. In den sogenannten „schneidenden Fächern“ kommt es zu den meisten Kunstfehlerprozessen. Das Verhältnis zur Prozeßfrequenz in den konservativen Fächern beträgt ca. 5 : 1. Leicht erklärlich, sind doch die therapeutischen Maßnahmen wirklich „einschneidend“, und bei einem Fehler sind die Folgen wohl schnell ersichtlich und meistens länger andauernd als die Folgen einer fehlerhaft verabreichten Tablette!
2. So wie sich Chirurg und Internist charakterlich unterscheiden - sonst hätten sie nicht ihre verschiedenen Berufe gewählt und/oder wurden von ihnen im Laufe der Zeit geprägt - sind auch die Einschätzungen eines Chirurgen für bestimmte Krankheitsbilder denjenigen eines Internisten diametral entgegengesetzt. Und da das Schuldempfinden parallel zur Tatfrage geregelt sein dürfte, ist wohl auch die Bewertung einer entsprechenden Handlung je nach Fachrichtung verschieden.

In meinem Referat will ich versuchen, die verschiedenen Punkte zusammenzutragen, die die in der Medizin Handelnden in eine Schuldposition führen können. Diese muß der Gutachter in der Zusammenschau werten, um den Juristen bei der Urteilsfindung zu beraten. Wie wir sehen werden, gibt es nur in den seltensten Fällen eine klare Ja-/Nein-Antwort auf die Schuldfrage in der Medizin.

2. Schuld in der Medizin

2. 1. Definitionen

2. 1. 1. Schuld und Fahrlässigkeit

Wenden wir uns zunächst den Begriffsdefinitionen zu:

Über die „Schuld“ gibt es unzählige Abhandlungen, verfaßt von Philosophen und Juristen. Neues wird ein Chirurg dazu nicht beitragen, jedoch kann er aus der Literatur zitieren und zusammenfassen: Meyer's Konversationslexikon von 1890 definiert **Schuld**

1. Als die aus einem Rechtsgrund zu erbringende Leistung.
2. Als Zusammenhang zwischen einer Handlung und der dadurch bedingten Verletzung der Rechtsordnung; oder auch: Schuld ist eine ursächliche Störung der Rechtsordnung.
3. Schuld bezeichnet einen sittlichen Unwert, welcher durch Nichtachtung des moralischen Gesetzes bewirkt wird, also das dem Menschen - einem mit freien Willen begabten Wesen - sittlich anzurechnende Böse.

Die Widerrechtlichkeit aus Punkt 2 ist die (lateinische) **„Culpa“**, die juristisch eher als **„Fahrlässigkeit“** der **rechtswidrigen Absicht** gegenüber gestellt wird. „Voraussetzung dafür ist die Vernachlässigung der eigentlich nötigen Sorgfalt und Vorsicht, das heißt eine Handlungsweise, durch welche eine vom Täter nicht beabsichtigte Rechtsverletzung herbeigeführt wird, die von ihm .... hätte vermieden werden können. Die regelmäßige Folge einer derartigen fahrlässigen Handlung ist die Verpflichtung des Fahrlässigen zum Ersatz des dadurch verursachten Schadens" - soweit der *Meyer* von 1890!

Damit nicht genug, müssen wir für unsere Belange noch einiges ergänzen bzw. verdeutlichen: Neben der fahrlässigen oder schuldhaften **Behandlung** gibt es in der Medizin auch das schuldhafte oder fahrlässige **Unterlassen**. Das heißt: Nichtstun (aus welchem Grund auch immer) kann ebenso fatale Folgen haben wie die fehlerhafte Handlung.

Neben der objektiven, durch Beweise zu belegenden Schuld (i. S. des obigen zweiten Punktes), die straf- und zivilrechtlich nachgewiesen werden muß, ist in der Medizin besonders der Punkt 3, die moralisch-sittliche, subjektive Schuld im Mittelpunkt der Diskussion, wenn das ärztliche (Selbst-)Wertgefühl oder das Standesethos im Schadensfall bemüht wird.

Aber auch die erste Definition im Sinne: **Etwas schulden** findet in der Medizin Anwendung: Einerseits schuldet der Arzt dem Patienten sein Können und verpflichtet sich, dieses auch zu dessen Wohle zu gebrauchen, andererseits schuldet der Patient aus dem Behandlungsvertrag die - gleichwohl moralische - Verpflichtung der Mitarbeit im gemeinsamen Mühen um seine Gesundheit! - Darüber später mehr.

2. 1. 2. Behandlungsfehler

Mit einem Zitat von *Plinius* läßt es sich gut zur Definition des Behandlungsfehlers überleiten. Er beschwert sich über die ungeahndeten Fehler der Ärzte: „Außerdem ist kein Gesetz vorhanden, welches die Unwissenheit bestrafte ..." Und bei den Westgoten wurde ein Wundarzt, der einen Menschen durch Aderlaß umgebracht hatte, den Verwandten übergeben, die mit ihm machen konnten, was sie wollten.

Der Terminus 'Behandlungsfehler' hat den von *Rudolf Virchow* geprägten Begriff des 'ärztlichen Kunstfehlers' ersetzt, da dieser in sich schon problematisch ist:

1. Treten Fehler überwiegend bei einer Tätigkeit (dem Können, der Kunst) auf.
2. Ist ärztliche Tätigkeit überhaupt Kunst???
3. Was passiert im Grenzbereich und den Überschneidungszonen von 'ärztlicher Kunst' und 'schicksalhaftem Verlauf' einer Erkrankung?
4. Dem Terminus haftet eine gewisse Reizwirkung an, da er meist als persönliche Diskriminierung empfunden und von den Medien oft auch in diesem Sinne gebraucht wird.

Besser spricht man also vom 'vermeidbaren Behandlungsfehler'. Auf diesen muß unserer tägliches Augenmerk gerichtet sein, auf daß er bei entsprechender Sorgfalt nicht auftreten kann. Allerdings sind weder der 'Kunstfehler' noch der 'Behandlungsfehler' Rechtsbegriffe, sondern jeweils eine im juristischen Sprachgebrauch entwikkelte „Umschreibung von Fahrlässigkeitstatbeständen bei der Ausübung des ärztlichen Berufs" (*Penning*). So problematisch der Begriff 'Kunstfehler' auch sein mag, auch der Begriff 'Behandlungsfehler' ist überhaupt nicht klar definiert und klammert unter anderem den Bereich der Diagnostik völlig aus; auch ermangelt es ihm an einem klaren Bezug zum aktuellen Kenntnisstand der medizinischen Wissenschaft und Erfahrung. - Da jedoch beide Begriffe keine juristische Wertung implizieren, bleibt es jedem überlassen, seine Wahl zu treffen.

2. 1. 3. *Natürlicher/nicht-natürlicher Tod*

Noch ein anderes Beispiel soll die Komplexität und Schwierigkeit juristisch-medizinischer Definitionen aufzeigen: Auf dem Leichenschauschein muß der Arzt angeben, ob der Tod auf „natürlichem oder nicht-natürlichem" Weg eingetreten sei. Jedes Bundesland hat dafür eine eigene Formulierung, die Berliner sei hier zitiert: „Ergeben sich bei der Leichenschau Anhaltspunkte dafür, daß der Verstorbene eines nicht-natürlichen Todes gestorben ist, so beendet der Arzt die Leichenschau mit dieser Feststellung und benachrichtigt sofort die Polizeibehörde." Die Absicht des Gesetzgebers ist klar und lobenswert: Dies soll der Aufklärung von Todesumständen dienen (*Opderbecke*).

Sie treibt jedoch den Teufel mit Belzebub aus, da die Frage: „Natürlicher oder nicht-natürlicher Tod?" ein völlig ungelöstes definitorisches Problem ist: Die Frage, ob die alte Dame, die beim nächtlichen Toilettengang in ihrer eigenen Wohnung stürzte, sich eine Schenkelhalsfraktur zuzog, operiert wurde und vier Wochen später einer Lungenentzündung erliegt, eines natürlichen oder nicht-natürlichen Todes gestorben ist, entzweit viele Mediziner. Dies ist ja noch fast anekdotisch.

Aber wie schwer ist die Unterscheidung bei einem unmittelbar postoperativen Todesfall zu treffen?! Ist der Tod als Folge ärztlichen Sorgfaltsmangels oder als natürlicher Verlauf der Krankheit anzusehen? Eine Frage, die selbst gewissenhafte und sehr erfahrene gerichtsmedizinische Gutachter oft nicht beantworten können. Nur der Operateur könnte dazu Stellung nehmen, und jeder ehrliche Chirurg wird einige Patienten benennen können, die nach dem Eingriff vielleicht nicht gestorben wären, hätte er irgend etwas anders gemacht. Darauf wird jedoch niemand kommen können als einzig und allein der Operateur.

2. 2. *Minderung der Schuld*

2. 2. 1. *Aufklärung*

Was kann der Arzt also wirklich tun, um bereits im Vorfeld, quasi prophylaktisch, das Risiko eines Behandlungsfehlervorwurfs zu minimieren? Basis des Arzt-Patienten-Verhältnisses ist der Behandlungsauftrag, der juristisch gesehen in dem Augenblick automatisch geschlossen wird, in dem sich der Patient zum Arzt begibt. Jede diagnostische oder therapeutische Maßnahme mit Eingriff in die Integrität des Patienten ist nach juristischer Lehrmeinung eine Körperverletzung nach § 223 bzw. 230 StGB. Damit entstehen (Schadens-)Ersatzansprüche. Um den ärztlichen Eingriff zu ermöglichen und zu erlauben, d. h. zu legitimieren, muß man sich einer Hilfskonstruktion bedienen, was strafrechtlich durch die Einwilligung des Patienten geschieht (*Marx*). Voraussetzung dafür ist eine Aufklärung des Patienten vor dem Eingriff, wofür der Arzt in die Pflicht genommen wird.

Somit wird das Aufklärungsgespräch zum Dreh- und Angelpunkt eines guten oder schlechten Arzt-Patienten-Verhältnisses. Bei etwaiger juristischer Auseinandersetzung, bei der primär der Patient die Beweislast hat, wird häufig dem Arzt mangelnde Aufklärung vorgeworfen. Damit kommt es zur Beweislastumkehr, da jetzt der Arzt das Gegenteil, nämlich daß er korrekt aufgeklärt hat, nachweisen muß.

Diese so wichtige Aufklärung ist einerseits zwar Pflicht und Verpflichtung, hat aber Grenzen, die auch in der Rechtsprechung anerkannt werden. So kann eine schonungslose Totalaufklärung den Patienten derart verschrecken, daß er eine für ihn segensreiche Therapie ablehnt und somit weit größeren Schaden erleidet (s. auch *Heberer*). Auf ärztlicher Seite kann diese Pflicht auch ängstliche Defensivmediziner erziehen, die immer nur mit dem Gesetzbuch unter dem Arm herumlaufen und somit auch nicht zum Wohle und Nutzen ihrer Patienten beitragen, wenn sie nur das Kleingedruckte des Beipackzettels im Kopf haben.

2. 2. 2. risc-benefit ratio

In diesem Dilemma hilft die besondere Beachtung der sogenannten 'risc-benefit-ratio': Diagnostiziert oder therapiert man einen Patienten mit einer besonders risikoreichen Methode, muß er auch einen besonderen Profit davon haben: Zum Beispiel ist zur Vermeidung eines Schlaganfalls oder zur Abwendung einer Gliedmaßenamputation ein gewisses Risiko gerechtfertigt. Dies gilt jedoch nicht für den 70-jährigen Patienten, der nach 1000 Meter Gehstrecke Schmerzen in der Wade bekommt und damit nicht zufrieden ist. Bei ihm könnte eine risikoreiche Diagnostik oder Therapie eventuell zum Verlust des Beines führen, was man als Katastrophe und Kunstfehler ansehen müßte; ganz im Gegensatz zum gleichen Ereignis bei einem Patienten, dessen Bein ohne jegliche Therapiemaßnahmen in jedem Fall hätte amputiert werden müssen.

Der Arzt wird also **sorgfältig** abwägen, welche Diagnostik oder Therapie er dem Patienten in diesem ganz speziellen, individuellen Einzelfall angedeihen läßt:

2. 2. 3. Sorgfaltsmaßstab/-pflicht

Die Sorgfaltspflicht, die eine Maxime des täglichen ärztlichen Handelns darstellen muß, ist eine weitere Pflicht des Mediziners. In § 823 BGB verlangt das Recht von jedem, mit den Rechtsgütern Körper, Leben und Gesundheit eines anderen **sorgsam** und **sachgemäß** umzugehen. § 276 BGB legt fest, daß derjenige fahrlässig handelt, der die erforderliche Sorgfalt außer Acht läßt (*Mallach*).

Für die Mediziner legt das Recht einen Sorgfaltsmaßstab fest, wonach er den Durchschnittsanforderungen eines sorgfältig und gewissenhaft handelnden Vertreters seiner Berufsgruppe genügen muß. Sorgfalt ist die „sachgemäße Behandlung ohne unnötige Gefährdung und Schädigung des Patienten. Der Inhalt der gesetzlich geforderten Sorgfalt wird bestimmt vom Erkenntnisstand und den Erfahrungen der medizinischen Wissenschaft" (*Hansen* und *Vetterlein*).

Bevor ich auf die aus dem Gesagten resultierenden Verschulden und Fehler zu sprechen komme, will ich noch einen Punkt erwähnen, der sich in der Literatur nur schwer finden läßt:

2. 2.4. Verschulden des Patienten?!

Gibt es ein Verschulden des Patienten am Krankheitsverlauf? Damit ist nicht der normale Verlauf gemeint, sondern vorsätzliche, eventuell suchtbedingte oder zufällige Handlungen des Patienten, die sich nachweislich negativ auswirken: Zum Beispiel Fortsetzung des Nikotinabusus nach einer Bypass-Operation, Diätfehler beim

Diabetes mellitus oder zu frühe Belastung nach einer operativen Frakturbehandlung.

Die daraus resultierenden Negativfolgen würden in einem möglichen Rechtsstreit sicherlich vom Gutachter berücksichtigt werden, sie sind in der Literatur jedoch nur ungenügend dargestellt.

2. 3. Schuldmaximierung

2. 3. 1. Pflichtenverstoß

Demgegenüber gibt es ausreichend Literatur über den objektiven Pflichtenverstoß des Arztes: Dieser besteht in der 'Außerachtlassung' der gebotenen Sorgfalt, bei deren „Anwendung der Arzt die Verletzung seiner Berufspflichten hätte voraussehen und vermeiden können und müssen. Beruht der eingetretene Gesundheitsschaden des Patienten auf der Pflichtwidrigkeit, so sind die Voraussetzungen der Haftung erfüllt" (*Marx*). Die Rechtsprechung besagt, daß zwischen Mißerfolg einer Therapie und Behandlungsfehler nur schwer ein Kausalzusammenhang festgestellt werden kann, da die Undurchschaubarkeit des Geschehens im menschlichen Körper es nicht erlaube, jeden Mißerfolg dem Arzt zur Last zu legen. Andererseits verkennen Ärzte oft die Anforderungen, die an ihre Sorgfalt zu stellen sind, und daß man auch aus Komplikationen auf Sorgfaltsmängel bzw. vermeidbare Fehler schließen kann.

2. 3.2. Übernahmeverschulden - „Pflichtwidrige Tätigkeitsübernahme"

Weiterhin macht sich ein Arzt schuldig, wenn man ihm in seiner Klinik- oder Praxisorganisation bestimmte Mängel nachweisen kann: Bei ungenügender Aus- und Weiterbildung muß ihm ein **Übernahmeverschulden**, bei fehlerhafter Tätigkeit unter Alkoholeinfluß, im Affekt oder bei Übermüdung eine sogenannte **pflichtwidrige Tätigkeitsübernahme** gegebenenfalls mit strafrechtlichen Folgen angelastet werden.

2. 3. 3. Behandlungsfehler

Als Organisationsfehler werden Störungen der horizontalen und vertikalen Arbeitsabläufe angesehen, ebenso wie nicht funktionsfähige Geräte zu Behandlungsfehlern führen können. Diagnose- oder Therapiefehler sollen hier nur Erwähnung finden, ohne näher ausgeführt zu werden, da sie absolute Einzelfallentscheidungen darstellen. Ebenso wie mangelnde Überwachung nach einem diagnostischen oder therapeutischen Eingriff den Patienten durch zu spätes Erkennen einer Komplikation schädigen können, besteht eine Dokumentationspflicht, aus deren Vernachlässigung nur negative Schlüsse für den Beschuldigten gezogen werden können.

3. Zusammenfassende Schlussbetrachtung

Der Gutachter, der sich mit den Schattenseiten ärztlichen Wirkens, iatrogenen Krankheiten oder Schäden und sogar mit dem Tod des Patienten befaßt, sitzt zwischen sämtlichen Stühlen: Er muß die Erkrankung und ihren Spontanverlauf einerseits, Organisationsabläufe, diagnostische und therapeutische Maßnahmen aus pflegerischer und ärztlicher Sicht andererseits beurteilen. Zum Teil kann er dies mit kriminalistischem Gespür nur dann, wenn er wirklich mit allen Abläufen selbst bestens vertraut ist. - Dann kann er auch erkennen, ob die Krankenakte einen Bericht über den tatsächlichen Verlauf im Klinikalltag darstellt oder eine 'Geschichte' ist. Zielvorgabe bleibt immer die Erstellung einer gerechten Beurteilung, wobei wir uns - wie eingangs gesagt - als Gutachter eines Schuldspruchs als Resultat der Beurteilung enthalten müssen, da dies den Juristen vorbehalten bleibt. Unsere Beurteilung soll der medizinischen Wahrheitsfindung dienen. Als Gutachter müssen wir uns von den Grundsätzen unserer Vorväter: „Eine Krähe hackt der anderen kein Auge aus" lösen. Das heißt, mit viel Fingerspitzengefühl müssen wir den Kollegen und den Juristen aufzeigen, wo man etwas hätte besser machen können, so daß der Patient dann nicht zu Schaden gekommen wäre. Oder wir müssen (guten Gewissens) bestätigen, daß der aus den Akten ersichtliche Verlauf völlig korrekt war und der vom Patienten beklagte Zustand krankheits- und schicksalsbedingt ist.

Aus der Rolle des „postmortalen Klugscheißers", wie Pathologen und Gerichtsmediziner mit dem erhobenen Zeigefinger gern genannt werden, kann er nur heraustreten, wenn er sich um strengste Objektivität bemüht und auch im Gutachten stets seine Verpflichtung als Arzt gegenüber dem Patienten = dem Leidenden in den Mittelpunkt stellt. Eine Aufgabe des Gutachters kann oder muß es sein, bei gestörtem Arzt-Patienten-Verhältnis spätestens in dieser Phase dem Patienten in verständlicher Weise aufzuzeigen, warum sich sein Behandlungsverlauf so gestaltete und gegebenenfalls nicht anders verlaufen konnte. - Eine positive Entscheidung für den Patienten wird natürlich immer dann zu fällen sein, wenn Diagnose- oder Behandlungsfehler vorliegen, sicherlich aber nicht dann, wenn begründeterweise von allgemeingültigen Regeln abgewichen werden mußte. - Hat der Patient durch einen ärztlichen Behandlungsfehler Schmerzen und Funktionseinbußen zu beklagen, ist es wohl nicht mehr als recht und billig, ihm dafür im Rahmen des Möglichen einen Ausgleich zukommen zu lassen. Das mißliche Schicksal belastet den Patienten ohnehin schon genug.

Sicher gäbe es heute nicht so viele Regreßforderungen, respektive Gutachten über Behandlungsfehler, wenn wir Mediziner im Klinikalltag - trotz aller Belastungen - doch häufiger das offene Gespräch mit unseren Patienten suchten: Sowohl vor den einzuschlagenden Diagnostik- oder Therapieverfahren, als auch wenn etwas „schief gegangen ist". Vieles kann man dem Patienten so verständlich erklären, daß er sein krankheitsbedingtes Schicksal akzeptieren kann. Und sollte eine Komplikation tatsächlich fahrlässig/schuldhaft entstanden sein, hat ein Patient oder haben seine Angehörigen bei guter Gesprächsführung und Erklärung vielleicht auch dafür Verständnis, wenn in derselben Unterredung der wahrscheinliche Verlauf erläutert und mögliche Kompensation in Aussicht gestellt wird.

In der Hektik des Tages wird die Behandlung jedoch automatisiert und anonymisiert, damit wird die moralisch-seelische Komponente eines Arzt-Patienten-Verhältnisses minimiert. Andererseits gipfelt die Anspruchshaltung des Patienten in der Maxime „Ich habe jahrelang meine Krankenkassenbeiträge gezahlt, also habe ich jetzt mit meinem Krankenschein **Anspruch auf Heilung**". Wird oder kann dieser nicht erfüllt werden, oder ist ein Behandlungsfehler unterlaufen - hier wird vom Berliner Patienten oft der Ausdruck benutzt: „Die haben mir verpfuscht" -, verständigen sich die beiden Parteien in ihrer Sprachlosigkeit nur noch mit Hilfe der Juristen vor dem Richter.

Aber wer von uns hat denn schon die Größe, seine eigene Schuld einzugestehen. *Ernst Penzoldt* sagt: „Die Kunst, mit Anstand krank zu sein, will eben gelernt sein". - Ebenso muß das Eingeständnis der eigenen Fehler gelernt werden!

Literatur

Cyran, W., Vermeidbare Behandlungsfehler des Arztes, G. Fischer Stuttgart, Jena, New York 1992

Hansen und *Vetterlein* in *Liegnitz, E.* und *Mattig, W.*, Der iatrogene Schaden, Akademieverlag Berlin 1989

Heberer, G., Ärztliches Handeln - Verrechtlichung eines Berufsstandes, Springer Heidelberg, New York 1985

Mallach, H. J. et al, Ärztliche Kunstfehler, G. Fischer Stuttgart, Jena, New York 1993

Marx, H. H., Medizinische Begutachtung, 6. Auflage, G. Thieme Stuttgart, New York 1993

Opderbecke, H. W., Natürlicher - nicht natürlicher Tod, ein ungelöstes definitorisches Problem in *Heberer, G.*, Ärztliches Handeln - Verrechtlichung eines Berufsstandes

Penzoldt, E., Der dankbare Patient, Suhrkamp Berlin, Frankfurt 1963

Penning, R., Der ärztliche Behandlungsfehler in *Marx, H. H.*, Medizinische Begutachtung

Die ärztliche Aufklärungspflicht aus rechtsethischer Sicht

Roland Wittmann

Es ist ein gesicherter Grundsatz des deutschen Arzthaftungsrechts, daß die Einwilligung des Patienten in einen - therapeutischen oder diagnostischen - ärztlichen Eingriff unwirksam ist, wenn der Patient vom Arzt über die Schwere des Eingriffs und die mit ihm verbundenen Belastungen und Risiken nicht hinreichend aufgeklärt worden ist [1]. Indem das deutsche Recht eine informierte Einwilligung verlangt, nimmt es im Ansatz den gleichen Standpunkt ein wie das US-amerikanische Recht [2].

Der Umstand, daß es stets um die Rechtswidrigkeit oder die Rechtfertigung des vom Arzt tatsächlich vorgenommenen Eingriffs geht, könnte allerdings den Eindruck erwecken, daß Inhalt und Grenzen der Aufklärungspflicht sich letztlich erst aus einer ex-post-Betrachtung im Rahmen eines Rechtsstreits über einen Haftungsfall ergäben. Die rechtsethische Grundlage der ärztlichen Aufklärungspflicht ist daher nicht allein im einseitigen Erfordernis der Einwilligung des Patienten, sondern im Arzt-Patienten-Verhältnis zu suchen. Der Patient hat einen Anspruch auf Aufklärung, nicht nur einen deliktischen Schadensersatzanspruch bei Mißlingen eines Eingriffs, der mangels Aufklärung nicht durch eine wirksame Einwilligung gedeckt ist. Hierin liegt letztlich der Grund dafür, daß der Arzt den Patienten nicht nur über die Erfolgsaussichten und Risiken des geplanten Eingriffs, sondern auch über alternativ zur Verfügung stehende Behandlungsmöglichkeiten aufklären muß, sofern die in Betracht kommenden Behandlungsmethoden verschiedene Erfolgschancen haben [3].

Das *Kant*sche Prinzip der Autonomie des Willens gilt nicht nur für die vertragsautonome Begründung des Behandlungsvertrages, sondern auch für die Pflichten im Arzt-Patienten-Verhältnis. Der Patient, der sich vertragsautonom in die Behandlung des Arztes begibt, hat sich damit nicht von der Freiheit der Entscheidung darüber verabschiedet, in welche Eingriffe er einwilligt und in welche nicht. „Die Autonomie des Willens ist das alleinige Prinzip aller moralischen Gesetze und der ihnen gemäßen Pflichten: alle Heteronomie der Willkür gründet hingegen nicht allein gar keine Verbindlichkeit, und ist vielmehr dem Prinzip derselben und der Sittlichkeit des Willens entgegen“[4].

Wenn Heteronomie der Willkür schon keine Verbindlichkeit bedeutet, kann sie auch nicht Grundlage für die Einwilligung in den ärztlichen Eingriff sein. Die Einwilligung in ärztliche Eingriffe ist daher nur auf der Grundlage der Autonomie des Willens denkbar. Der Wille ist aber nur dann autonom, wenn die für die Entscheidung über die Erteilung oder Verweigerung der Einwilligung notwendige Information zur Verfügung steht. Zur Autonomie des Willens gehört auch, daß der Patient sich über das Ob ärztlicher Behandlung und über das Ob einer bestimmten Behandlungsmethode klar wird. Indem er über die Einwilligung entscheidet, entscheidet er über die Inanspruchnahme einer bestimmten Form medizinischer Hilfe zur Erhal-

---

1 BVerfG 52, 131 (170); BGHZ 29, 46,53; BGH NJW 1981, 633; *D. Giesen*, Arzthaftungsrecht, 4. Aufl., Tübingen 1995, 174 ff.; *E. Deutsch*, Medizinrecht, 3. Aufl., Berlin 1997, 82; *R. Giesen*, Aktuelle Probleme des Arzthaftungsrechts, MedR 1997, 17 ff..

2 Zum österreichischen und schweizerischen Recht vgl. *D. Giesen*, aaO 174 mwN.

3 Vgl. BGH NJW 1988, 763, 764.

4 AK 5, 33.

tung der Gesundheit oder zur Abwehr der Gefahr einer Verschlechterung des Gesundheitszustandes. Um selbst bestimmen zu können, ob und in welcher Weise er operiert werden sollte, braucht der Patient die dafür notwendige medizinische Information.

Die Autonomie des Willens des Patienten als Person ist verfassungsrechtlich als sein Selbstbestimmungsrecht im Rahmen des Rechts auf freie Entfaltung der Persönlichkeit nach Art. 2 Abs. 1 GG geschützt. Zivilrechtlich stellt das allgemeine Persönlichkeitsrecht eine rechtliche Konsequenz dieses Grundrechts dar. Das bedeutet freilich nicht, daß der ohne hinreichende Aufklärung des Patienten vorgenommene Eingriff nicht nur als rechtswidrige Körperverletzung, sondern zugleich als Verletzung des allgemeinen Persönlichkeitsrechts zu betrachten wäre. Denn die körperliche Integrität ist im Vergleich mit dem allgemeinen Persönlichkeitsrecht als bloßem Rahmenrecht speziell geschützt. Rechtsethisch bedeutet allerdings eine ohne vorherige Aufklärung und daher ohne autonome Einwilligung des Patienten vorgenommene Operation stets auch die Verletzung der Persönlichkeit des Patienten. Das Arzt-Patienten-Verhältnis beruht auf der Grundlage gegenseitiger Achtung, der einseitig bleibende, nicht auf dem Weg des Dialogs mit dem Patienten gebildete Wille, diesem medizinisch zu helfen, kann daher die Information des Patienten nicht ersetzen. Das Vertrauensverhältnis zwischen Arzt und Patient baut auf der nach dem neuesten Stand der medizinischen Wissenschaft lege artis geleisteten, qualifizierten ärztlichen Hilfe und auf der Information des Patienten über die konkrete medizinische Situation - Diagnose, Behandlungsmöglichkeiten - auf.

Die Autonomie des Willens des Patienten ist auch durch sein Recht auf Leben und körperliche Unversehrtheit geschützt (Art. 2 Abs. 2 S. 1 GG). Denn durch diese Rechtsposition ist sichergestellt, daß ein Eingriff in dieses Recht nicht ohne Einverständnis des Patienten vorgenommen werden darf. Eine Ausnahme besteht nur bei lebensrettender Behandlung eines bewußtlosen Patienten insoweit, als es hier auf die mutmaßliche Einwilligung ankommt; auch hier darf aber der Arzt sich nicht über den mutmaßlichen Willen des Patienten hinwegsetzen, soweit ihm dieser Wille bekannt ist oder durch Befragung von Angehörigen ermittelt werden kann. Das Recht auf körperliche Unversehrtheit hat auch den negativen Inhalt, daß der Patient eine Operation ablehnen und sich für eine nichtoperative Behandlung entscheiden kann, selbst wenn der Arzt eine Operation für erforderlich hält. Der Patient kann auch invasive diagnostische Eingriffe ablehnen, selbst wenn mit nicht invasiven Mitteln keine sichere Diagnose gestellt werden kann und eine gezielte Therapie daher nicht möglich ist.

Die Autonomie des Willens ist nicht unabhängig von der individuellen Motivationsstruktur des Patienten. Zwar soll der Patient durch die objektive, dem Stand der Medizin entsprechende Aufklärung über Notwendigkeit, Erfolgschancen und Risiken des Eingriffs die Möglichkeit erhalten, eine rationale Entscheidung über die Erteilung oder Verweigerung der Einwilligung zu treffen. Man braucht aber, um von der Autonomie des Willens sprechen zu können, nicht vorauszusetzen, daß der Patient die Abschätzung der Chancen und der Risiken in reflektierter Weise nach der rationalen Entscheidungstheorie vornimmt. Es ist vielmehr davon auszugehen, daß etwa Überlegungen, die der Maximin-Regel - *Wähle diejenige Verhaltensweise, die das Maximalrisiko minimalisiert* - entsprechen, präreflexiv in der Motivationsstruktur eines jeden Patienten vorhanden sind. Die Individualität liegt, da viele sich nach der Maximin-Regel verhalten, nicht in der Entscheidungsregel, sondern in der

Werteskala, auf der die Bewertung der Risiken beruht. Ein Patient wird, wenn eine Operation mit dem Risiko des Verlusts der Zeugungsfähigkeit verbunden ist, diese Operation jedenfalls dann ablehnen, wenn für ihn der Verlust der Zeugungsfähigkeit das Maximalrisiko darstellt. Diese Entscheidung mag der Arzt bei vitaler Indikation für „unvernünftig" halten, unter der Voraussetzung der Präferenzstruktur dieses Patienten ist seine Entscheidung jedoch eine rationale Entscheidung.

Nach der Maximax-Regel - *„Wähle diejenige Verhaltensweise, die den im günstigsten Fall erreichbaren Nutzen maximalisiert"* - werden sich nur wenige „mutige" Patienten verhalten, so etwa dann, wenn sie sich für eine besonders riskante Operation entscheiden, sofern diese einen Erfolg verspricht, der mit einer weniger riskanten Operation nicht erreicht werden kann.

Die Selbstbestimmung des Patienten und sein Recht auf körperliche Unversehrtheit schließt daher die Achtung seiner individuellen Präferenzstruktur ein. Der Arzt muß in Rechnung stellen, daß der Patient eine individuelle Präferenzstruktur haben kann, daß etwa die Patientin die Entfernung der Brust ablehnt, obwohl die Konversion einer gutartigen Geschwulst in einen malignen Tumor droht, oder daß ein Patient die Einwilligung in die vital indizierte Operation eines Rektumkarzinoms verweigert, da ihm durch die Operation Potenzverlust droht.

Allerdings hat die Rechtsprechung dem Arzt die Berufung auf den Einwand rechtmäßigen Alternativverhaltens gestattet, sich also für die Berücksichtigung des Vorbringens ausgesprochen, daß der Patient auch bei pflichtgemäß erfolgter Aufklärung in den Eingriff eingewilligt haben würde. Für den Nachweis, daß der Patient ohnehin eingewilligt haben würde, sollen zwar strenge Anforderungen gelten, insbesondere genügt der bloße Hinweis des Arztes auf den „vernünftigen Patienten" nicht. Die prozessualen Chancen der Berufung auf rechtmäßiges Alternativverhalten werden von der Rechtsprechung aber dadurch gestärkt, daß dem Patienten die Darlegungslast dafür aufgebürdet wird, daß er nachvollziehbar sich aus seiner Situation heraus gegen den Eingriff entschieden hätte [5].

Diese Rechtsprechung zieht nicht hinreichend in Erwägung, daß die individuelle Präferenzstruktur des Patienten sich erst dann durch Willensbildung zur Frage der Einwilligung manifestieren kann, wenn er über Notwendigkeit, die Erfolgschancen und die Risiken des Eingriffs hinreichend aufgeklärt worden ist. Auf dem Umweg über die Darlegungslast des Patienten kehrt daher der „vernünftige Patient" teilweise in das Arzt-Patienten-Verhältnis zurück. Es geht dabei nicht nur darum, daß der höchstpersönliche Charakter der Entscheidung über die Einwilligung in Eingriffe in die körperliche Integrität nicht hinreichend berücksichtigt wird [6]. Der Patient, nach dessen Präferenzstruktur die Beeinträchtigung der Sexualität das Maximalrisiko darstellt, entscheidet rational, wenn er wegen der drohenden Gefahr des Potenzverlusts nicht in die Operation eines Rektumkarzinoms einwilligt.

Führt eine lege artis durchgeführte Operation zu einem Schaden, weil ein sich mit ihr verbundenes Risiko verwirklicht, so hat die unterbliebene Aufklärung über die Notwendigkeit, Erfolgschancen und Risiken oder über alternative Behandlungsmethoden die Konsequenz, daß der Arzt gleichwohl schadensersatzpflichtig ist. Das

5 Vgl. BGHZ 90, 96, 100; 90, 103, 111; BGH NJW 1991, 1543; 1994, 2414, 2415; das OLG Köln hat das Vorbringen eines Patienten, er hätte wegen des Risikos des Potenzverlusts von der Operation eines Rektumkarzinoms Abstand genommen, für wenig plausibel und damit für unbeachtlich erklärt (VersR 1990, 663).

6 Hierauf stellt etwa *D. Giesen* (aaO 203) ab.

gleiche gilt, wenn sich ein Kunstfehler, dessen Vorliegen der Patient beweisen muß, nicht nachweisen läßt, sofern der Arzt nicht seinerseits den ihm obliegenden Beweis erbringen kann, daß er seiner Aufklärungspflicht genügt hat. Die Rechtsprechung läßt sogar die Frage eines Kunstfehlers dahingestellt, wenn die Schadensersatzpflicht schon aus der Verletzung der Aufklärungspflicht folgt. Wenn hieraus gegen die Aufklärungspflicht der Einwand abgeleitet wird, daß ihre Verletzung dann vorgebracht wird, wenn der Patient dem Arzt keinen Kunstfehler nachweisen könne, so kann dies nicht überzeugen.

Wie schwer es ist, einen Kunstfehler nachzuweisen, zeigt ein vom BGH in letzter Instanz im Jahre 1977 entschiedener Fall [7], dem die tatsächlichen Feststellungen des OLG Düsseldorf zugrundelagen. Zur Behandlung einer Analfistel wandte der Oberarzt einer Klinik eine auf *Hippokrates* (!) zurückgehende Methode an („Fadenmethode"), nach der der Afterschließmuskel durchtrennt wird, wobei dies nicht auf einmal gemacht wird, sondern in mehreren Zeitabschnitten, um den durchtrennten Muskelpartien Zeit zum „Verheilen" zu geben. Ein derartiges „Verheilen" wurde allerdings nie beobachtet, in der medizinischen Literatur wurde vielmehr darauf hingewiesen, daß das Durchtrennen des Afterschließmuskels stets zur Stuhlinkontinenz führe. Es ist kaum verständlich, wie unter diesen Umständen das Oberlandesgericht einen Kunstfehler verneinen konnte. Es stützte sich darauf, daß nach Bekundung des Sachverständigen die Fadenmethode an einer „berühmten, großen deutschen Universität" noch im Sommersemester 1962 gelehrt worden sei. Außerdem sei sie zur Behandlung einfacher Fisteln noch 1973 empfohlen worden. Wenn der Patient selbst in einem derart offenkundigen Fall mit der Behauptung eines Kunstfehlers keinen Erfolg hat, dann ist es ihm nicht zu verdenken, daß er daneben die Verletzung der Aufklärungspflicht geltend macht. Der BGH meint, die Frage, ob die Durchtrennung des Afterschließmuskels zur Behandlung einer Fistel ein Kunstfehler sei, könne dahingestellt bleiben, da der Patient jedenfalls nicht über die Folgen des Eingriffs (Stuhlinkontinenz) aufgeklärt worden sei. Der 6. Zivilsenat des BGH berücksichtigt allerdings bei seiner logisch möglichen, ergebnisorientierten Vorgehensweise nicht die Überzeugungsfunktion des Urteils; die Inadäquatheit der angewandten Uraltmethode drängte sich nach dem Erkenntnisstand der modernen Medizin geradezu auf, und prozessual hätte der BGH das Urteil des Oberlandesgerichts daraufhin überprüfen können, ob dieses den Rechtsbegriff des Verschuldens verkannt hat [8].

Das bedeutet nicht, daß dem Arzt auf dem Umweg der Verletzung der Aufklärungspflicht eine Art Zufallshaftung für das allgemeine Lebens- und Gesundheitsrisiko des Patienten auferlegt würde. Gegenstand der medizinischen Behandlung ist gerade nicht nur die Stellung der Diagnose und die kunstgerechte Vornahme des Eingriffs als solchen, mag er auch einen noch so hohen Grad an seit der erstmaligen Durchführung in der Medizin und durch den Arzt selbst gesammelter Erfahrung, eine noch so hohe Zahl aufeinander abgestimmter einzelner Handgriffe und noch so viele Handreichungen und sonstige Hilfsleistungen von Assistenzärzten voraussetzen, sie muß vielmehr an dem Empfänger orientiert sein und daher die Autonomie seines Willens achten.

---

7 Vgl. BGH NJW 1978, 587, 588.
8 Vgl. *Zöller-Gummer*, ZPO, 20. Aufl. § 550 Rnr. 12.

Erst wenn die Aufklärungspflicht des Arztes nicht nur als Wirksamkeitsvoraussetzung für die Einwilligung des Patienten, sondern als integraler Bestandteil des Arzt-Patienten-Verhältnisses aufgefaßt wird, lassen sich ihr Umfang und ihre Grenzen adäquat, d.h. mit einer für den behandelnden Arzt hinreichenden Bestimmtheit, festlegen. Ist hinreichende Bestimmtheit der Aufklärungspflichten ex ante gegeben, dann ist auch die Befürchtung unbegründet, infolge der drohenden Haftung wegen Verletzung der Aufklärungspflicht könnten sich Ärzte auf eine Art „Defensivmedizin" zurückziehen.

Sieht man die Aufklärungspflicht im Zusammenhang mit dem Behandlungsvertrag, dann ist klar, daß der Arzt den Patienten schon über die Diagnose umfassend aufklären muß. So hat der BGH mit Recht entschieden, daß es einen schweren Behandlungsfehler darstellt, wenn der Patient über einen bedrohlichen Befund, der Anlaß zu sofortigen und umfassenden ärztlichen Maßnahmen gibt, nicht informiert wird [9]. Andererseits bezieht sich die Aufklärungspflicht auch auf die Dringlichkeit des Eingriffs. Zu einem ordnungsgemäßen Aufklärungsgespräch gehört es, daß der Arzt die medizinische Situation darlegt, in der sich der individuelle Patient befindet, ihn also zutreffend darüber informiert, ob das Unterbleiben des Eingriffs lebensbedrohlich ist oder nicht [10], ob der Patient ohne Operation die Funktionsfähigkeit eines Organs verliert oder nicht.

Hat der Patient nicht einmal eine Grundaufklärung über Art und Schweregrad des Eingriffs erhalten, so haftet der Arzt selbst dann, wenn sich ein nicht aufklärungsbedürftiges Risiko verwirklicht [11]. Die Vorstellung einer bloßen „Grundaufklärung" darf jedoch nicht dahin verstanden werden, als würde sie etwa generell ausreichen und müßte der Arzt erst auf Fragen des Patienten hin diesen über entferntere Risiken oder über alternative Behandlungsmethoden aufklären. Die Grundaufklärung setzt insbesondere voraus, daß der Patient auch über das schwerste in Betracht kommende Risiko aufgeklärt wird, so bei einer Myelographie über das Risiko der Querschnittslähmung.

Zur Aufklärung des Patienten über die konkret gegebene *medizinische Situation* gehört insbesondere, daß er über *Behandlungsalternativen* informiert wird. Es geht nicht an, daß ein Patient die Möglichkeit einer anderen, möglicherweise weniger riskanten Operationsmethode etwa erst dann erfährt, wenn er einen anderen Arzt aufsucht. Es ist daher bedenklich, wenn der 6. Zivilsenat des BGH die Information über alternative Behandlungsmethoden auf Fälle beschränken will, in denen der Patient „eine echte Wahlmöglichkeit" habe [12]. Im konkreten Fall ging es um eine im Zusammenhang mit einem medizinisch indizierten Schwangerschaftsabbruch durchgeführte Tubensterilisation. Sie führte zu einer Darmverletzung, wobei für die Durchführung (mittels Elektrokoagulation) nicht eine dem neuesten Stand der medizinischen Technik entsprechende Apparatur angewandt wurde. Es ist klar, daß nicht jedes Krankenhaus sofort auf den neuesten Stand der medizinischen Technik umgestellt werden kann. Hieraus kann aber nicht geschlossen werden, daß dem Patienten durch mangelnde Aufklärung jede Chance genommen werden darf, sich in einem anderen Krankenhaus mit moderneren medizinischen Geräten behandeln zu lassen und dadurch die mit dem Eingriff verbundenen Risiken zu verringern oder zu minimieren.

9 BGHZ 107, 222 ff.
10 BGH NJW 1990, 2928.
11 BGH NJW 1991, 2346; 1996, 777.
12 BGH NJW 1988, 763, 764.

Die Information, zu der der Arzt verpflichtet ist, muß sich an dem *neuesten Stand* der medizinischen Wissenschaft als empirischer Wissenschaft orientieren. Beobachtete schwere Folgen einer bestimmten Operationsmethode begründen daher, wenn über sie in der medizinischen Literatur berichtet wird, die Pflicht des Arztes, den Patienten zu informieren. Diese Informationspflicht erstreckt sich auch auf die Aufklärung über bestehende Behandlungsalternativen. So wurde in einem vom BGH entschiedenen Fall nach Verletzung der rechten Großzehe ein Gipsverband angelegt, der anschließend zu einer Thrombose führte. Über die Behandlungsalternative - Gehstütze - wurde der Patient ebensowenig informiert wie über die Thrombosegefahr, die in der medizinischen Literatur erörtert wurde [13].

Der Patient hat auf Grund des Behandlungsvertrags einen Anspruch auf *individuelle* Aufklärung über die in seinem Fall konkret gegebene medizinische Situation. Schwangerschaft als solche ist keine Krankheit. Es besteht aber eine umfassende ärztliche Aufklärungs- und Beratungspflicht hinsichtlich der Risiken der Schwangerschaft, wenn die Frau das 40. Lebensjahr vollendet hat und die Leibesfrucht deshalb einem erheblich erhöhten Risiko genetischer Schädigung ausgesetzt ist. Verletzt der Arzt diese Pflicht, dann haftet er auf Schadensersatz, und zwar nicht nur der Mutter des mit einer genetischen Schädigung (*Down*-Syndrom) geborenen Kindes, sondern auch deren Ehemann, da dieser in den Schutzbereich des Behandlungsvertrages mit einbezogen ist [14]. Die Aufklärungspflicht ist insoweit nur das Korrelat der vom Arzt ohnehin geschuldeten individuellen Behandlung des Patienten. Bestehen infolge der Beckenendlage des Kindes für eine vaginale Geburt erhöhte Risiken, muß der geburtsleitende Arzt die Mutter hierüber und über die Vorteile und Risiken einer alternativ in Betracht kommenden Schnittentbindung aufklären [15]. Die Schwangere muß rechtzeitig aufgeklärt werden, sobald Anhaltspunkte für Schwierigkeiten einer Vaginalentbindung (Notwendigkeit einer Vakuumextraktion) vorliegen und eine Verständigung mit ihr noch möglich ist [16].

Bei alltäglichen Eingriffen, etwa bei Blinddarmoperationen, begrenzt die Rechtsprechung allerdings die Aufklärungspflicht zu Recht darauf, kurz darzulegen, daß die Operation nicht völlig ungefährlich sei [17].

Die Aufklärung muß umfassend sein und auch *entferntere Risiken* umfassen. So muß der Arzt den Patienten über das sehr seltene Infektionsrisiko bei einer Kniegelenkpunktion aufklären [18]. Besteht bei einer Operation stets ein Risiko, dessen Verwirklichung zu einer noch riskanteren Nachoperation führen kann, so muß der Patient auch hierüber aufgeklärt werden [19]. Bei einer Sterilisation durch Samenleiterdurchtrennung muß der Patient über die Notwendigkeit eines Spermiogramms zur Kontrolle des Operationserfolgs informiert werden. Im konkreten Fall ging es um die Schadensersatzklage einer Ehefrau aus abgetretenem Recht: ihr Ehemann zeugte nach der Operation noch ein 6. Kind [20].

Bei endonasalen Siebbeineingriffen muß der Patient über das seltene Risiko aufgeklärt werden, daß es als Folge der Operation zu Sehstörungen und - äußerst selten

13 BGH NJW 1996, 776.
14 OLG Düsseldorf NJW 1989, 1548; BGH NJW 1984, 658.
15 BGH NJW 1989, 1538
16 BGH NJW 1993, 2372.
17 BGH NJW 1980, 633.
18 BGH NJW 1994, 2414.
19 BGH MedR 1997, 28.
20 BGH NJW 1995, 2407.

- zur Erblindung kommen kann. Der Eingriff wurde in dem vom BGH entschiedenen Fall [21] von einem Assistenzarzt durchgeführt. Nach dem Eingriff wurde am rechten Auge des Patienten eine Einblutung in die Augenhöhle festgestellt, die auf einer intraoperativen Verletzung beruhte. Ein aus der Augen-Poliklinik herbeigerufener Arzt konnte auch durch einen weiteren Eingriff nicht die Erblindung des Patienten am rechten Auge verhindern. Auch in diesem Fall erscheint es schwer nachvollziehbar, daß das Oberlandesgericht Frankfurt am Main als letzte Tatsacheninstanz einen Kunstfehler verneint hatte. Wenn die Rechtsprechung einen Kunstfehler bei einer Operation fast nur dann annimmt, wenn die Vorbereitung oder die Rahmenbedingungen der Operation oder die Nachbehandlung offenkundig mangelhaft sind[22], dann ist auch aus diesem Grund klar, daß der Patient ein besonderes Interesse an der Aufklärung auch über entfernte Risiken hat. Denn in den Begriff des Risikos gehen auch die Fälle ein, in denen ein Kunstfehler des operierenden Arztes bei der Operation als solcher jedenfalls nicht ausgeschlossen werden kann. Der BGH war an die tatsächliche Feststellung, daß kein Kunstfehler bei der Operation vorliege, gebunden; sie griff der Patient mit seiner Revision auch nicht mehr an. Das Urteil der Revisionsinstanz brauchte sich deshalb nur noch mit der Frage der Verletzung der Aufklärungspflicht zu beschäftigen.

In dem Aufklärungsmerkblatt, das der Patient vor der Siebbeinoperation unterschrieb, wurde auf die Gefahr der Erblindung nicht hingewiesen, es war nur allgemein davon die Rede, daß ernsthafte Komplikationen nach solchen Eingriffen sehr selten seien. Der BGH bejahte zu Recht die Verletzung der Aufklärungspflicht. Der Arzt muß danach auf schwerwiegende Risiken auch dann hinweisen, wenn sie sich äußerst selten verwirklichen.

Diagnostische Eingriffe dienen als Voraussetzung der Diagnose der Klärung der Krankheit und damit der Auffindung und Anwendung einer adäquaten Behandlungsmethode, sofern eine solche überhaupt vorhanden ist. Unabhängig von dieser Zielsetzung können auch schon bei diagnostischen Eingriffen erhebliche Risiken gegeben sein. Der Arzt muß daher den Patienten über die Risiken diagnostischer Eingriffe aufklären.

So muß der Patient bei einer Nierenbiopsie über das Risiko des Organverlusts aufgeklärt werden, selbst wenn nur von einer Wahrscheinlichkeit von 0,1 % für den Organverlust auszugehen ist [23]. Der Arzt muß den Patienten auch darüber aufklären, ob ohne die Diagnose die eigentliche Behandlung nicht erfolgen kann.

Die Frage der Einwilligung des Patienten stellt sich allerdings bei invasiven diagnostischen Eingriffen erst, wenn der Arzt im Vorfeld eine besonders sorgfältige Güterabwägung zwischen der diagnostischen Aussagefähigkeit, den Klärungsbedürfnissen und den besonderen Risiken für den Patienten vorgenommen hat [24]. Zu dieser Güterabwägung gehört auch die Überlegung, ob es weniger invasive diagnostische Mittel gibt. Außerdem ist zu prüfen, ob bei einem positiven Befund eine sinnvolle medizinische Behandlung in Betracht kommt; eine folgenlose Befunderhebung ist unzulässig. Nur bei einer sorgfältigen, auf den individuellen Krankheitsfall zielenden Güterabwägung besteht die Chance zu vermeiden, daß ein gefährlicher diagnostischer Eingriff zu schwereren Schäden führt als die Krankheit, deren

---

21 NJW 1994, 793.
22 *Palandt-Thomas*, § 823 Rnr. 66.
23 BGH NJW 1979, 1933.
24 Vgl. BGH NJW 1995, 2410.

Aufklärung er dient. So lag es in dem vom BGH entschiedenen Fall einer - unter Einspritzung eines Kontrastmittels erfolgenden - Myelographie, die zur Aufklärung der Ursache von Schmerzen im Lendenbereich sowie von Blasenentleerungsstörungen dienen sollte und zum Krampfanfall mit Bewegungseinschränkungen als Dauerfolge führte. Der Sachverständige hat vor dem Oberlandesgericht Frankfurt am Main als letzter Tatsacheninstanz die Indikation für die Myelographie bejaht, der BGH war als Revisionsinstanz an diese Feststellung gebunden [25]. Er hätte jedoch überprüfen können, ob das Oberlandesgericht den Begriff der für die Anwendung des invasiven diagnostischen Eingriffs erforderlichen Güterabwägung nicht verkannt hat. Das Oberlandesgericht hat auch einen Kunstfehler verneint, doch hat der medizinische Sachverständige sich lediglich mit der Lagerung der Patientin bei der Myelographie und mit der Frage anschließender Überwachung beschäftigt; an der Patientin wurde anschließend eine Computertomographie durchgeführt. Es ging aber gar nicht um die Frage, ob die Patientin an einer Kontrastmittelallergie litt. Der Krampfanfall wurde vermutlich dadurch ausgelöst, daß die Patientin bei der anschließenden Computertomographie notwendigerweise flach liegen mußte und es daher zum Rückfluß des Kontrastmittels zum Gehirn hin gekommen ist [26]. In einem anderen Fall, in dem die Myelographie zur Querschnittslähmung der Patientin führte, hat der BGH die vom Oberlandesgericht nicht vorgenommene Überprüfung der Güterabwägung nachgeholt, gelangte allerdings im Ergebnis dazu, daß die Anwendung der Myelographie durch die Güterabwägung gedeckt sei [27].

Betrachtet man die Achtung vor der Autonomie des Willens des Patienten als Grundlage der Aufklärungspflicht des Arztes, so hat dies insgesamt Implikationen auf den Inhalt des Arzt-Patienten-Verhältnisses. Der Patient ist dann nicht mehr in erster Linie Repräsentant der Krankheit, an der er leidet oder die an ihm diagnostiziert werden könnte. Es geht vielmehr von vornherein um die ganzheitlich-individuelle Behandlung des Patienten auf der Grundlage der gegebenen medizinischen Situation und nach dem neuesten Stand der medizinischen Wissenschaft.

Auch insoweit, als der Arzt den Patienten über die Risiken diagnostischer oder therapeutischer Eingriffe aufklärt, genügt er rechtsethisch der dritten Fassung des kategorischen Imperativs, wie sie von *Kant* in seiner Schrift Grundlegung zur Metaphysik der Sitten formuliert ist:

„Handle so, daß du die Menschheit sowohl in deiner Person als in der Person eines jeden anderen jederzeit zugleich als Zweck, niemals bloß als Mittel brauchst" [28].

Erst wenn die Autonomie des Willens des individuellen Patienten durch Zurverfügungstellung der für seine Entscheidung notwendigen Information gewahrt bleibt, genügt die Medizin der Forderung, nicht nur die Anwendung ärztlicher Kunst zu sein, sondern durch die Leistung medizinischer Hilfe an den Patienten in diesem die Menschheit als Zweck an sich selbst zu sehen.

Die ganzheitlich-individuelle Behandlung nach dem neuesten Stand der medizinischen Wissenschaft muß freilich ein Postulat und eine Ausnahme bleiben, wenn

---

25 BGH NJW 1996, 777.
26 Diesen Hinweis verdanke ich Herrn *Dr. Morgan*, Chefarzt der Thorax-Gefäß-chirurgischen Abteilung des Klinikums Frankfurt (Oder).
27 BGH NJW 1995, 2410.
28 AK 4, 429. Zum kategorischen Imperativ vgl. auch *Wittmann*, in: Strafgerechtigkeit. Festschrift für *Arthur Kaufmann* zum 70. Geb., Heidelberg, 1993, 363 ff.

die *materiellen Voraussetzungen* hierfür nicht vorliegen. Voraussetzung für ein gründliches individuelles Aufklärungsgespräch ist, daß dies von den Gebührenordnungen entsprechend honoriert wird. Der Einsatz moderner - und teurer - diagnostischer Mittel, etwa der Computertomographie und der Kernspintomographie, nützt wenig, wenn dem behandelnden Arzt zu wenig Zeit bleibt, den Befund bezogen auf den individuellen Patienten wissenschaftlich zu deuten.

Die Medizin ist - auch wenn sich die moderne Wissenschaftstheorie mit ihr erstaunlich wenig beschäftigt - eine empirische Wissenschaft. Wie jede empirische Wissenschaft beruht sie auf Beobachtung und Experiment, wobei letzteres freilich bezogen auf den Menschen nur den Selbstversuch bedeuten kann, wie er gelegentlich von genialen und mutigen Ärzten vorgenommen wird. Die logische Struktur der Stellung der Diagnose entspricht der Abduktion, wie sie als eine von Induktion und Deduktion zu unterscheidende Folgerungsart von dem Begründer der Semiotik, *C. S. Peirce*, beschrieben worden ist [29]. Als angewandte Wissenschaft ist die Medizin zugleich *Praxis* und insofern nur durch Erfahrung erlernbar. Die Operation ist insbesondere ein hochkomplexes Handlungsschema, das seit der ersten Durchführung einer solchen Operation zwar in der einschlägigen medizinischen Literatur beschrieben wird, aber vom Chirurgen jeweils neu aktualisiert werden muß [30].

Erst wenn die Medizin tatsächlich in die Lage versetzt wird, die Pflichten medizinischer Ethik und insbesondere die Pflicht zur Aufklärung des Patienten nach dem neuesten Stand der medizinischen Wissenschaft zu erfüllen, kann sie ihrem besonderen wissenschaftlich-praktischen Anspruch in der individuellen Behandlung des einzelnen Patienten gerecht werden.

---

29 *Umberto Eco/Thomas A. Sebeok*, hrsg., Der Zirkel oder Im Zeichen der Drei, München, 1985, 28 ff., 262 ff.

30 Zum wissenschaftstheoretischen Begriff des Handlungsschemas vgl. *W. Kamlah/P. Lorenzen*, Logische Propädeutik, Mannheim, 1967, 63.

Bedingungen der Akzeptanz medizinischer Versuche am Menschen

Jan C. Joerden

I. Problemstellung

Wenn man die Frage stellt, ob medizinische Versuche am Menschen akzeptabel sind oder nicht, dann sind zumindest drei Ebenen dieser Fragestellung zu unterscheiden, die im folgenden getrennt voneinander betrachtet werden sollen.[1] Dabei wird zunächst darauf eingegangen, ob ein Patient sich aus rational egoistischen Motiven für die Teilnahme an einem medizinischen Versuch entscheiden sollte, also in *Kantischer* Terminologie auf die Frage nach diesbezüglichen *hypothetischen* Imperativen (II). Danach wird die Frage diskutiert, ob es *kategorische* Imperative gibt, die einen Patienten zur Teilnahme an medizinischen Versuchen bestimmen könnten. Dabei wird auch zu fragen sein, ob es kategorische Imperative gibt, die es einer Person *verbieten*, sich an einem medizinischen Versuch zu beteiligen (III). Anschließend wird es um die Frage gehen, inwieweit die Beteiligung an medizinischen Versuchen als überobligationsmäßig (supererogatorisch) angesehen werden kann und welche Konsequenzen daraus zu ziehen sind (IV). In einem Exkurs schließlich wird auf das in der medizinischen Ethik im Zusammenhang mit Versuchen am Menschen diskutierte sog. *Odysseus*-Problem eingegangen (V).

II. Die Entscheidung des Egoisten

1. Individuelle Rationalität

Zuerst daher zu den *rational egoistisch* handelnden potentiellen Probanden. Ein Patient wird sich dann, wenn es z.B. um die Erprobung eines neuen Medikaments geht, fragen, welche Vorteile ihm die Medikamentierung bringen kann und welche Nachteile er zu erwarten hat, welche Risiken er eingeht. Dabei gibt es Abschätzungen von Wahrscheinlichkeiten, die selbstverständlich Konsequenzen für seine Entscheidung haben. Der Patient wird hier weitgehend auf Informationen durch den behandelnden Arzt angewiesen sein, ihm insoweit vertrauen müssen, um überhaupt eine Entscheidung treffen zu können. Damit sind noch keine grundsätzlich anderen Probleme verbunden als bei sonstigen Entscheidungen unter Risiko, bei denen man sich - etwa als Flugzeugpassagier - anderen Personen anvertraut.

Wesentlich anders ist die Lage dagegen bei denjenigen medizinischen Versuchen, die man als „Blindversuche“ bzw. „Doppelblindversuche“ bezeichnet. Denn bei einem Blindversuch weiß der Patient gerade nicht, ob er sich überhaupt einem medizinischen Versuch unterzieht oder nicht vielmehr als Mitglied einer sog. Kontrollgruppe lediglich ein Placebo erhält. Zwar ist er gleichsam *Teil* eines Versu-

---

1 Ich folge insofern einem Vorschlag von *David Heyd*, „Experimentation on Trial. Why Should One Take Part in Medical Research?“, in: Jahrbuch für Recht und Ethik 4 (1996), S. 189 ff. Siehe dazu auch meinen Kommentar „Should We Take Part in Medical Research? A Commentary on *David Heyd*'s 'Experimentation on Trial'“, a. a. O., S. 205 ff, der durch den vorliegenden Beitrag weitergeführt und näher ausgearbeitet wird.

ches, indem die Erprobung eines neuen Medikaments zur Wirksamkeitskontrolle der Begleitung durch nicht medikamentierte Kontrollpersonen bedarf, doch wird ein Patient dieser Kontrollgruppe selbst gerade nicht mit dem neuen Medikament versorgt. Allerdings besteht bei einem „Doppelblindversuch", bei dem per definitionem auch der Arzt ex ante nicht weiß, welche Patienten zu der Placebogruppe gehören, natürlich die (im Regelfall 50%ige) Chance, in die mit dem Medikament therapierte Personengruppe zu gelangen. Nun könnte man sagen, daß es deshalb im Hinblick auf diese 50%ige Chance doch rational sei, sich an dem Versuch zu beteiligen. Indes wird man einräumen müssen, daß es aus der rein egoistischen Perspektive vernünftiger wäre, darauf zu bestehen, zu der Gruppe der medikamentierten Personen zu gehören, da ja nur so überhaupt eine Behandlung der jeweiligen Krankheit erfolgt.

Dagegen ist es kein Einwand, daß sich das neue Medikament auch als schädlich erweisen könnte und es deshalb rational wäre, sich immerhin die Chance zu erhalten, daß man mit einer Wahrscheinlichkeit von 50% dem (potentiell) schädlichen Medikament entgeht. Denn sollte das Medikament tatsächlich schädlich sein, wäre es selbstverständlich vernünftig, sich der Medikamentierung gar nicht erst auszusetzen. Wer rational denkt, wird sich deshalb - je nachdem für wie erfolgversprechend er das Medikament hält - entweder für dessen Einnahme oder dagegen entscheiden, nicht aber ein Spiel damit treiben, indem er die Möglichkeit einbezieht, an ein Placebo zu geraten. Dies wäre genau so sehr oder so wenig rational wie die Entscheidung, z.B. 100 DM beim Roulette auf die Farbe „rot" zu setzen. Sieht man einmal von der Null ab, kann mit einer Wahrscheinlichkeit von 50% gewonnen werden, mit einer solchen von 50% aber geht das Geld verloren. Für einen Spieler mag es scheinbar rational sein, das Verlustrisiko einzugehen, weil nur so überhaupt ein Gewinn möglich ist; nach dem Motto „Wer nicht wagt, der nicht gewinnt". Für den Vorsichtigen ist es scheinbar rational, nicht zu setzen, um den Verlust des Geldes nicht zu riskieren, jedenfalls bei einer Chance von 50:50. Wenn sich dagegen die Gewinnchancen in relevanter Weise verschieben - und darauf hofft, darauf „rechnet" der Patient, der sich einem medizinischen Versuch aussetzt -, so daß, um im Bild zu bleiben, die Farbe „rot" eine größere Wahrscheinlichkeit bekommt als die Farbe „schwarz", dann ist es allein rational, auf „rot" zu setzen, nicht aber, sich an einer Spielgestaltung zu beteiligen, bei der man nicht weiß, ob man überhaupt auf „rot" setzt oder nicht.

Dies alles freilich unter der Voraussetzung, daß es überhaupt *möglich* ist, das fragliche Medikament direkt zu erhalten, d.h. ohne sich an einem Blindversuch zu beteiligen. Wer von vornherein nur einen Blindversuch angeboten bekommt und nur so die Möglichkeit hat, an das von ihm begehrte Medikament zu gelangen, wird sich sinnvollerweise an dem Blindversuch beteiligen, eben weil allein dies seine Chancen auf Heilung verbessert. Dabei geht es indes um eine andere Fragestellung, und zwar die, ob in einer bestimmten Situation die Teilnahme an einem Blindversuch rational sinnvoll ist, während die hier interessierende Frage die danach ist, ob es rational sein kann, sich die Durchführung von Blindversuchen zu wünschen, um sich dann an ihnen beteiligen zu können. Während die zunächst genannte Frage in bestimmten Fällen zu bejahen sein wird, ist die letztgenannte in allen Fällen - aus der Perspektive des rational entscheidenden Egoisten - zu verneinen.

2. Überindividuelle Rationalität

Angesichts dieser Lage mag man fragen, ob es nicht auf einer zweiten Ebene (ähnlich wie beim sog. Gefangenendilemma) rational sein könnte, sich doch für die Durchführung derartiger medizinischer Blindversuche zu entscheiden; dies unter dem Gesichtspunkt, daß man ja einen Wirksamkeitstest brauche, um das Medikament als tauglich ansehen zu können. Anders als in der Situation des Gefangenendilemmas, wo aufgrund einer von vornherein feststehenden Auszahlungsmatrix zumindest für alle Beteiligten klar ist, in welchen Fällen welcher Gewinn und welcher Verlust eintritt, ist dies bei der Konstellation des medizinischen Versuchs jedoch gerade nicht bekannt. Eventuell läßt sich in bestimmten Konstellationen eine negative Wirkung des Medikaments ausschließen, obwohl dies keineswegs der typische Fall sein dürfte. Aber selbst dann ist der Ausgang des Experiments gerade ungewiß. Was wiederum bedeutet, daß es angesichts dessen allenfalls als rational beurteilt werden kann, wenn man sich das Medikament geben läßt, nicht aber, wenn man sich an einem Versuch beteiligt, bei dem noch nicht einmal feststeht, ob man nun das Medikament oder ein Placebo bekommt.

Bestenfalls ließe sich sagen, es sei rational, sich an medizinischen Versuchen zu beteiligen, damit überhaupt medizinische Versuche stattfinden und dabei dann wirksame Medikamente entdeckt werden. Aber wiederum anders als in den Fällen des Gefangenendilemmas ist es hier so, daß medizinische Versuche - wenn auch eventuell nicht als Doppelblindversuche - ohnehin stattfinden werden, also auch ohne daß sich der einzelne daran beteiligt, weil es immer ein Interesse der bereits erkrankten Personen geben wird, an medizinischen Versuchen teilzunehmen. Und wenn dann ein wirksames Medikament entdeckt wurde, muß jeder grundsätzlich auch an dessen therapeutischem Nutzen beteiligt werden, unabhängig davon, ob er an dem Versuch teilgenommen hat oder nicht. Letzteres folgt bereits aus der allgemeinen Hilfeleistungspflicht (vgl. § 323 c StGB), da bei Unglücksfällen, zu denen im weitesten Sinne auch Krankheiten zu zählen sind[2], eine Pflicht besteht, das Mögliche und Erforderliche im Rahmen des Zumutbaren für den Hilfebedürftigen zu tun.

Im Ergebnis dürfte es demnach vernünftiger sein, sich jedenfalls grundsätzlich *gegen* die Teilnahme an einem *Blind*versuch zu entscheiden, da der mutmaßliche Gewinn bei einem „offenen" Versuch stets näher läge. Ob es vernünftig ist, sich überhaupt für die Teilnahme an einem medizinischen Versuch zu entscheiden, bei dem zumindest das Ob der Medikamentierung dem Patienten bekannt ist, hängt davon ab, welcher Ertrag zu erwarten ist: entweder durch Besserung der Krankheit, an der der Patient selbst leidet, oder durch davon unabhängige sonstige Vergünstigungen, die für eine Teilnahme an einem solchen Versuch gewährt werden. Insofern bestehen aber keine Besonderheiten gegenüber einer sonstigen Wahlsituation unter Risiken.

2 Es ist einzuräumen, daß dies zumindest in der deutschen Strafrechtswissenschaft nicht unumstritten ist - vgl. z. B. *Karl Lackner*, StGB, 21. Aufl. 1995, § 323 c, Rdn 2 m. w. N. -, vielmehr oftmals eine Krankheit nicht als Unglücksfall angesehen wird, es sei denn, der Gesundheitszustand des Patienten verschlechtert sich plötzlich und rapide.

III. Die Entscheidung des Moralisten

Wenn es darum geht, die Teilnahme an einem medizinischen Versuch *moralisch-ethisch* zu bewerten, so lassen sich zwei Fragen unterscheiden:

(1) *Darf* man sich überhaupt an medizinischen Versuchen beteiligen, bei denen man zumindest die eigene Gesundheit gefährdet?

und

(2) *Muß* man sich - vorausgesetzt man darf dies tun - an medizinischen Versuchen beteiligen?

1. Recht zur Teilnahme an medizinischen Versuchen?

Die erste Frage zu stellen, mag auf den ersten Blick etwas abwegig erscheinen, doch soll sie unter dem Gesichtspunkt erörtert werden, daß die Teilnahme an einem solchen medizinischen Versuch ja durchaus die Interessen des Probanden erheblich beeinträchtigen kann. So kann man unter Bezugnahme auf eine Stelle in *Kants* Schrift *Die Metaphysik der Sitten* fragen, ob derjenige, der sich bereit findet, an einem medizinischen Experiment teilzunehmen, sich nicht eventuell einem anderen, und zwar dem jeweiligen Mediziner, als bloßes Mittel ausliefert, ohne noch selbst Zweck zu sein. *Kant* hielte ein solches Verhalten wohl für sittlich verboten; zumindest dürfte die folgende Passage in der *Metaphysik der Sitten* so zu verstehen sein: „Sei ein rechtlicher Mensch (*honeste vive*). Die rechtliche Ehrbarkeit (*honestas iuridica*) besteht darin: im Verhältnis zu anderen seinen Wert als den eines Menschen zu behaupten, welche Pflicht durch den Satz ausgedrückt wird: 'Mache dich anderen nicht zum bloßen Mittel, sondern sei für sie zugleich Zweck'."[3]

Gegen eine Heranziehung dieser Passage bei der Erörterung der Problematik des medizinischen Versuchs ließe sich einwenden, es sei hier nicht prinzipiell anders als etwa bei einem Dienstvertrag. Der Patient erbringe eine Leistung - eben die Teilnahme an dem Versuch - und erhalte dafür (eventuell) einen Lohn. Und doch gibt es Unterschiede: Bei einem Dienstvertrag verpflichtet sich der Dienstleistende zur Erbringung einer gewissen Leistung, die - jedenfalls im Grundsatz - nicht geeignet ist, seine Gesundheit und damit seine physische Existenz zu beeinträchtigen; wo dies ausnahmsweise der Fall sein sollte, stoßen derartige Dienstverträge auf ganz entsprechende Bedenken wie die medizinischen Versuche. Bei letzteren nämlich macht sich der Patient im Grunde zum *Objekt* eines anderen, eben des Leiters des Versuches, und hat - anders als beim üblichen Dienstvertrag - keinerlei Einfluß mehr auf die Gestaltung des Geschehens und zudem - jedenfalls regelmäßig - keine Möglichkeit mehr zum jederzeitigen Ausstieg. Oder anders formuliert: Er läßt nur noch etwas mit sich geschehen und wirkt selbst nicht mehr auf das Geschehen ein. Auch wenn er dafür einen Lohn erhalten mag, so hat er doch *sich* verkauft und nicht nur seine Arbeitskraft.

Diese Überlegungen sollen nicht bis zu der These weitergeführt werden, daß es deshalb sittlich verwerflich sei, sich an einem medizinischen Versuch als Proband zu beteiligen; und doch mögen manche Bedenken gegen die Durchführung von medizinischen Versuchen auch gerade aus der Überlegung resultieren, daß man sich ei-

3 *Immanuel Kant*, Metaphysik der Sitten, Akad. - Ausg., Band 6, S. 236.

gentlich nicht dafür hergeben sollte, von anderen zu Versuchszwecken, gleichsam als Versuchskaninchen, gebraucht zu werden. Dabei sollte man sich durchaus im klaren darüber sein, daß eine solche Ansicht, würde man sie konsequent durchhalten, zu Friktionen mit unseren üblichen Assoziationen bei aufopferungsvollem Verhalten führen müßten. So würden wir ja durchaus denjenigen als Helden, also als Täter einer supererogatorischen Handlung, ansehen, der vielen das Leben rettet, indem er sich selbst zu Versuchszwecken zur Verfügung stellt. Allerdings ist der typische Fall, an den man hierbei denken wird, eher der des Arztes, der das Medikament im *Selbst*versuch testet. Und gerade dann wäre der Einwand, hier mache sich jemand zum bloßen Objekt eines *anderen*, ja auch nicht mehr stichhaltig.

Ein Reflex der vorangehenden Überlegungen ist es schließlich, daß wir den *erheblich* beeinträchtigenden Eingriff im Rahmen einer freiwilligen Beteiligung an einem medizinischen Versuch nicht mehr akzeptieren würden. Zumindest im deutschen Strafrecht gibt es Überlegungen, die dahin gehen, die Einwilligung in eine Körperverletzung dann nicht mehr als rechtfertigend anzusehen, wenn der Einwilligende bei der Vornahme des Eingriffs *schwere* Körperverletzungen davontragen würde.[4]

2. *Pflicht zur Teilnahme an medizinischen Versuchen?*

Wenn man einmal voraussetzt, daß sich die Frage (1), ob man überhaupt an medizinischen Versuchen teilnehmen *darf*, grundsätzlich positiv beantworten läßt, dann bleibt immer noch die Frage (2) offen, ob es moralisch-ethische Argumente gibt, wonach man sich medizinischen Versuchen unterziehen *muß*. Das Kernproblem ist hier die Frage, ob es eine Art von Generationenvertrag gibt, der uns verpflichtet, deshalb an medizinischen Versuchen teilzunehmen, damit kommende Generationen hiervon profitieren, so wie wir unsererseits davon profitieren, daß vorangehende Generationen sich medizinischen Experimenten unterzogen haben. Es scheint so zu sein, daß es eine auf diese Weise abgeleitete moralische oder gar rechtliche Pflicht nicht gibt. Ist es doch schon problematisch, ob es überhaupt eine Pflicht gibt, künftige Generationen nicht zu *belasten*. Eine Pflicht, sie durch die Opferung eigener Interessen zu *entlasten*, läßt sich jedenfalls nicht begründen, auch nicht, wenn vorausgehende Generationen dies für uns getan haben (zumal sie es im Zweifel aus eigenem Interesse getan haben und nicht, um uns zu helfen). Die Situation ist hier nicht prinzipiell anders als in dem Fall, in dem der A dem B ein Geschenk macht. Hier mag es so sein, daß B dem A zur Dankbarkeit verpflichtet ist, keinesfalls aber ist er nunmehr verpflichtet, seinerseits einem Dritten, C, ein Geschenk zu machen.

Ausnahmen von diesem Grundsatz einer fehlenden Verpflichtung zur Teilnahme an medizinischen Experimenten mag es im Hinblick auf die Begünstigung von schon lebenden Personen allenfalls im Rahmen der allgemeinen Hilfeleistungspflicht geben; aber dann eben aus diesem (anderen) Grund und auch nur in deren engem Rahmen. So etwa dann, wenn man einem Kranken[5] durch die eigene Teilnahme an einem Test zu einem wirksamen Medikament verhelfen kann, ohne erhebliche Gefahren für die eigene Gesundheit einzugehen; ein anderer Maßstab mag darüber hinaus innerhalb von Familienverhältnissen gelten, wo ja auch sonst ganz generell gesteigerte Hilfeleistungspflichten angenommen werden.

---

4 Vgl. dazu etwa RG DRiZ 1932, Nr. 444.
5 Vgl. aber bereits die in Fn. 2 genannten Einschränkungen.

IV. Die Entscheidung des Altruisten

Wenn man mithin davon ausgeht, daß es (zumindest regelmäßig) keine Pflicht gibt, sich an medizinischen Versuchen zu beteiligen, so scheint eine solche Teilnahme ein *supererogatorischer*[6] (überobligationsmäßiger) Akt zu sein. Allerdings muß man sich dabei klar darüber sein, daß dies für die *allein* im Eigeninteresse vorgenommene Teilnahme an medizinischen Versuchen nicht gilt: Wer sich nur deshalb an einem solchen Versuch beteiligt, weil er selbst (und nur er selbst) davon zu profitieren hofft, handelt nicht supererogatorisch, jedenfalls nicht im üblichen Sinn dieses Wortes. Zwar tut auch er *mehr* als von ihm sittlich verlangt werden kann, aber es fehlt das einer supererogatorischen Handlung offenbar immanente Moment des Altruistischen. Bevor auf die Sanktionierung von in diesem Zusammenhang relevanten supererogatorischen Verhaltensweisen eingegangen wird, soll im Hinblick auf die in erster Linie selbstbegünstigende Teilnahme am medizinischen Versuch auf ein Problem aufmerksam gemacht werden, das sich bei der Frage der *Wirksamkeit* einer Einwilligung zur Teilnahme an einem solchen Versuch stellt.

1. Voraussetzungen der Wirksamkeit einer Einwilligung in medizinische Versuche

Zunächst einmal ist selbstverständlich vorauszusetzen, daß der Proband bzw. Patient überhaupt *in Kenntnis* der absehbaren Risiken in die Versuchsteilnahme *eingewilligt* hat. Wo eine derartige Einwilligung nicht vorliegt, darf keinesfalls gegen seinen Willen mit ihm ein medizinischer Versuch vorgenommen werden; dies ergibt sich aus den allgemeinen rechtlichen Grundlagen. Auch muß diese Einwilligung natürlich irrtumsfrei erfolgen, wenn sie als wirksam zugerechnet werden soll. Insbesondere muß der Proband Art und Umfang des Versuchs genau kennen und über ein eventuell damit verbundenes Risiko hinreichend aufgeklärt worden sein. Wo diese Irrtumsfreiheit der Einwilligung fehlt, darf der medizinische Versuch jedenfalls *nicht* vorgenommen werden. Denn eine Einwilligung wirkt schlechterdings stets nur insoweit rechtfertigend, als der Einwilligende Ausmaß und Umfang der Rechtsgutspreisgabe kennt; *kennt* er Ausmaß und Umfang nicht, hat er in sie auch nicht eingewilligt.[7]

Bis auf hier nicht näher interessierende Probleme[8] sind diese Fragen relativ klar zu beantworten; schwieriger ist es jedoch mit folgender Konstellation: Ein Patient entscheidet sich zur Teilnahme an einem medizinischen Versuch gerade deshalb, weil er selbst krank ist und sich von dem zu testenden Medikament Heilung verspricht. Besonders problematisch ist dieser Fall, wenn dabei auch noch erhebliche gesundheitliche Risiken (Nebenwirkungen) in Kauf genommen werden, um wenigstens die Chance auf Rettung aus der Krankheit zu wahren. Fraglich ist hier, ob angesichts der Notlage, in der sich der Patient/Proband offenkundig befindet, seine Einwilligung in den medizinischen Versuch überhaupt als wirksam zugerechnet werden kann.

---

6 Näher zum Begriff des Supererogatorischen, der sich dadurch auszeichnet, daß er Verhaltensweisen umfaßt, die weder geboten noch verboten, noch (moralisch) indifferent sind, vgl. etwa *Heyd*, Supererogation: Its Status in Ethical Theory, 1983; *Hruschka/Joerden*, „Supererogation: Vom deontologischen Sechseck zum deontologischen Zehneck", Archiv für Rechts- und Sozialphilosophie 73 (1987), S. 93 ff.

7 Vgl. dazu etwa *Lackner*, StGB, 21. Aufl., 1995, § 226 a, Rdn 3 ff. m. w. N.

8 Vgl. zu besonderen Konstellationen *Joerden*, „Einwilligung und ihre Wirksamkeit bei doppeltem Zweckbezug", Rechtstheorie 22 (1991), S. 165 ff.

Wenn in einem in mancher Hinsicht parallelen Fall der A dem B eine Pistole vorhält und ihn mit dem Tode bedroht, sofern dieser ihm nicht sein Geld herausgibt, wird man kaum sagen können, daß B in die Geldtransaktion, zu der er sich notgedrungen bereitfindet, wirksam eingewilligt habe[9]. Man könnte deshalb fragen, ob der vom Tode bedrohte Patient denn eigentlich wirksam in einen riskanten medizinischen Versuch einwilligt, wenn er das nur tut, um der Lebensgefahr zu entkommen. Dabei ist es nur ein vordergründiger Unterschied zu dem Fall des Räubers, daß der versuchsleitende Arzt ja nicht derjenige ist, von dem für den Patienten die Lebensgefahr ausgeht, wie man sofort erkennt, wenn man im obigen Raubfall zur Person des Drohenden einen Dritten als Begünstigten der „Transaktion" hinzudenkt. Entscheidend ist die Frage, ob der Patient überhaupt *frei* und damit wirksam entscheidet, an dem Versuch teilzunehmen.

Wenn diese Frage letztlich zu bejahen ist, so scheint das an folgendem zu liegen: Die Notsituation, in der sich der Patient befindet, ist nicht vom *Willen* einer Person abhängig, sondern schlicht vorhanden. Sofern der Patient hier noch intellektuell zurechnungsfähig ist und mit dem auch vom Arzt vorausgesetzten Ziel seine Bereitschaft zur Versuchsteilnahme erklärt, daß seine Situation *dadurch* gebessert wird, ist die Einwilligung wirksam. Anders wäre es dann, wenn der Arzt dem Patienten eine an sich mögliche Heilungschance nur dann eröffnet, wenn dieser sich an einem, *seiner* Heilung *nicht* dienenden Versuch beteiligt. Hier wäre die Einwilligungserklärung aufgrund einer Notlage abgegeben, die nur vom Willen des Arztes abhängt, indem dieser dem Patienten ja die Heilung hätte ermöglichen können, ohne ihn zu der Teilnahme an dem medizinischen Versuch zu zwingen.

Es scheint hierin auch der Grund dafür zu liegen, warum die Fälle so problematisch erscheinen, in denen Gefangenen ihr Einverständnis zur Teilnahme an einem medizinischen Versuch durch das Angebot von Haftverschonung „abgekauft" wird. Gegen ein solches Vorgehen spricht vor allem die durch nichts gerechtfertigte Verknüpfung zwischen medizinischem Versuch und Haftbedingungen, Bedingungen also, die vom Willen eines Dritten abhängen und nicht schlicht vorhanden sind.

2. Zur Sanktionierung einer freiwilligen Teilnahme an medizinischen Versuchen

Die Überlegungen unter III. führen zu der Konsequenz, daß die uneigennützige Teilnahme an einem medizinischen Versuch - da nicht rechtlich verpflichtend statuierbar - nur supererogatorisch sein kann. Eine supererogatorische Handlung impliziert üblicherweise die Pflicht des Begünstigten dieser Handlung zur Dankbarkeit. Sofern sich bei medizinischen Versuchen ein konkret Begünstigter nicht ausmachen läßt, muß „die Gesellschaft" als begünstigt angesehen werden. Und die Gesellschaft kann Dank wohl nur auf zwei Weisen zeigen: Durch Ehrung (Orden etc.) oder - profaner - durch Geld. Zu einem von beidem ist sie ethisch verpflichtet. Wenn sie Geld aussetzt, der wohl heute wirksamere Anreiz zum Handeln, mag man nur noch fragen, ob derjenige, der mit Blick auf die Belohnung handelt, jetzt eigentlich noch supererogatorisch handelt, da bei seinem Handeln nunmehr die altruistische Komponente in den Hintergrund tritt. Allerdings wird nur der *Grad* des

9 Vgl. allerdings dazu die auf interessante Weise von der hier zugrunde gelegten herrschenden Meinung im deutschen strafrechtlichen Schrifttum abweichende Auffassung von *Jakobs*, Strafrecht Allgemeiner Teil, 2. Aufl. 1991, 14/8, auf die an dieser Stelle jedoch nicht näher eingegangen werden kann.

Supererogatorischen herabgesetzt, denn es bleibt dabei: Die Handlung ist weder geboten noch verboten, aber erlaubt und (wohl) auch nicht moralisch indifferent.

V. Exkurs zum Odysseus-Problem

Ein Problem, das mit den unter IV. 1. bereits angesprochenen Fragestellungen zusammenhängt, ist das „*Odysseus*-Problem". Diese Bezeichnung leitet sich aus einer Passage der *Odyssee* ab, in der der berühmte Seefahrer auf die Felsen mit den Sirenen zusteuerte. Er beauftragte seine Mitfahrer bekanntlich, ihn, der (anders als seine Mannschaft) sich die Ohren nicht verstopfte, damit er den Sirenenklängen lauschen konnte, an den Mast des Schiffes zu binden. Er wollte damit verhindern, daß die gefürchteten Sirenenklänge ihn dazu bewegen würden, über Bord zu springen, um zu den Sirenen zu gelangen, und dabei - wie viele Seefahrer vor ihm - zu ertrinken. Er hatte bestimmt, daß seine Mannschaft ihn auch dann nicht losbinden dürfte, wenn er dazu den stärksten Wunsch äußern würde, sobald die Sirenenklänge sein Ohr erreichten. Die Mannschaft befolgte seinen ursprünglichen Befehl auch, als er unter dem Einfluß der Sirenenklänge sie durch Zeichengebung dazu aufforderte, ihn loszubinden.

Das Problem der medizinischen Ethik, das seinen Namen dieser Episode verdankt, bezieht sich auf einen Fall, in dem eine Person im Vollbesitz ihrer geistigen Kräfte zustimmt, sich, sofern sie in geistige Umnachtung verfallen sollte (z. B. aufgrund der *Alzheimerschen* Krankheit), für medizinische Versuche zur Verfügung zu stellen. Ist dieser Zustand nun eingetreten, mag es geschehen, daß dieselbe Person, nunmehr geistig umnachtet, sich nicht mehr zu einem Eingriff bereitfindet, sich vielmehr „mit Händen und Füßen" dagegen wehrt. Welche Festlegung hinsichtlich des Willens der betreffenden Person ist maßgeblich? Die bei voller Zurechnungsfähigkeit gegebene Einwilligung oder die in geistiger Umnachtung verweigerte Einwilligung? Vor einer Beantwortung dieser Frage ist zunächst klarzustellen, daß es natürlich auch den umgekehrten Fall geben kann: Eine Person verweigert bei klarem Bewußtsein die Einwilligung in einen medizinischen Versuch, auch für den Fall, daß sie später in geistige Umnachtung fallen sollte. Zu einem späteren Zeitpunkt, als die Demenz eingetreten ist, erhebt die Person keine Widerstände mehr gegen die an ihr vorgenommenen Eingriffe.

Dabei gehören die beiden soeben genannten Fälle in eine Gruppe von vier Fällen, die in folgender Tabelle zusammengefaßt werden können:[10]

	1	2	3	4
Einwilligung zum Zeitpunkt t1	+	+	-	-
„Einwilligung" zum Zeitpunkt t2	+	-	+	-

(+) = ja / (-) = nein

Die beiden genannten Fälle werden durch die Spalten 2 und 3 repräsentiert, während die Spalten 1 und 4 die - zumindest auf den ersten Blick - unproblematischen

10 Streng genommen sind natürlich auch Fälle denkbar, in denen zu einem der Zeitpunkte t1 bzw. t2 keine eindeutige „Stellungnahme" gegeben wird. Es dürfte so sein, daß eine solche gleichgültige Haltung im Zeitpunkt t1 eher der Verweigerung einer Einwilligung, im Zeitpunkt t2 eher der „Zustimmung" zuzurechnen ist.

Fälle symbolisieren, in denen zu beiden Zeitpunkten eine Einwilligung gegeben wird (Spalte 1) bzw. zu beiden Zeitpunkten die Einwilligung verweigert wird (Spalte 4).

Bei der Beurteilung dieser vier Fallkonstellationen lassen sich zwei gegensätzliche Prinzipien denken, die jeweils eine klare Entscheidung herbeiführen: Zum einen ein *strikter Voluntarismus* und zum anderen ein *strikter Paternalismus*. Das erste Prinzip kommt zu einer wirksamen Einwilligung stets dann, wenn die betreffende Person zum Zeitpunkt der Vornahme des medizinischen Versuchs (t2) diesen Eingriff will (Spalten 1 und 3), und das Prinzip kommt zu einer Unwirksamkeit der Einwilligung, wenn die Person dies nicht will (Spalten 2 und 4). Ein strikter Paternalismus dagegen wird sich von dem Willen der betreffenden Person völlig unabhängig machen und dementsprechend die Entscheidung in allen vier Fallkonstellationen nur danach bemessen, ob der Eingriff dem Wohle der betreffenden Person dient (dann ist er erlaubt) oder nicht (dann ist er verboten).

Beide Prinzipien werden sinnvollerweise nicht in Reinform zur Anwendung kommen, und zwar beide deshalb nicht, weil sie in einem Spannungsverhältnis zu einem dritten Prinzip stehen, das man als *Autonomieprinzip* bezeichnen kann. Dieses setzt zum einen voraus, daß wir frei (von äußerem Zwang) über unsere Rechtsgüter disponieren können, und zum anderen, daß wir nur dann frei (von innerem Zwang) disponieren können, wenn wir bei klarem Verstand sind.

Legt man dieses Autonomieprinzip bei der Beurteilung der vier Fallkonstellationen zugrunde, so wird man nur in den Konstellationen, in denen zum Zeitpunkt t1 eine Einwilligung gegeben ist, von einer wirksamen Einwilligung ausgehen können (Spalte 1 und 2), nicht dagegen in den Konstellationen, in denen zum Zeitpunkt t1 die Einwilligung verweigert wurde (Spalte 3 und 4). Denn nur zum Zeitpunkt t1 war die betreffende Person noch im Vollbesitz ihrer geistigen Kräfte und damit voll zurechnungsfähig. Auf die Frage, ob der medizinische Versuch zum Zeitpunkt t2 nun dem Wohle des Patienten dient oder nicht, kommt es dann gar nicht an, weil die vollständig informierte Person zum Zeitpunkt t1 diese Problematik selbstverständlich in das Kalkül ihrer Entscheidung einbezogen hat. Denkbar sind hier natürlich auch Konstellationen, in denen die betreffende Person ihre Einwilligung zum Zeitpunkt t1 unter der Bedingung gibt, daß der Versuch zum Zeitpunkt t2 ihr Wohl befördert. Dies ist indes keine grundsätzlich andere Beurteilungsgrundlage als die zunächst dargestellte, weil auch hier die strikte Beachtung des aufgeklärten Patientenwillens zum Zeitpunkt t1, also das Autonomieprinzip in seiner reinen Form, zur Anwendung kommt.

Die zentrale Frage des *Odysseus* - Problems ist es nun, ob man sich in bestimmten Fällen über das Autonomieprinzip hinwegsetzen darf, und zwar entweder zugunsten des Prinzips des strikten Voluntarismus oder zugunsten des Prinzips eines strikten Paternalismus. In den Konstellationen, in denen sowohl das Autonomieprinzip als auch das Prinzip des strikten Voluntarismus zu demselben Ergebnis kommen (Spalte 1 und 4), erscheint dies am problematischsten. Sich hier über die deckungsgleichen Willensbekundungen der betreffenden Person zum Zeitpunkt t1 und t2 hinwegzusetzen, weil es das Wohl des Patienten erfordere, wäre ein erheblicher Verstoß gegen die grundsätzliche Dispositionsfreiheit des einzelnen über seine Körperintegrität.

Besonders deutlich ist das in der Konstellation der Spalte 4, in der der medizinische Versuch selbst im wohlverstandenen Interesse des Betroffenen nicht gegen seinen zu den Zeitpunkten t1 und t2 zum Ausdruck gebrachten Willen unternommen werden sollte. Und in der Spalte 1 dürfte es akzeptabel sein, den medizinischen Versuch durchzuführen, sogar dann, wenn er nicht im objektiven Interesse der betreffenden Person sein sollte, wobei vorausgesetzt ist, daß die Person zum Zeitpunkt t1 über diese Möglichkeit ausreichend aufgeklärt wurde und sich gleichwohl zu dem späteren Versuch bereit erklärt hat.

Die meisten Schwierigkeiten werfen indes die Konstellationen der Spalten 2 und 3 auf, weil sich hier die Willensbekundungen widersprechen und damit das Autonomieprinzip und das Prinzip des strikten Voluntarismus in Konflikt miteinander geraten. Die am ehesten akzeptable Regelung dieses Konflikts scheint mir diejenige zu sein, im Zweifel von dem intendierten medizinischen Versuch Abstand zu nehmen. Dies deshalb, weil der Eingriff in die Körperintegrität stets einer ausdrücklichen Rechtfertigung bedarf und jedenfalls *nicht ohne* den Willen des Rechtsgutsträgers erfolgen sollte. Sofern sich dieser, wie in den Spalten 2 und 3, widersprüchlich darstellt, ist kein eindeutig zustimmender Wille und damit gleichsam ein non liquet gegeben, so daß im Zweifel der Versuch zu unterbleiben hat. Da aber dieser Zweifel in den Willensäußerungen des Patienten zum Ausdruck kommt, erscheint es darüber hinaus denkbar, diesen Zweifel mit Hilfe paternalistischer Erwägungen „auszuräumen".[11] D.h. wenn der medizinische Versuch mit großer Wahrscheinlichkeit dem Wohle der betreffenden Person dient, sollte sowohl im Falle der Spalte 2 als auch in dem der Spalte 3 der Versuch erlaubt sein. Hier behält das paternalistische Prinzip die Oberhand, gerade weil die beiden Willensäußerungen zu den Zeitpunkten t1 und t2 sich widersprechen. Ist der Versuch dagegen nicht im wohlverstandenen Interesse der betreffenden Person, muß er in diesen beiden Konstellationen unterbleiben.

VI. Ergebnisse

Aus den Überlegungen unter II. bis IV. geht hervor, daß

1. aus rein rational-egoistischen Motiven (in der Regel) niemand als Proband an medizinischen *Doppelblind*versuchen teilnehmen sollte, während eine Teilnahme an medizinischen Versuchen im übrigen sich nach den allgemeinen Regeln einer rationalen Wahl richtet,
2. der einzelne zwar (ethisch) berechtigt ist, als Proband an medizinischen Versuchen teilzunehmen, er aber nicht durch gesellschaftlichen Zwang dazu verpflichtet werden darf,
3. es deshalb eines Anreizes durch positive staatliche Sanktionen (Belohnungen) bedarf, um die Bereitschaft zu gesamtgesellschaftlich sinnvollen medizinischen Versuchen am Menschen zu fördern.

Die Erwägungen unter V. zum *Odysseus*-Problem haben ergeben, daß man drei verschiedene Beurteilungsprinzipien, das Prinzip des strikten Voluntarismus, das Prinzip des strikten Paternalismus und das Autonomieprinzip auseinanderhalten muß und bei der Beurteilung der Fallkonstellationen deutlich zu machen hat, weshalb man das eine oder das andere Prinzip im Einzelfall suspendiert.

11 Ähnlich wie im Strafrecht bei nicht erreichbarer Erklärung über die Einwilligung (und mangels sonstiger Anhaltspunkte für den Willen des Rechtsgutsträgers) auf die objektive Interessenlage zurückgegriffen wird (sog. mutmaßliche Einwilligung).

Trösten - nicht Vertrösten. Gedanken eines Krankenhausseelsorgers zur tröstenden Begleitung unheilbar Kranker[1]

Ralf Dziewas

1. Eine Vorbemerkung zur Frage: „Trösten wie geht das?"

Für jeden, der wie wir im Krankenhaus mit schwer- oder gar unheilbar kranken Patienten konfrontiert wird, stellt sich unweigerlich die Frage nach möglichem Trost: Wie kann ich trösten? Was kann ich tun? Was soll ich sagen? Wie soll ich mich verhalten? Und wir alle, glaube ich, wünschen uns in diesen Situationen ein Handwerkszeug zum Trösten, ein Instrumentarium des Trostes. So wie man zum Blutdruckmessen die Manschette anlegt, wie man zum Fiebermessen das Thermometer reicht oder zur Operation zum Skalpell greifen kann, so hätten wir gerne etwas zum Trösten in der Hand, aber wir stehen vor den Leidenden mit leeren Händen da.

Ich arbeite als Krankenhausseelsorger im Evangelisch-Freikirchlichen Krankenhaus Bernau, und der Versuch, Patienten zu trösten, die wissen oder ahnen, daß ihr Lebensende naht, gehört zu meinem Beruf.[2] Wenn Sie aber deshalb nun von mir erwarten, ein universell einsetzbares Werkzeug des Trostes zu erhalten, muß ich Sie enttäuschen. Genauso wie Sie stehe ich den leidenden Menschen zunächst mit leeren Händen gegenüber. Alles was ich habe, ist mein Wissen, ein Stück Erfahrung und meine Offenheit für den anderen.[3]

Aus meinen Erfahrungen möchte ich zunächst zwei zentrale Voraussetzungen für tröstendes Helfen benennen, um dann auf vier Aspekte einzugehen, die zu kennen hilfreich sein kann, wenn man trösten will.

2. Die Voraussetzungen tröstenden Helfens

Leid macht einsam, weil alle Betroffenen, die Angehörigen, Freunde, Nachbarn und Bekannten nicht wissen, wie sie mit dem Kranken umgehen sollen. Dies gilt im verschärften Maße, wenn im Umfeld des Patienten bekannt wird, daß er unheilbar erkrankt ist. Gerade die Patienten, die zur Bewältigung ihrer Situation am dringendsten jemanden bräuchten, mit dem sie über ihre Gefühle, ihre Verzweiflung, ihre ungeklärte Zukunft reden können, erhalten am wenigsten Besuch. Oft bleiben nur die nächsten Verwandten, der Ehepartner, Lebensgefährte oder die Kinder. Doch

---

1 Überarbeitete Fassung eines am 12.4.1996 gehaltenen Vortrages anläßlich des 4. Palliativ-Workshops des Evangelisch-Freikirchlichen Krankenhauses in Rüdersdorf zum Thema „Sinn im Vergehen". Der Vortragsstil wurde bewußt beibehalten und der Text um die Anmerkungen ergänzt.

2 Der Krankenhausseelsorger wird als Tröster angesehen, unabhängig davon, ob es ihm im Einzelfall gelingt, zu trösten oder nicht. „Der positive wie der negative Fall deuten darauf hin, daß Trost-Geben in der Krankenhausseelsorge eine Hauptsache ist, weniger weil wir es machen sollten oder könnten, sondern weil es sich ereignet und 'in' uns erwartet wird. So wie ein wichtiger Sinn der Religion, des Glaubens und des Gottesdienstes der Trost ist, so steht - gerade im Krankenhaus - im Mittelpunkt der Symbolik, die den Seelsorger umgibt, wohl das Trösterbild." (*Gestrich, Reinhold*: Am Krankenbett. Seelsorge in der Klinik, 2. Auflage Stuttgart 1988, S. 25).

3 vgl. *Piper, Hans-Christoph*: Macht und Ohn-macht: Die Frage nach dem Proprium der Seelsorge, in: Wege zum Menschen 34 (1982) S. 291-299, bes. S. 295.

die Patienten möchten gerade diese geliebten Menschen mit ihrer eigenen schwierigen Situation so wenig wie möglich belasten.[4]

In dieser Situation jemanden zu finden, der sich Zeit nimmt, und dem man alles erzählen darf, ist schon ein Trost an sich.[5] Deshalb ist meine grundlegende These, daß Trösten vor allem zwei Dinge voraussetzt: Erstens Zeit und zweitens die Bereitschaft zuzuhören.

Wer sich Zeit nimmt, zeigt dem anderen, daß nun nur *er* wichtig ist, nun ist Zeit nur für *seine* Situation. Ein Patient hat mir gegenüber einmal eine Ärztin mit den Worten gelobt: „Die kommt auch einfach einmal so", und was er damit ausdrücken wollte, ist klar: Ich bin nicht nur ein Patient, an dem und mit dem man arbeitet, sondern ein Mensch, der dem anderen wichtig ist. Schon dieses Gefühl vermittelt zu bekommen, wird oft als tröstlich erlebt.

Zeit zu haben, sich Zeit zu nehmen für die Patienten, ist eine im hektischen Krankenhausalltag schwer zu verwirklichende Voraussetzung tröstenden Helfens, aber ohne diese Momente der besonderen Zuwendung zum Patienten ist aktives Trösten kaum möglich.[6] Es ist besorgniserregend, daß der finanzielle Druck, der von den Reformen des Gesundheitswesens ausgeht, diese Zeiten persönlicher Zuwendung und Begleitung im Krankenhaus in Zukunft vermutlich noch weiter einschränken wird.

Die zweite Voraussetzung tröstenden Helfens ist für mich die Bereitschaft, zuzuhören. Die meisten Gedanken machen wir uns normalerweise über die Frage, was wir im persönlichen Gespräch mit Schwerstkranken sagen sollen. Aber wir finden keine Antwort auf diese Frage, und das lähmt uns und läßt uns vor einem intensiveren Kontakt zurückschrecken. Aber ist es nicht verständlich, daß wir es nicht wissen? Was sollen wir denn auch sagen? Zu manchen leidvollen Erfahrungen gibt es überhaupt keine passenden Worte - zumindest nicht von Außenstehenden. Der Schmerz, die Verzweiflung, die Trauer, sie können ja oft vom Leidenden selbst nicht in Worte gefaßt werden. Wieviel weniger ist es uns als Außenstehenden möglich, die richtigen Worte zu finden.[7]

Aber oft ist es ganz gut, daß wir nicht wissen, was wir sagen sollen, denn es ist meist besser und tröstlicher, aktiv zuzuhören und so wenig wie möglich zu sagen.

---

4 Wie schwierig für die Patienten im Krankenhaus das Gespräch mit den eigenen Angehörigen ist, schildert *Piper*, indem er aus der Sicht der Patienten formuliert: „Aber ein Gespräch will nicht gelingen. Ein Gespräch: Das will sagen: Ein den anderen Teilhaben-Lassen an dem, wie ich mich und meine Situation im Augenblick *erlebe*. Meine Einsamkeits- und Verlorenheitsgefühle dem anderen mitteilen, meine Ängste und Sorgen, und daß ich mit meinem augenblicklichen Leben (ob als Gesunder oder als Kranker) allein und auf mich gestellt eben nicht fertig werde. Davon können wir nicht reden. ... Denn wir möchten den anderen natürlich schonen. Wir möchten ihn mit unseren eigenen Sorgen verschonen. Wir möchten es ihm nicht noch schwerer machen. Er hat es ohnehin schon schwer genug. So genügen wir uns mit dem Austausch von sachlichen und möglichst harmlosen Informationen und behalten das, was uns eigentlich bewegt, für uns. Freilich - eine gegenseitige Beruhigung wird dadurch keineswegs erreicht. ... So bleiben wir denn unzufrieden und beunruhigt zurück - und unser Besuch nimmt seinerseits seine Unzufriedenheit und Unruhe mit nach Hause. Wir haben das Gefühl von Entfremdung." (*Piper, Hans-Christoph*: Kranksein - Erleben und Lernen, 5. Auflage München 1992 [Kaiser-Taschenbücher 33], S. 47f).

5 vgl. *Piper, Hans-Christoph*: Macht und Ohn-macht, a.a.O. S. 296.

6 vgl. *Piper, Hans-Christoph*: Krankenhausseelsorge, in: Handbuch der Praktischen Theologie, hrsg. von *Peter C. Bloth, Karl-Fritz Daiber* u.a., Bd. 4: Praxisfeld: Gesellschaft und Öffentlichkeit, Gütersloh 1987, S. 453-461, bes. S. 457f.

7 Dies gilt auch und im besonderen für den Seelsorger, von dem oftmals erwartet wird, die richtigen Worte zu finden und seien es die richtigen Bibelworte. *Gestrich* weist zurecht darauf hin, daß diese Erwartung jeden Menschen überfordern muß: „Wir sind Menschen und können nicht überall und ohne Ende trösten. Als professioneller Trostredner würde der Seelsorger eher trostlos wirken. Die Patienten empfangen den ersehnten Trost darum auch nicht so sehr aus den Worten des Seelsorgers,

Wir können gar nicht wirklich mitempfinden, was der andere fühlt, wir können es uns bei aller medizinischen und psychologischen Hintergrundkenntnis oft nicht einmal richtig vorstellen. Wenn es uns drängt, zu reden statt zu schweigen, dann meist deshalb, weil wir uns davor schützen wollen, wirklich mit dem Leid des anderen konfrontiert zu werden.[8] Wer selber redet, braucht sich nichts Leidvolles anzuhören, kann stattdessen erklären, beraten oder ermuntern. Aber es ist für den anderen belastend, wenn er dadurch signalisiert bekommt, daß wir gar nicht bereit sind, wirklich mitzuleiden und mitzufühlen.

Eine Frau fragte mich einmal, nachdem ich entgegen meinem Vorsatz doch ein paar gute Ratschläge für ihre ausweglose Situation vorgetragen hatte: „Wollen Sie mit mir tauschen?". Es ist entlarvend, wenn einem so vor Augen geführt wird, daß uns unsere eigenen gut gemeinten Ratschläge in derselben Situation überhaupt nicht helfen würden. Es macht ja die leidvolle Situation gerade leidvoll, daß eine einfache Lösung nicht in Sicht ist.

Wir haben es vielfach verlernt, in solchen Situationen zu schweigen, aber gerade im Umgang mit Leidenden ist das bewußte Nichtssagen ungemein wichtig. Es zeigt dem anderen, daß wir bereit sind, auf ihn zu hören, daß er mit seiner Trauer und seinem Schmerz zu Wort kommen darf, wenn er will.

Inwieweit aber wirkt das Sich-Zeit-nehmen zum Zuhören tröstend? Inwieweit erleichtert es dem Patienten seine leidvolle Situation, und wo sind die Grenzen dieses Tröstens durch Zuhören?

3. Vier Aspekte tröstenden Helfens

3.1. Wer zuhört, tröstet, denn er hilft den Kranken, die eigene Situation und die eigenen Gefühle wahrzunehmen und auszusprechen

Nur der Leidende weiß wirklich, was in ihm vorgeht. Nur er kennt sein Problem, egal wie es aussieht. Und wenn er selbst zur Zeit noch gar keine Vorstellung hat, wie es weitergehen soll mit seinem Leben, dann gehört auch dies mit zu seiner Situation. Was sich der andere wirklich wünscht, ist, daß da jemand ist, der ihn in seiner so schwierigen und schwer zu ertragenden Situation versteht. „Es war schön, das endlich mal jemandem erzählen zu können," ist die häufigste Reaktion, die ich bekomme, wenn ich in langen Gesprächen mit Patienten selber nur wenige Worte gesagt habe.[9] Wenn es uns schlecht geht, dann suchen wir auch nach jemandem, der uns all das abnimmt, dem wir all unsere Trauer, unsere Wut, unsere Ohnmachtsgefühle vorhalten können.

---

sondern mehr aus dem Daß und Wie seines Besuchs, aus der Symbolik der Zuwendung und aus der Haltung des verstehenden Annehmens." (*Gestrich, Reinhold*: Am Krankenbett. a.a.O. S. 25). Deshalb hat in der Krankenhausseelsorge auch die von vielen Seelsorgern praktizierte klientenzentrierte Gesprächshaltung den Vorrang vor der Evangeliumsverkündigung, solange es in der Seelsorgesituation primär um die Verarbeitung emotionaler Probleme geht. Vgl. *Lemke, Helga*: Mitteilen des Evangeliums und aktives Zuhören: eine Spannung in der annehmenden Seelsorge, in: Wege zum Menschen 34 (1982) S. 399-416, bes. S. 403.

8 vgl. *Piper, Hans-Christoph*: Gesprächsanalysen, 3. durchgesehene Auflage Göttingen 1980, S. 118. Ein eindrückliches Beispiel für unbewußtes Nicht-zuhören-wollen analysiert *Piper* am Beispiel eines Geburtstagsbesuchs, bei dem die Besucherin unerwartet mit den leidvollen Einschränkungen der alten Menschen konfrontiert wird, sich aber eigentlich auf einen fröhlichen Geburtstagsplausch eingestellt hatte. (a.a.O. S. 38-45).

9 Die gleiche Erfahrung schildert *Piper, Hans-Christoph*: Macht und Ohn-macht, a.a.O. S. 296.

Deshalb lautet eine eiserne Regel bei allen Gesprächen die ich führe: Zeige dem anderen, daß er so, wie er reden will, reden darf.

Eine Aussage, die ich als Pastor manchmal schon zur Begrüßung bei schwerkranken Patienten zu hören bekomme, lautet: „Mir geht es schlecht, und da kann mir Ihr Gott auch nicht helfen!" Eine Aussage, die meinen Widerspruch geradezu herausfordern soll. Ich aber versuche dann, dem verbitterten Patienten deutlich zu machen, daß ich durchaus verstehe, wenn man sich in einer solchen Situation von Gott verlassen fühlt. Es wäre wenig hilfreich, nun eine Diskussion über Gottes Nähe oder Ferne zu beginnen. Ein solches Gespräch wäre nur ärgerlich und wohl auch schnell zu Ende. Wichtig ist mir, daß mein Gegenüber merkt, daß er auch sein Gefühl, von Gott und der Welt verlassen zu sein, bei mir äußern darf.[10]

Nur wenn wir bereit sind, den anderen in seiner leidvollen Situation *alles* aussprechen zu lassen, auch wenn es uns nicht gefällt, kann er sich *alles* von der Seele reden. Es gibt kaum ein besseres Mittel, um Trost zu spenden, als auch für harte, schmerzhafte und aggressive Äußerungen Verständnis zu zeigen. Krankheit und Tod können bei den Betroffenen nicht nur Trauer und Verzweiflung auslösen, sondern auch Bitterkeit und Wut.[11] Und diese können sich durchaus in heftigen Anklagen entladen, bis hin zu Anklagen auf uns, die wir da auch nur stumm am Bett sitzen und auch nicht helfen können.

Hier die eigene Hilflosigkeit einzugestehen, ist nicht leicht, aber es zeigt dem anderen, daß wir ihn auch in seinem Schmerz und seiner Verbitterung ernstnehmen und annehmen wollen. Und genau das wird dann oft als tröstend empfunden. Dann, wenn wir uns in unserer Hilflosigkeit auch ganz elend fühlen und dies auch zeigen, merkt der Patient, daß nicht nur er hilflos und ratlos ist. Es bedeutet für ihn zugleich, daß er in seiner Hilflosigkeit nicht allein ist.[12]

3.2. Wer zuhören kann, tröstet, denn er ermöglicht den anderen, den Sinn des eigenen Lebens zu entdecken

Vor einem guten Jahr wurde ich nachts zu einer alten Dame gerufen, die sehr aufgeregt mit dem Krankentransport auf die Innere Station gebracht worden war, bei der jedoch kein klarer Befund festgestellt werden konnte. Nachdem ich mich bei ihr vorgestellt hatte, begann die Frau, mir ihre gesamte Lebensgeschichte zu erzählen.

---

10 Daß jeder Mensch ein Recht zur Klage und Anklage Gottes angesichts des Gefühls der Gottverlassenheit hat, zeigen schon die alttestamentlichen Klagepsalmen. Exemplarisch dargestellt in: *Dziewas, Ralf*: Klagen ist erlaubt! Eine theologische Meditation zu Psalm 13, in: Zeitschrift für Theologie und Gemeinde 2 (1997) S. 261-266.

11 Nach *Kübler-Ross* gehört die Phase des Zorns, der sich eigentlich gegen Krankheit und Tod richtet, aber Ärzte, Schwestern und Angehörige als Ersatzobjekte trifft, zu den Phasen, die ein unheilbar erkrankter Patient im letzten Lebensstadium durchmachen muß. Vgl. *Kübler-Ross, Elisabeth*: Interviews mit Sterbenden, 18. Auflage Stuttgart 1992, S. 50-76.

12 vgl. *Klessmann, Michael*: Seelsorge im Krankenhaus: Überflüssig - wichtig - ärgerlich! in: Wege zum Menschen 42 (1990) S. 421-433, S. 428: „Vieles von dem, was im Krankenhaus geschieht, dient der Vermeidung von Ohnmacht und Hilflosigkeit; vieles beruht auf der Illusion der Machbarkeit, der Macht über den Menschen, über die Krankheit, über den Tod. ... Natürlich bedeutet eine solche Vermeidung von Ohnmacht und Hilflosigkeit gleichzeitig die Vermeidung von Kontakt, von Nähe und Sich-Anrühren-Lassen und damit auch die Unterdrückung vieler lebendiger Impulse wie Trauer, Zorn und Enttäuschung. ... Es geht darum, Emotionen, Gedanken, Erinnerungen mitzuteilen, miteinander zu teilen und die dadurch ausgelösten Gefühle der Freude und der Angst, des Erfolges und der Ohnmacht gemeinsam auszuhalten. ... Einen Menschen zu begleiten setzt voraus, daß der Begleiter/die Begleiterin Erfahrungen von Ohnmacht nicht als eigentlich zu vermeidende Niederlagen versteht, sondern als Teil lebendiger Beziehungen mit der großen Chance zu neuen Entwicklungen."

Angefangen bei den ersten Kindheitserlebnissen, dem engen Verhältnis, das sie zeitlebens zu ihrer Mutter gehabt hatte, von ihren politischen Überzeugungen und ihren Lebensgrundsätzen bis hin zu der Einsamkeit, in der sie nun lebte. Ich saß in dieser Nacht von 1 bis 3 Uhr an ihrem Bett und brauchte kaum etwas zu sagen, nur zuzuhören. Am Ende war die Frau ruhiger, und sie bedankte sich überschwenglich bei mir für das intensive Gespräch. Als ich die Frau einige Zeit später noch einmal besuchen wollte, erfuhr ich, daß sie kurz zuvor verstorben war. Erst da ist mir klar geworden, was diese Patientin in jener Nacht mit mir gemacht hatte. Sie hatte gemeinsam mit mir Lebensbilanz gezogen. Sie hatte noch einmal das Wichtigste ihres Lebens zusammengefaßt, sich an die zentralen Personen ihrer Lebensgeschichte erinnert und gleichsam ein Fazit ihres Lebens formuliert, indem sie mir das Wesentliche daraus erzählte.[13]

Es gehört zu den Grundeinsichten der Sterbebegleitung, daß man das Leben eher loslassen kann, wenn man es zu Ende gelebt hat, gleichsam einen imaginären Schlußstrich darunter setzen kann. Wer von uns möchte nicht auch am Ende des eigenen Lebens noch einmal zusammenfassend sagen können, das war mein Leben. Dies waren die wichtigsten Menschen darin, und das sind die Ergebnisse meines Lebens, mein Lebenswerk. Aber zu einer solchen Lebensbilanz braucht man einen oder mehrere Zuhörer. Will man oder kann man nicht am Schreibtisch die eigene Autobiographie verfassen, muß man das eigene Leben erzählen, um es zu einem runden Ende bringen zu können und den Sinn des eigenen Lebens und Leidens zu finden.[14]

Wenn wir also die Möglichkeit haben, alte Geschichten zu hören, alte Lebensweisheiten aufzunehmen, dann kann dies für Patienten, die sich, egal ob bewußt oder unbewußt, aufs Sterben vorbereiten, sehr hilfreich und tröstlich sein. Wenn wir bereit sind, zuzuhören, zeigen wir damit dem anderen, daß sein Leben wichtig war, daß seine Erfahrungen wertvolle Erfahrungen sind und daß sein gelebtes Leben nicht sinnlos, sondern erzählenswert ist.[15]

Versuchen wir uns nur einmal vorzustellen, uns würde an unserem Lebensende signalisiert, daß unsere Lebensgeschichte nicht hörenswert sei und eigentlich niemanden interessiert. Es wäre schlimm, wenn wir mit diesem vernichtenden Urteil unser Leben abschließen müßten. Würde man uns hingegen durch Zuhören zeigen,

---

13 Die Bedeutung der Lebensbilanz für die seelsorgerliche Begleitung sterbender Menschen betont besonders *Lückel, Kurt*: Begegnung mit Sterbenden: „Gestaltseelsorge" in der Begleitung sterbender Menschen. Mit einem Vorwort von *Hilarion Petzold*, 4. Auflage Gütersloh 1994, S. 49-80. Nach *Lückel* geht es bei der Lebensbilanz Sterbender „um integrierende Rückschau, um nacherlebendes Aneignen der verschiedenen Lebensphasen, um Aufarbeiten auch von 'unerledigten Situationen', um Wiederentdecken von 'vergessenen' oder fragmentierten Szenen des Lebens - um den Versuch, das Leben als Gesamt und Kontinuum zu 'begreifen', Vergangenes zu vergegenwärtigen, mich mit dem zu 'identifizieren', der ich war und nun bin - und so Abschnitte, Szenen, Ereignisse meines gelebten Lebens mir zu eigen zu machen." (a.a.O. S. 50).

14 Dies gilt nicht nur für die Lebensbilanz am Ende des Lebens, es gilt für alle Leidenssituationen, in denen die Frage nach dem Sinn des Lebens sich stellt. Vgl. *Wintzer, Friedrich*: Sinn und Erfahrung. Probleme und Wege der Krankenseelsorge, in: *Schütte, Hans Walter /Wintzer, Friedrich* (Hg.): Theologie und Wirklichkeit. Festschrift für *Wolfgang Trillhaas* zum 70. Geburtstag, Göttingen 1973, S 209-225, S. 221: „Der Sinn angesichts solcher Not ist nicht im Besitz des Menschen. Er muß gefunden werden. Insofern handelt es sich um einen 'externen' Sinn. Er kann dem Patienten auch nicht als ein Über-Sinn vermittelt werden, den er nur anzunehmen hätte. Vielmehr muß der Kranke, wenn auch mit Hilfen, ihn selbständig finden; und sei es in der Weise, daß er die Hoffnung auf Sinn bewahrt".

15 *Piper* formuliert dies wieder aus der Sicht des Patienten: „Unser Bedürfnis, das dahinter steht, ist wohl, daß wir wünschen, unser Zuhörer möchte unser Leben, so wie es ist, akzeptieren - damit auch wir selbst es akzeptieren können. Wir haben die Sehnsucht, so wie wir sind und wie wir geworden sind, angenommen zu werden. Und wir haben die heimliche Sorge, wir könnten abgewiesen werden, weil unser Leben als 'zu leicht' befunden werden könnte." (*Piper, Hans-Christoph*: Kranksein - Erleben und Lernen, a.a.O. S. 54).

daß unsere Lebenserfahrungen wertvoll und bewahrenswert sind, würde es uns auch leichter fallen, unser Leben als sinnvoll gelebtes Leben abzugeben.

3.3. Wer dem Kranken hilft, sein Leid auszudrücken, hilft ihm, Abschied zu nehmen

Immer wieder erlebe ich im Krankenhaus, wie Angehörige am Krankenbett in Verlegenheit geraten, wenn Patienten anfangen zu weinen. „Mutter, wein doch nicht, es wird schon wieder gut." Ich weiß nicht, wie oft ich diese Aufforderung schon am Krankenbett gehört habe, und oft standen denen, die dies sagten, selbst die Tränen in den Augen, weil allen klar war, daß es nicht wieder gut werden würde. Und dann beginnt das Spiel der von allen Seiten bewahrten Fassung. Mir steht ein Ehepaar dabei sehr plastisch vor Augen: Der Mann, vom Krebs schon sehr geschwächt, weiß, daß ihm nur noch wenige Tage bleiben, aber er versucht, seine Frau mit Scherzen aufzumuntern, die ihrerseits ihre Tränen runterschluckt, um es ihm nicht noch schwerer zu machen. Tag um Tag vollzieht sich so am Krankenbett ein Spiel aus heiteren Worten und unterdrückten Tränen. Jeder will es dem anderen leicht machen mit dieser unerträglichen Situation, und doch machen es sich beide schwer, weil sie merken, daß sie so nicht ernsthaft voneinander Abschied nehmen können. Beide wollen dem jeweils anderen ihre Tränen nicht zumuten und versäumen es daher, über die wirklich noch wichtigen Dinge miteinander zu sprechen.

Nicht weinen zu dürfen, kann zu einer zusätzlichen Belastung werden, wenn uns das Wasser bereits in den Augen steht. Dagegen ist es meist erleichternd, weinen zu dürfen, denn mit den Tränen können wir unser Leid ausdrücken, anstatt es hinunterschlucken zu müssen. Aber kann man dem anderen das eigene Leid zumuten?

Wenn Patienten erleben müssen, daß sie schon vor den Ärzten und Schwestern nicht weinen dürfen, werden sie es sich auch bei ihren Angehörigen kaum trauen. Wenn sie dagegen merken, daß sie ihre Trauer und Verzweiflung bei den Mitarbeitern im Krankenhaus offen zeigen dürfen, lernen sie, dies auch ihren Angehörigen gegenüber zu tun. Sie können im Kontakt mit uns nach Wegen und Möglichkeiten suchen, wie sie ihren Angehörigen ihr Leid ehrlich mitteilen können. Dies aber kann nur gelingen, wenn Abschiednehmen und Sterben im Krankenhaus keine Tabuthemen sind.

Dieser Punkt aber zeigt, daß es manchmal mit dem Zuhören allein - auch mit dem aktiven Zuhören - nicht mehr getan ist. Manchmal sind wir ganz konkret gefragt und müssen Rede und Antwort stehen. Das gilt vor allem dann, wenn wir auch angesichts des Todes noch tröstend helfen wollen.

3.4. Wer angesichts des Todes tröstend helfen will, muß helfen, nach vorne zu blicken

Angesichts des Todes wird die Frage nach dem Trost besonders prekär. Niemand von uns weiß wirklich, wie es nach dem Tod weitergeht. Angesichts des Todes stehen wir noch ohnmächtiger vor den Patienten als wir es ohnehin schon tun. Und dennoch können wir denen, die auf den Tod zugehen, helfen, mit ihrer Situation besser klar zu kommen, wenn wir es ihnen erleichtern, auch angesichts dieser Unsicherheit nach vorne zu blicken. Wer stirbt, muß irgendwann dem Tod ins Auge blicken und sich entscheiden, mit welchen Vorstellungen vom Tod er sterben will.

Ich brauche hier wohl nicht nochmal zu verdeutlichen, wie sehr in unserer modernen Gesellschaft das Sterben verdrängt, das Thema Tod tabuisiert und jedes Nachdenken und Reden darüber unterdrückt wird. Das Sterben geschieht heute nicht mehr zu Hause im Kreis der Familie mit offiziellem Abschiednehmen am Sterbebett, mit anschließender Aufbahrung und gemeinsamer Betrauerung des Toten.[16] Gestorben wird heute zumeist im Krankenhaus und den Rest regelt das Beerdigungsinstitut.[17]

Diejenigen, die wie wir im Krankenhaus arbeiten, stellt dies vor die Situation, regelmäßig das Sterben von Menschen zu erleben, zu begleiten und immer wieder Abschied nehmen zu müssen. Dies ist zum einen eine schwere Belastung, die wir im Krankenhaus stellvertretend für die Gesellschaft tragen. Es ist aber auch eine große Chance, denn in kaum einem anderen Berufsfeld werden wir so wie hier herausgefordert, immer wieder über den Tod und die eigene Sterblichkeit nachzudenken.[18] Wir sind mit jedem sterbenden Patienten dazu aufgefordert, uns selbst die Frage zu beantworten, mit welcher Vorstellung vom Tod und dem, was vielleicht danach sein könnte, wir einmal sterben wollen. Die Antworten, die wir Krankenhausmitarbeiter uns auf diese Frage geben, mögen sehr unterschiedlich sein, aber wer für sich eine Antwort gefunden hat, kann den Sterbenden an seinen Vorstellungen Anteil geben.

Das bedeutet nicht, daß wir dem Sterbenden unsere Sicht des Sterbens vermitteln müssen. Trost spendet vielmehr schon die Tatsache, daß überhaupt jemand bereit ist, mit dem Sterbenden nach vorne zu schauen, dahin wo niemand gerne hinsieht. Es ist schon tröstend, wenn es da jemanden gibt, der bereit ist, bei der Frage nach dem Ende des Lebens nicht auszuweichen, sondern Rede und Antwort über die eigenen Erwartungen zu stehen. Aber das können dann nur die eigenen Vorstellungen sein, nicht irgendwelche, die einen selbst nicht überzeugen. Der gemeinsame Blick auf den Tod, er kann nur tröstend wirken, wenn er ehrlich ist. Deshalb aber fällt er uns so schwer. Wir brauchen für uns selbst klare Vorstellungen, feste Überzeugungen, sonst können wir dem anderen nicht helfen, zu einer eigenen klaren Vorstellung zu kommen, mit der er dann sterben kann. Dies gilt letztlich auch für jede Hoffnung, die über den Tod hinaus geht. Wir können sie nur weitergeben, wenn wir diese Hoffnung auch für uns selber haben. Alles andere wäre unehrlich. Aber auch unsere Hoffnung kann dann nur ein Angebot sein. Jeder muß mit den eigenen Vorstellungen von Leben und Tod leben und jeder soll auch mit seinen eigenen Vorstellungen sterben dürfen.

Für mich als Christ und Pastor bedeutet dies, daß ich, wenn Patienten mich nach dem, was nach dem Tod kommt, fragen, von *meiner* Hoffnung und Erwartung erzähle: Ich glaube, daß der Gott, auf den ich in meinem Leben vertraut habe, mich auch beim Sterben nicht allein lassen wird, denn ich glaube nicht an einen fernen, unsterblichen Gott, sondern an einen, der das Sterben als Mensch selbst erlebt hat. Ich glaube, daß ich nach dem Tod, bei dem Gott sein werde, der uns so sehr zuge-

---

16 Eine ausführliche Beschreibung eines solchen Sterbens in der Familie enthält der Roman von *Thomas Mann*: Buddenbrooks. Verfall einer Familie, Berlin 1901, Neunter Teil, 1.-3. Kapitel.

17 „Infolge der Verlegung des Sterbens in die Krankenhäuser und Heime fehlt vielen die Erfahrung, Menschen in ihrer letzten Lebensphase nahe gewesen zu sein. Zwischen dem letzten Besuch am Krankenbett und dem Stehen am Sarg liegt eine terra incognita." (*Winkler, Eberhard*: Seelsorge an Kranken, Sterbenden und Trauernden, in: Handbuch der Seelsorge. Bearbeitet von *Ingeborg Becker, Karl-Heinz Bieritz* u.a., Berlin 1983, S. 405-427, S. 416).

18 vgl. *Fasselt, Gerd*: Die Lernvoraussetzungen des Sterbebegleiters, in: Heilberufe 49 (1997) H. 2, S. 40-41.

wandt ist, daß er bereit war, in *Jesus Christus* Mensch zu werden, als Mensch zu leben, zu leiden und sich am Ende an einem Kreuz stellvertretend für die Schuld der Menschen hinrichten zu lassen. Ich glaube, daß mich nach meinem Tod die Gegenwart dieses liebenden, leiderfahrenen Gottes erwartet, wie immer das dann konkret aussehen mag. Und ich glaube, daß ich diese ewige Gegenwart Gottes gemeinsam mit allen erleben werde, die sie für sich in Anspruch nehmen wollen, weil der Gott, an den ich glaube, dafür keine Vorbedingungen stellt und keine Vorleistungen verlangt. Ich weiß, daß ich mit dieser Zuversicht sterben möchte, wenn es einmal so weit sein wird, und mit keiner anderen. Ich will mit diesem Glauben, der mein Leben bestimmt, auch sterben. Das ist, in wenigen Worten, *meine* Vorstellung vom Tod und dem, was *mich* danach erwartet. Das ist meine Hoffnung, die ich an andere weitergebe, wenn man mich fragt, die ich aber niemandem aufdränge, der für sich eine andere Antwort für sein Leben und Sterben gefunden hat.

Letztlich muß jeder eine Antwort auf die Frage, die der Tod uns stellt, selber finden. Das nimmt uns keiner ab. Und wir sind aufgefordert, uns mit unseren eigenen Fragen und Antworten auseinanderzusetzen, denn nur dann können wir es den uns anvertrauten Kranken leichter machen, auch angesichts des Todes noch nach vorne zu blicken.

4. Eine Nachbemerkung: Der Versuch, zu trösten, kann fehlschlagen

Wer sich um andere sorgt und sie in schwierigen Situationen begleitet, wird schnell merken, daß es mit diesen allgemeinen Regeln nicht getan ist. Jeder muß seine eigenen, ganz persönlichen Erfahrungen mit dem Versuch zu trösten machen. Und dazu wird immer wieder auch die Erfahrung gehören, nicht trösten zu können. Das kann sehr verschiedene Gründe haben, die sowohl in der Person, wie im Problem oder in der Situation des Gesprächs liegen können.

Ich erlebe es durchaus, daß nach einem offenen Gesprächsbeginn mir Patienten durch ihre Haltung oder auch durch einen abrupten Themenwechsel signalisieren: Bis hierher will ich mit Ihnen reden, aber weiter auch nicht. Das habe ich immer zu respektieren, auch wenn ich gerne weiterhelfen würde. Ich erhalte vom Patienten das Vertrauen für ein offenes Gespräch nur soweit, wie sich der Patient darauf einlassen kann und will. Er allein entscheidet darüber, wie weit er mich als Gesprächspartner und Begleiter annehmen und mitnehmen will und auch, wo die Grenze dieser Begleitung liegt.[19]

Es kann aber auch sein, daß das Problem, über das der andere mit mir reden will, in mir so starke Gefühle auslöst, daß die Situation für mich eine zu große Belastung

---

19 vgl. *Gestrich, Reinhold*: Am Krankenbett a.a.O. S.100: „Für das *Lernen* des Seelsorgers folgt daraus: Es gilt, für die Reaktion des Patienten in der Eingangsphase besonders sensibel zu sein. Es ist wichtig, aus der Art der Übertragung auf den Seelsorger (von stark willkommend bis ganz abwehrend) das Mandat und aus den Botschaften des Gefühls und des Mundes das Material für den seelsorgerlichen Kontakt zu entnehmen. Es sollte uns als Regel gelten, nichts zu unternehmen, was über dieses Mandat hinausgeht: Kein Aufdecken oder Konfrontieren, kein Vertrösten oder Verändern, kein Ratgeben oder Führen des Patienten, wohin er nicht will, kein Bedecken des Patienten mit Gegenübertragungen des Seelsorgers. Vertrauen wir darauf, daß der Patient Segen und Heilung empfängt, wenn er uns so zu sich leitet, wie er es tut, und wenn wir uns von ihm leiten lassen."

20 *Nuland* hat in seinem Buch „Wie wir sterben" eindrücklich geschildert, wie er alle Erfahrungen und Überzeugungen, die er als Arzt im Umgang mit unheilbar krebskranken Menschen gewonnen hatte, nicht mehr hilfreich einsetzen konnte, als er seinem eigenen Bruder die Darmkrebsdiagnose erläutern mußte. (*Nuland, Sherwin B.*: Wie wir sterben. Ein Ende in Würde. Aus dem Amerikanischen von *Enrico Heinemann* und *Bernhard Tiffert*, München 1994, S. 332-344) „Ich

darstellt, als daß ich dann noch wirklich hilfreich sein könnte.[20] Dann kann es auch für die begleitenden Mitarbeiter im Krankenhaus notwendig werden, sich zu schützen und zu sagen: „Darüber möchte ich nicht reden! Das wird mir zu schwer." Nicht jeder kann für jeden zum Tröster werden.

Oder es kann sein, daß Trost nicht möglich ist, weil die Umstände der Situation ein offenes, ehrliches Gespräch gar nicht zulassen. Ich wollte einmal einen Krebspatienten besuchen, der gerade vom Arzt die Diagnose mitgeteilt bekommen hatte, er habe nur noch eine in Monaten zu rechnende Lebenserwartung. Als ich das Krankenzimmer betrat und die fröhliche Stimmung erkannte, die von den drei anderen Patienten und ihren Besuchern ausging und an der sich der Krebskranke mit Scherzen zu beteiligen versuchte, obwohl ihm nicht nach Scherzen zumute war, habe ich mich nur kurz vorgestellt und bin wieder gegangen. In solchen Situationen ist Trost zu spenden unmöglich, weil die Situation für ein offenes Gespräch und ein ehrliches Ansprechen der Probleme in diesem Moment gar nicht gegeben ist.

Trost läßt sich nicht erzwingen, so wie sich ein Gespräch nicht planen läßt.[21] Trost muß sich im Gespräch, im Zuhören, im Helfen und Begleiten ereignen. Trost ist nicht machbar. Deshalb sollte man sich auch keine Vorwürfe machen, wenn man den Eindruck hat, es habe gar nicht geholfen, dagewesen zu sein. Wir müssen letztlich akzeptieren, daß es uns nicht immer gelingt, zu trösten, auch wenn es schwer fällt. Entscheidend ist auch für den Patienten oft nicht der unmittelbar erlebte Erfolg des Trostversuchs, sondern daß da jemand ist, der gerne trösten möchte. Und da, wo wir Kranke trostlos zurücklassen müssen, bleibt immer noch die Hoffnung, daß wir nicht die einzigen möglichen Tröster sind.[22]

Daß am Ende jede Träne getrocknet, aller Kummer gestillt, alle Verzweiflung getröstet wird, das wird in dieser Welt sicherlich ein Wunschtraum für die Ewigkeit bleiben. Daß aber zumindest immer jemand da ist, der versucht, Tränen zu trocknen, Kummer zu stillen und die Verzweifelten zu trösten, das ist heute schon möglich.

---

konnte meinem Bruder einfach keinen reinen Wein einschenken, wie es richtig gewesen wäre. Ich brachte es nicht über mich, ihm seelische Qualen zu bereiten. So weckte ich in ihm trügerische Hoffnungen, statt zu versuchen, ihm angesichts des nahen Todes Trost und Rat zu spenden. Ich hatte in die kindlich zuversichtlichen blauen Augen meines Bruders geblickt und in ihnen den innigen Wunsch gelesen, gerettet zu werden. Ich wußte, daß es keine Rettung gab, brachte es aber nicht fertig, ihm die Hoffnung zu nehmen." (a.a.O. S. 336).

21 vgl. *Gadamer, Hans-Georg*: Wahrheit und Methode. Grundzüge einer philosophischen Hermeneutik, 4. Auflage, unveränderter Nachdruck der 3. erweiterten Auflage, Tübingen 1975, S. 361: „Wir sagen zwar, daß wir ein Gespräch 'führen', aber je eigentlicher ein Gespräch ist, desto weniger liegt die Führung desselben in dem Willen des einen oder anderen Partners. So ist das eigentliche Gespräch niemals das, das wir führen wollten. Vielmehr ist es im allgemeinen richtiger zu sagen, daß wir in ein Gespräch geraten, wenn nicht gar, daß wir uns in ein Gespräch verwickeln ... Was bei einem Gespräch 'herauskommt', weiß keiner vorher".

22 Hier ist es auch für den Seelsorger im Krankenhaus wichtig, daß er nicht das Gefühl in sich aufkommen läßt, der einzig mögliche Tröster zu sein. In den meisten Fällen leisten die kontinuierlich am Patienten arbeitenden Schwestern, Pfleger und Ärzte sowie die beim Kranken bleibenden Angehörigen viel mehr Beistand und Begleitung als der nur punktuell den Patienten besuchende Krankenhausseelsorger. Vgl. *Stoff, Georg*: Trost am Krankenbett. Erfahrungen und Gedanken eines Krankenhausseelsorgers, Graz, Wien, Köln 1994, S. 129.

Literatur

Dziewas, Ralf: Klagen ist erlaubt! Eine theologische Meditation zu Psalm 13, in: Zeitschrift für Theologie und Gemeinde 2 (1997) S. 261-266.

Fasselt, Gerd: Die Lernvoraussetzungen des Sterbebegleiters, in: Heilberufe 49 (1997) H. 2, S. 40-41

Gadamer, Hans-Georg: Wahrheit und Methode. Grundzüge einer philosophischen Hermeneutik, 4. Auflage, unveränderter Nachdruck der 3., erweiterten Auflage, Tübingen 1975.

Gestrich, Reinhold: Am Krankenbett. Seelsorge in der Klinik, 2. Auflage Stuttgart 1988.

Klessmann, Michael: Seelsorge im Krankenhaus: Überflüssig - wichtig - ärgerlich! in: Wege zum Menschen 42 (1990) S. 421-433.

Kübler-Ross, Elisabeth: Interviews mit Sterbenden, 18. Auflage Stuttgart 1992.

Lemke, Helga: Mitteilen des Evangeliums und aktives Zuhören: eine Spannung in der annehmenden Seelsorge, in: Wege zum Menschen 34 (1982) S. 399-416.

Lückel, Kurt: Begegnung mit Sterbenden: „Gestaltseelsorge" in der Begleitung sterbender Menschen. Mit einem Vorwort von *Hilarion Petzold*, 4. Auflage Gütersloh 1994.

Mann, Thomas: Buddenbrooks. Verfall einer Familie, Berlin 1901 u.ö.

Nuland, Sherwin B.: Wie wir sterben. Ein Ende in Würde. Aus dem Amerikanischen von *Enrico Heinemann* und *Bernhard Tiffert*, München 1994.

Piper, Hans-Christoph: Macht und Ohn-macht: Die Frage nach dem Proprium der Seelsorge, in: Wege zum Menschen 34 (1982) S. 291-299.

Piper, Hans-Christoph: Kranksein - Erleben und Lernen, 5. Auflage München 1992 [Kaiser-Taschenbücher 33].

Piper, Hans-Christoph: Krankenhausseelsorge, in: Handbuch der Praktischen Theologie, hrsg. von *Peter C. Bloth, Karl-Fritz Daiber, Jürg Kleemann, Claus-Jürgen Roepke, Henning Schröer, Traugott Stählin, Klaus Wegenast*, Bd.4: Praxisfeld: Gesellschaft und Öffentlichkeit, Gütersloh 1987, S. 453-461.

Piper, Hans-Christoph: Gesprächsanalysen, 3., durchgesehene Auflage Göttingen 1980.

Stoff, Georg: Trost am Krankenbett. Erfahrungen und Gedanken eines Krankenhausseelsorgers, Graz, Wien, Köln 1994.

Winkler, Eberhard: Seelsorge an Kranken, Sterbenden und Trauernden, in: Handbuch der Seelsorge. Bearbeitet von *Ingeborg Becker, Karl-Heinz Bieritz* u.a., Berlin 1983, S. 405-427.

Wintzer, Friedrich: Sinn und Erfahrung. Probleme und Wege der Krankenseelsorge, in: *Schütte, Hans Walter /Wintzer, Friedrich* (Hg.): Theologie und Wirklichkeit. Festschrift für *Wolfgang Trillhaas* zum 70. Geburtstag, Göttingen 1973, S. 209-225.

STERBEHILFE MIT SYSTEM*

Uwe Scheffler

Nicht ganz zu Unrecht wird die Sterbehilfe in den letzten Jahren als „Modethema" bezeichnet mit der Folge, daß das Schrifttum „allenfalls noch für Spezialisten übersehbar" sei [1]. Nun mag dies nicht zuletzt an dem Widerspruch liegen, daß zwar einerseits jede Form von Sterbehilfe kaum mit dem Dogma des absoluten Tötungsverbotes selbst auf Verlangen (§ 216 StGB) zu vereinbaren ist, andererseits aber die völlige Ablehnung jeglicher Sterbehilfe eigentlich von niemandem vertreten wird. Der folgende Beitrag will ausgehend von der Rechtsprechung prüfen, inwieweit ein Weg durch den Dschungel der Meinungen und Systematisierungsansätze gangbar ist, der eng an die allgemeine Strafrechtsdogmatik angelehnt bleibt.

I. RANDBEREICH

In einem ersten Schritt sind kurz die Phänomene zu erörtern, die nicht zum Kernbereich der Sterbehilfe zu zählen sind, häufig aber als solche bezeichnet werden: Sterbebegleitung, Suizidbeihilfe und Vernichtung angeblich „lebensunwerten" Lebens.

1. Sterbebegleitung

Die Sterbebegleitung stellt genaugenommen nicht „Hilfe zum Sterben", sondern „Hilfe während des Sterbens" dar; sie wird manchmal deshalb auch als „reine"[2] oder „echte"[3] Sterbehilfe bezeichnet. In Deutschland hat es sich insbesondere die sog. Hospiz-Bewegung zur Aufgabe gemacht, Menschen, die an einer unheilbaren, fortschreitenden Krankheit leiden und nicht mehr zu Hause gepflegt werden können, würdevoll sterben zu lassen[4]. Dazu gehört zwar optimale Schmerztherapie, aber nicht Intensivmedizin und Lebensverlängerung um jeden Preis. Es geht hier also um Euthanasie im Wortsinn: um einen schönen, leichten Tod.

Strafrechtlich relevant kann diese Form von Sterbebegleitung allenfalls in der letzten Phase des Lebens werden. Bis dahin ist auch dann, wenn zugunsten eines „schönen Todes" auf die Anwendung medizin-technologischer Möglichkeiten verzichtet wurde, der Behandlungsverzicht aufgrund des entsprechenden Patientenwillens geboten. Dies gilt auch - entgegen der orthodoxen katholischen Moraltheologie, wonach es um die „Teilnahme am Leiden Jesu Christi" gehe [5] - für die Verkürzung des „bewußten" Lebens durch dämpfende Schmerzmittel („Hinüber-

---

* Dieser Beitrag ist über das Symposion hinaus bis zum Zeitpunkt der Drucklegung dieses Bandes fortgeschrieben worden.

1 *Maurach/Schroeder*, Strafrecht BT/1, 8. Aufl. 1995, § 1 Rn. 34; siehe auch schon *Stratenwerth*, SchwZStrR 95 (1978), 60 f.; *Otto*, Verh. 56. DJT, 1986, Teil D, S. 9.

2 Siehe etwa *Engisch*, Euthanasie und Vernichtung lebensunwerten Lebens in strafrechtlicher Betrachtung, 1948, S. 4 f.

3 Siehe etwa *Wessels*, Strafrecht BT/1, 21. Aufl. 1997, Rn. 25.

4 Näher dazu Evangelische Akademie Baden (Hrsg.), Hospiz - Alternative für die Sterbebegleitung?, 1989; *Student* in *Student* (Hrsg.), Das Recht auf den eigenen Tod, 1993, S. 108 ff.

5 Siehe dazu *Möllering*, Schutz des Lebens - Recht auf Sterben, 1977, S. 9; *Trockel*, NJW 1975, 1442 f.; *Schwinge*, Erinnerungsgabe für *Grünhut*, 1965, S. 150 f.; *Kohlhaas*, Medizin und Recht, 1969, S. 108; *Hoerster*, NJW 1986, 1787.

schlummern")[6]; im Gegenteil, verweigerte Schmerzbekämpfung kann sogar als Körperverletzung strafbar sein[7]. Der Bundesgerichtshof nimmt jedoch für den Suizid an, daß mit dem Eintritt der Bewußtlosigkeit auch der einer Intervention entgegenstehende Wille des Patienten gleichsam entschwindet und macht hier den Weg frei zur Bestrafung wegen unterlassener Hilfeleistung, beim Vorliegen einer Garantenstellung, die Angehörige, Ärzte und Pflegepersonal in aller Regel haben werden, sogar wegen Unterlassenstäterschaft[8]. Auch auf § 101 StVollzG sei hingewiesen, der zur Durchführung von medizinischer Behandlung oder Zwangsernährung bei Hungerstreikenden dann verpflichtet, wenn nicht mehr „von einer freien Willensbestimmung des Gefangenen ausgegangen werden kann". In diesen Fällen soll eine Art „Tatherrschaftswechsel" stattfinden. Die Literatur hat diese Auffassung immer mit dem Hinweis darauf bekämpft, daß man dann bei einem Suizid straflos das Tötungsmittel zur Verfügung stellen dürfe, aber dagegen einschreiten müsse, wenn es zu wirken beginnt[9]. Man mag sich auch fragen, verallgemeinert man diese Dogmatik, wie denn dann (insbesondere lebensgefährliche) Operationen durchgeführt werden können, liegt die Einwilligung doch vor der Narkose ...[10]

Es scheint nur auf den ersten Blick so, als ob der BGH in dieser Rigidität an seiner Suizid-Rechtsprechung nicht mehr festhalten will. Im „Wittig-Fall" [11] hat der 3. Senat 1984 zwar einen Arzt nicht bestraft, der zu einer Patientin, die sich vergiftet hatte, hinzukam und sie ihrem Willen entsprechend sterben ließ. Der BGH führte zum Freispruch jedoch nur aus: „Wenn der Angeklagte ... den Konflikt zwischen der Verpflichtung zum Lebensschutz und der Achtung des Selbstbestimmungsrechts der nach seiner Vorstellung bereits schwer und irreversibel geschädigten Patientin dadurch zu lösen suchte, daß er nicht den bequemeren Weg der Einweisung in eine Intensivstation wählte, sondern in Respekt vor der Persönlichkeit der Sterbenden bis zum endgültigen Eintritt des Todes bei ihr ausharrte, so kann seine ärztliche Gewissensentscheidung nicht von Rechts wegen als unvertretbar angesehen werden." Das Gericht hat also unter grundsätzlicher Beibehaltung seiner Rechtsprechung nur eine Ausnahme für „diesen" Angeklagten gesucht.

Entscheidend ist aber folgendes: In der Diskussion um das umstrittene Wittig-Urteil hat der damalige Berichterstatter und jetzige Vorsitzende des 3. BGH-Senats *Klaus Kutzer* darauf hingewiesen, daß seiner Ansicht nach die Rechtsprechung zum Suizid sich nicht auf den Behandlungsverzicht übertragen lasse [12]. Bedenkt man die harsche Kritik der Literatur [13] und die vorsichtige Distanz selbst der Judikatur zum „Wittig-Urteil" [14], so ist zu prognostizieren, daß eine Transformation der Grundsätze auf die Sterbebegleitung in der Tat nicht geschehen wird (sondern eher umgekehrt, wie es auch der Alternativentwurf Sterbehilfe 1986 vorschlug [15]).

Eine plausible Begründung für diese Differenzierung zu finden, fällt nicht leicht [16]. *Kutzer* hat darauf hingewiesen, Suizidenten seien in der Regel körperlich gesund, das Sterbenlassen würde dagegen alte, schwerkranke Menschen betreffen. Der „Suizidpatient" habe zielgerichtet mit dem Tötungsversuch den Höchstwert der grundgesetzlichen Ordnung negiert, während der „Normalpatient" lediglich dem herannahenden Tod keinen Widerstand mittels medizinisch-technischer oder pharmakologischer Maßnahmen mehr entgegensetzen wolle [17]. Juristisch sind diese Differenzierungen kaum zu fassen, wohl aber moraltheologisch: Der Suizident (und auch der Hungerstreikende!) widersetzt sich „Gottes Willen" (zum Weiterleben)

---

6 *Stratenwerth*, SchwZStrR 95 (1978) 64; *Otto*, Verh. 56. DJT, S. 34; kritisch *Jakobs*, FS *Arth. Kaufmann*, 1993, S. 470 Fn. 36.
7 *Eser* in *Schönke/Schröder*, 25. Aufl. 1997, vor §§ 211 ff. Rn. 23; *Kutzer*, ZRP 1993, 404 f.; *Verrel*, MedR 1997, 250.
8 Vgl. BGH, NJW 1960, 1821 (1822).
9 Siehe dazu *Maurach/Schroeder*, Strafrecht BT/1, § 1 Rn. 25; *Jähnke* in Leipziger Kommentar, 10. Aufl. 1989, vor § 211 Rn. 2; *Otto*, Verh. 56. DJT, S. 67.
10 Siehe dazu *Koch* in *Eser/Koch*, Materialien zur Sterbehilfe, 1991, S. 65.
11 BGHSt 32, 367.
12 *Kutzer*, MDR 1985, 712 f.; kritisch hierzu *Eser* in *Schönke/Schröder*, vor §§ 211 ff. Rn. 28.
13 Siehe nur *R. Schmitt*, JZ 1984, 866 ff.
14 Siehe BGH, NJW 1988, 1532.
15 § 214 II AE-Sterbehilfe; vgl. auch *Verrel*, JZ 1996, 224 ff.
16 Siehe auch *Bernsmann*, ZRP 1996, 88; *Verrel*, JZ 1996, 230.
17 *Kutzer*, MDR 1985, 713.

anders als der zum Sterben bereite Todkranke. Betrachtet man den „Wittig-Fall" so, macht der dortige Schlingerkurs [18] des BGH Sinn: Es handelte sich dort nicht um eine körperlich gesunde, sondern um eine alte, schwerkranke Suizidentin ...[19]

2. Beihilfe zum Suizid

Die Beihilfe zum Suizid ist genaugenommen Sterbehilfe im eigentlichen Wortsinn. Sie ist in Deutschland, anders als etwa in der Schweiz oder in Österreich, an sich straflos. (Eine andere Auffassung vertreten nur einige Juristen wie etwa *Eberhard Schmidhäuser*, der davon ausgeht, daß auch der Suizid den Unrechtstatbestand der Tötungsdelikte erfülle, straflos nur wegen eines vorliegenden Entschuldigungsgrundes sei mit der Folge, daß Beihilfehandlungen nicht mangels rechtswidriger Haupttat ausgeschlossen seien [20].) Allerdings wäre es irrtümlich zu glauben, daß hierdurch im deutschen Strafrecht die Strafbarkeit wesentlich eingeschränkt würde: Im Ausland wird eher verwundert zur Kenntnis genommen, wie in Deutschland trotz einer fehlenden Vorschrift manchmal Fälle von Beihilfe zur Selbsttötung bestraft werden, die dort straflos blieben [21] - ein Beispiel hierfür hatten wir mit der „Lehre vom Tatherrschaftswechsel" soeben erörtert.

Das entscheidende Abgrenzungskriterium zwischen (strafloser) Suizidbeihilfe und (strafbarer) Sterbehilfe soll sich nach der deutschen Rechtsprechung aus der „Tatherrschaft" ergeben, die genaugenommen entsprechend der formal-objektiven Teilnahmelehre ermittelt wird [22]. So hat der BGH im „Gisela-Fall" Sterbehilfe deshalb bejaht, weil *Giselas* Freund bei dem beabsichtigten gemeinsamen Sterben durch Autoabgas-Vergiftung den Fuß auf dem Gaspedal hatte und damit „das gesamte Geschehen bis zuletzt in der Hand", also Tatherrschaft gehabt habe [23]. Im „1. Hackethal-Fall" hat dementsprechend das OLG München eine straflose Suizidbeihilfe angenommen, weil die Sterbewillige „den Giftbecher ... ohne Hilfe Dritter selbst zum Mund geführt und das Gift getrunken" hatte [24]. Solche Entscheidungen illustrieren den Hauptkritikpunkt an dieser Dogmatik: Die Einordnung von Hilfeleistungen als Tötungsdelikt hängt von „Kleinigkeiten" [25] der „Tat"-Ausführung ab.

3. Vernichtung „lebensunwerten" Lebens

Schließlich zählt nicht zum eigentlichen Bereich Sterbe-„Hilfe" die Vernichtung angeblich lebensunwerten Lebens, wie sie insbesondere die Nationalsozialisten an Geisteskranken vorgenommen haben. Diese Verbrechen wären in unserem Zusammenhang kaum einer Erwähnung wert, hätten die Nazis nicht ihre Aktion euphemistisch als „Euthanasie" bezeichnet, ein Begriff, der ansonsten häufig als Synonym für Sterbehilfe genutzt wird [26].

---

18 Vgl. *Tröndle*, ZStW 99 (1987), 45: „verschlungene ... Begründung".

19 Siehe *Bernsmann*, ZRP 1996, 88: „ ... die Dogmatik scheint die Grenzen ihrer Leistungsfähigkeit endgültig erreicht zu haben"; vgl. auch *Verrel*, JZ 1996, 226.

20 *Schmidhäuser*, Festschrift für *Welzel*, 1974, S. 801 ff.; Strafrecht BT, 2. Aufl. 1983, 2. Kap. Rn. 9; 37.

21 Siehe etwa *Noll*, Schweizerisches Strafrecht BT/1, 1983, S. 25; vgl. auch *Eser*, MedR 1985, 13.

22 Siehe *Kutzer*, NStZ 1994, 112; vgl. auch *Herzberg*, NJW 1986, 1641; siehe aber auch BGH, GA 1986, 508.

23 BGHSt 19, 135.

24 OLG München, NJW 1987, 2940.

25 *Krack*, KritJ 28 (1995), 71.

26 Siehe dazu *Koch* in *Eser/Koch* (Hrsg.), Materialien zur Sterbehilfe, S. 33.

Es handelt sich hierbei insbesondere um die sog. „Aktion T 4", der nach Schätzungen fast 100.000 Menschen zum Opfer gefallen sind. Die Aktion geht auf einen von *Hitler* persönlich unterschriebenen Brief mit Datum vom 01. September 1939 zurück, in dem er den Reichsleiter *Bouhler* und seinen persönlichen Arzt *Brandt* beauftragte „... die Befugnisse namentlich zu bestimmender Ärzte so zu erweitern, daß nach menschlichem Ermessen unheilbar Kranken bei kritischster Beurteilung ihres Gesundheitszustandes der Gnadentod gewährt werden kann" [27].

Daß das Ausführen eines solchen Befehls in aller Regel den Mordtatbestand erfüllt, liegt auf der Hand. Heimtücke (tödliche Spritze!) könnte allerdings nach der umstrittenen Rechtsprechung des BGH zur fehlenden Arglosigkeit Bewußtloser [28] und Geisteskranker [29] entfallen [30]; niedere Beweggründe müssen sich - jedenfalls für die in der Literatur herrschende Ansicht - (auch) in der Person des Haupttäters finden (§ 28 II bzw. § 29 StGB) [31].

Spezifische Probleme bereiten diese fälschlich so genannten Euthanasiefälle - wenn man den allgemeinen Fragenkreis des Handelns auf Befehl einmal außer acht läßt - nur insoweit, als sich angeklagte Ärzte - wir wollen einmal unterstellen zu Recht - darauf berufen haben, sie hätten Tötungen deshalb angeordnet bzw. ausgeführt, weil im Weigerungsfalle ein anderer Arzt an ihre Stelle getreten wäre und mehr Kranke vernichtet hätte [32]. Juristisch müssen wir hier nun zunächst einmal sorgfältig differenzieren: Ist davon auszugehen, daß im Falle der Weigerung zwar mehr, aber andere Patienten umgebracht worden wären, oder ist (wohl wahrscheinlicher) anzunehmen, daß eine größere Zahl von Patienten unter Einschluß der auch von dem sich so verteidigenden Arzt ausgesuchten Kranken vernichtet worden wären?

(Nur [33]) im ersteren Fall entspricht die Konstellation exakt der in dem berühmten, von dem Strafrechtler und Rechtsphilosophen *Hans Welzel* erdachten „Bahnwärter-Fall" [34], wo ein zufällig anwesender Weichensteller den garantiert vielfach tödlich endenden Zusammenstoß zweier vollbesetzter Personenzüge geistesgegenwärtig dadurch verhindert, daß er einen Zug blitzschnell auf ein Nebengleis umleitet, wissend, daß dort ein Gleisarbeiter kaum wird ausweichen können. Hier geht die herrschende Ansicht von einem „übergesetzlichen Notstand" mit der Folge des Schuldausschlusses aus [35], während andere, etwa der Münchener Strafrechtslehrer *Claus Roxin*, die allerdings „gewiß zu mildernde ... Strafbarkeit" annehmen[36].

Die zweite Fallgestaltung (die getöteten Patienten waren ohnehin verloren) entspricht dagegen der des von dem großen Kriminalrechtler *Adolf Merkel* vor einem Jahrhundert ersonnenen „Bergsteiger-Falles" [37], in dem der eine von zwei abgestürzten Kletterern den anderen, mit ihm Verbundenen abschneidet, um zumindest sich selbst retten zu können. Bei dieser Konstellation wird von einigen Autoren eine Rechtfertigung angenommen: „Ein vernünftiges Recht kann nicht verbieten, daß wenigstens ein Menschenleben gerettet wird, wenn die Rettung beider unmöglich ist." [38] Die wohl herrschende Gegenmeinung, der sich auch der BGH in seinem „Euthanasie-Urteil" angeschlossen hat [39], meint dagegen, es widerspreche der „von der christlichen Sittenlehre her bestimmten Kulturanschauung ..., den für die Erhaltung von Sachwerten angemessenen Grundsatz des kleineren Übels anzuwenden und den rechtlichen Unwert der Tat nach dem sozialen Gesamtergebnis abzuwägen, wenn Menschenleben auf dem Spiele stehen". Dogmatisch kann man dies damit stützen, daß „auch die Tötung eines ohnehin Verlorenen eine eigenmächtige Verkürzung seines Lebens ist. Würde man sie zulassen, so würde der Grundsatz aufgegeben, daß auch das Leben des Todgeweihten unter dem Schutze der Rechtsordnung steht" [40]. Wer so argumentiert, sieht zwischen Bergsteiger- und Bahnwärter-Fall keine prinzipiellen Unterschiede mehr.

Es sei allerdings darauf hingewiesen, daß man es sich zu einfach machen würde, die Vernichtung angeblich lebensunwerten Lebens als ein bloßes Phänomen des

---

27 Siehe hierzu *Ehrhardt*, Euthanasie und Vernichtung „lebensunwerten" Lebens, 1965, S. 24 ff.
28 BGH, NJW 1966, 1823.
29 BGH, JZ 1974, 511.
30 So auch BGH, NStZ 1997, 490.
31 BGH, JZ 1974, 511 ist insoweit überholt!
32 Siehe BGH, NJW 1953, 513; OGHSt 1, 321; 2, 117; SchwurG Köln, NJW 1952, 358.
33 Dies verkennt SchwurG Köln, NJW 1952, 358 (359).
34 *Welzel*, ZStW 63 (1951), 51 f.
35 Siehe näher *Roxin*, Strafrecht AT/1, 3. Aufl. 1997, § 22 Rn. 146 ff. mwN.
36 *Roxin*, Strafrecht AT/1, § 22 Rn. 157.
37 *A. Merkel*, Die Kollision rechtmäßiger Interessen und die Schadensersatzpflicht bei rechtmäßigen Handlungen, 1895, S. 48.
38 *v. Weber*, Das Notstandsproblem und seine Lösungen in den deutschen Strafgesetzentwürfen von 1919 und 1925, 1925, S. 30.
39 BGH, NJW 1953, 513.
40 *Roxin*, Strafrecht AT/1, § 16 Rn. 34.

Dritten Reiches anzusehen. Nicht nur, daß diese „Euthanasie" bei vielen Naturvölkern durchaus nicht unüblich gewesen ist [41]; selbst bei *Platon* kann man lesen: „Wer siech ist am Körper, den sollen sie sterben lassen. Wer an der Seele mißraten oder unheilbar ist, den sollen sie töten." [42] *Plutarch* berichtet vom Infantizid in Sparta [43], *Seneca* hat die Kindestötung verteidigt [44]. Später finden sich beim heiliggesprochenen *Thomas Morus*[45] sowie bei *Francis Bacon* [46] befürwortende Äußerungen zur Alten- und Krankentötung[47].

Nun muß man bei der Abqualifizierung solcher Auffassungen aus völlig anderen Kulturkreisen als inhuman etwas vorsichtig sein [48]. Eine Überflußgesellschaft wie die unsere hat es einfach, sich zur Nichtdurchfütterung „unnützer Esser" zu positionieren, die anderswo eine Existenzfrage sein kann. Immerhin haben auch bundesdeutsche Gerichte die Tötung Geisteskranker im 2. Weltkrieg, um sie der Gefahr des Verhungerns infolge der „katastrophalen Versorgungslage" zu entziehen, zwar als strafbar, aber „keinen Verstoß gegen die Menschlichkeit" bezeichnet [49].

Insofern ist es viel problematischer, daß sich entsprechende Gedanken seit der Jahrhundertwende bei uns in Deutschland mehrten [50]. Vor allem ist die ideologische Grundlage für die Naziverbrechen durch das Buch „Die Freigabe der Vernichtung lebensunwerten Lebens" von *Binding* und *Hoche* aus dem Jahre 1920 bereitet worden. Der berühmte Jurist *Karl Binding* führte hier kurz vor seinem Tode aus, daß auch bei „unheilbar Blödsinnigen" ein „absolut zweckloses Leben" vorläge, so daß ihr Tod „nicht die geringste Lücke" risse, ihr Leben aber für die Gesellschaft „eine furchtbar schwere Belastung" bildete: So wäre etwa ein „Menschenberuf" erforderlich, „der darin aufgeht, absolut lebensunwertes Leben für Jahre und Jahrzehnte zu fristen" [51]. Der Psychiater *Adolf Hoche* sprach etwa von „Ballastexistenzen" [52].

Trotzdem muß darauf hingewiesen werden, daß man es sich zu leicht machen würde, *Binding* und *Hoche* einfach als Geistesverwandte der Nazis hinzustellen. *Hoche* gab 1933 aus Protest gegen die Machtergreifung seinen Lehrstuhl auf [53] und wurde später von den Nationalsozialisten „infam verfolgt" [54]; *Binding*, bei Abfassung der Schrift schon fast 80jährig, stand unter dem Einfluß des Massensterbens im 1. Weltkrieg [55]. Große Passagen sind durchaus als Bemühen um Humanität aus Mitleid zu verstehen. Daneben stehen aber auch die hier zitierten mehr als fragwürdigen Formulierungen. Größeres Befremden ruft bei mir jedenfalls hervor, wenn in den sechziger Jahren in der Bundesrepublik Schriften in weitgehender Anlehnung an die Thesen *Bindings* publiziert wurden und etwa „wegen ihres bemerkenswerten geistigen und medizinischen Niveaus lesenswert" genannt wurden [56] - verfaßt von dem Medizinprofessor *Werner Catel* [57], einem maßgeblichen Beteiligten an der nationalsozialistischen „Euthanasie"-Aktion [58].

---

41 Siehe *Koty*, Die Behandlung der Alten und Kranken bei den Naturvölkern, 1932.
42 *Platon*, Politeia.
43 *Plutarch*, Lykurg.
44 *Seneca*, De ira.
45 *Morus*, Utopia.
46 *Bacon*, Nova Atlantis.
47 Näher *Eid* in *Eid* (Hrsg.), Euthanasie oder Soll man auf Verlangen töten, 2. Aufl. 1985, S. 12 ff.
48 Siehe dazu auch *Wunderli*, Euthanasie oder Über die Würde des Sterbens, 1974, S. 76 f.; *Buschendorf* in *Valentin* (Hrsg.), Die Euthanasie, 1969, S. 46; *Ehrhardt*, Euthanasie und Vernichtung „lebensunwerten" Lebens, S. 7.
49 VGH Bremen, NJW 1960, 400; VGH Mannheim, zit. b. BVerwG, NJW 1964, 2220.
50 *Jost*, Das Recht auf den Tod, 1895; *E. Mann*, Moral der Kraft, 1920; Die Erlösung der Menschen vom Elend, 1922.
51 *Binding/Hoche*, Die Freigabe der Vernichtung lebensunwerten Lebens, 1920, S. 31 f.
52 *Binding/Hoche*, Die Freigabe der Vernichtung lebensunwerten Lebens, S. 55; 56 f.
53 *Hellbrügge* in *Forster* (Hrsg.) Aktuelle Probleme des Lebensschutzes durch die Rechtsordnung, 1964, S. 79; siehe auch *Ehrhardt*, Euthanasie und Vernichtung „lebensunwerten" Lebens, S. 53.
54 *Simson*, Festschrift für *Schwinge*, 1973, S. 92 Fn. 7.
55 Vgl. *Binding/Hoche*, Die Freigabe der Vernichtung lebensunwerten Lebens, S. 27 f.; siehe dazu *Geilen*, Euthanasie und Selbstbestimmung, 1975, S. 6 Fn. 7.
56 *Simson*, Festschrift für *Schwinge*, S. 90; siehe auch *Kehler*, Zentralblatt für Kinderheilkunde 90 (1964), S. 97 f.: „anthropologisch begründeter Humanismus"; *Geilen*, Euthanasie und Selbstbestimmung, S. 17 Fn. 29: „subjektive Ernsthaftigkeit seines Anliegens".
57 *Catel*, Grenzsituationen des Lebens, 1962; Leidminderung richtig verstanden, 1966.
58 Näher dazu *Ehrhardt*, Euthanasie und Vernichtung „lebensunwerten Lebens", S. 2; 28 f.; 45 ff.; *Lohmann*, Euthanasie in der Diskussion, 1975, S. 70.

Ebenfalls als Befürwortung der Vernichtung lebensunwerten Lebens werden in den letzten Jahren von manchen die Thesen des australischen Philosophen *Peter Singer* angesehen, der in seiner „Praktischen Ethik“ ausgeführt hat, für die Frage, ob es verwerflich sei zu töten, hätte nicht die Zugehörigkeit eines menschlichen Wesens zur Spezies Homo sapiens allein Bedeutung; entscheidend seien vielmehr Eigenschaften wie Rationalität, Autonomie und Selbstbewußtsein. Diese Attribute hätten Säuglinge oder Ältere, die auf dieser geistigen Reifestufe beharren, sowie mancher aufgrund von Unfall, Krankheit oder hohem Alter Geschädigte nicht [59]. Folge sei, daß deren Tötung grundsätzlich zulässig wäre [60]. So problematisch diese Thesen sind, so sei *Singer* doch in einem Punkt hier in Schutz genommen: „Lebensunwert“ wird von ihm nicht auf den Wert des Lebens für die Gesellschaft bezogen, sondern für den betroffenen Menschen selbst [61].

Es steht seit einiger Zeit zu befürchten, daß sich in Zukunft der Gedanke des Lebenswertes eines Kranken für die Gesellschaft doch wieder einschleichen könnte. Ansatzpunkt hierfür wäre die Ressourcenverteilung in einem unterfinanzierten Gesundheitssystem. So wird etwa aus Großbritannien heute schon berichtet, es sei „offizielle policy, Patienten mit Nierenversagen über einer gewissen Altersgrenze die Finanzierung der ... erforderlichen Dialyse vorzuenthalten und dadurch sterben zu lassen“ [62] - Verteilung nach dem Lebenswert für die Gesellschaft?

II. Kernbereich

Im folgenden soll versucht werden, den Bereich der eigentlichen Sterbehilfe zu ordnen. Ich will hier, in leichter Abwandlung von gängiger Einteilung, grob zwischen aktiver, aktiv-indirekter, passiver und quasi-passiver Sterbehilfe unterscheiden.

1. Aktive Sterbehilfe

Die aktive Sterbehilfe sei in der Bundesrepublik Deutschland verboten, heißt es stereotyp mit Blick auf § 216 StGB, der Tötung auf Verlangen. Auch auf den Eid des Hippokrates wird immer wieder hingewiesen, in dem es u.a. heißt: „Ich werde an niemanden ein tödlich wirkendes Gift abgeben, auch auf Verlangen nicht.“ Man sollte hier allerdings etwas genauer differenzieren:

a) Tötung aus Mitleid

Die sog. Mitleidstötung fällt zunächst einmal eindeutig aus dem Bereich der Tötung „auf Verlangen“ heraus, weil sie nicht auf Wunsch des Opfers, sondern in dessen (vermeintlich) wohlverstandenem Interesse vorgenommen wird. Sie ist genaugenommen „aufgedrängte Sterbehilfe“. Der bekannteste Fall in den letzten Jahren hierzu ist der „Wuppertaler Todesengel-Fall“ [63], in dem eine Fachschwester für Anästhesie und Intensivpflege mehreren schwerstkranken Patienten heimlich tödliche Injektionen verabreichte, um ihnen aus Mitleid [64] weiteres, von ihr als sinnlos angesehenes Leiden und einen langen Todeskampf zu ersparen. Spätestens wenn man in den Urteilsgründen liest, was für von Sachverständigen als „irrsinnige Aktivitäten“ bezeichnete Wiederbelebungsmaßnahmen die Schwester miterleben mußte, bei denen

---

59 *Singer*, Praktische Ethik, 2. Aufl. 1993/94, S. 115 ff.
60 *Singer*, Praktische Ethik, S. 232 ff.
61 Vgl. *Singer*, Praktische Ethik, S. 256 f.
62 *Birnbacher* in *Hegselmann/Merkel* (Hrsg.), Zur Debatte über Euthanasie, 1991, S. 44.
63 BGHSt 37, 376.
64 Zweifelnd *Geilen*, Festschrift für *Spendel*, 1992, S. 52 ff.; *Eisenberg*, MschrKrim 80 (1997), 253.

es etwa zur „Hinzufügung von Rippenserienbrüchen" kam, kann man verstehen, daß sich der BGH gegen die Annahme des Mordtatbestandes wehrte. Es bliebe bei Totschlag, weil in dieser Konstellation nicht nur keine niedrigen Beweggründe gegeben seien, sondern da es auch für das Heimtückemerkmal an der feindseligen Haltung gegenüber dem Opfer gefehlt habe [65]; es wäre ergänzend zu erinnern, daß jedenfalls nach der Rechtsprechung die heimtückische Tötung Bewußtloser ohnehin nicht möglich ist [66].

In einer etwas älteren Entscheidung ist der BGH sogar noch einen Schritt weitergegangen und hat einen minder schweren Fall des Totschlages gemäß § 213 2. Alt. StGB in einem Fall angenommen, in dem eine Mutter „aus falsch verstandener Fürsorge" ihr Kind, „an dem sie mit großer Liebe hing", tötete, um ihm ein von ihr „als unerträglich und unausweichlich empfundenes Schicksal zu ersparen" [67]. Auch der StGB-Entwurf von 1962 (E 62) sah ausdrücklich Mitleid als Milderungsgrund bei Totschlag vor. Diese Auffassung dürfte solange zustimmungswürdig sein [68], wie tatsächlich (altruistisches) „Mit-Leiden" und nicht nur (egoistisches) „Nicht-mehr-mit-ansehen-Können" den Motivschwerpunkt bildet [69]. Ist die Motivation aber sogar, wie kürzlich hinsichtlich einer ägyptischen Krankenschwester berichtet, die 18 Patienten in einem Krankenhaus tötete, „mehr Ruhe" während der Schicht zu haben [70], dürfte Mord aus niedrigen Beweggründen nicht mehr zu verneinen sein.

Nun sei selbst das Ergebnis der Totschlagsbestrafung doch einmal etwas provozierend hinterfragt: Im Bereich des Tierschutzes hat der BGH einmal ausdrücklich formuliert, die Gnadentötung eines schwer leidenden Tieres sei ein „sittliches Gebot" [71]. Gegen einen Vergleich kann man nun natürlich sofort einwenden, daß der Mensch, anders als das Tier, in der Lage ist, selbst Entscheidungen zu treffen - jedenfalls grundsätzlich. Was ist nun aber, wenn etwa bei einem zerebral schwerst Geschädigten diese Fähigkeit endgültig ausgefallen ist? Sittliches Gebot beim Tier - strafrechtliches Verbot beim Menschen?

Kriminologisch bemerkenswert ist es übrigens, daß Mitleidstötungen in der Bevölkerung relativ weitgehend auf ein gewisses Verständnis zu stoßen scheinen [72]. So sind kürzlich zum Zweck einer Kautionsstellung für eine Krankenschwester, verurteilt wegen versuchten Mordes an einer 85-jährigen Frau, eine Million DM gesammelt worden [73]. Erwähnt sei, daß selbst *Mahatma Gandhi*, trotz seiner Ablehnung jeglicher Gewalt, spekulativ die Mitleidstötung seiner eigenen Kinder für richtig erachtet hat [74].

b) Todeswunsch aus Konflikt

Kommen wir zur (aktiven) Sterbehilfe im eigentlichen Sinne, nämlich der Tötung „auf Verlangen". In der Suizidforschung wird im allgemeinen hinsichtlich der Motivation zwischen dem Bilanz- und dem Konfliktsuizid unterschieden. Der Terminus Bilanzselbstmord stammt übrigens von dem schon erwähnten *Alfred Hoche*, der ihn wie folgt umschrieb: „Eine kaltbewußte Abwägung des Für und Wider, die sachlich und logisch zum endgültigen Entschluß führt, ist die Ausnahme, aber sie kommt vor; ich kenne derartige Fälle - der Bankier, der es sich aus dem Depot seiner Kunden wohl sein läßt, solange es gehen will, aber das Gift bei sich führt, das er im Momente der Verhaftung vorsatzgemäß schluckt, Ärzte, denen klar wird, daß sie am beginnenden Krebs leiden, gebildete, feinfühlige Persönlichkeiten, die zu Zuchthaus verurteilt werden, Kleinrentner, die ohne Aussicht auf Änderung vor dem

---

65 Siehe dazu *Roxin*, NStZ 1992, 35 f.; *Geilen*, Festschrift für *Spendel*, S. 522 ff.
66 Siehe näher *Geilen*, Festschrift für *Spendel*, S. 524; *Kutzer*, NStZ 1994, 111.
67 BGHSt 27, 298 (299).
68 So etwa auch *Arzt/Weber*, Strafrecht BT/1, 3. Aufl. 1988, Rn. 165.
69 Vgl. *Kutzer*, NStZ 1994, 111; *Geilen*, Festschrift für *Spendel*, S. 520 ff.
70 Märkische Oderzeitung vom 16./17. August 1997, S. 8.
71 BGH, NJW 1982, 1327 (1327 f.).
72 Vgl. auch *Geilen*, Euthanasie und Selbstbestimmung, S. 5.
73 Die Zeit 22/1997, S. 12.
74 *M. Gandhi*, All Men are Brothers, 1958, S. 92.

wirtschaftlichen Nichts stehen usw. ...“ [75] Diese Unterscheidung läßt sich durchaus vom Suizid auf die Tötung auf Verlangen übertragen.

aa) Kein „ernsthaftes“ Verlangen

Zunächst einmal ist eindeutig, daß ein Totschlag und nicht nur eine Tötung auf Verlangen vorliegt, wenn der Todeswunsch nicht nur aus einem Konflikt heraus erwächst, sondern darüber hinaus das Verlangen sich nicht einmal als „ernstlich“ i.S.v. § 216 StGB darstellt. Dies wird insbesondere dann angenommen, wenn aufgrund von alters- oder krankheitsbedingten Mängeln (oder infolge eines Irrtums: „Sirius-Fall“ [76]!) der natürlichen Einsichts- oder Urteilsfähigkeit Grenzen gesetzt sind.

Ein typischer Todeswunsch dieser Art wird etwa in dem schon erwähnten „Gisela-Fall“ beschrieben[77], in dem eine Sechzehnjährige deshalb sterben möchte, weil die Eltern ihre intimen Liebesbeziehungen mißbilligten und ihrem Freund verboten hatten, zu ihrer Tochter noch einmal Kontakt aufzunehmen. Entgegen dem BGH würde ich mit dem AE-Sterbehilfe bei Minderjährigen ausnahmslos mangelnde Einsichts- und Urteilsfähigkeit annehmen [78] und nicht darauf abstellen, ob der Suizident „über sein Alter hinaus gereift“ [79] sei (§ 3 JGG analog [80]?); die rechtlichen Wertungen etwa von §§ 106 ff. BGB oder § 12 I Nr. 1 BWahlG dürften hier näher liegen[81]. Umgekehrt freilich geht es nicht an, abweichend von der allgemeinen Dogmatik jegliche psychische Ausnahmesituation - regelmäßig konstitutiv für einen Todeswunsch - als für die Einsichts- und Urteilsfähigkeit relevant anzusehen mit der Folge, daß in 95% [82] oder gar mehr[83] aller Sterbeverlangen die Anwendung von § 216 StGB nicht in Betracht käme[84].

Jedenfalls scheidet zwar bei einer Bestimmung des Sterbehelfers durch das nicht ernsthafte Verlangen die Anwendung von § 216 StGB aus; eine Milderung der Totschlagsstrafe gemäß § 213 2. Alt. StGB liegt allerdings nahe [85] - mit der Konsequenz des gleichen Strafrahmens.

Dies ist freilich Tatfrage; es ist durchaus selbst eine Bestrafung wegen Mordes denkbar. Ein Beispiel hierfür wäre etwa der in der Presse berichtete Fall des Sterbehelfers *Atrott*, der offenbar gegen ein hohes Entgelt (Habgier?) einem Rechtsanwalt, der sich in dem krankhaften Wahn befand, an Aids erkrankt zu sein, Zyankali gab [86].

bb) „Ernsthaftes“ Verlangen

Wenn aber ein „ernsthaftes Verlangen“ vorliegt, ist der Tatbestand des § 216 StGB einschlägig. Soweit es sich hierbei um jemanden handelt, dessen Tötungswunsch nicht auf „Bilanz“ beruht, ist die Norm heute praktisch unumstritten. Selbst ihre Kritiker konstatieren, daß sie insoweit zu Recht vor einem übereilten Tod schützen soll [87] und somit den Sterbewilligen „wie ein unvernünftiges Kind“ [88] behandeln darf. Es gehe um den Schutz des „wahren“ Willens [89]. § 216 StGB mit seiner weitergehenden Pönalisierung sei deshalb ein abstraktes Gefährdungsdelikt. Es gehe hier,

---

75 *Hoche* in *Hoche* (Hrsg.) Handbuch der gerichtlichen Psychiatrie, 3. Aufl. 1934, S. 352; siehe auch *J.-E. Meyer*, MedR 1985, 210 ff.
76 BGHSt 32, 38.
77 BGHSt 19, 135; siehe auch BGH, JR 1955, 104.
78 § 215 II AE-Sterbehilfe; siehe auch RGSt 72, 399.
79 BGHSt 19, 135.
80 *Bottke*, GA 1983, 31 f.; *Roxin* in 140 Jahre Goltdammer's Archiv, 1993, S. 118.
81 Siehe auch *Geilen*, JZ 1974, 149; *Horn* in Systematischer Kommentar, 5. Aufl. 1993, § 212 Rn. 14.
82 *Jähnke* in Leipziger Kommentar, vor § 211 Rn. 29.
83 *Bringewat* in *Eser* (Hrsg.), Suizid und Euthanasie, 1976, S. 368 ff.; *Langer* in *Kruse/Wagner* (Hrsg.), Sterbende brauchen Solidarität, 1986, S. 118.
84 So auch *Otto*, Verh. 56. DJT, S. 77 f.; *R. Schmitt*, Festschrift für *Maurach*, 1972, S. 118.
85 Vgl. RGSt 72, 399 (400).
86 Tageszeitung vom 14. März 1994, S. 20; siehe auch BGH, NJW 1981, 932.
87 Siehe etwa *Jakobs*, Festschrift für *Arth. Kaufmann*, S. 467 ff.
88 *Herzberg*, NJW 1996, 3047.
89 *Engisch*, Festschrift für *Dreher*, 1977, S. 317.

wie schon *Hoche* formulierte [90], um die „Überschätzung der Episode". Beispielhaft [91] wird in diesem Zusammenhang auf Situationen wie die des ehemaligen schleswig-holsteinischen Ministerpräsidenten *Uwe Barschel* hingewiesen, der sich, politisch schwer gestürzt, (vermutlich) deshalb selbst umbrachte, während *Richard Nixon* seinen ähnlichen tiefen Fall infolge der „Watergate-Affäre" nach einiger Zeit gut überstanden hatte [92].

Andere Begründungen für § 216 StGB lassen sich schlechter halten. Insbesondere ist es nicht zulässig, die Verfügungsbefugnis des Menschen über sein eigenes Leben zu bestreiten [93], wie es vor allem von der katholischen Kirche mit Blick auf die Lehre von *Thomas von Aquin* getan wird. (Übrigens dürfte hierfür auch nicht das 5. Gebot -„Du sollst nicht töten"- heranzuziehen sein, beinhaltet doch die hebräische Urfassung der Bibel den Ausdruck „ratsach", was soviel wie „heimtückisches, rachsüchtiges Töten" heißt [94].) Eine religiöse Auffassung kann nicht Grundlage für staatliches Strafen sein [95]. Aber auch verfassungsrechtlich aus Art. 2 II 1 und Art. 1 I GG die Unantastbarkeit ableiten zu wollen [96], erscheint zweifelhaft, steht doch das „Recht auf Leben" unter einem lediglich einfachen Gesetzesvorbehalt (Art. 2 II 2 GG) und sind Grundrechte nicht dazu da, ihre Träger zu gängeln.

Nun könnte die Verfügungsbefugnis über das eigene Leben aber auch durch vorrangige Staatsinteressen eingeschränkt sein [97]. § 109 StGB verbietet etwa zum Schutz der Einsatzbereitschaft der Bundeswehr die Selbstverstümmelung („partieller Suizid" [98]) und die Fremdverstümmelung (dann vielleicht entsprechend: „partielle Sterbehilfe"). Als Staatsinteressen kommen auch allgemein finanzielle Belastungen wie Unterhalts- oder Pensionszahlungen für Hinterbliebene, ausbleibende Amortisierung von Ausbildungskosten usw. in Betracht. Es sind die gleichen Erwägungen wie jene, aufgrund derer die DDR Ausreisewillige mit Ausnahme der nur noch finanziell belastenden Rentner mit allen Mitteln zurückhielt [99]. Nimmt man diese Überlegungen trotz ihres höchst zweifelhaften Staatsverständnisses [100] ernst, erhält man jedoch unüberwindliche Probleme mit dem Umstand, daß der (versuchte) Suizid straffrei ist ...

Eine weitere Begründung ist das Argument der „schiefen Bahn" („slippery slope"), die Befürchtung also, wieder langsam zur „Nazi-Euthanasie" zu gelangen [101]. Mit den Worten des Dramatikers *Eugène Ionesco*: „Wenn man im Prinzip bejaht, daß man das Leben unheilbarer Kranker verkürzt, dann können wir nicht sicher sein, wohin uns das noch führt. Würde man nicht dazu gelangen, nach den unheilbaren Kranken, nach den ungeborenen Kindern auch die Hilflosen, die Greise, die Irren, die Asozialen, die Nutzlosen auszulöschen? Und dann die rothaarigen Kinder und die mit einem Lockenkopf?" [102] Warum dann aber gerade die aktive Sterbehilfe das Abgleiten auslösen soll und ob dies nicht etwa schon durch die Straflosigkeit der Anstiftung zum Suizid längst geschehen sein müßte, kann diese Auffassung kaum erklären [103].

Ein Hinweis hierauf scheint mir auch die weiteren Argumente zu entschärfen, wonach nur § 216 StGB verhindern könne, daß unliebsame Kranke dazu „überredet" werden, ihre Tötung zu verlangen [104], oder daß ein solcher Wunsch als unwiderlegliche Schutzbehauptung vorgetragen wird [105]. (Dies müßte dann übrigens auch heute schon regelmäßig vorkommen, wird doch die Tötung auf Verlangen gegenüber §§ 211, 212 StGB deutlich privilegiert [106].)

---

90 *Hoche* in *Hoche* (Hrsg.), Handbuch der gerichtlichen Psychiatrie, S. 353.
91 Zu Unrecht wird hier manchmal an einen „Bilanzselbstmord" gedacht (siehe Stern 42/97, S. 43).
92 *R. Merkel* in *Merkel/Hegselmann* (Hrsg.), Zur Debatte über Euthanasie, S. 83.
93 So etwa BGHSt, 147 (153).
94 *Fletcher*, Morals and Medicine, 1954, S. 195 f.
95 Siehe dazu *R. Schmitt*, Festschrift für *Maurach*, S. 117 f.
96 So etwa *Schroeder*, ZStW 106 (1994), 573 f.; *Otto*, Verh. 56. DJT, S. 53 f.
97 So etwa *Welzel*, Deutsches Strafrecht, 11. Aufl. 1969, S. 96; *Schmidhäuser*, Festschrift für *Welzel*, S. 817.
98 Siehe *Scheffler*, Suizidprophylaxe 22 (1995), 55; der Ausdruck kommt schon vor bei *Kant*, Grundlegung zur Metaphysik der Sitten, 1797 („partialer Selbstmord").
99 Vgl. v. *Dellingshausen*, Sterbehilfe und Grenzen der Lebenserhaltungspflicht des Arztes, 1981, S. 204 f.
100 Vgl. *M. Marx*, Zur Definition des Begriffes „Rechtsgut", 1972, S. 65: „faschistische Auffassung"; ähnlich *Gallas*, JZ 1960, 654.
101 So etwa *Hirsch*, Festschrift für *Lackner*, 1987, S. 613; siehe dazu *Hegselmann* in *Merkel/Hegselmann* (Hrsg.), Zur Debatte über Euthanasie, S. 206 ff.; *Herzberg*, NJW 1996, 3044 f.; *Engisch*, Festschrift für *Schaffstein*, 1975, S. 1 ff.
102 *Ionesco* in *Saner/Holzhey* (Hrsg.), Euthanasie, 1976, S. 27.
103 *Herzberg*, NJW 1996, 3045.
104 So etwa *Geilen*, Euthanasie und Selbstbestimmung, S. 27; *Tröndle*, ZStW 99 (1987), 38 f.
105 So etwa *Arzt*, ZStW 83 (1971), 36; *Verrel*, MedR 1997, 249.
106 Siehe *Arth. Kaufmann*, MedR 1983, 124; *R. Merkel* in *Hegselmann/Merkel*, Zur Debatte über Euthanasie, S. 115 Fn. 51; vgl. aber auch *Arzt/Weber*, Strafrecht BT/1, Rn. 185.

c) Todeswunsch aus Bilanz

Ernsthaft in die Diskussion geraten ist das Verbot der aktiven Sterbehilfe jedoch vermehrt in den letzten Jahren für die Fälle, in denen ein Schwerstkranker wohlüberlegt und aus nachvollziehbaren Gründen darum bittet, Sterbehilfe zu erhalten.

Bevor „der Euthanasiegedanke seine juristische Salonfähigkeit durch den Nationalsozialismus verloren" [107] hatte, war wohl die Zulässigkeit der „Euthanasie zur Ersparung schwerer Todeskämpfe die im Ergebnis überwiegende Ansicht" [108]; § 216 StGB verbiete nur, „das Verlangen als Rechtfertigungsgrund anzusehen, schweigt aber von den zum Verlangen hinzutretenden Umständen", was „wichtig für die Euthanasie" sei [109]. Herangezogen wurde alles Erdenkliche als Rechtfertigungs- oder auch nur Entschuldigungsgrund [110], ferner selbst die subjektive Teilnahmelehre (dann Beihilfe zum Suizid!) [111]. Heute könnte man daran denken, die Bilanz-Fälle schon de lege lata aus dem Anwendungsbereich des § 216 StGB auszunehmen mittels einer teleologischen Reduktion der Norm auf übereilte Todeswünsche. Dies scheint mir allerdings eine nicht weniger fragwürdige Konstruktion als die Versuche der Weimarer Zeit zu sein: Die Norm spricht zunächst einmal gerade nicht nur vom ausdrücklichen, sondern auch vom ernsthaften Todesverlangen - nur dann soll sie privilegieren. Nun aber zu sagen, gemeint sei in § 216 StGB zwar ernsthaftes, aber doch nicht ganz besonders ernsthaftes Todesverlangen, dürfte die Auslegungsmöglichkeiten sprengen. Zudem ist der Sinn und Zweck von § 216 StGB als abstraktem Gefährdungsdelikt gerade die „weite" Pönalisierung. Man könnte allenfalls argumentieren, die Norm sei dann nicht anwendbar, wenn nach Sachlage sicher feststeht, daß eine Gefährdung des geschützten Rechtsguts (eigenes Leben vor übereilter Preisgabe) ausgeschlossen sei [112]. Von anderen abstrakten Gefährdungsdelikten, insbesondere der schweren Brandstiftung gemäß § 306 Nr. 2 StGB, ist eine solche, auf das Schuldprinzip rekurrierende Argumentation durchaus bekannt [113].

Wohl aufgescheucht durch die Fälle „Wittig" und „Hackethal" [114] schlugen der 56. Deutsche Juristentag 1986 und der AE-Sterbehilfe aus dem gleichen Jahr für diese Fälle de lege ferenda vor, die Möglichkeit des Absehens von Strafe innerhalb von § 216 StGB zu schaffen [115]. Die Forderung, in diesen Fällen sogar den Unrechtstatbestand entfallen zu lassen, hat der DJT dagegen ausdrücklich und mit großer Mehrheit abgelehnt. Sowohl die Deutsche Gesellschaft für Humanes Sterben (DGHS)[116] als auch etwa der Rechtsphilosoph *Norbert Hoerster* [117] haben jedoch Vorschläge für eine entsprechende Vorschrift vorgelegt. Selbst der Vorsitzende Richter am BGH *Kutzer* hat eine solche Einschränkung des § 216 StGB vor kurzem als „nicht undenkbar" bezeichnet [118]; der ehemalige Präsident des BVerfG *Wolfgang Zeidler* sprach von der Norm sogar als „Insel der Inhumanität als Folge kirchlichen Einflusses auf unsere Rechtsordnung" [119].

---

107 *Geilen*, Euthanasie und Selbstbestimmung, S. 25 Fn 44.
108 R. v. *Hippel*, Deutsches Strafrecht, Bd. 2, 1930, S. 259.
109 *M. E. Mayer*, Der allgemeine Teil des deutschen Strafrechts, 2. Aufl. 1923, S. 290.
110 Näher *Engisch*, Euthanasie und Vernichtung lebensunwerten Lebens, S. 14 f.; *Geilen*, Euthanasie und Selbstbestimmung, S. 25 Fn 4; *v. Dellingshausen*, Sterbehilfe und Grenzen der Lebenserhaltungspflicht des Arztes, S. 280 f.
111 *Heimberger*, Festgabe für *Frank*, Bd. 1, 1930, S. 418; vgl. auch *Trockel*, NJW 1975, 1445.
112 Siehe *Jakobs*, Festschrift für *Arth. Kaufmann*, S. 470 f.
113 Siehe BGHSt 26, 121 (124 f.).
114 Vgl. *Koch* in *Eser/Koch* (Hrsg.), Materialien zur Sterbehilfe, S. 60.
115 Siehe auch *Brändel*, ZRP 1985, 92.; *Arth. Kaufmann*, MedR 1983, 124; *Lackner*, JZ 1977, 503.
116 Humanes Leben - Humanes Sterben 4/1997, S. 3; siehe auch *Detering*, JuS 1983, 420 f.
117 *Hoerster*, NJW 1986, 1792; ZRP 1988, 4.
118 *Kutzer*, ZRP 1997, 119.
119 Siehe Frankfurter Allgemeine Zeitung vom 16. Januar 1986, S. 1; vom 18. Januar 1986, S. 5; Süddeutsche Zeitung vom 16. Januar 1986, S. 6; vom 17. Januar 1986, S. 48; dazu *Herzberg*, NJW 1986, 1639 f.; siehe auch *Hoerster*, NJW 1986, 1792.

1995/96 führte zu Aufsehen, daß im australischen Nordterritorium ein Gesetz verabschiedet und mehrfach angewendet wurde, das die aktive Sterbehilfe durch Ärzte gestattete [120]. (Das Gesetz ist inzwischen vom Parliament of Australia „gekippt" worden [121].) In den Niederlanden wird seit 1994 aktive Sterbehilfe durch Ärzte rechtlich geduldet, was aufgrund des dort geltenden Opportunitätsprinzips grundsätzlich möglich ist [122]. Aktive Sterbehilfe wird auch aus einigen US-Staaten (Oregon, New York) gemeldet [123]. In diesen Ländern haben manchmal als „Dr. Death" bezeichnete Sterbehilfespezialisten (*Philip Nitschke*/Australien, *Boudewijin Chabot*/Niederlande, *Jack Kevorkian*/USA) vergleichbar der Rolle des vor kurzem verstorbenen *Julius Hackethal* in der Bundesrepublik [124] die Entwicklung maßgeblich beeinflußt. Unter deutschen Ärzten befürwortet nach einer Umfrage 1996 rund ein Drittel die aktive Sterbehilfe, etwa jeder 20. räumt die Vornahme einer solchen Tötung sogar ein [125]; in der Bevölkerung findet sich immer wieder eine deutliche absolute Mehrheit dafür [126]. Freilich ist bei entsprechenden Berichten insoweit Vorsicht geboten, als daß sich dort mitunter die Mithilfe des Arztes auf das beschränkt, was wir noch als Suizidbeihilfe einordnen würden.

Allen diesen in- und ausländischen Vorstellungen ist zunächst einmal gemein, daß sie möglichst hohe Anforderungen für das (subjektive) Verlangen des Sterbewilligen und seine Dokumentation aufzustellen versuchen; ein Unterfangen, das sowohl sicher vor Übereilung schützen will als auch sorgfältig verhindern soll, daß hier Interessen Dritter eine Rolle spielen können.

Freilich ist zu beachten, daß durch diese grundsätzlich richtige Motivation ein problematischer Nebeneffekt ausgelöst wird: Je mehr diesbezügliche Sicherungen eingebaut werden, in desto größerem Umfang wird ein schwerkranker, schmerzgeplagter, sicher verzweifelter Mensch in einen langwierigen, regelrecht bürokratischen, quälenden Hürdenlauf getrieben[127]: So hatte beispielsweise das Sterbehilfegesetz des Australischen Nordterritoriums (i.d.F. von 1996) in einer Vorschrift (section 7), die aus 4 Unterabschnitten (subsections) bestand, deren erster wiederum in 16 Paragraphen mit teilweise weiteren Subparagraphen unterteilt war, eine umständliche Prozedur geregelt. Im einzelnen war bei jemandem, der sterben wollte, dieser Wunsch von zwei „medical practitioners" und einem „qualified psychiatrist" zu untersuchen: Der Sterbewillige hatte zunächst genau über seine Krankheit, die Heilungsmöglichkeiten, über Alternativen zum Sterben u.ä. aufgeklärt zu werden. Danach mußte er seinen Sterbewunsch wiederholen; er wurde daraufhin auf mögliche Implikationen für seine Familie hingewiesen. Hiernach waren sieben Tage abzuwarten, bevor der Sterbewillige seinen Sterbewunsch nunmehr schriftlich festzulegen hatte. Daraufhin mußte der Fall nochmals vom Patienten mit den zwei „medical practitioners" diskutiert werden. Sodann war wiederum eine Frist von 48 Stunden abzuwarten („cooling-off period"[128]). Der Vorgang war abzubrechen (und hätte von vorn beginnen müssen?), wenn auch nur zu irgendeinem Zeitpunkt der Sterbewillige in seiner Entscheidung schwankend geworden sein sollte - „a macabre final exam"[129]?

Ferner wird in all den genannten „öffnenden" Ansätzen zur aktiven Sterbehilfe verlangt, daß es um einen zum Tode führenden, nicht mehr zu ertragenden dauerhaften Leidenszustand gehen muß, wie es in immer ähnlichen Worten formuliert wird. Es soll also nicht ein noch so ernsthafter Wunsch zu sterben genügen; der Tod müsse vielmehr auch paternalistisch im - von Dritten definierten - „wohlverstandenen Interesse" des Sterbewilligen liegen - nämlich unabwendbares, qualvolles Sterben abkürzen.

---

120 Rights of the Terminally Ill Act 1995; Rights of the Terminally Ill Amendment Act 1996; siehe dazu *v. Münch*, NJW 1996, 3324 f.

121 Euthanasia Laws Act 1997.

122 Gesetz über die Meldepflicht bei Sterbehilfe oder Hilfe bei Selbsttötung vom 01.06.1994.

123 Siehe Der Spiegel 9/1997, S. 197; zu Oregon siehe *Tolmein*, Jahrbuch für Kritische Medizin 25 (1995), 211 ff.

124 Siehe *Hackethal*, Humanes Sterben, 1988; vgl. *Koch* in *Eser/Koch* (Hrsg.), Materialien zur Sterbehilfe, S. 40; 45 ff.

125 Stern 49/96, S. 70; 72.

126 Siehe näher *Koch* in *Eser/Koch* (Hrsg.), Materialien zur Sterbehilfe, S. 71; *Geilen*, Euthanasie und Selbstbestimmung, S. 5; eine Emnid-Umfrage im Auftrag der DGHS ergab im September 1997 eine Befürwortung von 77,1%.

127 Siehe auch *v. Dellingshausen*, Sterbehilfe und Grenzen der Lebenserhaltungspflicht des Arztes, S. 488 f.

128 *Trollope*, (Australian) Journal of Law and Medicine 3 (1995), 26.

129 *Duggan*, Australian Lawyer 32 (1997), 9.

Problematisch kann zunächst einmal das Erfordernis der letalen Prognose bei einigen Erkrankungen sein, bei deren Heilung die Medizin rasante Fortschritte für nicht ausgeschlossen erachten läßt[130] wie zur Zeit vielleicht im Bereich von Aids. *Theodor Storm* beschrieb 1888 in seiner Novelle „Ein Bekenntnis" das Schicksal eines Arztes, der seine vermeintlich unheilbar krebskranke Frau auf deren wiederholten Wunsch tötete, um sie von ihren Qualen zu befreien, und kurz darauf erfahren mußte, daß seit neuestem solche Geschwülste erfolgreich zu operieren waren.

Darüber hinaus bedeutet die Beschränkung nicht nur auf den „wahren", sondern auch auf den „richtigen" Willen[131], daß von vornherein die Fälle von der Möglichkeit der Sterbehilfe ausgeschlossen bleiben, in denen der aufgrund einer Bilanzierung gewonnene Todeswunsch auf anderen Ursachen als der Vermeidung von Todesqualen beruht. Die „schmerzlose Hoffnungslosigkeit" [132] wird zurückgewiesen[133]; hier soll es nicht einmal mehr um Sterbehilfe im Wortsinn gehen [134].

So wäre etwa Sterbehilfe auch für die Reformer nicht möglich in Fällen wie dem „2. Hackethal-Fall" [135], in dem eine junge Frau namens *Diana*, seit Jahren infolge eines Verkehrsunfalls ab dem ersten Halswirbel querschnittsgelähmt, diesen Zustand nicht noch möglicherweise mehrere Jahrzehnte ertragen wollte. Entgegen dem Bezirksgericht von West Palm Beach/Florida [136] bliebe Sterbehilfe verboten bei einem HIV-Infizierten vor dem Endstadium der Krankheit, ferner in einem Fall wie dem des niederländischen Mediziners *Chabot*, der einer Patientin den Sterbewunsch nach dem Tod ihrer beiden Söhne und der Scheidung von ihrem Ehemann erfüllte [137]. Erst recht unzulässig wäre Sterbehilfe in Fällen wie dem, den *Lessing* in seinem Trauerspiel Emilia Galotti darstellte: Dort tötete ein Vater seine Tochter auf deren dringendes Bitten, um sie vor Entehrung zu schützen. Auch *Saul* hätte nicht sterben dürfen, als er dem 1. Buch Samuel zufolge seinen Waffenträger aufforderte, ihn zu töten, damit es nicht die „Ungläubigen" tun, die „Spott" mit seiner Leiche treiben würden.

Schließlich wird durch die Beschränkung auf die ultima ratio bei schwerstem Leidenszustand die zu erlaubende Sterbehilfe durch die fortschreitende Entwicklung der Schmerzmedizin etwa im Bereich der Nervenblockadetherapie [138] ohnehin fast gegenstandslos, weil sie eigentlich heute schon praktisch jedes Leiden (jedenfalls körperlich) [139] erträglich machen kann [140]; Berichte über unsägliche Schmerzen beruhen zumeist darauf, daß Ärzte die palliativen Möglichkeiten unzureichend anwenden [141].

Insofern ist ohnehin mehr als fraglich, inwieweit die so heftig umstrittene Reform überhaupt eine solche wäre. Will man eine vorsichtige Öffnung hin zur ausnahmsweisen aktiven Sterbehilfe schaffen, wäre vielleicht statt dessen ein Blick auf die (in Deutschland) straflose Teilnahme am Suizid zu werfen: Die Gestattung der aktiven Sterbehilfe als „Selbstmord durch eine Mittelsperson" [142] dann, aber nur dann, wenn dem Sterbewilligen eine Selbsttötung physisch nicht (mehr) möglich ist [143], wie auch in dem neuesten Gesetzesvorschlag der DGHS angedeutet wird [144]. In den sonstigen Fällen, insbesondere bei psychischem Unvermögen, so könnte man sagen, bestehen Zweifel an der Ernsthaftigkeit des Todeswunsches, wird der Weg des

---

130 Siehe dazu *Möllering*, Schutz des Lebens - Recht auf Sterben, S. 97 f.; *v. Dellingshausen*, Sterbehilfe und Grenzen der Lebenserhaltungspflicht des Arztes, S. 15 ff.
131 Siehe *Engisch*, Festschrift für *Dreher*, S. 317.
132 *Binding/Hoche*, Die Freigabe der Vernichtung lebensunwerten Lebens, S. 29.
133 Kritisch *H. Schreiber*, Das gute Ende - Wider die Abschaffung des Todes, 1997, S. 214 f.
134 *Otto*, Verh. 56. DJT, S. 72.; siehe auch *Möllering*, Schutz des Lebens - Recht auf Sterben, S. 5 f.
135 BVerfGE 76, 248; VG Karlsruhe, JZ 1988, 208.
136 Der Spiegel 9/1997, S. 196.
137 Der Spiegel 9/1997, S. 197 f.; Die Welt vom 23. Juni 1994, S. 12.
138 Siehe schon *Mayrhofer/Porges* in *Eser* (Hrsg.), Suizid und Euthanasie als human- und sozialwissenschaftliches Problem, 1976, S. 121 ff.
139 Siehe dazu *Möllering*, Schutz des Lebens - Recht auf Sterben, S. 98.
140 Ähnlich *Geilen*, Euthanasie und Selbstbestimmung, S. 28.
141 Siehe *Kutzer*, ZRP 1993, 404 ff.
142 *Arth. Kaufmann*, MedR 1983, 124; siehe auch *Engisch*, Festschrift für *Dreher*, S. 319.
143 *Arth. Kaufmann*, MedR 1983, 123 f.; *Schroeder*, ZStW 106 (1994), 579; *Simson*, Festschrift für *Schwinge*, S. 108 f.; vgl. auch *Jonas*, Technik, Medizin und Ethik, 1987, S. 249 f.
144 § 216 II a.E. des Entwurfs.

Suizides als „eine Art sich selbst geleistete Sterbehilfe“ [145] nicht beschritten [146]. Eine solche Regelung könnte möglicherweise sogar manche Selbsttötung kranker oder alternder Menschen aus Furcht, den „richtigen“ Zeitpunkt vor Eintritt der eigenen Hilflosigkeit zu verpassen, verhindern[147]. Allerdings steht hier zunächst einmal der gleiche Einwand im Raum: Wenn man - wie das OLG München im schon erwähnten „1. Hackethal-Fall“ - noch von einem Suizid beim Trinken dargereichten Giftes durch eine halsabwärts gelähmte Person ausgeht[148], ist kaum noch ein Anwendungsbereich denkbar[149]. (Freilich ist schon von einem Vorsitzenden Richter des BGH erklärt worden, daß jedenfalls er dieses „Sterbehilfearrangement“[150] bestraft hätte[151]) Und ferner: Muß man sich den Verzicht darauf, die Hilfe eines anderen anzunehmen, mit der Begründung abnötigen lassen, man könne sein Ziel auch selbst erreichen[152]?

d) Todeswunsch aus Vernichtungsschmerzen

Unabhängig von diesen Überlegungen bleibt zu prüfen, inwieweit aktive Sterbehilfe heute schon straflos sein kann, wenn die Möglichkeit, unerträgliche Schmerzen zu lindern, gerade nicht gegeben ist.

Diskutiert wird hier immer der Fall des von seinem Beifahrer erschlagenen skandinavischen LKW-Fahrers, der nach einem Unfall eingeklemmt in seinem Führerhaus Feuer fing und um Erlösung schrie[153]. (Die schwedische Staatsanwaltschaft hat in diesem Fall übrigens keine Anklage erhoben[154].) Auch der Gnadenschuß im Krieg für den schwerverletzten Kameraden gehört hierher[155].

In dieser Konstellation wird häufig ein entschuldigender bzw. ein übergesetzlicher Notstand angenommen oder ein Absehen von Strafe gefordert[156]. Es dürfte aber wohl möglich sein, sogar einen rechtfertigenden Notstand gemäß § 34 StGB zu bejahen[157]. Zwar geht es auch hier um die immer rundweg abgelehnte Abwägung im Bereich des Lebensschutzes - aber im Bereich ein und desselben Lebens[158]. Es wird also nicht „Leben gegen Leben“ abgewogen, sondern eine Wertung vorgenommen, die uns in normalen Lebenssituationen völlig selbstverständlich ist. Konkret auf unseren Fall bezogen, bedeutet dies, wie es der 3. BGH-Senat kürzlich in einem obiter dictum formulierte[159]: „ ... die Ermöglichung eines Todes in ... Schmerzfreiheit gemäß dem erklärten ... Willen ... ist ein höherwertiges Rechtsgut als die Aussicht, unter ... sog. Vernichtungsschmerzen noch kurze Zeit länger leben zu müssen.“ Otto betont, daß dies (erst recht?) auch dann gelten müsse, wenn der Tod des Schmerzgepeinigten nicht einmal zu erwarten sei[160] - spätestens jetzt wird deutlich: Überspielen wir mit Hilfe von § 34 StGB nicht die gesetzliche Vorgabe der Unbeachtlichkeit des Sterbeverlangens mit einem „Taschenspielertrick“? Denn ohne das Flehen des Verbrennenden nähmen wir selbstverständlich rechtswidrigen Tot-

---

145 *Verrel*, JZ 1996, 226.
146 Vgl. *Horn* in Systematischer Kommentar, § 212 Rn. 16; *Engisch*, Festschrift für *Dreher*, S. 318; *Arzt/Weber*, Strafrecht BT/1, Rn. 215; *Roxin* in *Blaha u.a.* (Hrsg.), Schutz des Lebens - Recht auf Tod, 1978, S. 93; *v. Dellingshausen*, Sterbehilfe und Grenzen der Lebenserhaltungspflicht des Artzes, S. 488.
147 Siehe *Brändel*, ZRP 1985, 92; *Schroeder*, ZStW 106 (1994), 579 f.
148 OLG München, NJW 1987, 2940.
149 *Jakobs*, Festschrift für *Arth. Kaufmann*, S. 471.
150 *Jakobs*, Festschrift für *Arth. Kaufmann*, S. 471.
151 *Kutzer*, NStZ 1994, 111 f.; siehe auch *Herzberg*, NJW 1986, 1635 ff.
152 *Jakobs*, Festschrift für *Arth. Kaufmann*, S. 471.
153 *Otto*, Verh. 56. DJT, S. 60; *R. Merkel*, JZ 1996, 1150; *Herzberg*, NJW 1996, 3046 ff.
154 *Simson* in *Eser* (Hrsg.), Suizid und Euthanasie, 1976, S. 324 f.
155 Siehe *Blass*, Die Tötung des Verlangenden, Diss. iur. *Heidelberg* 1916, S. 8.
156 Siehe dazu *Otto*, Verh. 56. DJT, S. 60 f.; *Eser* in *Schönke/Schröder*, vor §§ 211 ff. Rn. 25 (jeweils mwN).
157 So etwa *Schroeder*, ZStW 106 (1994), 580; *Blei*, Strafrecht BT, 12. Aufl. 1983, § 5 VI 2.
158 Siehe auch *Bottke* in *Bottke/Fritsche/Huber/Schreiber*, Lebensverlängerung aus medizinischer, rechtlicher und ethischer Sicht, 1995, S. 113 Fn. 25.
159 BGHSt 42, 301; siehe auch (dessen Senatsvorsitzenden) *Kutzer*, ZRP 1997, 119.
160 *Otto*, Verh. 56. DJT, S. 74 f.

schlag und nicht Notstand an, der nur in „Kombination" mit „Elementen der Einwilligung" [161] funktionieren kann [162].

§ 34 StGB scheitert allerdings nicht daran, wie aber der Bochumer Strafrechtslehrer *Rolf Dietrich Herzberg* vor kurzer Zeit ausgeführt hat [163], daß hier keine widerstreitenden Interessen vorlägen, weil der LKW-Fahrer am Weiterleben überhaupt kein Interesse hätte. Lassen wir einmal außer Betracht, daß es formalistisch wäre, zu sagen, kein Interesse sei nicht weniger, sondern etwas anderes als wenig Interesse, so bleibt doch entgegenzuhalten, daß der LKW-Fahrer sehr wohl ein von ihm zurückgestelltes Interesse am qualvollen Brennen hat: Unterstellt, wir könnten ihm glaubhaft zurufen, daß ihn höchstwahrscheinlich die Feuerwehr noch lebend retten könnte, würde er die Schmerzen in Kauf nehmen. Er will nur deshalb sofort sterben, weil ihm eine solche Rettungsmöglichkeit völlig unwahrscheinlich erscheint.

2. *Aktiv-indirekte Sterbehilfe*

Folgt man diesen Überlegungen trotz einiger Bedenken, zeichnet sich ein möglicher dogmatischer Lösungsweg für die aktiv-indirekte Sterbehilfe ab. Es geht hier um die Lebensverkürzung als vorhergesehene „Nebenwirkung" von eigentlich nur die Leidensminderung bezweckenden Behandlungsmaßnahmen, insbesondere [164] Schmerzmedikationen („somatische Sterbehilfe" [165]). In dieser Konstellation fallen die ärztlichen Pflichten, sowohl Leben zu erhalten als auch Schmerzen zu lindern, auseinander [166]. Hierbei handelt es sich durchaus nicht nur um ein „akademisches Scheinproblem", weil es bisher kein hinreichend wirksames Analgetikum gibt, das frei von gefährlichen Nebenwirkungen (vor allem Atemdepressionen und Bewußtseinsstörungen) wäre [167], wenngleich gelegentlich betont wird, daß dennoch sogar eine Lebensverlängerung durch die Behebung der körperlichen und seelischen Streß-Situation Folge sein könne (mit der Konsequenz, daß nicht vorgenommene Schmerzbekämpfung ihrerseits eine Tötung durch Unterlassen darstellen kann!) [168]. Aktiv-indirekte Sterbehilfe wird heute fast allgemein anerkannt [169]; 60 % befragter deutscher Ärzte haben angegeben, sie schon praktiziert zu haben [170]. Der Bundesgerichtshof hat im November 1996 in einer Aufsehen erregenden Entscheidung („Dolantin-Fall") die Zulässigkeit der aktiv-indirekten Sterbehilfe erstmals bejaht[171]; wieviel ihm daran gelegen hat, kann man dem Eingeständnis des Senatsvorsitzenden *Kutzer* entnehmen, daß der dortige Fall - es ging um eine Überdosierung von Dolantin aus Habgier - zu Ausführungen hierzu „sicher nicht der geeignetste" war [172]. Der 56. DJT hat sich einstimmig für die aktiv-indirekte Sterbehilfe ausgesprochen; auch der AE-Sterbehilfe möchte ihre gesetzliche Festschreibung. Diese einhellige Meinungsbildung ist weitgehend dadurch initiiert worden[173], daß 1957 *Pius XII.* den überlie-

---

161 *Dölling*, MedR 1987, 7; *Schöch*, NStZ 1997, 410.
162 Siehe *Verrel*, JZ 1996, 226.
163 *Herzberg*, NJW 1996, 3048.
164 Vgl. *Geilen*, Euthanasie und Selbstbestimmung, S. 23 Fn. 40: „Kaschierte" aktiv-indirekte Euthanasie, wenn zur Vermeidung eines sonst langsamen Dahinsiechens eine Operation mit hohem Sterblichkeitsrisiko gewünscht und vorgenommen wird.
165 *v. Dellingshausen*, Sterbehilfe und Grenzen der Lebenserhaltungspflicht des Arztes, S. 21 f.
166 *Stratenwerth*, SchwZStrR 95 (1978), 74.
167 Siehe *Krey*, Strafrecht BT/1, 10. Aufl. 1996, Rn 12.
168 *v. Lutterotti* in *Eser* (Hrsg.), Suizid und Euthanasie als human- und sozialwissenschaftliches Problem, S. 294; *Langer* in *Kruse/Wagner* (Hrsg.), Sterbende brauchen Solidarität, S. 136 f.; *Möllering*, Schutz des Lebens - Recht auf Sterben, S. 11 f.
169 Anderer Ansicht nur *Gössel*, Strafrecht BT/1, 1987, § 2 Rn. 30 ff.
170 Stern 49/96, S. 72.
171 BGHSt 42, 301.
172 *Kutzer*, ZRP 1997, 117; vgl. auch 1993, 405: „... leider noch keine Gerichtsentscheidungen"; siehe auch *Verrel*, MedR 1997, 248; *Otto*, JK 1997, StGB § 212/3.
173 Siehe *Simson*, Festschrift für *Schwinge*, S. 96 f.

ferten Standpunkt der katholischen Kirche einer Modifikation unterzog und die aktiv-indirekte Sterbehilfe billigte[174].

Letzteres mag aufgrund der Stellung der katholischen Kirche zur „Heiligkeit des Lebens" zunächst verwundern, läßt sich aber damit erklären, daß die Argumentation für die aktiv-indirekte Sterbehilfe dem auf *Thomas von Aquin* zurückgehenden Prinzip der Doppelwirkung entspricht, das dieser in Zusammenhang mit der Rechtfertigung der tödlichen Notwehr entwickelt hatte[175]. Danach „steht nichts im Wege, daß ein und dieselbe Handlung zwei Wirkungen hat, von denen nur die eine beabsichtigt ist, während die andere nur außerhalb der Absicht liegt. Die sittlichen Handlungen aber empfangen ihre Eigenart von dem, was beabsichtigt ist, nicht aber von dem, was außerhalb der Absicht liegt, da es zufällig ist ..."

Nun ist klar, daß die Zulässigkeit der indirekten Sterbehilfe sich nicht strafrechtsdogmatisch aus dem subjektiven Tatbestand erklären läßt[176], erst recht nicht, wenn die Lebensverkürzung, wie häufig, sogar als sichere Folge erkannt wird: Natürlich nehmen wir in dem Schulbeispiel des „Massenmörder Thomas" auch Tötungsvorsatz hinsichtlich der Besatzung an, obwohl er nur ein Schiff versenken wollte, um die Versicherung zu betrügen[177]. - Am Rande: Wieso bliebe anderenfalls nicht wenigstens eine Strafbarkeit wegen fahrlässiger Tötung[178]?

Dogmatisch versucht man die Zulässigkeit der aktiv-indirekten Sterbehilfe heute häufig damit zu legitimieren, daß hier keine Tötungshandlung vorläge, weil die Schmerzmedikation die „einzige und letzte Möglichkeit" sei, „dem ohnehin verlöschenden Leben noch zu dienen" [179]. Nun ist diese Argumentation fragwürdig, weil sie genaugenommen mit einer Begründung, die strukturell zur Rechtfertigung gehört, schon die Tathandlung durch „euphemistische Vernebelung" [180] verneinen möchte. Zudem verschleiert sie die Unterscheidung dahingehend, ob die Todesfolge (nur) in Kauf genommen wird oder sogar als sicher vorhergesehen wird; denn in gewisser Weise geht die aktiv-indirekte Sterbehilfe „nach und nach" in aktive, also direkte Sterbehilfe über [181] - insbesondere, wenn der Tod vom Helfenden sogar „mehr oder weniger erwünscht" [182] wird.

Rechtstatsächlich bliebe insofern zu fragen, ob und inwieweit heute schon aktive Sterbehilfe unter dem Deckmantel der Schmerzbekämpfung vor allem in Krankenhäusern vorkommt. „Jeder Arzt wird irgendeinmal mit dem Problem der Sterbehilfe konfrontiert," sagte einmal ein hoher schweizerischer Ärztefunktionär; „je weniger man davon spricht, um so besser" [183]. Selbst das Gespräch mit dem Patienten, dessen Aufklärung über das Risiko eigentlich unabdingbar ist, soll im allgemeinen nicht gesucht werden [184]. Immerhin ist es bemerkenswert, daß trotz der relativ hohen Akzeptanz aktiver Sterbehilfe bei Ärzten Verurteilungen nach § 216 StGB kaum zu verzeichnen sind. Jedenfalls gibt es keine Anhaltspunkte dafür, daß ein Arzt in dieser Konstellation „mit der gründlichsten rechtlichen Überprüfung rechnen" müsse[185]. Bezeichnend ist auch die Bemerkung *Rudolf Schmitts*, eines Kritikers der Norm[186], die gesetzliche Regelung der aktiv-indirekten Sterbehilfe würde nur „schlafende Hunde ... wecken" [187].

---

174 *Pius XII.*, Ansprache vom 24. Februar 1957; siehe auch *Johannes Paul II.*, Über den Wert und die Unantastbarkeit des menschlichen Lebens, 1995, S. 144 f.; Erklärung der Kongregation für die Glaubenslehre zur Euthanasie vom 20. Mai 1980.

175 *Thomas von Aquin*, Summa theologica.

176 Anderer Ansicht nur *Bockelmann*, Strafrecht des Arztes, 1968, S. 25; *Goll*, AR 1980, 321.

177 Siehe *Binding*, Die Normen und ihre Übertretung, Bd. II/2, 2. Aufl. 1916, S. 851 ff.

178 *Goll*, AR 1980, 321; *Möllering*, Schutz des Lebens - Recht auf Sterben, S. 11 f.; *Dölling*, MedR 1987, 7.

179 *Wessels*, Strafrecht BT/1, Rn. 26.

180 *Herzberg*, NJW 1986, 1640 Fn. 21; widerrufen in NJW 1996, 3048.

181 *Engisch* in *Eser* (Hrsg.), Suizid und Euthanasie als human- und sozialwissenschaftliches Problem, S. 319; ähnlich *Hanack* in *Hiersche* (Hrsg.), Euthanasie, 1975, S. 145 ff.; *Schreiber*, NStZ 1986, 341; *Schöch*, NStZ 1997, 411 Fn. 25; *Geilen*, Euthanasie und Selbstbestimmung, S. 23; siehe auch *Verrel*, JZ 1996, 227; anders aber *Tröndle*, ZStW 99 (1987), 32 f.

182 *Trockel*, NJW 1975, 1440; 1443 f.

183 *Fierz*, zit. b. *Gunzinger*, Sterbehilfe und Strafgesetz, Diss. iur. Bern 1978, S. 165.

184 *R. Schmitt*, JZ 1986, 620.

185 So aber *Giesen*, JZ 1990, 936; wie hier *Koch* in *Eser/Koch* (Hrsg.), Materialien zur Sterbehilfe, S. 19; *Hanack* in *Hiersche* (Hrsg.), Euthanasie, S. 131; *Schöch*, NStZ 1997, 409; siehe auch *Kutzer*, ZRP 1993, 404.

186 Siehe nur Festschrift für *Maurach*, S. 113 ff.

187 *R. Schmitt*, MDR 1986, 620.

a) Sicher erwartete Lebensverkürzung

Dennoch - oder gerade deshalb - verwundert es nicht, daß einige bei sicherem Vorhersehen der Todesbeschleunigung von der Strafbarkeit aktiv-indirekter Sterbehilfe ausgehen[188]; denn der Unterschied zur direkten liegt eigentlich nur noch in der Dauer des Sterbens infolge der mehraktigen Schmerzmittelgabe (nicht „die" tödliche Spritze[189]!). Genaugenommen ist zumindest diese Konstellation aus dem Bereich der aktiven Sterbehilfe schlichtweg „hinausdefiniert" worden[190]; der Kriminologe *Heinz Schöch* spricht von einer „gewohnheitsrechtlichen Ausnahme"[191]. Allerdings liegt nach dem, was wir oben für den „LKW-Fahrer-Fall" entwickelt haben, bei dieser Form aktiv-indirekter Sterbehilfe ebenfalls ein rechtfertigender Notstand gemäß § 34 StGB nahe: Die Abwägung eines kürzeren, aber schmerzfreieren Lebens gegen ein langes, aber qualvolles Leben wäre danach zulässig, das Überwiegen des ersteren durch den Willen des Todkranken belegt. Es stellte den geringstmöglichen Eingriff dar: Gerade die hier gegebene Möglichkeit der Schmerzlinderung ist es ja, die diese Konstellation der aktiv-indirekten Sterbehilfe vom „LKW-Fahrer-Fall" unterscheidet.

Problematisch ist die „Notstandslösung" allerdings dann, wenn der Sterbehelfer statt der bloßen Leidensminderung sogar die Verkürzung des qualvollen Sterbens mitleidend erhofft: Verlangt man mit der - umstrittenen[192]- Rechtsprechung[193], daß Absicht im eigentlichen Sinn als subjektives Rechtfertigungselement vorliegen muß, reicht das bloße Wissen um die Schmerzlinderung nicht zur Annahme eines Notstandes aus - mit der Folge der Strafbarkeit gemäß § 216 StGB oder wenigstens nach Versuchsgrundsätzen [194].

b) Für möglich erachtete Lebensverkürzung

Praktisch relevanter dürfte aber der Fall der vom Arzt lediglich für möglich erachteten Lebensverkürzung schon deshalb sein, weil sich Ärzte unwiderlegbar dementsprechend einlassen dürften [195]. Hier scheint mir eine Verortung in die geltende Dogmatik möglich zu sein, die sogar den objektiven Tatbestand entfallen läßt - auf den Willen käme es also gar nicht mehr an: Denn betrachtet man die Situation einmal genau, fällt auf, daß sie sich in die Fallgruppe der „einverständlichen Fremdgefährdung" einordnen läßt [196]; strukturell unterscheidet sich der Arzt, der mit Willen des Patienten das Leben gefährdende Schmerzmittel gibt, nicht von dem Fährmann im „Memel-Fall", der auf Bitten eines Fahrgastes über den tosenden Fluß setzt[197], oder dem Chirurgen, der eine Risikooperation (nur) zur Leidensminderung durchführt [198]. Bei dieser Fallgruppe, die „noch weiterer dogmatischer Durchdringung ... harrt" [199], wird angenommen, daß es im Falle des Erfolgseintritts an einer Sorgfaltspflichtverletzung dem Gefährdeten gegenüber bzw. an der objektiven Zurechenbarkeit fehlt [200].

---

188 *Stratenwerth*, SchwZStrR 95 (1978), 80 f.; *Arth. Kaufmann*, MedR 1983, 122; siehe auch *Schöch*, NStZ 1997, 410 f.
189 Siehe aber *Geilen*, Euthanasie und Selbstbestimmung, S. 22 f.
190 *Otto*, Verh. 56. DJT, S. 52; *Hanack* in *Hiersche* (Hrsg.), Euthanasie, S. 146.
191 *Schöch*, NStZ 1997, 411.
192 Siehe dazu *Hirsch* in Leipziger Kommentar, 11. Aufl. 1992, § 34 Rn. 45 ff. mwN.
193 Siehe etwa BGH, MDR 1979, 1039.
194 Näher *Scheffler*, Jura 1993, 622 ff.
195 *R. Schmitt*, JZ 1979, 465; 467; *Herzberg*, NJW 1986, 1640; *Schöch*, NStZ 1997, 411.
196 Siehe dazu auch *Weigend*, ZStW 98 (1986), 69 ff.
197 RGSt 57, 172.
198 Vgl. nochmals *Geilen*, Euthanasie und Selbstbestimmung, S. 23, Fn. 40 zur „kaschierten" aktiv-indirekten Euthanasie!
199 *Roxin*, Strafrecht AT/1, § 11 Rn. 110.
200 Näher *Roxin*, Strafrecht AT/1, § 11 Rn. 105 ff.

Diese Lösung kommt der des Freiburger Strafrechtslehrers *Albin Esers* nahe, für den ein Fall des „erlaubten Risikos" vorliegt[201]. Versteht man diese Rechtsfigur, deren „Ausarbeitung ... noch in den Anfängen steht"[202], jedoch mit *Roxin* so, daß sie ein Verhalten betrifft, das zwar ein rechtlich relevantes Risiko schafft, aber unabhängig von einer konkreten Zustimmung des Gefährdeten generell erlaubt ist[203] (z.B. den Regeln gemäßes Grätschen beim Fußballspielen[204]), ergibt sich für sie im Bereich der aktiv-indirekten Sterbehilfe lediglich ein eher geringer Anwendungsbereich: Die Lebensverkürzung wäre (nur) dann schon wegen erlaubten Risikos objektiv tatbestandslos, wenn sich bei ordnungsgemäßer Anwendung die generellen Risiken des „Beipackzettels" - erwünscht oder nicht - realisierten, nicht aber mehr, wenn individuell höher an der Stärke der Schmerzen ausgerichtet dosiert wird, was aufgrund des Gewöhnungseffekts schnell der Fall sein kann[205]. Einwilligungsmängel könnten also beim erlaubten Risiko im Unterschied zur einverständlichen Fremdgefährdung allenfalls die Strafbarkeit wegen Körperverletzung (Pikser der Spritze!)[206] auslösen, nicht aber die wegen eines Tötungsdeliktes.

Es könnte sogar darüber hinaus gefragt werden, ob nicht unterlassene aktiv-indirekte Sterbehilfe eine Körperverletzung durch Unterlassen (bzw. unterlassene Hilfeleistung) darstellen kann[207], also ob sogar insoweit eine „Sterbehilfepflicht" besteht. Während man beim „LKW-Fahrer-Fall" dies wohl eindeutig mangels Zumutbarkeit verneinen kann, erscheint mir das bei sicher zu erwartender, vor allem bei nur für möglich erachteter Lebensverkürzung als Nebenfolge der Schmerzmittelgabe naheliegender [208]. Immerhin wird durch das Untätigbleiben des Arztes ein unnötig grausamer Tod herbeigeführt. Man bedenke unter diesem Gesichtspunkt die Worte des an Kehlkopftuberkulose gestorbenen Schriftstellers *Franz Kafka*, mit denen er zuletzt von seinem Arzt Morphium gefordert haben soll: „ Töten Sie mich, sonst sind Sie ein Mörder" [209].

Falls der Patient die vom Arzt dargereichten riskant dosierten Schmerzmittel selbst einnimmt, liegt seitens des Arztes die Mitwirkung an einer vorsätzlichen Selbstgefährdung vor, die seit der Aufsehen erregenden Wendung der Rechtsprechung im „Heroin-Fall" ebenfalls für straflos gehalten wird [210]. Die Abgrenzung folgt hier denselben Regeln, die für die Unterscheidung des Suizides von der Tötung auf Verlangen entwickelt worden sind [211].

3. Passive Sterbehilfe

Relativ unumstritten ist die Zulässigkeit der passiven Sterbehilfe, also der Sterbehilfe durch Unterlassen. 83 % anonym befragter Ärzte wollen schon einmal einem todkranken Patienten eine lebensnotwendige Behandlung vorenthalten haben [212], kaum weniger Bundesbürger haben dies befürwortet [213].

---

201 *Eser* in *Schönke/Schröder*, vor § 211 ff. Rn. 26; siehe auch *Möllering*, Schutz des Lebens - Recht auf Sterben, S. 15 ff.; *v. Dellingshausen*, Sterbehilfe und Lebenserhaltungspflicht des Arztes, S. 141.

202 *Roxin*, Strafrecht AT/1, § 11 Rn. 61.

203 *Roxin*, Strafrecht AT/1, § 11 Rn. 60.

204 Vgl. *Eser*, JZ 1978, 370 ff.

205 Siehe dazu *Möllering*, Schutz des Lebens - Recht auf Sterben, S. 10 f.

206 Jedenfalls für die Rechtsprechung (seit RGSt 25, 375), der hier und im folgenden gefolgt werden soll (vgl. zu den Gründen *Geilen*, Euthanasie und Selbstbestimmung, S. 11).

207 Vgl. *Trockel*, NJW 1975, 1443 f.; *Tröndle*, ZStW 99 (1987), 29; *Giesen*, JZ 1990, 935 f.; *Kutzer*, ZRP 1993, 404 f.; *Verrel*, MedR 1997, 250; siehe auch BGH, LM Nr. 6 zu § 230 StGB.

208 Siehe dazu *Möllering*, Schutz des Lebens - Recht auf Sterben, S. 21 ff.

209 *Brod*, Über Franz Kafka, 1974, S. 18.

210 BGHSt 32, 262 (anders noch BGH, NStZ 1981, 350).

211 *Lackner/Kühl*, StGB, 22. Aufl. 1997, vor § 211 Rn. 12 a.E.

212 Süddeutsche Zeitung vom 4. August 1994, S. 24.

213 Näher *Koch* in *Eser/Koch* (Hrsg.), Materialien zur Sterbehilfe, S. 71.

Passive Sterbehilfe ist grundsätzlich direkte Sterbehilfe. „Passiv-indirekt“ ist sie eigentlich nur in der Form denkbar, daß lebensverlängernde Behandlung etwa wegen bewußtseins-beeinträchtigender Nebenwirkungen unterlassen wird.

a) Lebensbedrohend Erkrankte

Die Zulässigkeit versteht sich zunächst einmal von selbst für den Bereich, in dem ein Erkrankter eine lebensnotwendige Behandlung zurückweist. Hier kann man eigentlich kaum noch von Sterbehilfe sprechen.

Typisches Beispiel hierfür wären etwa Zeugen Jehovas, die eine benötigte Bluttransfusion aus religiösen Gründen ablehnen. Ein weiteres, äußerst tragisches Exempel ist das Sterben des schweizerischen Strafrechtsprofessors *Peter Noll*, der ein dreiviertel Jahr vor seinem Tod 1982 von seiner Krebserkrankung erfuhr und jegliche Behandlung verweigerte, um sein Sterben, über das er ein Buch schrieb, bewußt mitzuerleben [214].

Behandelte hier der Arzt dennoch, käme strafbare Körperverletzung in Betracht. § 34 StGB könnte ihn nicht rechtfertigen. Umgekehrt wiederum kann sein Nichtstun ihn nicht in die Gefahr der Bestrafung wegen Unterlassens führen. (Daß nichts anderes beim Eintritt der Bewußtlosigkeit gilt, wenn er aufgrund des Willens des Patienten weiter untätig bleibt, haben wir im Zusammenhang mit der Sterbebegleitung schon erörtert.)

Dies ist formal Ausdruck des Selbstbestimmungsrechts eines jeden Menschen, materiell Ausfluß der Erkenntnis, daß, mit dem BGH im „Myom-Fall“ gesprochen, „ein selbst lebensgefährlich Kranker ... triftige Gründe haben [kann], eine Operation abzulehnen, auch wenn er durch sie und nur durch sie von seinem Leiden befreit werden könnte“[215]. Dennoch besteht ein gewisser Widerspruch zum strikten Verbot der aktiven Sterbehilfe selbst in den „Bilanzfällen“, wenn dem Arzt eine „passive Sterbehilfepflicht“ sogar in den Konstellationen auferlegt wird, in denen der Behandlungsverzicht unüberlegt ist[216]. Ein Beispiel wäre der berichtete Fall eines 21jährigen, der sich aus Liebeskummer in den Kopf schoß und „bei völlig klarem Bewußtsein“ (?) eine Operation ablehnte[217]. In der Praxis - so auch in diesem Fall - löst sich der Widerspruch regelmäßig dadurch auf, daß der Arzt dennoch behandelt - und der Gerettete hinterher froh ist und nicht zum Staatsanwalt läuft.

b) Sterbende

Ab Beginn des Sterbeprozesses, also wenn „die Krankheit oder die traumatische Schädigung irreversibel ist und trotz Behandlung in absehbarer Zeit zum Tode führen wird“ [218], wird passive Sterbehilfe heute allgemein zugelassen [219]. Auf den Willen des Sterbenden soll es dann überhaupt nicht mehr ankommen [220]; „einseitige Sterbehilfe“ [221]. So formuliert etwa die entsprechende Richtlinie der Bundesärztekammer[222], daß „beim Sterbenden, einem dem Tode nahe Erkrankten oder Verletzten, bei dem das Grundleiden mit infauster Prognose einen irreversiblen Verlauf genommen hat und der kein bewußtes und umweltbezogenes Leben mit eigener Persönlichkeitsgestaltung“ mehr führen können wird, die Lebensverlängerungsverpflichtung des

---

214 *Noll*, Diktate über Sterben & Tod, 1984.
215 BGHSt 11, 111 (114); ähnlich BGHZ 90, 103 (105 f.).
216 So auch *R. Merkel* in *Hegselmann/Merkel* (Hrsg.), Zur Debatte über Euthanasie, S. 90 f.; ähnlich *Verrel*, JZ 1996, 230; vgl. auch BGH, NJW 1983, 350.
217 *Wachsmuth*, DMW 1982, 1527.
218 So die schweizerischen medizinisch-ethischen Richtlinien für die ärztliche Betreuung sterbender und zerebral schwerst geschädigter Patienten, NJW 1996, 768.
219 Siehe BGHSt 37, 376; anderer Ansicht nur *Bockelmann*, Strafrecht des Arztes, 1968, S. 114.
220 Siehe *Otto*, GK Strafrecht - Die einzelnen Delikte, 4. Aufl. 1995, § 6 II 3 c; *Koch/v. Lutterotti*, DMW 1987, 1597 ff.; a.A. *Rieger*, DMW 1987, 565.
221 *Koch/v. Lutterotti*, DMW 1987, 1598.
222 DÄBl. 1979, 957.

Arztes endet. Dies dürfte Konsens weit über die Bundesrepublik hinaus sein, scheint es doch so, als wenn die unbedingte Sterbeverlängerung mit allen Mitteln der Medizin das zweifelhafte Privileg für unersetzlich gehaltener Regenten ist (*Franco, Mao, Tito, Deng*). Selbst *Johannes Paul II.* erkennt die passive Sterbehilfe an; sie sei „Ausdruck dafür, daß die menschliche Situation angesichts des Todes akzeptiert wird“[223].

Zumindest hier wird das (katholische) Dogma von der Heiligkeit des Lebens durch den Glaubenssatz überspielt, daß es dem Menschen verwehrt sei, sich „Gottes Plan“ zu widersetzen, konkret also mit Hilfe der Medizin gegen den „Willen Gottes“ anzukämpfen - eine Auffassung, die etwa die eben erwähnten Zeugen Jehovas weitaus konsequenter vertreten.

Eine juristische Begründung für das Sterbenlassendürfen zu finden, ist nicht leicht. Der immer wieder genannte Satz, die Behandlungspflicht ende dann, wenn das Rechtsgut nicht mehr rettbar sei [224], steht ja gerade im Widerspruch dazu, daß wir eine solche „Rettung“ ansonsten schon bei jeglicher Lebensverlängerung annehmen. Dies kann man auch nicht durch die Argumentation verbrämen, man verlängere „eigentlich nicht mehr das Leben, sondern nur noch die Leiden des Sterbens“ [225]. Auch die Floskel, eine Behandlung sei nun dem Arzt nicht mehr zumutbar [226], ist fragwürdig: Wird das Lebensrecht überwogen von dem Interesse des Arztes, von Zumutungen verschont zu bleiben [227]? Am ehesten ist es wohl möglich, die Strafbarkeit wegen eines Tötungsdeliktes mit der Entsprechensklausel in § 13 StGB zu verneinen [228] - was freilich nicht nur bedeuten würde, daß passive Sterbehilfe beim Sterbenden Unrecht bliebe, sondern auch, daß immer noch eine Bestrafung wegen unterlassener Hilfeleistung (§ 323c StGB) im Raum stünde [229].

c) Irreversibel Bewußtlose

Die „liberale“ Haltung zur passiven Sterbehilfe gegenüber Sterbenden läßt freilich ein Problem völlig unberührt: Vor allem durch die Reanimationsmedizin, die in den letzten Jahrzehnten ungeahnte Fortschritte gemacht hat, gelingt es häufig, etwa Opfer von Verkehrsunfällen oder Herzinfarkten am Leben zu halten um den Preis irreversibler, schwerster Hirnschädigungen, die dazu führen, daß die Patienten, reduziert auf die Stammhirnfunktionen, auf Dauer bewußtlos im Koma liegen; es sind schon Überlebenszeiten von 37 und 41 Jahren beobachtet worden [230]. Diese Patienten befinden sich einerseits noch nicht im Sterben, haben aber andererseits unwiderruflich jegliche Reaktions- und Kommunikationsfähigkeit sowie jede Möglichkeit weiterer Selbstwahrnehmung und Selbstverwirklichung verloren. Sie leben - aber sie erleben nicht [231]. Auch das Schmerzempfinden ist (allem Wissen nach) erloschen, so daß auch der „Ausweg“ der aktiv-indirekten Sterbehilfe verbaut ist.

---

223 *Johannes Paul II*, Über den Wert und die Unantastbarkeit des Lebens, S. 144.
224 So etwa *Wessels*, Strafrecht BT/1, Rn. 30.
225 *Hirsch*, Festschrift für *Lackner*, 1987, S. 598.
226 So etwa *Eser* in *Schönke/Schröder*, vor §§ 211 ff. Rn. 29.
227 *R. Merkel* in *Hegselmann/Merkel* (Hrsg.), Zur Debatte über Euthanasie, S. 98.
228 *Maurach/Schroeder*, Strafrecht BT/1, § 1 Rn. 40; siehe auch *R. Schmitt*, JZ 1979, 466; *Möllering*, Schutz des Lebens - Recht auf Sterben, S. 60 f.; *Simson*, Festschrift für *Schwinge*, S. 99.
229 Vgl. BGHSt 14, 213 (216); JR 1956, 347; NJW 1961, 1981 (1982).
230 *R. Merkel*, ZStW 107 (1995), 557 Fn. 35.
231 *R. Merkel*, ZStW 107 (1995), 571.

Ein berühmtes Beispiel, das in den USA Justizgeschichte geschrieben hat[232], ist der „Fall Karen Ann Quinlan". Die junge Frau erlitt 1975 mindestens zwei Atemstillstände von jeweils 15 Minuten und befand sich daraufhin 10 Jahre im Koma, bis sie verstarb. Ihr Vater hatte beim Supreme Court von New Jersey sogar durchgesetzt, daß die künstliche Beatmung eingestellt werden dürfe; wider Erwarten genügte dies jedoch nicht, sie sterben zu lassen[233].

Freilich ist hier zu beachten, daß immer wieder berichtet wird, wie keine Reaktionen mehr zeigende Hirngeschädigte plötzlich nach Jahren wieder „aufwachen"[234]. Allerdings mag regelmäßig nicht eine Regenerierung von Hirnzellen, sondern ein vermeidbarer diagnostischer Fehler bei der Einstufung als irreversibel komatös vorgelegen haben; im übrigen ist zu bemerken, daß dem Aufwachen in aller Regel nur ein Dahindämmern in schwerster Behinderung folgt[235].

So hatte sich vor gut 20 Jahren die Züricher Staatsanwaltschaft im „Fall Haemmerli" u.a. mit dem Fall zu beschäftigen, daß eine Patientin nach 14 Tagen Entzug (kalorienhaltiger) Nahrung „völlig überraschend aus ihrem teilnahmslosen Zustand" erwachte und nach Essen verlangte[236]. Lag hier wohl ein krasser Kunstfehler vor, mag der bekannte englische Fall „Anthony Bland" nachdenklicher stimmen: *Bland* geriet genauso wie ein junger Mann namens *Andrew Divine* 1989 im Fußballstadion von Hillsborough bei einer Massenpanik unter die Füße der Zuschauer. Beide erlitten schwere Verletzungen, die Sauerstoffzufuhr zum Gehirn wurde unterbrochen; sie fielen ins Koma. Die Eltern *Anthony Blands* erstritten 1993 vor dem britischen Oberhaus als oberstem Gericht, daß sie ihren Sohn sterben lassen durften[237]. *Andrew Divine* wachte 1997 wieder auf ...[238] Freilich ist auch hier zu bemerken, daß *Blands* Hirnschädigung schlimmer, sein Koma tiefer gewesen sein soll.

aa) Mutmaßlicher Sterbewunsch

In einer aufsehenerregenden Entscheidung („Kemptener Fall") bezüglich einer Kranken mit apallischem Syndrom („Wachkoma") hat der 1. Strafsenat des BGH vor einiger Zeit entschieden[239], daß bei einem unheilbar kranken, nicht mehr entscheidungsfähigen Patienten ein Behandlungsverzicht entgegen den Richtlinien der Bundesärztekammer auch schon vor Beginn des Sterbevorganges unternommen werden dürfe; wegen der fehlenden Todesnähe handele es sich jedoch nicht um „Sterbehilfe im eigentlichen Sinn". Voraussetzung sei, daß ein sorgfältig zu ermittelnder diesbezüglicher mutmaßlicher Wille des Patienten vorliege. Der BGH betont, daß an die Voraussetzungen für die Annahme eines mutmaßlichen Willens zum Sterben „strenge Anforderungen" zu stellen seien; es komme hierzu vor allem auf frühere mündliche oder schriftliche Äußerungen (sog. Patiententestament) des Kranken, seine religiöse Überzeugung, seine sonstigen persönlichen Wertvorstellungen, seine altersbedingte Lebenserwartung oder das Erleiden von Schmerzen an. Der BGH sieht also die Problematik des Schlusses auf den aktuellen Sterbewillen aus früheren Äußerungen[240]: „... wie kann ich heute wissen, ob ich, wenn ich einmal im Apparat liege, nicht plötzlich ... unfeige Hoffnung habe?" fragte der Schriftsteller *Max Frisch* in seiner „Rede an Ärztinnen und Ärzte".[241].

---

232 Siehe zu dem ähnlich gelagerten leading case „Nancy Cruzan" *Dworkin*, Die Grenzen des Lebens, 1993/94, S. 247 ff.; 270 ff.

233 Näher *Weigend/Küschner* in *Eser/Koch* (Hrsg.), Materialien zur Sterbehilfe, S. 673 f.; 712 ff.

234 Siehe *Schreiber* in *Bottke/Fritsche/Huber/Schreiber*, Lebensverlängerung aus medizinischer, ethischer und rechtlicher Sicht, 1995, S. 136 f.

235 Siehe dazu *Menzel* in *Auer/Menzel/Eser*, Zwischen Heilauftrag und Sterbehilfe, 1977, S. 63 ff.

236 Einstellungsverfügung der Staatsanwaltschaft des Kantons Zürich, zit. b. *Heine* in *Eser/Koch* (Hrsg.), Materialien zur Sterbehilfe, S. 615.

237 Näher *Dworkin*, Die Grenzen des Lebens, S. 259 f.; 288.

238 Märkische Oderzeitung vom 27./28. März 1997, S. 8.

239 BGHSt 40, 257.

240 Siehe dazu *Roxin*, Strafrecht AT/1, § 18 Rn. 25.

241 Frankfurter Allgemeine Zeitung vom 5. Januar 1985, Beilage „Bilder und Zeiten".

Nur so läßt sich auch erklären, in Fällen insbesondere des Patiententestaments nicht von einem ausdrücklich geäußerten Willen auszugehen, was eigentlich, sieht man sich die allgemeine Dogmatik an, beim Fehlen eines Widerrufes anzunehmen wäre [242]. Denn ähnlich wie im umgekehrten Fall, wenn also für eine wirksame ausdrückliche Einwilligung in eine Behandlung die entsprechende (ärztliche) Aufklärung erfolgen muß, kann man argumentieren, daß eine (Sterbe-)Willensäußerung, unberaten etwa durch Mediziner oder Theologen, nur Indizcharakter für den „wirklichen" Willen haben kann [243]. Hinzu kommt, daß Patiententestamente häufig aus lediglich angekreuzten vorformulierten Erklärungen, propagiert etwa von der DGHS, bestehen [244]. (Es sei dagegen an das umständliche Procedere der Willensermittlung beispielsweise nach dem oben besprochenen australischen Sterbehilfegesetz erinnert.) Freilich kann der BGH dadurch den Widerspruch dazu, daß er noch im „Wittig-Fall" den ausdrücklich geäußerten Sterbewillen der Suizidentin für praktisch unbeachtlich erklärt hat, nicht ausräumen.

Man muß darüber hinaus problematisieren, ob der BGH nicht den falschen Ansatzpunkt gewählt hat, das Pferd quasi vom Schwanz her aufzäumt: Indem er nach dem mutmaßlichen Willen zum Behandlungsabbruch sucht, übergeht er das Problem, ob denn überhaupt ein mutmaßlicher Wille zur (Weiter-)Behandlung besteht[245]. Diese Frage muß sich insbesondere deshalb stellen, weil der BGH an den mutmaßlichen Willen für einen Behandlungsabbruch „strenge Anforderungen" stellen will, also im Falle eines non liquet oder eines lediglich „wahrscheinlich mutmaßlichen Willens" die Behandlung fortsetzen lassen will. Würde er in diesen Fällen die logisch vorrangige Frage nach dem mutmaßlichen Willen zur Behandlung stellen, wäre dem Sterbenlassen ein weitergehender Raum eröffnet. Dies kann man einfach mit dem Sachverhalt im „Kemptener Fall" selbst illustrieren: Dem BGH reichte die Äußerung der Patientin Jahre vor ihrer Erkrankung, „so wolle sie nicht enden" [246], wegen der „strengen Anforderungen" nicht aus. Kann aber andererseits bei dieser Lage von einem (entgegengesetzten) Willen zur Behandlung ausgegangen werden? Machte sich der behandelnde Arzt nicht eigentlich nach § 223 StGB strafbar [247]?

Ketzerisch sei darüber hinaus sogar gefragt: Wie ist bei irreversiblem Bewußtseinsverlust überhaupt (von Ausnahmefällen vielleicht abgesehen) ein mutmaßlicher Wille auf Weiterbehandlung anzunehmen [248]?

Schließlich ist mehr als fraglich, inwieweit für die Berücksichtigung des mutmaßlichen Willens eines nicht mehr Entscheidungsfähigen infolge des 1992 in Kraft getretenen Betreuungsgesetzes überhaupt Raum ist [249]: Gemäß § 1904 BGB - den grundsätzlich auch der 1. Senat entsprechend anwenden will („erst recht") [250] - können lebensgefährdende ärztliche Eingriffe an einem Betreuungsbedürftigen (vgl. § 1896 I BGB) nur mit Einwilligung des Betreuers und Genehmigung des Vormundschaftsgerichts durchgeführt werden. Diese Zustimmungen haben gemäß § 1901 II 1 BGB den „Wünschen des Betreuten zu entsprechen, soweit dies dessen Wohl nicht zuwiderläuft und dem Betreuer zuzumuten ist" - hieraus ergeben sich zur mutmaßlichen Einwilligung inkongruente [251], „recht intrikate Probleme" [252]. Allerdings: Der im Mai 1997 erschienene Entwurf neuer Ärzterichtlinien übernimmt die Auffassung

242 *Sternberg-Lieben*, NJW 1985, 2735.
243 Siehe dazu auch *R. Merkel*, ZStW 107 (1995), S. 566 f.; *Bottke* in *Bottke/Fritsche/Huber/Schreiber*, Lebensverlängerung aus medizinischer, rechtlicher und ethischer Sicht, S. 100 f.
244 Ähnlich *Geilen*, Euthanasie und Selbstbestimmung, S. 27.
245 Siehe *R. Merkel*, ZStW 107 (1995), S. 559 ff.; vgl. auch *Geilen*, Euthanasie und Selbstbestimmung, S. 20 f.
246 BGHSt 40, 257 (261).
247 *R. Merkel*, ZStW 107 (1995), S. 560.
248 *Dölling*, MedR 1987, 9; *Roxin* in *Blaha* u.a. (Hrsg.), Schutz des Lebens - Recht auf Tod, S. 89; *Geilen*, Euthanasie und Selbstbestimmung, S. 20; siehe auch *Tröndle*, MedR 1988, 165; *R. Merkel*, ZStW 107 (1995), 559; vgl. aber *Bernsmann*, ZRP 1996, 91.
249 Näher dazu *Bernsmann*, ZRP 1996, 89 ff.
250 BGHSt 40, 257 (261 f.).
251 Anders wohl *Vogel*, MDR 1995, 338; 340; *Eser*, NStZ 1995, 156; siehe aber etwa *Schwab* in Münchener Kommentar zum BGB, 3. Aufl. 1992, § 1901 Rn. 8 ff.
252 *Bernsmann*, ZRP 1996, 9; vgl. AG Neukölln, NJW 1987, 2933.

des 1. Senats zur mutmaßlichen Einwilligung fast wörtlich [253] - sie scheint sich also durchzusetzen [254].

Richtig ist jedenfalls, daß (im Gegensatz zu mancher Laienmeinung) weder der Wille der Ärzte noch der Angehörigen eine entscheidende Rolle spielt; beide können nämlich handfeste eigene Interessen haben: Für die Herbeiführung eines frühen Todes könnten sich Ärzte durch Arbeitsersparnis oder das Freiwerden anderweitig benötigter Apparate motivieren lassen, Verwandte durch das Erbe und die Behandlungskosten; umgekehrt könnten letztere das Weiterleben wegen der fortlaufenden Rentenzahlungen an den Schwerstkranken erstreben oder Mediziner an ihr ansonsten versiegendes Honorar denken bzw. durch bloßes Forschungsinteresse geleitet werden [255]. Freilich ist zu beachten, daß bei der Ermittlung des mutmaßlichen Willens (bzw. der Wünsche und des Wohls des Bewußtlosen) doch wieder auf die Meinung der Angehörigen und behandelnden Ärzte zurückgegriffen werden muß.

bb) Kein mutmaßlicher Sterbewunsch

Kann von einem Sterbewunsch bei irreversiblem Bewußtseinsverlust nicht ausgegangen werden, wäre also eigentlich nach bisher Gesagtem Lebensverlängerung um jeden Preis zu leisten [256]. Dies geschieht jedoch nicht, soll selbst bei ausdrücklich geäußertem Lebenswunsch des Patienten nicht gefordert sein. Hier ist wohl der Bereich der Sterbehilfe, in dem am wenigsten Klarheit herrscht, wo „buchstäblich das gesetzliche und das dogmatische Instrumentarium ausgeht" [257]. Dies gilt zunächst einmal für diejenigen Begründungen, in denen nebulös von der „Sinnlosigkeit" oder „Unzumutbarkeit" einer weiteren Lebensverlängerung gesprochen wird [258]; der BGH sprach im „Kemptener Fall" - an Vagheit unüberbietbar - vom „zurückhaltenden" Rückgriff auf „allgemeine Wertvorstellungen" [259]. Darüber hinaus gilt das auch für die Art und Weise der passiven Sterbehilfe: Die grobe Linie hier ist wohl am kürzesten mit den häufig in diesem Zusammenhang zitierten Worten von *Arthur Clough* [260], einem englischen Dichter des 19. Jahrhunderts, umschrieben: „Du sollst nicht töten, aber Du brauchst Dich auch nicht übereifrig zu bemühen, Leben zu erhalten." Jedenfalls wird hier, zurückgehend auf die Anästhesisten-Ansprache von *Pius XII.* aus dem Jahre 1957 [261], vertreten, man brauche in dieser Konstellation keine „außergewöhnlichen" Maßnahmen zur Lebensverlängerung einzusetzen. Ferner wird angenommen, daß die Behandlung interkurrenter Krankheiten, etwa einer durch das Liegen auftretenden Lungenentzündung, unterbleiben dürfe. Eine juristische Begründung für die akzeptierte Linie zu finden, ist jedoch kaum möglich; die Versuche entsprechen den schon für den Sterbenden berichteten; viel ist hier von der Menschenwürde des Schwerstkranken die Rede [262].

Greift man dieses Wort auf, ergibt sich Anlaß für eine etwas provokative Frage: Kann es wirklich richtig sein, jemanden „eigentlich" sterben lassen zu wollen, ihm dann aber den „sanften Tod" mittels aktiver Sterbehilfe vorzuenthalten und statt dessen darauf zu warten, daß er sich doch bitteschön eine Krankheit zuziehen möge, die man dann durch „gezieltes" Unterlassen langsam zum Tod führen läßt[263]?

---

253 Entwurf der Richtlinien der Bundesärztekammer zur ärztlichen Sterbebegleitung und den Grenzen zumutbarer Behandlung vom 25.04.1997, DÄBl. 94 (1997), 1342.

254 Siehe aber *Dörner*, ZRP 1996, 93 ff.

255 Siehe dazu *Eser* in *Auer/Menzel/Eser*, Zwischen Heilauftrag und Sterbehilfe, S. 116 f.; 136 f.; *Arth. Kaufmann*, JZ 1985, 485.

256 Siehe dazu *R. Merkel*, ZStW 107 (1995), S. 564 f.

257 *R. Merkel*, ZStW 107 (1995), 574 f.

258 Näher dazu *Eser* in *Schönke/Schröder*, vor §§ 211 ff. Rn. 29; *Arth. Kaufmann*, JZ 1982, 484 ff.; *Möllering*, Schutz des Lebens - Recht auf Sterben, S. 55 f.; *v. Dellingshausen*, Sterbehilfe und die Lebenserhaltungspflicht des Arztes, S. 384 ff.

259 BGHSt 40, 257 (263).

260 *Arthur Clough*, The Latest Decalogue, 1862: „Thou shalt not kill; but need'st not strive / Officiously to keep alive."

261 *Pius XII.*, Ansprache vom 24. November 1957.

262 Siehe dazu *Möllering*, Schutz des Lebens - Recht auf Sterben, S. 56 ff.

263 Siehe *Bernsmann*, ZRP 1996, 91 Fn. 67; vgl. auch *Engisch*, Euthanasie und Vernichtung

Ein Ökonom allerdings hätte weniger Schwierigkeiten, eine Legitimation für die Formen des praktizierten Sterbenlassens zu finden: „Außergewöhnliche" Maßnahmen (was auch immer das heißen mag[264]) wie auch die Behandlung interkurrenter Krankheiten verursachen „unverhältnismäßige" Kosten, die über die des bloßen Pflegens hinausgehen und sich nicht mehr „lohnen"[265].

Folgt man dem gedanklich, wäre zu prognostizieren, daß infolge fortschreitender Unterfinanzierung des Gesundheitswesens, gar noch bei weiteren Fortschritten der Reanimationsmedizin, sich die Meinungsbildung dahingehend verschieben könnte, daß, wie schon vom AE-Sterbehilfe vorgeschlagen[266], bei irreversiblem Koma der Arzt in jedem Fall sterben lassen darf[267]. Zumindest steht dann zu erwarten, daß die (bislang) nur schamhaft kritisch hinterfragte allgemeine Ansicht, weitere Beatmung dürfe bei einem Koma-Patienten auch dann nicht unterlassen werden, wenn ein neu eingelieferter Patient mit günstigerer Prognose den (einzigen) Respirator dringendst benötigt, ins Wanken gerät[268].

4. Quasi-passive Sterbehilfe

Im allgemeinen nicht gesondert von der passiven Sterbehilfe abgegrenzt wird die hier mit *Herzberg* so genannte quasi-passive Sterbehilfe[269]. Gemeinhin heißt es, passive Sterbehilfe dürfe grundsätzlich durch das Unterlassen oder den Abbruch weiterer Behandlungsmaßnahmen geleistet werden. 63 % anonym befragter europäischer Ärzte bekennen sich hierzu[270].

Nun ist zunächst einmal das Wort „Abbruch" doppeldeutig: Ist damit gemeint, eine Behandlung dergestalt nicht mehr fortzusetzen, daß dann, wenn etwa der Tropf durchgelaufen ist, nicht wie erforderlich eine neue Infusion angelegt wird, so liegt ohnehin und eindeutig passive Sterbehilfe vor[271].

a) Behandlungsabbruch

Problematisch sind aber die Fälle, in denen der Abbruch dadurch geschieht, daß zur Lebensaufrechterhaltung notwendige Geräte ausgeschaltet werden. Eigentlich liegt hier der Abbruch eines rettenden Kausalverlaufs, also aktives Tun vor. Im Anschluß an den Aufsehen erregenden Fall des LG Ravensburg[272], wo ein Ehemann dem Leiden seiner Frau ein Ende bereitete, indem er den Respirator abstellte, wird aber auch hier zumeist passive Sterbehilfe angenommen. Viele argumentieren, es läge die Konstruktion des „Unterlassens durch Tun" vor [273]: Sei man rechtlich nicht mehr verpflichtet, eine Behandlungsmaßnahme vorzunehmen, dürfe man also ihre Einleitung unterlassen, so läge strukturell ebenfalls Unterlassen vor, wenn man auf die Weiterführung dieser rechtlich nicht gebotenen Behandlung nunmehr verzichtete. Andere sagen, es läge zwar aktives Tun, aber keine aktive Sterbehilfe vor „entsprechend dem richtig verstandenen Schutzbereich der Norm" [274]. Man mag darüber

---

lebensunwerten Lebens in strafrechtlicher Betrachtung, S. 9 f.; *R. Merkel*, ZStW 107 (1995), S. 561 f.; *Brocker*, ZRP 1997, 383.

264 Siehe dazu *Kuhse*, Die Heiligkeit des Lebens in der Medizin, S. 207 ff.; *Häring* in *Eser* (Hrsg.), Suizid und Euthanasie als human- und sozialwissenschaftliches Problem, S. 265.

265 Vgl. *R. Merkel* in *Hegselmann/Merkel*, Zur Debatte über Euthanasie, S. 97; siehe schon *Engisch*, Euthanasie und Vernichtung lebensunwerten Lebens, S. 9.

266 § 214 I Nr. 2 AE-Sterbehilfe.

267 Siehe *R. Merkel*, ZStW 107 (1995), 569 f. Fn. 58; 575.

268 Vgl. *Eser* in *Schönke/Schröder*, vor §§ 211 ff. Rn. 30; siehe auch *Jonas*, Technik, Medizin und Ethik, S. 262 ff.

269 *Herzberg*, NJW 1996, 3048.

270 Süddeutsche Zeitung vom 4. August 1994, S. 24.

271 Vgl. *v. Dellingshausen*, Sterbehilfe und die Lebenserhaltungspflicht des Arztes, S. 430 ff.

272 LG Ravensburg, MedR 1987, 196.

273 Siehe etwa *Roxin*, Festschrift für *Engisch*, 1969, S. 395 ff.; vgl. schon *v. Overbeck*, GS 88 (1922), 319 ff.

274 *Jähnke* in Leipziger Kommentar, 10. Aufl., vor § 211 Rn. 17 mwN.

streiten, ob dieses „Kategoriengeklapper“ [275] nicht einen bloßen „Taschenspielertrick“ darstellt [276], um sich aus der Zwickmühle zu retten, einerseits die aktive Sterbehilfe ausnahmslos abzulehnen, andererseits aber nicht warten wollen zu müssen, bis etwa die künstliche Beatmung endlich durch einen technischen Defekt beendet wird [277].

Ernstzunehmen ist der Einwand von *Paul Bockelmann* in seinem Buch über Arztstrafrecht, wo er sich gegen die Zulässigkeit der quasi-passiven Sterbehilfe mit dem Hinweis gewandt hat, wie es wäre, wenn „ein irgendwer aus purer Bosheit, nur um das Ende des Sterbenden zu beschleunigen, den Apparat abstellt - kann wohl zweifelhaft sein, daß das eine Tötungshandlung wäre? Müßte man sie als Unterlassung werten, so müßte man sie straflos lassen ...“ [278]

Folgt man dem [279], müßten etwa in den „Todesengel-Fällen“ [280] selbst mitleidlose Krankenschwestern oder -pfleger im Falle des Behandlungsabbruchs straflos bleiben, wenn zum Zeitpunkt ihrer Handlung der Sterbevorgang des Getöteten schon begonnen hatte, sie bei irreversibel Bewußtlosen „außergewöhnliche Maßnahmen“ bzw. solche zur Behandlung interkurrenter Krankheiten beendeten bzw. ein mutmaßlicher Sterbewille des Komatösen anzunehmen gewesen war.

Allerdings ist zu beachten, daß die unter Juristen verbreitete Vorstellung über den Ablauf der „Apparate-Medizin“ zu einfach sein mag. Für das Am-Leben-Bleiben ist in aller Regel nicht nur ein einmal angeschalteter Respirator ursächlich, sondern auch die Vornahme regelmäßig zu wiederholender Handlungen wie etwa die „künstliche“ Ernährung, deren Abbruch ohnehin ein Unterlassen wäre [281].

b) Organexplantation

Die Klärung des Charakters der quasi-passiven Sterbehilfe könnte jedoch in Zukunft eine äußerst weitgehende Bedeutung haben, weil sie über die Zulässigkeit praktisch aller Organtransplantationen entscheiden könnte: In der bundesdeutschen Diskussion hat sich seit 1995 eine Tendenz dahingehend abgezeichnet, das Hirntodkriterium aufzugeben. Dieses Kriterium, entwickelt vor 30 Jahren an der Harvard-Universität als Folge (und Legitimation) der ersten Herzverpflanzung durch den Südafrikaner *Christiaan Barnard*, legt fest, daß ein Mensch tot sei, selbst wenn sein Herz (dank künstlicher Beatmung) noch schlägt, jedoch sein Hirn irreversibel ausgefallen ist, also insbesondere sein EEG eine sog. „Null-Linie“ aufweist [282]. Spätestens seitdem stimmt die Feststellung *Friedrich Carl von Savignys* nicht mehr, der Tod sei „ein so einfaches Naturereignis, daß derselbe nicht, wie die Geburt, eine genaue Feststellung ihrer Elemente nötig macht“ [283]. So ist es hier vor allem durch die öffentliche Diskussion um das „Erlanger Baby“, also den Fall, in dem eine Hirntote über mehrere Monate ihr Kind austragen sollte [284], zu einem neuen Nachdenken gekommen: Hirntote, bei denen durch einen Respirator die Körperfunktionen aufrechterhalten bleiben, müssen (künstlich) ernährt werden, haben Ausscheidungen, schwitzen, können sich wundliegen und altern. Zu dem Abort bei der „Erlan-

---

275 *Engisch*, Festschrift für *Dreher*, S. 315.
276 Siehe näher *Otto*, Verh. 56. DJT, S. 42 ff.; vgl. *Eser*, JZ 1986, 793: „Konstruktive Höchstleistungen mit buchstäblich Orwell'schen Visionen“.
277 *Eser* in *Auer/Menzel/Eser*, Zwischen Heilauftrag und Sterbehilfe, S. 139.
278 *Bockelmann*, Strafrecht des Arztes, S. 125.
279 Siehe die Gegenpositionen bei *v. Dellingshausen*, Sterbehilfe und die Lebenserhaltungspflicht des Arztes, S. 459 ff.
280 Siehe dazu *Maisch*, Patiententötungen - Dem Sterben nachgeholfen, 1997; *Eisenberg*, MschrKrim 80 (1997), 239 ff.
281 *v. Dellingshausen*, Sterbehilfe und Grenzen der Lebenserhaltungspflicht des Artzes, S. 430 ff.; 466 f.
282 Siehe näher *Höfling*, JZ 1995, 28 f.
283 *v. Savigny*, System des heutigen römischen Rechts, Bd. 2, 1840, S. 17.
284 Siehe dazu *Kiesecker*, Die Schwangerschaft einer Toten, 1996.

ger Mutter" kam es infolge einer Lungenentzündung - bei einer Toten? Selbst im Bundestag ist zunächst in allen Entwürfen zu einem Transplantationsgesetz, die nach einer Expertenanhörung im Sommer 1995 entstanden, nicht mehr vom Hirntod geredet worden. Die Tendenz ging dahin, einen „dritten Zustand" [285] im Hinblick auf die Zulässigkeit von Organtransplantationen anzuerkennen, so daß neben Lebenden und (eindeutig) Toten von „irreversibel Geschädigten mit dauerhaftem Hirnausfall" gesprochen wurde.

Nun hat der Bundestag im Sommer 1997 ein Transplantationsgesetz beschlossen, das die Bestimmung des Todeszeitpunktes dem „Stand der Erkenntnisse der medizinischen Wissenschaft" überlassen will (§ 3 I Nr. 2 TPG) und nur den - so nicht bezeichneten - Hirntod als frühestmöglichen Todes- und Transplantationszeitpunkt festlegt (§ 3 II TPG).

Entgegen der in der Diskussion um das Gesetz häufig geäußerten Ansicht hat sich der Gesetzgeber also nicht für das Hirntodkriterium ausgesprochen, sondern lediglich den Ansichten eine eindeutige Absage erteilt, die einen noch weiter vorgelagerten Todesbegriff vertreten, namentlich den des Kortikaltodes (irreversibler Ausfall der Hirnrinde, aber nicht des Stammhirns) [286].

Allerdings läuft dies rein praktisch darauf hinaus, daß nunmehr weiterhin das Hirntodkonzept gilt, weil es in der medizinischen Wissenschaft nach wie vor weitgehend anerkannt ist. Auch hier kann jedoch niemand einen Meinungswechsel ausschließen. Sollte dies geschehen, bedeutete dies folgendes: Da die meisten zur Transplantation geeigneten Organe nur dann übertragen werden können, wenn sie bis zuletzt durchblutet worden sind, kommen praktisch lediglich Hirntote als Organspender in Betracht. Werden diese nun aber als „nur" Sterbende angesehen, heißt dies, daß die Explantation der zu übertragenden Organe lediglich dann keine aktive Tötungshandlung wäre, wenn man die Konstruktion der quasi-passiven Sterbehilfe akzeptiert [287].

Nach der jetzigen Fassung des TPG wäre freilich dieses Problem dadurch überlagert, daß bei dem - dann noch lebenden - „Hirntoten" eine Explantation ohnehin verboten wäre (§ 3 I Nr. 2 TPG). Freilich: Man kann wohl sicher sein, daß angesichts des dann drohenden „Endes" der Transplantationsmedizin das Gesetz ganz schnell im Sinne des jetzt unterlegenen Entwurfs des Bundesjustizministers *Schmidt-Jortzig* [288] geändert würde ...

Es würde dann allerdings noch ein weiteres Problem, beinahe ein Paradoxon auftauchen: Da das Beatmungsgerät „eigentlich" alsbald nach Eintritt des Hirntodes abgestellt wird (und als quasi-passive Sterbehilfe weiterhin abgestellt werden dürfte), wäre das Vorsehen zur Organtransplantation, das Warten auf einen geeigneten Organempfänger zunächst einmal eine Maßnahme zur Lebensverlängerung! Oder anders: Die Einwilligung in eine spätere Organtransplantation als „Hirntoter" wäre nicht nur eine Disposition über das eigene Leben, ein Tötungsverlangen, sondern bedeutete gleichzeitig die einzige Möglichkeit einer (wenn auch nur kurzen) Lebensverlängerung [289]. Die Verweigerung der Zustimmung der Angehörigen zur Organentnahme, die unter Umständen auch bei Ablehnung des Hirntodkriteriums genügen soll [290], würde damit eine Lebensverkürzung, also eine Art Sterbehilfe bedeuten - für manche ein unauflösbares Dilemma.

---

285 *Spittler*, ZRP 1997, 747.
286 *Funck*, MedR 1992, 182; siehe auch *Dencker*, NStZ 1992, 311 ff. (dazu *Joerden*, NStZ 1993, 268 ff.); *Schöning*, NJW 1968, 189.
287 So auch der Antrag der Abgeordneten *Wodarg*, *Däubler-Gmelin u.a.* zu Kriterien für die Spende, Entnahme und Übertragung von menschlichen Organen, BT-DrS 13/4114, S. 4.
288 BT-DrS 13/8025.
289 *Höfling*, MedR 1996, 8.
290 Siehe *Lang*, ZRP 1995, 461; *Rixen*, ZRP 1995, 465 f.; *Höfling*, MedR 1996, 8.

III. Fazit

Betrachtet man den Bereich der Sterbehilfe zusammenfassend, fällt auf, daß de lege lata ein „erstaunlicher Grundkonsens" [291] dahingehend besteht, was bestraft werden soll und was nicht. Deutlich auseinander fallen erst die Begründungen, die häufig wenig mit sonstiger juristisch-dogmatischer Argumentation zu tun haben [292]. Es wird auf allen Wegen versucht, Begründungen für das schwer erzielbare, aber gewünschte Ergebnis zu finden. Unser Versuch, die akzeptierten Lösungen durch engere Bindung an die allgemeine Dogmatik zu erreichen, hat demzufolge auch insbesondere bei der passiven und quasi-passiven Sterbehilfe zu wenig befriedigenden Resultaten geführt. Es zeigt sich an allen Ecken und Enden, daß der kaum hinterfragte Ansatz, von der Unantastbarkeit, von der Heiligkeit des Lebens auszugehen und doch Sterbehilfe beschränkt zuzulassen, nicht stimmig gelingen kann. Die nicht zuletzt aus der katholischen Morallehre übernommene Doktrin der Heiligkeit des Lebens ist, will man ehrlich sein, im Bereich der Sterbehilfe nicht aufrechtzuerhalten.

Wir tun es bekanntermaßen auch nicht mehr auf der „anderen Seite", dem Beginn des Lebens: Zwischen Zellverschmelzung und Nidation gibt das Embryonenschutzgesetz dem Leben nur Schutz vor verschiedenen Experimenten, „Abtreiben" (RU 486) ist unbeschränkt gestattet. Die ersten drei Monate ist die Schwangerschaftsunterbrechung zwar mit Hürden versehen, aber „eigentlich" - gleichgültig, was BVerfG und Gesetzgeber dagegen wortreich vorbringen - doch erlaubt. Bei Abtreibung bis zur 22. Schwangerschaftswoche bleibt die Schwangere noch straflos (§ 218a IV StGB). Im Falle von Lebens- und selbst nur von Gesundheitsgefahr für die Mutter muß ein Fötus sogar noch bis zur Geburt weichen (§ 218a II StGB).

Wir werden akzeptieren müssen, daß auch hinsichtlich des Endes des Lebens nur ein abgestufter Lebensschutz praktiziert werden kann. Hier sollte die Aufrichtigkeit dazu führen, Vorschriften etwa nach Art des AE-Sterbehilfe zur aktiv-indirekten, passiven und quasi-passiven Sterbehilfe in das Gesetz aufzunehmen. Die Rechtsunsicherheit vor allem für Ärzte und die daraus resultierende Vermutung, daß Mediziner „vorsichtshalber" eher zuviel tun [293], erfordern dies. Aber auch Verurteilungen von zu weit gehenden Sterbehelfern wegen (versuchten) Totschlages zu bloßen Geldstrafen [294] dürften dem Lebensschutz eher abträglich sein [295]. Selbst die aktive Sterbehilfe, die wir genaugenommen im Rahmen der aktiv-indirekten Sterbehilfe und der quasi-passiven Sterbehilfe längst schon praktizieren, ist nur noch verbal ein Tabu. Hier würde Ehrlichkeit durch Gesetzgebung, die eine klare Grenze zieht, eher einem Dammbruch, einer schleichenden Erosion des Lebensschutzes vorbeugen können als die unglaubwürdige verbale Aufrechterhaltung eines längst durchlöcherten Tabus.

291 *Tröndle*, ZStW 99 (1987), 30.
292 Vgl. *Hoerster*, ZRP 1988, 3.
293 Siehe *Kutzer*, ZRP 1993, 404 ff.; *Verrel*, JZ 1996, 227; *Pelzl*, KritJ 27 (1994), 191.
294 Vgl. BGHSt 40, 257 (257).
295 Ähnlich *Simson* in *Eser* (Hrsg.), Suizid und Euthanasie als sozial- und humanwissenschaftliches Problem, S. 325.

Gedanken zur gesellschaftlichen Dimension der Euthanasiediskussion

Matthias Passon

Einleitende Vorbemerkungen

Die Frage nach aktiver Sterbehilfe ist immer verbunden mit der Frage nach dem Sinn des Lebens (und Sterbens) an sich. Gesellschaften, die sich den philosophischen Pluralismus als Grundstein des Denkens gewählt haben, stoßen in dieser Frage auf ein grundsätzliches Dilemma, da es keine allgemein verbindlichen Aussagen dazu geben kann. Das bedeutet wiederum, daß jeder einzelne Mensch sich auf seine Weise die Fragen nach dem Sinn, Inhalt und Ziel des Lebens, Sterbens und Todes beantworten muß. Dennoch müssen für ein gesellschaftliches Zusammenleben grundsätzliche Regeln bestimmt werden, die weit genug gefaßt sind, daß sich die Mehrzahl der Individuen darin wiederfindet, die aber auch den Mißbrauch von Freiheit weitestgehend einschränkt.

Der Begriff „Euthanasie" wird in der Literatur in vielfältiger Weise gebraucht, so daß Mißverständnisse ohne vorherige Begriffsklärung vorprogrammiert sind. Deshalb sollen, bevor zur eigentlichen Thematik übergegangen wird, eingangs einige Begriffsdefinitionen vorangestellt werden:

1. **Aktive Euthanasie (Sterbehilfe)** ist eine bewußte und aktive Handlung, die vom Betroffenen selbst, einem Arzt, einer Bezugs- oder beauftragten Person mit dem Ziel der Beendigung des Lebens des Betroffenen unter Einverständnis und auf ausdrücklichen Willen des Betroffenen durchgeführt wird. Bedingung für den Euthanasiebezug ist das Vorliegen einer unheilbaren, direkt zum Tode des Betroffenen führenden Erkrankung; diese ist dann auch zur Abgrenzung gegenüber den juristischen Tatbeständen Totschlag, Tötung auf Verlangen und Mord relevant. Als Motivation für diese Vorgehensweise werden neben dem Recht auf Verfügbarkeit über das eigene Leben auch Barmherzigkeit, gesellschaftliche, wirtschaftliche und ideologische Gründe angegeben.
2. **Passive Euthanasie (Sterbebegleitung)** bedeutet die Inkaufnahme von lebensverkürzenden Nebenwirkungen durch medizinische Maßnahmen (z.B. im Rahmen der Schmerzbekämpfung) oder auch die Unterlassung des Einsatzes lebensverlängernder Maßnahmen (z.B. intensivtherapeutischer Verfahren) im Einverständnis mit dem Patienten. Gleichzeitig sollte eine optimale psychospiritusoziale Betreuung unter Einschluß der Bezugspersonen des Betroffenen gewährleistet werden, die auch das Angebot einer nachgehenden Trauerbegleitung einschließt.

Zu diesen beiden Kategorien lassen sich auch weitere Begriffe, wie z. B. Beihilfe zum Suizid (2), Tötung auf Verlangen(1), assistierter Suizid (1) zuordnen. Auf juristische Kategorien wie Mord, Totschlag usw. soll und kann durch den Autor nicht eingegangen werden.

ZUM AKTUELLEN STAND DER AKTIVEN EUTHANASIE

1996 wurde in den Northern Territories (Australien) aktive Euthanasie erstmals uneingeschränkt legalisiert[1]. Zur Durchführung ist ein Antrag an die Gesundheitsbehörde notwendig, die dann einen Psychiater mit dem Ausschluß einer depressiven Erkrankung des Patienten beauftragt. Der eigentliche Tötungsvorgang erfolgt durch eine computergesteuerte Injektionspumpe, die in Abwesenheit Dritter durch den Patienten selbst in Gang gesetzt werden muß.

Die in den Niederlanden getroffene Regelung besteht in einer sogenannten „Zustimmungslösung", bei der der Patient die Durchführung der Euthanasie bei Vorliegen einer unheilbaren Erkrankung beantragen muß. Das Anliegen wird dann von einer Kommission geprüft und im Falle einer befürwortenden Entscheidung wird dann ein speziell autorisierter Arzt mit der Durchführung beauftragt. Obwohl die Tötung auf Verlangen ebenso wie Beihilfe zum Suizid (medizinisch assistierter Suizid) in Holland strafbewehrt sind, kann auf Antrag und bei Einhaltung des vorgegebenen Prozederes von einer Strafverfolgung abgesehen werden. *Erste Ergebnisse* (1994) der Verlaufsbeobachtung ergaben folgende Zahlen(pro Jahr):

Euthanasie bei Krebspatienten	1.800
andere Erkrankungen	800
ohne ausdrückliche Zustimmung	1000

Die letztgenannte Kategorie umfaßt Fälle, bei denen der Getötete zwar nicht ausdrücklich um Euthanasie gebeten hat, allerdings aufgrund früherer Äußerungen dies als sein mutmaßlicher Wille postuliert wurde. Darüber hinaus existiert in den Niederlanden die Regelung einer sog. „Ärztlichen Notstandssituation", d.h. daß der (Haus-)Arzt bei Anerkenntnis einer ausweglosen Situation in Abstimmung mit den Bezugspersonen die Euthanasieprozedur beantragen kann. Als Gründe für die Beantragung wurden folgende Faktoren angegeben:

1.	aussichtsloses und unerträgliches Leiden	75%
2.	Vermeiden von Entwürdigung	56%
3.	Vermeiden von weiterem Leiden oder dessen Verstärkung	47%
4.	Sinnloses Leiden	44%
5.	Schmerzen	32%
6.	Lebensmüdigkeit/-überdruß	18%
7.	Angst vor Ersticken	18%
8.	Der Familie nicht zur Last fallen wollen	13%
9.	Angst vor Schmerzen	10%

(Mehrfachnennung möglich)

Im Zeitverlauf sind die Zahlen tendenziell nicht steigend, allerdings wird auch auf eine vermutete hohe Dunkelziffer hingewiesen, die im Zusammenhang mit anonymen Befragungen der Ärzte angenommen werden muß. Bemerkenswert ist außerdem, daß in den Niederlanden die Fachrichtung Palliativmedizin nahezu nicht vorhanden ist. Palliativstationen existieren bisher nicht.

---

1 Seit März 1997 ist dieses Gesetz vorerst suspendiert worden.

Lebenssinn und Todeswunsch

Wie eingangs skizziert, befindet sich das gesellschaftliche Bewußtsein in einem grundsätzlichen Wandel der ethischen Orientierung. Die Tendenz zu einem hauptsächlich ichbezogenen Individualismus hat das Bestreben nach maximaler Autonomie mit entsprechendem Kontrollbedürfnis und Selbstbestimmung/-verfügung über das eigene Leben zur Folge. Dementsprechend ist es nur logisch, daß auch das „Recht auf den eigenen (= selbstbestimmten) Tod" als Forderung gestellt wird. Diese Forderung wird auch vom bürgerlichen Staat akzeptiert, denn ansonsten würde die Straffreiheit für Beihilfe zum Suizid nicht gewährt werden. Allerdings ist sich die Legislative auch durchaus der Gefahren bewußt, die sich selbst aus einer" kontrollierten" Freigabe der aktiven Sterbehilfe ergeben würde. Gerade das Beispiel Niederlande zeigt, daß die Frage nach der ethischen Zulässigkeit von aktiver Euthanasie sehr schnell zugunsten einer Diskussion um deren formelle Umsetzung weicht (Grundsätzlich muß aber an dieser Stelle darauf hingewiesen werden, daß eine auch nur annähernde Übertragung des niederländischen Vorgehens auf deutsche Verhältnisse aus mehreren Gründen nicht möglich ist. Als Beispiele seien angeführt: Personales Selbstverständnis, gesellschaftliche Vorstellungen von Solidarität, historische Entwicklung usw.).

Letztendlich ist die Frage nach dem Sinn des Lebens von entscheidender Bedeutung für den Wunsch nach aktiver Euthanasie, denn sie bestimmt, welchen Umgang mit ausweglos erscheinenden Krisensituationen wir wählen bzw. zulassen (können). Es ist die Frage, *ob Leid eine positive Bedeutung haben kann* bzw. inwieweit wir bereit sind, Leiden (wenn überhaupt) zu akzeptieren. Unausgesprochen steht dahinter auch die aus der christlichen Tradition stammende Frage nach der

Schuld und Sühne-Problematik.

Hinzu kommt das Bedürfnis nach Sicherheit und Kontrolle über unser Leben. Implizit wird die Frage nach der Endlichkeit des Lebens ebenso verdrängt wie die Tatsache, daß es keine Chance gibt, unser Altern zu verhindern. Unerträglich scheint auch der Gedanke zu sein, sein Leben nicht mehr ausschließlich selbst gestalten zu können und von der Hilfe anderer Menschen abhängig zu werden.

Zusammengefaßt kann man die Vorstellungen im Umfeld der aktiven Euthanasie in 12 Thesen darstellen:

1. Kontrollbedürfnis

Schmerzen und Leid sind nicht normale Bestandteile des Lebens, sondern müssen um jeden Preis unterbunden werden. Ist dies nicht (oder nicht in ausreichendem Maße) möglich, so bleibt als Ausweg nur, den Träger von Schmerz und Leid auszumerzen. Wenn wir also unerträgliches Leiden beenden wollen, müssen wir uns gegenseitig töten (dürfen). Die individuelle Motivation für Euthanasie ist also unser Kontrollbedürfnis über uns selbst.

Die gesellschaftliche Motivation hingegen wird aus unterschiedlichen Quellen gespeist, wirtschaftliche Gründe können ebenso wie allgemeine philosophische Strömungen eine Rolle spielen.

Schließlich gerät der Patient auch in den meisten Fällen in einen voller Enthusiasmus agierenden Medizinbetrieb, der alles Mögliche beginnt, sich aber sehr schwer tut, Möglichkeiten zurückzunehmen.

2. *Der exzessive Drang zum ichbezogenen Individualismus und die Selbstbestimmung bei gleichzeitig abnehmendem sozialem Zusammenhalt*

Durch das Steigen der potentiellen Möglichkeiten ergibt sich auch der ideelle Druck zu deren Umsetzung (chance = choice). Steht am Lebensanfang das Wunschkind und die Genmanipulation, so folgt für das Lebensende die aktive Euthanasie. Die Frage nach der Würde und dem unwiederbringlichen Wert auch des sterbenden Menschen, oder gar nach seinem Verständnis als Teil der Schöpfung wird ausgeblendet.

3. *Mediengesellschaft und Denken*

Denkinhalte und -prozesse sind bei den meisten Menschen journalistisch geprägt oder doch zu großen Teilen beeinflußt. Die sogenannte multimediale Gesellschaft führt zur Tendenz des individuellen und kollektiven Geschichtenerzählens (story telling, soap opera z.B. im Fernsehen). Eine ungeheure Wirkung hat die geistige Manipulation *durch Werbung*, der sich nur Eremiten entziehen können. Die Folge davon sind Idealisierung der Vorstellungswelt und in der Folge Frustrationsförderung mit dem Ziel, vorher nicht vorhandene Bedürfnisse zu wecken und einen Konsumzwang zu erzeugen. Hinzu kommt die Ausblendung oder „Idealisierung" (pathetische Umdeutung) unangenehmer Erfahrungen, die wiederum echte Trauer verhindert.[2] Hinzu kommt, daß es sehr schwierig ist, den Prozeß der Sterbebegleitung darzustellen, im Gegensatz dazu ist aktive Euthanasie wesentlich attraktiver präsentabel.[3]

4. *Die Verdrängungsgesellschaft*

In der Erlebniswelt der Gesellschaft werden das Wissen und die Gedanken an das Sterben entweder negiert und verdrängt oder aber kultisch überhöht. Auf der einen Seite entstehen dadurch Ängste vor der Berührung mit dem Unbekannten, andererseits eine absichtliche Distanzierung. Raum für ernsthafte Diskussion entsteht so nicht.

5. *Gesellschaftliche Verdrängung des Todes*

Der Umgang mit Verstorbenen wird nahezu ausschließlich Bestattungsunternehmen überantwortet. Dadurch bricht die Verbindung mit dem Verstorbenen schlagartig ab, eine Ablösung ist in den wenigsten Fällen möglich und/oder erwünscht. Das hat in Gemeinschaft mit der Angst vor der Vorstellung der eigenen Sterblichkeit Angst vor dem „Unaussprechlichen" zur Folge (siehe Formulierung der Todesanzeigen: „...ist entschlafen", „von uns gegangen"). Euthanasie ist notwendig zur „Zähmung"

---

2 Vgl. *A. Mitscherlich* „Die Unfähigkeit zu trauern"

3 Dem interessierten Leser sei an dieser Stelle das Buch von *O. Toscani* „Die Werbung ist ein lächelndes Aas" empfohlen; *Toscani* war als Top-PR-Manager für die provozierenden Werbekampagnen der Firma *Bennetton* zuständig.

und „Zivilisierung" des Todes. Da Verlusterlebnisse immer als seelische Wunde aufgefaßt werden müssen, kann der Tod einer nahestehenden Person zur Ausbildung sog. „frei flottierender Ängste" führen, die wiederum durch Aktionismus und/oder Vermeidungsverhalten eingedämmt werden.

6. Gesellschaftliche Intoleranz gegenüber Mysterien, Kontemplation, Transzendenz, gesundem Fatalismus (s. fatum)

In einer rationalen und aufgeklärten Gesellschaft ist für Begriffe wie Metaphysik kein Platz. Ein sich aus sich selbst bestimmender Mensch kann auch den Gedanken an ein vorbestimmtes Schicksal nicht akzeptieren. Er will und muß (kann?) die Verantwortung für sich selbst übernehmen und kann andere Vorstellungen bei anderen nur schlecht tolerieren.

7. Abnehmen des religiösen und spirituellen Bewußtseins und des (Gott-) Vertrauens

Die säkulare Gesellschaft erklärt religiöse Belange zur Privatangelegenheit ihrer Mitglieder. Die Träger von Religion erweisen sich aus verschiedensten Gründen zunehmend weniger in der Lage, Religiosität und gesellschaftliche Wirklichkeit in Kongruenz zu bringen. Multikulturelle Einflüsse und der plurale Grundansatz führen zu einem unüberschaubaren Gebräu spiritueller Vorstellungen. Der Satz von *Nietzsche* „Gott ist tot." ist letztendlich Ausdruck eines Bewußtseins der spirituellen Haltlosigkeit, die durch den Halt in sich selbst vielfach nicht kompensiert werden kann (s. Zulauf zu Sekten, Ideologisierung des Denkens).

8. Legalistische Gesellschaft

An die Stelle der durch die Religionen und ihre Kirchen vertretenen ethisch-moralischen Verhaltensgrundsätze sind Gesetze getreten. Das hat zur Folge, daß die Exekutive und hier insbesondere die Gerichte als moderner „Tempelersatz" fungiert (vgl. Amtsroben, Verhaltensmaßregeln). Auch die Parlamente mit ihren Redeschlachten erinnern weniger an Arbeitsplätze denn an Kampfarenen. Hinzu kommt noch die häufig als diskrepant empfundene Differenz zwischen Rechtssystem, Rechtsauffassung und Gerechtigkeit, die zu Frustrationen und Resignation ohne Delegationsmöglichkeit an eine höhere Instanz führen kann. Trost kann somit, wenn überhaupt, ausschließlich von Mitmenschen erfahren werden.

9. Hochgradig materialistisches und konsumorientiertes Denken

Fällt die Auffassung vom Menschen als Teil einer Schöpfung weg, so bleibt die Idee vom Menschen als Produkt seiner Gene (Genmaschinen). Er wird geprägt durch die gesellschaftlichen Bedingungen (*Marx*). Die Akzeptanz eines „Mysteriums des Unbekannten" kann ernsthaft nicht zugelassen werden, allenfalls als Übergangsphase bis zur Erweiterung des entsprechenden Wissens. Ideelle Werte können daher auch grundsätzlich in Frage gestellt werden (live fast, die young and leave a beautiful shadow). Alles wird von der Frage nach seinem Nutzen bestimmt (vgl. (Präferenz-) Utilitarismus).

10. Verlust des Sinnes und Verständnisses für Heiliges

Die Faszination des wissenschaftlichen Fortschrittes und der zunehmenden Potenz des Machbaren ist offensichtlich so stark, daß begrenzende Faktoren ohne große Mühe über Bord geworfen werden. Welches Gegengewicht in einer säkularen Welt gefunden werden kann, ist fraglich, die "gesellschaftliche Vernunft" erscheint jedenfalls eher zu schwach und aufgrund des Pluralismusverdikts auch inhomogen.

11. Gesellschaftliche Suche nach eigenem Selbstverständnis (Paradigma)

Nach wie vor ist die Frage, was ein Mensch eigentlich ist, offen. Der Satz „Wir wissen, was wir *nicht* sind, aber was wir sind, wissen wir nicht" ist immer noch gültig. Auffällig ist die Häufung des Präfixes post- im Sprachgebrauch: Wir beschreiben uns als postreligiös, postsozial, postmodern, postpatriarchal, postliterat, postindustriell, postmatrimoniell, postfeministisch, usw. usw.

12. Verlassen von Grundpositionen

Auffällig ist auch die Bereitschaft, gesellschaftliche Tabus, wie das der Tötung (sieht man von den zu allen Zeiten „sanktionierten" Kriegen ab) zu verlassen. Mit der versuchten Degradierung der Medizin zur Dienstleistungsinstitution soll die aktive Euthanasie (ebenso wie die Abtreibung) als ärztliche Aufgabe selbstverständlich werden. Auch die zunehmende Toleranz bis Akzeptanz von Brutalität in der Gesellschaft (s. Fremdenfeindlichkeit) ist hierin eingeschlossen.

Legalisierung der Euthanasie und Folgen für die ärztliche Tätigkeit

Mit der Übernahme der Tötungsaufgabe geriete der Arzt nicht nur in einen unlösbaren Konflikt mit dem Jahrtausende alten Tötungsverbot, sondern er übernähme unzulässigerweise die Verantwortung für das Töten selbst, indem er sich als Erfüllungsgehilfe (Werkzeug) der Selbstbestimmung seines Patienten engagierte. Aus seiner Aufgabe als Betreuer würde er zum Henker (beyond care).

Das hätte zur Folge, daß ärztliches Handeln nicht mehr werttragend oder wertbewahrend wäre (Betreuung von Behinderten, Alten und Schwerkranken). Sein Anteil an der Bildung des gesellschaftlichen Konsenses wäre verloren. Ärztliche Tätigkeit und das gesamte medizinische System würde brutalisiert durch die primäre Frage nach Nützlichkeit und Wirtschaftlichkeit. Der in der Folge entstehende (gesellschaftliche) Druck auf Schwache und Kranke würde wiederum die Spirale einer Indikationsaufweitung schnell weiter drehen.

Auswege oder der Versuch, Lösungsansätze zu finden

„... Je größer unser Wissen, desto größer ist auch unsere Ignoranz."

Der erste Schritt, den Ruf nach aktiver Euthanasie einzudämmen, ist die Verbesserung des gesellschaftlichen Konsenses und damit des Solidargedankens. Gutes Leben lernen schließt eine Renaissance der "ars moriendi" unbedingt ein. Das bedeutet, daß der Umgang mit Schwerkranken und Sterbenden rechtzeitig, also von Kindheit an, ermöglicht werden muß. Verbindliche Zuwendung zu den sogenannten

Außenseitern der Gesellschaft gehört ebenso dazu wie die Wiederentdeckung von Transzendenz und Kontemplation.

Besonders wichtig erscheint vor allem, daß wir verstehen, daß das Loslassen-Lernen ebenso wichtig ist wie das Festhalten. Die Abkehr von vordergründigem Materialismus und die Suche nach echten spirituellen Potenzen kann neue Wege im gesellschaftlichen Zusammenleben öffnen.

„Es ist nicht einfach, Glück und Frieden in uns zu finden,
aber hoffnungslos ist die Suche an einem anderen Ort."

A. Reppler „The Treasure Chest"

Literatur

Euthanasie (Klausurtagung der Dt. Gesellschaft für Palliativmedizin); Köln 1997

Brandshaw, A.; Lighting the lamp - The spiritual Dimension of Nursing Care; Scutari Press, Harrow, 1994

Finlay, F.; Consensus view from Britain on topics surrounding death and on the topic of euthanasia; Vortrag auf dem 4. Kongreß der European Association for Palliative Care, Barcelona 1995

Bischöfl. Ordinariat Mainz (Hrsg.); Sterben in Würde; Mainz 1995

Illhardt, F. J. Heiss, H.W., Dornberg, M. (Hrsg.); Sterbehilfe, Handeln oder Unterlassen ?; Schattauer, Stuttgart, 1996 (im Druck)

Kaul, W.; Menschenwürdiges Sterben und Patientenverfügungen - eine Anfrage nicht nur an die Medizin-Ethik; Berliner Dialog-Hefte (7) H4, 18-221 1996

Klinkhammer, G.; Widerstand gegen eine „neue" Ethik; Dt. Ärztebl. 1996; 93: Bl 1180 - 1181, H93

Mount, B. M.; Euthanasia and physician-assisted suicide; Vortrag auf dem 4. Kongreß der European Association for Palliative Care, Barcelona 1995

Randall, F. Downie, R.S.; Palliative Care Ethics; Oxford Univers. Press 1996

Schreiner, P.-W., Gahl, K.; Begegnung mit Sterben und Tod; aus *Kahlke, W., Reiter-Theil, S.* (Hrsg.), Ethik in der Medizin, Herder, Freiburg im Breisgau 1992

Verres, R.; Vom Handlungsdruck zur Begleitung in die innere Ruhe; Dt. Ärztebl. 1995; 92:A- 3615-3618 H51-52

Der Hirntod als Individualtod - eine medizinisch-ethische Gratwanderung

Lothar Russegger

Sei gutes Muths, ich bin nicht wild,
sollst sanft in meinen Armen schlafen
(M. Claudius: Der Tod und das Mädchen)

Einleitung

Die heutige Medizin und die derzeit in den meisten zivilisierten Ländern gültige Rechtsprechung setzen den Tod eines Menschen (= Tod der Person = Individualtod) mit dem Hirntod gleich. Die nicht nur in der Bundesrepublik seit Anfang der Siebziger Jahre und bis dato bindende Hirntoddefinition, auch als Hirntodkonzept bezeichnet, gerät jedoch zusehends ins Kreuzfeuer der Kritik, was unter anderem daherrührt, daß der vermeintlich einzige „Nutznießer" des Hirntodkriteriums, nämlich die Transplantationsmedizin im weitesten Sinne, - bei allen spektakulären medizinischen Erfolgen - sich immer häufiger mit dem Vorwurf von Sensationalismus, kaschiertem Profitdenken oder sogar latenter Kriminalität (Stichwort Organhandel) konfrontiert sieht. Den Befürwortern einer möglichst restriktiven Regelung der Organtransplantation leisten diese Umstände Vorschub. Sie bestreiten mit anthropologischen, philosophischen, theologischen und ethischen Argumenten die Gleichsetzung des Hirntods mit dem wahren Tod, also dem Individualtod des Menschen. Auf der anderen Seite ist es im Interesse der Transplantationsmedizin, zumindest an der derzeit gehandhabten Regelung festzuhalten, wenn nicht eine Liberalisierung transplantationsmedizinischer Handlungsräume herbeizuführen. Dem in die Materie nicht eingeweihten, lediglich auf mediale Information angewiesenen Bürger muß ob solcher Diskussionen wohl ein Unbehagen zugestanden werden, meint er doch letzten Endes, daß die Zuständigen dieses heikle Sujet nicht wirklich im Griff hätten. Die jüngst entflammte Debatte über eine Teilhirntoddefinition einerseits sowie das in der BRD lange Zeit fehlende Organtransplantationsgesetz tragen hier mitnichten zum Abbau dieser Verunsicherung bei.

Der Verfasser dieses Beitrags ist Neurochirurg und als solcher nur mittelbar mit der Transplantationsmedizin befaßt, indem er fallweise potentielle Organspender, z.B. Schädel-Hirn-Traumatiker, zu behandeln hat. Es sollen im folgenden eben aus der Sicht des nur mittelbar beteiligten Mediziners - und somit sine ira et studio - die aktuellen Aspekte zum Hirntodkriterium und die sich daraus ergebenden medizinischen und relevanten geisteswissenschaftlichen Konsequenzen erörtert werden, wobei dies in letzter Konsequenz im Sinne einer Apologie für die Organtransplantation geschieht.

Zum Zeitpunkt des Todes: Herztod versus Hirntod

„Tod bedeutet das Ende des Lebens für den Gesamtorganismus. Er ist gekennzeichnet durch das Aufhören aller Organfunktionen." Dieser Definition aus einem Standardlehrbuch für Pathologie und pathologische Anatomie (*Eder, Gedigk*) wäre nichts hinzuzufügen, wenn nicht im Rahmen des mit dem Tod endenden Sterbens folgender Umstand berücksichtigt werden müßte: Das Aufhören aller Organfunktionen ist ein zeitlich gestaffelter, von der Toleranz auf fehlende Sauerstoffzufuhr abhängiger Vorgang, der sich über mehrere Tage hinziehen kann. Am im klassischen Sinn für tot erklärten Individuum lassen sich keine Atmung und keine Herzaktionen mehr nachweisen. Da dies zu objektivieren auskultatorisch schwierig sein kann und eine EKG-Untersuchung nicht allerorts verfügbar ist, werden seit alters her andere Todeszeichen mitberücksichtigt. Unsichere Todeszeichen sind beispielsweise Blässe der Haut, Sinken der Körpertemperatur oder ein nicht mehr tastbarer Puls. Als sichere Todeszeichen gelten im allgemeinen Totenflecken, Totenstarre und Fäulnis. Auch zu einem Zeitpunkt, in dem sich bereits sichere Todeszeichen manifestiert haben, sind verschiedene Organsysteme noch vital, was ihr zelluläres ultrastrukturelles Leben anlangt. So zum Beispiel toleriert Nierengewebe eine fehlende Durchblutung und somit fehlende Sauerstoffzufuhr bis zu 6 Stunden, die Hornhaut ist bis zu 24 Stunden, Sperma bis zu 72 Stunden [!] vital. Knochen- und Bindegewebszellen können noch viel länger „überlebensfähig" sein. In Anlehnung an die eingangs zitierte Todesdefinition aus pathologischer Sicht ergibt sich demnach, daß das herztote Individuum, das bereits sichere Todeszeichen wie Totenflecken und Totenstarre aufweist, definitionsgemäß „noch nicht ganz tot" ist. Erst nach Absterben der allerletzten Zelle einige Tage nach Feststellung des (Herz)-"Todes" wäre dieses Individuum „total tot". Die in diesem Zusammenhang geprägten Begriffe wie „totaler Tod" oder „intermediäres Leben" (= Zeitraum vom Herztod bis zum totalen Tod) erscheinen gerade in der heutigen Zeit verfänglich.

Ein Organsystem, welches eine fehlende Durchblutung und die damit verbundene Anoxie sehr schlecht toleriert, ist das Gehirn. Hirngewebe ist bereits nach maximal 10-minütiger Unterbrechung der Sauerstoffzufuhr unwiderruflich nekrotisch und funktionslos. Dies ist ein wichtiger Aspekt in Zusammenschau mit der zeitlich gestaffelten „Dissoziation vitaler Funktionen von Organsystemen ab dem Zeitpunkt des Herzstillstands", in welche sich das Gehirn - als Organsystem gesehen - nahtlos, jedoch zu einem sehr frühen Zeitpunkt einreiht. Die Gehirnzelle, die bereits nach 10 Minuten Anoxie „abgestorben" ist, unterscheidet sich so gesehen zunächst durch nichts von der Bindegewebszelle, die erst nach 3 Tagen avital und funktionslos geworden ist. Die besondere Bedeutung des völligen und endgültigen Hirnausfalls ergibt sich erst aus der Sonderstellung des Gehirns für den Menschen als selbstbewußtes Individuum.

Bis in das 20. Jahrhundert erfolgte die Todesfeststellung im klassischen Sinne anhand der oben genannten Kriterien (Herz-Kreislauf- u. Atemstillstand, Totenflecken, Totenstarre, Fäulnis). Durch die Ende der Fünfziger Jahre gemachten Fortschritte der Intensivmedizin war es möglich geworden, den Verlust der Fähigkeit zu atmen, längerfristig maschinell zu ersetzen. Unter dem Begriff „Coma depassé" wurde 1959 von französischen Wissenschaftlern erstmalig und ab diesem Zeitpunkt auch von anderen Autoren ein klinischer Zustand beschrieben, der bei erhaltener Herz-Kreislauffunktion und künstlicher Beatmung keine wie immer gearteten Hirnaktivitäten mehr erkennen ließ, irreversibel war und zwangsläufig zu einem Herzstillstand führte. Durch die intensivmedizinischen Errungenschaften war also der Zustand des totalen, nicht umkehrbaren Hirnausfalls bei ansonsten „noch lebendem Organismus" erstmals beobachtbar geworden und es stellte sich alsbald die Frage, inwieweit es ethisch zu fordern bzw. vertretbar wäre, diese Intensivbehandlung bis zum unausweichlichen Herzstillstand fortzuführen oder vorher abzubrechen. 1968 wurden durch eine aus Medizinern, Juristen, Theologen und Ethikern zusammengesetzte Kommission („Ad hoc Committee of Harvard Medical School to Examine the Definition of Brain Death") jene Kriterien des totalen Hirnfunktionsverlustes präzisiert, die bislang mit „irreversiblem Koma" (Coma depassé) umschrieben worden waren. In diesem Zusammenhang wurde der komplette Ausfall der Hirnfunktionen als „Hirntod" („brain death") bezeichnet und als zusätzliches Todeskriterium eingeführt. In dieser ersten Fassung wurde die bis heute aktuelle Symptomentrias des Hirntodes formuliert: tiefes, irreversibles Koma, Hirnstammareflexie, fehlende Spontanatmung. Als Zusatzbestätigung wurde ein isoelektrisches EEG gefordert. Im Jahre 1977 erfolgten geringfügige Ergänzungen (Collaborative study criteria: Beobachtungszeit über 24 Stunden, spinale Reflexe bleiben unberücksichtigt). Diese als Harvard-Definition bezeichnete Deskription des Hirntodes hat sich rasch in den meisten zivilisierten Staaten der Erde - unter zumeist nur geringfügigen Modifikationen - etablieren können.

Entstehungsbedingungen und Feststellung des Hirntodes

Von allen Organen ist das Gehirn am empfindlichsten gegenüber Sauerstoffmangel. Bereits 3 bis 5 Sekunden nach einer vollständigen Unterbrechung der Blut- und somit Sauerstoffzufuhr kommt es zur Bewußtlosigkeit, nach 20 Sekunden erlischt die hirnelektrische Aktivität im EEG. Hält der Durchblutungsstillstand (z.B. als Folge eines Herzstillstandes) länger als 5 bis 8 Minuten an, kommt es zum irreversiblen Ausfall des Großhirns, spätestens nach 10 Minuten ist auch der Hirnstamm unwiderruflich geschädigt. Der Grund dafür ist, daß infolge der fehlenden Sauerstoffzufuhr die Zellmembranstruktur der Hirnzellen nicht weiter aufrecht erhalten werden kann und es zu einem Wassereinstrom in die Zelle kommt. Insgesamt resultiert eine raumfordernde Flüssigkeitsansammlung im Hirngewebe und - bedingt durch die knöchern begrenzte, starre Schädelkapsel - ein Anstieg des intrakraniellen Drucks. Nach Aufbrauchen gewisser Kompensationsmechanismen werden Teile des Großhirns durch den Tentoriumschlitz gedrückt, um hier das Bild einer „oberen Einklemmung" („Mittelhirnsyndrom") zu verursachen. Bei Fortschreiten des Prozesses werden das Kleinhirn axial nach unten und letztlich Teile des Kleinhirns („Tonsillen") durch das Hinterhauptsloch nach außen gepreßt. Dadurch wird das hierdurch verlaufende verlängerte Rückenmark („Medulla oblongata") gleichsam in die Zange genommen und abgekniffen („untere Einklemmung"). Klinisch folgt dadurch der Verlust aller Hirnstammreflexe und der Fähigkeit, spontan zu atmen (Apnoe). Mit mehr oder minder ausgeprägter Verzögerung tritt dann der Herz-Kreislauf-Stillstand ein. Diesem sehr uniformen terminalen Mechanismus können die verschiedensten Erkrankungen zugrunde liegen (Blutungen, Tumoren, Traumen, Schlaganfälle usw.). Die moderne Intensivmedizin ist in der Lage, einerseits die durch einen Atemstillstand hervorgerufene fehlende Lungenbelüftung maschinell zu ersetzen und andererseits fallweise einen Herzstillstand durch Kardioversion („Defibrillator") oder durch Medikamente zu beheben und das Herz wieder zum Schlagen zu bringen, also den Menschen „wiederzubeleben" (zu „reanimieren"). Geschieht dies zu einem Zeitpunkt, in dem das Gehirn aufgrund der zuvor stattgefundenen fehlenden Sauerstoffzufuhr bereits völlig funktionslos geworden ist, wird der Betroffene vereinbarungs- und definitionsgemäß als „Hirntoter" bezeichnet.

Die Hirntod-Feststellung ist längst zum intensivmedizinischen Allgemeingut geworden und absolut standardisiert. Grundvoraussetzung für die Einleitung einer Hirntoddiagnostik ist der zweifelsfreie Nachweis einer primären (Schädel-Hirn-Traumen, Blutungen, Tumoren u.a.) oder sekundären (Sauerstoffmangel als Folge von Funktionsstörungen in der Körperperipherie: Herz- und Lungenerkrankungen, Vergiftungen, Erstickungen, Ertrinken u.a.) Hirnschädigung. Sie erfolgt schematisch und beinhaltet klinische und ergänzende apparative Untersuchungen sowie die Berücksichtigung festgelegter Beobachtungszeiträume. Die Hirntoddiagnostik wird von zwei Ärzten durchgeführt, von denen zumindest einer über langjährige Erfahrung in der Intensivtherapie von Patienten mit schwerer Hirnschädigung verfügen muß (Facharzt für Anästhesie und Intensivmedizin, Neurologe, Neurochirurg). Als Todeszeit gilt jener Zeitpunkt, zu dem alle Kriterien, einschließlich der Beobachtungszeiten, erfüllt und durch beide Beobachter bestätigt wurden. Keiner der beiden Ärzte darf mittelbar oder unmittelbar an einer Organübertragung beteiligt sein.

Das Hirntod-Konzept als Todes-Kriterium und Todes-Definition

Der Terminus „Hirntod" suggeriert, daß es spätestens nach dessen Einführung mehrere Tode gäbe („Herz-Kreislauf-Tod", „Hirntod", „klinischer Tod"). Es wird der Eindruck vermittelt, der Tod des Menschen würde neu definiert und sei willkürlich von der Intensiv- bzw. Transplantationsmedizin zweckgerichtet neu erfunden worden. Dies ist jedoch wohl das hauptsächliche Mißverständnis, welches zur Kontroverse Anlaß gibt und die „Hirntodgegner" auf den Plan ruft. Diese argumentieren zum Teil damit, daß der Hirntod höchstens ein Zeichen beginnenden Sterbens sein könne, keinesfalls jedoch den Tod des Menschen an sich darstelle, daß also Hirntote Lebende wären. Die apodiktische Fixierung der Schulmedizin auf das Hirntodkonzept einerseits und die an Emotionen reiche, an Urängste anknüpfende und oftmals esoterisch oder fundamentalistisch-religiös gefärbte Hirntodkritik andererseits haben zu einer ernsthaften Polarisierung geführt, deren Fronten vorerst unüberbrückbar scheinen. Diametrale Extremstandpunkte lassen sich gut verkaufen und werden daher gerne von den Medien aufgegriffen. Dadurch wird die Polarisierung und letztlich die Verunsicherung nur vorangetrieben.

Unumstößliches Faktum ist - und dem können sich auch die Hirntodgegner nicht entziehen - daß der irreversible Verlust der Hirnfunktion das Fehlen jeglicher körperlicher Grundlage für sein geistiges Dasein in dieser Welt bedeutet. Zugleich fehlt dem Menschen dabei die integrierende Tätigkeit des Gehirns für die Lebensfähigkeit des Gesamtorganismus als übergeordnetes Organ. Diese Integration bedeutet mehr und qualitativ etwas anderes als die bloße Summe von desintegrierten Organfunktionen. Der Mensch als eigenständiges und einzigartiges Individuum hat aufgehört zu existieren.

Aus dem Gesagten läßt sich unschwer folgern, daß die Hirntodkontroverse ein definitorischer Streit ist, nämlich jener, ob der „Hirntod" der Tod des Individuums an sich „ist" oder nicht. Diese Diskussion ist letztlich müßig, da der Begriff „Hirntod" nie eine Todesdefinition sein wollte, weil er dies gar nicht sein kann. Wenn von

„Hirntod" gesprochen wird, handelt es sich zunächst um ein Kriterium des Todes, welches operational auf der Ebene von Testverfahren bestimmt wird und als Definitionsmerkmal herangezogen werden kann. Im konkreten Fall bedeuten diese jene klinischen und apparativen Untersuchungen, welche für die Hirntoddiagnose verwendet werden. Ein Kriterium muß unter den real existierenden Bedingungen dem Stand des Wissens, das heißt der wissenschaftlich am besten begründeten Theorie entsprechen, wenn es als Indikator für das Vorliegen eines Definitionsmerkmales vertrauenswürdig sein will. Ein Kriterium kann wissenschaftlich belegt oder widerlegt werden. Eine Definition kann hingegen nie richtig oder falsch sein, nur - objektbezogen - brauchbar oder unbrauchbar, adäquat oder inadäquat. Eine Definition ist Konventionen unterworfen und wird - zwangsläufig - in verschiedenen Kulturkreisen bei gleichem Objekt verschieden sein bzw. umgekehrt. Es ist daher von vornherein illusorisch, in einer pluralistischen Gesellschaft eine einheitliche, objektive Todesdefinition zu erwarten. Nur in bezug auf eine vorgegebene Definition läßt sich jedoch beurteilen, ob ein Kriterium eben dieser Definition genügt oder nicht. Im Falle des Hirntodkriteriums widerspricht dieses in keiner Weise der (nicht nur) in unseren Breiten kulturell etablierten Todesdefinition, ohne eine (neue) sein zu wollen. Unabhängig von der Frage einer Organspende wäre die Negierung des Hirntodkriteriums auch bei noch so komplizierten juridisch-ethischen Konstruktionen folgenschwer: Das Abstellen der Beatmung bei einem hirntoten Patienten wäre Euthanasie, die Organentnahme wäre Tötung, und wenn der Betroffene zu Lebzeiten seine Zustimmung zur Organentnahme gegeben hätte, so wäre dies klarerweise Tötung auf Verlangen. Würde man den Gedanken weiterspinnen und annehmen, Organentnahmen wären bei abgelehntem Hirntodkonzept möglich, so würde dies ein straffreies Tötungsdelikt bedeuten, was wohl für keinen Mediziner eine ethische Grundlage darstellen kann. So gesehen ist der Hirntod als (Individual)-Todeskriterium voll akzeptabel und in der Lage, ohne irgendwelche tiefgreifenden Begriffsrevisionen auszukommen. Wie gesagt ist der Terminus „Hirntod" keine Todesdefinition, was allerdings durch die Endung „-tod" scheinbar impliziert wird. Er stellt einen „point of no return" dar, dessen Überschreiten ein ebenso sicheres Todeszeichen ist wie etwa die Totenstarre oder der Totenfleck. Die Schwierigkeit der Vorstellung liegt letztlich darin, daß unser Todesverständnis seit je her kardiozentrisch geprägt ist und wir schwer fassen können, daß auch bei einem Toten verschiedene Organsysteme - eben auch das Herz - noch funktionieren können: Die Niere ist auch bei einem Herztoten noch in der Lage zu filtrieren, der Uterus kann sich nach wie vor kontrahieren, Samenzellen sind durchaus fortpflanzungsfähig und Bindegewebs- oder Knochenzellen teilen sich noch eine Woche nach dem Herztod. Es ist nun einmal die Funktion des Herzens, zu schlagen und Blut durch den Organismus zu pumpen. Die Kontraktionen der Herzmuskelfasern unterscheiden sich aber in ihrer Wertigkeit durch nichts von anderen Kontraktionen anderer Muskelfasern im übrigen Körper.

Tatsächlich wendet sich die überwiegende Kritik - auch von ärztlicher Seite - letztlich nicht gegen die wissenschaftliche Validität des Hirntods als Todeskriterium, sondern gegen die zugrundeliegende Todesdefinition, die sie aber, wie oben ausgeführt, nicht sein kann. Letzten Endes wird damit auf die Frage gezielt: „Was ist der Tod des Menschen?" Ist es der Tod des „Körpers" oder ist es der Tod der „Person"?

Aufgrund der Tatsache, daß der Personenbegriff theologisch, philosophisch und juristisch sehr unterschiedlich besetzt ist, läßt sich die Frage nach einer Todesdefinition allein unter medizinischen Gesichtspunkten kaum beantworten. Dies ist Aufgabe eines breiten gesellschaftlichen Forums unter Beteiligung von Ethikern, Juristen, Theologen, Anthropologen und Philosophen. Hauptanliegen der Medizin muß es hingegen sein, die wissenschaftliche Validität der Begriffsbildung auf der Ebene des „Kriteriums" zu gewährleisten und ständig dem neuesten Erkenntnisstand der Medizin anzupassen.

Strafbarkeit von Organentnahmen für Transplantationen ?

Gerhard Wolf

A. Einleitung

In einem ganzseitigen Inserat[1], mit dem die „Bundeszentrale für gesundheitliche Aufklärung" um Organspenden wirbt, heißt es u.a.:

> „Schenken Sie Leben". „Die erfolgreiche Übertragung der lebenswichtigen Organe Niere, Herz, Leber, Lunge oder Bauchspeicheldrüse ... gehört längst zum Standard der medizinischen Versorgung. So wurden bis heute weltweit etwa 370.000 Nieren, 40.000 Herzen, 45.000 Lebern, 5.000 Lungen sowie 8.000 Bauchspeicheldrüsen übertragen, und jährlich wird rund 100.000 Menschen auf der ganzen Welt das Sehvermögen durch eine Augenhornhaut-Transplantation wiedergegeben".

Weder die aus diesen Zahlen hervorgehende medizinische Routine[2] noch die überwiegende Einschätzung der Organspende als barmherziger Samariterdienst[3] dürfen darüber hinwegtäuschen, daß die rechtliche Beurteilung dieser Praxis äußerst umstritten ist:

> „Berichte über Organhandel im Ausland, Transplantationen bei Prominenten und intensiv-medizinische Extremsituationen wie jüngst das 'Erlanger Baby' haben Zweifel an der Rechtmäßigkeit von Organspende und der Feststellung des Hirntods aufkommen lassen".[4]

Diese Zweifel beruhen vor allem auf zwei Gründen:

Für eine Transplantation eignen sich nach dem heutigen Stand der Medizin nur „lebensfrische"[5] Organe[6], die noch nicht durch Sauerstoffmangel geschädigt sind. Herz, Leber und Lunge müssen dem Körper des Spenders daher zu einem Zeitpunkt entnommen werden, in dem sie noch ausreichend durchblutet werden[7]. Um dies zu gewährleisten, wird die Herz- und Kreislauftätigkeit des Organspenders - durch Apparate - bis zur Entnahme aufrechterhalten[8]. Damit aber stellt sich die

---

1 ADAC-Motorwelt 1/97, S. 63.

2 Vgl. dazu z.B. auch „Die Welt" vom 3.1.1994: „Zum Sportfest mit einem fremden Herzen in der Brust - Transplantationen menschlicher Organe gehören mittlerweile zu den Routineoperationen".

3 Vgl. z.B. „Die Welt" vom 17.5.1994: „*Seehofer*: Organspende bleibt praktizierte Nächstenliebe". Ähnlich „Die Welt" vom 3.6.1995 „Organe spenden heißt Solidarität zeigen". Ablehnend z.B. *Lang*, in: *Hoff/in der Schmitten* (Hrsg.), Wann ist der Mensch tot ? Organverpflanzung und Hirntodkriterium, Reinbeck 1994, S. 397, 399; es sei „gefährliche Augenwischerei", „die Opfer von Organentnahmen als 'Spender' zu titulieren, sie mit dem Deckmantel 'christlicher Nächstenliebe' zu behängen, mit ethisch 'hochstehenden' Motiven zu verschleiern". Offen gelassen z.B. von *Joachim Kardinal Meisner* („Frankfurter Allgemeiner Zeitung" vom 25.1.1997: „Wann trennen sich Seele und Leib?"): „Nach meiner Überzeugung kann Organspende ein Akt hoher christlicher Nächstenliebe sein. Jedoch muß auch respektiert werden, wenn sich jemand gegen Organspende ausspricht".

4 „Die Welt" vom 23.1.1993: „Tausende warten auf Organe..."

5 Vgl. *Hoff/in der Schmitten*, „Organspende - nur über meine Leiche?", in: „Die Zeit" vom 12.2.1993.

6 Gewebeteile wie Hornhaut oder Gehörknöchelchen können dagegen auch noch Stunden nach dem Tod des Spenders entnommen werden. Vgl. z.B. *Hoff/in der Schmitten*, Kritik der „Hirntod"-Konzeption, Plädoyer für ein menschenwürdiges Todeskriterium (in: dies. [Fn. 3]), S.153, 227 m.w.Nachw.

7 Erfolge bei der Transplantation von Nieren, die ca. eine halbe Stunde nach dem Tod entnommen wurden, ändern nichts an dem grundsätzlichen Problem: Die von *Hans Jonas* (Brief an *Hans-Bernhard Würmeling*, in: *Hoff/in der Schmitten* [Fn. 3], S. 25) geforderte Vorgehensweise: „Bei eindeutig vorliegendem Tod des ganzen Gehirns stelle man die Beatmung ab, warte etwas, bestätige den vollständigen Tod des Leibes: dann gebe man ihn zur Organentnahme frei" ist nach dem Stand der Transplantationsmedizin bei den meisten Organen nicht durchführbar.

8 Vgl. dazu die Schilderung des Ablaufs einer Explantation, unten D II Ziff. 12, S. 298.

Frage, ob die Organentnahme nicht *zu Lebzeiten* des Spenders stattfindet, tatbestandsmäßig also die Tötung eines *lebenden* Menschen, m.a.W. ein Totschlag (§ 212 StGB) ist.[9]

„Derzeit liegt lediglich in fünf Prozent aller Fälle eine ausdrückliche Einwilligung der Betroffenen zu einer Organentnahme vor".[10] Selbst bei einer Einwilligung ist jedoch problematisch, ob diese wirksam erteilt werden konnte, wenn die Organentnahme zum Tod führt, aber sogar eine Tötung *auf Verlangen* nach § 216 StGB strafbar ist.[11] Fehlt eine wirksame Einwilligung des Betroffenen, stellt sich die weitere Frage, ob es juristisch ausreicht, daß man sich „in 95 Prozent der Fälle ... damit (behilft), daß die Angehörigen nach dem mutmaßlichen Willen des Verstorbenen gefragt"[12] oder selbst um eine Einwilligung in die Organentnahme gebeten werden.

Die Grundlagen, aus denen sich diese Probleme ergeben, sind gesichert: Wer rechtswidrig und schuldhaft einen Menschen tötet, ist wegen Totschlags (§ 212 StGB) bzw. wegen Mordes (§ 211 StGB) strafbar. Und: Die Tat ist nur dann nicht rechtswidrig, wenn eine rechtlich wirksame Einwilligung oder ein anderer Rechtfertigungsgrund vorliegt. Alle medizinischen, ethischen, religiösen oder sonstigen Erwägungen, die in der Diskussion über die Transplantationsmedizin angestellt werden, können an diesen Gegebenheiten nichts ändern. Es ist daher methodisch und sachlich richtig, daß es in der aktuellen Diskussion vor allem um die Fragen des Todeszeitpunkts und der Rechtfertigung, insbesondere durch Einwilligung, geht.

B. Der Stand der Diskussion

Sieht man die strafrechtliche Literatur durch, scheinen die genannten Fragen gesichert beantwortet zu sein:

> „Nach heute h.M. gilt als Todeszeitpunkt das irreversible Erlöschen der Gehirntätigkeit".[13]

Im einzelnen wird z.B. ausgeführt:

> „Wann rechtlich das Leben als Mensch endet, ist nicht mehr ernstlich umstritten. Während man früher auf den endgültigen Stillstand von Kreislauf und Atmung abgestellt hatte, wird heute - nach den Fortschritten der modernen Medizin (z. B. Organverpflanzung) - als Todeszeitpunkt mit Recht der Hirntod angesehen (h.M.; ...). Er tritt mit dem irreversiblen Erlöschen der gesamten Hirntätigkeit, also namentlich auch des Stammhirns ein".[14]

Auffassungen, die von dieser „h.M." in der einen oder anderen Richtung abweichen, sind den Darstellungen in den aktuellen Kommentaren zufolge unhaltbare Außenseiterpositionen: Versuchen, schon den sog. Kortikaltod, d. h. den endgültigen, nicht mehr umkehrbaren Bewußtseinsverlust in Todesnähe für ausreichend zu halten[15], wird auf ebenso breiter Front entgegengetreten wie der These, erst mit

9 Zu der verbreiteten irrigen Annahme, es handele sich stets nur um einen Fall der Tötung auf Verlangen (§ 216 StGB), vgl. unten, F III., S. 305 f.

10 „Welt am Sonntag" vom 12.1.1997: „Bundesgesundheitsminister *Seehofer* befürchtet zunehmenden Mangel an Organspenden".

11 Zu den darüber hinaus bestehenden Zweifeln an der Wirksamkeit der heute üblichen Einwilligungserklärungen vgl. unten, J I b, S. 313.

12 „Welt am Sonntag" vom 12.1.1997 (Fn. 10).

13 So z.B. *Otto*, Grundkurs Strafrecht, Die einzelnen Delikte, Berlin u.a. 4. Auflage 1995, § 2 1 b, S. 6 m.w.Nachw.

14 *Lackner/Kühl*, StGB, 21. Auflage München 1995, Vor § 211 Rdn. 4 m.w.Nachw.

15 Vgl. z.B. *Dencker*, Zum Erfolg der Tötungsdelikte, in: NStZ 1992, 311 (mit Erwiderung *Joerden*, Tod schon bei 'alsbaldigem' Eintritt des Hirntodes?, in: NStZ 1993, 268); *Funck*, Der Todeszeitpunkt

Eintritt des biologischen Todes, d.h. mit dem Enden jeder Fähigkeit zu Lebenstätigkeiten, sei der Mensch tot[16]. Mit der Festlegung des „Hirntodes" als Todeszeitpunkt ist nach ganz überwiegender Auffassung „ein angemessener Ausgleich zwischen den grundsätzlich berechtigten, dem allgemeinen Wohl dienenden Interessen der medizinischen Wissenschaft"[17] (bzw. dem „Rettungsinteresse des Empfängers"[18]) und den Rechtsgütern des § 168 StGB"[19] (bzw. dem „Lebensschutz"[20]) gefunden worden.

Danach erfüllt die Organentnahme allenfalls den Tatbestand der Störung der Totenruhe (§168 Abs.1 Alt. 1 StGB) und ist jedenfalls bei Einwilligung der Angehörigen nicht strafbar.[21]

Ungeachtet dieser scheinbaren Klarheit über die Rechtslage wird teilweise eine „gesetzliche Fixierung des Todeszeitpunktes" auf den „Hirntod" befürwortet[22].

C. Der Verlauf und der Stand des Gesetzgebungsverfahrens

Auch bei den im Bundestag vertretenen Parteien besteht seit längerer Zeit Einvernehmen darüber, daß die durch die Transplantationsmedizin entstandenen Fragen durch eine spezielle gesetzliche Regelung geklärt werden müßten[23]. Auch über den Inhalt dieser Regelung schien - auf der Grundlage der skizzierten „herrschenden Meinung" in der strafrechtlichen Literatur und Praxis - weitgehende Einigkeit zu bestehen:

Die Bundestagsfraktionen von CDU/CSU, SPD und F.D.P. verständigten sich im Frühjahr 1996 auf den Entwurf eines Gesetzes über die Spende, Entnahme und Übertragung von Organen (Transplantationsgesetz)[24]. Nach diesem Drei-Fraktionen-Entwurf, der nach wie vor zur Diskussion steht und nunmehr in diesem Jahr verabschiedet werden soll, soll die Rechtmäßigkeit von Organentnahmen für Transplantationen von zwei Voraussetzungen abhängen:

---

als Rechtsbegriff, in: MedR 1992, 182. Vgl. dazu unten, D II Ziff. 21, S. 302.

16 Vgl. z.B. *Schick*, Todesbegriff, Sterbehilfe und aktive Euthanasie - Strafrechtsdogmatische und kriminalpolitische Erwägungen, in: *Bernat* (Hrsg.), Ethik und Recht an der Grenze zwischen Leben und Tod, 1993, S. 121, 124, 127, 130 (allerdings mit Einschränkungen „für einen medizinrechtlich relevanten Bereich"); vgl. auch *Höfling*, Um Leben und Tod; Transplantationsgesetzgebung und Grundrecht auf Leben, in: JZ 1995, 26, 28 ff.

17 KG NJW 1990, 782, 783 f.

18 *Eser*, in *Schönke/Schröder*, Strafgesetzbuch, 25.Auflage München 1997, Vorbem. zu §§ 211 ff. Rdn. 17.

19 KG NJW 1990, 782, 783 f.

20 *Eser*, in: *Schönke/Schröder* (Fn. 18), Vorbem. zu §§ 211 ff. Rdn. 17.

21 Zu den sich insoweit ergebenden Problemen vgl. *Lackner/Kühl* (Fn. 14), § 168 Rdn. 3 und 4 m.w.Nachw.

22 Vgl. z.B. *Eser*, in: *Schönke/Schröder* (Fn. 18), Vorbem. zu §§ 211 ff. Rdn. 20 m.w.Nachw. Zu den teilweise „zurückhaltenderen" Beurteilungen vgl. die Nachw. bei *Lackner/Kühl* (Fn. 14), § 168 Rdn.5. Anders z.B. der Antrag der Abgeordneten *Eckart von Klaeden*, *Dr. Wolfgang Götzer*, *Dr. Edzard Schmidt-Jortzig*, *Norbert Geis* u.a. (BT-Drucks. [bisher ohne Nr.], S.3): „Eine direkte oder indirekte gesetzliche Festlegung des sog. Hirntodes (Ganzhirntod) als 'sicheres Todeszeichen' des Menschen ... ist nicht geboten".

23 Vgl. z.B. „Die Welt" vom 2.9.1992: „CDU will Gesetz zur Organspende". Die SPD-Fraktion im Deutschen Bundestag hat die Bundesregierung am 21.6.1994 in einem Entschließungsantrag (BT-Drucks. 12/8063) zur Vorlage eines Gesetzentwurfs aufgefordert. Vgl. ferner z.B. „Süddeutsche Zeitung" vom 20.4.1996: „Alle Parlamentsfraktionen wollen Rechtssicherheit".

24 Gesetzentwurf vom 16.4.1996, BT-Drucks. 13/4355.

- dem „Hirntod“ des Menschen, dessen Organe entnommen werden sollen[25], und
- der Einwilligung dieses Menschen (sog. enge Zustimmungslösung) oder eines nahen Angehörigen (sog. erweiterte Zustimmungslösung)[26].

Die Kommission „Organtransplantation“ der Bundesärztekammer nannte diesen Vorschlag „aus ärztlicher und rechtlicher Sicht“ ein „tragfähiges Modell“[27]. Auch die Kirchen unterstützten den Entwurf.[28]

- Inzwischen stößt die vorgeschlagene Regelung innerhalb des Parlaments auf zunehmenden Widerstand[29]. Die sich für sie zunächst abzeichnende breite Mehrheit ist plötzlich fraglich geworden. Die wichtigsten Daten in dieser Entwicklung können hier nur kurz zusammengefaßt werden:

- Dem Drei-Fraktionen-Entwurf vorausgegangen war ein Gesetzentwurf von Bündnis 90/Die Grünen[30], der im Unterschied zum Entwurf der anderen Parteien davon ausging, daß das „Hirntodkonzept“, also die „Gleichsetzung ‘des gesamten Hirnorganausfalls’ mit dem Tod des Menschen“ „widerlegt“ sei. Dies habe die Expertenanhörung des Deutschen Bundestages am 28. Juni 1995 „unmißverständlich klargestellt“. Die Entnahme von Organen *Lebender* nach irreversiblem Ausfall aller meßbaren Hirnfunktionen sei jedoch zulässig, wenn die dazu erforderlichen ärztlichen Feststellungen getroffen und durch einen vorliegenden Organspendeausweis die Einwilligung dokumentiert sei.

- Auch eine Gruppe von SPD-Abgeordneten hatte dem Drei-Fraktionen-Entwurf die Zustimmung mit der Begründung versagt, der „hirntote“ Organspender werde „bis zum Zeitpunkt der Explantation weiter am Leben erhalten“[31]. Ferner sei „das Vorliegen einer persönlichen, nach umfassender Information bewußt abgegebenen Einwilligung ... die unabdingbare Voraussetzung für die Entnahme von Organen bei einem Menschen“.[32]

- Zu Beginn dieses Jahres wurden beide Gegenentwürfe naheliegenderweise zu einem „Konsensentwurf“ zusammengefügt, in dem „die höchstpersönliche, informierte Zustimmung (enge Zustimmungslösung) des/der Spendenden zur unabdingbaren Voraussetzung für eine Organentnahme“ gemacht und der „irreversible

25 Gesetzentwurf (Fn. 24), § 5.

26 Die Entscheidung zwischen der „engen“ und der „erweiterten Zustimmungslösung“ ist in §§ 3 Abs.1 Nr. 2, 4 des Gesetzentwurfs (Fn. 24, S. 4, 18 f.) noch offen gelassen: „Die Entscheidung für einen Lösungsweg soll im weiteren Gesetzgebungsverfahren getroffen werden“. Inzwischen scheinen sich die drei Fraktionen auf eine „erweiterte“ Zustimmungslösung festgelegt zu haben (vgl. z.B. „Welt am Sonntag“ vom 12. 1. 1997 [Fn. 10]). - Die zeitweise befürwortete sog. Widerspruchslösung (vgl. dazu unten, G I., S. 307) wird mit Recht nicht mehr in Betracht gezogen.

27 „Die Welt“ vom 3.5.1995: „Organspendegesetz findet Zustimmung“. Vgl. auch die Stellungnahme des Sachverständigen *Dr. Vilmar* (BÄK) in der Öffentlichen Anhörung des Ausschusses für Gesundheit des Deutschen Bundestages, 17. Sitzung am 28.6.1995, Protokoll S. 31 - 33.

28 „Die Welt“ vom 3.5.1995: „Organspendegesetz findet Zustimmung“: „Aus Sicht der theologischen Ethik gibt es gegen die im Gesetzentwurf vorgeschlagene erweiterte Zustimmungslösung“ nach Ansicht von Moraltheologen „keine Einwände“. Vgl. ferner die Zusammenfassungen der Gemeinsamen Erklärungen des Rates der Evangelischen Kirche und der Deutschen Bischofskonferenz“ bei *Hoff/in der Schmitten* (Fn. 6), S. 167 f.) und *Lemke*, Stand der Diskussion zum Entwurf eines Transplantationsgesetzes, in: MedR 1991, 281, 284 f.

29 Vgl. z.B. „Berliner Morgenpost“ vom 7.1.1997: „Widerstand gegen geplantes Gesetz zur Organspende“. - Für die Abstimmung im Bundestag wurde der sog. Fraktionszwang aufgehoben („Welt am Sonntag“ vom 12.1.1997 [Fn. 10]).

30 Gesetzentwurf vom 7.11.1995 (BT-Drucks. 13/2926).

31 Antrag der Abgeordneten *Dr. Wolfgang Wodarg*, *Dr. Hertha Däubler-Gmelin* u.a. vom 14.3.1996 (BT-Drucks. 13/4114), S. 4.

32 Antrag *Dr. Wodarg* u.a. (Fn. 31), S. 2.

Ausfall aller meßbaren Hirnfunktionen lediglich als Explantationskriterium, nicht jedoch als Todeskriterium" festgelegt wurde.[33]

- Nahezu gleichzeitig legten Abgeordnete der CDU/CSU sowie der Abgeordnete *Schmidt-Jortzig* (F.D.P.) „Eckpunkte für die Spende, Entnahme und Übertragung von Organen"[34] vor, die der Antragsbegründung zufolge „die im Gesetzentwurf der CDU/CSU, SPD und der F.D.P. ... noch bestehenden Lücken" „füllen"[35], in der Sache aber mit dem „Konsensentwurf" übereinstimmen: „Der Hirntod ist ... nicht als sicheres Todeszeichen und damit als Tod des Menschen zu definieren, sondern nur als Entnahmekriterium für eine Organtransplantation anzuerkennen"[36]. Und: „Bei der Einwilligung in die Organentnahme handelt es sich um eine höchstpersönliche Entscheidung ... Somit kann nur der Organspender selbst in eine Organentnahme wirksam einwilligen"[37].

Insbesondere der letztgenannte Antrag (unter Beteiligung des amtierenden Bundesministers der Justiz) „nährt Zweifel daran, daß *Seehofer* die für seinen Entwurf bislang sicher geglaubte Mehrheit noch bekommen kann".[38] Angesichts des Standes von Rechtsprechung und juristischem Schrifttum sowie der jahrelangen Diskussion, aus der der gemeinsame Entwurf der drei Fraktionen hervorgegangen war[39], mag diese Entwicklung überraschen - sachlich war sie vorprogrammiert[40].

D. Das Scheitern einer Gleichsetzung von Tod und „Hirntod"

Der Schlüsselsatz, der zu dem Meinungsumschwung im Gesetzgebungsverfahren geführt hat und der alle bisher „herrschenden Meinungen" einschließlich ihrer weitreichenden Konsequenzen aus den Angeln hebt, lautet: *Das vollständige und irreversible Erlöschen der Gehirntätigkeit („Hirntod") ist nicht der Tod des Menschen.*

I. Die erforderliche Beschränkung auf die Einwände gegen den „Hirntod" als Todeszeitpunkt

Da die Ablehnung des „Hirntods" als Todeszeitpunkt einen ausschließlich negativen Inhalt hat, läßt sich ihre Richtigkeit darlegen, ohne daß hierzu eine umfassende Analyse der (kaum noch überschaubaren) Diskussion oder gar eine positiv formulierte Antwort auf die Sachfrage erforderlich wäre, wann der Mensch tot sei. Die wiedergegebene, im folgenden zu begründende Feststellung besagt, daß sich gegen die Festlegung des Todeszeitpunkts auf den Eintritt des „Hirntodes" eine Fülle methodischer und sachlicher Einwände ergeben und dies zu einer Aufgabe der bisher vertretenen Auffassungen führen mußte und muß.

---

33 Gesetzentwurf der Abgeordneten *Dr. Wolfgang Wodarg, Monika Knoche* u.a. vom 13.1.1997 BT-Drucks.bisher ohne Nummer, Einbringung geplant.
34 Antrag von *Klaeden* u.a. (Fn. 22), S. 3.
35 Antrag von *Klaeden* u.a. (Fn. 22), S. 3.
36 Antrag von *Klaeden* u.a. (Fn. 22), S. 4.
37 Antrag von *Klaeden* u.a. (Fn. 22), S. 5.
38 „Welt am Sonntag" vom 12.1.1997 (Fn.10). „Der Spiegel" (10/1997, S. 228: „Im Grenzland des Todes"), S. 231: „Die Zahl der Parlamentarier in Bonn, die den Begriff des Hirntods aus dem geplanten Transplantationsgesetz tilgen wollen", „wächst". „Bereits 180 Abgeordnete aller Fraktionen haben Gesetzentwürfe unterschrieben, in denen Hirntote als Sterbende, also noch Lebende betrachtet werden".
39 Vgl. die Kritik des Kammergerichts (KG NJW 1990) und von *Tröndle* (StGB, 48. Aufl. München 1997, § 168 Rdn. 3 m.w. Nachw.).
40 Vgl. „Der Spiegel" (Fn. 38, S. 235), unter Hinweis auf den Gütersloher Psychiater *Klaus Dörner*: „Erstaunlich ist eigentlich nur, daß wir 25 Jahre brauchten, um zu erkennen, daß wir uns hinsichtlich der Hirntod-Definition auf einem Irrweg befunden haben".

II. Zusammenfassung der wichtigsten Argumente

1. Der Begriff Tod ist nur bestimmbar, wenn die Begriffe Mensch und Leben bestimmt sind. Die dazu benötigten Antworten auf biologische und anthropologische Vorfragen sind bis heute nicht gegeben worden. Solange sich hieran nichts ändert, ist die Angabe *irgendeines* Zeitpunkts als Todeszeitpunkt wissenschaftlich ausgeschlossen.[41] Wenn unbekannt ist, was unter dem Tod zu verstehen ist, kann nicht festgestellt werden, ob bzw. wann er eingetreten ist und wie dies zu diagnostizieren ist.

2. Die Umschreibung des Todes als „Stillstand der Lebensfunktionen bei(m) Mensch(en)"[42] ist fehlerhaft, weil ein Stillstand vorübergehend sein kann. Dieser Fehler läßt sich nur durch die Definition der Begriffe Mensch und Leben, nicht aber durch die Hinzufügung von Merkmalen wie „unwiederbringlich", „irreversibel" o.ä. ausräumen: Die *Behebbarkeit* eines *(eingetretenen)* Zustandes ändert nichts an seinem (ihr notwendig zeitlich vorausgehenden) *Eintritt*, sondern setzt diesen voraus. So wie z.B. ein Schaden nur dann behoben werden kann, wenn er entstanden ist (also nicht etwa umgekehrt die Ersatzmöglichkeit Bedingung des Schadenseintritts ist), kann auch der Todeseintritt nicht davon abhängen, ob er durch medizinische Reparaturen rückgängig gemacht werden kann.[43] Im übrigen können Spekulationen über die „Irreversibilität" durch Fortschritte auf dem Gebiet der Medizin schnell hinfällig werden[44].

3. Die Versuche, den „Hirntod" mit dem Tod des Menschen gleichzusetzen, sind bereits logisch verfehlt: Der Tod ist das Ende des Lebens des *ganzen* Menschen („Totaltod"), nicht nur einzelner Teile. Fällt ein bestimmter Teil des Körpers aus, kann daher nicht vom Tod dieses Körperteils gesprochen werden (Lebertod, Magentod, Milztod, Fußtod, Daumentod usw.). Auch das Gehirn des Menschen und der ganze Mensch sind nicht identisch. Die Konstruktion eines „Hirntodes" beruht daher auf demselben methodischen Fehler wie der „Herztod" (pars pro toto)[45]. Selbst wenn das Versagen eines Organs zwangsläufig den Tod des ganzen Menschen *bewirkt*, bleibt es nur dessen Teil. Gerade die Konstruktion eines besonderen „Hirntodes" zwingt zu dem Schluß, daß die anderen „*Vitalfunktionen*" (mit Hilfe von Apparaten) selbst dann weiterbestehen können, wenn keine Gehirnströme mehr fließen.

---

41 Für die Festlegung des Todeszeitpunkts auf den „Hirntod" des Menschen durch ein „ad-hoc-Komitee" der Harvard Medical School im Jahre 1968 wurde dementsprechend keine weitere Begründung gegeben *(Hoff/in der Schmitten* [Fn.5]). Eine solche Rechtfertigung wurde erstmals im Oktober 1993 von einem Ausschuß des Wissenschaftlichen Beirats der Bundesärztekammer versucht (vgl. Deutsches Ärzteblatt vom 5.11.1993, S. A(2) - 2993 ff.): „Der endgültige Ausfall der gesamten Hirnfunktionen als sicheres Todeszeichen"). Ohne Definition der Begriffe Leben und Tod können derartige Versuche jedoch nicht gelingen.

42 *Meyers* Großes Taschenlexikon, Bd. 22, 3. Aufl. Mannheim u.a. 1990, S. 133, Stichwort: „Tod".

43 Vgl. z.B. die Möglichkeit, durch einen Unfall abgetrennte Gliedmaße wieder anzunähen oder durch Hornhauttransplantationen das verlorene Sehvermögen wiederherzustellen.

44 Vgl. z.B. die in jüngster Zeit gelungenen Experimente, Körperbestandteile (etwa Ohren- oder Nasenknorpel) aus Zellen von Patienten zu züchten („Süddeutsche Zeitung" vom 27.10.1995: „Auswüchse der Wissenschaft"). Ob derartige Kunstgriffe auch beim Tod eines Menschen in Betracht kommen, so daß die (infolge des klinischen Todesbegriffs üblichen, aber fragwürdigen) Ausdrücke „Wiederbelebung" oder „Reanimation" im Bereich des medizinisch Möglichen liegen, hängt von der hier offen bleibenden Bestimmung des Todesbegriffs und -zeitpunkts ab (und nicht etwa diese von der „Reanimationsmöglichkeit"!).

45 Im Ergebnis ebenso *Birnbacher*, Einige Gründe, das Hirntodkriterium zu akzeptieren (in: *Hoff/in der Schmitten* [Fn. 3], S. 28, 35): „Weder der 'Hirntod' noch der 'Herztod' (können) definieren, was der Tod des Menschen ist".

Auch Befürworter des Hirntodes als Todeszeitpunkt verweisen auf die „Gründe, die eingebürgerte, aber mißverständliche Redeweise vom 'Hirntod' in Frage zu stellen. Denn dieser Begriff läßt es so erscheinen, als gebe es nunmehr mehrere Tode ('Hirntod', 'Herz-Kreislauf-Tod', 'klinischer Tod' usw.)"[46]. „Für den Menschen als leiblich-seelisches Säugetier gibt es nur *einen* Tod"[47].

4. Das Wort „Hirntod" ist darüber hinaus grob irreführend: „Das Aufhören aller Funktionen des ganzen Gehirns ist ganz einfach etwas, das unmöglich festgestellt werden kann".

> „Dies würde doch voraussetzen, daß die gesamten Hirnfunktionen bekannt und meßbar sind. Beides ist nicht der Fall. Bei sogenannten Hirntoten wurden noch Tage nach Feststellung des Hirntodes vor allem von japanischen, aber auch deutschen Wissenschaftlern normale Spiegel an Hormonen im Blut nachgewiesen, die nur im Gehirn produziert werden, ferner mit bestimmten Ableitungsmethoden elektrische Aktivitäten. Bei klinisch als hirntot diagnostizierten Kindern wurde vereinzelt noch eine Durchblutung des Gehirns und aktiver Glukosestoffwechsel nachgewiesen".[48]

Daß „der endgültige, nicht mehr reparable *Funktions*ausfall des Gehirns" trotz dieser „Restaktivitäten" „mit aller erforderlichen Verläßlichkeit festgestellt werden"[49] könne, ist schon in sich unschlüssig und sachlich widerlegt:[50] Die erwähnte Hormonproduktion ist eine Gehirnfunktion, die nicht „ausgefallen" ist.

5. Die Befürworter des „Hirntodes" als Todeszeitpunkt versuchen, die Einwände gegen ihre Auffassung mit dem Hinweis zu entkräften, „der vollständige und unumkehrbare Funktionsausfall des Gehirns" sei „für die Vertreter dieses *Kriteriums* lediglich ein *weiteres* Kriterium für denselben Sachverhalt Tod, der außerhalb der Intensivstation durch die herkömmlichen Kriterien des irreversiblen Herz-Kreislauf- und Atemstillstands angezeigt" werde.[51] Die damit getroffene Unterscheidung zwischen Definitionsmerkmal[52], Todes„kriterium"[53] und diagnostischem Test[54] kann die Einwände gegen den „Hirntod" als Todeszeitpunkt nicht ausräumen: Da sich die Todes„kriterien" und die diagnostischen Tests notwendig auf die Definition beziehen, läßt sich der Tod nur dann anhand des Ausfalls der Gehirnfunktionen erkennen und nachweisen, wenn der „Hirntote" (der Definition gemäß) tot ist.[55] Andernfalls

---

46 *Birnbacher* (Fn. 45), S. 33.

47 *Birnbacher* (Fn. 45), S. 33.

48 *Geisler*, in der öffentlichen Anhörung des Gesundheitsausschusses des Deutschen Bundestags (Fn. 27), Protokoll S. 11; vgl. auch *H. L. Schreiber*, aaO, Protokoll S. 31: beim „Hirngesamttod" könne es „nicht etwa auf die vollständige und absolute Hirnnekrotisierung und das Ende aller Zellaktivität ankommen."

49 *H. L. Schreiber* (Fn. 48).

50 Vgl. auch *Klein*, Hirntod: Vollständiger und irreversibler Verlust aller Hirnfunktionen ?, in: Ethik in der Medizin Bd. 7 (1995), S. 6 ff.

51 *Birnbacher* (Fn. 45), S. 33 (Hervorhebungen im Original); vgl. auch S. 35: „Wer das Hirntodkriterium akzeptiert, akzeptiert damit keine 'Umdefinition' des Todes...".

52 „Beantwortung der Frage, was der Tod des Menschen ist" (*Birnbacher* [Fn. 45], S. 31). Vgl. ferner *Hoff/in der Schmitten* (Fn. 5): „Von wann an erachten wir den Menschen für tot ?"

53 „Zeichen" dafür, daß der Tod eingetreten ist: „Indikator für das Vorliegen der Definitionsmerkmale" (*Birnbacher* [Fn. 45], S. 29); ferner *Hoff/in der Schmitten* (Fn.5): Nachweis, „daß das in der Definition vorgegebene Ereignis auch wirklich eingetreten ist", z.B. durch unwiederbringlichen Verlust der Großhirnaktivitäten oder der „vitalen Körperwärme" u.ä. Ohne Definition des Todes bleiben also auch die Todes„kriterien" unbestimmt.

54 Nachweisverfahren, „das zuverlässig anzeigen soll, ob das jeweils angewendete Kriterium erfüllt ist" (*Birnbacher* [Fn. 45], S. 29): EKG, EEG u.ä..

55 Das räumen die Verfechter der genannten Unterscheidung selbst ein. Vgl. *Birnbacher* ([Fn. 45], S. 31): „Ein noch so verläßliches Zeichen ist unbrauchbar, wenn es nicht das anzeigt, was einem wichtig ist". Und: „Eine Verteidigung des Hirntodkriteriums" komme „deshalb nicht umhin, sich ein Stück weit auf die Frage einzulassen, was der Tod des Menschen eigentlich ist, worin er besteht".

würde aus dem „Hirntod" auch nicht das folgen, was aus ihm abgeleitet werden soll: Der Tod des Menschen und die Rechtmäßigkeit der Organentnahme.

In der Begründung des Gesetzentwurfs von Bündnis 90/Die Grünen heißt es daher zutreffend:

„Das sog. Hirntodkriterium, das heißt letztlich die Identifikation des Hirntods mit dem Tod des Menschen ..."[56]

6. Ein Mensch ist kein Bausatz aus Füßen, Armen, Beinen, Augen, Nieren usw. („Patchwork-Mensch"[57]), sondern eine Einheit (Lebewesen). Der Begriff Mensch kann daher nicht durch Aufzählung der Bestandteile eines Menschen definiert werden: Zellen sterben ab, Haare fallen aus, z.B. eine Niere oder der Magen werden entnommen, ein Bein amputiert, er wird an eine Herz-Lungen-Maschine oder ein künstliches Herz angeschlossen usw. - dennoch existiert und lebt der jeweilige Mensch. Die Frage ist daher nicht, welche „Teile", sondern welche Eigenschaften des Gesamtorganismus für das Menschsein wesentlich sind.[58] Jede analytische „Sektion" des Menschen führt daher bei der Definition der Begriffe Leben und Mensch in die Irre: Solange auch nur einzelne Zellen noch „leben", „leben" noch Teile des Menschen (Teilidentität). Die anderen Teile sind tot. Zu mehr als prozentualen Angaben kann man auf diese Weise nicht gelangen.[59] Ob der ganze Mensch noch lebt, läßt sich auf diese Weise nicht ermitteln.[60] Ein „Hirntoter" ist bei diesem Vorgehen „ein Lebender minus Gehirn".[61]

„Hirntote Organspender erhalten muskelerschlaffende Medikamente, damit sie den Operationsablauf nicht durch Bewegungen ihrer Gliedmaßen stören".[62] „Hirntote Männer können Erektionen bekommen und sogar einen Samenerguß. Sie sind demnach fortpflanzungsfähig. Hirntote schwangere Frauen sind in der Lage, gesunden Kindern das Leben zu schenken."[63] Es ist „schon eine metaphorische Leistung, in solch einer Situation vom Tod des Gesamtorganismus zu reden"[64].

7. Es gibt daher kein Organ (Herz, Gehirn) oder einen anderen Bestandteil des Menschen, in dem sich der Tod lokalisieren läßt. Ohne medizinische Gegenmaßnahmen stirbt ein Mensch bei einem Herzversagen oder einem Ausfall der Gehirnfunktionen ebenso wie bei einem Nieren- oder Leberversagen oder einer Lungenembolie. In einem Organismus gibt es ebensowenig wie in irgendeinem anderen System einen Teil als „Maschinisten", von dessen Tätigkeit allein alles andere abhinge. Daß es Organe und Körperteile gibt, deren Funktion im Unterschied zu anderen zur Aufrechterhaltung des Lebens notwendig ist, ändert daran nichts.

56 Gesetzentwurf (Fn. 30), S.11.

57 *Linke*, Hirnverpflanzung (zit. nach *Hoff/in der Schmitten* [Fn. 3], Verlagsanzeige am Ende des Buches).

58 Daher kommt sowohl die Möglichkeit in Betracht, daß ein Mensch tot ist, obwohl seine Haare und Fingernägel noch wachsen, als auch umgekehrt die Möglichkeit, daß ein Mensch noch lebt, obwohl keinerlei Gehirnfunktionen mehr festgestellt werden können.

59 Stellt man derartige Rechenoperationen an, „lebt" ein hirntoter Mensch „zu 97 v.H." (*Geisler* [Fn. 48], S. 365).

60 Es trifft daher zu, wenn von den Befürwortern des „Hirntodes" als Todeszeitpunkt hervorgehoben wird, daß der Mensch nicht erst dann tot ist, wenn alle „Einzelkomponenten" zu funktionieren aufgehört haben (*Birnbacher* [Fn. 45], S. 34). Insoweit geht es um Zerfallprozesse, die von der Frage, wann das jeweilige Lebewesen endet, zu unterscheiden sind.

61 *Geisler*, in: Der Spiegel, 10/1994: „Im Vorzimmer des Todes", S. 212, 213.

62 *Hoff/in der Schmitten*, in: „Süddeutsche Zeitung" vom 12.11.1994: „Das eigene Sterben ist unverletzlich".

63 *Geisler* (Fn. 48), S. 365: „Sie als Retorte zu bezeichnen, ... ist... ein pervertierter Lebensbegriff".

64 So der Bonner Neurologe *Detlef Linke* („Der Spiegel" [Fn. 61], S. 213).

8. Um dem Gehirn dennoch eine derart zentrale Rolle zuweisen zu können, werden dessen „Steuerungs- und Integrationsleistungen“ hervorgehoben:

> „Das Gehirn ist dasjenige Organ, das faktisch die Integration der einzelnen Körperfunktionen zum Ganzen des physischen Organismus vornimmt. Zwar zeigt der künstlich beatmete menschliche Körper auch nach irreversiblem Ausfall der Gehirnfunktionen noch Reflexe und einzelne spinal ausgelöste Bewegungen. Diese werden jedoch nicht mehr zu einem Ganzen zusammengefaßt“.[65]

Die angebliche Integration (Herstellung eines Ganzen durch Eingliederung außerhalb liegender Elemente) durch das Gehirn ist eine bloße Behauptung.

Selbst wenn man sich aber einmal auf diesen Standpunkt stellt, folgt daraus, daß es jedenfalls „subcerebrale neuronale Integration“ gibt, die nicht mit Hilfe einer „selbstdekretierten Nominaldefinition“ des Gehirns als „Integrator des menschlichen Lebenskonglomerats“ beiseitegeschoben werden dürfen.[66] Sie einfach, „weil nicht vom Gehirn ausgehend“, als „einzeln“ und „nicht mehr zu einem Ganzen zusammengefaßt“ für zweitrangig zu erklären, ist offensichtlich zirkulär[67].

9. Die dem „Hirntodkriterium“ zugrundeliegende „Überschätzung des Cortex und der Rolle des Bewußtseins“[68] führt unausweichlich zu der verfehlten Konsequenz, daß ein Embryo nicht lebt, soweit bei ihm - und dies ist anerkanntermaßen jedenfalls weitgehend der Fall[69] - die verlangten Gehirnfunktionen noch nicht ausgeprägt sind[70]. Dem „entgegenzuhalten, daß sich die Definitionsmerkmale und Kriterien für das Ende des menschlichen Lebens nicht ohne weiteres auf dessen Beginn übertragen“ lasse und „mit der Frage nach dem Lebensende ... die Frage nach dem Lebensbeginn ... nicht präjudiziert“ sei[71], ist ein weiterer mit Händen zu greifender Fehler: Merkmale, die zur Definition der Begriffe Mensch, Leben und Tod herangezogen werden, aufgrund des Nachweises ihrer Fehlerhaftigkeit auf bestimmte Lebensabschnitte zu beschränken, auf die sie angeblich zutreffen, ist kein Ausweg.

10. „Entscheidend“ für die „Steuerungs- und Integrationsleistungen“ ist nach den Befürwortern des „Hirntodes“ „nicht, ob der Organismus oder seine Teilsysteme die Fähigkeit verlieren, zentral gesteuert beziehungsweise integriert werden zu können, sondern ob *er selber* fähig ist, diese Steuerungs- und Integrationsleistungen

---

65 *Birnbacher* (Fn. 45), S. 36.

66 *Hans Jonas* (Fn. 7), S. 23.

67 *Hans Jonas* (Fn. 7), S. 23.

68 *Roth/Dicke*, Das Hirntodproblem aus der Sicht der Hirnforschung, in: *Hoff/in der Schmitten* (Fn.3), S. 51, 58. Vgl. auch in: *Hoff/in der Schmitten* (Fn.5): „falsche Verherrlichung“ des Gehirns, ferner in dies.: „Süddeutsche Zeitung“ vom 12.11.1994 (Fn. 62): „Relikt eines längst veralteten ‘Zerebrozentrismus’.

69 Vgl. *Birnbacher* ([Fn. 45], S. 37 f.): Ein Embryo verfügt „weder über Bewußtseinsfähigkeit noch über eine zentrale Steuerung von Körperfunktionen“.

70 Zu der insbesondere von *Peter Singer* vertretenen Auffassung, nur Lebewesen mit Selbstbewußtsein hätten „im eigentlichen Sinne als Person zu gelten“, so „daß etwa die Tötung eines Schimpansen schlimmer“ sei „als die Tötung eines schwer geistesgestörten Menschen, der keine Person“ sei („Praktische Ethik“, Stuttgart 1984, S. 135) vgl. die zusammenfassende Darstellung und Kritik bei *Hoff/in der Schmitten* ([Fn. 5], S. 206 f.): Die Auffassung *Singers*, dem es nicht um die „Diskriminierung von Behinderten und Kindern, sondern in erster Linie um die Forderung nach einem adäquaten Schutz tierischen Lebens“ gehe, erweise sich „bei näherem Hinsehen als ein außerordentlich gefährliches Unternehmen“. Vgl. dazu auch *Singer/Kuhse*, Should the Baby live? The Problem of handicapped Infants, Oxford u.a. 1985, S. V; (zit. nach „Süddeutsche Zeitung“ vom 11.5.1996: „*Singers* neue Ideologie zur Vernichtung ‘lebensunwerten Lebens’): „Wir meinen, daß einige Kinder mit schweren Behinderungen getötet werden sollten“. - Ebenso z.B. *Robert Levine*, Ethiker an der Yale University (zit. nach „Der Spiegel“ ([Fn. 61]), S. 215): „Anenzephale Säuglinge haben nie gelebt und können mithin zur Tranplantation freigegeben werden. Auch Apalliker könnten grundsätzlich für tot erklärt werden“.

71 *Birnbacher* (Fn.45), S. 37 f.

auszuüben". Eine maschinelle Ausführung der Gehirnfunktionen „würde ... an dem Tod des auf diese Weise marionettenhaft von außen gesteuerten Menschen nichts ändern"[72]. Die Übernahme von Körperfunktionen durch künstliche Teile (Herzklappen, künstliche Herzen, Herz-Lungen-Maschinen, Dialysegeräte, künstliche Gelenke usw.) ändert jedoch am Weiterleben des jeweiligen Menschen nichts. Daß er *künstlich* am Leben gehalten wird, also (hypothetisch) in kürzester Zeit sterben würde, wenn keine lebenserhaltenden Maßnahmen getroffen werden, ist ohne Bedeutung.

11. Dem Gehirn kann nur deshalb eine derart zentrale Bedeutung beigemessen werden, weil es das Organ ist, mit dem seelische Tätigkeiten ausgeführt werden und es deshalb als Sitz der menschlichen Seele (Psyche) angesehen wird[73]. An den dargelegten Fehlern ändert das nichts.

12. Als Widerlegung des „Hirntodes" reicht im Grunde der folgende Bericht über den Verlauf einer Organentnahme aus:

> „Drei, vier, manchmal bis zu acht Stunden dauert die Operation. Die Chirurgen sägen den Brustkorb auf, sie präparieren Gefäße oder Harnleiter frei, durchtrennen das Bindegewebe. Dann, endlich, kommt der knappe Befehl: 'Perfusion'. Ein Pfleger öffnet den Hahn. Eine eisgekühlte Lösung strömt in Bauchraum und Herzbeutel des Hirntoten. Blutig gefärbt rinnt sie über seinen Leib. Jetzt erst stockt das Herz, der Kreislauf kommt plötzlich zum Stillstand. 'Anästhesie kann abtreten'. Das Grenzland zwischen Leben und Tod ist verlassen".[74]

13. Daß ein „hirntoter" Mensch *nicht* tot ist, hat der Fall des „Erlanger Babys" eindrucksvoll bewiesen: Dem ärztlichen Bulletin[75] zufolge hat die Mutter im Verlauf des medizinischen Experiments eine Lungenentzündung bekommen, die dann trotz der technischen Hilfen zum Tod des Kindes führte. Dennoch zu behaupten, die Mutter sei bereits tot gewesen, bevor sie die Lungenentzündung bekommen habe, ist widersinnig.

Der Philosoph *Hans Jonas* faßte die sich aus dem Erlanger Fall ergebenden Einwände in einem Brief an seinen Freund, den Rechtsmediziner *Hans-Bernhard Würmeling*, den die Erlanger Ärzte beratend hinzugezogen hatten, wie folgt zusammen:

> „Die Rede von Leichnam, totem Körper, Einschlußmedium, das 'unbarmherzig leblos oder tot' ist, 'nur noch Behältnis', 'optimaler Brutkasten' hängt an der Behauptung, daß beim Menschen erst die integrierende Funktion des Gehirns 'aus einem Konglomerat von Organen einen Organismus macht'. Wenn das stimmte, wäre es schlimm um Euren Fötus bestellt. ... Die Beatmung macht die Lunge atmen. Die atmende Lunge macht das Herz schlagen. Das schlagende Herz macht das Blut zirkulieren. Das zirkulierende Blut badet alle Organe und in ihnen alle Zellen, hält die letzteren am Leben, die Organe am Wirken ... Zu dem gemeinsamen Wirken gehört die Verwertung der zugeführten Nahrung, also der Stoffwechsel, und zwar des ganzen Leibes in allen seinen Teilen - die basale Seinsweise des Lebens schlechthin. Konglomerat, Herr Professor ? Brutkasten, Herr Doktor ? Leichnam, Hans-Bernhard?"[76]

72 *Birnbacher* (Fn.45), S. 34.
73 Vgl. dazu die Zusammenfassung bei *Hoff/in der Schmitten* ([Fn. 6], S. 247).
74 „Der Spiegel" (Fn. 38) S. 228.
75 „Abschließende Pressemitteilung der Chirurgischen Klinik mit Poliklinik und des Institutes für Anästhesiologie der Universität Erlangen-Nürnberg", in: Ethik in der Medizin, Bd. 5 (1993), S. 24, 26.
76 *Hans Jonas* (Fn. 7), S. 22.

Die Annahme eines „Hirntodes" führt zu zahllosen weiteren Fragen, die sich nicht vernünftig beantworten lassen:

- „Warum", fragen manche Pfleger, „wird der Patient in Narkose versetzt, wenn er doch tot ist?"
- „Warum hält der Anästhesist die 'lebenswichtigen Funktionen' aufrecht, wenn da doch gar kein Leben mehr ist?"[77]
- „Dürfen Leichen Kinder kriegen?"[78]
- „Wie tot muß ein Mensch sein, um auch tot genannt zu werden?"[79]

14. Die Zusammenfassung der zahlreichen Expertenanhörungen vor dem Deutschen Bundestag fällt ebenfalls eindeutig aus:

> „Das sogenannte Hirntodkriterium ... (ist) beim heutigen Stand der Debatte nicht mehr zu halten." Vielmehr „muß die pragmatische Hirntodgleichsetzungsoption als widerlegt angesehen werden. Experten haben darauf hingewiesen, daß der Hirntod ... nicht mit dem Tod gleichgesetzt werden darf. ... Angehörige und Pflegende bestätigten bei der Expertenanhörung die Unmöglichkeit, einen warmen durchbluteten atmenden Menschen mit potentieller Explantationsdiagnose als tot zu begreifen. Die Tatsache und die Schilderungen über das nahezu drei Monate weitergeführte Leben einer sog. hirntoten Schwangeren, die von einem gesunden Kind entbunden wurde, belegen, daß das hirnorganhierarchische Menschenbild, auf dem das Todeskonzept beruht, nicht aufrechtzuerhalten ist".[80]

15. Für diesen Meinungsumschwung in einer jahrzehntelangen Diskussion und den plötzlichen Bruch mit sämtlichen Lehrmeinungen, die noch scheinbar unangefochten selbst in neuesten juristischen Lehrbüchern und Kommentaren zu finden sind, muß es durchschlagende Gründe geben. Daß eine „verlorene Sache"[81] sich durch Expertenanhörungen innerhalb kürzester Zeit gegenüber dem ursprünglichen Ansatz und allen in der Fachliteratur „herrschenden Meinungen" in dieser Weise durchsetzt, ist soweit ersichtlich ohne Beispiel. Gerade dieser überraschende Diskussionsverlauf muß zu einer Überprüfung der bisher für selbstverständlich gehaltenen Standpunkte führen.

16. Zu den juristischen Auffassungen, die einer solchen Überprüfung nicht standhalten, gehört die Behauptung:

> Bei dem Todesbegriff handelt „es sich entgegen einem weitverbreiteten Mißverständnis ... nicht einfach um eine medizinische Vorgegebenheit, sondern um eine normative Konvention".[82]

Diese These führt zu der unvermeidlichen Konsequenz, daß ein nach medizinischen Erkenntnissen noch lebender Mensch „normativ" bzw. „juristisch" tot sein, oder, noch absurder, ein nach medizinischen Erkenntnissen Toter „normativ" bzw. „juristisch" weiterleben könnte. Dies hat zwar den scheinbaren Vorteil, daß das behauptete juristische Ergebnis nicht mit dem Argument angegriffen werden kann, es sei naturwissenschaftlich widerlegt. Ernstlich halten läßt sich der genannte Standpunkt jedoch nicht. Die Definitionen der Begriffe Mensch und Leben sind keine juristischen Festsetzungen oder „Konventionen", sondern gegenstandsbedingt, d.h.

77 „Der Spiegel" (Fn. 38).
78 „Der Spiegel" (Fn. 61), S. 213.
79 „Der Spiegel" (Fn. 61), S. 212.
80 Gesetzentwurf (Fn. 30), S.11.
81 So *Hans Jonas* (zit. nach *Hoff/in der Schmitten* [Fn.3], Vorwort, S.9) im Jahr 1985 „mit einem Anflug von Resignation". Auch sieben Jahre später sah er seine Kritik am „Hirntod"-Kriterium noch als „persönliches Zeugnis von Vergeblichkeit" (aaO, S. 17) an.
82 *Eser*, in *Schönke/Schröder* (Fn. 18), Vorbem. zu §§ 211 ff. Rdn. 18 m.w.Nachw.

in der Realität begründet. Andernfalls fehlt ein Bezug zur Realität. Sowohl die medizinischen als auch die juristischen Beurteilungen müssen von dieser Realität ausgehen. Der Versuch, den Todeszeitpunkt „rechtlich" zu bestimmen[83], ist daher methodisch im Ansatz verfehlt. Will man nicht eine mit der Wirklichkeit unvereinbare juristische Scheinwelt erfinden, in der alles so ist, wie man es gerne hätte, scheidet die skizzierte Vorgehensweise aus. Die Frage, wann ein Mensch tot ist, hängt nicht von (teleologischen) Erwägungen ab, die das juristische Ergebnis betreffen[84], sondern ist ein anthropologisches Faktum, das man nur entweder zur Kenntnis nehmen oder aber falsch beurteilen bzw. ignorieren kann. Eine überzeugende juristische Lösung läßt sich nur bei der erstgenannten Vorgehensweise finden.

17. Vollends verfehlt ist der Versuch, bei der Bestimmung der Todesdefinition einen juristisch „angemessenen Ausgleich" zwischen den „Interessen der medizinischen Wissenschaft" und den Interessen des Menschen zu schaffen, dessen Organe man entnehmen will[85]. Ob ein Mensch tot ist oder nicht, hängt nicht von den „Interessen" der Beteiligten ab. In der Kommentierung zu den §§ 211 ff. StGB heißt es dagegen beispielsweise:

> „Die an Kreislauf- und Atmungsstillstand ausgerichtete Todesauffassung" „wird" „durch das steigende Bedürfnis nach Transplantationsmöglichkeiten in Frage gestellt. Denn nicht nur, daß danach eine Herztransplantation grundsätzlich unzulässig wäre, da ja das Herz im Körper des Empfängers weiterschlagen soll, also auch im Körper des Spenders noch hätte zum Schlagen gebracht oder gehalten werden können...; auch würde damit das medizinische Interesse an möglichst 'frischen' Transplantaten vereitelt. ... Insofern erschiene aus Transplantationssicht ein möglichst frühzeitiger Todeszeitpunkt wünschenswert. Diese Verschiedenartigkeit, wenn nicht Gegenläufigkeit der Interessen bei Reanimationsbedürfnissen einerseits und Transplantationsinteressen andererseits hat bereits die Frage nach unterschiedlichen Todesbegriffen wach werden lassen..., wobei dort, wo es allein um das Lebenserhaltungsinteresse des betreffenden Patienten geht, der Todeszeitpunkt möglichst spät anzusetzen sei, während in Transplantationsfällen mit Rücksicht auf das Rettungsinteresse des Organempfängers der Tod des ohnehin nicht mehr zu rettenden Spenders möglichst frühzeitig anzunehmen wäre".[86]

Die makabre Absurdität dieser Erwägungen folgt nicht etwa daraus, daß dies „doch zu kaum absehbaren Folgen führen" müßte, weshalb die Vollversammlung des Europarates ihnen in einer Resolution „zu Recht" entgegengetreten sei[87]. Schon die Tatsache, daß bei der Festsetzung („anzusetzen", „anzunehmen") des Zeitpunkts des Todeseintritts „Interessen" ernstlich erörtert und einander gegenübergestellt werden, ist verfehlt[88]. Daß insoweit nicht „der Wunsch der Vater des Gedankens"

---

83 Vgl. z.B. *Funck*, Der Todeszeitpunkt als Rechtsbegriff (Fn. 15). Vgl. ferner z.B. *Freund/ Heubel*, Der menschliche Körper als Rechtsbegriff, in: MedR 1995, 194 ff.

84 Es würde den Rahmen des Beitrages sprengen, die grundlegenden methodischen Einwände zusammenzufassen, die sich gegen diese „teleologische" Vorgehensweise ergeben. Gerade der vorliegende Zusammenhang beweist, zu welchen abwegigen Ergebnissen diese „Methode" führt.

85 Vgl. oben, Fn. 17 bis 20.

86 *Eser*, in: *Schönke/Schröder* (Fn. 18), Vorbem. zu §§ 211 ff. Rdn. 16 f.

87 *Eser*, in: *Schönke/Schröder* (Fn. 18), Vorbem. zu §§ 211 ff. Rdn. 17.

88 Wenn man dies tut, müßte man ehrlicherweise auch die finanziellen Interessen der Beteiligten, das Forschungsinteresse der Mediziner, die Interessen der Versicherungen, der Krankenhausträger, der Hersteller der benötigten medizinischen Apparate u.v.a.m. einbeziehen.

sein kann, sollte keiner näheren Begründung bedürfen. Die Unsterblichkeit wäre andernfalls kein Problem mehr.

18. Die Behauptung, der „Hirntod" sei der Tod des Menschen, ist wissenschaftlich letztlich nicht redlich. Sie wird aufgestellt, um die Zulässigkeit von Organentnahmen für Transplantationen einfacher begründen zu können. Noch einmal *Hans Jonas* zum Fall des „Erlanger Babys":

> „Durch die Nachricht von der Totgeburt ... - paradoxerweise - war die Leichnamsthese wirksamer widerlegt als durch alle Lebenszeichen zugunsten des Fötus und des Fortgangs der Schwangerschaft. Daß es ein 'Leichnam' sein soll, der da ein Fieber entwickelt, wenn einem darin eingeschlossenen Organismus etwas schiefgeht, und daß es der Uterus einer 'Toten' sei, der dann die Kontraktionen vollführt, die das nun tote Kind ausstoßen - das ist doch ein offenbarer verbaler Unfug, ein semantischer Willkürakt im Dienste eines offenen Zweckes".[89]

> „Damit löst sich das Rätsel, warum Du und Eure ganze Gruppe so lautstark betontet, Marion P. sei schon ganz und gar tot. Für Eure Entscheidung, das Kind austragen zu lassen, und ihre öffentliche Vertretung war das ganz unnötig, eher hinderlich. Aber Euer so seltener Fall einer gehirntoten Schwangeren durfte nicht dem so viel häufigeren und in so großer ärztlicher und öffentlicher Gunst stehenden Fall des gehirntoten Organspenders zu widerstreiten scheinen. Hier wie dort daher: tot, tot. Doch dies geht nicht. Du kannst nicht auf beiden Stühlen sitzen, wie es Dir beliebt. Du hast auf einen hirntot-lebenden Mutterleib gesetzt, um das Kind zu retten. Daß Du ihn 'tot' nanntest", gibt „Dir ... nicht das Recht ... , andere solche 'Tote', noch beatmet, als Organbank zu benutzen".[90]

Auch *Joachim Kardinal Meisner*, Erzbischof von Köln, wies auf die teleologische Verfälschung der zu klärenden Sachfragen hin:

> „Auch von Transplantationsmedizinern wird inzwischen kaum geleugnet, daß das Hirntodkriterium die Argumentation für die Organtransplantation erleichtert und darum aufrechterhalten werden sollte. Doch auch wenn angesichts der Not von Menschen, die dringend auf Organe warten, solches Zweckdenken ehrenwert ist, so muß die Frage, was der Tod des Menschen ist, ohne jedes 'um zu' beantwortet werden".[91]

19. Soweit andere Zwecke verfolgt werden, ist man sofort zur gegenteiligen Beurteilung bereit:

> „'Wenn die Entscheidung über Tod und Leben eines Menschen nur am Gehirn festgemacht wird, ...dann müßte es doch ein vollkommenes Tabu sein, aus dem Gehirn Gewebe zu entnehmen, um es anderen Personen einzupflanzen'. Genau damit aber haben die Neurologen ... begonnen. 1987 implantierte erstmals ein *Arzt* in Mexiko-Stadt Hirngewebe abgetriebener Feten ins Gehirn eines Patienten mit der Parkinson-Krankheit".[92]

---

89 *Hans Jonas* (Fn. 7), S. 23.

90 *Hans Jonas* (Fn. 7), S. 25.

91 *Meisner* (Fn. 3). - Vgl. auch ders., PEK-Pressedienst, Erklärung Nr. 316 vom 27.9.1996: „Die Identifikation des Hirntods mit dem Tod des Menschen ist aus christlicher Sicht beim derzeitigen Stand der Debatte nicht mehr vertretbar. Der Mensch darf nicht auf seine Hirnfunktionen reduziert werden. ... Alle Überlegungen zur Organspende haben daher davon auszugehen, daß ein Mensch, bei dem nach den Regeln der ärztlichen Kunst nur der Hirntod festgestellt wurde, noch lebt".

92 „Der Spiegel" ([Fn. 61], S. 216.) unter Hinweis auf den Bonner Neurologen *Detlef Linke*: „In der Hirntransplantation sieht *Linke* das deutlichste Beispiel dafür, wie schnell die Mediziner bereit seien, ihre Definition des Hirntodes über Bord zu werfen, wenn es nur dem Fortschritt der Transplantationsmedizin diene".

„Mit der Transplantation von Nervengewebe haben die Ärzte bewiesen, daß sie selbst davor nicht zurückschrecken, auch dasjenige Organ zu transplantieren, das sie mit der Hirntoddefinition zur Verkörperung von Identität, Person und Leben erklärt hatten".[93]

20. Wenn der Hirntote tatsächlich tot wäre, hätte dies zahllose juristische Konsequenzen, die bezeichnenderweise nicht gezogen werden. Es müßte ein Totenschein ausgestellt werden, der als Todeszeitpunkt den Eintritt des „Hirntodes" nennt.[94] Der Erbfall wäre mit Eintritt des „Hirntodes" gegeben. Eine Krankenschwester, die aus Mitleid die Maschinen abstellt, ein Pfleger, der des „hirntoten" Patienten überdrüssig ist, oder irgendein beliebiger Dritter, der die Beatmung beendet, könnten strafrechtlich nicht wegen eines Tötungsdelikts, sondern nur wegen Sachbeschädigung (Zerstörung der Transplantate) belangt werden[95]. Ärztliche Leistungen könnten nicht mehr honoriert, geleistete Zahlungen von den Krankenkassen nicht erstattet werden.

21. Die Festlegung des Todeszeitpunkts auf den „Hirntod" beruht wesentlich auf dem meist nicht ausgesprochenen Argument, daß der betreffende Mensch („irreversibel") doch ohnehin nichts mehr spüre.[96] Dies ist zum einen Spekulation[97]. Zum anderen liegt diese Bedingung u.U. auch bei Menschen vor, die im Koma liegen[98], und die wohl vor allem deshalb nicht als Organspender einbezogen werden, weil man sich über die Irreversibilität dieser Fälle zuweilen gründlich geirrt hat[99]. Fehldiagnosen ändern aber nichts an der bestehenden Sachlage. Bei *konsequenter* Durchführung dieses Ansatzes ergäbe sich in der Tat, daß der Tod bereits dann eingetreten wäre, wenn eine „irreversible Bewußtlosigkeit" vorliegt.[100]

22. Die Konsequenzen einer Gleichsetzung von „Hirntod" und Tod sind daher gefährlich: Läßt man sich darauf ein, einen Todgeweihten aus Zweckmäßigkeitserwägungen[101] für tot zu erklären, gibt es kein objektives Merkmal mehr, das man

93 „Der Spiegel" (Fn. 38), S. 239.

94 Die in Erlangen ausgestellte Todesbescheinigung weist den „08.10.1992" (Eintritt des „Hirntodes"), also nicht erst den 16.11.1992 (Abstellen der Maschinen) als Todeszeitpunkt aus (Todesart: „nicht natürlicher Tod"). Wieso konnte dann vom AG Erlangen (Beschluß vom 16.10.1992 - XVII 1556/92) nach „§ 1896 BGB analog" eine vorläufige Betreuerin für die Mutter bestellt werden, „ungeachtet der Tatsache, daß die Betroffene tot im Sinne des Gesetzes ist" ?

95 Das bloße Abstellen der Maschinen erfüllt nicht den Tatbestand des § 168 StGB.

96 Dies legen jedenfalls Sätze wie der folgende nahe: „Ein funktionierendes Gehirn ist eine notwendige Bedingung von Bewußtseinserlebnissen und -tätigkeiten" (*Birnbacher* [Fn. 45], S. 36.). Das wird von niemandem bestritten. Bei nüchterner Analyse gilt das aber ebenso für Herz- und Lungenfunktionen. Warum also die Betonung der Hirnfunktionen und die Hervorhebung von „Bewußtseinserlebnissen und -tätigkeiten" ? Sachlich wird damit unter der Hand der Gegenstand ausgetauscht: Es geht um den Begriff Leben, nicht um (bewußtes) Erleben.

97 Vgl. *Wellendorf*, „Der Zweck heiligt die Mittel?" (in: *Hoff/in der Schmitten* [Fn.3], S. 391): „Da sich kein Mensch mit einem zerstörten Großhirn mitteilen kann, wissen wir nichts über die mögliche intrapsychische Existenz solcher Personen. Wir können weder sagen, was sie erleben, noch, was sie nicht erleben".

98 Vgl. aber *Birnbacher* ([Fn. 45], S. 33 f.): „Ein Mensch im irreversiblen Koma ist nicht tot, mag er auch die Fähigkeit zu bewußtem Erleben und willentlicher Verhaltenssteuerung unwiederbringlich verloren haben".

99 Vgl. dazu auch „Der Spiegel" ([Fn. 61]), der zu dem Vorschlag, auch Apalliker könnten für tot erklärt werden (Fn. 70) feststellt: „Einziges Problem: Bislang läßt sich medizinisch nicht vorhersehen, ob ein Apalliker sein Bewußtsein wiedererlangt".

100 *Dencker* (Fn.15). Die von *Dencker* weiter genannte Bedingung, daß die Bewußtlosigkeit aufgrund „irreversibler schwerer Hirnschädigung" „zum 'alsbaldigen' (...) Stillstand aller Hirntätigkeit führen wird", ist eine inkonsequente Konzession an den von ihm abgelehnten Hirntod. - Die Auffassung *Denckers* wird von der bisher „herrschenden Meinung" ausschließlich aus pragmatischen Erwägungen abgelehnt. Vor allem wird auf die sich bei einer solchen Regelung ergebenden Zweifelsfälle und die Unsicherheit jeder Prognose hingewiesen (*Joerden* [Fn. 15]).

101 Vgl. dazu zum einen oben, D II Ziff. 17, S. 300 f. Ferner z.B. *Wellendorf* ([Fn. 97], S. 384): „Die Transplantationsmedizin basiert auf einer Zweckdefinition". „Der Spiegel" (Fn. 61): „Sie würden schlicht zu Tode definiert, weil die Ärzte nicht den Mut aufbrächten, zuzugeben, daß sie

immer weitergehenden Vorverlagerungen des angeblichen Todeseintritts entgegenhalten könnte.

III. Zwischenergebnis

Der „Hirntod" ist nicht der Tod des Menschen.[102] Eine irreparable Schädigung ist nicht schon der Tod. Der „Hirntod" ist nicht einmal ein Sonderfall des Scheintodes[103]: „Die Hirntoddefinition hat noch lebende Menschen zu Toten erklärt, um ihnen Organe entnehmen zu können".[104]

Diese Tatsache hat man wissenschaftlich zur Kenntnis zu nehmen, ob sie einem gefällt oder nicht.[105]

Es bleibt daher „zu wünschen, daß nicht der verhängnisvolle Versuch unternommen wird, die inzwischen unhaltbar gewordene Identifikation des Hirntods mit dem Tod des Menschen einfach gesetzlich zu dekretieren".[106]

E. Das weitgehende Einvernehmen über die dennoch bestehende rechtliche Möglichkeit von Organtransplantationen

Ungeachtet der zunehmend akzeptierten Feststellung, daß im Falle des „Hirntodes" Organe einem noch lebenden Menschen entnommen werden, wird überwiegend befürwortet, dies rechtlich auch in Zukunft zu ermöglichen.

Die wenigen rigorosen Gegenstimmen stammen vor allem von Philosophen. *Hans Jonas* meinte etwa:

> „Keiner ... darf hinfort dafür sein, einem Gehirntoten unter Beatmung, also 'bei lebendigem Leibe' Organe zu entnehmen. Nicht einmal bei vorheriger Einwilligung des Betreffenden. ... Darf ein Arzt jemandem auf Verlangen - etwa weil er sich davon ein besseres Fortkommen als Bettler verspricht - ein gesundes Bein amputieren ? Darf er einem Hochherzigen (oder auch Lebensmüden), der sein Leben für das eines anderen hingeben will, das Herz zu rettender Transplantierung herausschneiden ? Gewiß beides nicht: Standesethik und (ich glaube) auch das Strafrecht verbieten beides, Verstümmelung und Tötung."[107]

Organspender bei lebendigem Leibe zerschneiden", „Tötung per Definition", „willkürliche Setzung einer Profession", „empirisch und logisch falsch". Vgl. auch *Geilen* (zit. nach *Hoff/in der Schmitten*, in: „Süddeutsche Zeitung" vom 12.11.1994 [Fn.62]): „Etikettenschwindel".

102 Diese Auffassung habe ich bereits im Mai 1993 in einer Podiumsdiskussion in Göttingen („Das Erlanger Baby - Grenzfall für Medizin und Recht") vertreten. Mit diesem damals „völlig neuen Aspekt" stand ich „allerdings ziemlich allein" und löste nur „allgemeines Erstaunen" aus (ASJ ratio legis Nr. 2 vom Juli 1993, S. 8 f.).

103 Vgl. z.B. „Der Spiegel"(Fn. 38): Sie sind „unheimlich, diese warmen, durchbluteten Toten". „Für den Pfleger ist der vom Brust- bis zum Schambein geöffnete Leib nicht von dem eines Lebenden zu unterscheiden".

104 *Wellendorf* (Fn. 97).

105 Vgl. unten, K, S.314 f.

106 *Kardinal Meisner* (Fn. 3). - Eine solche Festlegung ist im übrigen ganz abgesehen von ihrer sachlichen Unrichtigkeit nicht nur überflüssig, sondern methodisch verfehlt: Wissenschaftlich umstrittene Fragen lassen sich nicht kraft Gesetzes beantworten. Der Gesetzgeber hat insoweit weder Sachkompetenz noch Autorität. Der Inhalt eines Gesetzes ist von seiner Begründung zu trennen. Warum die Organentnahme bei „Hirntoten" zulässig ist, ist daher eine sekundäre Frage. Der Versuch, den „Hirntod" dennoch gesetzlich festzulegen und ihm damit den falschen Schein der Gesichertheit zu verleihen, ist ein Anzeichen für die Schwäche dieser Position. Im übrigen ist zu beachten, daß der „Hirntod" ja keineswegs generell als „Todeszeitpunkt" fixiert werden soll (mit allen oben, D II Ziff. 20, S. 302 angedeuteten Konsequenzen), sondern eben nur für Organentnahmen. Es kann daher nicht um den Todes-, sondern nur um den Entnahmezeitpunkt gehen.

107 *Hans Jonas* (Fn. 7), S. 24.

Hoff/in der Schmitten, die die Diskussion über den „Hirntod" in der Bundesrepublik maßgeblich beeinflußt haben, stellen demgegenüber etwa fest:

> „Ein allgemeines Verbot der Organtransplantation, um dem Prinzip des Tötungsverbots die Treue zu halten, erscheint uns heute weder durchsetzbar noch erstrebenswert". [108]

Auch die Gesetzentwürfe, die den „Hirntod" als „Todeskriterium" ablehnen, akzeptieren ihn als „Entnahmekriterium" und halten eine Organspende - bei Einwilligung des Spenders - übereinstimmend für rechtmäßig.[109]

Die Begründungen, mit denen versucht wird, dieses weitgehend unstreitige Ergebnis mit Rechtsprechung und Schrifttum zur Tötung auf Verlangen und zur Einwilligung in Einklang zu bringen, bereiten allerdings erhebliches Kopfzerbrechen.

F. Die Tatbestandsmäßigkeit von Organentnahmen nach §§ 212, 216 StGB

Aus der Tatsache, daß ein „Hirntoter" noch lebt, nach der Organentnahme aber tot ist, folgt zwingend, daß er durch die Explantation getötet worden ist. Daraus ergibt sich unmittelbar die weitere Konsequenz, daß die zum Tode führende Organentnahme bei einem bisher nur „Hirntoten" eine tatbestandsmäßige Tötung ist. Dennoch wird versucht, diese Konsequenz zu umgehen. Die bereits merkwürdig verschlungen formulierte Frage, „ob dann, wenn der Hirntod nicht der Tod des Menschen ist, Organspende möglich bleibt, *ohne daß dann getötet wird*"[110], wird mit der noch verschlungeneren Feststellung beantwortet, „hierzu" habe „die wissenschaftliche Debatte überzeugende Ergebnisse erbracht, die es erlauben, diese Frage zu bejahen".[111] In der Sache geht es dabei um drei (unterschiedlich betonte, vorsorglich meist nebeneinander aufgestellte) Behauptungen:

- Da der Transplanteur nicht die Pflicht hatte, den „Hirntoten" künstlich zu beatmen, könne er die Maschinen auch jederzeit wieder abstellen.
- Ungeachtet der Tatsache, daß der Organspender noch lebe, sei die Organentnahme keine tatbestandsmäßige Tötung, weil das Leben des „Hirntoten" bis zur Entnahme durch die künstliche Beatmung sogar verlängert werde.
- Die Organentnahme werde nicht vom „Schutzzweck" des § 216 StGB erfaßt.

Jedes dieser Argumente erweist sich bei näherer Analyse schnell als juristischer Taschenspielertrick.

I. Verneinung einer Tötung (durch Unterlassen) wegen Fehlens einer Garantenstellung ?

Die Feststellung, bei einem „Hirntoten" seien die beteiligten Ärzte nicht verpflichtet, die einmal eingeleitete künstliche Beatmung fortzusetzen, hat mit dem vorliegenden Zusammenhang nicht das Geringste zu tun. Vielmehr wird auf diese Weise verdeckt, daß es nicht um einen bloßen Behandlungsabbruch, sondern um eine

---

108 *Hoff/in der Schmitten* (Fn. 6), S. 229.

109 Vgl. oben, C, S. 291. Vgl. ferner z.B. *Tröndle* („Frankfurter Allgemeine Zeitung" vom 17.5.1997, S. 12: „Der Organspender muß einwilligen"): Es könne „dem potentiellen Spender ... nicht verwehrt sein, aus altruistischen Motiven Organe zu spenden".

110 *Kardinal Meisner* (Fn. 3).

111 *Kardinal Meisner* (Fn. 3).

Tötung durch Explantation von Organen geht. Es ist daher eine grobe Verfälschung der Tatsachen, die Entnahme der Organe (also die Tötungshandlung) als Unterlassung (keine Fortsetzung der Beatmung) zu deklarieren, damit der operierende Arzt aufgrund des Fehlens einer sog. Garantenstellung (Handlungspflicht) alle gewünschten Freiheiten habe. Es geht nicht um ein *Abschalten* einer Maschine, sondern um das Aufsägen des Brustkorbs und das Aufschneiden von Bindegewebe; der Tod tritt anschließend infolge der Perfusion, d.h. durch künstliche Durchströmung der zu transplantierenden Organe mit einer eisgekühlten Lösung ein. Es werden also Maschinen *angestellt*, um auf diese Weise den Tod herbeizuführen. Diese Tatsachen können nicht zu einem sanften natürlichen Ablauf gemacht werden. Daß man den Tod *auch* durch das bloße Abstellen der Beatmungsgeräte hätte herbeiführen können, ist ein hypothetischer Verlauf, auf den es juristisch anerkanntermaßen nicht ankommt.

II. Ausschluß einer Tötung wegen der infolge der künstlichen Beatmung eintretenden Lebensverlängerung ?

In der Begründung des Gesetzentwurfs der Abgeordneten *von Klaeden* u.a.[112] wird die Auffassung vertreten, die Entnahme von Organen eines „Hirntoten“ führe „zu einer bloßen Modifikation des Sterbevorgangs“: „Es kommt nicht zu einer Lebensverkürzung, sondern zu einer Sterbensverlängerung“.[113] Diese feinen Unterscheidungen ändern aber nichts daran, daß der „Hirntote“ vor der Entnahme lebt, nachher dagegen nicht mehr.[114] Die genannte Ansicht würde dazu führen, daß jeder Arzt, der das Leben eines vom Tode bedrohten Menschen verlängert, damit das Recht erlangt, mit diesem Menschen anschließend nach Belieben zu verfahren. Ein juristisches Argument für diese These wird sich schwerlich finden lassen.[115]

III. Teleologische Einschränkung des „Schutzbereichs der Norm“ ?

Zwar nicht das Vorliegen einer Tötung, wohl aber deren Tatbestandsmäßigkeit wird schließlich durch Hinweise auf den „Schutzzweck der Norm“ verneint: Während es nach dem einen der Gesetzentwürfe jedenfalls „fraglich“ erscheint, „ob man Organtransplantationen überhaupt in den Schutzbereich des § 216 StGB einbeziehen“ könne[116], ist diese Frage nach Ansicht der Fraktion Bündnis 90/Die Grünen zu verneinen: „Die Vorschrift des § 216 StGB, die auf den Schutz vor Voreiligkeit“ ziele, erfasse „bereits von ihrem Normzweck her nicht die Fälle der Einwilligung in eine Organentnahme nach einer Hirntoddiagnose“.[117]

Auch hier liegt auf der Hand, daß mit der juristischen „Wurst nach der Speckseite“, dem gewünschten Ergebnis, geworfen wird. Wenn § 216 StGB nur „auf den

112 Vgl. oben, B, S. 291 Fn. 22.
113 Antrag von *Klaeden* u.a. (Fn. 22), S. 3.
114 Die Verfasser des Gesetzentwurfs äußern selbst Zweifel an der von ihnen erwogenen Möglichkeit, daß „der verfassungsrechtliche Schutzbereich des Rechts auf Leben hierdurch überhaupt nicht tangiert wird“ ([Fn. 22], S. 3).
115 Ebenso *H. L. Schreiber* in der öffentlichen Anhörung des Gesundheitsausschusses des Deutschen Bundestags (Fn. 48), Protokoll S. 31:„nicht akzeptables juristisches Kunststückchen“: „Das alles reimt sich nicht zusammen“. - Die Verlängerung des Lebens des „Hirntoten“ ist im übrigen bei Fehlen einer Einwilligung rechtswidrig, weil sie medizinisch nicht indiziert ist und damit nicht durch Geschäftsführung ohne Auftrag gerechtfertigt sein kann. Erst aufgrund der Einwilligung des Betroffenen entsteht das Recht zu einer solchen Maßnahme.
116 Antrag von *Klaeden* u.a. (Fn. 22), S. 3.
117 Gesetzentwurf (Fn. 30), S. 13.

Schutz vor Voreiligkeit zielt", fiele jedes Tötungsverlangen, das nach langer und ernsthafter Beratung geäußert wird, nicht unter den „Schutzzweck der Norm" und wäre daher nicht tatbestandsmäßig. Von einem „voreiligen" Verlangen ist in § 216 StGB aber nicht die Rede. Die zitierten Ausführungen sind ein eindrucksvoller Beweis dafür, daß der „Schutzbereich der Norm" eine frei behauptbare juristische Fiktion ist, die von ihrem Urheber je nach Bedarf in die Debatte geworfen wird: Ist die sich aus dem Gesetzeswortlaut ergebende Strafbarkeit im Ergebnis erwünscht, fällt das jeweilige Verhalten unter den „Schutzzweck der Norm", andernfalls nicht. Die Gebundenheit der Gerichte an das Gesetz (Art. 20 Abs.3 GG) steht bei diesem Vorgehen nur noch auf dem Papier.

Alle genannten Erwägungen scheitern darüber hinaus daran, daß in den wenigsten Fällen ein „ausdrückliches Verlangen" des Spenders vorliegt. In 95% der Fälle muß man sich wie bereits erwähnt[118] mit Befragungen der Angehörigen behelfen, um jedenfalls auf irgendeine Zustimmung verweisen zu können. Von einem *„ausdrücklichen Verlangen", getötet zu werden*, kann jedenfalls in diesen Fällen[119] keine Rede sein. Dann aber ist der Straftatbestand, um den es geht, nicht § 216 StGB (Tötung auf Verlangen), sondern § 212 StGB (Totschlag). Dessen „Schutzbereich" läßt allerdings erst recht keine „Hintertürchen" offen, durch die sich bestimmte Tötungen ausnehmen ließen.[120]

IV. Zwischenergebnis

Die Auffassung, die Entnahme der Organe eines *lebenden* Menschen sei keine Tötung, obwohl dieser durch die Entnahme zu Tode kommt, ist ein banaler Widerspruch. Für die Behauptung, die Tötung eines Menschen werde vom „Schutzzweck" der §§ 211 ff. StGB nicht erfaßt, gilt angesichts des Gesetzeswortlauts („töten") dasselbe. Einem *lebenden* Menschen *lebenswichtige* Organe zu entnehmen, *ohne ihn zu töten*, ist eine zirkusreife Nummer, bei der man sich nur fragt, warum sie nur bei „Hirntoten" funktioniert, die als Organspender in Betracht kommen. Da steckt offensichtlich ein Trick dahinter ...

Bei dem Bemühen, unbedingt eine Begründung für das angestrebte Ergebnis zu finden, wird übrigens übersehen, daß nach allen dabei angestellten Erwägungen eine Einwilligung des Betroffenen in die Organentnahme konsequenterweise nicht mehr

---

118 Vgl. oben, Fn. 12.

119 Selbst die übliche Wendung in Organspendeausweisen: „Ich bin Organspender für Transplantationen" und die Bitte: „Informieren Sie das nächste Transplantationszentrum" (Faltblatt des Arbeitskreises Organspende e.V.) enthalten zwar eine Einwilligung, aber kein „ausdrückliches Verlangen". Dem Gesetzeswortlaut nach erfordert dieses eine ausdrücklich erklärte Aufforderung, durch die der Täter i.S.d. § 26 StGB zu einer Tat „bestimmt" worden ist, zu der er von sich aus nicht entschlossen war, also „mehr" als ein bloßes Einverständnis des Getöteten (vgl. RGSt 68, 306). Rechtsprechung und Schrifttum sind zwar insoweit zu Konzessionen bereit (vgl. die Nachw. bei *Eser*, in: *Schönke/Schröder* [Fn. 18], § 216 Rdn. 5 ff.). Es jedoch ausreichen zu lassen, daß der Täter (wie im Fall der Organtransplantation) „zwar bereits zur Tat entschlossen ist, jedoch die Ausführung noch von der Zustimmung eines anderen abhängt... und der Täter ohne diese Zustimmung nicht handeln würde" (*Eser*, aaO, Rdn. 5), ist mit dem Wortlaut des § 216 StGB nicht zu vereinbaren. Hinzu kommt ohnehin, daß die Erklärung in den Organspendeausweisen nur „im Falle meines Todes" gelten soll, was ein „ausdrückliches Verlangen", erst noch getötet zu werden, ausschließt. Vgl. dazu im übrigen unten, J I b, S. 313.

120 Bundesgesundheitsminister *Seehofer* hat erklärt (vgl. „Welt am Sonntag" vom 12.1.1997, Fn. 10), sein Entwurf schreibe „lediglich das fest, was ohnehin seit Jahrzehnten in Deutschland und den meisten Staaten praktiziert werde". Wenn seine Zahlen zutreffen, begehen die operierenden Ärzte in 95 % aller Fälle einen tatbestandsmäßigen und rechtswidrigen Totschlag. Ihre Strafbarkeit scheitert allenfalls an dem (vermeidbaren !) Irrtum, daß ihr Verhalten gerechtfertigt sei. Die Staatsanwaltschaften sind insoweit nach § 152 Abs.2 StPO zum Einschreiten verpflichtet.

erforderlich wäre: Wenn schon keine tatbestandsmäßige Tötung (durch Handeln oder Unterlassen) vorläge, wäre der Täter unabhängig davon straflos, ob das Opfer in die Tat eingewilligt hat oder nicht.

Es führt daher kein Weg an der (beinahe tautologischen) Feststellung vorbei, daß eine Organentnahme, die den Tod des Betroffenen herbeiführt, eine tatbestandsmäßige Tötung eines lebenden Menschen ist. Auf die Ziele, die mit ihr angestrebt werden, kommt es dafür nicht an.

Die Frage kann daher nur lauten, ob die bei einer Organtransplantation tatbestandsmäßig vorliegende Tötung[121] aufgrund des Vorliegens eines besonderen Rechtfertigungsgrunds (ausnahmsweise) rechtmäßig ist.

G. Die rechtliche Beurteilung der Organentnahme bei Zugrundelegung der Rechtsprechung und Literatur zu den Rechtfertigungsgründen

I. Keine Rechtfertigung bei fehlendem Widerspruch !

In der Diskussion über das zu schaffende Transplantationsgesetz wurde lange Zeit angestrebt, eine Organentnahme schon dann für rechtmäßig zu erklären, wenn

- der „Hirntote" ihr zu Lebzeiten nicht widersprochen habe, weil dann „einer Organentnahme von Rechts wegen nichts entgegen"stehe[122] (sog. Widerspruchslösung), jedenfalls aber dann, wenn
- den „Sachwaltern des letzten Willens" des „Hirntoten" ein „Hinweis auf die beabsichtigte Explantation" gegeben werde, „mit der Möglichkeit, innerhalb einer angemessenen Frist den Widerspruch zu erklären"[123] (sog. Informationslösung).

Der in Rheinland-Pfalz unternommene Versuch, die Widerspruchslösung gesetzlich festzulegen[124], mußte aufgrund der heftigen Proteste[125] wieder aufgegeben werden[126]. Auch die als scheinbarer „Kompromiß" zwischen „Zustimmungs-" und „Widerspruchslösung" empfohlene „Informationslösung" steht nicht mehr zur Debatte. Juristisch hätten diese Lösungen bei Beachtung der allgemeinen Lehren zu den Rechtfertigungsgründen keinen Bestand haben können:

Beide Auffassungen stimmen darin überein, daß derjenige zum Organ"spender" gemacht wird (schon der Gebrauch dieses Wortes ist bei dieser „Lösung" ausge-

---

121 Soweit (z.B. bei einer Nierenspende durch einen gesunden Menschen) die Organentnahme nicht zum Tod des Spenders führt, liegt eine tatbestandsmäßige Körperverletzung vor, für die insoweit nichts anderes gilt.

122 *Kern*, Zum Entwurf eines Transplantationsgesetzes (der Länder ?), in: MedR 1994, 389, 391.

123 *Lührs*, Überlegungen zur einheitlichen Kodifikation des Transplantationswesens, in: ZRP 1992, 302, 305.

124 Transplantationsgesetz vom 23.6.1994. Vgl. „Süddeutsche Zeitung" vom 14.7.1994: „Mainz erleichtert Organ-Entnahme".

125 Vgl. z.B. „Die Welt" vom 15.7.1994: „*Seehofer* kritisiert rheinland-pfälzisches Organ-Gesetz"; „Süddeutsche Zeitung" vom 16.7.1994 („Gehört der Leib der Gesellschaft ?) und vom 23. 7.1994 („Mainzer CDU klagt gegen Organentnahme"); „Frankfurter Rundschau vom 16.7.1994: „Gesetz zur Organentnahme löst Kritik und Verwunderung aus".

126 Das vom Landtag beschlossene und vom Ministerpräsidenten unterzeichnete Transplantationsgesetz (Fn.124) wurde zunächst ausgesetzt (vgl. „Süddeutsche Zeitung vom 20.7.1994: „Mainz setzt umstrittenes Transplantationsgesetz aus"; „Die Welt" vom 27.7.1994: „Organ-Gesetz: SPD in Mainz lenkt ein"), dann verschoben, um „Druck auf Bonn aus(zu)üben" (vgl. „Süddeutsche Zeitung" vom 3.8.1994: „Organgesetz wird auf Eis gelegt"), schließlich einstimmig aufgehoben (vgl. „Süddeutsche Zeitung" vom 26.8.1997: „Landtag hebt Organgesetz auf", „Mainzer SPD-Fraktion bittet Bürger um Entschuldigung", „Grüne: Koalition hat Brisanz des Themas verkannt")

schlossen), der dies *nicht* rechtzeitig durch (eigenen) Widerspruch (oder den seiner Angehörigen) *verhindert*. Die Auffassung, bei Fehlen eines solchen Widerspruchs stehe der Explantation rechtlich „nichts" entgegen (weil ja keine Erklärung vorliege), ist eine grundlegende Verkennung der juristischen Zusammenhänge: Das *Nicht*vorliegen eines Widerspruchs, also nichts, kann nicht der dogmatisch erforderliche Rechtfertigungsgrund, also der (notwendig „positiv" vorhandene) Grund für das ausnahmsweise gegebene Recht zu einer Beeinträchtigung fremder Rechte sein. Mit derselben Berechtigung ließe sich jede andere Körperverletzung und Tötung, aber auch jede Unterschlagung, Untreue oder Sachbeschädigung „rechtfertigen", wenn der Berechtigte es versäumt hat, ihr rechtzeitig zu widersprechen. Ob es ausreicht, daß der Widerspruch der Angehörigen fehlt, oder ob der Widerspruch des Betroffenen fehlen müsse, ist schon aus logischen Gründen eine groteske Streitfrage. Beide „Lösungen" sind ein Beleg dafür, daß vielfach nicht nach einer juristisch tragfähigen Lösung gesucht, sondern rein pragmatisch eine Erhöhung der Zahl der Spenderorgane angestrebt wird.

II. Keine Rechtfertigung durch Notstand !

Eine Rechtfertigung der Organentnahme nach § 34 StGB ist - unabhängig von der generellen Problematik dieser Bestimmung - bei einem „Hirntoten" wie bei einem Lebenden schon deshalb ausgeschlossen, weil ein Notstand anerkanntermaßen nicht das Recht begründet, einen Menschen zu töten, um einen oder mehrere andere Menschen zu retten.[127] „Quantitative Gesichtspunkte"[128] (Rettung *mehrerer* Organempfänger) sind bei Anwendung des § 34 StGB ebenso ausgeschlossen wie qualitative Erwägungen (Verkürzung eines „'vom Tod gezeichneten, unrettbar verlorenen' Menschenlebens ... zur Rettung eines anderen")[129].

III. Keine Rechtfertigung durch Einwilligung !

Eine Einwilligung in die eigene Tötung wird in Rechtsprechung und Schrifttum unter Hinweis auf § 216 StGB nahezu einhellig für unwirksam gehalten[130]. Das eigene Leben sei der Verfügbarkeit des Einzelnen entzogen[131]; ihm fehle daher die für eine Einwilligung erforderliche Dispositionsbefugnis.

IV. Keine Rechtfertigung durch mutmaßliche Einwilligung !

Die heute gängige Praxis, sich mit einer Auskunft bzw. Zustimmung der Angehörigen zu begnügen, ist bei Zugrundelegung der Auffassungen zur Einwilligung erst recht kein gangbarer Weg: Wenn nicht einmal der Betroffene selbst das Recht hat, in die Organentnahme einzuwilligen, kann die Zustimmung der Angehörigen nicht mehr als der Versuch sein, wenigstens den Anschein der objektiv nicht gegebenen Rechtmäßigkeit zu wahren.

---

127 Wenn *Geilen* (zit. nach *Hoff/in der Schmitten*, „Süddeutsche Zeitung" vom 12.11.1994 [Fn. 62]) feststellt, man könne sich auf „ein Stück Notstandsdenken" berufen, räumt er ein, daß eine Rechtfertigung durch Notstand nicht vorliegt.
128 *Lenckner*, in: *Schönke/Schröder* (Fn. 18), § 34 Rdn. 23 a.E.
129 *Lackner/Kühl* (Fn. 14), § 34 Rdn. 7 a.E. m.w.Nachw.
130 Vgl. z.B. *Lackner/Kühl* (Fn. 14), Vor § 32 Rdn. 14 m.w.Nachw.
131 Vgl. z.B. *Eser*, in: *Schönke/Schröder* (Fn. 18), § 216 Rdn.13 m.w.Nachw.

V. Zwischenergebnis

Bei Zugrundelegung der in Rechtsprechung und Schrifttum vertretenen Auffassungen ist die Entnahme von Organen „Hirntoter" *rechtswidrig - selbst wenn sie eingewilligt haben oder die Entnahme ihrem wirklichen bzw. mutmaßlichen Willen entspricht.* Man steht daher vor einer einfachen Alternative: Entweder man akzeptiert dieses Ergebnis und schließt wie *Jonas* jede zum Tod des Organspenders führende Transplantation aus, oder man revidiert die der heutigen Praxis entgegenstehenden allgemeinen Lehren. Ein Drittes gibt es nicht.

H. Die Unhaltbarkeit der Einwände gegen eine Rechtfertigung der Organentnahme durch Einwilligung

I. Ausschluß jeder Einwilligung durch § 216 StGB ?

Die in Rechtsprechung und Schrifttum vertretenen Auffassungen werden vor allem auf die These gestützt, § 216 StGB enthalte „eine für *die gesamte Rechtsordnung verbindliche* Einwilligungssperre ... gegenüber aktiver Fremdtötung" [132]. Danach wäre eine Einwilligung in eine Tötung ausnahmslos ausgeschlossen: Wenn selbst eine Tötung auf ausdrückliches und ernsthaftes Verlangen strafbar ist, kann eine schlichte Einwilligung in eine Tötung erst recht keine rechtfertigende Wirkung haben (argumentum a maiore ad minus).[133]

In Wahrheit handelt es sich bei dieser Begründung um einen klassischen Zirkelschluß, weil § 216 StGB sachlich *voraussetzt,* daß die Tat *rechtswidrig,* die Einwilligung in die Tötung also *kein Rechtfertigungsgrund* ist. Ist eine solche Einwilligung dagegen *wirksam möglich,* ist in § 216 StGB - rechtsstaats- und damit verfassungswidrig - *rechtmäßiges* Verhalten strafbar. Der Ausschluß der Einwilligung kann daher nicht mit § 216 StGB *begründet* werden. Zwar schließen diese Strafbestimmung und die rechtliche Möglichkeit einer Einwilligung in die Tötung einander aus[134] - welche die sachlich richtige Lösung ist, ist jedoch offen. Die durch Hinweis auf bestehende gesetzliche Regelungen nicht zu umgehende Kernfrage lautet: Ist eine Einwilligung in die Tötung uneingeschränkt oder unter bestimmten Bedingungen möglich (so daß § 216 StGB keinen Bestand haben kann) oder sind dem Einzelnen Verfügungen über das eigene Leben ganz oder teilweise entzogen (mit der Konsequenz, daß der Staat einen Straftatbestand wie § 216 StGB schaffen kann) ?

II. Das Scheitern der für § 216 StGB gegebenen Begründungen im Falle der Organentnahme

Begründungen, mit denen versucht wird, die in § 216 StGB getroffene Bestimmung gegen die sie erhobenen Einwände[135] abzusichern, halten jedenfalls bei der Entnahme von Organen „Hirntoter" einer Überprüfung nicht stand:

132 *Eser,* in: *Schönke/Schröder* (Fn. 18), § 216 Rdn. 13.

133 *Tröndle* (Fn. 39), § 216 Rdn. 2; RGSt 68, 307.

134 Die von *Rixen* (Todesbegriff, Lebensgrundrecht und Transplantationsgesetz, in: ZRP 1995, 461, 462) befürwortete Regelung, § 216 StGB bei medizinischen Organverpflanzungen für „unanwendbar" zu erklären, ist nicht mehr als der Versuch einer spezialgesetzlichen Kaschierung des Problems.

135 Vgl. insbesondere *Schmitt,* Strafrechtlicher Schutz des Opfers vor sich selbst ?, in: Festschrift für *Maurach,* Karlsruhe 1972, S. 113, 117; ders., Euthanasie aus der Sicht der Juristen, in: JZ 1979, 462; ferner z.B. *Marx,* Zur Definition des Begriffs „Rechtsgut", Köln u.a. 1972, S. 64, 82.

a) Entgegenstehende „allgemeine Interessen" ?

Die Auffassung, eine Einwilligung in die eigene Tötung sei deshalb ausgeschlossen, „weil allgemeine Interessen berührt sind"[136], ist bei der Organentnahme für Transplantationen eine eindeutige Verdrehung der Tatsachen: Der „Bedarf" an Spenderorganen, die Not zahlloser Kranker, die dringend auf ein Transplantat angewiesen sind, die beschwörenden Aufrufe zu Organspenden - alles das kann man in jeder Tageszeitung nachlesen. Nimmt man die „allgemeinen Interessen" zum Maßstab, kann dies nur dazu führen, die - ja zu Gunsten anderer erteilte - Einwilligung des Berechtigten in die Organentnahme zu akzeptieren.

b) Zulässige „Tabuisierung" ?

Die Auffassung, die durch § 216 StGB festgelegte ausnahmslose „Unverfügbarkeit des Lebens" lasse sich „aus Tabuisierungsgründen"[137] halten, bedeutet - ganz abgesehen von der fehlerhaften Vermengung von Recht und Moral - im Fall der Organentnahme, daß ein Verhalten „tabuisiert" wird, das ethisch ganz überwiegend befürwortet wird. Für ein „Tabu" ist also bei Zugrundelegung dieser Auffassungen (denen man offenbar folgt !) kein Grund ersichtlich[138]. Vielmehr ergibt sich bei konsequentem Durchdenken, daß man vernünftigerweise nicht versuchen kann, eine Einwilligung in die Organentnahme nach Kräften *zu fördern* (und das ist ein übereinstimmendes Anliegen aller vorliegenden Entwürfe eines Transplantationsgesetzes) und sie gleichzeitig juristisch für unwirksam zu erklären. Daß man auf diese Weise den Anschein eines strikten „Tötungsverbots" wahren will, ändert nichts an der Schizophrenie, die Erforderlichkeit einer Einwilligung vorzusehen, die man für „tabu" hält.

c) Zulässige „Mißbrauchsabwehr" ?

Auch die Auffassung, § 216 StGB lasse sich zur „Mißbrauchsabwehr"[139] halten, erweist sich schnell als fadenscheinig: Die dem zu schaffenden Transplantationsgesetz entsprechende Organentnahme ist doch wohl gerade nicht „mißbräuchlich" (sonst müßte man das Vorhaben ehrlicherweise sofort aufgeben). Das Bestreben, *andere („mißbräuchliche")* Verhaltensweisen (z.B. die Organentnahme *ohne* eine Einwilligung) zu verhindern, kann aber nicht dazu führen, auch das *nicht „mißbräuchliche"* Verhalten der Einfachheit halber ebenfalls zu unterbinden. In der Konsequenz dieser Auffassung läge es, medizinische Eingriffe (z.B. zur Vermeidung von Kunstfehlern oder ärztlich nicht indizierter Behandlungen) generell zu untersagen. Um rechtswidrige Handlungen zu verhindern, gibt es eine Fülle anderer Möglichkeiten, die eine derartige staatliche Allmacht ausschließen. Die Entwürfe zum Transplantationsgesetz sehen detaillierte Bestimmungen vor, wie die Organentnahme durchzuführen und das einzuhaltende Verfahren zu gewährleisten ist. Auf diese Weise läßt sich auch das Vorliegen einer wirksamen Einwilligung sicherstellen. Auch die

---

136 *Lackner/Kühl* (Fn. 14), Vor § 32 Rdn. 14 unter Hinweis auf BGH NJW 1992, 250 m.w.Nachw.
137 *Eser*, in: *Schönke/Schröder* (Fn. 18), § 216 Rdn. 13 m.w.Nachw.
138 Diese allgemeine Einschätzung ist deshalb von Bedeutung, weil sie im Widerspruch zu den genannten Auffassungen steht. Juristisch kommt es auf diese ethischen Erwägungen nicht an.
139 *Eser*, in: *Schönke/Schröder* (Fn. 18), § 216 Rdn. 13 m.w.Nachw.

„Mißbrauchsabwehr" ist daher keine Begründung für einen Ausschluß der Einwilligung in eine Organentnahme.

d) „Unverzichtbarkeit des Lebens" ?

Die These, daß das Leben „als höchstes Rechtsgut überhaupt" „unverzichtbar" sei[140], ist nur eine Behauptung, aber keine Begründung des gewünschten Ergebnisses. Ihr steht entgegen, daß die Selbsttötung und die Beihilfe zur Selbsttötung nicht strafbar sind. Religiöse Glaubensgebote und moralische Überzeugungen ändern an dieser eindeutigen Rechtslage nichts.

Die behauptete „Unverzichtbarkeit" führt im Ergebnis dazu, dem Berechtigten das angebliche „Individualrechtsgut" Leben zu entziehen und es in die Hände des Staates zu verlegen, der es vor dem angeblich Berechtigten „schützt". Es ist inkonsequent, diese Verdrehung in ein „staatliches Rechtsgut" auf das „höchste Rechtsgut" zu beschränken. In der Konsequenz der genannten Auffassungen liegt vielmehr der totale Staat, der seine Bürger (im strengen juristischen Sinne) bevormundet, ihnen also jede eigene rechtliche Entscheidungszuständigkeit nimmt.

Rechtsprechung und Schrifttum halten die angebliche „Unverzichtbarkeit des Lebens" im übrigen in anderen Zusammenhängen keineswegs durch, so daß nicht einzusehen ist, weshalb man bei der Organentnahme daran festhält:

> „Eine Einschränkung des Verbots aktiver Tötung auf Verlangen wird schon akzeptiert, wo man Ärzten zugesteht, bei schwersten Schmerzzuständen Morphium in einer Dosis zu verabreichen, die am Ende den Sterbeprozeß beschleunigt".[141]

Wenn beispielsweise befürwortet wird, einen bei vollem Bewußtsein leidenden Menschen auf dessen Wunsch hin erlösen zu dürfen[142] oder eine durch „Maximalmedizin"[143] erreichbare Lebensverlängerung nicht „um jeden Preis"[144] für rechtlich geboten zu erklären, gibt es keinen Grund, sich im Falle eines Ausfalls sämtlicher Gehirnfunktionen plötzlich wieder anders zu entscheiden. Die gemachten Ausnahmen bedeuten vielmehr, daß eine Einwilligungs*möglichkeit bejaht wird,* mag auch um deren Umfang noch gestritten werden.

Ginge man ernstlich von der uneingeschränkten „Unverzichtbarkeit des Lebens" aus, müßte ein Mensch gegen seinen Willen und den Willen aller Beteiligter so lange am Leben erhalten werden, wie es irgend geht. Dies würde beispielsweise zu der absurden Konsequenz führen, daß sämtliche „Hirntoten" so lange künstlich beatmet werden müßten, bis sie aus Altersgründen sterben.[145] Die technische Möglichkeit, selbst einen „Hirntoten" am Leben zu erhalten, zwingt daher dazu, die bisheri-

---

140 *Schroeder*, Beihilfe zum Selbstmord und Tötung auf Verlangen, in: ZStW 106, 565, 573.

141 *Hoff/in der Schmitten* (Fn. 6).

142 *Otto* (Fn. 13), § 6 II 4 c, S. 36 m. zahlr. Nachw. in Fn. 29.

143 Vgl. z.B. „Die Welt" vom 23.9.1992: „Die 'Maximalmedizin' stößt an ihre Grenzen". Ferner „Die Welt" vom 17.8.1993: „Wo beginnt, wo endet die Menschlichkeit in der Medizin?"

144 Vgl. „Süddeutsche Zeitung" vom 25.1.1997: „Der Tod ist kein Todfeind": 74 Prozent der Ärzte wären „zum Widerstand" bereit, aber „aus Angst vor kritischen Rückfragen, aus Hilflosigkeit und aus der Vorstellung heraus, Leben retten zu müssen, halten sie fest an der Maximaltherapie, der Lebenserhaltung um jeden Preis".

145 Die Frage der Dauer dieser Maßnahme liegt nach hier vertretener Auffassung ausschließlich in der Entscheidung des Berechtigten: Er kann zum einen mit dem Arzt vereinbaren, daß er z. B. in der Hoffnung auf neuartige medizinische Behandlungsmethoden so lange an die entsprechenden Apparate angeschlossen bleibt, bis sich die Herz-Kreislauf-Tätigkeit auch maschinell nicht mehr

gen, ohnehin fragwürdigen Auffassungen *zumindest einzuschränken, diese Fälle auszunehmen* und zu prüfen, welche *generellen Konsequenzen* sich hieraus ergeben.

III. Zwischenergebnis

Die heutigen Auffassungen müssen wegen Fehlens der erforderlichen Begründung, vor allem jedoch aufgrund ihrer Widersprüchlichkeit aufgegeben werden: Man kann nicht gleichzeitig (in einem Transplantationsgesetz) eine Einwilligung *verlangen*, sie aber (im Strafgesetzbuch) für *unwirksam* erklären. *Wenn* der Ausschluß der Einwilligung in eine Tötung rechtlich *ausnahmslos* unwirksam ist, liegt trotz Einwilligung unausweichlich eine Straftat, und zwar regelmäßig ein Totschlag (§ 212 StGB) vor. Dann kommt es auf das *Vorliegen* einer Einwilligung nicht an.

J. Eigene Auffassung

I. Rechtfertigung durch Einwilligung

Die Tatbestandserfordernisse einer Einwilligung, die juristische Begründung ihrer rechtfertigenden Wirkung, deren (ausnahmsweiser) Ausschluß und die sich daraus ergebenden weitreichenden Konsequenzen (für die §§ 216, 226 a StGB, für die praktische Relevanz der Abgrenzung von Beihilfe zur Selbsttötung und Fremdtötung auf Verlangen, für die rechtliche Beurteilung insbesondere der sog. aktiven Sterbehilfe u.v.a.m.) bedürfen nach den bisherigen Ergebnissen einer grundlegenden Revision. Für die im vorliegenden Beitrag allein zu beantwortende Frage, ob eine Organentnahme im Fall des „vollständigen und irreversiblen" Ausfalls der Gehirnfunktionen rechtmäßig ist, wenn der Betroffene zuvor in sie eingewilligt hat, ergibt sich:

a) Die Einwilligungsbefugnis des Betroffenen

In Rechtsprechung und Schrifttum ist (zu Recht) in Wahrheit kaum jemand ernstlich bereit, einen Sterbenden zu zwingen, vorher noch alle Möglichkeiten der modernen Medizin über sich ergehen zu lassen. Juristisch stellt sich vielmehr die bisher weitestgehend verdrängte Frage, mit welchem Recht man in vielen Fällen das Leben eines todkranken Menschen gegen dessen Willen verlängert. Auch hierfür liefert § 216 StGB allenfalls ein Scheinargument.

Der Entscheidung, ob Organe entnommen werden, kann man nicht ausweichen. Selbst wenn sie darin besteht, auf die Explantation zu verzichten, wird damit eine (weitreichende) Entscheidung gefällt. Wer soll diese Entscheidung treffen, wenn nicht der von ihr unmittelbar Betroffene ? Die Gegenauffassung führt notwendig zu der Konsequenz, daß der Staat, die Kirche, die behandelnden Ärzte, die Angehörigen oder andere Personen dem Rechtsinhaber ihre Entscheidung aufoktroyieren.

---

aufrecht erhalten läßt. Er kann sich (oder, um Kosten zu sparen, jedenfalls seinen Kopf) , wie z.B. in Amerika praktiziert, nach Eintritt des Todes in der Hoffnung auf ein durch Fortschritte in der Medizin erreichbares „ewiges Leben" einfrieren lassen (vgl. „Süddeutsche Zeitung"-Magazin, Nr. 23 vom 9.6.1995, S.22 ff.). Er kann aber ebenso bestimmen, daß derartige Maßnahmen zu unterbleiben haben und er selbst bei bestehenden Heilungschancen nicht einmal künstlich beatmet wird oder eine Bluttransfusion erhält.

Rechtlich kommt nur in Betracht, daß die Entscheidung über die Organentnahme *allein* Sache des Betroffenen[146] ist. Nur der Berechtigte kann in sie einwilligen - und nur die von ihm getroffene Entscheidung rechtfertigt die Organentnahme durch die Transplanteure.[147]

b) Der erforderliche Inhalt der Einwilligungserklärung

Ein durch eine Einwilligung begründetes Recht zur Organentnahme besteht nur, soweit es durch den Inhalt der Einwilligungserklärung begründet worden ist. Erklärt der Organspender - wie in den heute üblichen Organspendeausweisen vorgesehen - die Einwilligung „für den Fall seines Todes", berechtigt dies nicht zu einer Organentnahme schon bei Eintritt des „Hirntodes". Die formulierte Bedingung ist im Zeitpunkt des „Hirntodes", wie festgestellt, noch nicht eingetreten. Der Eintritt des Todes wird gerade nicht abgewartet. Auf die Organentnahme zu Lebzeiten bezieht sich die Einwilligung aber ihrem eindeutigen Wortlaut nach nicht.

Die heutigen Einwilligungserklärungen rechtfertigen daher nur Organentnahmen *nach Eintritt des Todes*, was wie erwähnt aus medizinischen Gründen zu einer Beschränkung auf die Entnahme von Hornhäuten, Gehörknöchelchen und einigen anderen Gewebeteilen führt. Um Transplantationen von Herzen, Nieren, Lebern und anderen Organen durchführen zu können, müssen die heute üblichen Einwilligungserklärungen in den Organspendeausweisen grundlegend neu gefaßt werden.[148]

II. Keine „mutmaßliche Einwilligung"

Eine „mutmaßliche" Einwilligung rechtfertigt die Organentnahme nicht, weil das in Rechtsprechung und Schrifttum zutreffend betonte Erfordernis einer Einwilligungs*erklärung vor* der Tat damit hinfällig würde. Soweit nicht Geschäftsführung ohne Auftrag vorliegt, sondern der Täter - wie bei der Organentnahme - nicht im Interesse des Berechtigten, sondern im eigenen Interesse bzw. im Interesse eines Dritten handelt, können Mutmaßungen über die Reaktion des Berechtigten die Tat nicht rechtfertigen.[149] Daß die Erteilung der Einwilligung „mit Sicherheit" zu „erwarten" gewesen wäre, kann bei Erforderlichkeit einer „Mutmaßung" gerade nicht angenommen werden.

---

146 Sämtliche Gremien (Experten-Kommissionen, Ethik-Boards u.ä.), die in derartigen Fällen konsultiert werden, sind daher unzuständig. Beispielsweise die Schaffung einer „zentralen Ethik-Kommission" im Heilberufsgesetz von 1995 für das Land Hessen (vgl. „Oberhessische Presse" vom 7.9.1996: „Ersatzteillager Embryo" - Ein Fall für Ethiker in Kommissionen") ändert daran nichts. Die Entscheidung derartiger Kommissionen hat strafrechtlich ebensowenig Bedeutung wie die irgendeines unbeteiligten Dritten.

147 Vgl. *Tröndle* (Fn. 109): „Für medizinische Eingriffe bei Lebenden ist die Einwilligung höchstpersönlich zu erteilen. Schon hieraus folgt, daß bei einem (möglicherweise) noch Lebenden ohne eine höchstpersönliche Einwilligung des zuvor umfassend aufgeklärten Spenders eine Organentnahme von vornherein ausscheidet".

148 Ebenso *Hoff/in der Schmitten* („Süddeutsche Zeitung" [Fn. 62]): „Organspendeausweise werden in Zukunft nur aussagekräftig sein, wenn die Zustimmung zu einem Organopfer in dem Bewußtsein gegeben wurde, daß die Explantation einen Eingriff in das eigene Sterben bedeutet".

149 Ebenso *Schmidhäuser*, Allg.T., 2. Aufl. Tübingen 1975, S. 318. Zu der in Rechtsprechung und Schrifttum überwiegend vertretenen Gegenauffassung vgl. z.B. *Jescheck/Weigend*, Lehrbuch des Strafrechts, Allgemeiner Teil, 5. Aufl. Berlin 1996, § 34 VII 1 b, S. 386 ff.

III. Keine Einwilligung durch Angehörige

Da die Einwilligung in eine Tötung sich auf das Recht auf Leben, als ein personenrechtliches Verhältnis bezieht, ist (ganz abgesehen vom Fehlen der erforderlichen Vertretungsmacht) eine Stellvertretung ausgeschlossen, auch die durch Angehörige. Das Angehörigenverhältnis begründet kein Verfügungsrecht über den andern[150]. Die Entscheidung von Angehörigen „ausreichen" zu lassen, bedeutet, die Entscheidung des Berechtigten, keinen Organspendeausweis bei sich zu tragen, zu mißachten. Zu seiner Entscheidungsfreiheit gehört auch, die Entscheidung zu verdrängen und damit im Ergebnis gegen die Organentnahme zu treffen[151].

Auch Konstruktionen, die darauf hinauslaufen, daß die Erklärung der Angehörigen eine (von einem Boten überbrachte) mündliche Einwilligungserklärung des Betroffenen sei, scheitern am Fehlen der erforderlichen Botenmacht. Eine Stellungnahme der Angehörigen für eine „mutmaßliche" Entscheidung des Betroffenen heranzuziehen, scheitert an der juristischen Unhaltbarkeit dieser scheinbaren Rechtfertigung und ist auch nicht redlich: Wenn es nur um eine verläßliche Auskunft über die vom Berechtigten getroffene Entscheidung ginge, wäre die Beschränkung auf Angehörige verfehlt, weil diese Auskunft glaubhaft auch z.B. von einer Haushälterin, einem Pfarrer oder einem Freund gegeben werden kann. In Wahrheit wissen in diesen Fällen alle Beteiligten, daß der Berechtigte die von interessierten Dritten *gewünschte* Entscheidung *nicht* getroffen hat und Spekulationen über seine „Einstellung" zur Organspende diese Entscheidung nicht „ersetzen" können.

IV. Keine Rechtfertigung durch Geschäftsführung ohne Auftrag

Da die Organentnahme keine Heilbehandlung, sondern eine (für den Berechtigten nachteilige) Maßnahme zur Ermöglichung der Organtransplantation im *fremden* Interesse ist, scheidet auch eine Rechtfertigung durch Geschäftsführung ohne Auftrag regelmäßig aus. Daß die Tat dem „Interesse des Geschäftsherrn mit Rücksicht auf dessen wirklichen oder mutmaßlichen Willen" entspricht (§ 677 BGB), kommt allenfalls dann in Betracht, wenn der „Hirntote" sich zu einer Organspende entschlossen hatte (und z.B. mit dieser Erklärung um Übersendung eines Vordrucks für einen Organspendeausweis gebeten hatte und nur auf dessen Zugang wartete). Andernfalls kann den Umständen nach nicht angenommen werden, daß er, wenn er zu einer Entscheidung in der Lage wäre, seine Einwilligung erteilen würde.

K. Absicherung des Ergebnisses

Die hier vertretene Auffassung wird auf emotionale Ablehnung stoßen. „Ärzte töten nicht!" empörte sich ein medizinischer Sachverständiger in einer Anhörung vor dem Deutschen Bundestag.[152] Die Wirksamkeit einer Einwilligung in eine Tötung

150 Dies dürfte selbst dann gelten, wenn der Angehörige (z. B. bei Minderjährigen oder als Vormund) sorgeberechtigt ist. Auf die damit zusammenhängenden Fragen kann hier nicht eingegangen werden.

151 So im Erg. zutreffend der Antrag von *Klaeden* u.a. (Fn.22), S. 2: „Erfolgt eine ausdrückliche Erklärung nicht, gilt dies als Ablehnung". Vgl. aber *Schmidt-Jortzig* und von *Klaeden* („Frankfurter Allgemeine Zeitung" vom 13.5.1995), S. 15: „Leichen bekommen kein Fieber"; „Bild" vom 20.5.1997, S.1: „Angabe über Organspende wird Pflicht"): „Sich einer Entscheidung zu stellen, ob man Organe spenden will, ist eine Bürgerpflicht ... Das sollte bei der Beantragung oder Verlängerung des Personalausweises geschehen oder im Führerschein vermerkt werden".

152 „Der Spiegel" (Fn. 38). - Vgl. auch *Havenich* („Die Zeit" vom 25.4.1997: „Die Medizin und der Hirntod"): „Mein Berufsverständnis erlaubt es mir nicht, einem Lebenden Organe zu entnehmen".

wird als „ein unerträglicher Zustand"[153] empfunden. „Die 'enge Zustimmungslösung' opfert uns" erklären demgegenüber beispielsweise Dialysepatienten in einer Zeitungsanzeige[154]. Vor allem wird eingewandt werden, daß mit der hier vertretenen Auffassung der Transplantationsmedizin ein schwerer Rückschlag versetzt werde, weil sich unter diesen Voraussetzungen noch weniger Menschen als bisher zu einer Organspende bereit finden werden.[155]

Derartige Äußerungen lenken von den Sachfragen ab, um die es geht:

Es mag zutreffen, daß die Beurteilung der Organentnahme als tatbestandsmäßige Tötung und die deshalb notwendige Änderung des Wortlauts der Organspendeausweise dazu führen werden, daß die Zahl der zur Verfügung stehenden Transplantate noch drastischer zurückgeht, als dies in den letzten Jahren infolge der Diskussionen über den „Hirntod" ohnehin geschehen ist.[156] Es liegt nahe, daß weit weniger Leute bereit sind, in eine Entnahme ihrer Organe zu Lebzeiten einzuwilligen als „nach meinem Tod". Ein juristisch tragfähiges Argument läßt sich daraus nicht ableiten. Man kann sich rechtlich gerade nicht über die insoweit offensichtlich bestehenden Bedenken hinwegsetzen und die fehlende Einwilligungsbereitschaft ignorieren. Will man die potentiellen Spender etwa bewußt im Unklaren lassen, worin sie einwilligen (weil diese andernfalls die Einwilligung versagen) ? Ein solches Verhalten käme einem Betrug zumindest nahe.[157]

Welche allgemeinen Konsequenzen (z.B. für die Sterbehilfe, die Tötung auf Verlangen u.ä.) aus der Wirksamkeit einer Einwilligung in die Organentnahme zu ziehen sind, muß juristisch geklärt werden. Es ist wissenschaftlich unzulässig, die rechtliche Beurteilung der Organtransplantation mit dem Hinweis auf ähnliche, aber *andere* Probleme in *anderen* Fällen anzugreifen.

Wenn es nicht gelingt, eine „ausreichend" große Zahl von Spendern davon zu überzeugen, daß es richtig sei, in eine Organentnahme einzuwilligen, hat man dies zu akzeptieren. In dieser Situation mag man erwägen, der Weitergabe der Organe nur an solche Empfänger zuzustimmen, die sich ihrerseits zu einer Organspende bereiterklärt haben. Die Auffassung, einer solchen Regelung stehe entgegen, daß man damit anderen Personen wegen ihres früheren Verhaltens eine mögliche ärztliche Hilfe verweigere, trifft nicht zu: Wenn die Spender nur in eine Transplantation an einen bestimmten Personenkreis eingewilligt haben, ist jede andere Verwendung ihrer Organe rechtlich ausgeschlossen, also unmöglich, so daß die betroffenen Ärzte Dritten gegenüber gerade nicht zur Hilfe verpflichtet sind.

---

153 LG Ravensburg NStZ 1987, 329

154 „Süddeutsche Zeitung" vom 22.2.1997: „Offener Brief an die Patienten auf den deutschen Wartelisten zur Organtransplantation".

155 „Welt am Sonntag" vom 12.1.1997 (Fn. 10): „Sofern sich aber die Befürworter der 'engen Zustimmungslösung' durchsetzen, so befürchtet *Seehofer*, werde der Rückgang an Spenden eher noch beschleunigt".

156 Vgl. z.B. „Die Welt" vom 23 1.1993 („Tausende warten auf Organe - die Zahl der Spender sinkt"), vom 28.1.1994 („Rückgang bei Organspenden in Deutschland") und vom 9.4.1994 („Weniger Organspenden durch Verunsicherung"); „Welt am Sonntag" vom 30.4.1995: „Über Organspende wird nicht gern gesprochen... - Organspendebereitschaft rückläufig").

157 Vgl. *Wellendorf* ([Fn. 97], S.391): „Ich könnte mir selber diesen Hirntod nur als einen Zustand vorstellen, für den Menschen vor seinem Eintritt bewußt verfügen können, ob sie bereit sind, ihrem Leben ein Ende machen zu lassen und Organe zu spenden, obwohl sie nicht wissen, ob auch in diesem Zustand wichtige Prozesse laufen, die mit der Explantation unterbrochen werden, und obwohl sie nicht wissen, ob diese nicht doch noch als bedrohlich, ja vernichtend erlebt werden".

Es ist juristisch abwegig, auf die bestehende „Nachfrage“[158] zu verweisen und aus ihr die Notwendigkeit herzuleiten, ein adäquates „Angebot“ zu schaffen. Angebot und Nachfrage sind wirtschaftswissenschaftliche Begriffe, so daß man bei diesem Ansatz nur über den erzielbaren Umsatz und Gewinn, nicht aber über die Entscheidung der betroffenen Organspender reden kann. Jeder Versuch, durch Mißachtung dieser Entscheidungen mehr „Spendermaterial“ zu bekommen, ist juristisch verfehlt[159].

Die Entscheidung, ob man Organe spendet, transplantiert oder sich implantieren läßt, ist eine persönliche Entscheidung jedes Einzelnen, der daran mitwirkt. Sie steht rechtlich allein ihm selbst zu. Fällt die Entscheidung *für* eine Transplantation, handeln bei Einwilligung des Spenders alle Beteiligten *rechtmäßig*. Sie handeln ebenfalls rechtmäßig, wenn sie sich aufgrund der Erkenntnis, daß es sich um eine *Tötung* handelt, *gegen* eine Transplantation entscheiden. Man hat die Entscheidung aller Beteiligten zu respektieren und rechtlich zu akzeptieren, wie sie auch ausfällt, unabhängig davon, ob sie einem selbst gefällt oder ob man sie für falsch hält, selbst also in der hypothetischen Situation des Berechtigten anders entschieden hätte.

L. Zusammenfassung

Organentnahmen für Transplantationen sind nicht strafbar, wenn der Berechtigte vor der Entnahme (eindeutig) in sie eingewilligt hat. Eine Organentnahme ohne Einwilligung ist nach § 212 StGB (Totschlag) strafbar. Eine Einwilligung durch Angehörige oder durch andere Personen ist wirkungslos. Diese juristischen Gegebenheiten lassen sich für Organtransplantationen nicht außer Kraft setzen, ohne das System des Strafgesetzbuchs und das gesamte Rechtssystem einzureißen.

158 Vgl. z.B. „Süddeutsche Zeitung“ vom 5.8.1994 („Spendeorgane werden knapp“) und vom 13.8.1994: „Vorbehalte gegen Organspende aufgeben - Bedarf nur zur Hälfte gedeckt“); vgl. ferner „Die Welt“ vom 8.12.1993 („Immer weniger Organspender? - Im Jahr 2000 fehlen 20.000 Nieren“) und vom 12.1.1994 („Immer weniger Spenderherzen - Nachfrage steigt zu schnell - In vier Jahren ist Chance gleich Null“). Vgl. auch „Der Spiegel“ (Fn. 61), S. 215: „Schon heute ist die Diskussion um das Transplantationsgesetz unverhohlen von dem Bemühen bestimmt, neue Organressourcen zu erschließen. Und der medizinische Fortschritt wird die Schere zwischen Organangebot und Organnachfrage immer weiter auseinanderklaffen lassen“. „Gleichzeitig stockt der Organnachschub. Helm- und Gurtpflicht ließen die Zahl der Unfalltoten schrumpfen, Airbag und Seitenaufprallschutz verstärkten den Trend“.

159 Vgl. *Tröndle* (Fn. 109): „Daß die enge Zustimmungslösung den Organbedarf der Transplantationsmedizin möglicherweise nicht befriedigen wird, rechtfertigt den Verzicht auf die höchstpersönliche Einwilligung des Spenders nicht“.

Die ärztliche Leichenschau in Recht und Ethik

Wolfgang Mattig

Definition: Ärztliche Leichenschau ist die Untersuchung eines verstorbenen Menschen durch einen Arzt, der den gesamten Körper des entkleideten Menschen besichtigt. Der die ärztliche Leichenschau durchführende Arzt heißt unabhängig von seiner Fachrichtung Leichenschauarzt.

Aufgabe: Die Leichenschau hat folgende Aufgaben:

- Feststellung des Todes
- Feststellung der Todeszeit
- Feststellung der Todesart
- Feststellung der Todesursache

Sie dient als Unterlage

- zur Ausstellung standesamtlicher Dokumente
- zur Ausstellung des Bestattungsscheins
- für Ermittlungen der Staatsanwaltschaft bei Tod unter verdächtigen Umständen
- zur Aufstellung der Todesursachenstatistik

Rechtsgrundlage: Die Leichenschaugesetzgebung unterliegt der Länderhoheit. Auch das Reichsgesetz über die Feuerbestattung vom 15. 5. 1934, welches nach Inkrafttreten des Grundgesetzes gemäß Art. 123 Abs. 1 GG als Landesrecht weiter galt, ist inzwischen in verschiedenen Ländern neu geregelt. Die Unterschiede in den einzelnen Bundesländern sind zum Teil beträchtlich. Gemeinsamkeit besteht in der grundsätzlichen Qualifizierung der Leichenschau als ärztliche Pflicht.

In Brandenburg gilt gemäß Einigungsvertrag vom 31. 8. 1990, Kap. III, Art. 8, Abs. 1 die Anordnung über die ärztliche Leichenschau vom 4. 12. 1978 (Gbl. I 1979 S. 4) als Landesrecht. Auf dessen Grundlage wurde unter Aufhebung der das Totenscheinformular und seine Ausfüllung regelnden Anweisung zur ärztlichen Leichenschau vom 4. 12. 1978 (VuM MfG Nr. 11 S. 101) durch Runderlaß der Ministerin für Arbeit, Soziales, Gesundheit und Frauen vom 9. 1. 1995 die Anwendung einheitlicher Formulare für die Dokumentation der Leichenschau im Land Brandenburg festgelegt. Zu den amtlichen Formularen gehören ein nicht-vertraulicher (1 Blatt) und ein vertraulicher Teil (4 Blätter), ein Obduktionsschein (2 Blätter) sowie eine vorläufige Bescheinigung über die Feststellung des Todes (2 Blätter).

Soweit die Anordnung über die ärztliche Leichenschau Leichenöffnungen zur Vervollständigung der Leichenschauergebnisse betrifft, ist sie wegen Unvereinbarkeit mit dem Grundgesetz außer Kraft gesetzt worden. Gegenwärtig wird an einer Novellierung der entsprechenden gesetzlichen Grundlagen für Brandenburg gearbeitet. Aus den Bestimmungen ergeben sich folgende ärztliche Pflichten:

- unverzügliche Besichtigung und Untersuchung jeder menschlichen Leiche (Leichenschau)
- bei Verhinderung eines im Dienst befindlichen Arztes Veranlassung der Leichenschau durch einen Kollegen
- nach der Leichenschau unverzügliche Ausstellung des Totenscheins

Ärzte im Rettungsdiensteinsatz dürfen sich auf die vorläufige Bescheinigung über die Feststellung des Todes beschränken, müssen jedoch weitere Maßnahmen zur Erstellung des endgültigen Totenscheins veranlassen.

- Durchführung der Leichenschau auch bei Totgeborenen ab 500 g Geburtsgewicht
- unverzügliche Benachrichtigung des Gesundheitsamts über den Verdacht auf übertragbare Krankheiten
- unverzügliche Benachrichtigung und Übergabe des Totenscheins an die zuständige Polizeidienststelle bei
  - Anhalt für nichtnatürlichen Tod
  - nicht aufgeklärter Todesart
  - unbekanntem Toten
- auf Verlangen Auskunftserteilung vorbehandelnder Ärzte gegenüber dem Leichenschauarzt
- Angabe von Warnhinweisen zu Herzschrittmacherträgern, Infektionsgefahr und sonstigem (z. B. meldepflichtiger Vergiftung gem. § 16e ChemG)

Ziel: Zweckbestimmungen der ärztlichen Leichenschau sind

- die Verhütung irrtümlicher Todesfeststellungen (sog. Scheintod),
- epidemiologische Analysen
- gesundheitspolitische Folgerungen
- Aufdeckung strafbarer Handlungen
- Rechtsinteressen der Allgemeinheit
- Personenstandsordnung

Durchführung: Die Leichenschau ist ein „Akt hoher ärztlicher Verantwortung“[1]. Viele Ärzte betrachten ihre Aufgabe mit Todeseintritt des Patienten als abgeschlossen. Das ist nicht richtig. Der Tod beendet zwar die menschliche Existenz, jedoch nicht die ärztliche Fürsorgepflicht gegenüber dem Patienten. Vielmehr begleitet ihn der Arzt mit der Leichenschau über den Tod hinaus. Der Arzt soll die sorgfältige Leichenschau als seinen letzten Dienst am Patienten betrachten.

Da Sterben ein prozeßhafter Vorgang ist, welcher eine unterschiedlich lange Phase zwischen Leben und Tod der Menschen einnimmt, ist der Zeitpunkt des Todeseintritts mitunter schwer faßbar und bedarf höchster Sorgfalt im Untersuchungsablauf. Dabei soll an dieser Stelle nicht die praktischen Zwängen entwachsene Definition des Hirntods als Individualtod diskutiert werden, der bekanntlich am Anfang einer langen Partialtodesreihe anderer Organe und Gewebe stehen kann, ehe nach Tagen oder Wochen mit Absterben der letzten Körperzelle der totale Tod eintritt (supravitale Phase).

Allerdings geht es auch bei der Leichenschau um die Grenze zwischen reversibel und irreversibel eingestellten Lebensprozessen des Individuums, um die Abgrenzung einer Vita reducta, Vita minima, eines „klinischen Todes“ vom Tod des Individuums, der auch bei der alltäglichen Leichenschau keineswegs identisch mit dem totalen Zelltod ist. Es wäre abstrus, den Endpunkt der Partialtodesreihe für den Individualtodeszeitpunkt abzuwarten, weil dies regelmäßig nur am fäulnisveränderten Leichnam möglich ist.

Die Gefahr einer Verkennung scheinbar erloschener Lebensvorgänge mit dem Todeseintritt ist bei Beobachtung sicherer Todeszeichen ausgeschlossen. Dazu gehören außer Dekompositionszeichen wie Fäulnis und Verwesung, anderen späten

---

1 *Leopold D, Hunger H*: Die ärztliche Leichenschau. *Johann Ambrosius Barth*, Leipzig 1987

Leichenveränderungen wie Mumifikation und Fettwachsbildung sowie mit dem Leben unvereinbaren Verletzungen nur Totenflecke und Totenstarre. Ansonsten kann der Todeseintritt nur mit hohem apparativ-personellen Aufwand festgestellt werden, was auf Ausnahmefälle (z. B. vor geplanten Organ- oder Gewebeexplantationen) beschränkt bleiben dürfte, zumal die Wartezeit bis zum Eintreten der ersten Totenflecke lediglich 20 bis 30 Minuten beträgt.

Nachlässigkeiten in der Todesdiagnostik können zum gefürchteten Scheintod, der Todesdokumentation gegenüber einem noch lebenden Menschen, führen. In der Tagespresse kolportierte Meldungen überhöhen das einzelne Versagen als gesellschaftliches Problem, früher patentierte technische Abwehrmittel erwiesen sich als untauglich. Tatsächlich wird der Rechtsmediziner im Laufe eines Berufslebens mit einzelnen derartigen Zwischenfällen konfrontiert.[2]

So stellten Ende der 60er Jahre Sektionsgehilfen beim Einladen einer sogenannten Verkehrsunfall-Leiche Atmung und bei näherer Untersuchung Herztätigkeit fest. Sie lieferten die Schwerverletzte mit ihrem Fahrzeug in eine Klinik ein, in der die Betroffene nach einigen Tagen tatsächlich den zuvor auf dem Totenschein dokumentierten Verletzungen erlag. Mitte der 80er Jahre brach ein Knabe ins Eis ein, wurde bald geborgen und ärztlich untersucht. Der Junge war pulslos, der Arzt stellte den Totenschein aus. Der Vater wollte sich jedoch mit dem Tod seines Sohnes nicht abfinden und unternahm verzweifelte Wiederbelebungsversuche, welche -vom Arzt fortgesetzt- schließlich zum bleibenden Erfolg führten.

Im Sommer 1988 wurde ein junger Mann, der betrunken die Bahngleise entlang lief, von einem Zug erfaßt und verletzt. Er befand sich in Bauchlage unter dem 6. Wagen. Der zugezogene Notarzt untersuchte den Betroffenen in unveränderter Lage und stellte den Tod fest. Keiner von den Zeugen konnte später Angaben zu Art und Umfang der Untersuchung machen. Etwa 2 Stunden nach dem Unfall wurde der Zug weggezogen, und jetzt entnahm der Leichenschauarzt aus der Ellenbeugenvene eine Blutprobe zur Alkoholbestimmung. Die Probe ergab 2,8 ‰. Die Leiche wurde am folgenden Tag obduziert. Die dabei entnommene Blutprobe wies eine Konzentration von 1,8 ‰ auf. Paralleluntersuchungen beider Proben bestätigten die Differenz. Die Diskrepanz erklärt sich nur durch eine Überlebenszeit des Betroffenen von mindestens 5 Stunden nach der sogenannten Leichenschau. Allerdings war die Überlebenschance des Verletzten auch bei Diagnose der Vita minima gering.

In allen drei Fällen wurden die (vermeintlichen) Leichenschauärzte disziplinarisch belangt. Ethisch steht hier das Imstichlassen des Patienten in seiner schwersten Stunde im Vordergrund. Es kann zu vermeidbaren Schmerzen, fürchterlichem Schreck, wenn man -wie in einem anderen Fall- im Leichenkühlraum aufwacht oder direkt zum Tode (z. B. durch Unterkühlung) führen. Auch die Verantwortung gegenüber den Hinterbliebenen ist ethisch zu berücksichtigen. Für diese stirbt der Angehörige praktisch zweimal, von den Befürchtungen des lebendig begraben werdens ganz abzusehen.

Wir haben immer den Standpunkt vertreten, daß bei fehlenden sicheren Todeszeichen unter Umständen eine stationäre Einweisung zur apparativen Feststellung

---

2 *Mattig W, Mattig B, Lignitz E*: Bewußtlos oder tot? - Überlegungen des Gerichtsarztes. Vortrag III. Brandenburger Symposium für Notfallmedizin in Brandenburg, 20. - 23.3.1989

des Todes vertretbar ist. Dies setzt allerdings subtile Untersuchungstechnik und -auswertung voraus.

Im Sommer 1995 erlitt eine Patientin 9 Tage nach Krankenhausaufnahme wegen Herzinfarkts einen Herz-Kreislauf-Zusammenbruch mit Bewußtlosigkeit. Nach 45minütigen erfolglosen Wiederbelebungsversuchen durch ein Ärztekollegium (Herz- und Atemstillstand, reaktionslose Pupillen, Nulllinien-EKG) wurde der Totenschein ausgestellt. Da gerade die Besuchszeit begann, wurde die „Verstorbene" in einen Leichenraum (Raumtemperatur 20 °C) gebracht und in ein Laken eingehüllt auf eine Fliesenbank gelegt. Als medizinisches Personal 3 Tage später wieder eine Leiche in den Raum brachte, stellte man fest, daß die Patientin noch lebte. Die inzwischen unterkühlte Frau wurde sofort intensivmedizinisch betreut. Sie verstarb am folgenden Tag an ihrem Grundleiden (Herzkranzschlagaderverkalkung mit Herzmuskelverschwielung). Die Auswertung des sogenannten Nulllinien-EKGs (reaktionsloses Herzstrombild) ergab später Zweifel an der Nulllinie, weil gewisse Veränderungen, die als artifiziell gedeutet worden waren, tatsächlich physiologisch verursacht gewesen sein sollen.

Ein solcher Zwischenfall ist dem grenzenlosen Vertrauen in die Technik geschuldet. Ethisch führt er vielfach zu der Forderung, auch in klaren klinischen Fällen prinzipiell die Ausbildung der sicheren Todeszeichen abzuwarten. In letzter Konsequenz müßte dann die Gesellschaft auch hinnehmen, daß Tausenden Kranken nicht mehr mit einer Organtransplantation geholfen werden kann. Wie zahlreiche Diskussionen um dieses Thema zeigen, wird eine derartige, beiderseits ethisch fundierte Konfliktsituation stets subjektiv und kontrovers beantwortet.

Die Todesfeststellung ist eine in jedem Verdachtsfall unabweisliche Leistung des Arztes. Der Gesetzgeber verlangt kein sofortiges, aber unverzügliches Handeln, wobei Situationen, in denen die Benachrichtigung des Arztes die Möglichkeit offen läßt, daß der Tod eventuell noch nicht eingetreten ist, schnellsten Einsatz erfordern, da möglicherweise noch Nothilfe zu leisten ist. Die brandenburgische Lösung für Notärzte -und nur für diese- unter ungünstigen (z. B. äußeren oder zeitlichen) Umständen auf das Ausfüllen des kompletten Totenscheins zu verzichten, ist als deutlich konfliktmindernd zu begrüßen.

Der Notarzt leistet zunächst nur die unaufschiebliche Arbeit, ist damit jedoch noch nicht aus der Pflicht. Er muß für die Komplettierung der notwendigen Daten auf dem Totenschein Sorge tragen. In Potsdam wird dies auf vertraglicher Basis zwischen Rettungsdienst, Bestatterinnung und Rechtsmedizin gewährleistet, in Frankfurt auf kollegialer Basis. Ansonsten ist der Hausarzt oder ein anderer diensthabender Arzt des kassenärztlichen Notfalldienstes dafür vorgesehen.

Nach der Feststellung des Todes muß sich der Leichenschauarzt zu Todeszeit, -art und -ursache äußern. Kann die Todeszeit mit den Mitteln bzw. der Erfahrung des Leichenschauarztes und aus den Umständen nicht geklärt werden, so darf er ausnahmsweise den Zeitpunkt der Leichenauffindung eintragen. Dies ist ein Fortschritt gegenüber früheren Situationen, wo sich der Leichenschauarzt genötigt sah, einen Todeszeitpunkt festzulegen, der vom erfahrenen Nachuntersucher als haltlos bezeichnet werden mußte. Dies hat in der Vergangenheit in Kriminalfällen zur Behinderung der Aufklärung geführt und mußte später vor Gericht klargestellt werden. Erbrechtlich kann ein gering unterschiedlicher Todeszeitpunkt (z. B. bei einem

Unfall mit mehreren tödlich verunglückten Familienangehörigen) von großer Tragweite sein.

Tritt der Tod unter verdächtigen Umständen ein (Anhaltspunkte für einen nichtnatürlichen Tod, Todesart nicht aufgeklärt, unbekannte verstorbene Person), so muß der Arzt dies der Polizei mitteilen. Er stellt also die Weichen, ob die Leiche zur Bestattung freigegeben wird oder weitere Ermittlungen angestellt werden.

„Nichtnatürlicher Tod" unterliegt einer kasuistischen Legaldefinition: Er umfaßt den Tod durch eigene Hand, durch fremde Hand und durch Unfall, wobei eventuelle Überschneidungen dieser Kategorien für die Leichenschau belanglos sind.

Als Sonderform des nichtnatürlichen Todes ist der „Tod bei medizinischer Behandlung" auf dem Totenschein getrennt auszuweisen. Damit ist der Todesfall gemeint, welcher ursächlich aus der medizinischen Behandlung resultiert, keineswegs der zufällig während medizinischer Behandlung eingetretene. Für die Kausalität spielen die Korrektheit der Behandlung und eventuelle Schuldfragen keine Rolle. Sie ist rein medizinisch-naturwissenschaftlich festzustellen. Mehr ist vom Leichenschauarzt weder sachlich noch rechtlich zu fordern. Im Zeitpunkt der Todesbescheinigung ist er in vielen Fällen gar nicht in der Lage, einen etwaigen Behandlungsfehler sicher festzustellen oder auszuschließen, von Schuld ganz zu schweigen.

Die vereinzelt anzutreffende Meinung, einen nichtnatürlichen Tod aus medizinischer Behandlung nur dann anzunehmen, wenn er aus einem Behandlungsfehler resultiert, ist schon deshalb unbillig und lebensfremd. Im übrigen wäre es ebenso sachfremd, als wolle man einen Unfall nur dann einen Unfall nennen, wenn er eindeutig fremdverschuldet ist.

Die Praxis steht den rechtlichen und ethischen Forderungen an den Leichenschauarzt besonders in Fällen nichtnatürlichen Todes weit nach. Der Anhalt dafür wird ungern attestiert. Angeblich (oder tatsächlich?) leidet das Ansehen eines Krankenhauses, wenn die Polizei dort Untersuchungen und Befragungen vornimmt. Schließlich könnte in der Tat ein Behandlungsfehler festgestellt werden, ein Umstand, welcher offenbar stärker empfunden wird als die nach unserer früheren Erhebung[3] mit 93 % überwiegende Wahrscheinlichkeit, daß gerade durch die Untersuchung eine Entlastung des Krankenhauses vom Behandlungsfehlervorwurf zustande kommt.

Aber auch bei der Leichenschau im häuslichen Bereich folgt der Arzt nicht immer rechtlichen und ethischen Maximen: Mitte der 70er Jahre hatte sich ein Rentner in offenbar suizidaler Absicht aus einem Fenster seines Wohnhauses gestürzt. Die Ehefrau wollte den Selbstmord nicht wahrhaben: „Mein Mann hat es bei mir immer gut gehabt; der bringt sich nicht um." Obwohl die Leiche zahlreiche Knochenbrüche an Rumpf, Kopf und Gliedmaßen aufwies, bescheinigte der Arzt einen natürlichen Tod mit Herzinfarkt als Todesursache. Aufwendige Rekonstruktionsversuche mit einer Puppe bewiesen schließlich den Fenstersturz. Die Aufregung, die durch diese Polizeiarbeiten auf dem Hof des Mietshauses, in dem der Betroffene wohnte, ausgelöst wurde, belasteten die Witwe letztendlich weit mehr als eine ehrliche Leichenschaudiagnose.

---

3 *Lignitz E, Mattig W*: Der iatrogene Schaden. Akademie-Verlag, Berlin 1989

Das Berliner Bestattungsgesetz droht Zuwiderhandelnden Bußgelder bis 3000 DM an. In Brandenburg ist dies bisher nicht zu befürchten. Um so stärker sind hier ethische Grundsätze gefordert. In der Praxis der Krematoriumsleichenschau finde ich tatsächlich keinen Unterschied in der primären Leichenschauqualität zwischen Berliner und Brandenburger Ärzten - trotz der jahrelangen Rumpfgesetzgebung mit erheblichen Unsicherheiten der Brandenburgischen Ärzteschaft in diesem Sachgebiet. Das zeigt, wie entscheidend auf stark emotional besetzten Feldern ethisch-moralische Maximen auch ohne Rechtsnorm das Verhalten organisieren.

Ein relativ häufiger Fehler ist die Angabe eines natürlichen Todes bei unbekannter Todesursache. Wer die Ursache für den Eintritt des Todes nicht kennt, vermag nach den Regeln der Logik auch nicht zu differenzieren, ob dies ein natürlicher oder ein nichtnatürlicher Vorgang war. Wenn sich der Arzt unter mehreren (natürlichen) Krankheiten nicht entscheiden kann, welche schließlich für den Todeseintritt maßgeblich war, mag er sie parallel aufführen und die wahrscheinlichste hervorheben. Daraus ergibt sich dann auch die Todesart als natürlich.

Das Fehlen schwerer äußerer Verletzungen allein beweist jedenfalls den natürlichen Tod nicht. Auf diese Weise könnten fast alle Vergiftungen fehlkodiert werden. Auch der Ertrinkungstod ergibt sich nicht aus der Auffindung im Wasser. Der Tod durch Ertrinken ist ausschließlich durch Obduktion nachzuweisen. Äußere, für die Leichenschaudiagnose geeignete Symptome sind bisher nicht bekannt.

Insgesamt gibt es zahlreiche Sterbefälle, bei denen der Leichenschauarzt nur mit Hilfe von Zeugenaussagen (Vorsicht bei Angehörigen, die ein Interesse daran haben könnten, eine Tötung oder Selbsttötung als natürlichen Tod erscheinen zu lassen!), Umgebungsuntersuchungen und Krankendokumentationen zu einer begründbaren Diagnose kommt. Mehr wird von ihm nicht verlangt. Sicherheit oder mit an Sicherheit grenzende Wahrscheinlichkeit ist eher die Ausnahme als die Regel. Eine solche Maxime würde das Instrumentarium der Leichenschau überfordern.

Soweit eine nachvollziehbare Begründung nicht geliefert werden kann, hat der Arzt die Möglichkeit, seine Zweifel durch Ankreuzen des Kästchens „nicht aufgeklärt" kundzutun und den Totenschein der Polizei zu übergeben, die dann weitere Ermittlungen zur Todesart führt. Dies wird insbesondere bei fäulnisveränderten Leichen überwiegend der Fall sein. Erfahrungsgemäß sehen Polizeibeamte die Einschätzung als nicht aufgeklärt ungern, was angesichts des daraus resultierenden Ermittlungsaufwands bei Personalengpässen verständlich sein mag, wovon sich der Arzt aber nicht zur Attestierung eines natürlichen Todes drängen lassen darf. Hier sind ärztliches Ethos mit Verantwortung gegenüber dem Verstorbenen und der Gesellschaft höherrangig.

Während die Todesartklassifikation vor allem der Aufdeckung von Straftaten, der Feststellung von Unfällen und Suiziden sowie der Personenstandsordnung (Identifizierung unbekannter Leichen) dienen soll, kommt der Todesursachenfeststellung über die Todesursachenstatistik gesundheitspolitische Bedeutung zu. Zu diesem Zweck sieht der Totenschein einen hierarchischen Aufbau vom Grundleiden (Basis) über die vermittelnde Krankheit (Mittelbau) zur unmittelbaren Todesursache (Spitze) vor. Das Grundleiden ist diejenige Erkrankung, die in der Vergangenheit ursprünglich die Krankheitsentwicklung eingeleitet hat, welche schließlich mit dem Tod endete. Deren Folgewirkungen und Komplikationen sind nach Maßgabe ihrer pathogenetischen Rolle bis zum unmittelbar todesursächlichen Gesundheitsschaden zu ordnen.

Davon unabhängige Störungen der Gesundheit, die zum Tode beigetragen haben, können nebeneinander (nichthierarchisch) als Begleitleiden summiert werden. Dieses Vorgehen verlangt profunde medizinische Sachkenntnis zu Ursachen (Ätiologie), Entwicklungsgeschichte (Pathogenese) und Todeswürdigkeit (Thanatologie) der Krankheiten. Wie schwierig das wirklich ist, zeigt die Fehlerquote in der Praxis der Totenscheindokumentation. Zahlreiche wissenschaftliche Arbeiten weisen erschreckende Fehlleistungsraten nach. Man kann davon ausgehen, daß mindestens 1/4 aller Totenscheine fehlerhaft sind (nach einer Stellungnahme der Bundesärztekammer aus dem Jahre 1992 je nach Strenge der angelegten Kriterien bis zu 95 %).

In der berühmten Görlitzer Studie aus den 80er Jahren, der eine nahezu 100%ige Sektionsfrequenz zugrunde liegt, wurde eine Fehlerrate von ca. 40 % der bei der Leichenschau angenommenen Todesursachen ermittelt. Eigene, Lehrveranstaltungen vorangegangene Tests mit simulierten Fällen haben in verschiedenen Krankenhäusern bei einer Teilnehmerzahl von ca. 60 bis 80 Ärzten jeweils nur 1 bis 2 korrekt ausgefüllte Formulare ergeben. Die Folgen für Statistik und Gesundheitspolitik lassen sich an den Fingern abzählen.

Gut geführte Gesundheitssysteme achten deshalb auf eine Sektionsrate (innere Leichenschau) von mindestens 25 bis 30 %. In Deutschland liegt sie nach Mitteilung des 96. Deutschen Ärztetages 1993 „deutlich unter 10 %“ mit sinkender Tendenz (Österreich 34 %[4], Finnland 38 %[5]). Die Rate gerichtlicher Obduktionen beträgt in der BRD 2 % (in Brandenburg 1991 1,7 %, 1992 1,2 %), in Finnland 17 % [6].

Sektionsrate und Aufklärung der Bevölkerung stehen in einem direkt proportionalen Verhältnis zueinander. Man kann den Angehörigen einreden, daß sie die „Freiheit“ haben, eine bestimmte Leistung (hier die Klärung der Todesursache durch innere Leichenschau) abzulehnen, man kann sie jedoch auch mit Erfolg auf ihren Anspruch im Interesse des Verstorbenen auf diese Leistung hinweisen. Maßgeblich ist das ethische Niveau im Krankenhaus. Rechtlich ist die Verwendung vorformulierter Einwilligungserklärungen für eine innere Leichenschau, die sogenannte Sektionsklausel, in Krankenhausaufnahmeverträgen nach dem Urteil des BGH vom 31.5.90 (IX ZR 257/89) zulässig.

Bei den zu Hause eines natürlichen Todes Verstorbenen ist die Frage der Kostenübernahme ungeklärt. Nach altem deutschen Recht, fortgeführt in Österreich und der DDR, gab es die Institution der Verwaltungssektion, die in der Bundesrepublik Deutschland zwar nicht aufgehoben wurde, aber -regional unterschiedlich- allmählich verdämmerte. Fehlendes Engagement wie Geld mögen dazu geführt haben. Heute wird nur noch von einzelnen Amtsärzten in einzelnen Fällen eine Verwaltungssektion veranlaßt. Teilweise finanzieren die Hinterbliebenen die Untersuchung. Verschärftes Kostendenken der öffentlichen Haushalte läßt regelmäßig den Nachfolgeschaden durch unsaubere Statistik außer Ansatz.

---

4 *Feigl W, Leitner H*: Die hohe Autopsierate Österreichs und ihre Gründe. Der Pathologe 7 (1986) 4 - 7

5 *Penttilä A, Ahonen H*: Gerichtsmedizinische und klinische Obduktionen in Finnland. Beitr. gerichtl. Med. 42 (1984) 343 -349

6 *Saukko P*: Leichenschau in Skandinavien. Beitr. gerichtl. Med. 42 (1984) 339 341

Besonders schwer scheint den Leichenschauärzten die Abgrenzung von Todeseintrittszeichen gegenüber Todesursachen zu fallen. Zeichen für den Todeseintritt können zum Beispiel im Versagen der Atmung, des Herzens, des Kreislaufs bestehen. Auch das Verbluten gehört in diese Kategorie. Sie sind definitiv keine Todesursachen. Jeder Leichenschauarzt wird mit dem Totenscheinformular expressis verbis darauf hingewiesen. Dennoch finden sich in der offiziellen Statistik des Landes Brandenburg jährlich über 1000 Todesfälle mit der „Ursache" Herzversagen (Statistisches Jahrbuch). Daß mit dieser Scheindiagnose auch Sterbefälle von Kindern und jungen Menschen erfaßt werden, muß besonders befremden.

Kritik an der Durchführung der Leichenschau hat bereits die Justizministerkonferenz im September 1986 mit Hinweis auf die Problematik fehlerhaft ausgestellter Todesbescheinigungen geübt. Reichlich zwei Jahre später faßte die 59. Gesundheitsminister(innen)konferenz (GMK) den Beschluß, die ärztliche Leichenschau zu verbessern. Sie stellte fest, daß das Ausstellen rechtsmedizinisch einwandfreier Todesbescheinigungen eine allen Ärzten obliegende Aufgabe ist. Auf die dialektische Wechselwirkung von Todesursache und Todesart wurde ausdrücklich hingewiesen.

Eine Arbeitsgruppe der GMK, die sich die Verbesserung der Todesursachenerfassung und eine ländereinheitliche Leichenschau zum Ziel setzte, weist mit Recht darauf hin, „daß die Güte der Leichenschau vor allem in der Sorgfalt, Konzentration und Wahrhaftigkeit der ärztlichen Handlung besteht"[7]. Der von dieser Arbeitsgruppe für die bundeseinheitliche Nutzung vorgeschlagene Leichenschauschein stellte dann jedoch durch seine Schwachstellen (z. B. Begründungszwang für nichtnatürlichen Tod, fehlender Hinweis auf unverzügliche Meldepflicht) in der Konsequenz eine weitere Verschlechterung des kritikwürdigen Zustands dar. Folgerichtig wurde er von den meisten Bundesländern nicht übernommen.

Für Verstorbene, die feuerbestattet werden sollen, hat vor der Einäscherung noch einmal eine amtsärztliche Leichenschau stattzufinden. In der Regel (und im Vernunftfall) überträgt der Amtsarzt diese Aufgabe einem Arzt, der in der Leichenschau besonders erfahren ist. Hierbei geht es vor allem darum, Hinweise auf einen möglichen nichtnatürlichen Tod noch zu erkennen, ehe sie den Flammen zum Opfer fallen, weil eine nachträgliche Untersuchung, wie nach Exhumierung erdbestatteter Leichen, in aller Regel entfällt. Für diese Aufgabe sind vor allem Rechtsmediziner prädestiniert, die in der Tat zum großen Teil damit betraut sind. Im Raum Berlin-Brandenburg wird sie fast ausschließlich von Rechtsmedizinern wahrgenommen. Ansonsten sei diese in der großen Überzahl der Fälle „weniger eine Leichenuntersuchung als vielmehr ein Bescheinigungsakt"[8].

Bundesweite Recherchen aus diesem Bereich zeigen, daß massenhaft Fehleinstufungen der Leichenschauärzte zur Todesart vorkommen. Nach ersten Schätzungen lag die Dunkelziffer bei mindestens 250 unerkannten Tötungen pro Jahr in der Bundesrepublik Deutschland.[9] Nach der jüngsten multizentrischen Studie, an der auch unser Institut beteiligt ist, muß in der BRD jedes Jahr mit wenigstens 11 000

7 Ergebnisniederschrift über die 65. Sitzung der GMK am 5./6.11.1992 in Schlangenbad

8 *Brinkmann, B* et al: Fehlleistungen bei der Leichenschau in der Bundesrepublik Deutschland. Ergebnisse einer multizentrischen Studie. (I) Arch. Krim. 199 (1997), S. 1-12; (II) Arch. Krim. 199 (1997), S. 65-74.

9 *Brinkmann B, Du Chesne A* et al: Zufallsentdeckungen - eine multizentrische Studie aus 24 rechtsmedizinischen Instituten. Vortrag 73. Jahrestagung der Deutschen Gesellschaft für Rechtsmedizin in München, 6. - 10.9.1994

nicht erfaßten nichtnatürlichen Todesfällen, darunter 1200 Tötungsdelikten und 2000 Sterbefällen infolge ärztlicher Maßnahmen, gerechnet werden.[10]

Kollegen unseres Instituts fanden bei der Krematoriumsleichenschau einen Messerstich ins Herz bei einem 60jährigen Mann, dem der Arzt einen Tod durch akuten Herzinfarkt bei chronischem Alkoholismus bescheinigt hatte. Der Mann war im Zentrum einer Kleinstadt auf dem Gehweg tot aufgefunden worden. In einem zweiten Fall mit Herzstich war die 52jährige Frau zu Hause untersucht worden. Der Täter (Lebensgefährte) hatte den Tatort (Wohnung) zur Verschleierung verdunkelt. Der Leichenschauarzt dokumentierte einen Tod durch Schlaganfall bei chronischem Alkoholismus. Inzwischen ist der Täter rechtskräftig verurteilt.

Auch als natürlicher Tod verkannte Unfälle werden bei der Krematoriumsleichenschau vielfach verdächtig und durch Obduktion nachgewiesen. So wird eine Lungenembolie von vielen Leichenschauärzten gern per se als natürlicher Tod deklariert. Das kann indessen durchaus anders sein, wenn das für diese Frage entscheidende Grundleiden nichtnatürlicher Art ist: Bei einer 75jährigen Frau hatten sich die tödlichen Gerinnsel in den bei Sturz in eine Baugrube multipel gebrochenen Beinen gebildet. Zwischen Unfall und Tod bestand ein ursächlicher Zusammenhang. Gegen die Baufirma wurden Ermittlungen aufgenommen.

Die Gefahr eines Leichenschaufehlers in der Pathogenese steigt mit der Überlebenszeit zwischen Tat- (bzw. Unfall-) und Sterbedatum. Die Vielzahl der als natürlich gekennzeichneten Spättodesfälle weist auf eine systematische ärztliche Fehleinstellung hin. Während zeitlich direkt aufeinanderfolgende Ereignisse emotionell gern (und oft fälschlich) ursächlich miteinander verknüpft werden, nehmen Bereitschaft und Fähigkeit, eine lange Kausalkette zu verfolgen, mit der dazwischenliegenden Zeit erheblich ab: Eine 30jährige Frau war 1 3/4 Jahre vor dem Tod zusammengeschlagen worden und hatte eine Stirnhirnprellung mit Blutung in die Schädelkapsel erlitten. Dies führte zu wiederkehrenden Hirninfarkten, zuletzt kompliziert durch eine Lungenentzündung als direkt zum Tode führendes Leiden. Der Leichenschauarzt hatte einen natürlichen Tod angegeben. Der Täter war allerdings schon vor dem Todeseintritt der Geschädigten verurteilt worden.

Aus der Arbeit als Krematoriumsärzte, die in unklaren Fällen Rücksprache mit dem jeweiligen Leichenschauarzt nehmen, wissen wir, daß diesem die Fehler nicht gleichgültig sind. Nur in einem einzigen Fall (von Tausenden) ist es vorgekommen, daß ein in Weiterbildung befindlicher Arzt bei Hinweis auf den falsch ausgefüllten Totenschein meinte, er habe wichtigeres zu tun. Das mag in einer konkreten Situation vorübergehend zutreffen, kann ihn für den Unwillen zur Fehlerkorrektur allerdings nicht entlasten. Der ständige Kontakt der Krematoriumsärzte mit den Leichenschauärzten verbessert die Qualität bei diesem letzten Dienst am Menschen spürbar. Ärzten, die selten zur Leichenschau herangezogen werden, sei die Verwendung einer Checkliste[11] empfohlen.

---

10 *Brinkmann B* et. al. a.a.O.

11 *Reimann W, Prokop O:* Vademecum Gerichtsmedizin. Volk u. Gesundheit, Berlin 1980
Vock R, Schwerd W: Was muß der Arzt bei der Leichenschau beachten? Med. Klin. 80 (1985) 170 - 172

Für die weiteren Untersuchungen ist der Erhaltungszustand der Leiche von wesentlicher Bedeutung. Deshalb sollte der Leichenschauarzt im Krankenhaus für eine kühle Lagerung sorgen. Eine Unterbringung, die zur alsbaldigen Dekomposition der Leiche führt, verträgt sich auch nicht mit der Ehrfurcht, die man dem Verstorbenen entgegenbringen soll.[12]

Zusammenfassend sollte die Leichenschau -obgleich allgemein ungeliebt- als komplexe ärztliche Aufgabe begriffen werden, die hohen medizinischen Sachverstand mit ethisch-moralischer Verantwortung gegenüber dem Individuum wie der Gemeinschaft verknüpft.

12 *Schneider V*: Die Leichenschau. Ein Leitfaden für Ärzte. Fischer, Stuttgart-New York 1987

Anhang

Sachverzeichnis

Autorenverzeichnis

Brzeziński, Tadeusz, Prof. Dr., Pommersche Medizinische Akademie, Institut für Geschichte der Medizin, ul. Rybacka 1, PL-70-204 Szczecin

Dziewas, Ralf, Dr. theol., Evangelisch-Freikirchliches Krankenhaus Bernau, Ladeburger Chaussee, D-16321 Bernau

Joerden, Jan C., Prof. Dr., Europa-Universität Viadrina Frankfurt (Oder), Lehrstuhl für Strafrecht, insbesondere Internationales Strafrecht und Strafrechtsvergleichung, Rechtsphilosophie, Große Scharrnstr. 59, D-15230 Frankfurt (Oder)

Knefelkamp, Ulrich, Prof. Dr. Dr., Europa-Universität Viadrina Frankfurt (Oder), Professur für Mittelalterliche Geschichte Mitteleuropas, Große Scharrnstr. 59, D-15230 Frankfurt (Oder)

Malkiewicz, Leszek. Dr., ul. Mala 1a/1, PL-58-580 Szklanska Poreba

Marsch-Ziegler, Ursula, Priv.-Doz. Dr. med., Sankt Gertrauden-Krankenhaus Berlin, Gastroenterologie, Paretzer Str. 12, D-10713 Berlin

Mattig, Wolfgang, MR Priv.-Doz. Dr. med., Brandenburgisches Landesinstitut für Rechtsmedizin, Postfach 60 04 46, D-14404 Potsdam

Meder, Stephan, Prof. Dr., Universität Hannover, Fachbereich Rechtswissenschaften, Lehrstuhl für Zivilrecht und Rechtsgeschichte, Königsworther Platz 1, D-30167 Hannover

Mendling, Werner, Priv.-Doz. Dr. med. habil., Klinikum Frankfurt (Oder), Klinik für Frauenheilkunde und Geburtshilfe (Perinatal-Zentrum), Müllroser Chaussee 7, D-15236 Frankfurt (Oder)

Merkel, Reinhard, Priv.-Doz. Dr. iur. habil., Wexstr. 39, D-20355 Hamburg

Passon, Matthias, Dipl.-Med., Evangelisch-Freikirchliches Krankenhaus Rüdersdorf, Abteilung für Schmerz- und Palliativmedizin, Seebad 82/83, D-15562 Rüdersdorf

Ribhegge, Hermann, Prof. Dr., Europa-Universität Viadrina Frankfurt (Oder), Lehrstuhl für Volkswirtschaftslehre, insbesondere Wirtschaftspolitik, Große Scharrnstr. 59, D-15230 Frankfurt (Oder)

Russegger, Lothar, Prof. Dr. med., Klinikum Frankfurt (Oder), Klinik für Neurochirurgie, Müllroser Chaussee 7, D-15236 Frankfurt (Oder)

Scheffler, Uwe, Prof. Dr. Dr., Europa-Universität Viadrina Frankfurt (Oder), Lehrstuhl für Strafrecht, Strafprozeßrecht und Kriminologie, Große Scharrnstr. 59, D-15230 Frankfurt (Oder)

Schmiedebach, Heinz-Peter, Prof. Dr., Ernst-Moritz-Arndt-Universität Greifswald, Institut für Geschichte der Medizin, Fr.-L.-Jahnstr. 14a, D-17487 Greifswald

Szawarski, Zbigniew, Prof. Dr., University College of Swansea, Centre for Philosophy and Health Care, Singleton Park, GB-Swansea SA 2 8 PP

Tokarczyk, Roman, Prof. Dr., Universität Lublin, Pl. M. Curie-Sklodowskiej 5, PL-20-031 Lublin

Wittmann, Roland, Prof. Dr., Richter am Oberlandesgericht, Europa-Universität Viadrina Frankfurt (Oder), Lehrstuhl für Bürgerliches Recht, Rechtsphilosophie, Römisches Recht und Europäische Rechtsgeschichte, Große Scharrnstr. 59, D-15230 Frankfurt (Oder)

Wolf, Gerhard, Prof. Dr., Europa-Universität Viadrina Frankfurt (Oder), Lehrstuhl für Strafrecht, Strafprozeßrecht und Rechtsinformatik, Große Scharrnstr. 59, D-15230 Frankfurt (Oder)

Schriftenreihe des Interdisziplinären Zentrums für Ethik an der Europa-Universität Viadrina Frankfurt (Oder)

Jan C. Joerden (Hrsg.)
Diskriminierung - Antidiskriminierung
VIII, 370 Seiten. 1996
ISBN 3-540-61567-9